RUTAS

Arbeitsbuch Spanisch für die Oberstufe

Lehrerband

Herausgegeben und erarbeitet von
Hella Klink und Petra Schattschneider

unter Mitarbeit von
Sabine Rosenkranz
Kirsten Scheunemann
Karl-Ernst Weinstock
Birgit Willenbrink

Sprachliche Betreuung:
Cristina Irureta

Schöningh

Bildquellenverzeichnis

Umschlag, Vorder- und Rückseite Mitte: mauritius images/Edmund Nägele, Vorder- und Rückseite unten: mauritius images/Marcus Thelen; Umschlag, Vorderseite oben links: BRIDGEMANART.COM, Vorderseite oben Mitte: Arco Images/J. De Meester, Vorderseite oben rechts: Bildagentur-online; S. 11: EL PAÍS Semanal, 20.6.2004, S. 88, Foto: Jesús Ubera; S. 14: Hechos y cifras clave de la Unión Europea, S. 3; ilustración: Zack/ASCii; © Comunidades Europeas, 2004; S. 28: P. Schattschneider/Verlagsarchiv Schöningh; S. 37: http://www.contaminame.org/gente.html; S. 157: http://europa.eu/abc/keyfigures/index_de.htm; S. 180: H. Klink/Verlagsarchiv Schöningh; S. 218: Federico García Lorca: La casa de Bernarda Alba, edición de Allen Josephs y Juan Caballero, Ediciones Cátedra, Madrid 1989, S. 116; S. 310: © Lingua-Video.com, Ubierstr. 94, 53173 Bonn, Tel.: 0 22 44/91 50 06, http://www.lingua-video.com; S. 323: P. Schattschneider/Verlagsarchiv Schöningh

www.schoeningh-schulbuch.de
Schöningh Verlag, Jühenplatz 1–3, 33098 Paderborn

Druck 5 4 3 2 1 / Jahr 2012 11 10 09 08
Die letzte Zahl bezeichnet das Jahr dieses Druckes.

Umschlaggestaltung: Nora Eumann
Druck und Bindung: AZ Druck und Datentechnik GmbH/Kempten (Allgäu)

ISBN 978-3-14-011002-0

Índice

Vorwort

Der Schülerband von *Rutas* gliedert sich in sieben in sich geschlossene thematische sowie fünf literarische Module. Sie sind nach den Prinzipien des integrierten Sprach-, Sach- und Methodenunterrichts aufgebaut. Jedem Modul ist eine Doppelseite vorangestellt, die ein Inhaltsverzeichnis sowie Bilder umfasst, die den Einstieg vorbereiten und erleichtern. Die Module untergliedern sich in übersichtliche Kapitel, in denen jeweils ein Teilaspekt näher beleuchtet wird. Vorschläge für Fundamentum und Additum sind im Lehrerband jeweils in der tabellarischen Übersicht ausgewiesen. Je nach Intention der Lehrkraft, Schülerinteressen und Lernstand sind andere Schwerpunktsetzungen möglich.

Die Module folgen sowohl in sich als auch in ihrer Gesamtheit dem Prinzip der Progression. Sprachliche Übungen sowie Angebote zur Wiederholung v. a. der Vergangenheitstempora und Modi oder Aufgaben zur Einführung von Grammatik im Kontext des Moduls unterstützen den Sprachlernprozess. Den Abschluss eines Moduls bildet eine synthetisierende und integrierende Rekapitulation, während derer die Schülerinnen und Schüler z. B. in Form einer Debatte, einer Redaktionskonferenz oder einer *mesa redonda* ihre neuen Kenntnisse anwenden und vertiefen.

Ein besonderes Anliegen ist die selbstständige Arbeit der Schülerinnen und Schüler: Neben ausgewiesenen Lernarrangements wie Stationenlernen und Projekten, während derer sich die Lernenden über längere Zeit selbstständig mit einem Teilthema befassen, sind schülerzentrierte Arbeitsformen integrativer Bestandteil der Einzelstunde.

Die innere Vernetzung kann auf vielfältige Art und Weise erfolgen. So enthält z. B. das als Stationenlernen angelegte Modul „Panorama de la Guerra Civil" (SB S. 168–189) die Station „El reflejo de la Guerra Civil y del pasado franquista en la Cataluña actual" (SB S. 180). Sie kann eingesetzt werden im Zusammenhang mit der Sprachenproblematik in Cataluña (SB S. 150–161). Die Erzählungen im Teilmodul „El tema de la represión en la narrativa comprometida hispanoamericana" (SB S. 259–264) können die Arbeit an „La muerte y la doncella" (SB S. 225–245) ergänzen. Die *viñetas* von Sandra Cisneros (SB S. 265–275) greifen die Thematik des Teilmoduls „El impacto de la inmigracion latina en los EEUU" (SB S. 84–100) auf.

Die Funktionen des dreiteiligen Anhangs im Schülerband

1. Übersicht über **schülerzentrierte Unterrichtsmethoden** in deutscher Sprache (SB S. 319–321): für einen schnellen Überblick der Lernenden

2. Fachmethoden (SB S. 322–333): Hilfestellungen für das Verfassen der Teilaufgaben (*resumen*, *análisis* und *comentario*) des *comentario de texto*:

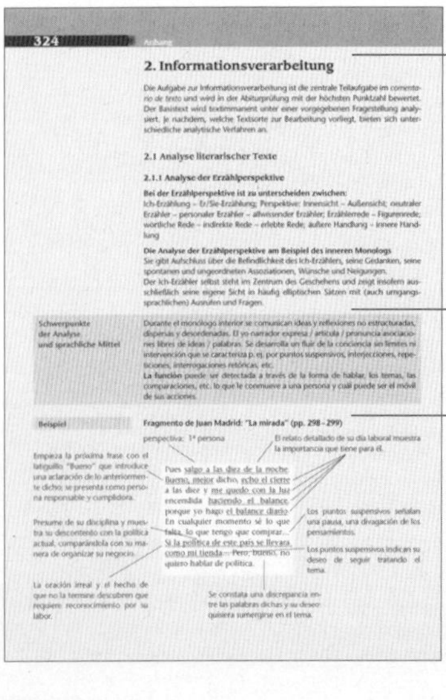

1. Kurzdarstellung der Methode (auf Deutsch)
2. Schwerpunkt der sprachlichen Analyse und Wortschatz (auf Spanisch)
3. Beispiel für die Arbeit am Text nach der Methode (auf Spanisch)

3. Vocabulario (SB S. 334–353)

1. Darbietung des thematischen Wortschatzes, gegliedert nach Teilaspekten
2. Angabe des Wortschatzes in Kollokationen (spanisch-deutsch)
3. Rekapitulation der Schlüsselbegriffe und Konzepte

Die Funktionen der Angaben in der Randspalte im Schülerband

ayudas lingüísticas als Hilfe, z. B. für die Textproduktion

Symbole z. B. für schülerzentrierte Arbeitsformen wie die *charla un minuto* (nachzuschlagen im Anhang SB S. 319 – 321)
CD-/DVD-Symbol: Hinweis auf den Einsatz von Audio- bzw. Videomaterialien

Art der ***actividades***, z.B. **Textverständnis**. Die Arbeitsaufträge selbst stehen in der Hauptspalte.

Gramática (rote Schrift) als Hinweis auf grammatische Übungen oder Regeln
Angaben von evtl. unbekannten Formen als Hilfestellung für die Textproduktion bzw. für die Lösung einer Aufgabe

Vocabulario (blaue Schrift): Wortschatzübung oder Angabe von Vokabular zum Lösen einer Aufgabe, vornehmlich der Textproduktion

Método (grüne Schrift): Methodenschwerpunkt
ggf. mit Bezug auf eine bestimmte Methode, die im Anhang nachgeschlagen werden kann (SB S. 322–333)

placas informativas mit knapp gefassten Zusatzinformationen zu zentralen Begriffen, Personen, Ereignissen, auf die im Text Bezug genommen wird

Bilder zur Illustration und als Visualisierungshilfen

Vokabeln (auf Spanisch oder in der Übersetzung) für das schnelle Verständnis

guía de lectura als Strukturierungshilfe bei komplexeren oder längeren Texten

anotaciones: Erläuterungen

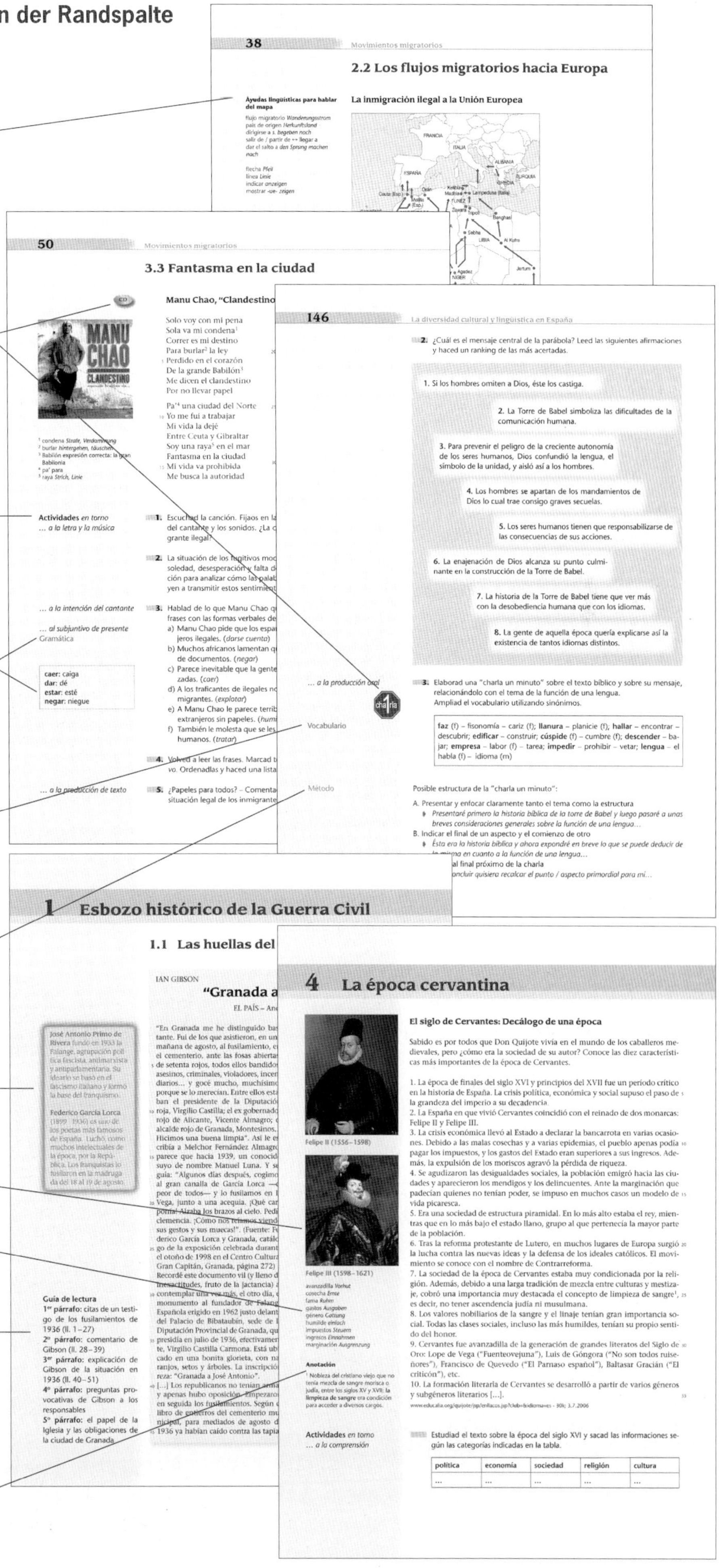

Jóvenes en Europa y España (SB S. 10–31)

Das Modul eignet sich für den Einsatz in der (fortgeschrittenen) Spracherwerbsstufe. Es vermittelt grundlegendes Sach- und Orientierungswissen zur Geschichte sowie zur Leistung der Europäischen Union. Insbesondere stellt es Chancen für Jugendliche heraus (z. B. Erasmus-Programm oder Europass).

Das Thema schreitet in vier Schritten voran. Ausgangspunkt ist die Geografie Europas. Sein geografisches Zentrum verschiebt sich mit jeder Erweiterung der Union. Dies wird am Beispiel von Kleinmaischeid aufgezeigt. Im Hinblick auf interkulturelles Lernen wird die Aufmerksamkeit von den landeskundlichen Informationen gerichtet auf das Deutschlandbild in der spanischen Presse. Es schließt sich an ein Exkurs auf Stereotype (Fremdperspektive) und damit die explizite und implizite Auseinandersetzung mit sprachlicher und kultureller Identität.

Integriert in diesen Kontext wird der *pretérito indefinido* eingeführt bzw. gefestigt. Daneben werden auch Futur und Perfekt geübt. Als **Lernerfolgskontrolle** ist ein innerfachliches Projekt in Form einer Radiosendung vorgesehen.

Fundamentum (grau unterlegt) und Additum der Reihe gliedern sich wie folgt:

SB Seite		
10/11	**Auftaktseiten**	
12–14	**1 Jóvenes de vacaciones en Europa**	
12/13	Planes para las vacaciones	sechs kurze *testimonios* Übung zum *futuro*
15–17	**2 Viajar por Europa**	
15	Geografía de Europa	Landkarte
15/16	Viajar por Europa 2004	Sachtext, Broschüre der EU
18–21	**3 El centro de la Unión Europea**	
18	El ombligo de Europa	kurze Sachtexte, Landkarte
19	La visión española de Kleinmaischeid	sieben Fotos
20	Visiones estereotipadas	Zeichnungen/Illustrationen
20	El perfecto ciudadano europeo	Postkarte
22–25	**4 Hacia la convivencia europea**	
22/23	El espíritu Erasmus	vier *testimonios*
23	Europa escucha a sus jóvenes	Interview (Audio)
24/25	Una iniciativa concreta: Europass	Internetdokument
25	Ni se te ocurra irte a Polonia	Internettext
26–28	**5 Historia**	
26/27	La convivencia de los europeos	Wissensquiz
27	50 años de Europa	Zeitungsartikel (Fragmente) Übungen zum *indefinido*
29/30	**6 España y la Unión Europea**	
29	Spaniens neue Liebe zu Europa	deutscher Zeitungsartikel
30	"Yo nací el 1 de enero de 1986 – Habla la Eurogeneración"	zwei *testimonios* Übungen zum *indefinido*
31	**7 Recapitulación: Un proyecto en torno a la identidad europea**	Produkt: Radiosendung

Zum Einsatz der Auftaktseiten (SB S. 10/11)

Zum Einstieg werden die **Auftaktseiten** (SB S. 10/11) beschrieben:

- die Flaggen: banderas de 25 países / de la UE, 12 estrellas
- die Briefmarke: sellos de 11 países, con las respectivas islas
- das Satellitenbild: centros urbanos, países, capitales

Alternativ wird im Verlauf der Arbeit auf diese Bilder rekurriert, z. B. bei der Bearbeitung der Aufgaben (SB S. 15) oder des Wissensquiz (SB S. 26 f.).

1 Jóvenes de vacaciones en Europa (SB S. 12–14)

Text: sechs *testimonios*: "Planes para las vacaciones"
Wortzahl: jeweils ca. 50 Wörter
Schwierigkeitsgrad: */**
Inhalt: Leicht verständliche Aussagen junger Leute zu ihren Reiseplänen. Außer Inés Sosa werden sie im Sommer verreisen. Ihre Motive sind unterschiedlicher Natur (Geld verdienen, einer Einladung von Freunden folgen, ...).

Didaktisch-methodische Hinweise

In der Bildunterschrift S. 12 wird „disfrutar" in der eher unüblichen Kollokation „disfrutar a los amigos" verwendet. In Anbetracht des Lernstandes empfiehlt es sich, dies unkommentiert zu lassen. Um das Leseverstehen zu erleichtern, kann zunächst ein *testimonio* als Modell über OHP dargeboten und im Kurs gemeinsam erarbeitet werden:

Zusatzmaterial

Folie

a la derecha / a la izquierda
en primer plano – al fondo

está en una gran ciudad
en una plaza pública
una maleta pequeña con
pegatinas (¿de distintos países?)

un chico
lleva gafas de sol y
una gorra

el pie de la foto pone: "tocar en las terrazas ..." → significa: hace música, toca un instrumento en las terrazas de la ciudad, de restaurantes

Das erste Lesen des Textes wird gelenkt durch eine offene Frage, z. B. "¿Qué información sobre el chico podemos sacar del texto?" (Antwort: *nombre* Simon Lawton, *edad* 34 años, *profesión* músico, *país de origen* Reino Unido).
Das Detailverstehen wird im zweiten Lesedurchgang geklärt (*"detalles que se dan referente a su trabajo*: Simon trabaja en verano; toca en el metro y en las terrazas. Va a Ibiza y a Málaga para ganar dinero. El verano es la época en la que más trabaja.").
Zu den Vokabeln, die zum Verständnis des Textes ggf. erforderlich sind, zählen:

- "disfrutar de" / "para que... disfrute" – *damit (die Leute) genießen*
- "tocar (un instrumento)" – *spielen*
- "ganar dinero" – *Geld verdienen*

Die Schüler erarbeiten die einzelnen Texte in Kleingruppen oder in Partnerarbeit. Das Ziel ist, eine der in der Reportage dargestellten Personen zu präsentieren. Die Tabelle (SB S. 13) dient als Stütze, ebenso wie die Redemittel:

Zusatzmaterial

Ayuda lingüística

la foto de arriba / de abajo / de la izquierda / de la derecha
X piensa ir a...
en las vacaciones quiere(n)...

Bei den Präsentationen wird ggf. zugelassen, dass die Schüler Verbformen sowohl im Präsens als auch im Futur verwenden. Wichtig ist, dass die Gruppen genügend Zeit zum Üben ihrer *presentación* haben. In den Vorträgen könnten zusätzlich die Fragen beantwortet werden: "¿Qué pueden visitar los turistas?", "¿Cuáles son los símbolos /qué es lo típico del país?"

Grammatik

Hinweise zur **Grammatikarbeit** (SB S. 14): Die Lernenden äußern sich zu den einzelnen Personen (s. Aufgabe 3). Dabei folgen sie den Modellvorgaben. Sie üben die Verwendung des *futuro simple,* zunächst in der 3. Person Singular bzw. Plural. Es wird hilfreich sein, wenn die Lehrkraft auf die Notwendigkeit der Umformung der Verbformen und Pronomina von der 1. Person in die 3. Person hinweist, z. B.: *me* – *le* bzw. *se*; *trabajaré* – *trabajará*.
Bei der Beantwortung der Transferfrage (¿Y tú, qué harás en las vacaciones?) üben die Schüler die Formen der 1. Person Singular und Plural. Um die verschiedenen Verbformen anzuwenden, wird die Übung erweitert durch Fragen nach den Freunden, Eltern etc.

Alternative

Anstelle der arbeitsteiligen Gruppenarbeit kann ein Expertenpuzzle durchgeführt werden (s. hierzu die Ausführungen im Anhang des SB, S. 319). Mögliche Leitfragen für die Präsentation sind:
- ¿Qué quieren hacer? / ¿Qué harán en las vacaciones?
- ¿Adónde quieren ir? / ¿Adónde irán?

Actividades (s. Kopiervorlage S. 13)

1. Elige a una persona y lee qué planes tiene para las vacaciones. Prepara apuntes para una charla (criterios véase tabla).

2. Practica la charla antes de presentarla.

Nombre, profesión	**Origen, edad**	**Destino:** piensa ir	**Planes:** en las vacaciones quiere(n)
Bart, Rob estudiantes			
Antonio de la Rosa			
Melissa Fguarizi			
Javier Ferrer			
Simon Lawton			
Inés Sosa			

Actividades SB S. 13, Lösungsvorschläge

1.

título foto	nombre	cita del texto
Tocar en las terrazas	Simon Lawton	toco en el metro y en las terrazas
Verano de ilusiones	Melissa Fguarizi	me siento llena de ilusiones
A por las chicas	Bart Wijnhoven Rob Wijnhoven	allí esperamos encontrarnos chicas guapas (*eigentlich*: con chicas)
Una invitación a Berlín	Antonio de la Rosa	a ver si alguno de mis amigos me invita a visitarle. Y si es en Berlín, mejor...
La marcha de Lanzarote	Javier Ferrer	Disfrutaré de las playas de Lanzarote.
Disfrutar a los amigos	Inés Sosa	hace calor, estás con tus amigos

2.

Nombre, profesión	Origen, edad	Destino	Planes para las vacaciones
Bart, Rob estudiantes	Holanda 22, 24	Suecia	encontrarse con chicas, fiesta, cultura
Antonio de la Rosa artista	Zaragoza (España) 33	tal vez Berlín	visitar a amigos le gustan sitios donde no hace calor
Melissa Fguarizi artista	Brasil 25	Londres	(enamorarse)
Javier Ferrer estudiante de danza clásica	Lanzarote 20	Lanzarote	disfrutar de las playas, familia, trabajar en un hotel haciendo animaciones calor, peña, playa
Simon Lawton músico	Reino Unido 34	Ibiza Málaga	ganar dinero le gustaría descansar, pero no es posible
Inés Sosa estudiante	Badajoz (España) 25	no va de vacaciones	estudiar y trabajar estar con los amigos y la familia

Kopiervorlage

Antonio de la Rosa (33 años). Artista. Zaragoza. "A ver si alguno de mis amigos me invita a visitarle. Y si es en Berlín, mejor que mejor. Me gustan los sitios en los que no hace calor. Son más cómodos. Tengo claro que sólo se tiene un buen verano cuando te sobra el dinero."

mejor comparativo de 'bueno' – **sitio** lugar (m), *Ort* – **hace calor** *es ist heiß* – **sobrar** *übrig bleiben*

Javier Ferrer (20 años). Estudiante de danza clásica. Lanzarote. "Disfrutaré de las playas de Lanzarote. Cerca de mi familia. También trabajaré en algún hotel bailando o haciendo animaciones. El calor, mi peña, la playa. Ésta es la mejor época del año. Hay más ánimo, más marcha."

marcha (argot) acción, *Stimmung* – **disfrutaré** *ich werde genießen* (1ª pers. sg. futuro de 'disfrutar de') – **calor** (m) *Hitze* – **peña** *Clique* – **mejor** comparativo de 'bueno' – **hay ánimo, hay marcha** *hier ist was los*

Bart Wijnhoven (22 años), **Rob Wijnhoven** (24 años). Estudiantes. Holanda. "Trabajaremos, y luego, a viajar por Suecia sin mirar el bolsillo de reojo. Allí esperamos encontrarnos chicas guapas, fiesta y un poco de cultura. Al volver, cada uno seguirá de viaje por su cuenta para seguir mirando chicas guapas en la playa."

trabajaremos *wir werden arbeiten* (1ª pers. pl. futuro de 'trabajar') – **bolsillo** *Geldbeutel* – **mirar de reojo** *verstohlen ansehen* – **volver** (ue) regresar – **seguirá** *er wird fortsetzen* (3ª pers. sg. futuro de 'seguir') – **por su cuenta** *auf eigene Faust* – **seguir mirando** *weiter anschauen*

Simon Lawton (34 años). Músico. Reino Unido. "En verano trabajo para que la gente disfrute: toco en el metro y en las terrazas. Me voy a Ibiza para ganar dinero. También escaparé a Málaga una semanita. Me gustaría descansar, pero voy a contracorriente. Es la época en la que más trabajo."

para que... disfrute *damit sie genießen* – **tocar (música)** *spielen* – **ganar dinero** *Geld verdienen* – **escaparé** *ich werde mich davonmachen* (1ª pers. sg. futuro de 'escapar') – **descansar** *ausruhen* – **a contracorriente** *hier: gegen den Strom*

Inés Sosa (25 años). Estudiante. Badajoz. "Estudio y trabajo. Y eso no lo cambiará el verano. Hace tiempo que no sé qué son las vacaciones, pero prefiero esto al invierno. Hace calor, estás con tus amigos y tu familia, sales más. Lo pases como lo pases, ninguno resulta malo del todo."

hace tiempo que *schon eine ganze Weile, schon lange* – **lo pases como lo pases** *wie auch immer du ihn verbringst* – **del todo** *völlig*

EL PAÍS Semanal, 20 de junio de 2004, pp. 84–88

2 Viajar por Europa (SB S. 15–17)

Didaktisch-methodische Hinweise

Das Kapitel gibt einen Überblick über die Geografie Europas, die Mitgliedstaaten der EU und die Vorteile, die sie ihren Bürgern bietet.

Geografía de Europa (SB S. 15)

Die stumme Karte überprüft das Allgemeinwissen der Schülerinnen und Schüler. Die Arbeit mit dem Atlas und dem zweisprachigen Wörterbuch bietet sich hier an (s. auch Kopiervorlage S. 16).

Actividades SB S. 15, Lösungsvorschläge

1. Legende der Landkarte:

B = Bélgica
DK = Dinamarca
D = Alemania
EL = Grecia
E = España
F = Francia
IRL = Irlanda
I = Italia
L = Luxemburgo
NL = Países Bajos
A = Austria
P = Portugal
FIN = Finlandia
S = Suecia

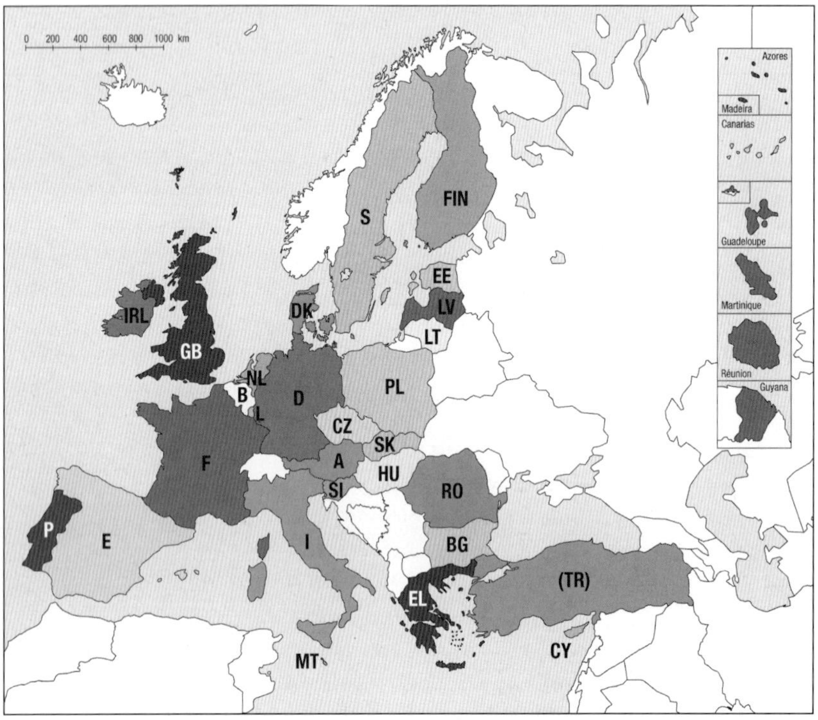

UK = Reino Unido
BG = Bulgaria
CY = Chipre
CZ = República Checa
EE = Estonia
HU = Hungría
LV = Letonia
LT = Lituania
MT = Malta
PL = Polonia
RO = Rumanía
SK = Eslovaquia
SI = Eslovenia
(**TR** = Turquía)

2. *los países escandinavos:* Suecia, Estocolmo, sueco,a / Dinamarca, Copenhague, danés, danesa / Finlandia, Helsinki, finlandés, finlandesa

los países bálticos: Letonia, Riga, letón, letona / Estonia, Tallinn, estonio,a / Lituania, Vilna, lituano, a / Finlandia, Helsinki, finlandés, finlandesa

los países mediterráneos: Portugal, Lisboa, portugués, portuguesa / España, Madrid, español, española / Italia, Roma, italiano,a / Grecia, Atenas, griego,a / Malta, la Valeta, maltés, maltesa / Chipre, Nicosia, chipriota

3. individuelle Schülerleistung

Viajar por Europa 2004 (SB S. 15/16)

Text: Informationsbroschüre
Wortzahl: 428
Schwierigkeitsgrad: */**
Inhalt: Der Text aus der offiziellen Broschüre der Europäischen Union „Viajar por Europa 2004" geht auf die lange Geschichte und Tradition Europas sowie auf die geografische und kulturelle Vielfalt ein. Insbesondere werden die Vorteile für den Reisenden herausgestellt (z. B. die Abschaffung der Grenzkontrollen, die Einführung des Euro).

Didaktisch-methodische Hinweise

Der Text ist trotz der Länge leicht zu erschließen. Er bedient sich einer Vielzahl von Internationalismen bzw. Begriffen aus dem Grundwortschatz Geografie, Tourismus, Geschichte.
Zum Vorgehen im Unterricht: In einer Sammelphase wird Vorwissen zum Kontinent Europa und zur EU eingeholt. (Eventuell erfolgt hier der Rückgriff auf die Auftaktseiten im SB S. 10/11.) Die Schülerbeiträge werden in einer *mapa mental* festgehalten. Diese wird untergliedert in die Kategorien *geografía* (países, fronteras, naciones), *política* (parlamento en Estrasburgo; comisión europea en Bruselas; bandera), *economía* (euro – moneda única).
Wenn die Teilsequenz zu Beginn des 2. Lernjahres durchgeführt wird, ist es im Sinne einer erfolgreichen Bearbeitung der weiteren Aufgaben angeraten, mehr Vokabular bereitzustellen. Die Lehrkraft sollte z. B. auf den Bedeutungsunterschied von „aumentar en" und „aumentar a" (*erhöhen, wachsen um/auf*) hinweisen.
Die Tabelle (Kopiervorlage S. 18) leitet zur bewussten Worterschließung an. Um den aktiven Umgang mit den Vokabeln zu fördern, werden die Lernenden aufgefordert, die fehlenden Einträge zu ergänzen.

Zusatzinformation

Für die Textproduktionsaufgabe 7 (SB S. 17) benötigen die Schülerinnen und Schüler zusätzliche Informationen über die neuen Mitgliedsländer der EU, Bulgarien und Rumänien. Diese und weitere Informationen sowie Hörproben der verschiedenen Sprachen finden sich unter der folgenden Internetadresse: http://europa.eu/abc/european_countries/index_es.htm

Bulgaria
superficie: 111.000 km²
población: 7,7 millones

Rumanía
superficie: 238.000 km²
población: 21,8 millones

Auf der Karte (SB S. 15) werden *los dos nuevos estados del este* lokalisiert und identifiziert.

Grammatik

Die Schülerinnen und Schüler bereiten die *actividad 4* in Gruppen vor. Sie erschließen die Bildung des *pretérito perfecto* selbstständig, ggf. unter Analogiebildung zum Französischen oder Englischen. Denkbar ist, dass sie mit Hilfe einer Grammatik eine Übersicht über die Regeln (für die regelmäßigen und unregelmäßigen Verben) erstellen.

Wortschatz

Zum Erlernen des themenspezifischen Wortschatzes empfiehlt sich eine vorbereitende Aufgabe. Zur schrittweisen Annäherung an die Vokabelfülle suchen die Schülerinnen und Schüler *10 palabras importantes* aus dem Text heraus, z. B.: „conducir (zc)", „cruzar una frontera", „hacer las compras", „paisaje hermoso", „belleza", „bosque (m)", „conllevar", „frontera exterior", „riqueza", „precio".

Kopiervorlage

	capital	nacionalidad, lengua
países escandinavos		
Suecia	Estocolmo	sueco,a
Dinamarca	Copenhague	danés, danesa
Finlandia	Helsinki	finlandés, finlandesa
países bálticos		
Estonia	Tallinn	estonio,a
Lituania	Vilna	lituano,a
Letonia	Riga	letón, letona
países mediterráneos		
Portugal	Lisboa	portugués, portuguesa
España	Madrid	español, española
Italia	Roma	italiano,a
Grecia	Atenas	griego,a
Malta	la Valeta	maltés, maltesa
Chipre	Nicosia	chipriota
países balcánicos		
Grecia	Atenas	griego,a
Rumanía	Bucarest	rumano,a
Bulgaria	Sofía	búlgaro,a
Eslovenia	Liubliana	esloveno,a
Europa central		
Francia	París	francés, francesa
Alemania	Berlín	alemán, alemana
Austria	Viena	austríaco,a
países Benelux		
Países Bajos (Holanda)	Ámsterdam	neerlandés, neerlandesa (holandés, holandesa)
Bélgica	Bruselas	belga
Luxemburgo	Luxemburgo	luxemburgués, luxemburguesa
países del este		
Polonia	Varsovia	polaco,a
República Checa	Praga	checo,a
Eslovaquia	Bratislava	eslovaco,a
Hungría	Budapest	húngaro,a
islas atlánticas		
Reino Unido (Gran Bretaña)	Londres	inglés, inglesa
Irlanda	Dublín	irlandés, irlandesa

Actividades SB S. 16/17, Lösungsvorschläge

1. *Beispiele für mögliche Verstehensinseln:* Europa: un continente con miles de años de historia / En la Unión Europea – las fronteras – ningún control. / puede utilizar su teléfono móvil por todas partes. [...] / Con la integración en la Unión Europea (UE) de diez países de Europa el 1 de mayo de 2004 / Eslovaquia, Eslovenia, Estonia, Hungría, Letonia, Lituania, Polonia y República Checa, y Chipre y Malta. / una rica combinación de historia y cultura / desde las grandiosas montañas a las costas y las playas / Se pueden practicar deportes de invierno y de verano, explorar modernas [...] ciudades, disfrutar del arte y de la música, / una comida, un vino y una cerveza exquisitos. / con la introducción del euro en doce Estados miembros.

2. individuelle Schülerleistung; *mögliche Nennungen*:
- integración, expansión del año 2004

- más posibilidades: abolición de controles; ámbito económico: euro; viajar por Europa es más fácil, comunicación por móvil
- historia, cultura, naturaleza
- gastronomía
- pasatiempos turísticos

3.

Afirmación	c	l.	f
Europa tiene una larga historia.	x	1	
Europa es una zona abierta en la que la gente se puede mover con casi total libertad.	x	5	
Los diferentes países tienen su propia moneda.			x
El 1 de mayo de 2004 se integraron 10 Estados nuevos como miembros en la UE.	x	11 s	
Ahora la Unión Europea cuenta con un 23% adicional de superficie.	x	16 s	
Desde el 1 de mayo 75 millones de personas pertenecen a la UE.			x
Europa se caracteriza por su naturaleza única.	x	19 ss	
Es difícil viajar por Europa.			x
Hay que cambiar dinero en los diferentes países.			x
La Unión Europea cuenta con una gastronomía muy variada.	x	28	

Corrección de las afirmaciones incorrectas:
Los diferentes países tienen su propia moneda.
- *La mayoría de los países miembros de la Unión Europea tienen el euro.*

Desde el 1 de mayo 75 millones de personas pertenecen a la UE.
- *Desde el 1 de mayo de 2002 la UE cuenta con 75 millones de personas más.*

Es difícil viajar por Europa.
- *Se ha hecho cada vez más fácil viajar por Europa ya que casi no hay trámites y se puede pagar con el euro en muchos países miembros.*

Hay que cambiar dinero en los diferentes países.
- *No hay que cambiar dinero en la zona del euro.*

4. Regelformulierung
- -ar: haber + ado (*se ha esforzado / se ha aumentado / se han desplazado*)
- -er/-ir: haber + ido (*se ha ido haciendo / se ha añadido...*)

5. a) ¡Tantas cosas por descubrir para el viajero!
b) se puede cruzar la mayoría de las fronteras sin detenerse en ningún control
c) en cuanto al euro
d) es la imponente belleza natural de Europa la que atrae a tantos viajeros
e) la riqueza del legado histórico de Europa es omnipresente
f) esto facilita mucho más la vida
g) para todos nosotros

6. individuelle Schülerleistung, Beispiel siehe Kopiervorlage S. 19.

7. Zeilen 11–18; *texto modelo:* Con la integración en la Unión Europea (UE) de dos países de Europa oriental / de la Europa balcánica el 1 de enero de 2007, se ha añadido una dimensión nueva y emocionante para las personas que viajen por Europa. Las fronteras exteriores de la UE se han desplazado hacia el este con la inclusión de Bulgaria y Rumanía. Con ello, el territorio ha aumentado en 349.000 km^2 y la población en 29.5 millones de personas, además de añadir una rica combinación de historia y cultura.
Zeilen 34–36; *texto modelo:* La expansión del mercado único de la UE con la llegada de los dos nuevos países ofrecerá aún más posibilidades y unos precios más bajos para todos nosotros.

Zusatzmaterial

Anotaciones

afrontar	*hier: in Angriff nehmen*	hacia	*nach, gegen*
añadir	*hinzufügen*	hermoso,a	*schön*
aumentar en / a	*erhöhen, wachsen um/auf*	inconveniente (m)	*Unannehmlichkeit*
bosque (m)	*Wald*	legado	*Erbe, Vermächtnis*
cada vez más fácil	*immer leichter*	llanura	*Ebene*
conllevar	*mit sich bringen*	meridional	*südlich, Süd-*
emitido,a	*ausgestellt*	pintura rupestre	*Felsmalerei, Höhlenmalerei*
en cuanto a	*was angeht, was anbelangt*	por todas partes	*überall*
consejo	*Ratschlag*	prado	*Weide, Wiese*
desplazarse	*hier: s. verschieben*	relacionado,a con	*zusammenhängend mit*
fortaleza	*Festung*	rocoso,a	*felsig*
gasto	*Kosten, Ausgabe*	suprimir trámites	*Formalitäten abschaffen*

Kopiervorlage

palabra / expresión	significado	explicación / ejemplo
abarcar	umfassen	sinónimo:
arena	Sand	Vorsicht: hier falscher Freund!!
árido,a		¿alemán?
belleza		**sustantivo de *bello***
búsqueda		**sustantivo de *buscar***
carné (m) de conducir		
conducir (zc)	**Auto fahren**	***conduzco, conduces,...***
conseguir (i)	**erreichen, erlangen**	***consigo, consigues,...***
cruzar		**p. ej.: cruzar una frontera**
detenerse (ie)	**anhalten**	***me detengo, te detienes,...***
equipaje (m)		¿francés?
esforzarse (ue) para	s. anstrengen, um	*me esfuerzo, te esfuerzas,...*
exterior		**contrario de *interior***
facilitar		hacer fácil o posible una acción
folleto		
invierno		**los meses de diciembre, enero,...**
llegada		**sustantivo de *llegar***
medieval		adjetivo de *Edad Media*
paisaje (m)		**¿francés?**
patrimonio	Kulturerbe	un rico patrimonio
póliza de seguro		¿alemán?
riqueza		**sustantivo de *rico,a***
tanto,a	**so viel(e)**	**tantas cosas por descubrir**
válido,a		¿inglés?
vea	schauen Sie an	imperativo 3era pers. sg. de *ver*
viajero		**persona que viaja**

Fettdruck – verbindlicher Wortschatz

Kopiervorlage

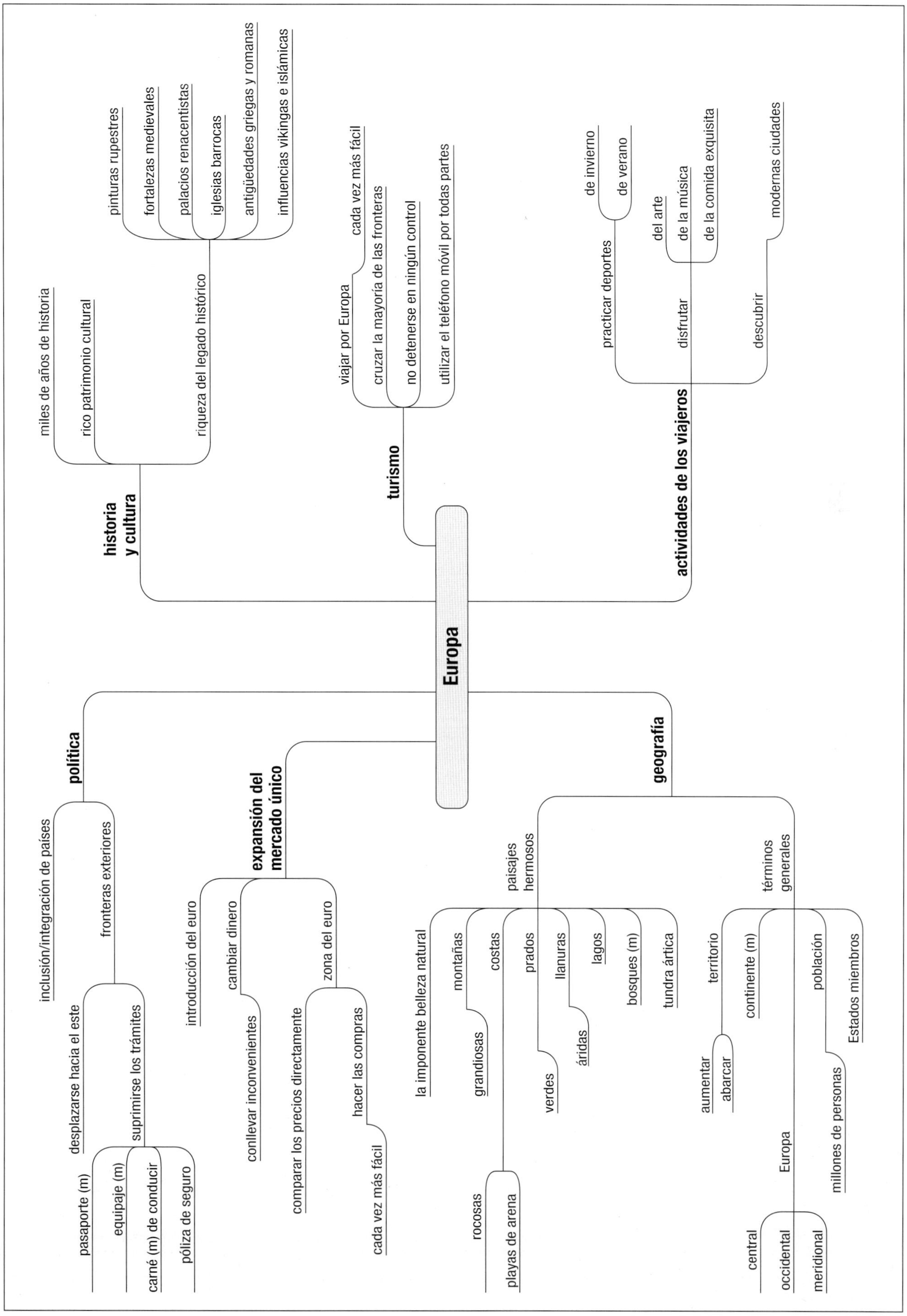

3 El centro de la Unión Europea (SB S. 18–21)

El ombligo de Europa (SB S. 18)

Text: Auszüge aus einer Reportage
Wortzahl: 150
Schwierigkeitsgrad: */**
Inhalt: Die kurzen Texte sind einer Reportage aus *El País Semanal* entnommen. Sie informieren über den Ort Kleinmaischeid in Rheinland-Pfalz, der im Zuge der Ost-Erweiterung am 1. Mai 2004 das geografische Zentrum der EU wurde. Es wird betont, dass es sich um einen kleinen, wenig bekannten Ort handelt, der aber hofft, von seinem neuen Status zu profitieren.

Zusatzinformation

Kleinmaischeid
estado alemán: Renania-Palatinado
región: Westerwald
habitantes (2004): 1.320
situación geográfica: entre Neuwied y Coblenza

Actividades SB S. 18, Lösungsvorschläge

1. Kleinmaischeid es un pequeño pueblo alemán. Se encuentra en el distrito de Neuwied, al noreste del estado alemán de Renania-Palatinado. Está cerca de Coblenza, en la llamada región de Westerwald. Westerwald es un área forestal extensa. El *bundesland* de Renania-Palatinado limita con Bélgica y Luxemburgo al oeste y con Francia al sur.
A pesar de ser tan pequeña, la localidad de Kleinmaischeid logró cierta popularidad el 1 de mayo de 2004. Aquel día se integraron los nuevos países miembros y Kleinmaischeid se hizo famoso por ser el centro geográfico de la Unión Europea. Desde entonces ha sido el punto de destino de periodistas que quieren descubrir la quintaesencia europea / el carácter de la Unión Europea.

2. Dejó de ser el ombligo de la UE el 1 de enero de 2007 cuando ingresaron Rumanía y Bulgaria en la UE. Por eso el centro de la Unión Europea actualmente se encuentra en la localidad alemana de Meerholz/Gelnhausen, ubicada a unos 40 kilómetros al este de Francfort. Meerholz es un pueblo de 3.600 habitantes. Se encuentra en el próspero municipio de Gelnhausen en el estado federal de Hesse.

La visión española de Kleinmaischeid (SB S. 19)

Material: sieben Fotos
Inhalt: Die Fotos sind wie die kurzen Texte auf S. 18 Teil einer Reportage von *El País Semanal*. Sie illustrieren die Sicht eines spanischen Fotografen auf Kleinmaischeid als eine „typisch" deutsche Kleinstadt.

Didaktisch-methodische Hinweise

Die Fotos werden getrennt vom Text gezeigt, um die Aufmerksamkeit auf den Blick des Fotografen zu lenken. Die leitende Fragestellung bei der Besprechung im Kurs ist: "¿Por qué se hizo un reportaje sobre este pueblo?". Um die Diskussion zu bereichern, werden die *hispanohablantes* unter den Kursmitgliedern zum Thema befragt.
Aufgabe 3 leitet mit der implizit formulierten Frage „¿Cómo somos los alemanes?", oder auch: „Wie sehen uns die anderen?", zur Thematisierung der Nationalstereotypen über (SB S. 20 f.).

Actividades SB S. 19, Lösungsvorschläge

1. El fotógrafo se fija en
- los habitantes: la vida de la gente mayor (pareja mayor sentada en un banco de jardín con el perro)
- el ambiente del pueblo: la naturaleza que forma parte del paisaje de Kleinmaischeid / un jardín bien ciudado, adornado con mucho cariño (rincón del molino, estatua, flores) / la crianza de aves de corral, gallinero / una calle desierta, como no habitada, muy limpia, o sea, el corazón del pueblo

- la vida pública: vendedora ambulante de salchichas, que vende *Fleischkäse* (queso de cerdo), una especialidad alemana
- el ámbito político-social: el alcalde parece estar orgulloso de su pueblo.

2. *texto modelo:* La visión española de Kleinmaischeid que se refleja en las fotos es la de un pueblo ordenado. Éste se encuentra en una zona rural y arbolada. Parece que es más bien un lugar de campesinos, donde probablemente vive poca gente. A grandes rasgos es pequeño, tranquilo y aburrido. También se podría decir que representa la imagen de un pueblo idílico, marcado por la vida tradicional. El ambiente es pacífico / apacible. Es un pueblucho.
Se publicó ese reportaje en *El País Semanal* para presentar, con una guiñada, una visión general de lo que supuestamente es Alemania.

3. individuelle Schülerleistung; *möglich*: se comprueban las ideas estereotipadas que existen sobre Alemania y los alemanes, p.ej. que las calles están limpias / que comemos muchas salchichas / que tenemos jardines bien cuidados con estatuas / que los alemanes somos "gemütlich", y que preferimos las cosas un poco cursis.

Visiones estereotipadas (SB S. 20)

Material: sechs Zeichnungen von Hühnern
Inhalt: Die Nationalität der Hühner lässt sich aufgrund der ihnen jeweils zugeschriebenen typischen Kennzeichen sofort erschließen, z. B. weisen *bowler hat* und Regenschirm das dritte Huhn in der oberen Reihe als Engländer aus. Die weiteren *pollos* stellen Holländer, Schweizer, Italiener, Franzosen und einen Deutschen bzw. Bayern dar.

Didaktisch-methodische Hinweise

Zu erwarten ist, dass die Schülerinnen und Schüler Belustigung äußern bzw. spontan beginnen, die Hühner zu identifizieren und ihnen Nationalitäten zuzuschreiben.
(Tipp: Darbietung über OHP/Folie, um die Stereotypen abzufragen.) Möglicherweise verarbeiten die Schülerzeichnungen des „typisch" spanischen *pollo* eine Reihe der Stereotypen, die sie mit Spanien verknüpfen, so dass sich ggf. auch ein völlig übertriebenes, inkohärentes Bild ergibt.

Actividades SB S. 20, Lösungsvorschläge

1. individuelle Schülerleistung

2. obere Reihe: 1 – pollo holandés / neerlandés, porque lleva zuecos; 2 – pollo suizo, porque lleva un barril como los famosos perros San Bernardo; 3 – pollo británico / inglés, por el sombrero bombín / hongo y el paraguas, símbolos del caballero inglés; untere Reihe: 4 – pollo italiano, por los espaguetis; 5 – pollo francés, por la barra de pan y la boina; 6 – pollo alemán, de Baviera; viste pantalones de cuero y un adorno de pelos de gamuza en la cabeza
Conclusión: Es fácil identificar la nacionalidad de los pollos porque llevan puestos los símbolos típicos de un cierto país, o sea, que tienen atributos que se asocian directamente con un país y una nacionalidad determinada.

3. individuelle Schülerleistung; *mögliche Lösungen:* monarquía: rey, tradiciones: torero / corrida de toros / Sanfermines, música: guitarra, flamenco / castañuelas, gitanos, arte: Gaudí / Dalí, paella, sangría,...

El perfecto ciudadano europeo (SB S. 20)

Material: Postkarte: „The perfect European should be ..."
Schwierigkeitsgrad: **
Inhalt: Die englischsprachige Postkarte spielt mit Stereotypen, indem sie gängige Präkonzeptionen in ironischer Weise ins Gegenteil verkehrt, z. B. „humble as a Spaniard".

Grammatik

Die *actividad* 1 übt die Verwendung von *ser*. Mit Blick auf den Aufgabenapparat bietet sich ein kurzer Exkurs auf die Formen der Steigerung an („más / menos... que"; „tan... como").
In der Textproduktion sollen die Lernenden die bislang erarbeiteten Aspekte verknüpfen: Geografie (Landschaftsformen, Stadt – Land, ...)/Geschichte, Traditionen, Gastronomie/nationale Stereo-

typen/Bezug auf das lema des Posters: Einheit, Abschaffen der Grenzen, Euro etc. Sofern Leistungsvermögen und -stand des Kurses dies erfordern, werden der Schreibprozess und das Produkt stärker gelenkt. Dazu kann die Aufgabe im Buch wie folgt konkretisiert werden:

Ten en cuenta los aspectos tratados en clase hasta ahora. Utiliza enlaces como *por lo tanto, así como, sobre todo, al fin y al cabo, por eso, gracias a, y lo que es más.* Puedes empezar así:
Europa es un continente de una geografía muy diversa. Hay paisajes bien distintos, como p. ej....

Actividades SB S. 21, Lösungsvorschläge

1. En la postal se dice que el perfecto ciudadano europeo debería...
- saber cocinar como los británicos – saber conducir como los franceses
- ser tan organizado como los griegos – ser tan controlado como los italianos – ser tan dotado para la técnica como los portugueses
- ser tan famoso como los luxemburgueses – ser tan humilde como los españoles – ser tan comunicativo como los finlandeses – ser tan sobrio como los irlandeses – ser tan generoso como los holandeses – ser tan disponible como los belgas – ser tan paciente como los austríacos – ser tan gracioso como los alemanes – ser tan decente como los daneses – ser tan flexible como los suecos

2.
- Los italianos son obviamente conocidos por su temperamento. / Se puede concluir que la postal ironiza el temperamento de los italianos.
- Los alemanes son obviamente conocidos por su falta del sentido de humor. / Se puede concluir que la postal ironiza la falta del sentido de humor de los alemanes.
- Los griegos son obviamente conocidos por su desorden. / Se puede concluir que la postal ironiza el desorden de los griegos.
- Los daneses son obviamente conocidos por su obsesión por el sexo. / Se puede concluir que la postal ironiza la obsesión por el sexo de los daneses.
- Los holandeses son obviamente conocidos por su tacañería. / Se puede concluir que la postal ironiza la tacañería de los holandeses.
- Los británicos son obviamente conocidos por su cocina insépida. / Se puede concluir que la postal ironiza la cocina insépida de los británicos.
- Los portugueses son obviamente conocidos por su incapacidad técnica. / Se puede concluir que la postal ironiza la incapacidad técnica de los portugueses.
- Los belgas son obviamente conocidos por su pereza. / Se puede concluir que la postal ironiza la pereza de los belgas.
- Los irlandeses son obviamente conocidos por su excesivo consumo de alcohol. / Se puede concluir que la postal ironiza el excesivo consumo de alcohol de los irlandeses.
- Los luxemburgueses son obviamente conocidos por su falta de renombre. / Se puede concluir que la postal ironiza la falta de renombre de los luxemburgueses.
- Los austríacos son obviamente conocidos por su impaciencia. / Se puede concluir que la postal ironiza la impaciencia de los austríacos.
- Los suecos son obviamente conocidos por su terquedad. / Se puede concluir que la postal ironiza la terquedad de los suecos.
- Los finlandeses son obviamente conocidos por su silencio. / Se puede concluir que la postal ironiza el silencio de los finlandeses.
- Los franceses son obviamente conocidos por su caótico estilo de conducir. / Se puede concluir que la postal ironiza el caótico estilo de conducir de los franceses.

3. *texto modelo:* Europa es un continente con una geografía muy diversa. Hay paisajes bien distintos, como p. ej. la tundra ártica, montañas altas e impresionantes, largas playas de arena blanca, modernas y animadas ciudades y pueblos pequeños.
Cada país tiene su propia historia y sus propias tradiciones. Por lo tanto tiene sus bailes, sus fiestas y una gastronomía muy variada con comidas y bebidas exquisitas.
Los pueblos europeos se distinguen por sus lenguas diferentes. Hay personas que dicen que también se diferencian por su mentalidad y las características típicas de cada pueblo.
Al fin y al cabo la UE es una familia de países europeos democráticos, que no son tan diferentes. Por eso el lema oficial del año 2004 fue "Unidos en la diversidad". Gracias a la política europea ya no hay fronteras en la Unión Europea. En la mayor parte de la UE el viajero puede desplazarse sin

llevar pasaporte y sin ser detenido en controles fronterizos. Los ciudadanos pueden estudiar y trabajar en cualquier país de la Unión Europea. Y lo que es más, el euro como moneda única en la mayoría de los países miembros hace más fácil viajar y comparar los precios.

4 Hacia la convivencia europea (SB S. 22–25)

Das Kapitel informiert über Möglichkeiten eines Auslandsaufenthaltes für Jugendliche. Dem Erasmus-Programm, konzipiert für *jóvenes universitarios*, wird der Europass zur Seite gestellt.

El espíritu Erasmus (SB S. 22/23)

Text: vier *testimonios*
Wortzahl: 445 (Emma: 100; Aurora: 103; Irene: 170; Mónica: 72)
Schwierigkeitsgrad: **/***
Inhalt: Die vier *testimonios* sind Berichte von jungen Spanierinnen über ihre Auslandsaufenthalte. Sie stellen ihre Erfahrungen im Ausland dar (Verständnis, Gemeinsamkeiten, Unterschiede).

Didaktisch-methodische Hinweise

Der Aufgabenapparat verfolgt das Ziel, Leseverstehen aufzubauen und zugleich auch Präsentationskompetenz zu schulen. Die folgenden sprachlichen Hilfen sind für die Hand der Schülerinnen und Schüler gedacht. Sie sollen die Vorträge stützen.

Zusatzmaterial

Ayuda lingüística

La becaria que voy a presentar se llama... / es...
Pasó X meses / un tiempo / un año en...
Allí vivió en... / Compartió piso con... / Convivió con...
Lo que más la impresionó fue... / X aprendió que...
Eso es todo, ¿tenéis preguntas?

Actividades SB S. 23, Lösungsvorschläge

1. *Amigos para siempre* – 3, Irene Escudero Aras
Besos y 'fondue' – 2, Aurora José Cruz
He crecido tanto – 1, Emma Suárez
Mis vecinos del Este – 4, Mónica Porcel Cots

2.

Título	Nombre	Lugar	Experiencia	Resumen
Amigos para siempre	Irene Escudero Aras	Cork, Irlanda	compartió piso con cuatro nacionalidades (diferencias: ropa, tiempo)	viajar como remedio contra los tópicos
Besos y 'fondue'	Aurora José Cruz	Neuchâtel, Suiza	nueve personas de ocho nacionalidades	lengua no necesariamente la clave del entendimiento
He crecido tanto	Emma Suárez	Cardiff / Gales, Reino Unido	gente de todo el mundo, entendimiento	diversidad cultural (costumbres, religión, inquietudes, comida, cine)
Mis vecinos del Este	Mónica Porcel Cots	Dinamarca	vecinos de cuarto	empatía y comprensión frente a los inmigrantes en su propio país, España

3. siehe Tabelle zu *actividad* 2

Zusätzliche Übungsangebote für Grammatik und Wortschatz

Die Kopiervorlagen (S. 25/26) bieten zusätzliches Übungsmaterial zur Festigung von Strukturen und Wortschatz. Die *indefinido*-Übung (S. 25) greift regelmäßige und einige unregelmäßige Verbformen auf (pasar, mirar, hablar, identificar, organizar, cocinar, llevarse u.c.; convivir, partir, asistir, compartir; aprender, conocer, volver / verbos irregulares: poder: pude, pudiste,... / tener: tuve, tuviste,... / ser, ir: fui, fuiste,...).
Die Aufgaben zum Wortschatz (S. 26) wälzen Kollokationen um und fördern die Begriffsbildung.

Lösungsvorschläge zur Kopiervorlage S. 25

1. lanzó – fue – estudió – trabajó – vivió – trabajó – contribuyó

2. pasó – convivió – aprendió – partió – asistió – pudo – se llevó – fueron – compartió – conoció – volvió – fueron

Lösungsvorschläge zur Kopiervorlage S. 26

1. participar en un programa de intercambio – facilitar a los jóvenes universitarios estudiar en una universidad extranjera – conocer otros países, culturas, y lenguas – solicitar una beca Erasmus – acudir a las universidades participantes

2. 1c, 2d, 3a, 4e, 5b

Weiterführende Aufgabe

In leistungsstarken Gruppen bietet es sich an, einen Kommentar zum Thema Auslandsaufenthalt verfassen zu lassen: Estudiar en el extranjero – los pros y los contras: ¿Qué ventajas trae consigo el intercambio? ¿Qué desventajas puede tener una estancia en el extranjero? Haz una lista de los pros y los contras. ¿Cuál es tu opinión personal?

Intercambio – Los pros y los contras

pros	contras
conocer a la gente, religión, cultura, comida diferente	surgir problemas, conflictos referente a la gente, cultura, religión, comida
aprender otras lenguas	no llevarse bien con la familia de intercambio / no apañarse
conocer otras universidades / otros sistemas escolares / universitarios	falta de adaptabilidad
ser ventajoso / conveniente para el trabajo	muchas universidades no aceptan los resultados de las universidades extranjeras
poder hacer experiencias extraordinarias	ser caro
darse cita con gente diferente (de España, Alemania, Australia)	

texto modelo: Pasé diez meses en los EEUU. Diría que este intercambio fue una experiencia extraordinaria y única. El país me gustó mucho, conocí a muchos amigos allí y mi familia anfitriona fue / era muy simpática. Tuve la oportunidad de asistir al "High School", un tipo de colegio americano. Organizábamos / Organizamos cenas internacionales y disfruté de las fiestas típicas, como el Día de Acción de Gracias (*Thanksgiving*) y el Día de la Independencia, el 4 de julio. Compartí casa con mi familia, juntos viajamos mucho durante las vacaciones. Es bueno aprender otras lenguas, especialmente cuando empiezas a pensar y soñar en esta lengua. Pero me parece que aprender a hablar el mismo idioma no es siempre la clave del entendimiento.

Kopiervorlage

1. **Habla sobre el patrón del programa Erasmus.** Completa las informaciones con el *indefinido* de: *contribuir (y), estudiar, lanzar, ser, trabajar (2x), vivir*

La UE ________________ el programa Erasmus en 1987, o sea, hace 20 años.

El nombre del programa ________________ dado en honor del filósofo, teólogo y humanista Erasmo de Rotterdam.

Erasmo ________________ y ________________ en diversos países de Europa en el siglo XV, buscando ampliar sus conocimientos y experiencias.

________________ y ________________ en París, Venecia, Cambrigde y Basilea.

________________ a difundir un nuevo modo de pensar crítico.

2. **Las chicas hablan sobre sus experiencias en el extranjero.** Completa los textos con una forma del *indefinido* de: *aprender, asistir, compartir, conocer, convivir, llevarse, partir, pasar, poder, ser (2x), volver*

Emma Suárez ________________ tres meses en Cardiff (Gales, Reino Unido).

Aurora José Cruz (23 años) ________________ con nueve personas de ocho nacionalidades. Durante su estancia ________________ qué es la clave del entendimiento.

Irene Escudero Aras (24 años) ________________ de Barcelona con mezcla de emoción y cierto miedo. Durante nueve meses no sólo ________________ a clase, sino que ________________ viajar por Irlanda. Lo mejor que ________________ de la isla verde ________________ los amigos. ________________ piso con otras chicas – dos alemanas, una noruega, una italiana y una irlandesa. También ________________ a muchos españoles.

Desde que **Mónica Porcel Cots** ________________ a casa, mira de otra manera. Siempre había visto a los inmigrantes del este como seres distantes. Pero en Dinamarca ________________ sus vecinos de cuarto, pared con pared; pero también mano con mano, y ahora corazón con corazón.

Kopiervorlage

1. Hablar sobre el programa Erasmus: colocaciones útiles.

- programa – participar – en – un – intercambio[1] – de
- jóvenes – extranjera – universitarios – facilitar[2] – en – a – universidad – los – estudiar – una
- culturas – países – conocer – y – otros – lenguas
- beca[3] – solicitar[4] – Erasmus – una
- universidades – a – acudir – participantes[5] – las

2. Definir los términos específicos.

1. **estudiante**	a) aquí: por ejemplo el arte, la historia, las tradiciones de un país
2. **programa Erasmus**	b) conjunto de dos personas que tienen una actividad común, o que colaboran en algo; aquí: dos personas de lenguas maternas distintas que se enseñan la respectiva lengua extranjera, la una a la otra
3. **cultura**	c) persona que cursa estudios en un instituto o una universidad
4. **beca**	d) programa europeo de intercambio para jóvenes universitarios
5. **tándem m.**	e) subvención para realizar estudios o investigaciones

[1]*Austausch* – [2]*ermöglichen* – [3]*Stipendium* – [4]*hier: beantragen* – [5]*teilnehmend* – [6]*erweitern* – [7]*verbreiten*

Europa escucha a sus jóvenes (SB S. 23/24)

Text: Transkript eines Interviews
Wortzahl: 606
Schwierigkeitsgrad: **/***
Inhalt: Das Interview hebt die Bedeutung europäischer (Austausch-)Programme hervor. Die Jugendlichen plädieren für eine frühzeitige Information bereits der Schulkinder über die EU, um den europäischen Geist zu fördern. – Auf politischer Ebene fordern sie eine stärkere Partizipation in den europäischen Institutionen. Zwar unterscheiden sich spanische Jugendliche hinsichtlich ihres Bildungsniveaus nicht von anderen in Europa. Ihre Sprachenkompetenz müsse aber konsequenter aufgebaut werden.

Didaktisch-methodische Hinweise

Es bietet sich an, den einleitenden Text des Kommentators (SB S. 23) als *advance organizer* zu nutzen und die Informationen zu Thema, Anlass, Zeit und Ort der *jornadas* zu bündeln (vgl. actividad 1). Bei den Hörverstehensaufgaben ist darauf zu achten, dass bisweilen mehr als eine Möglichkeit zutreffen kann. Die Angebote sind teils wörtlich dem Hörtext entnommen, teils paraphrasieren sie die Originalaussagen.

Actividades SB S. 23/24, Lösungsvorschläge

1. qué: jornadas, tema: futuro de los jóvenes, futuro de la UE, reunión de más de cien jóvenes; dónde: celebradas en Bruselas; cuándo: en octubre de 2006; por qué: las instituciones de la Comunidad Europea dan importancia a las opiniones de los jóvenes

2. A: a, b – B: b, c – C: a, b, c – D: a, c – E: a, b – F: a, b – G: b, c

Zusatzmaterial

Transkript: Europa escucha a sus jóvenes
Comentarista: Está claro, el futuro es de los jóvenes; también el futuro de la Unión Europea, por eso las instituciones de la Comunidad dan cada vez más importancia a sus opiniones. La última prueba son las Jornadas celebradas en Bruselas el pasado mes de octubre donde se dieron cita más de un centenar de jóvenes. El objetivo: compartir sus experiencias sobre los programas euro-

peos en los que han participado y aportar sugerencias que mejoren las futuras acciones de la Unión. Después de dos jornadas de trabajo, llegaron a conclusiones claras: Quieren más Europa, no menos, y les preocupa el escaso sentimiento de comunidad que incluso algunos de ellos padecen. Un problema para el que aportaron soluciones:
Entrevistada 1: Creo que un espíritu europeo se crea desde la infancia, entonces, creo que los países deberían hacer un esfuerzo en la educación fundamental y dar conocimientos sobre lo que es la Unión Europea a partir de temprana edad.
Comentarista: Hoy por hoy son algo más de 53 millones los jóvenes comprendidos entre los 15 y 24 años que viven en los países de la Unión. Pensando en ellos, la Comisión Europea ha puesto en marcha distintas iniciativas educativas de formación profesional y búsqueda de empleo, los programas Sócrates, Leonardo da Vinci y Juventudes con Europa, que entre otras cosas favorecen el intercambio de jóvenes.
Entrevistado 2: Desde mi punto de vista, el tema de los intercambios, creo que es fundamental porque es una manera de conocer cuál es la Europa a la que pertenecemos, una manera de abrirte a otros países. Creo que no llegamos a ningún sitio con una Europa unida simplemente económicamente y que la población permanezca como compartimentos estancos en cada país. Creo que la relación interpersonal es fundamental para que lleguemos lejos en este proyecto.
Comentarista: Los jóvenes españoles se muestran satisfechos de su participación en estos programas pero al igual que los del resto de los países de la Comunidad opinan que la información y la publicidad, que se da sobre los mismos, no es la adecuada.
Entrevistada 3: Eso supone un importante reto a superar porque es muy difícil acceder a las informaciones, si no sabes de antemano que esa información existe.
Comentarista: No obstante, actualmente más de 350.000 jóvenes de la Unión y de la Europa central y oriental participan en alguna de estas experiencias educativas. En todos los países de la Comunidad los jóvenes pueden recurrir a los centros de documentación, eurobibliotecas y puntos de información, que en España están distribuidos por casi todas las provincias. La guía „Europa, dígame" es un buen instrumento para saber adónde dirigirnos. Otro de los aspectos que los jóvenes aprecian es el esfuerzo que se está realizando para que se sientan bien representados en el seno de las instituciones europeas, aunque siempre se puede mejorar.
Entrevistada 4: Quizá se nos tenía que preguntar más, de vez en cuando, como en este momento, en esta conferencia, lo que nosotros pensamos, nuestras inquietudes y qué es lo que podemos aportar nosotros, no sólo recibir sino también aportar.
Comentarista: Han transcurrido algunos años desde que los jóvenes españoles se movieran al son de este ritmo. Ahora, según ellos mismos declaran, no se diferencian de los jóvenes de otros países de la Comunidad. Disfrutan de los mismos niveles de formación y padecen, en mayor o menor medida, el problema del paro. El idioma sigue siendo para muchos un obstáculo.
Entrevistada 5: Creo que quizá la única desventaja que podríamos tener es el idioma, que nos cuesta más a nosotros, muchísimo más trabajo porque, quizá, desde la escuela no nos hacen tanto hincapié en los idiomas como en otros países.

Aus: telc Español B1 Modelo de Examen 1, Comprensión auditiva, Parte 2 "Europa escucha a sus jóvenes", telc GmbH, Frankfurt/Main, 2007

Una iniciativa concreta: Europass (SB S. 24/25)

Text: Internetdokument
Wortzahl: 137
Schwierigkeitsgrad: **/***
Inhalt: Der Text stellt die Merkmale und die einzelnen Dokumente des Europasses dar. Diese sind vor allem der Lebenslauf und der Sprachenpass.

Didaktisch-methodische Hinweise

Die Funktion des Abschnitts besteht darin, ergänzend zum Erasmus-Programm (s. SB S. 22/23) eine Initiative zu präsentieren, die auch berufstätigen Jugendlichen eine praktikable Möglichkeit der Dokumentation ihrer Kompetenzen bietet. Im Aufgabenapparat werden die Lernenden aufgefordert, sich über die Dokumente zu informieren, sie aus dem Netz herunterzuladen und bei der Suche nach einem Praktikumsplatz zu nutzen.

Actividades SB S. 25 oben, Lösungsvorschläge

1. Hay varias ventajas que ofrece el Europass: informa sobre las habilidades y competencias de una persona; es útil a la hora de encontrar trabajo / solicitar prácticas / hacer experiencias en el extranjero / participar en un programa de educación o formación / la experiencia laboral, la formación escolar y universitaria / los conocimientos de otras lenguas / períodos de aprendizaje realizados en otro país

2. individuelle Schülerleistung

3. individuelle Schülerleistung; Link zuletzt überprüft am 28.02.08

Ni se te ocurra irte a Polonia (SB S. 25)

Text: Internettext
Wortzahl: 181
Schwierigkeitsgrad: **
Inhalt: Der Autor verweist darauf, dass das standardisierte Format des Europasses den Unternehmen die Auswahl von Bewerbern erleichtert. Den potenziellen Bewerbern empfiehlt er, sich genau zu überlegen, in welches Land sie gehen wollen. Da Polen im Vergleich innerhalb Europas die Arbeitslosenstatistik anführe, rät er Jugendlichen davon ab, dorthin zu gehen.

Didaktisch-methodische Hinweise

Der Titel ist missverständlich. Es sollte klargestellt werden, dass sich die Warnung lediglich auf die Chancen am Arbeitsmarkt in Polen bezieht.
Hinweis: Die Arbeitslosigkeit in Polen lag im Dezember 2006 bei 12,8 %, was einer Verbesserung um 30 % entspricht.

Actividades SB S. 25 unten, Lösungsvorschläge

1. *texto modelo:* El título es una advertencia dirigida a los jóvenes. Contrariamente a la primera impresión, el autor no intenta expresar ninguna idea xenófoba contra Polonia o los polacos. Lo que el autor quiere decir es que en Polonia la tasa de paro es muy alta. Por eso no vale la pena para los jóvenes irse allí. No encontrarían trabajo en Polonia. Actualmente el país no brinda buenas oportunidades en el sector laboral.

2. **Tasas de paro**

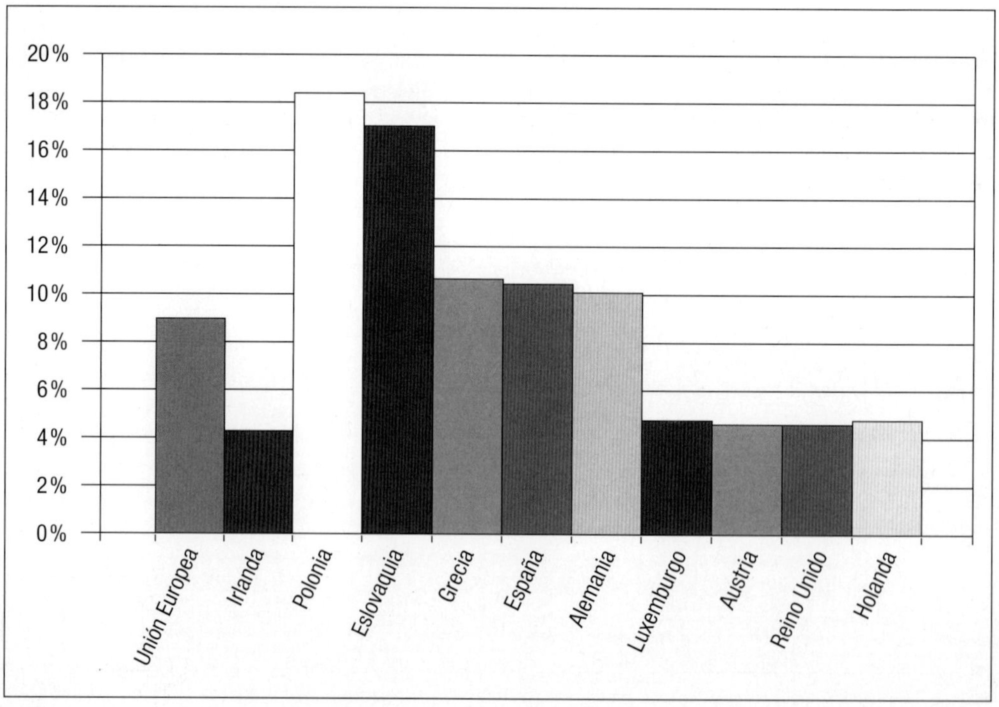

3. Entre las oportunidades que la UE ofrece a los jóvenes a la hora de entrar en la vida profesional se encuentran la movilidad, un mercado grande donde elegir, así como mercados locales de trabajo y una variedad muy grande de países.

5 Historia (SB S. 26–28)

Didaktisch-methodische Hinweise

Das Kapitel präsentiert den historischen Hintergrund der Europäischen Union. Um den Stoff motivierender zu gestalten, wird das Quiz als Form der Darbietung gewählt. Die Lernenden können die Fragen durch Rekapitulation von bisher Erlerntem sowie durch eine gezielte Auswahl aus den Textfragmenten "50 años de Europa" (SB S. 27) lösen.
Schwierige Vokabeln, die einer vorherigen Klärung bedürfen, könnten sein: „ser adoptado", „país fundador", „unión monetaria", „franco-alemán", „acta de nacimiento", „entrar en vigor".

Grammatik

Desgleichen kann es notwendig sein, vor der Durchführung des Quiz die Formen des *indefinido* zu wiederholen. Eventuell werden die Schülerinnen und Schüler aufgefordert, die im Text verwendeten *indefinido*-Formen der Verben auf -ar, -er, -ir zu markieren und den Infinitiv zu bestimmen. Wenn der *indefinido* in diesem Modul eingeführt wird, empfiehlt es sich, eine mündliche Phase einzuplanen, um die Aussprache der 3. Person Singular zu festigen. An der Tafel werden festgehalten:
- als Beispiele für die -ar Konjugation: entró / se efectuó / pasó / entraron
- die unregelmäßigen Formen: fue – ser, ir / propuso – proponer / tuvo lugar – tener lugar

La convivencia de los europeos (SB S. 26/27)

Text: Quiz
Schwierigkeitsgrad: **/***
Inhalt: Das Quiz erfragt Basisinformationen zur EU (Flagge, Gründerstaaten, Erweiterungen, ...).

Lösungen des Quiz: 1 b/2 a/3 b/4 a/5 b/6 a/7 a/8 b/9 a/10 a/11 b/12 a

50 años de Europa (SB S. 27)

Text: Auszüge aus einem Zeitungsartikel
Wortzahl: 144
Schwierigkeitsgrad: **/***
Inhalt: Die Auszüge informieren über Meilensteine in der Entwicklung der Europäischen Union. Sie stellen die Verdienste der EU in den (zum Zeitpunkt der Veröffentlichung) 50 Jahren ihres Bestehens heraus.

Didaktisch-methodische Hinweise

Beim Einsatz der Aufgabe 5 (SB S. 28) empfiehlt es sich, eine Folie zu verwenden und die Vorgehensweise zu erklären, ggf. unterstützt durch einen Tafelanschrieb:
- completar las frases utilizando el *indefinido*
- reconstruir el texto en el grupo
- presentar el texto sin ayuda, sin mirar las frases sueltas

Als Folgeübung bereiten die Schülerinnen und Schüler eine *charla un minuto* vor. Die Methode wird im Anhang des SB erläutert (S. 319).

Actividades SB S. 28, Lösungsvorschläge

1. Mögliche Grafik/Zeitleiste:

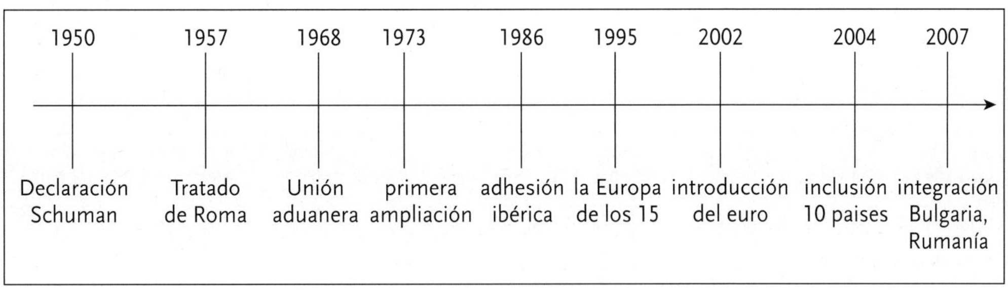

2. a) **2002**: El 1 de enero entra en circulación el euro, la moneda única europea en doce países miembros.
2004: La Europa de los 25 con 10 nuevos miembros: inclusión de Eslovaquia, Eslovenia, Estonia, Hungría, Letonia, Lituania, Polonia y República Checa, Chipre y Malta.
2007: La Europa de los 27 con dos nuevos miembros: Rumanía y Bulgaria.
b) individuelle Schülerleistung (Tipps für die Suchbegriffe: introducción euro / 1 de mayo de 2004 / 1 de enero de 2007 ampliación Unión Europea)

3. im Kontext wichtige Zahlen sind: 3, 6, 9, 12, 15, 50, 370, 1950, 1957, 1968, 1973, 1981, 1986, 2002, 2004, 2007

4. a) celebró, b) anunció, c) firmó, d) creó, e) creó / fundó, f) crearon, g) se amplió, h) entraron, i) se incorporó, j) se aumentó, se realizó

5. *texto modelo:* La Unión Europea nació con el Tratado de Roma de 1957. Es el acta de nacimiento de la CEE. Los seis países fundadores de la CEE fueron Alemania, Francia, Bélgica, Holanda, Luxemburgo e Italia. En 1973 la unión se amplió por primera vez. La bandera europea fue adoptada como bandera oficial en 1986. Las 12 estrellas sirven como símbolo de la perfección y decoran la bandera azul. En el año 1986 España ingresó en la Unión Europea en la llamada adhesión ibérica. El euro entró en vigor como moneda única europea en 2002. Actualmente 27 países forman la Unión Europea.

6 España y la Unión Europea (SB S. 29/30)

Das Kapitel thematisiert Spaniens Position innerhalb der EU. Das Jahr 2004 markiert den Beginn der erneuten Hinwendung Spaniens zu Europa durch Zapateros Politik, nachdem sich zuvor José María Aznar u. a. durch seine Irak-Politik von der Union abgegrenzt hatte.

Spaniens neue Liebe zu Europa (SB S. 29)

Text: deutscher Zeitungstext
Schwierigkeitsgrad: ***
Inhalt: Der Artikel berichtet vom Dreier-Gipfel zwischen Zapatero, Chirac und Schröder in Madrid im Jahre 2004. Nach der Abkehr Spaniens von Europa in der Regierungszeit José María Aznars führt Zapatero sein Land wieder zurück nach Europa. Die Themen der drei Spitzenpolitiker waren die Ratifizierung der Verfassung, die gemeinsame Sicherheits- und Außenpolitik und die Verteilung der EU-Subventionen.

Didaktisch-methodische Hinweise

Der Text wird zur Schulung der Fertigkeit ‚Sprachmitteln' eingesetzt. Die Lernenden lesen den deutschsprachigen Zeitungsartikel, fertigen angeleitet durch das Organigramm Notizen auf Spanisch an und präsentieren auf dieser Grundlage einen spanischen Kurzvortrag. Um ihnen die komplexe Aufgabe zu erleichtern, kann folgendes *sistema de apoyo* gegeben werden:

Zusatzmaterial

el tema de este artículo es...
el artículo informa sobre / ...habla de / ...trata de
el título, subtítulo

Actividades SB S. 29/30, Lösungsvorschläge

1.

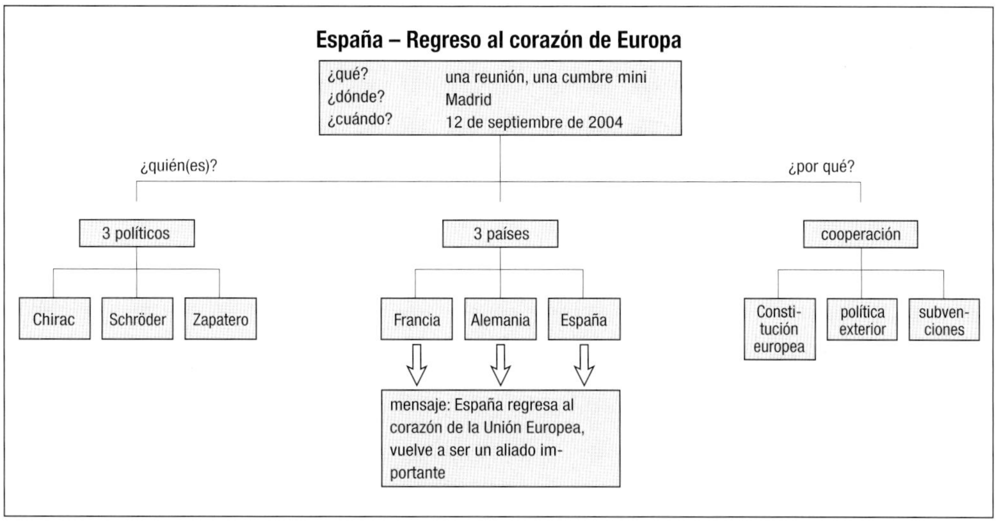

2. *texto modelo:* El artículo del *Kölner Stadtanzeiger* del 12 de septiembre de 2004 trata de la primera mini cumbre entre los Jefes de Estado de España, Francia y Alemania, o sea, entre Zapatero, Chirac y Schröder. Los tres líderes quieren cooperar estrechamente para fomentar la unión europea. Su agenda incluye el apoyo unánime de la Constitución Europea, una política exterior común y un acuerdo con respecto a la distribución de las subvenciones de la Unión Europea previstas entre 2007 y 2013. Con la frase "España quiere regresar al corazón de Europa" Zapatero quiere expresar que su país se comprende como un país miembro de la Unión Europea.

3. a) se convirtió, b) fue / firmó, c) abolió, d) se introdujo, e) hubo

Zusatzmaterial

Die zusätzlichen Übungssätze zum *indefinido* (Kopiervorlage S. 32) enthalten z.T. neues Wissen (Sätze 1–4, 10–12, 14–18). Um diese neuen Informationen produktiv für den Unterricht zu nutzen, kann es erforderlich sein, die folgenden Vokabelangaben zu machen:
alinearse con – aliarse con
estallar una guerra – *ausbrechen (Krieg)*
facilitar – hacer posible
Generalísimo – denominación para el general Franco, dictador de España
José María Aznar – presidente español anterior a Zapatero
pleno derecho – *volles Recht*
programa de paso – programa provisional
restablecer (zc) – *wiederherstellen*
solicitar – pedir; *beantragen*

Für einige zusätzliche Hinweise zu Franco siehe das Modul „La diversidad cultural y lingüística en España", SB S. 154 unten (*placa*).

Lösungen zur Kopiervorlage S. 32

1. solicitó; 2. murió; 3. facilitó; 4. aprobó; 5. se integró; 6. se convirtió; 7. fue / firmaron; 8. se efectuó; 9. abolió; 10. obtuvo; 11. apoyó; 12. participó; 13. entró; 14. adoptó; 15. estalló; 16. se alineó; 17. se opuso; 18. se alejó; 19. se encontró; 20. dijo

Kopiervorlage

La integración de España en la Unión Europea. Completa las frases con el *indefinido.*

1. Desde los años sesenta el gobierno del dictador Franco ____________ la incorporación de España. (*solicitar*)
2. El Generalísimo Franco ____________ en 1975. (*morir*)
3. El Rey don Juan Carlos I ____________ restablecer la democracia en España. (*facilitar*)
4. Con el primer gobierno de Felipe González, el 12 de junio de 1985 se ____________ el Tratado de Adhesión a las Comunidades Europeas. (*aprobar*)
5. España ____________ en la UE en 1986. (*integrarse*)
6. El 1 de enero de 1986 ____________ en un país miembro de pleno derecho de la CEE. (*convertirse*)
7. España ____________ uno de los países que ____________ el Tratado de la Unión Europea en 1991. (*ser, firmar*)
8. En 1995 ____________ la ampliación de la Unión Europea a 15 miembros. (*efectuarse*)
9. Como consecuencia del Tratado de Schengen, en 1995 España ____________ el control de las fronteras. (*abolir*)
10. España ____________ la Presidencia Española de la UE en el mismo año. (*obtener*)
11. En la cumbre de Niza de 2000 España ____________ la ampliación de la UE por los países del Este. (*apoyar*)
12. Con la introducción del euro España ____________ en el programa de paso a la moneda única. (*participar*)
13. El 1 de enero de 2002 el euro ____________ en vigor formalmente en el espacio europeo como moneda única. (*entrar*)
14. España ____________ de nuevo la Presidencia de la Unión Europea en 2002. (*adoptar*)
15. En 2003 ____________ la Guerra de Irak. (*estallar*)
16. El gobierno de José María Aznar ____________ con EEUU e Inglaterra. (*alinearse*)
17. Con esta decisión el gobierno ____________ a la voluntad de la mayoría del pueblo español. (*oponerse*)
18. También ____________ de Francia y Alemania. (*alejarse*)
19. El 13 de septiembre de 2004 José Luis Zapatero, el nuevo Presidente de Estado, ____________ con el canciller alemán Gerhard Schroeder y el presidente francés Jacques Chirac para impulsar la Unión Europea. (*reunirse*)
20. Después de la cumbre Zapatero ____________ : –He prometido a los españoles regresar al corazón de Europa. (*decir*)

"Yo nací el 1 de enero de 1986" – Habla la Eurogeneración (SB S. 30)

Text: zwei *testimonios*
Wortzahl: 245 (147; 98)
Schwierigkeitsgrad: **/***
Inhalt: Beatriz Cantalejo und Jorge Clemente sprechen stellvertretend für die *eurogeneración* über die Bedeutung, die Europa für sie hat. Während Beatriz davon beeindruckt ist, wie brisante Themen der Mitgliedstaaten auf europäischer Ebene aufgegriffen werden, sieht Jorge ein den USA ähnlich großes Potenzial in Europa. Beatriz fühlt sich durch den Wegfall der Grenzen in Europa so sicher wie zu Hause. Jorge macht auf die Probleme aufmerksam, die mit der Einwanderung aus Afrika verbunden sind.

Actividad SB S. 30, Lösungsvorschläge

La experiencia clave de Beatriz Cantalejo fue una visita al Parlamento Europeo en Bruselas. Le impresionó tanto porque se dio cuenta de que Europa es un gran país. Asistió a un debate sobre ETA y esto le hizo comprender que los europeos se preocupan por sus vecinos.
En un futuro próximo la estudiante piensa trabajar en Italia aunque no sabe hablar el italiano. Está convencida de que estará como en casa.
Jorge quiere perfeccionar su dominio del inglés por motivos profesionales, estudia gestión y administración de empresas turísticas. El chico compara la Unión Europea con los Estados Unidos. Su fuerte, lo ve en el euro.

7 Recapitulación: Un proyecto en torno a la identidad europea (SB S. 31)

Didaktisch-methodische Hinweise

Das Thema *Un viaje por la Unión Europea* eröffnet Spielraum für vielfältige Projektideen. Die Projektarbeit sollte frühzeitig initiiert werden, so dass die Schüler unterrichtsbegleitend in selbstständiger Arbeit recherchieren und ihre Texte vorbereiten können.
Vor allem die Radioaufnahme ist zeitaufwendig. Sie muss eingeübt und geprobt werden. Falls Schüler eine musikalische Untermalung in ihre Reportage integrieren wollen, sollte darauf geachtet werden, dass diese Einlagen nicht zu lang werden.
Mögliche Themen sind z. B. „fútbol", „flamenco", die exemplarische Darstellung eines Landes (z. B. Chipre, Rumanía) oder einer berühmten Persönlichkeit (Leonardo da Vinci). Vgl. hierzu die *mapa mental* (S. 34).
Auf der Seite http://aula2.elmundo.es/aula/laminas/lamina1174898555.pdf (Stichworte für die Suche: la Europa de los 27) findet sich eine knappe Übersicht über die 27 Mitgliedsländer, mit *fichas*.

Zusatzmaterial

Ayuda lingüística

Podéis empezar así:
Herzlich Willkommen, Bienvenidos, Bienvenue, Bienvenuti...
El tema de nuestro programa de hoy es "..." y nos concentramos en...
Les doy la bienvenida a nuestros invitados...

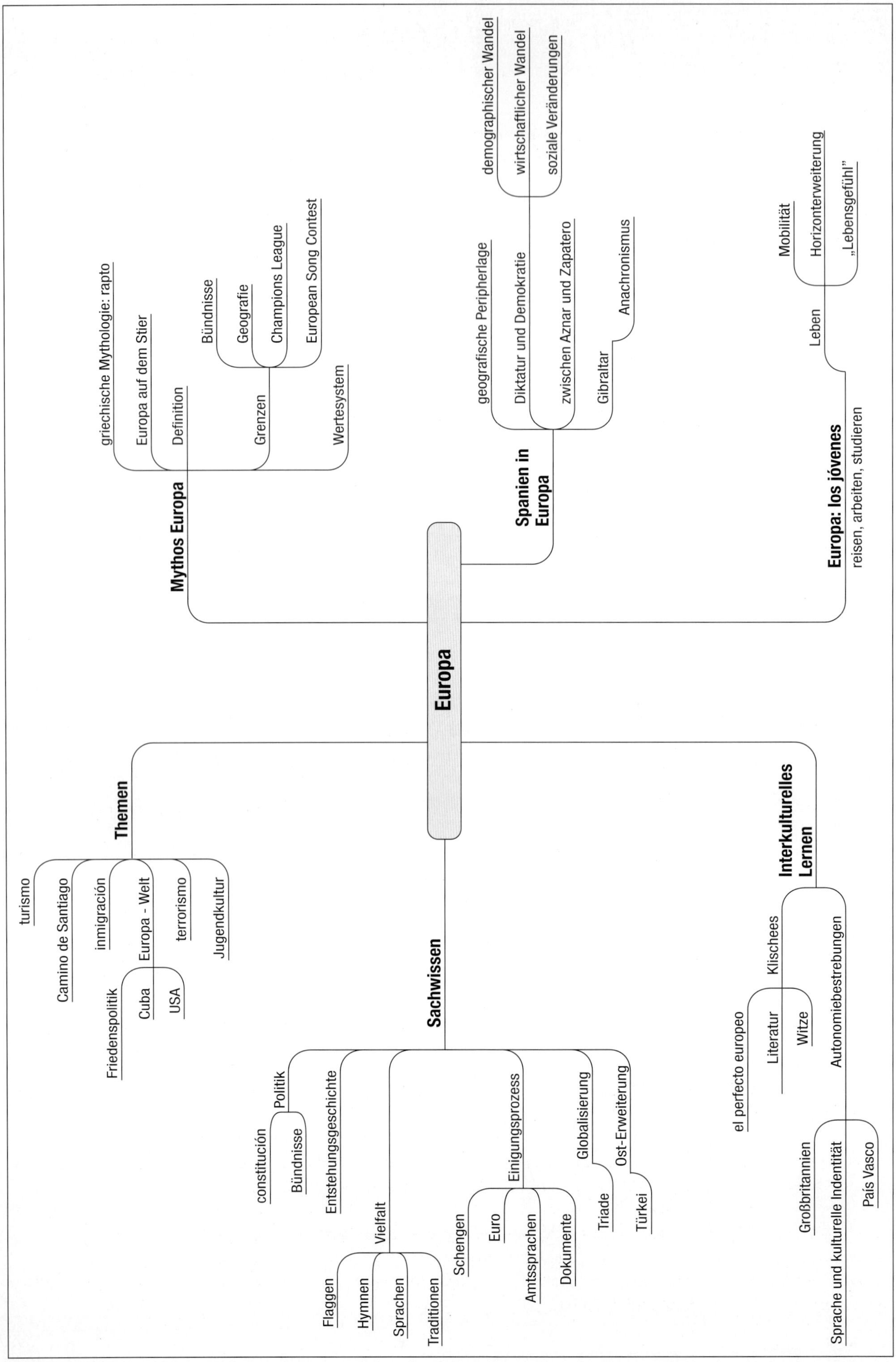

Europa
Mythos Europa
griechische Mythologie: rapto
Europa auf dem Stier
Definition
Grenzen
Bündnisse
Geografie
Champions League
European Song Contest
Wertesystem
Spanien in Europa
geografische Peripherlage
Diktatur und Demokratie
zwischen Aznar und Zapatero
demographischer Wandel
wirtschaftlicher Wandel
soziale Veränderungen
Gibraltar
Anachronismus
Europa: los jóvenes
reisen, arbeiten, studieren
Leben
Mobilität
Horizonterweiterung
„Lebensgefühl"
Themen
turismo
Camino de Santiago
inmigración
Europa - Welt
Friedenspolitik
Cuba
USA
terrorismo
Jugendkultur
Sachwissen
Politik
constitución
Bündnisse
Entstehungsgeschichte
Vielfalt
Flaggen
Hymnen
Sprachen
Traditionen
Einigungsprozess
Schengen
Euro
Antssprachen
Dokumente
Globalisierung
Triade
Ost-Erweiterung
Türkei
Interkulturelles Lernen
Klischees
el perfecto europeo
Literatur
Witze
Autonomiebestrebungen
Großbritannien
Sprache und kulturelle Identität
País Vasco

Movimientos migratorios (SB S. 32–57)

Das Modul bietet einen Überblick über die aktuelle Immigrationsproblematik am Beispiel der marokkanischen Einwanderung nach Spanien. Der Schwerpunkt des Methodentrainings liegt auf dem Verfassen eines *resumen*. Die Behandlung eines Auszugs aus dem Roman „Abdel“ sowie die Bearbeitung von zwei Liedern stellen erste Ansätze der Auseinandersetzung mit fiktionalen Texten dar.

Fundamentum (grau unterlegt) und Additum gliedern sich wie folgt:

SB Seite			
32/33	**Auftaktseiten**		
34/35	1	**Pedro Guerra, Extranjeros**	Lied/Übung zum *subjuntivo*
36–45 36/37 36 37	2 2.1	**La inmigración a Europa y España** **Factores de atracción y empuje** "Queremos papeles" „Diesmal muss es klappen“	 drei kurze *testimonios* deutscher Zeitungsartikel
38–40 38 39	2.2	**Los flujos migratorios hacia Europa** La fuerza de la... marea humana Datos generales de Marruecos	 Landkarte, Zeitungsartikel statistische Daten
41–45 41 42 43 44	2.3	**Emigrar a toda costa** 1: Dos continentes – dos mundos 2: El paso en patera 3: La frontera de Ceuta y Melilla 4: La vida en el paraíso	 vier Fotos Übung zum *subjuntivo*
46–50 46/47 46	3 3.1	**España y sus no ciudadanos** **Buscando trabajo en España** Abdel, un joven tuareg en España	 Romanauszug
48/49 48	3.2	**Campaña de legalización** ¿Papeles para todos?	 Zeitungsartikel
50 50	3.3	**Fantasma en la cuidad** Manu Chao, Clandestino	 Lied/Übung zum *subjuntivo*
51–56 51–53 51	4 4.1	**La convivencia en la vida diaria** **¿Cómo sería la vida sin inmigrantes?** ¿Qué pasaría si Madrid se quedara sin inmigrantes?	 Zeitungsartikel
54/55	4.2	**Cómo lo ven los españoles – una encuesta**	Umfrage: Diagramm
54/55 56	4.3	**Hacia la integración** La historia de los marroquíes Jaouad Azzouz, de 28 años, y Saloua Ndali, de 29	 Zeitungsartikel
57	5	**La última frontera**	Produkt: Talkshow

Zum Einsatz der Auftaktseiten (SB S. 32/33)

Didaktisch-methodische Hinweise

Als Einstieg in die Teilsequenz bietet sich die Verknüpfung des Liedes *Extranjeros* von Pedro Guerra mit den Bildern an. Alternativ können die Fotos im Zusammenhang mit dem Inhaltsverzeichnis zum Modul besprochen werden. Auf diese Weise wird ein *advance organizer* geschaffen, der die unterrichtliche Arbeit strukturieren hilft.
In jedem Fall sollte das Kernvokabular des Moduls eingeführt bzw. vorentlastet werden. Hierzu zählen Begriffe wie „africanos", „España", „flujo migratorio", „motivos", „emigrar", „inmigrar", „ilegal", „integración", „marginación", „peligro", „mar", „barco" (s. die Übersicht über die *Palabras y expresiones clave* im Anhang SB, S. 336/337).

1 Pedro Guerra: "Extranjeros" (SB S. 34/35)

Extranjeros (SB S. 34/35)

Text: Lied
Wortzahl: 152
Schwierigkeitsgrad: ***
Inhalt: Das Thema des Liedes ist die illegale Einwanderung von afrikanischen Immigranten nach Spanien. Sie gehen dort hin, um ihre Lebensbedingungen zu verbessern. Pedro Guerra möchte, dass wir die Einwanderer mit Respekt, wie unsere Brüder, behandeln und ihnen helfen.

Didaktisch-methodische Hinweise

Der Einsatz des Liedes dient der spontanen Annäherung an das Thema. Die poetische Verarbeitung der *travesía* soll die Neugier der Lernenden wecken und Fragen aufwerfen (Anknüpfen an Weltwissen). Dem Prinzip der integrierten Grammatikarbeit folgend wird im Zusammenhang mit dem Sprechen über die Intention des Liedes der *subjuntivo* angewendet.
Die Aufmerksamkeit der Schülerinnen und Schüler sollte auf die leicht verständlichen Versatzstücke gelenkt werden. Die Sprache des Liedes ist poetisch dicht. Eine Reihe von Ausdrücken bleibt evtl. selbst für Muttersprachler doppeldeutig und sperrt sich der Interpretation („sacados de luz", „ahogados en dos", „salvando la sal").
Verständnisschwierigkeiten können z. B. auftreten bei „están por ahí"/„llegaron de allá" (1), „aquí" (3), „no quieren volver" (12), „papel" (10), „dolor" (21). Verständnishemmend kann sich auch die satzverkürzende Struktur „por ser como" auswirken. Hier hilft der Hinweis darauf, dass sie dem Nebensatz *porque es como* entspricht.

Zusatzinformation

Pedro Manuel Guerra: cantautor canario nacido en Güimar (Tenerife) el 2 de junio de 1966. Empezó su carrera con el grupo „Taller canario", bastante conocido en las islas. Colaboró con Joaquín Sabina, Silvio Rodríguez, Luis Eduardo Aute y Víctor Manuel. En 1993 se trasladó a Madrid para iniciar su carrera en solitario.
Hoy, Pedro Guerra goza de gran prestigio como intérprete y compositor. En 1995 publicó su primer disco en solitario, *Golosinas*, en el que se incluyó la canción *Contamíname*. Está influenciado, entre otros, por los Beatles, Fito Páez, Caetano Veloso, Djavan, y sobre todo por Silvio Rodríguez. Otras fuentes de inspiración son Ray Loriga, el folklore canario, las miserias de la cultura occidental, la represión franquista y el consumismo insolidario.

Zusatzmaterial

Folie: Leitfragen zur Besprechung des Liedes

¿Cuál es el título de la canción? → Se titula
¿Cómo se llama el cantante? ¿De dónde es?
¿En qué lengua canta?
¿Qué impresión te produce la melodía?
¿Qué instrumentos se usan?
¿Qué te parece la canción? → bastante / muy / no muy... porque
¿Qué se puede decir sobre el contenido? → Trata de...
Resumiendo todo esto se puede concluir que el tema de la canción es...

Lösungsbeispiel zum Zusatzmaterial

texto modelo: La canción se titula "Extranjeros". El cantante se llama Pedro Guerra. Es de Canarias. La melodía me gusta mucho / no me gusta nada. Canta en español pero algunos de los instrumentos suenan árabes, p. ej. la cítara. Es una canción bastante interesante porque se utilizan los elementos árabes. En cuanto al contenido se puede decir que trata de inmigrantes que vienen de África. Resumiendo todo esto se puede concluir que el tema de la canción es la inmigración ilegal a España.

Zusatzmaterial

"Extranjeros" – anotaciones

ahogar	*ertrinken, ersticken*
alma (f); el alma	*Seele*
esconder	*verstecken*
fe (f)	*Glaube*
huir (huyo, huyes, huye, huimos, huís, huyen)	escapar; *fliehen*
perdido > perder (ie)	*verloren, verlassen*
pidiendo > pedir (i)	*bittend, verlangend*
recuerda > recordar (ue)	*Erinnere dich!* (Imperativ)
rezar	hablar con Dios; *beten*
sacar de	*herausziehen*
sal (f)	*Salz*
salvar	superar; *überwinden*
viento	*Wind*
volver (ue)	regresar; *zurückkehren*

Weitere Hinweise

Um ein vertieftes Textverständnis zu erreichen, kann im Anschluss an die *actividad* 2 oder 3 eine Phase der Textarbeit eingeschoben werden, ggf. als arbeitsteilige Kleingruppenarbeit. Die Gruppen bekommen je eine Strophe zugewiesen. Mögliche Aufgaben sind:

1. Aclarad el significado de la estrofa. ¿Qué significa una expresión / colocación (en alemán)?
2. Parafrasead las expresiones de la estrofa. ¿Cómo se puede decirlo en otras palabras? (trabajo con el diccionario bilingüe)
3. Redactad un texto corto para presentar la estrofa al curso: una persona lee la estrofa entera (un verso, una expresión), otra explica lo que significa (ayudas lingüísticas, hoja de trabajo).

Um die Schülerinnen und Schüler an die komplexe Aufgabe heranzuführen, ist das modellhafte Erarbeiten einer Strophe im Plenum hilfreich, etwa Z. 5–8:

gente que mueve su casa
sin más que su cuerpo y su nombre
gente que mueve su alma
sin más que un lugar que lo esconde

Zusatzinformation

"Gente que mueve su casa" es la expresión clave de la canción. También es el nombre de un programa de ayuda para inmigrantes. Este programa se publicó como CD, con material adicional: http://www.contaminame.org/gente.html

Actividades SB S. 34/35, Lösungsvorschläge

1. *Mögliche Antworten:* – música, instrumentos, ritmo, voz del cantante; – [dios, casa, mar, gente, nombre, papel, mundo, patria, barcos]; – gente de África, africanos que van a otro lugar / extranjeros. Als vorläufiges Textverständnis könnte etwa festgehalten werden: huyen de su patria porque hay dolor allí, porque no tienen nada, o sea, ni dinero ni comida. Por eso buscan una nueva patria. No quieren regresar a sus países de origen.

2. individuelle Schülerleistung

3. título: palabra "extranjeros" despierta asociaciones negativas / connotación "extraño" / una persona que es de fuera y que llama la atención por ser diferente / contrasta con la letra, en la que se les llama "gente"
- *mover la casa* significa "mudarse de casa". La gente se muda por varios motivos: trabajo, matrimonio; para vivir en un piso más grande / más pequeño, jubilación; en general: cambio de las condiciones de vida
- cuando uno se mueve de casa, hay que hacer las maletas, muchas veces también dejar atrás a los amigos, abrir una nueva cuenta corriente en el banco
- algunas de las consecuencias para las personas son p. ej. tener que decorar el nuevo piso, encontrar nuevos amigos, recordar la patria, sentir nostalgia, echar de menos a los que se dejaron / quedaron allí.

4. individuelle Schülerleistung

5. a) consideren, b) comprendamos, c) tratemos, d) tengamos, e) menospreciemos

Grammatik

Einführung, Regel und Anwendung

In Partner- oder Kleingruppenarbeit bzw. als Hausaufgabe sammeln die Schülerinnen und Schüler mögliche Vorschläge zur Intention des Autors. Dabei nutzen sie die Strukturen „tienen que", „deben" und/oder „(no) debemos". Im Unterricht werden die Schülerideen so umformuliert, dass der *subjuntivo* erforderlich ist. Wenn es sich um die Einführung des Phänomens handelt, empfiehlt sich zunächst die Reduktion auf Verben der Konjugationsklasse -ar in Kombination mit dem Auslöser „(no) quiere que", z. B.:

- La gente tiene que tratar a los emigrantes con respeto, o sea, Pedro Guerra quiere que la gente trate a los emigrantes con respeto.
- Los oyentes no deben menospreciar a los emigrantes, o sea, el cantante quiere que los oyentes no menosprecien a los emigrantes.

In der Kognitivierungsphase wird festgehalten, dass der Ausgangspunkt für die Bildung des *subjuntivo* der Stamm der 1. Pers. Sg. Präsens ist. Die Schülerinnen und Schüler benennen den Vokaltausch und leisten den Transfer auf die übrigen Konjugationsgruppen. Diese selbstständige Leistung wird unterstützt durch zusätzliche Beispiele auf der Folie (s. Kopiervorlage).

Kopiervorlage

Pedro Guerra quiere que...	los oyentes los españoles el gobierno nosotros tú ...	mirar a los emigrantes con respeto considerar a los emigrantes como hermanos hablar con los extranjeros escuchar a los inmigrantes ayudar a los inmigrantes tratarlos como seres humanos no menospreciar a los inmigrantes encontrar (ue) una solución humana al problema mostrarse (ue) comprensivo,a comprender qué difícil es la vida del emigrante entender (ie) sus problemas conocer (zc) los problemas de los inmigrantes tener compasión de los emigrantes ponerse en su lugar no surgir conflictos no surgir tendencias racistas no producirse (zc) problemas sociales

Lösungsvorschläge zur Kopiervorlage

Pedro Guerra quiere que

- los oyentes miren a los emigrantes con respeto / consideren a los emigrantes como hermanos / no consideren a los emigrantes como extranjeros / hablen con los extranjeros / escuchen a los inmigrantes / ayuden a los inmigrantes / los traten como seres humanos / no menosprecien a los inmigrantes
- el gobierno encuentre una solución humana al problema / se muestre comprensivo
- (nosotros) comprendamos qué difícil es la vida del emigrante / entendamos sus problemas / conozcamos los problemas de los inmigrantes
- (tú) tengas compasión de los emigrantes / te pongas en su lugar
- no surjan conflictos / no surjan tendencias racistas / no se produzcan problemas sociales

2 La inmigración a Europa y España (SB S. 36–45)

2.1 Factores de atracción y empuje (SB S. 36/37)

"Queremos papeles" (SB S. 36)

Text: drei *testimonios*
Wortzahl: 190 (66, 65, 59)
Schwierigkeitsgrad: */**
Inhalt: Gemeinsames Thema der *testimonios* sind die Motive der Schwarzafrikaner, illegal in die EU bzw. Spanien einzuwandern, sowie ihre Erwartungen an das Leben dort.

Didaktisch-methodische Hinweise

Die *testimonios* „Queremos papeles" geben Einblick in die Motive von drei afrikanischen *inmigrantes* nach Spanien. Die Landkarte visualisiert die Route von El Marsa in der Westsahara auf die Kanarischen Inseln. Sie hat eine doppelte Funktion: Neben der Verortung bzw. Vertiefung der *testimonios* ist sie als Filtertext eine Vorentlastung des Zeitungsartikels auf S. 38/39 des SB. Eine mögliche Schwierigkeit liegt in den *subjuntivo*-Formen, die die drei Personen verwenden, wie z. B. „que nos den papeles" / „de lo que sea" etc.

Actividades SB S. 36, Lösungsvorschlag

1. –

2.

Nombre, origen	Motivo para emigrar	Expectativa
Cris, Nigeria (24 años)	trabajo	trabajar, de lo que sea, sólo necesita documentos
Bright, Nigeria (27 años)	en su país no hay derechos humanos	quiere llevar una vida digna en Europa / España, donde se garanticen los derechos humanos
Helen Ulihifun, Nigeria (26 años)	trabajo	el gobierno español tiene que ayudar

Afrika wandert aus: „Diesmal muss es klappen" (SB S. 37)

Text: Zeitungsartikel
Wortzahl: 436
Schwierigkeitsgrad: ***
Inhalt: Der Zeitungstext schildert anschaulich die Motive für die Auswanderung von Schwarzafrikanern nach Europa. Der Bericht gibt Auskunft über die Route, die die Auswanderer nehmen, und die damit verbundenen Gefahren und Hindernisse.

Didaktisch-methodische Hinweise

Der Einsatz des deutschsprachigen Artikels soll die Sprachbewusstheit schulen. Beim Sprachmitteln geht es um die sinngemäße Wiedergabe des Ausgangstextes. Diese Aufgabenstellung überprüft immanent den aktiven Wortschatz der Schülerinnen und Schüler. In der Regel verfügen sie über die meisten der hier verwendeten Vokabeln sowie die erforderlichen Strukturen.
Entsprechend der Modelltexte aus *Canarias 7* sollte die Textlänge des in Aufgabe 3 geforderten *testimonio* circa 60 Wörter betragen. Bei der Textproduktion könnte sich ggf. ein Problem daraus ergeben, dass Cheikh sich nicht in Spanien bzw. auf den Kanaren befindet, sondern noch in seinem Heimatland.

Actividades SB S. 37, Lösungsvorschläge

1. *las razones de la emigración de África a Europa:* con un trabajo en España o Francia él podría mantener a toda la familia en Senegal, donde es difícil vivir de lo que se ganan con el trabajo, con la venta ambulante de recuerdos (como collares, amuletos, anillos) se ganan entre 3 y 4 euros al día; pero: quiere mantener a los padres, construir una casa propia, para sí mismo y su esposa
los obstáculos en el camino: ruta muy larga: Mali, Argelia, Marruecos, y entonces empieza el viaje en barco; arriesgado viajar a Europa, puede costarte la vida, de cada 100 personas que se arriesgan, mueren unos 50; crítica y prohibiciones de los padres; necesitas € 750 para poder pagar a las mafias por la travesía desde Marruecos

2. individuelle Schülerleistung

3. *texto modelo:* Cheikh, vendedor de recuerdos: "Todo depende de Dios". Este joven senegalés se niega rotundamente a hablar en público sobre sus planes de emigrar a Europa, pero sabe muy bien que es arriesgado hacer este viaje y afirma que "de cada 100 personas que se arriesgan, mueren unos 50". Quiere juntar unos 750 euros para pagar a las mafias. Está convencido de que lo logrará.

2.2 Los flujos migratorios hacia Europa (SB S. 38–40)

Didaktisch-methodische Hinweise

Es werden allgemeine Sachinformationen dargeboten, und zwar die Wanderungsströme auf dem afrikanischen Kontinent nach Marokko sowie der weitere Weg von Marokko nach Spanien bzw. Europa und die Migrationsströme im Mittelmeer. Dieses Wissen erfährt eine Konkretisierung durch den Fokus auf Marokko und die *marroquíes* als Haupteinwanderergruppe. Die Bündelung erfolgt über die Erarbeitung der Indikatoren für den Entwicklungsstand Marokkos und Spaniens mit Hilfe der statistischen Daten.

La inmigración ilegal a la Unión Europea (SB S. 38)

Die Karte (SB S. 38) sollte über Folie/OHP präsentiert werden. Günstig ist es, den Titel abzudecken. Zunächst beschreiben die Schülerinnen und Schüler mit Hilfe der *ayudas lingüísticas* die Wanderungsströme, bevor sie die Detailfragen bearbeiten. Bei der Fixierung der Ergebnisse (s. möglicher Tafelanschrieb unten) empfiehlt es sich, im Vorgriff auf den Zeitungsartikel „La fuerza de la mayor marea humana..." schon zwischen den Routen von „inmigrantes documentados" und „no documentados" zu unterscheiden. – Die Schülerinnen und Schüler werden abschließend aufgefordert, einen adäquaten Titel für die *mapa* zu formulieren.
Die in Aufgabe 2 geforderte *charla* ergibt sich organisch aus der Arbeit mit der Karte. Falls erforderlich, kann sie durch eine Wortschatzübung gestützt werden (s. Kopiervorlage S. 41).

Actividades SB S. 38, Lösungsvorschläge

1. *Möglicher Tafelanschrieb:*

países de origen	**rutas**	**destino**
África del Norte	hacia las costas	Unión Europea
África Central, p. ej. Camerún, Sudán	mayoría: Marruecos	costas de Andalucía
	documentados: Melilla y Ceuta	isla de Lampedusa en Italia
	no documentados: de la costa marroquí, Argelia, Túnez, Libia	

2. *texto modelo:* Los inmigrantes africanos provienen de diferentes países de África del Norte y África Central, incluso de Camerún y Sudán. Las rutas llevan hacia la costa. Se concentran principalmente en Marruecos, en la costa oeste (El Aaiún) o en el norte. Los inmigrantes documentados cruzan la frontera pasando por Melilla y Ceuta, mientras que los no documentados salen de la costa marroquí con destino a Andalucía. También se dirigen a Argelia, Túnez y Libia para cruzar el Mediterráneo. Su destino es Europa, o mejor dicho la Unión Europea. Resumiendo todo esto se puede decir que entran en la Unión Europea vía Lampedusa en Italia, las Islas Canarias o la costa sur de España.

Zusatzmaterial

Der Lückentext auf der Kopiervorlage (S. 41) entspricht der Modelllösung zu Aufgabe 2. Die fehlenden Präpositionen lauten: concentrarse **en** – cruzar – entrar **en** – llevar **hacia** – provenir **de** – salir **de**

Kopiervorlage

La inmigración ilegal a la Unión Europea: flujos migratorios

1. Habla sobre los flujos migratorios completando las frases con los verbos: *concentrarse, cruzar, dirigirse, entrar, llevar, provenir, salir, ser*

Los inmigrantes africanos ____________ de diferentes países de África del Norte y África Central, incluso de Camerún y Sudán. Las rutas ____________ hacia la costa. ____________ principalmente en Marruecos, en la costa oeste (El Aaiún) o en el norte. Los inmigrantes documentados ____________ la frontera pasando por Melilla y Ceuta, mientras que los no documentados ____________ de la costa marroquí con destino a Andalucía. También ____________ a Argelia, Túnez y Libia para cruzar el Mediterráneo. Su destino ____________ Europa, o mejor dicho la Unión Europea. Resumiendo todo esto se puede decir que ____________ en la Unión Europea vía Lampedusa en Italia, las Islas Canarias o la costa sur de España.

2. Completa las expresiones con las preposiciones donde sean necesarias:

concentrarse ______ un punto	llevar ______ la costa
cruzar ______ la frontera	provenir ______ un país
entrar ______ la Unión Europea	salir ______ la costa

La dimensión del fenómeno de la inmigración (SB S. 38/39)

Text: Zeitungsartikel: „La fuerza de la mayor marea humana del planeta"
Wortzahl: 333
Schwierigkeitsgrad: **/***
Inhalt: Der Text stellt anhand der statistischen Daten die Dimension der legalen und illegalen Einwanderung (v.a. von Marokkanern) in die EU dar. Die Zunahme der marokkanischen Einwanderer nach Spanien zwischen 1993 und 2005 gleicht einer menschlichen Lawine. Die Regierungen der Herkunftsländer unternehmen häufig wenig oder nichts gegen diese „Welle", da die Rücküberweisungen der Auswanderer eine wertvolle Devisenquelle darstellen.

Didaktisch-methodische Hinweise

Der Text enthält eine Vielzahl unbekannter Vokabeln. Da er darüber hinaus recht lang ist, wird der Beginn des Artikels zur Vorentlastung des Leseverstehens auf einer Folie präsentiert (vgl. Kopiervorlage S. 42). Diese Form der Darbietung ermöglicht die gezielte Informationsentnahme aus den Fragmenten. Die Schülerinnen und Schüler formulieren sodann ihre Erwartungen an den Artikel. Bei bzw. nach der Lektüre des ersten Teils (bis Z. 21) gleichen sie unter Zuhilfenahme der Fragen den Inhalt mit ihren *expectativas* ab.
Mögliche Ergebnisse der fase de prelectura: Markieren der Kernbegriffe "mar de los emigrantes" und "mayor migración"
Mögliche Leseerwartungen: desarrollo / migración; política; razones / causas / motivos; dificultades / riesgos (p. ej. condiciones de los barcos); soluciones al problema

Kopiervorlage

ENTRE 10 Y 15 MILLONES DE PERSONAS LLEGADAS DE PAÍSES DE LA ORILLA SUR CONDICIONAN LA POLÍTICA DE LA UE EN LA ZONA

La fuerza de la mayor marea humana del planeta

El Mediterráneo es el mar de los emigrantes. En torno a sus aguas se desarrolla hoy la mayor migración humana del planeta:

Actividades SB S. 39, Lösungsvorschläge

1. *migrantes documentados* en la UE: entre 5,8 y 10,6 millones; *migrantes no documentados / extranjeros en situación irregular:* rondan los tres millones; *marroquíes residentes en España en 2005:* 473.048 / unos 470.000; "mar de los emigrantes": número de migrantes en total: entre 8,8 y 13,6 millones, una marea / avalancha

2. La cifra de los marroquíes que entran es cada vez más alta. Entre 1993 y 1997 hubo un crecimiento anual de 92.195 personas, entre 1997 y 2002, de 132.804; entre 2002 y 2004, de 253.496. O sea, que en los últimos 12 años la cifra de marroquíes residentes en España aumentó en 358.000. La inmigración marroquí se está haciendo la más numerosa dentro de la Unión Europea.

3. El gobierno marroquí favorece la migración por ser una fuente de ingresos para el Estado. En 2004 se efectuaron remesas de 3.800 millones de euros. Los gobiernos de los estados de la UE, en cambio, ven la migración de forma crítica.

Zusatzmaterial

In der integrierten Grammatikübung (s. Kopiervorlage S. 43) wird thematisch angebunden der *subjuntivo* wiederholt und vertieft. Als Auslöser kommt „esperar que" neu hinzu. (Alternative: Die Schülerinnen und Schüler konzipieren selbst Übungen.)

Lösungen zur Kopiervorlage:

1. acepten; 2. dejen; 3. detecte; 4. discriminen; 5. ayuden; 6. comprendan; 7. cierren; 8. permitan; 9. encuentre; 10. legalicen; 11. ofrezcan; 12. se reúnan

Kopiervorlage

Habla sobre la situación de los migrantes utilizando el *subjuntivo*.

1. Los inmigrantes ilegales quieren que los gobiernos de los estados europeos los ____________________. (*aceptar*)
2. Los inmigrantes ilegales quieren que los ____________________ entrar. (*dejar*)
3. Los inmigrantes ilegales esperan que la policía no los ____________________. (*detectar*)
4. Los africanos esperan que los europeos no los ____________________ por su piel. (*discriminar*)
5. Los inmigrantes esperan que sus compatriotas que ya están en España los ____________________. (*ayudar*)
6. Los migrantes quieren que los europeos ____________________ cuáles son sus preocupaciones y anhelos. (*comprender*)
7. Los migrantes esperan que los europeos no les ____________________ las puertas. (*cerrar -ie-*)
8. Los migrantes quieren que los europeos les ____________________ trabajar y vivir allí. (*permitir*)
9. Los inmigrantes no documentados esperan que la guardia civil no los ____________________. (*encontrar -ue-*)
10. Los ilegales esperan que las autoridades españolas ____________________ su situación. (*legalizar*)
11. Los migrantes esperan que los españoles les ____________________ ayuda. (*ofrecer -zc-*)
12. Los migrantes quieren que sus parientes ____________________ con ellos pronto. (*reunirse*)

Datos generales de Marruecos (SB S. 39)

Material: statistische Daten
Schwierigkeitsgrad: **
Inhalt: Ausgewählte sozio-ökonomische Daten veranschaulichen den enormen Unterschied im Entwicklungsstand zwischen Spanien (entwickeltes Land, Industrieland) und Marokko (Entwicklungsland) und verdeutlichen damit Gründe für Migrationsbewegungen.

Didaktisch-methodische Hinweise

Die exemplarische Erarbeitung von Daten für Marokko mündet in die Gegenüberstellung von Merkmalen entwickelter und sich entwickelnder Länder. Der Vergleich mit den Zahlen für Spanien erfolgt explizit (SB S. 40, Aufgabe 2). Implizit fließt er in die Textproduktion ein, die in Aufgabe 3 verlangt wird. Das zu erwartende Schülerprodukt ist ein Text mit Sachinformationen über Marokko, der vor allem folgende Aspekte enthält:

- Angaben zur geografischen Lage,
- Daten zu wirtschaftlichen und sozialen Bedingungen in Marokko,
- Push- und Pull-Faktoren der Auswanderung nach Spanien.

Aufgabe 1 hat vorentlastende Funktion. Die gezielte Betrachtung einiger weniger, wesentlicher Daten soll die Statistik für die Schülerinnen und Schüler zugänglicher machen und ihre Aufmerksamkeit auf die für den Vergleich relevanten Angaben richten. Ggf. muss auch die zu verwendende

Begrifflichkeit geklärt werden (z. B.: „esperanza de vida" – „la edad a la que muere una persona"; „tasa de alfabetización" – „porcentaje de personas que saben leer y escribir").
Schwierigkeiten kann die Versprachlichung der Zahlen bereiten. Auch hier sollten die Schülerinnen und Schüler zum Runden von komplexen Zahlen angehalten werden.

Actividades SB S. 40, Lösungsvorschläge

1. PIB: 4.227 US $; esperanza de vida: 69,5 años; tasa de la mortalidad infantil: 38,1 por 1.000 nacimientos; analfabetismo: 36,7 % hombres analfabetos, 61,7 % mujeres analfabetas; acceso a educación más fácil para hombres

2. *mögliche Bearbeitung:*

Categorías de desarrollo	Marruecos	España	Conclusión: país desarrollado – país en vías de desarrollo
PIB ($) (persona / año)	4.227	19.472	**economía** país industrializado – país agrícola (paro, desempleo)
Esperanza de vida	69,5 años	78,1 años	**sector de sanidad** poco desarrollado falta de higiene malas condiciones sanitarias en Marruecos
Tasa mortalidad infantil (personas / 1.000 nacimientos vivos)	38,1	5	
Tasa alfabetización Desigualdad entre sexos	50,8 % alfabetización 63,3 % en hombres 38,3 % en mujeres	97,7 % alfabetización 96,8 % mujeres 98,6 % hombres	**formación escolar** formación escolar completa – formación escolar parcial desventajas grandes para las niñas en Marruecos marginación / exclusión de las chicas

3. *texto modelo:* **Radiografía de Marruecos**
En un territorio ligeramente inferior al de España (458.730 frente a 505.000 kilómetros cuadrados), Marruecos concentra una población de casi 31.5 millones de habitantes, 9.5 millones menos que nuestro país.
Dos tercios de la población, o sea, casi un 60 %, viven en las grandes áreas urbanas. [ggf.: *del oeste como Casablanca, Rabat, Marraquech y Fez. Esto se debe a un notable éxodo del campo a la ciudad que se inició en los años ochenta del siglo pasado.*]
La población que vive bajo el límite de la pobreza se estima alrededor de un 19 %. El PIB por habitante se eleva a tan sólo $ 4.227. En España, en cambio, es de $ 19.472. Por consiguiente la economía marroquí es mucho más débil que la de España. No obstante, llama la atención la discrepancia entre los gastos en defensa (un 6,5 % del PIB) y los de educación, que ascienden a tan sólo un 5,5 % del PIB. Así que no es sorprendente la tasa de analfabetismo: 36,7 % en hombres; 61,7 % en mujeres. De ahí resulta un exceso de mano de obra no cualificada.
Los gastos en salud son más bajos aún. El estado marroquí destina a salud nada más que un 1,2 % del PIB. Así también se explica la alta tasa de mortalidad infantil, la cual se eleva a 38,1 niños por cada 1.000 nacidos vivos. En España mueren 5 bebés por cada 1.000 nacimientos.
Con una deuda externa de $ 18.795 millones Marruecos tiene poco que ofrecerles a sus hombres jóvenes. Estos se reúnen con otros inmigrantes africanos provenientes de diferentes países de África del Norte y África Central para emigrar a España u otro país europeo en busca de una vida mejor.

2.3 Emigrar a toda costa (SB S. 41–45)

Material: vier Fotos
Schwierigkeitsgrad: **
Inhalt: Push- und Pull-Faktoren der Auswanderung (*Dos continentes – dos mundos*), Umstände und Gefahren der Reise *(El paso en patera)*, die Abschottungsbemühungen Spaniens/Europas (*La frontera de Ceuta y Melilla*) und als Überleitung zum Leben in Spanien die Arbeits-/Lebensbedingungen der *inmigrantes ilegales* (*La vida en el paraíso*).

Didaktisch-methodische Hinweise

Die Bearbeitung und Präsentation der Fotos ist als Plateauphase konzipiert. Das Ziel ist die Zusammenfassung, Vertiefung und Weiterführung des bislang erarbeiteten Stoffes. Neben der Schulung von Präsentationsfertigkeit geht es im Hinblick auf die Vorbereitung auf eine Klausur vor allem um die Reorganisation von Wissen.
Die Fotos werden in arbeitsteiliger Gruppenarbeit bearbeitet, um die Anforderungen an den einzelnen Lerner in einem realistischen Rahmen zu halten. Die Schülerinnen und Schüler bearbeiten das gewählte Foto mit Hilfe der um es herum gruppierten Kästchen. Die Kästchen enthalten Redemittel zur detaillierten Bildbeschreibung sowie Zusatzinformationen und Hinweise für eine mögliche Deutung.
Die Schwierigkeit der Aufgabe, während der Präsentationen Stichworte für die *fichas* zu notieren, ist nicht zu unterschätzen. Auch in der Muttersprache ist dies eine komplexe Anforderung. Es empfiehlt sich, im Plenum eine Präsentation modellhaft in Stichworte umzuformulieren. Vorsicht ist bei der Versprachlichung möglicher Erwartungen der *inmigrantes* geboten, da die jugendlichen Lerner zunächst dazu tendieren, *democracia* und *justicia* als wichtigste Motive zu nennen.

Actividades SB S. 45, Lösungsvorschläge

1. *textos modelo*
Grupo 1: Dos continentes – dos mundos (SB S. 41): La foto muestra una vista panorámica desde la entrada del puerto pesquero de Tarifa. A la izquierda de la foto se halla un muelle con un faro. Al fondo, a lo lejos, se ve un macizo pero es bastante difícil de divisar. Es el Monte Musa marroquí. Llama la atención una franja de agua en primer plano. En general el mar parece tranquilo, con poco oleaje. El cielo gris y nuboso, no obstante, anuncia una borrasca.
Esta región es el Estrecho de Gibraltar, una frontera natural entre Europa y África de 1.300 metros de profundidad. Se encuentra en el extremo sur de España, donde confluyen el Mediterráneo y el Atlántico. El Estrecho es un lugar de paso de entre 80.000 y 90.000 buques al año.
Ante todo es una de las rutas migratorias principales. Esto se explica fácilmente por la proximidad de los continentes. La distancia entre España y Marruecos es de 15 kms. Según se mire, el Estrecho separa o une los dos continentes. España o Andalucía desempeñan un papel importante ya que atraen a miles de inmigrantes africanos que van en busca de una vida mejor. En sus países de origen afrontan condiciones de vida lamentables y por eso deciden emigrar a Europa. Lo que quieren es encontrar trabajo para ganar dinero y mantener a sus familias. Pero el paso es muy peligroso porque ellos viajan en las llamadas pateras que suelen estar sobrecargadas. Además, en el Estrecho hay fuertes vientos y corrientes, con un oleaje vivo. No son raras las noticias sobre casos de muerte de inmigrantes.
Grupo 2: El paso en patera (SB S. 42): El centro de la foto lo domina una embarcación pequeña llamada *patera*. Como se ve claramente, la patera va sobrecargada. (Esto quiere decir que tiene demasiados pasajeros a bordo.) Se trata probablemente de un grupo de inmigrantes ilegales. Su patera ya está cerca de la costa. Ellos tienen que saltar al agua y seguir nadando hasta la playa. Afortunadamente, hay poco oleaje y el mar está tranquilo. Por el color de su piel los pasajeros parecen ser africanos.
Posiblemente vienen de Marruecos. En la mayoría de los casos, la travesía se realiza de noche y con la ayuda del patrón de la patera o de las mafias. Por las fuertes corrientes y el viento la travesía por el Estrecho de Gibraltar es muy arriesgada. Muchas veces las pateras vuelcan. Además por la noche hace bastante frío.
Por la perspectiva que elige el fotógrafo, se hacen evidentes la soledad y la determinación de esta gente. Tienen que estar bastante desesperados si aceptan los peligros relacionados con un viaje así. Hay que destacar que el viaje es caro. Pero aunque los traficantes de hombres cobran precios muy altos por la travesía de Marruecos a las costas de Andalucía, los inmigrantes están dispuestos a pagarlos.

En sus países de origen el nivel de vida es bajo. Mucha gente vive en la pobreza, la tasa de desempleo es alta y falta una infraestructura sanitaria adecuada. Los inmigrantes van en busca de una vida mejor y piensan que van a encontrar trabajo en España o en otro país europeo. Esperan que sus hijos reciban una formación escolar buena.

Grupo 3: La frontera de Ceuta y Melilla (SB S. 43): Esta foto muestra un grupo de personas. Son subsaharianos que evidentemente intentan cruzar una valla reforzada con alambre de espino. La escena tiene lugar de noche. Pero todo está claro como el día, por lo que sabemos que tiene lugar en la frontera. La valla se encuentra en un corredor, está integrada por un doble perímetro y tiene más de 3 metros de altura. Lo que llama la atención es la falta absoluta de vigilancia. Los hombres tratan de superar la valla con escaleras improvisadas.

La foto fue sacada en otoño del año 2005. Aquel año hubo masivos asaltos a las vallas de Ceuta y Melilla. Estas ciudades son enclaves españoles en territorio africano. El gobierno español refuerza las fronteras con los estados africanos para impedir el flujo de inmigrantes ilegales, o si esto es imposible, por lo menos detenerlo. Los inmigrantes se sienten atraídos por la proximidad de Ceuta y Melilla.

Aquellos asaltos eran de gran importancia para España lo que se revela por el carácter documental de la foto. La intensa iluminación alude a la futilidad del acto. La cámara enfoca a los inmigrantes desde abajo. De esta forma la valla parece un inmenso obstáculo hostil. La foto da una impresión de desesperación.

Mirando la foto, el espectador se pregunta cuáles serán las razones por las cuales asaltan la valla. Los asaltos se comprenden mejor si se toman en consideración las condiciones de vida en un país subsahariano, como p. ej. Sierra Leona. El PIB de este país fue de unos $ 800 en 2.005. La esperanza de vida se estimaba en los 39.87 años. En 2.000 la tasa de mortalidad infantil alcanzó unos 143,64 por cada 1.000 nacidos vivos. La tasa de alfabetización era de un 31,4 % en total. En concreto, esto se refería al 39,8 % de los hombres mientras que sólo un 20,5 % de las mujeres sabía leer y escribir.

Grupo 4: La vida en el paraíso (SB S. 44): La foto muestra el interior de un invernadero. Se trata de una construcción de plástico en la que se cultivan plantas. Como se ve en la foto, los pasillos son bastante estrechos. Tiene que hacer mucho calor dentro. El interior se airea con ventiladores. Los trabajadores tienen la cabeza cubierta y cuidan las plantas.

El cultivo intensivo requiere mano de obra barata. Esta mano de obra la constituyen los inmigrantes, en la mayoría de los casos los que están en situación irregular. Los inmigrantes son trabajadores temporales. Dependen del pequeño empresario para que les dé un nuevo contrato, aunque en los invernaderos hay trabajo continuo a lo largo del año.

Hay que tener en cuenta que son un factor importante del crecimiento económico. Por el flujo constante de trabajadores temporales se ha desarrollado una economía sumergida en la construcción, en la agricultura intensiva y en la recolección de cosechas.

Los inmigrantes han llegado en busca de trabajo. En sus países de origen las condiciones de vida son miserables. Por eso han ido a España, un país desarrollado, para mejorar su situación económica. Aceptan los contratos y los salarios, así como las duras condiciones de trabajo en los invernaderos. Como se trata de trabajadores no cualificados, sobra decir que se encuentran en una situación irregular, o ilegal, y que no gozan de una buena reputación social. Muchas veces son víctimas de discriminación y explotación.

2.

El Estrecho de Gibraltar

situación geográfica: sur de España (Gibraltar) / África

Mediterráneo, Atlántico

características: frontera natural entre Europa y África

- distancia: 15 km
- mar: oleaje fuerte, corrientes y vientos fuertes
- lugar de paso para entre 80.000 – 90.000 buques / año

La frontera

ciudades importantes: Ceuta y Melilla

medidas políticas: impedir la inmigración ilegal, reforzamiento de vallas contra intentos de cruzarlas

razones para el asalto: vida mejor en España

La travesía (cruce, viaje, paso)
medio de transporte: patera, pequeño barco
condiciones: olas / oleaje, de noche
peligros: corrientes fuertes, frío, pateras vuelcan
objetivo: nivel de vida (pobreza, desempleo), trabajo, educación, infraestructura sanitaria

La vida en España
expectativa: país industrializado, mejora económica
tipo de trabajo: temporal, en invernaderos, cuidar plantas
sectores de empleo: agricultura, recolección de cosecha, construcción
consecuencias: trabajo duro, irregular, salarios bajos ➔ discriminación, explotación

3. dé – legalicen – ayude – lleven – sean – surjan – exploten – resulte

4. *Hinweise:* Die einzelnen Elemente der Reportage (*fotos, testimonios o citas de personas; título*) können individuell ausgestaltet werden. Das Produkt sollte einer echten Reportage nachempfunden sein. Beim Verfassen der Reportage greifen die Schülerinnen und Schüler auf schon Erarbeitetes zurück. Dazu zählen auch die von ihnen selbst verfassten Texte (z. B. die „Radiografía de Marruecos"). Sie passen ihre Produkte in diesem Überarbeitungsprozess an die Erfordernisse der neuen Aufgabe an. Abhängig vom Lernstand sind z.T. erhebliche Abstriche bei der sprachlichen Ausgestaltung zu machen. Im Sinne der Binnendifferenzierung steuert die Lehrkraft den Umfang der Elemente, die in die Reportage eingehen sollen. Hierzu zählen die wichtigsten Informationen aus den Fotos, dem Kartenmaterial, dem Artikel „La marea humana", den Statistiken und ggf. den Übungssätzen zum *subjuntivo*.
texto modelo: **Esta vez sí que saldrá bien**
"Todo depende de Dios". Cheikh, vendedor de recuerdos, es un joven senegalés. Se niega rotundamente a hablar en público sobre sus planes de emigrar a Europa, pero sabe muy bien que es arriesgado hacer este viaje. Afirma que "de cada 100 personas que se arriesgan, mueren unos 50". Está convencido de que lo logrará.
La fuerza de la mayor marea humana del planeta
La inmigración desde África a España es un fenómeno de dimensiones increíbles. El ritmo de llegada es cada vez más acelerado. Los inmigrantes africanos provienen de diferentes países de África del Norte y África Central, incluso de Camerún y Sudán. España o Andalucía desempeñan un papel importante, ya que atraen a miles de inmigrantes africanos que van allí en busca de una vida mejor. Lo que quieren es encontrar trabajo para ganar dinero y mantener a sus familias.
La vida en el paraíso
Efectivamente encuentran trabajo en la economía sumergida. Se necesita una gran cantidad de mano de obra barata en la construcción, en la agricultura intensiva y en la recolección de cosechas. Los inmigrantes son trabajadores temporales y aceptan los contratos y los salarios que se les ofrezcan, así como las condiciones de trabajo en los invernaderos. Como se trata de trabajadores no cualificados, sobra decir que se encuentran en una situación irregular, o ilegal, y que no gozan de una buena reputación social.
El destino de los marroquíes
Es la inmigración marroquí la que lleva camino de convertirse en la más numerosa dentro de la Unión Europea. Mientras que el gobierno marroquí está a favor de la migración por ser una fuente de ingresos para el Estado (con unas remesas de 3.800 millones de euros en 2004), los gobiernos de los estados de la Unión Europea miran la inmigración con recelo.
Los flujos migratorios
Una de las rutas migratorias principales lleva por el Estrecho de Gibraltar, el puente marítimo entre Europa y África. Aquí la distancia entre España y Marruecos mide 15 kms. Muchos vienen en las llamadas pateras. En la mayoría de los casos, la travesía se realiza de noche. Las fuertes corrientes y el viento hacen que la travesía por el Estrecho de Gibraltar sea muy arriesgada. Y aunque los traficantes de hombres cobran precios muy altos por la travesía de Marruecos a Andalucía, los inmigrantes están dispuestos a pagarlos.
Como afirma Cheikh, "sólo si encuentras trabajo en tu país no te hace falta emigrar." La realidad cotidiana es bien distinta. En la mayoría de los casos, la vida en los países de origen se caracteriza por paro, pobreza, condiciones sanitarias lamentables, analfabetismo. De ahí que se comprenda por qué hubo masivos asaltos a las vallas de los enclaves españoles de Ceuta y Melilla en otoño del año 2005.

3 España y sus no ciudadanos (SB S. 46–50)

3.1 Buscando trabajo en España (SB S. 46/47)

Abdel, un joven tuareg en España (SB S. 46)

Text: Auszug aus dem Roman „Abdel" von Enrique Páez
Wortzahl: 407 (Einleitung: 30)
Schwierigkeitsgrad: **/***
Inhalt: Abdel und sein Vater haben nach längerem Umherziehen durch Andalusien weder Arbeit noch eine Bleibe gefunden. Stattdessen sehen sie sich den Anfeindungen der Bevölkerung ausgesetzt. Auf einem Schuttabladeplatz treffen sie den Araber Omar, der wie sie illegal im Land ist. Durch ihn erfahren sie von der Möglichkeit, für den *patrón* Meléndez arbeiten zu können.

Didaktisch-methodische Hinweise

In dem Auszug aus dem bekannten Jugendroman „Abdel" erfährt die Immigrationsproblematik eine literarische Verarbeitung. Die Perspektive des jungen Protagonisten ermöglicht die Identifikation mit der Notlage von illegalen Einwanderern. Über den Aufgabenapparat wird eine elementare Untersuchung der Erzählperspektive verfolgt.

Actividades SB S. 47, Lösungsvorschläge

1. s. die modellhafte Zusammenfassung im Methodenteil, SB S. 322 f.

2. *Mögliche Lösungen* (chronologische Reihenfolge der Stichworte):

Los españoles	amenaza / extraño / ser amable / ser pacífico / tener un miedo inexplicable / mirar con desconfianza
Abdel y su padre	arriesgarse a / desanimarse / ocultar u.c.
Omar	dudar de u.c. / mirar temeroso / quedarse sorprendido / quejarse de u.c.

3. *Mögliche Lösungen:*
- Según lo que narra Abdel, una vez tienen que salir corriendo ante la **amenaza** de los españoles de llamar a la policía.
- Tal como lo presenta Abdel, Omar no **duda de** que el chico y su padre sean marroquíes como él.
- Como no ha esperado encontrarse a nadie en aquel lugar aislado, Omar **mira temeroso** en una y otra dirección cuando está hablando con Abdel y su padre en el vertedero.
- Al ver a Omar en aquel vertedero, deciden **arriesgarse a** probar suerte y le hablan.
- Abdel tiene la impresión de que Omar **se queda sorprendid**o.
- Omar los informa sobre su situación sin **quejarse de** nada.
- A Abdel le parece que los españoles temen a los **extraños**.
- Por las experiencias que tienen durante su vuelta por Andalucía Abdel y su padre empiezan a **desanimarse**.
- A Abdel le parece posible que entre ellos los españoles sean más **amables**.
- Él supone que los españoles son **pacíficos**.
- Sin embargo, le parece que **tienen un miedo inexplicable** a los forasteros.
- Abdel cuenta que los españoles los miran **con desconfianza**.
- Al contar su historia a Omar, Abdel y su padre **ocultan** su origen saharaui ante el compatriota.

4. Abdel es un chico muy joven y relata la historia como si fuera un testigo ocular, de una manera ingenua. No tiene por qué mentir o tergiversar los acontecimientos. Por lo tanto su presentación es verosímil. El único que ayuda a Abdel y a su padre de verdad y sin vacilar es Omar, otro inmigrante ilegal. En la conversación que tienen se muestra leal, humano y comprensivo. La imagen que se da de los españoles, sin embargo, contrasta fuertemente con la de los marroquíes. El hecho de que Abdel incluso exprese cierta simpatía por ellos, resalta la intención didáctica de la novela, o sea, suscitar comprensión por la situación de los sin papeles.

3.2 Campaña de legalización (SB S. 48/49)

¿Papeles para todos? (SB S. 48)

Text: Zeitungsartikel
Wortzahl: 515
Schwierigkeitsgrad: ****
Inhalt: Der Text thematisiert die Legalisierungskampagne der spanischen Regierung unter José Luis Zapatero im Jahre 2005, in deren Verlauf circa 1.000.000 Immigranten legalisiert wurden.

Didaktisch-methodische Hinweise

Der Text zeichnet sich durch einen hohen Steilheitsgrad aus. Das hier vorgeschlagene methodische Verfahren zur Schulung des Leseverstehens sieht mithin die abschnittsweise Lektüre vor. Mit Hilfe variabler Leseverstehensaufgaben werden die Schülerinnen und Schüler zum Detailverstehen geführt.
Alternative: Formulieren von Überschriften für die einzelnen Abschnitte.

Zusatzinformationen

José Luis Rodríguez **Zapatero** nació en Valladolid el 4 de agosto de 1960. Es un político socialista español. Después de las elecciones generales de 2004 se convirtió en el 5° presidente del Gobierno de España desde la Transición.
Algunas de las medidas más importantes de su gobierno han sido la retirada de las tropas españolas de Iraq, una nueva regularización de los inmigrantes, el inicio de un proceso de paz con ETA y la reforma de Estatutos de Autonomía, como el de Cataluña.

La **Ley de Extranjería** es la norma española que regula la entrada y estancia de los extranjeros que no proceden de la UE en el territorio español, así como los derechos y libertades que se les reconocen.

Zur Vorentlastung geht der Lektüre eine *actividad de prelectura* voran: Der Einstieg erfolgt mit einer Folie (unten), auf der Titel und Lead zu lesen sind. Nach der Klärung des Verständnisses werden die Leseerwartungen der Schülerinnen und Schüler (3–5 *palabras clave*) gesammelt. Mögliche Äußerungen: "Supongo que en el artículo se mencionan las palabras 'política', 'equilibrio social', 'derechos', 'inmigración'". Die gemeinsame Lektüre des Lead orientiert sich an den Fragen im SB S. 49, Nr. 1. Es wird akzeptiert, dass die Schülerinnen und Schüler bei der Beantwortung die Sprache des Artikels zum Teil übernehmen.

Zusatzmaterial

Folie: Actividad de prelectura

¿Papeles para todos? → socialista, Presidente Zapatero

El Gobierno rechaza que las medidas que pondrá en marcha para regularizar a 800.000 inmigrantes vayan a provocar un 'efecto llamada' bajo el síndrome de 'papeles para todos'. Se trata de legalizar la situación de los inmigrantes que el PP dejó en situación irregular. Mientras tanto, el flujo no cesa en las fronteras.

→ Partido Popular, antes de 2004

Actividades SB S. 49, Lösungsvorschläge

1.

- El gobierno español intenta legalizar la situación (laboral) de unos 800.000 inmigrantes.
- Estos planes se refieren a los inmigrantes que el PP dejó en situación irregular.
- Según los críticos, es posible que se provoque el efecto llamada, porque puede producirse la impresión de que haya papeles para todos.
- Los inmigrantes siguen intentando cruzar las fronteras. El flujo migratorio no se puede parar.

2. *Los planes del gobierno:* a – b – c

La reacción de la oposición:

Afirmación	correcto	texto
Los críticos advierten la posibilidad de un masivo incremento de inmigrantes por estos planes.	x	(34–36)
El gobierno replica que sólo se enmienda el grave descuido del gobierno anterior.	x	(39–42)
Los socialistas critican los planes de legalización.	no	31s
El "efecto llamada" ya se deja observar en el flujo migratorio.	x	(44s)
Las mafias se aprovechan de la situación falsificando la documentación de los inmigrantes.	x	(46s)

Las reacciones de los sindicatos:

a) CC OO exige que se pacten criterios para regularizar a los inmigrantes, sobre todo contratos laborales de una duración mínima de un año.

b) UGT espera que se intensifiquen los controles por parte del gobierno. Para luchar contra el fraude y la economía sumergida UGT propone amparo legal para los inmigrantes que se atrevan a denunciar a los patrones.

c) El caso sirve para ilustrar la necesidad del amparo legal para inmigrantes que denuncien situaciones de abuso, porque aquel marroquí no se hubiera dirigido a la policía ante la amenaza de ser expulsado después.

Zusatztext

texto modelo (auf der Basis der Antworten zu Aufgabe 1): El actual gobierno español intenta legalizar la situación de entre 500.000 y 800.000 inmigrantes. La condición previa para su legalización es que puedan comprobar que tienen un contrato laboral. El objetivo del Gobierno es romper el círculo vicioso del estatus irregular de muchos trabajadores inmigrantes. Con este plan se regularizará a los inmigrantes que el gobierno anterior, o sea el PP, dejó en situación irregular.
El argumento alegado por los críticos contra el plan es que puede producirse un *efecto llamada*. La situación actual en las fronteras no ha cambiado, o sea, el flujo de migrantes no se ha podido parar.

Zusatzmaterial

Die Wortschatzübung (s. Kopiervorlage S. 51) greift für das Thema relevante Termini auf. Sie dient der Begriffsbildung. Das *sistema de apoyo* strukturiert die Zuordnungsaufgabe sprachlich:

<table>
<tr><td colspan="2">la definición de "..." es la siguiente
bajo "..." se comprende</td></tr>
<tr><td rowspan="4">la palabra...
la expresión...
el término...</td><td>se refiere a</td></tr>
<tr><td>denomina</td></tr>
<tr><td>define</td></tr>
<tr><td>quiere decir</td></tr>
</table>

Lösungen zur Kopiervorlage S. 51: 1 j – 2 f – 3 g – 4 h – 5 i – 6 c – 7 e – 8 d – 9 b – 10 a

Kopiervorlage

Vocabulario temático: Dar una definición

1. país en vías de desarrollo	a) u. p. que se establece en un país distinto de su lugar de origen
2. nivel de vida	b) movimiento de migrantes a través de una región
3. permiso de residencia	c) viaje por mar o por aire
4. refugio	d) pequeña embarcación, de fondo plano
5. traficante de personas	e) u.p. que no lleva consigo o no tiene documentos de identificación personal
6. travesía	f) grado de comodidad y riqueza, principalmente material, alcanzado por el conjunto de habitantes de un país
7. indocumentado	g) autorización de un extranjero para vivir en un país o para quedarse por un cierto periodo
8. patera	h) asilo, acogida o amparo, en una casa o en un lugar seguro en el que se entra para protegerse o defenderse
9. flujo migratorio	i) persona que comercia con personas, como si éstas fueran una mercancía
10. inmigrante	j) país que no tiene un nivel de actividad económica lo suficientemente alto para proveer de los recursos necesarios a la gran mayoría de su población

3.3 Fantasma en la ciudad (SB S. 50)

Manu Chao, „Clandestino“ (SB S. 50)

Text: Lied
Wortzahl: 121
Schwierigkeitsgrad: **/***
Inhalt: Das Lied greift das Lebensgefühl der illegalen Einwanderer auf. Sie sind Opfer eines Schicksals, dem sie sich hilflos ausgeliefert sehen.

Didaktisch-methodische Hinweise

Die Erarbeitung des Liedes bietet die Gelegenheit, themenspezifisches Vokabular umzuwälzen (s. "Palabras y expresiones clave: El fenómeno de la inmigración ilegal", Anhang SB, S. 336 f.). Schwierigkeiten beim Verständnis des Liedtextes können etwa auftreten bei „pena", „pa´", „mi vida va prohibida". Es ist darauf zu achten, „la gran Babilonia" als den korrekten Ausdruck anzugeben sowie – wichtiger noch – auf die biblische Sprachenverwirrung hinzuweisen (siehe auch SB S. 145).
Auf der Basis der manifesten Informationen kann das vorläufige Textverständnis hergestellt werden. (Un hombre habla de su destino. Dice que es un ilegal. Se ha ido de Ceuta a Gibraltar, al norte. Con esto quiere decir que ha inmigrado a Europa. Afirma que ahora es un quiebraley, o sea, un criminal.)
Auffällig ist die Verwendung der bildhaften Sprache. Sie vermittelt eine von Einsamkeit, Perspektivlosigkeit und Enttäuschung geprägte Stimmung. Beispiele für die bildhafte Sprache sind „correr es mi destino", „perdido en el corazón de la grande Babilón", „mi vida la dejé", „soy una raya en el mar", „fantasma en la ciudad", „marihuana ilegal".

Actividades SB S. 50, Lösungsvorschläge

1. individuelle Schülerleistung, *ggf.*: monotonía, poca variación, ritmo constante / invariable, se expresa dolor / congoja, se oye una mezcla de lenguas y voces diferentes

2. palabras clave: solo, clandestino, perdido

medio lingüístico	ejemplo	efecto, intención
rima	pena, condena	resalta la infelicidad / desesperanza
repetición / paralelismo	clandestino Solo voy con mi pena, sola va mi condena solo	subraya la desesperación de su estado de ilegal; desconsolación llama la atención sobre su soledad
enumeración	argelino, nigeriano, boliviano, mano negra	advierte que no importa la nacionalidad que tiene el yo lírico, será considerado un ilegal; sin futuro legal

imagen	explicación
perdido en el corazón de la grande Babilón	imagen de la gran ciudad / de la metrópoli (no conoce a nadie, no comprende lo que dicen los demás) Babilonia: historia bíblica de la confusión de las lenguas
fantasma en la ciudad	un fantasma no existe, no toma parte en la vida; para los demás es invisible
raya en el mar	sin orientación, perdido, insignificante

conclusión en cuanto a la imagen del inmigrante indocumentado: el yo lírico es uno entre muchos, carece de identidad y personalidad propias, o sea, es intercambiable y se siente inútil / en general, se manifiesta la pérdida de la dignidad humana de un inmigrante sin papeles.

3. a) se den cuenta; b) nieguen; c) caiga; d) explote; e) humille; f) trate

4.

a) SB S. 50, Aufgabe 3:	b) zusätzliche Sätze	c) im Modul
pide que	le disgusta que	*(no) quiere que*
lamentan que	le parece lógico que	*exige que*
parece inevitable que	para que	*desea que*
les importa que	es lógico que	*espera que*
le parece terrible que	es importante que	*temen que*
le molesta que	hace falta que	*le parece posible que*

5. individuelle Schülerleistung; *texto modelo:* Uno de los problemas urgentes en la Europa de hoy es la inmigración ilegal, sobre todo de África a España, Francia e Italia y, a consecuencia, la difícil situación legal de los inmigrantes irregulares. Por las dificultades con las que se tienen que enfrentar los indocumentados, el Gobierno de Zapatero quiere encontrar una solución para regularizar a aquellos ilegales, que ya llevan más de un año trabajando en España. Esta decisión está causando un "efecto llamada" bajo la consigna "papeles para todos" con consecuencias graves para el flujo migratorio de África a España. Mientras que en los años 90 el crecimiento anual fue de poco menos de 100.000 personas, hoy en día llegan unos 250.000 inmigrantes a España, la mayoría de ellos sin papeles. Se ve, pues, que el número de inmigrantes ilegales está creciendo constantemente.

Pero en efecto los inmigrantes no sólo abandonan sus países de origen por el rumor de que se den "papeles para todos". Es nomás un factor adicional a las malas circunstancias de vida que rigen allí, los llamados factores de empuje. Fundamentalmente se trata de la situación política (violación de los derechos humanos), la situación económica (tasa alta de paro, gran parte de la población bajo el límite de pobreza), la situación socio-económica (falta de formación escolar, tasa alta de analfabetismo, asistencia médica insuficiente) y la situación demográfica (alta mortalidad infantil, baja esperanza de vida). Por otro lado, España promete una vida mejor.

Considerando la situación miserable en la que se encuentran los inmigrantes en sus países de origen no cabe duda de que hay que mejorar las malas condiciones de vida, pero esto, en primer lugar, es cosa de los respectivos países y su política interior. Indiscutiblemente no es ninguna

solución realista dar "papeles para todos", porque si hubiera papeles para todos aún más inmigrantes vendrían a Europa en busca de una vida mejor.
En cuanto a la legalización de inmigrantes es necesario diferenciar entre los que piensan inmigrar ilegalmente y aquellos que ya viven en España desde hace varios años y trabajan constantemente. No hay que olvidar que estos inmigrantes contribuyen al crecimiento económico. Pero sin papeles los indocumentados son objeto de explotación por las mafias y por patrones. Dependen de cualquier trabajo que se les ofrezca para ganarse la vida. Por consiguiente se les ofrecen trabajos muy duros y además impopulares entre los españoles y se les paga un mínimo absoluto. En vista de que los indocumentados no tienen papeles, tienen que llevar una vida a escondidas para no ser detenidos por la policía.
Al fin y al cabo es obvio que la idea de "papeles para todos" no se puede realizar. Pero es preciso regularizar a los extranjeros indocumentados que contribuyen de forma tan significante al bienestar del Estado. Empezando por los documentos necesarios, hay que integrar a esa gente en la sociedad española para conseguir una convivencia pacífica.

Zusatzmaterial

Grammatik – Übungssätze zum *subjuntivo*

Habla de lo que Manu Chao quiere lograr con su canción. Completa las frases con el *subjuntivo*.

1. A Manu Chao le disgusta que la policía ______________ a los marroquíes. (*perseguir*)
2. Al cantante no le parece lógico que una hoja de papel ______________ sobre el destino de una persona. (*decidir*)
3. Quiere animar a sus seguidores para que ______________ a los inmigrantes. (*ayudar*)
4. Es lógico que Manu Chao ______________ a las autoridades. (*criticar*)
5. Es importante que los españoles ______________ con las personas indocumentadas. (*solidarizarse*)
6. Según Manu Chao hace falta que los países industrializados ______________ dispuestos a compartir el bienestar. (*estar*)

Lösungen: 1. persiga; 2. decida; 3. ayuden; 4. critique; 5. se solidaricen; 6. estén

4 La convivencia en la vida diaria (SB S. 51–56)

4.1 ¿Cómo sería la vida sin inmigrantes? (SB S. 51–53)

Text: Zeitungsartikel: „¿Qué pasaría si Madrid se quedara sin inmigrantes?"
Wortzahl: 1290
Schwierigkeitsgrad: **
Inhalt: Der Zeitungsartikel spiegelt die politische Diskussion um den *efecto llamada* und betont, dass das Zusammenleben längst ein Faktum ist.

Didaktisch-methodische Hinweise

Der Text bietet (in perspektivierender Form) Hintergrundinformationen an. Über den Aufgabenapparat wird das produktionsorientierte Schreiben geschult. (Hinweis: Die gleiche Thematik behandelt auch der Kinofilm "A day without a Mexican", Regie: Sergio Arau, USA 2004.)

Actividades SB S. 51, Lösungsvorschläge

1. El recorte es un artículo del periódico español *El País* del año 2005. El título y los subtítulos intentan llamar la atención de los lectores. La foto muestra una situación en la que el trabajo de los inmigrantes es imprescindible para la sociedad española.

2.

Elemento	Información	Conclusión
Diseño: tipo de texto, fuente, fecha	artículo del periódico *El País*, 6 de febrero de 2005 sección España	tema actual, de importancia para España
Título	título: ¿Qué pasaría si...?	carácter hipotético / provocador
Subtítulo	• 800.000 extranjeros... en los últimos 10 años • imprescindibles para la vida cotidiana	• desde 1995 incremento acelerado • contesta a la pregunta del título: (la población de) Madrid los necesita
Párrafos individuales	tres de la mañana, mediodía, tres de la tarde	descripción de un día
Foto	muestra obras en una estación de metro	construcción como sector laboral típico

3. *Mögliche Markierung bzw. Antwort:*

- 800.000 extranjeros instalados en la capital en los últimos 10 años, imprescindibles para la vida cotidiana de la ciudad. / Hace 15 años, 61.500. Pero ahora son casi 800.000. La inmensa mayoría reside en la capital y en su corona metropolitana. No todos están regularizados. / Todos, regulares e irregulares, forman un colectivo que se ha hecho imprescindible: / Sin ellos, la capital no funcionaría. Lo que sigue es un intento de reconstruir una hipotética jornada de caos, la de un día laborable sin inmigrantes. / Hoy faltan más de 900 hombres en Mercamadrid, y más de 150 hombres en el hangar del pescado.
- la necesidad del trabajo de los inmigrantes para el funcionamiento de Madrid, o sea, para la sociedad española

Actividades SB S. 52/53, Lösungsvorschläge

1.

Afirmación	c/f	línea
En Madrid viven 800.000 inmigrantes ilegales.	c	1
En 1980 Madrid albergaba unos 30.000 inmigrantes.	c	16
Hoy cuenta con unos 61.500 inmigrantes.	f	16s
Todos los inmigrantes están regularizados.	f	20
Su trabajo es importantísimo para el funcionamiento de la capital.	c	27s

2. a) Mercamadrid es un complejo de distribución mayorista / una enorme megadespensa de fruta. Es tan grande como una ciudad.

b) Al llegar la fruta a Mercamadrid, los trabajadores la bajan de los camiones y la apilan en los puestos. También la ponen en las furgonetas de sus clientes, o sea, de las fruterías y de los supermercados.

c) La fruta se reparte normalmente para que los compradores la encuentren en las tiendas.

d) De los 1.800 hombres cuyo trabajo es cargar fruta en Mercamadrid hoy solamente trabaja la mitad.

e) Lo mismo pasa en el hangar del pescado.

f) Los 150 hombres que faltan hoy son inmigrantes de Europa del este, de África y de Latinoamérica.

3. *Mögliche Konkretisierung der Tabelle:*

Hora	Lugar	Trabajo	Consecuencia
3.00	Mercamadrid	bajar la fruta de los camiones, apilarla en los puestos	Hoy no hay suficientes brazos para bajarla de los camiones y apilarla en los puestos.
7.00	barrios madrileños	sacar los cubos de basura, limpiar los portales	Por toda la región hay oficinas y clases de universidad llenas de basura, vestíbulos sucios.
8.00	construcción de vivienda	cargar escombros, limpiar el terreno, acarrear materiales, vallar perímetros	Hoy para / no sigue / no avanza la construcción de viviendas, carreteras, hospitales. Es imposible vallar los perímetros. Falta el material, sobran los escombros.
mediodía	sector de la mensajería	transportar documentos y paquetes	Hoy todo tiene que esperar. No llegan los documentos / los paquetes. Nada alcanza su destino.
15.00	restaurantes, hoteles y cafeterías	hacer paellas, trabajar de camarero	Hoy no se come. Falta el personal de los hoteles, restaurantes y cafeterías de Madrid.
17.00	viviendas particulares	recoger a los niños, preparar la comida, ocuparse de los niños	Nadie recoge a los niños / se ocupa de los niños / nadie va a buscar a los niños del colegio.

textos modelo:
Siete de la mañana. Los residentes encuentran basura en los portales. Por toda la región hay oficinas y clases de universidad llenas de basura, vestíbulos sucios. Pero hoy no hay suficientes brazos para sacar los cubos de basura. Tampoco para limpiar los portales. De 1.000 hombres cuyo trabajo es mantener limpia la ciudad falta casi la mitad: todos inmigrantes, de Europa del este, de África, de Latinoamérica.
Ocho de la mañana. Hoy no llegan al trabajo los miles de inmigrantes que mantienen vivo el sector de la construcción. Suelen cargar escombros, limpiar el terreno, acarrear materiales o vallar los perímetros. Es una tarea sencilla, pero dura. Hay un gran caos. Paran las obras de viviendas, carreteras, hospitales. Es imposible vallar los perímetros. Falta el material, sobran los escombros.

4. Considerando el contenido del último párrafo, la función del título es despertar el interés del lector y provocarle. Al leer el último párrafo, el lector por fin se da cuenta de que sus preocupaciones carecen de razón. El mundo, como lo conoce, está en orden otra vez. Así que el último párrafo sirve para aliviar la tensión creada a lo largo del artículo. Queda, sin embargo, un leve sentimiento de malestar y el lector se pregunta si no tendría que mirar a los inmigrantes de otra manera / modificar la imagen de los inmigrantes que ha guardado hasta ahora.

5. individuelle Schülerleistung;
texto modelo: En Madrid los inmigrantes trabajan en todos los sectores: en la construcción, en la recogida de basura, en la limpieza, en el cuidado de enfermos, en la distribución de recados, en la gastronomía, en megadespensas como „Mercamadrid“ etc., o, como lo hace el padre de Abdel, trabajan para una persona particular que les hace realizar trabajos diferentes.

Mayoritariamente se trata de trabajo no cualificado y encima el sueldo que cobran es muy bajo. Y como los trabajos son tan duros y tan mal pagados surge la pregunta de si los españoles los realizarían o no. Es de suponer que posiblemente „nadie bajaría la fruta de los camiones en Mercamadrid a las tres de la mañana".
La pregunta de si el trabajo realizado por los inmigrantes se quedaría sin hacer depende claramente de la situación económica de un país por un lado y de la situación económica de las personas individuales por otro lado. Esto no tiene nada que ver con el tipo de trabajo o con el sueldo que se cobra. Partiendo de esta base se puede decir que si la economía de un país se encontrara en una crisis, entonces siempre habría gente para realizar los trabajos duros que de momento son hechos por los inmigrantes. Incluso en una situación económica muy buena los españoles bajarían la fruta de los camiones en Mercamadrid si se les pagara un sueldo adecuado. A un español habría que pagarle mucho más que a un indocumentado. Esto a su vez está relacionado con la situación económica en los países de origen de los inmigrantes: son tan malas, que los extranjeros trabajan por un sueldo mínimo que, a pesar de ser bajísimo, es varias veces más alto que los salarios en sus patrias – aparte de que a menudo no hay trabajo en aquellas regiones. Encima los inmigrantes ilegales sirven de mano de obra extremamente barata a los empleadores, porque si no tienen papeles tienen que hacer trabajos negros que son los peor pagados de todos. Muchas veces los empresarios y patrones explotan a los sin papeles.
Resumiendo se puede decir que siempre habrá alguien para bajar la fruta de los camiones en Mercamadrid. En tiempos malos les tocará a los españoles realizar este trabajo, pero en períodos de prosperidad los inmigrantes ocupan estos puestos de trabajo.

Zusatzmaterial

Fortsetzung des Originaltextes aus *El País:*

- **Siete de la mañana. Un barrio entero con basura**. Mientras en Mercamadrid cunde la alarma, los residentes de un barrio de Chamberí encuentran basura en los portales. La empresa en la que trabaja Somalia Pujals, de Santo Domingo, no ha podido funcionar: el 100 % de su plantilla, sus 40 trabajadores son dominicanos y marroquíes. Se encargan de sacar los cubos de basura, de limpiar los portales. "Yo sola me hago 12 al día", comenta Pujals, que tiene 31 años y lleva cinco en España. Por toda la región hay oficinas llenas de basura, vestíbulos sucios, empresas, ambulatorios, clases de universidad cuajadas de desperdicios... Sólo en la Comunidad de Madrid hay más de 38.000 trabajadores inmigrantes con papeles que se ocupan de limpiar.
- **Ocho de la mañana. La construcción se paraliza**. El colapso se extiende. La construcción se paraliza. Se ha volatilizado un ejército de 50.000 personas (más de 100.000 si se cuentan los irregulares), todos inmigrantes, que mantienen vivo este sector. No hay entre ellos arquitectos, ni casi oficiales de segunda, ni encargados. Son peones. El 90 % de todos los peones que trabajan en la región son inmigrantes, según Comisiones Obreras. Cargan escombros, limpian el terreno, acarrean materiales o vallan los perímetros. Es una tarea sencilla, pero dura. Es importante. Sin ellos no avanzan las obras. El martes pasado, en un polígono industrial de Coslada, 30 trabajadores tomaban el bocadillo: Cola-cao, platos de carne, frijoles... Todos son ecuatorianos y marroquíes. Todos cobran 840 euros al mes. Empiezan a las ocho. Acaban a las seis. "Yo era mecánico de aviación en Ecuador. Y no renuncio a volver a serlo", aseguraba, mientras comía, Marcos Jaramillo, de 39 años. Desde los 33 es peón en España. "Las empresas sólo quieren peones", se queja Johnny Molla, de 28 años. Desde los 23 está en España. A su lado, un veterano sindicalista de CC OO, Matías Martínez, intentaba convencerles para que crearan un comité de empresa: "Es como volver a los años setenta".
- **Diez de la mañana. La marea alcanza a los despachos**. A esas alturas, la alarma ya ha llegado a los más importantes despachos de la ciudad. Porque sin inmigrantes, no sólo se paraliza la construcción de viviendas. También se quedan sin manos, entre otras, la reforma del Estadio Olímpico (piedra angular del 2012), la ampliación del metro (promesa de la presidenta regional, Esperanza Aguirre) o el enterramiento y mejora de parte de la M-30 (proyecto *estrella* del alcalde, Alberto Ruiz-Gallardón). En uno de los tramos de esta última, en la plaza del Conde de Casal, trabajaba el miércoles un batallón de nigerianos y guineanos especializados en trenzar estructuras de hierro para que sujeten el hormigón. Y cerca de ellos, cuatro bolivianos y cuatro ecuatorianos se ocupaban de soldar estructuras metálicas. Uno de ellos, Abel Montesinos, de 38 años, confirma: "Aquí no hay españoles. Será por el sueldo. Y al que pide alza en la paga, igual lo ponen en la calle". Toda su familia está aquí. Su mujer cuida niños. Su cuñada, enfermos.

- **Mediodía. No llegan los recados**. Para aumentar el caos, hay documentos que se remiten y no llegan, paquetes que no alcanzan su destino. Los inmigrantes también copan el sector de la mensajería. Sobre todo los que se desplazan en ciclomotor (los que tienen furgonetas son españoles). En la empresa MRW, en su sucursal de Sáinz de Baranda, por ejemplo, de 125 trabajadores, 12 son inmigrantes. Cada uno de ellos hace 30 viajes al día. No es raro que tengan que transportar de urgencia material quirúrgico a hospitales o piezas dentales a dentistas que las precisan en ese momento. Hoy todo tiene que esperar.
- **Tres de la tarde. No se come**. En cada establecimiento de la cadena Vips trabajan de media 15 cocineros por turno. Sólo tres son españoles. Los restaurantes, hoteles y cafeterías de Madrid se han quedado sin personal. Unos 30.000 inmigrantes con papeles trabajan en ellos en Madrid. María del Carmen, dominicana de 30 años, se encarga de hacer paellas, junto con otros cuatro compatriotas, en una arrocería del centro. "Habría camareros para servir, pero ¿quién iba a hacer la comida si faltásemos?", se pregunta.
- **Cinco de la tarde. ¿Quién recoge a los niños?** Y sin embargo, la comida puede esperar. Hay cuestiones más importantes que atender. A lo largo de la jornada, 28.000 empleadas del hogar con permiso de trabajo (UGT calcula que con las irregulares llegan a 100.000) no se han presentado. Esto se traduce en 100.000 problemas multiplicándose exponencialmente. Basta fijarse en un caso: Adelaida Vargas, de Bolivia, de 32 años, llega a las nueve menos cuarto a una vivienda del barrio del Retiro. Allí se ocupa del más pequeño, Ignacio, de seis meses, mientras el padre lleva al colegio a los dos mayores (de tres y dos años). Gracias a que Adelaida se queda con el más pequeño y va a buscar a los otros dos al colegio a las 17.00, el padre puede trabajar en una central telefónica y la madre, en una compañía de seguros. Hoy, como Adelaida no está, alguno (o los dos), habrá faltado al trabajo, con lo que su tarea habrá quedado sin hacer..., y así hasta el infinito.
- **Medianoche. Los sueños tranquilos**. La pesadilla termina. Pronto se levantarán los de Mercamadrid. Existen. Las decenas de miles de inmigrantes que cuidan enfermos por la noche, como la cuñada del soldador Abel Montesinos, también existen y van a ir a trabajar. Como existe Elisabeth Aguilera, boliviana de 28 años. Ella se encargará de vigilar el sueño y de comprobar que no tiene fiebre por la noche la anciana de 82 años con la que vive.

EL PAÍS, 6 de febrero de 2005, p. 17; por Antonio Jiménez Barca

4.2 Cómo lo ven los españoles – una encuesta (SB S. 54/55)

El barómetro del CIS (SB S. 54)

Text: Diagramm, Grafik
Schwierigkeitsgrad: **
Inhalt: Die Umfrage des CIS vom November 2005 greift die Sorgen, aber auch die Vorurteile der spanischen Bevölkerung auf.

Didaktisch-methodische Hinweise

Die Kombination des *barómetro* mit dem Beginn des Artikels aus *El Mundo* trägt zu einer weiteren Perspektivierung der Problematik bei. Es bietet sich an, die Grafiken im Sinne der Schulung der Schreibfertigkeit zu nutzen, wie in Aufgabe 3 vorgeschlagen.

Actividades SB S. 54/55, Lösungsvorschläge

1. las principales preocupaciones de los españoles, su actitud ante el número de inmigrantes residentes en España y ante una política más adecuada con respecto a los trabajadores inmigrantes

2. paro, inmigración, (terrorismo)

3. *texto modelo:* Los temas del barómetro de noviembre de 2005 del Centro de Investigaciones Sociológicas (CIS) son las preocupaciones de los españoles, sobre todo la actitud que adoptan ante los inmigrantes. El barómetro se basa en tres preguntas que tocan los tres problemas princi-

pales que existen actualmente en España, la opinión de los encuestados en cuanto al número de inmigrantes en España y su opinión en cuanto a la política adecuada con respecto a los trabajadores inmigrantes.
En lo que concierne a las principales preocupaciones de los encuestados, destacan el paro y la inmigración. Las cifras que se indican en el diagrama de barras muestran claramente que el paro es el principal problema del país. Preocupa al mayor número de españoles.
Por un 40 % de los encuestados la inmigración es percibida como el segundo problema principal de España. Casi el 60 % de los españoles cree que hay demasiadas personas procedentes de otros países en España. Tan sólo un 3 % piensa que son pocos. Otro resultado llamativo, indicado en el diagrama de disco de la derecha, es que para un 84,7 % de los españoles se debería permitir sólo la entrada de los trabajadores inmigrantes que tengan un contrato de trabajo.
Resumiendo se puede decir que los diagramas establecen una relación o interdependencia entre este criterio, o sea, la necesidad de un contrato laboral como condición previa a la entrada, y el hecho de que el paro sea la mayor preocupación de los españoles.

4. El artículo sobre el barómetro del CIS publicado en el periódico El Mundo empieza así para llamar la atención de los lectores, quizás para apelar a sus inquietudes. Al abordar un tema de gran relevancia social, el periódico aparentemente trata de aumentar las cifras de venta.

4.3 Hacia la integración (SB S. 56)

Text: Zeitungsartikel: "La historia de los marroquíes Jaouad Azzouz, de 28 años, y Saloua Ndali, de 29"
Wortzahl: 444
Schwierigkeitsgrad: */**
Inhalt: Der Bericht über und von drei *inmigrantes* zeigt auf, wie das Gelingen der Integration auch mit der Verweildauer einer Person im aufnehmenden Land korrelieren kann.

Didaktisch-methodische Hinweise

In der Phase der Problemlösung geht es nach den „Lösungsangeboten" des spanischen Staats (d.h. gesetzliche Regelungen) nun auf die Ebene des Individuums. Neben der nahe liegenden Forderung nach Offenheit und Bereitschaft zu Akzeptanz aufseiten der spanischen Bevölkerung sind vor allem Integrationswille und -bereitschaft der *inmigrantes* entscheidend für das Gelingen der *convivencia social.*

Actividades SB S. 56, Lösungsvorschläge

1.

Nombre, edad, origen	Estancia en España, motivo	Profesión	Trabajo antes de la regularización, salario
Jaouad Azzouz 28 años marroquí	llegó hace dos años para hacer un doctorado	licenciado en Geografía	trabajo en un restaurante € 3 / hora
Saloua Ndali 29 años marroquí	vino en 2000 engañada por una falsa oferta de trabajo	interrumpió los estudios de Derecho se diplomó en contabilidad	empleada de limpieza € 15 / hora, a veces hasta € 1.500 mensuales
Abid Hussain 37 años Cachemira paquistaní	llegó en 1997 refugiado político sueña con volver a trabajar de médico	médico	repartidor de butano; empleado en una empresa auxiliar del automóvil

2.

- Jaouad, el geógrafo, comparte un piso con otros estudiantes. Saloua se compró un piso, trajo a su madre de Marruecos a vivir con ella / estuvo muy poco tiempo sin papeles.
- Jaouad: trabaja en la hostelería, tiene un contrato de media jornada, con 512,90 euros gana el salario mínimo. Saloua: tiene un empleo como trabajadora social. Abid: es tendero, regenta un colmado y un bar.

- Jaouad quiere ganarse la vida con sus estudios; Abid sueña con volver a trabajar como médico.

3. Jaouad dice: –Uno siempre se siente extranjero, hasta si tiene papeles. –No es que te sientas rechazado, es que tienes la sensación de que no eres bienvenido.
Saloua parece más optimista. Ella afirma que "A una mujer con pañuelo en la cabeza no se la acepta. Si se pone tejanos, sí".
Abid es quien ya tiene más arraigo en España. La frase "Yo, cuando me siento inmigrante es si salgo de Barcelona para ir de viaje." muestra que está plenamente integrado. Esto seguramente tiene que ver con el hecho de que él, al contrario de Jouad, vive en España desde hace muchos años.

4. *texto modelo:* Hola Jaouad,
he leído tu historia en El País. El relato de tu destino me ha emocionado mucho. Me imagino que te habrás llevado unas buenas decepciones, ¿no? Llegaste a España como licenciado en Geografía hace dos años para hacer el doctorado. Pero tus sueños se rompieron como un cristal. Es duro lo que cuentas, aunque no creo que sea un problema típico de un inmigrante. ¿Sabías que en España también hay miles de jóvenes universitarios que no encuentran un empleo adecuado?
Te escribo porque me alegra de verdad que hayas encontrado trabajo en la hostelería y que te hayan dado un contrato. Algo es algo, al fin y al cabo. Tendrás que tener en cuenta que solamente llevas dos años aquí y a los 28 años todavía tienes toda la vida por delante. Mira, después de varios meses cobrando tres euros la hora, las cosas ya van mucho mejor para ti. No pienso que sea justo seguir diciendo que "Uno siempre se siente extranjero, hasta si tiene papeles". Te recomiendo que te animes y que no te sientas rechazado, ya que tenemos que esforzarnos todos para que salga bien la convivencia.

5 La última frontera (SB S. 57)

Didaktisch-methodische Hinweise

Das Format der Talkshow bietet einen multiperspektivischen Zugang zu der Immigrationsproblematik. Im Mittelpunkt des Interesses stehen die geladenen Gäste. Diese Rollen werden den leistungsstarken Schülerinnen und Schülern vorbehalten sein. Die Schwächeren oder Zurückhaltenderen können eine Rolle im Publikum übernehmen. Auch in einem Grundkurs wird so die Einbindung aller Schülerinnen und Schüler gewährleistet. Die Beiträge werden nach Leistungsstand und Motivation individuell in Länge und Komplexität variieren.
Die Einladungsliste kann etwa folgende Rollen vorsehen:

invitados españoles:
- un joven español, una madre preocupada
- una vecina de un barrio multicultural, el dueño de un restaurante
- un guardia civil, una trabajadora social, una profesora
- unos políticos (de la oposición, de los Verdes, representante del gobierno)
- un trabajador en paro

inmigrantes:
- una chica marroquí, un marroquí con papeles
- la hija de un indocumentado
- un inmigrante marroquí (albañil)
- Jaouad, Abid Hussain,...

Für das Gelingen der Talkshow ist es wichtig, dass die Schülerinnen und Schüler ausreichend Zeit haben, um ihre *fichas* vorzubereiten. Hier ist der Ort für Notizen, die die kurze Präsentation der Figur stützen.
Außerdem ist es erforderlich, dass sie sich Redemittel zurechtlegen, mit deren Hilfe sie sich zu den angegebenen Fragen äußern können.

La tauromaquia entre fascinación y repugnancia (SB S. 60–81)

Das Modul bietet einen Überblick über die Rolle des Stierkampfes in der spanischen Gesellschaft. Die Schülerinnen und Schüler lernen, sich mit diesem kontroversen Thema sachgerecht auseinanderzusetzen und zu einer fundierten eigenen Meinungsbildung zu gelangen, die sie in mündlichen und schriftlichen Beiträgen argumentativ entwickeln und äußern. Damit leistet die Reihe einen Beitrag zum interkulturellen Lernen.
Die Teilsequenz eignet sich für den Einsatz nach der Spracherwerbsstufe. Die Schülerinnen und Schüler erwerben manifeste Kenntnisse zu Geschichte und Entwicklung sowie zum Ritual der *corrida* und lernen als Beispiel literarischer Verarbeitung einen Auszug aus „Mariana Pineda" von Federico García Lorca kennen.
Die Argumente von Anhängern und Gegnern werden anhand von Bild- und Lesematerial analysiert und erläutert.
Neben dem Erwerb des themenspezifischen Grundwortschatzes zur *corrida* werden die folgenden spezifisch sprachlichen Ziele angestrebt:

- dialogisches und monologisch-erzählendes sowie beschreibend-kommentierendes Sprechen
- informationsentnehmendes und analytisches Lesen
- Inhaltszusammenfassung bzw. -wiedergabe, schriftliche Kommentierung und Analyse

Die Wiederholung der Tempora der Vergangenheit, des *subjuntivo*, die integrierte Einführung bzw. Festigung der irrealen Bedingungssätze einschließlich der Morphologie des *imperfecto de subjuntivo* sowie *potencial* bieten sich bei dem Thema besonders an.

Die Teilsequenz schreitet in **vier Schritten** voran.
1. Bereitstellen von **Hintergrundwissen**: Geschichte des Stierkampfes und der Entwicklung von Regeln und Durchführungsbestimmungen
2. Bereitstellen von **Orientierungswissen**: an der *corrida* beteiligte Personen und Phasen des Kampfes
3. Darbietung einer **literarischen Verarbeitung** des Themas am Beispiel des Monologs der Amparo aus „Mariana Pineda" von Federico García Lorca
4. Auseinandersetzung durch **Argumente für oder wider** die *corrida* (perspektivische Sachtexte und Bildmaterial)

Lernerfolgskontrollen:
mündlich: Debatte zum Pro und Kontra der *corrida*, in der die Lernenden (auch aus fremder Perspektive) ihre Argumente durch Kenntnisse untermauern
schriftlich: *resumen* eines Zeitungstextes und Verfassen eines Leserbriefs

Fundamentum (grau unterlegt) und Additum der Reihe gliedern sich wie folgt:

SB Seite		
58/59	**Auftaktseiten**	
60–73	**1 La cara fascinante y tradicional de la corrida**	
60–65 60	**1.1 La corrida a lo largo de los siglos** Ernesto Hemingway y Orson Welles en la Plaza de toros	knapp erläuterte Bildcollage Elementarglossar
61 62	El origen histórico de la corrida El contenido y la manera de estructurarlo en forma de mapa mental	Internetdokument *mapa mental* sprachliche Varianten Spinnennetzevaluation
64	Los reglamentos – párrafos desordenados	Übungen zum informationsentnehmenden Lesen sprachliche Varianten

SB Seite		
66–70	**1.2 La corrida – más en detalle**	Kurztexte mit Fotos zur *corrida* (Personen und Ablauf)
66	El torero o matador de toros	
66	La presidencia	
67	El lenguaje del pañuelo	
67	Personal de plaza	
67	Los picadores	
68	Los banderilleros	
68	Los mozos de espadas	
68	Los tercios de la lidia	
69	Tercio de varas	
69	Tercio de banderillas	
69	Tercio de la muleta o muerte	
71–73	**1.3 La tauromaquia en la literatura**	Foto
71/72	1.3.1 Una tarde en los toros – fragmento de "Mariana Pineda" de Federico García Lorca	Monólogo de Amparo Kurzinformationen zum Drama
71	En la plaza de toros de Ronda	
71	Monólogo de Amparo, buena amiga de la protagonista Mariana	
73	1.3.2 Ernesto Hemingway y los toros Ernesto Hemingway: "Muerte en la tarde"	Zitate von Ernest Hemingway zur *corrida*
74–80	**2 La polémica en torno a la corrida**	
74–76	**2.1 Argumentos y contra-argumentos taurinos**	*Ayudas lingüísticas* zur Versprachlichung von Argumenten
74	Argumentos taurinos	
74	La réplica – argumentos antitaurinos	
74–76	El toreo es arte. El toro tiene oportunidades de defenderse y si es bueno puede ser indultado. El toreo es una fuente de ingresos para una serie de familias. El toreo atrae al turismo.	vier mit Fotos versehene Kurztexte als Replik auf Thesen für die *corrida* Grammatik: Tempora und Modi
77	**2.2 Campañas públicas del movimiento antitaurino** Declaraciones públicas	Plakate und Graffiti
78/79	**2.3 La corrida como tema de foro**	Beiträge aus einem Forum
78	El foro digital de El País	
79	Especular sobre algo irreal: ¿Qué sería si...?	Grammatik: irreale Bedingungssätze
80	**2.4 La *Mesa Redonda* – un debate público sobre los pros y los contras de la corrida**	Zielangaben, Arrangement, Vorgaben
81	**3 Anexo: Comentario de texto – prueba escrita**	Zeitungsartikel als Klausurvorlage

Zum Einsatz der Auftaktseiten (SB S. 58/59)

Didaktisch-methodische Hinweise

Foto S. 58: Plaza de Toros de Rasines (Cantabria); "La Plaza de Toros de los Santos Mártires de Rasines data del siglo XVII [...]. Su principal característica es el hecho de tener forma cuadrada" (http://www.cantabriajoven.com/rasines/arte/plaza.html). Auf der kleinen Plaza von Rasines finden nach wie vor Stierkämpfe statt.
Foto S. 59: Plaza de Toros de Málaga, fotografiert vom Gibralfaro.
Einstieg ggf. über die Beschreibung der Fotos: *a la izquierda* una plaza pequeña situada en una región montañosa; parece ser vieja / antigua / arcaica / aislada; a lo mejor es la plaza de toros de una ciudad pequeña / una villa / un municipio; *a la derecha* una plaza grande redonda situada en un barrio moderno con edificios altos / de varios pisos con viviendas / urbanización / en una gran ciudad ubicada a orillas del mar
Möglichkeiten der Vorentlastung eines Teils des Kernvokabulars: plaza de toros, redondel, ruedo (Arena), gradería (Tribüne): vgl. Übersicht SB S. 335.

1 La cara fascinante y tradicional de la corrida (SB S. 60–73)

1.1 La corrida a lo largo de los siglos (SB S. 60–65)

Ernesto Hemingway y Orson Welles en la plaza de toros (SB S. 60)

Didaktisch-methodische Hinweise

Die Schülerinnen und Schüler arbeiten zunächst an der Facette der *corrida*, wie sie von den *aficionados* hervorgehoben wird. Die Collage dient als Informationsträgerin und Sprechanlass; der themenspezifische Wortschatz („Breve glosario taurino") wird sukzessive ausgebaut (s. auch SB S. 335).

Actividades SB S. 60/61, Lösungsvorschläge

1. *texto modelo:* El colage representa la cara fascinante de la corrida: En la foto arriba a la izquierda se puede apreciar a un torero que apoya la mano sobre la barrera (baranda). Detrás de él, en la gradería, están sentados los aficionados. La foto abajo enfoca al diestro en el momento de estoquear la res. En las dos fotos de la derecha los dos norteamericanos famosos, el escritor Ernesto Hemingway y el actor y director de cine Orson Welles, posan junto a otros personajes, entre ellos el matador y, en la foto con Hemingway, un militar.
Reina un ambiente grato y casi familiar. Los personajes parecen estar contentos y relajados. La corrida debe de ser algo impresionante / el torero que posa parece ser una persona orgullosa y segura de sí misma.

2. **Ernesto Hemingway** (1899–1961): reportero y escritor / uno de los escritores más famosos del siglo XX de EEUU / ganador del premio Nobel de Literatura ("El viejo y el mar") / reportero en España durante la Guerra Civil (s. auch SB S. 178) / novelas famosas: "Fiesta", "Las nieves del Kilimanjaro", 1938, "Por quién doblan las campanas", 1940, relato de la guerrilla republicana en España / estancia temporal en Cuba / suicidio; **Orson Welles** (1915–1985), famoso director de cine, guionista, actor y productor, aficionado a los toros, fascinado por la corrida, conoció personalmente a varios toreros

3. Todos parecen estar contentos. / Creo que son aficionados, porque en caso contrario no se dejarían fotografiar en este grupo. / Parece una foto de familia. / Se sabe que Hemingway ha escrito una novela sobre la fiesta de "San Fermín" en Pamplona. / Hay una estatua de Hemingway en la plaza de toros de Pamplona.

4. etwa: ¿Cómo se desarrolla la corrida? / ¿Qué tienen que ver los militares en la corrida? / ¿Cuántas / Qué personas están involucradas en la corrida?

El origen histórico de la corrida (SB S. 61/62)

Text: Sachtext (Internetdokument)
Wortzahl: 598
Schwierigkeitsgrad: ***
Inhalt: Der Text stellt die *corrida* als eine der ältesten und umstrittensten Traditionen der Welt und ihre Entwicklung durch die Jahrhunderte vor. In Spanien gibt es Befürworter, die den Stierkampf als Ausdruck von Kultur und Tradition sehen sowie sich damit brüsten, die Rasse des *toro bravo* vor dem Aussterben bewahrt zu haben, und Gegner, die ihn für Tierquälerei halten.

Didaktisch-methodische Hinweise

Hinweis: Erschließen des Textes mit Hilfe von Lesestrategien (z. B. Erkennen der Chronologie durch Zeitangaben bzw. Namen)/ggf. Aushändigen der Vokabelliste (s. Kopiervorlage S. 63).
Mögliche Erläuterungen: l. 12, **íberos**: período histórico prerromano (300–200 a.C.) / l. 24, **Soria**: capital de la provincia Soria en Castilla y León / l. 42, **La España musulmana**: 711: comienzo con la invasión de los árabes hasta 1492: final con la caída de Granada, el último reino moro

Kopiervorlage

Vocabulario: El origen histórico de la corrida

abominable	*abscheulich*
acometividad (f)	*Tatkraft, Angriffslust*
afición (f)	*Vorliebe*
ancestral	*uralt, überliefert*
arcaico,a	*alt, archaisch*
asentamiento	*hier: Heimat*
bello,a	*schön*
bos (m)	*Rind, Vieh*
bravo,a	*wild*
caza	*Jagd*
celtibérico,a	*keltiberisch*
cierto,a	*sicher, gewiss*
circense	*Zirkus-*
continuidad (f)	*Fortdauer, Fortbestand*
cuadrilla	*Stierkämpfermannschaft*
darse	*vorkommen, geschehen*
denominar	*benennen*
desafiar	*herausfordern*
destreza	*Fertigkeit*
divino,a	*göttlich*
enfrentamiento	*hier: Kampf*
especie (f)	*Art, Sorte*
abandonar	*aufgeben, verlassen*
evidencia	*Beweis*
exterminar	*ausrotten, vernichten*
ficción (f)	*Erfindung*
fiereza	*Grausamkeit, Brutalität*
fortaleza	*Stärke, Kraft*
habilidad (f)	*Geschicklichkeit*
habitar	*leben, wohnen*
holocausto	*religiöses Brandopfer*
manifestación (f)	*Bekundung*
mantener (ie)	*halten, aufrechterhalten*
medieval	*mittelalterlich*
muleta	*rotes Tuch beim Stierkampf*
musulmán / musulmana	*muslimisch*
nacer (zc)	*geboren werden*
nobleza	*Adel*
orden (m)	*Ordnung*
papel (m)	*Rolle*
plebe (f)	*Plebs, Gesindel, Volk*
plebeyo,a	*bürgerlich, ungebildet*
polémico,a	*strittig*
precedente (m)	*Vorgänger*
prohibir	*verbieten*
remontarse a	*zurückgehen auf*
remoto,a	*fern, weit zurückliegend*
sacrificio	*Opfer*
tercio	*Stierkampfphase*
toreo	*Stierkampf*
uro	*Ur, Auerochse*
urus (lat.)	*Auerochse, Ur*
valor (m)	*Mut*

Actividades SB S. 62/63, Lösungsvorschläge

1.

a) El origen de la raza del toro bravo es el primitivo urus.
b) Se menciona en el contexto del sacrificio de toros bravos en holocaustos de la divina justicia.
c) En estos ejercicios los enfrentamientos de los futuros cazadores con el urus requerían ante todo destreza y habilidad.
d) Se consideran las primeras plazas de toros porque en ellos se celebraban sacrificios de reses.
e) Se encuentran aún huellas en Castilla y León, en la provincia de Soria.
f) Se debe a la influencia grecorromana.
g) Los musulmanes prohibieron la corrida por considerarla cruel.
h) Desde el siglo XVIII se celebran como hoy.
i) Para los aficionados es un bello espectáculo, una manifestación cultural de larga tradición.

Método: El contenido y la manera de estructurarlo en forma de mapa mental (SB S. 62)
Hinweis: Die Schülerinnen und Schüler befassen sich mit der *mapa mental* und erarbeiten mit Hilfe der *variantes lingüísticas* (*actividad* 2) einen der vier Teilaspekte.

2. *Beispiele* für die Arbeit mit den *variantes lingüísticas*:

- Si se ignora la tradición es imprescindible remontar a las raíces. / Para acercarse al fenómeno de la corrida es preciso remontar a su origen.
- La costumbre data de los tiempos remotos de holocaustos. / La tradición tiene su origen en las épocas antiguas de los sacrificios de animales.
- En la tradición grecorromana se ofrecían fiestas taurinas para entretener a la gente.
- Durante el dominio árabe la corrida se prohibió por ser un rito cruel.
- En la España medieval, sin embargo, se carecía de tal sensibilidad.

textos modelo:

A. Las referencias históricas

Ya en la Biblia se mencionan los toros en el contexto de los sacrificios que se brindaban a Dios. También los íberos celebraban holocaustos.

En tiempos remotos se practicaba la caza del uro, símbolo de fortaleza y dinamismo. Estos rasgos característicos también los apreciaban los cazadores a la hora de hacer ejercicios de caza. Luchaban contra los toros bravos para desarrollar destreza y habilidad.

B. "El toro bravo"

La fiesta o corrida de toros existe sólo por existir el toro bravo. La raza del toro bravo ha sobrevivido en España, donde encontró buenas condiciones de vida. En el resto del continente ya desapareció en tiempos lejanos.

C. El desarrollo histórico

Durante el dominio árabe se prohibió la lidia por considerarse un rito cruel. La España medieval, sin embargo, carecía de tal sensibilidad y la costumbre pervivió como deporte de la aristocracia. Las corridas del siglo XVIII se parecían a las de hoy. Fue entonces cuando a los nobles ya no les interesaba la lidia por lo que el pueblo empezó a dedicarse a tal diversión. En el siglo XVIII se establecieron normas y reglas en la plaza.

D. El origen de la plaza

Se podría pensar que el circo romano es el origen de la plaza. Pero no es así, ya que se conservan restos de templos celtibéricos donde se celebraban sacrificios de toros como ofrenda a los dioses. Cerca de la ciudad de Soria se encuentran todavía huellas de estos templos. Hay que destacar, sin embargo, la influencia de la cultura grecorromana. Debido al interés por el circo, desde entonces el espectáculo prevalece sobre el rito religioso.

3. individuelle Lösungen

4. Die Evaluation durch das Spinnennetz sollte mit den Schülerinnen und Schülern besprochen werden, sofern sie diese noch nicht kennen. Es ist günstig, eine Kopie vorzulegen, weil dann durch Anheften an die Pinnwand bzw. Ankleben an die Tafel eine Zusammenschau der Rückmeldungen ermöglicht wird.

Wortschatz: Die folgenden Modellsätze eignen sich zur Versprachlichung der Ergebnisse: La mayoría destaca que la estructura de la charla ha sido clara y transparente. / Según la mayoría es necesario dirigirse más al público. / Hay que utilizar un vocabulario más variado, porque aquí la nota no es muy buena. / La mayoría del curso considera que el contenido ha sido completo. / La nota media es de 2,5.

Weitere Hinweise

Es ist möglich, die Teiltexte noch einmal als Ganzpräsentation (*charla un minuto*, auch als Hausaufgabe) darbieten zu lassen. Inhaltlich werden die Ergebnisse wie für die Teilpräsentation erwartet. Der Text sollte mündlich mit einer geeigneten Einleitung präsentiert werden, die Übergänge zwischen den Teilen müssen gekennzeichnet werden – etwa: *ahora me dedicaré al desarrollo histórico* – und auf Variantenreichtum im Gesamtvortrag sollte geachtet werden. Weiterhin soll die Schülerin bzw. der Schüler den Vortrag am Pult frei bzw. stichwortgestützt mit Blick auf die Klasse halten. Die *mapa mental* oder eine andere Visualisierung kann zu Hilfe genommen werden. Auf Körpersprache – aufrechte Haltung, ggf. Sitzen am Pult, Blickkontakt mit dem Kurs – wird geachtet. Die freie Präsentation ist als *softskill* unverzichtbar.

Kopiervorlage (Folie) für die Charla un minuto

Así se puede		
iniciar la presentación	**dirigirse al público durante la ponencia**	**terminarla**
Os / les voy a presentar... Mi tema es... Hoy hablaré sobre... Mi ponencia tendrá X partes Primero voy a hablar sobre... después paso a... y al final...	¿Queda alguna duda? ¿Tenéis alguna pregunta? / ¿Qué preguntas tenéis? ¿Queréis que aclare algo?	Con esto daré por terminada la ponencia. Espero que mi ponencia haya sido de vuestro agrado. Voy a terminar la ponencia esperando que...

Los reglamentos – párrafos desordenados (SB S. 64)

Didaktisch-methodische Hinweise

Das Textpuzzle dient dazu, das Leseverstehen der Schülerinnen und Schüler sowie den Blick für Textkonnektoren wie adverbiale Bestimmungen und Adverbien, Jahreszahlen, pronominale Verknüpfungen zu schärfen. Der Abgleich erfolgt mit dem Hörtext.

Actividades SB S. 65, Lösungsvorschläge

1. Chronologieerstellung durch Jahreszahlen bzw. weitere Zeitangaben:

- erster Absatz: (3) keine offensichtlichen Hinweise, aber Aufgreifen der Überschrift sowie Hinweis auf „derechos y deberes“. Es wäre möglich, dass der Absatz auch an den Schluss des Textes gesetzt wird. Der Vergleich mit dem Hörtext gibt Klarheit.
- zweiter Absatz: (2) „primeros documentos“, „siglo XVII“; 1770
- dritter Absatz: (5) "bien entrado el siglo XIX"; 1803
- vierter Absatz: (1) 1836
- fünfter Absatz: (6) 1847; 1852
- sechster Absatz: (4) „desde entonces“; 12 de julio de 1930; 15 de marzo de 1962

2. a)–c)

Los reglamentos	zu verstehende Elemente
3. La reglamentación taurina afecta a los protagonistas fundamentales de todos los festejos: el público por un lado y los contendientes en el ruedo por otro. De este modo ~~estipula~~ derechos y deberes de los espectadores y ~~condicionamientos técnicos de las~~ reses, ~~los útiles o trebejos de torear, las suertes, los trofeos y las penas y castigos~~.	poner reglas para los protagonistas de la corrida; derechos y deberes
5. De las prohibiciones que hubo que sancionar hasta bien entrado el siglo XIX da idea la que sigue, de 1803: „No se arrojará a la plaza, tendido ni otros sitios de ella, perros, gatos, cáscaras de naranjas, frutas ni otras cosas“.	sanciones hasta el siglo XIX, p. ej. por arrojar perros, gatos, cáscaras de naranjas y otra fruta a la plaza
1. En 1836, ~~Francisco Montes Paquiro, que ha sido denominado ‚El gran Legislador‘ dictó en su Tauromaquia completa el que ha sido considerado como~~ primer esbozo real de un reglamento, ya ~~que se ocupaba de todos y cada uno de los aspectos de la fiesta y~~ proponía una serie de reformas ~~cuyo fundamento y raíz ha llegado incluso~~ hasta el toreo de nuestros días.	1836 primer esbozo del reglamento de la corrida; propuesta de reformas todavía hoy válidas
Sin embargo, el primero publicado en exclusiva como tal, lo fue en 1847, ~~redactado por el jefe político de Málaga, Melchor Ordóñez que, entre otras cosas, fijaba el número, ocho, y la edad que debían tener los toros, de cinco a ocho años~~. Prohibía, también, la lidia de reses defectuosas. ~~La Plaza de Madrid publicó el suyo propio, aprobado por Ordoñez, en 1852, y el marqués de Villamagna lo reformó en 1868, cambiando entre otras cosas el número de reses a lidiar, que serían seis.~~	a mediados del siglo 19 redacción del primer reglamento, p. ej. prohibición de lucha contra reses enfermas
4. Desde entonces fueron muchos y cada vez más prolijos y matizados los reglamentos ~~que fueron entrando en vigor. Los que han tenido mayor trascendencia y~~ duración han sido el de 12 de julio de 1930 –el primero que tuvo alcance nacional– y el de 15 de marzo de 1962.	modificaciones de los reglamentos; reglamentos de 1930 y 1962 con alcance nacional

http://www.torosperu.com/tauromaquia/01.htm

3. *frases modelo:*

- Hubo que poner reglas para los protagonistas de la corrida. Se fijaron derechos y deberes del público y de las personas en la plaza. / Se precisó una serie de reglamentos taurinos que determinaran los derechos y deberes de las personas implicadas. / Hasta el siglo XVII las corridas eran anárquicas. A finales del siglo XVIII se creó la institución del presidente.
- Hubo que sancionar hasta el siglo XIX que se arrojaran perros, gatos, cáscaras de naranjas y otra fruta a la plaza. / Aún en el siglo XIX se practicaban costumbres arcaicas en la plaza tal como tirar animales o fruta al ruedo. Para evitar tales hábitos se establecieron reglas y sanciones. / La curiosa prohibición de no tirar perros, gatos, etc. a la plaza data del siglo XIX.
- En 1836 se presentó el primer esbozo del reglamento de la corrida que propuso reformas que todavía hoy son válidas. / Fue a mediados del siglo XIX cuando se publicó el primer esbozo del reglamento taurino proponiendo reformas aún vigentes. / Fue en 1836 cuando apareció la "tauromaquia completa", el primer esbozo de un reglamento.
- A finales de los años 30 del siglo XIX se redactó el primer reglamento en exclusiva: p. ej. prohibición de reses enfermas. / Una década más tarde, a finales de los años 40 del siglo XIX, se publicó un reglamento en exclusiva. / El primer reglamento se fijó a mediados del siglo XIX.
- En 1930 y 1962 se establecieron reglamentos con alcance nacional. / Finalmente, ya en pleno siglo XX, se decretaron reglamentos vigentes y válidos en toda España. / Por fin, en el siglo pasado, se establecieron los reglamentos a nivel nacional.
- A lo largo de los siglos la corrida anárquica y desordenada ha experimentado cambios considerables. Es sabido que en el siglo XVIII se realizó el primer intento de poner orden en el espectáculo con la institución de la figura del presidente. Llama la atención que también se prohibiera arrojar animales y fruta al ruedo. Durante los siglos siguientes hubo varios intentos y pasos hacia una reglamentación completa. Tan sólo en el siglo XX se impuso un reglamento efectivo y obligatorio para toda España.

4. und 5. individuelle Lösungen

1.2 La corrida – más en detalle (SB S. 66–70)

Text: Sachtexte (teilweise gekürzte Internetdokumente)
Wortzahl: El torero o matador de toros: 210; La presidencia: 80; El lenguaje del pañuelo: 64; Personal de plaza: 29; Los picadores: 127; Los banderilleros: 59; Los mozos de espadas: 114; Los tercios de la lidia: 52; Tercio de varas: 114; Tercio de banderillas: 61; Tercio de la muleta o muerte: 54
Schwierigkeitsgrad: **/***
Inhalt: Übersicht über die am Stierkampf beteiligten Personen (SB, S. 66–68) und ihre Funktionen; Phasen der *corrida* (SB, S. 68 unten–69) und ihre Charakteristika

Actividades SB S. 70, Lösungsvorschläge

1.–3. *Hinweise:* Die Texte eignen sich aufgrund ihrer unterschiedlichen Länge für die arbeitsteilige binnendifferenzierende Arbeit. Sie sollten auf den Kurs verteilt und zu Hause erarbeitet werden. Die Vorbereitung der *charlas* sowie die Auswahl von ca. sechs Schlüsselwörtern sind Teil der Hausaufgabe.
Zu Beginn der Stunde setzen sich die Gruppen nach Themen geordnet zusammen: Die Gruppenmitglieder verständigen sich über die visuelle Unterstützung der *charla* sowie über die Schlüsselwörter. Ca. 6–8 Minuten sollten dem Üben der *charla* vorbehalten bleiben, die dann von zwei Personen vorgestellt wird, und zwar so, dass eine erklärt und erläutert, während die andere die nötigen Verweise auf die grafische Unterstützung gibt.
Die Auswahl der Vortragenden sowie der Schlüsselwörter für den *concurso* trifft die Lehrkraft, die auch darauf achtet, dass diese gut erklärt werden.
Je nachdem, wie viel Zeit man der detaillierten Erarbeitung der *corrida* widmen möchte, können aus dem Kapitel zentrale Absätze wie z. B. *El torero* und *Los tercios de la lidia* und *Tercio de la muleta o muerte* herausgegriffen werden.
individuelle Lösungen

4. *Hinweise:* Für den *concurso* eignet sich eine Powerpoint-Präsentation oder eine Folie, bei der die zu erfragenden Begriffe zunächst abgedeckt und dann sukzessive aufgedeckt werden.
Mögliche Schlüsselwörter und Fragen:
presidencia
órdenes: ¿Qué función tiene el presidente?
pañuelo: ¿Qué necesita el presidente para dar órdenes?
gobernador civil: ¿Quién ejerce la función de presidente en las capitales de las provincias?
perfecto desarrollo: ¿De qué tiene que ocuparse el presidente?
alcalde: ¿Quién ejerce la función de presidente en las poblaciones que no son capitales de provincias?
personal
mozo de espadas: ¿Quién es la persona más próxima al matador?
picador: ¿Quién pica, montado a caballo, a los toros?
presidente: ¿Quién pone orden en la corrida?
banderillero: ¿Quién clava la banderilla en el lomo del toro?
diestro: ¿Cuál es un sinónimo de la palabra torero?
utensilios
chaquetilla bordada: ¿Qué lleva el torero?
puya: ¿Cómo se llama la punta de la lanza?
estoque: ¿Con qué arma mata el torero al toro?
muleta: ¿Con qué utensilio de color rojo prepara el torero al toro para la muerte?
pañuelo: ¿Qué utiliza el presidente para transmitir sus órdenes?
tercio(s)
de la lidia: ¿Cómo se denominan las fases de la corrida?
de banderillas: ¿Qué nombre tiene el segundo tercio?
de varas: ¿Qué tercio realizan los picadores?
de la muleta: ¿Qué otro nombre tiene el tercio de la muerte?
de la muerte: ¿Cuál es el último tercio de la lidia?
lenguaje taurino
chaquetilla bordada de oro: ¿Qué prenda pueden llevar solamente los picadores y el torero?
tercio: ¿Cómo se llaman las etapas de la lidia?
res: ¿Qué otro nombre se le da al toro?
lidia: ¿Qué sinónimo tiene la palabra corrida?
ruedo: ¿En qué parte de la plaza se desarrolla la corrida?

Möglichkeiten der Gestaltung des *concurso*:

	presidencia	personal	utensilios	tercio(s)	lenguaje taurino
500	órdenes	mozo de espadas	chaquetilla bordada	de la lidia	chaquetilla bordada de oro
400	pañuelo	picador	puya	de banderillas	tercio
300	gobernador civil	presidente	estoque	de varas	res
200	perfecto desarrollo	banderillero	muleta	de la muleta	lidia
100	alcalde	diestro	pañuelo	de la muerte	ruedo

1.3 La tauromaquia en la literatura (SB S. 71–73)

Didaktisch-methodische Hinweise

Das Kapitel eignet sich besonders für fortgeschrittene oder auch literarisch sehr interessierte Lerngruppen.
Hier böte es sich auch an, Filmausschnitte (z. B. aus „Sangre y Arena“ oder „Hable con ella“) zu behandeln, weil sie versuchen, die spezifische Ästhetik der *corrida* zu zeigen. Als fächerverbindendes Projekt mit dem Fach Kunst böte es sich an, Gemälde und Zeichnungen von Goya, Picasso und anderen Malern einzubeziehen.

1.3.1 Una tarde en los toros – fragmento de "Mariana Pineda" de Federico García Lorca (SB S. 71/72)

En la plaza de toros de Ronda (SB S. 71)

Didaktisch-methodische Hinweise

Die Leseverzögerung durch eine *actividad de prelectura* dient der Sensibilisierung der Schülerinnen und Schüler für das Ambiente, das Amparo in ihrem Monolog beschreibt. Das Foto der Arena von Ronda, dem Ort der Handlung, (oder auch andere Fotos, z. B. SB S. 60 und 69) soll dazu anregen, Farben, Geräusche und Gefühle am Ende eines Stierkampfes in sich zu evozieren.

Actividades SB S. 71/72, Lösungsvorschläge

1. Oigo ruido, música, gritos, voces, exclamaciones. Veo una plaza llena de gente, mujeres con abanicos, colores vivos, amarillo y rojo, la muleta roja del torero, el toro negro y el torero delante de él. Siento compasión con el toro; reconozco que el torero no muestra señal alguna de nerviosismo. Estoy llena de tensión. Es una situación muy emocionante.

Mögliches Tafelbild/Folienanschrieb:

SE OYE	SE VE
↓	↓
música	luz
gritos	colores
voces	movimientos
pasodoble	*la muleta del torero*
¡olé!	*rojo y amarillo*
	gente moviéndose

SE SIENTE
↓
tensión
emoción
miedo

Monólogo de Amparo, buena amiga de la protagonista Mariana (SB S. 71)

Text: literarischer Text (Dramenauszug)
Wortzahl: 174
Schwierigkeitsgrad: *****
Inhalt: Amparo, Freundin der Protagonistin Mariana Pineda, erzählt begeistert von ihrem Besuch beim Stierkampf in der vor Erregung vibrierenden Arena von Ronda. Der Torero ist Cayetano, der ein apfelgrünes, reich mit Silber und Seide besticktes Gewand trägt, elegant einherschreitet und fünf pechschwarze iberische Stiere besiegt.

Didaktisch-methodische Hinweise

Der Auszug aus „Mariana Pineda" ist an der Stelle gekürzt, an der sich Amparo direkt auf ihre Freundin Mariana bezieht. Amparos Intention, Mariana durch ihren Bericht abzulenken und aufzuheitern, wird mithin nicht thematisiert. Es wird durch die Art der Schilderung deutlich, dass der Stierkampf für die Menschen der Vor-Fernsehzeit eine große Attraktion darstellte und der Torero damals so wie heutzutage ein Popidol gefeiert wurde.
Der Monolog wird vom Tonträger abgespielt. Der Text ist lexikalisch stark markiert, kann aber aufgrund seiner nachvollziehbaren Gliederung, der Redundanzen und der bewundernden Ausrufe insgesamt gut verstanden werden.
Vor der intensiven Beschäftigung mit dem Text sollten Spontaneindrücke geäußert werden (z. B. habla de manera patética / Amparo admira al torero / le encanta el ambiente en la plaza / se siente parte del público / se identifica con la corrida). Die eigentliche Texterarbeitung erfolgt in Stillarbeit mit zweisprachigem Wörterbuch.

Actividades SB S. 72, Lösungsvorschläge

2. *Nachweis des Textverständnisses:*

a) No, no tiene lugar en Sevilla sino en la ciudad andaluza de Ronda. (verso 2)
b) Pues sí, eran de azabache. (verso 3)
c) No, se llamaba Cayetano. (verso 13)
d) Sí, es cierto, el traje era muy elegante: de color manzana y bordado de plata y seda. (verso 15)
e) Sí, destacó por su gracia y la elegancia con que actuaba con la muleta. (verso 17)
f) No, fueron todos toros de España. (verso 20)
g) Sí, pero Cayetano era mejor que aquél. (verso 27)
h) No, mató cinco. (verso 29)
i) No, se utilizan las palabras toro y fiera. (versos 3, 19, 29, 34)

3. *Hinweis:* Die Phase dient einem vertieften Textverständnis. Es geht nicht darum, den Text mit all seinen Implikationen zu analysieren, sondern es soll den Schülerinnen und Schülern der Blick für wichtige darstellerische und inhaltliche Elemente geöffnet werden.

b) No compadece a los animales sino que glorifica su muerte, lo cual lo recalcan la repetición "Cinco toros mató, cinco", la metáfora "cinco flores dejó abiertas" en vez de 'cinco heridas graves' y, como si se tratara de colonia, la alusión al olfato "el olor a sangre". (29–37)
c) El torero es un ídolo para Amparo. Lo elogia hablando de su equilibrio, su gracia y su arte. La mayor parte de su monólogo se lo dedica a él, lo que demuestra que está en su mente. (13–15; 23/24)
d) Amparo, por lo visto, disfruta de cada momento. Detalla todo el ritual refiriéndose a los toros, los aficionados, los mozos y, finalmente, al torero. La oración irreal (23/24) y la exclamación – "Qué gran equilibrio el suyo" – revelan admiración absoluta ("grande", "gallardo", "gracia"). Las comparaciones "como una gran mariposa" y "ni Pepe-Hillo ni nadie toreó, como él torea" manifiestan su admiración absoluta. (1–4; 9–12; 20)
e) La protagonista hace referencia al olor de la tierra, a la hora del día y al color de la arena "pajiza". Todo esto muestra una estrecha relación con la naturaleza. (40, 21)
f) La protagonista describe con gran admiración al diestro y el ambiente que reina. No muestra señal alguna de distanciamiento. (z. B. 25; 27–38)
g) Con la imagen "la plaza vibraba" recalca el sentimiento de emoción colectiva. (z. B. 38)
h) El tono patético se evidencia p. ej. en el empleo de los adjetivos calificativos "grande" y "gallardo" para presentar al diestro y en la exclamación admiradora "¡Qué gran equilibrio el suyo!". (13–25)
i) El hecho de que personifique la plaza diciendo que "giraba" y "vibraba" subraya la vivencia común y la emoción que emana de los aficionados. (9–11)
j) P. ej. relaciona el olor de la sangre con el de la sierra (40) / la tarde cambia de color durante la corrida (21/22).
k) Uno se queda con una sensación sinestética/de sinestesia por las distintas sensaciones que se evocan: El color manzana del traje del diestro no hace pensar sólo en el color verde sino también evoca el sabor a manzana y el tacto de la piel suave y lisa de la fruta. Las risas de los aficionados parecen escucharse. (14/15)

4. Mögliches *ránking*:
elemental: d
importante: h
observación secundaria: f
superfluo: i

1.3.2 Ernesto Hemingway y los toros (SB S. 73)

Ernesto Hemingway: "Muerte en la tarde" (SB S. 73)

Didaktisch-methodische Hinweise

Es bietet sich an, das Foto SB S. 73 beschreiben zu lassen, weil hier deutlich wird, dass Hemingway ein äußerst interessierter Zuschauer ist und die Nähe des Toreros sucht. Als immanente Wiederholung wäre an die ersten Stunden zu erinnern und das Foto mit Orson Welles und Hemingway.
Texto modelo: En la foto sacada en 1960 salen un torero, que está en el burladero, y Ernesto Hemingway, vestido de una camisa rojiza y con una boina en la cabeza. Está de pie detrás de la barrera y apoya los

brazos en la baranda. La expresión de la cara es seria y manifiesta atención absoluta. Está mirando fijamente al ruedo. No se ve si el espectáculo lo fascina o repugna. Parece inmóvil y altamente concentrado por lo que se puede afirmar que de algún modo los acontecimientos en el ruedo lo atraen.

Actividades SB S. 73, Lösungsvorschläge

1.

a) En la primera cita Hemingway acentúa un presunto rasgo característico de muchas personas. Afirma que éstas gozan de matar limpia y estéticamente. Hemingway no recurre a categorías éticas sino que generaliza el predominio de la estética.
b) Hemingway explica el origen de la corrida diciendo que se trata de una "supervivencia de la época romana". Se podría pensar ahora que por eso es digna de ser rechazada por arcaica. La conjunción adversativa "pero", sin embargo, introduce un reparo: Hemingway compara la muerte del toro con una gran tragedia teatral e insinúa así que sirve de catarsis y purificación para los que la vean.
c) Hemingway ve, sin embargo, que desde el punto de vista moral no se puede defender la corrida de ninguna manera. De esta conclusión se distancia él mismo usando el verbo 'suponer' en vez de 'saber' y el atributo 'moderno'. Este adjetivo hace pensar enseguida en su contrario 'antiguo' evocando connotaciones como 'tradicional', 'ancestral', 'arraigado', 'habitual', 'popular' que recuerdan los agradables y deseados tiempos pasados.
d) La última cita es una invitación explícita a acudir a la corrida, hasta recomienda sentarse cerca del ruedo para poder observarlo todo. El resultado prometido es la comprensión a pesar de los detalles repugnantes.

2. La actitud que se hace patente es la de una persona fascinada por la corrida a pesar de saber o intuir que es indefendible.

3. *Hinweis:* Für die Gruppendiskussion können die *ayudas lingüísticas* (SB S. 74, actividad 2) verwendet werden. Für die *charla un minuto* können sich die Schülerinnen und Schüler im Methodenteil (SB S. 319) orientieren. Die *charla* kann evaluiert werden mit dem Spinnennetz.
texto modelo: Charla un minuto
Primero hablaré sobre la tesis que elegimos, después pasaré a ampliar lo dicho por Hemingway con un par de informaciones aditivas. Al final alegaré los argumentos que evidencian la opinión de nuestro grupo.
Voy a presentar la primera tesis de Ernesto Hermingway según la cual siempre ha sido un placer para la gente "matar con limpieza". La palabra "placer" revela claramente que Hemingway se identifica con la corrida y la muerte del toro. Este placer también lo siente el diestro, entre cuyas tareas destaca la de matar de manera ritual y 'limpia' al toro. También los espectadores sienten este placer, porque, en caso contrario, no acudirían a la corrida. Otro ejemplo lo da el personaje de Amparo del drama "Mariana Pineda", que describe con metáforas muy acertadas la muerte de los toros.
Voy a terminar la charla con la opinión de nuestro grupo. Creemos que la corrida es un rito cruel y que es abominable gozar del sufrimiento de un animal. No entendemos ni aceptamos la actitud de Hemingway y de los aficionados.
alternativ: La descripción de Amparo y las palabras de Hemingway nos convencen. La corrida muestra la superioridad del hombre sobre la criatura.

2 La polémica en torno a la corrida (SB S. 74 – 80)

2.1 Argumentos y contra-argumentos taurinos (SB S. 74–76)

Didaktisch-methodische Hinweise

Der Abschnitt beschäftigt sich mit der umstrittenen Seite der corrida. Es findet sich im Netz eine Fülle von Seiten, in denen man sich über Aktionen des *movimiento antitaurino* informieren und

unterschiedliche Textsorten (Gedichte, Flugblätter, Erzählungen, Leserbriefe, Lieder u.a.) finden kann. Weiterhin werden Adressen angegeben, so dass man Kontakt mit diversen Gruppen aufnehmen kann.
In dem Abschnitt werden die Hauptargumente gegen die *corrida* aufgeführt und in Beziehung gesetzt zu dem bisher Gelernten.

Argumentos taurinos (SB S. 74)

Actividades SB S. 74, Lösungsvorschläge

1.
- El toreo es arte: argumento histórico-cultural / estético
- El toro tiene oportunidades... : argumento que atribuye al toro la facultad de actuar conscientemente como si fuera un ser humano. Pero: el toro no lucha por luchar como el torero sino que sólo se defiende contra un ataque.
- El toreo es una fuente de ingresos: argumento económico
- El toreo atrae al turismo: argumento económico

2. *Beispiele für die Versprachlichung:* La tesis más comprensible es la tercera, porque el aspecto económico es importante en una época en la cual es cada vez más difícil encontrar un puesto de trabajo. / Quisiera subrayar que un argumento que apoya la primera tesis es el hecho de que p. ej. Picasso ha creado una serie de grabados impresionantes con motivos de la corrida. / Hay que negar rotundamente que la corrida sea arte, porque es obvio que la matanza pública de un animal por mero placer es una barbaridad.
Hinweis: Die Schülerinnen und Schüler sollten die Bilder zu Hilfe nehmen, um die Argumente bzw. Gegenargumente zu erklären: 1. Argument: künstlerische Verarbeitung der ästhetischen Seite der *corrida* (SB S. 74)/2. Argument: Tierquälerei und Brutalität (SB S. 75)/3. und 4. Argument: Plakatwand (SB S. 76)/Besuche prominenter Persönlichkeiten wie Hemingway und Orson Welles

La réplica – argumentos antitaurinos (SB S. 74–76)

Text: Internetdokumente
Schwierigkeitsgrad: **
Inhalt: *El toreo es arte* (124 Wörter): Das Argument wird dadurch widerlegt, dass die künstlerische Umsetzung nicht bedeuten könne, dass die *corrida* selbst auch Kunst sei.
El toro tiene oportunidades de defenderse y si es bueno puede ser indultado (96 Wörter): Das Argument ist nicht stichhaltig, weil der Kampf zwischen Mensch und Tier ungleich ist. Selbst wenn der Stier die Arena lebend verlassen sollte, wird er an seinen schweren Verletzungen sterben.
El toreo es una fuente de ingresos para una serie de familias (197 Wörter): Es ist richtig, dass die *corrida* Arbeitsplätze schafft. Aber viele sind saisonal. Gut ausgebildete Menschen wie z. B. Schneider bedürfen der *corrida* nicht, um ihren Arbeitsplatz zu erhalten.
El toreo atrae al turismo (80 Wörter): In der heutigen Zeit, in der Menschen ein ökologisches Bewusstsein haben und der Tierschutz immer wichtiger wird, gibt es internationale Bewegungen gegen den Stierkampf.

Didaktisch-methodische Hinweise

Für die Erarbeitung der vier Einzeltexte ist das Expertenpuzzle vorgesehen. Die Stammgruppen sollten so zusammengestellt werden, dass die längeren Texte den Leistungsstärkeren vorbehalten bleiben.

Actividades SB S. 76, Lösungsvorschläge

1. *Beispiele für die Versprachlichung:*
- Los aficionados dicen que el toreo es arte y lo apoyan, refiriéndose a las obras de arte dedicadas a la tauromaquia. Se puede ver un ejemplo en la página 74. Los antitaurinos, en cambio, subrayan que el mero hecho de ser objeto de una obra de arte no significa que se trate de una tradición digna de conservar. Se añade que también existen cuadros sobre las guerras y uno no puede defender las guerras sólo por eso.
- Los aficionados afirman que el toro tiene las mismas oportunidades que el torero de salir ileso de la corrida. No es así, la gran mayoría de los toros muere y lo que se hace con ellos se puede ver en la foto en la página 75. Y si uno sale vivo, tiene tantas heridas que poco después morirá.

- El toreo es una fuente de ingresos, dicen los aficionados. Pues sí, así es. Pero muchos puestos de trabajo son temporales, o sea, no se trata de trabajos fijos que garanticen una vida segura y sin problemas económicos. Otras personas como sastres o armeros encontrarían otra clientela para sus productos. En total, no se puede decir que la corrida sea un ramo económico imprescindible para España.
- Los antitaurinos rechazan rotundamente el argumento que el toreo atrae al turismo. Basan su argumentación en la conciencia ecológica y la protección del animal.

2. und 3. individuelle Lösungen

2.2 Campañas públicas del movimiento antitaurino (SB S. 77)

Actividades SB S. 77, Lösungsvorschläge

1.

	pintada	afiche	cartel
clase de campaña	llamada indirecta	invitación directa a una manifestación indicando lugar, fecha y hora	llamada directa contra la corrida en general
autor	una persona cualquiera; la letra A puede indicar un grupo de protección del animal	colectivo antitaurino y animalista de Bizkaia	se desconoce, seguramente autoría antitaurina
elementos gráficos	escrito en mayúscula; letras desiguales parece haber sido pintado de prisa / escrito sin esmero	para llamar la atención: mayúsculas indican el evento y el permiso oficial; la letra normal indica los autores	para llamar la atención: sólo cinco palabras / palabra clave "torturado"; foto de la cabeza de un toro moribundo de ojos abiertos, con una mancha de sangre delante del hocico; blanco y negro para subrayar la cara oscura de la corrida
contenido	se dirige contra el argumento frecuente (la corrida es cultura)	llamada a una manifestación autorizada	durante la corrida el toro sufre un martirio que lleva a su muerte
intención	apelar a los aficionados de la corrida que dejen de asistir a ella	anuncio público para informar a los interesados sobre la campaña	hacer patentes las acciones deshumanas (piedad un sentimiento humano) contra el animal
efecto	afirmación / consentimiento / rechazo / repulsión	afirmación / desinterés / rechazo	despertar un sentimiento de compasión con el toro / de rechazo y rabia contra los aficionados

2. *Hinweise:* Die Umfrage dient der Vorbereitung der die Teilsequenz abschließenden Debatte. Die Schülerinnen und Schüler müssen auf die erworbenen (Er-)Kenntnisse zurückgreifen, um knapp Stellung zu beziehen.
Die Phase kann auch als Gruppenarbeit gestaltet werden, und ein Mitglied notiert das Meinungsbild, das dann in eine gemeinsame Tabelle eingetragen wird.
Beispiele für Argumente: Yo sí que iría a la corrida, porque me convence el argumento de la tradición. / El cartel con el toro moribundo me emociona mucho. Siento lástima y por eso nunca asistiría a una corrida.
Bei der Kommentierung des Ergebnisses ist darauf zu achten, dass der *subjuntivo* richtig verwendet wird. *Beispiel*: Es insólito que la mayoría del curso acepte los argumentos a favor de la corrida. / No me extraña que casi todos rechacen la corrida porque... / Creo que el cartel del toro moribundo es decisivo para el resultado...

2.3 La corrida como tema de foro (SB S. 78/79)

El foro digital de *El País* (SB S. 78/79)

Didaktisch-methodische Hinweise

Das Forum bezieht sich auf den Gesetzesvorschlag zur Abschaffung der *corrida* von Ezquerra Unida (Vereinigte Linke) aus Katalonien. Um die gesamte Argumentation von *mesina* zu verstehen, kann auf Sachwissen aus der Jahrgangsstufe 11 zurückgegriffen werden (*comunidad con lengua propia; propia identidad; ingresos altos por la economía floreciente; situación geográfica privilegiada*). In der Stellungnahme von *mesina* wird auf ein nicht spannungsfreies Verhältnis zwischen dem spanischen Staat und Cataluña hingewiesen; der ironisch gemeinte irreale Bedingungssatz „si la tauromaquia fuera algo catalán la defenderían a muerte" zeigt, dass die Schreiberin die Sonderrolle, die Katalonien für sich beansprucht, zu entlarven versucht.
Aus Motivationsgründen bietet es sich an, eigene Stellungnahmen für den *foro de cultura* in *El País* schreiben zu lassen. – Die Argumente sollten in der Abschlussdebatte (SB S. 80) präsent sein.

Actividad SB S. 79 oben, Lösungsvorschläge

Gruppierung der Beiträge im Forum:
Bekannte Argumente für das Verbot des Stierkampfes: *tradición cruel* (pacosanta); primitive Volksbelustigung und Tradition, die man nicht bewahren darf (palermo); Spanien ist kein zivilisiertes Land, solange der Stierkampf existiert (JGªIbáñez)
Bekannte Argumente gegen das Verbot des Stierkampfes:
Der alte Ritus muss bewahrt bleiben; der Stierkampf ist ein großartiges Erlebnis; die Rasse der *toros de lidia* wäre ausgestorben ohne die *corrida*; die Kampfstiere leben glücklich (mesina).
Neue Argumente gegen das Verbot: Vorwurf der Unfähigkeit an die Regierung; das Forum wird genutzt, um die Regierung zu diffamieren (Rhoads); Vorwurf der rein politischen, nicht dem Gedanken des Tierschutzes entspringenden Entscheidung; Seitenhieb auf Katalonien, das nur aus Opposition gegen den Zentralstaat aktiv wird; Tierquälerei findet vor allem in der industriellen Intensivhaltung statt, die Kampfstiere führten ein glückliches Leben (mesina)
Rhoads: argumento emocional, una imputación sin prueba alguna
mesina: acusación implícita de hipocresía a los antitaurinos por no denunciar el sufrimiento de los animales en las granjas de explotación intensiva; quita importancia al argumento del sufrimiento del toro diciendo que el toro vive en libertad antes de la corrida; alusión directa e irónica al nacionalismo catalán, manifestando que quieren abolir la corrida sólo por no ser tradición catalana

Especular sobre algo irreal: ¿Qué sería si...? (SB S. 79)

Didaktisch-methodische Hinweise

Für die *actividad* zum *imperfecto de subjuntivo* bzw. *potencial* sollten die Schülerinnen und Schüler die Grammatik verwenden. Es ist günstig, den *pretérito indefinido* zu wiederholen und den Wechsel des Stammvokals bei bestimmten Verben auf -ir (z. B. pedir, morir, sentir). Weiterhin wäre im Zusammenhang mit dem *potencial* eine Rückbesinnung auf den *futuro simple* (SB S. 14) angebracht.

Actividades SB S. 79, Lösungsvorschläge

1. a) invitara / invitase... iría; b) acompañara / acompañase... me atrevería; c) viera / viese... sentiría; d) regalaran / regalasen... devolvería; e) ofreciera / ofreciese... me acercaría; f) pudiera / pudiese... aceptaría; g) hubiera / hubiese conocido... habría preguntado; h) tuviera / tuviese... estudiaría; i) Discutiría... quisiera / quisiese; j) Se matarían... murieran / muriesen

2. *Beispiele:* ¿Qué pasaría, si el toro no se moviera? Si no se moviera, los picadores lo picarían. / ¿Cómo lo justificarías si visitaras una corrida? Lo justificaría diciendo que tengo que verla para poder juzgar.

3. individuelle Lösungen

Zusatzmaterial

Hinweis für die Kopiervorlage S. 74: Im Sinne des integrierten Sprach- und Sachunterrichts werden im Zusammenhang mit der sprachlichen Übung zur Wiederholung und Festigung der Tempora und Modi Sachinhalte nicht nur wiederholt und umgewälzt, sondern auch neues Wissen vermittelt (z. B. n, o, r). Es dient der Arbeit an Sprache und Sache, wenn die Übung auch als weitere Vorlage für die Abschlussdebatte verwendet wird (SB S. 80).

Kopiervorlage

En cuanto a la corrida...; pon el *tiempo* y el *modo* correctos. Aviso: En caso de utilizarse en la oración principal el indefinido, hay que poner el imperfecto o pluscuamperfecto de indicativo o de subjuntivo en la subordinada.

Ejemplo: Las autoridades musulmanas prohib**ieron** que se celebr**ara** la corrida de toros.

a) Ya en la Biblia se encuentran referencias a los toros bravos. Es importante que uno... (acordarse de) que... (ser) sacrificios de seres vivos.

b) Se sabe que los celtíberos también... (celebrar) sacrificios en honor de sus dioses, porque se... (encontrar), en lo que hoy es Soria, templos de estas características.

c) En cuanto a las reglas taurinas hay que reconocer que a lo largo de la historia se... (intentar) poner orden en las corridas.

d) Las lidias que antes... (ser) un deporte elitista se convirtieron a principios del siglo XVII en un espectáculo que... (atraer) a la chusma [plebe, gentuza].

e) No extraña que la corrida... (ser) una de las tradiciones más discutidas tanto en España como en Europa.

f) A los aficionados les fascina que el toro y el matador... (luchar) de cara a cara.

g) Es como si... (creerse) que... (tratarse) de una lucha entre rivales iguales.

h) Es lógico que la gente del Norte de Europa... (estar) en contra y no... (acudir) con frecuencia a las corridas.

i) Pero en la misma España se articulan los adversarios de la corrida y organizan manifestaciones exigiendo que el parlamento... (prohibir) la corrida.

j) Mucha gente lamenta que... (matar) a los toros.

k) Dicen que... (hacer falta) respeto ante los animales. También denuncian el mal trato del animal en general.

l) Los aficionados del toreo alegan el argumento de que el toro... (vivir) bien durante los primeros años de su vida.

m) Es comprensible que el tema se... (discutir) con muchas emociones.

n) Es raro que se... (creer) que la corrida sólo... (celebrarse) en España. Francia, Portugal y también México tienen la misma tradición.

o) Desde España la lidia se divulgó por la América hispanohablante. Al escritor mexicano Carlos Fuentes le emociona tanto que en 2003... (asistir) a la primera corrida en la feria de Sevilla y se... (pronunciar) entusiasmado.

p) El escritor norteamericano Ernesto Hemingway vino a España por primera vez en primavera de 1923 para ver una corrida de toros –del total de 16 a las que... (asistir) en toda su vida–. De aquel espectáculo redactó una crónica, "Muerte en la tarde" que se... (publicar) en el semanario Toronto Star.

q) Se dice que a Hemingway le fascinó la corrida. Pero es importante que se... (saber) que en dicha crónica también se encuentran párrafos bastante críticos. En primer lugar, él acepta que las corridas de toros... (ser) un espectáculo inmoral, y quizás por ello le... (gustar), como el boxeo, la caza, la guerra o el alcohol.

r) El inmortal poeta Federico García Lorca escribió un poema muy famoso sobre el torero Ignacio Sánchez Mejías que... (titularse) "Llanto por Ignacio Sánchez Mejías".

Lösungen:

a) se acuerde de / eran

b) celebraban / encontraron

c) intentó

d) eran / atrajo; atraía

e) sea

f) luchan; luchen

g) se creyera / se trata

h) esté / acuda

i) prohiba

j) maten

k) hace falta

l) vive

m) discuta; discute

n) crea / se celebra

o) asistió / pronunció

p) asistió / publicó

q) sepa / son / gustaban

r) se titula

2.4 La *Mesa Redonda* – un debate público sobre los pros y los contras de la corrida (SB S. 80)

Didaktisch-methodische Hinweise

Die Abschlussdebatte sollte zwischen 15 und 30 Minuten dauern. In den ersten vier bis fünf Minuten werden vier bis fünf knappe *intervenciones* gehalten, die die Schülerinnen und Schüler zu Hause vorbereitet haben. Dazu erhalten sie ggf. neue Texte von Personen, deren Rolle sie auf dem Podium einnehmen sollen. Rollenkarten werden von der Lehrkraft oder den Schülerinnen und Schülern selbst vorbereitet. Alternativ dazu können sie sich ihre Rollen selbstständig aussuchen und sich auf die Texte beziehen, die sie kennen. Wichtig ist, dass unterschiedliche Standpunkte zum Tragen kommen.
Die anderen Kursmitglieder (= das Publikum) müssen Stellung beziehen zu den Ausführungen und eigene Positionen darlegen und begründen.
In kleinen Kursen kann die Debatte ohne Podiumsbeiträge nur mit einer Moderatorin bzw. einem Moderator geführt werden, der alle Kursmitglieder zu Worte kommen lässt, sie zur Stellungnahme ermuntert, Antworten bündelt und eine Diskussion entfacht, etwa auch durch eigene provozierende Äußerungen.
Je nachdem, wie geübt der Kurs in einer Debatte ist, kann vorher eine Gruppenarbeit stattfinden, während derer die Schülerinnen und Schüler sich austauschen, Fragen klären und ihre Rollen proben.
Die Evaluation wird in die **Hausaufgabe** verlegt, in der einzelne Beiträge und Aspekte besonders hervorgehoben werden können: Escribe para el periódico local un artículo con el título: Los *pros* y los *contras* de la corrida.
subtítulo: *Se debatió el tema polémico en el aula del instituto X.*

3 Anexo: Comentario de texto – prueba escrita (SB S. 81)

Actividades SB S. 81, Lösungsvorschläge

1. *texto modelo:* El artículo, aparecido en *El País* del 13.07.2003, relata el accidente del norteamericano Al Gleen Chesson durante las fiestas de San Fermín en Pamplona y las consecuencias para él y su familia.
Chesson, un aficionado a los toros, que de chico leyó "Fiesta" de Ernesto Hemingway, lleva corriendo 13 encierros desde 1981. En 2003, sin embargo, es corneado por un toro y llevado al hospital. En una entrevista habla sobre el origen de su pasión por los toros, sobre su familia que lo acompaña desde algunos años y sobre su propósito de dejar de correr el encierro para no hacer sufrir a su mujer.
A pesar del accidente y de los dolores que sufre, el estadounidense Chesson sigue fascinado por el espectáculo.

2. Kommentierung des Ereignisses und Stellungnahme in Form eines Leserbriefes:
- Äußerung von Verständnis oder Missbilligung für die Leidenschaft Chessons (*el encierro es algo emocionante, comprendo que quiera vivir la emoción y sentir el peligro*)
- Ausdruck von Verwunderung darüber, dass sich Green mit 57 Jahren noch traut, vor den Stieren die *Calle de la Estafeta* hinunterzulaufen
- Einordnen des Einzelereignisses in einen größeren Zusammenhang
- Würdigung der Tradition/Bewunderung/Gutheißen/Verurteilen/Billigen/Akzeptieren/Ablehnen
- Verwendung von für einen Leserbrief typischen Wendungen (etwa: *quiero destacar / me gustaría decir claramente / voy a mencionar un aspecto importante*) und Rückgriff auf im Unterricht erworbenes Sachwissen (z. B. *el toreo es arte, tradición, cultura, el toreo atrae al turismo.*)
- Bestätigung bzw. Widerlegung der Thesen

- Erwähnung des Namens Hemingway führt dazu, einige von dessen Thesen aus „Muerte en la tarde“ zu resümieren und zu kommentieren
- Anwendung des themenspezifischen Wortschatzes zur *corrida*
- abschließender Bezug auf den konkreten Fall des US-Amerikaners
- Verwendung des *subjuntivo* an den geeigneten Stellen und Einleitung der Argumentation mit den entsprechenden Floskeln: (*La tesis es la siguiente..., pero no me convence del todo, un contraargumento es... / Quiero confirmar la tesis... / Estoy totalmente de acuerdo con...*).

Mindesterwartungen für die Note **ausreichend**:
resumen: eher additiv, aber Nachweis des Verständnisses der inhaltlichen Hauptelemente: Der Nordamerikaner kommt schon jahrelang mit seiner Familie nach Pamplona und nimmt am *encierro* teil. In diesem Jahr ist er erstmalig von einem Stier auf die Hörner genommen worden und liegt schwer verletzt im Krankenhaus. Er erzählt von seiner *afición* und seinem zukünftigen Verzicht, den *encierro* mitzumachen.
Die *cornada*, als Hauptereignis, wird zu Beginn genannt, aber im Weiteren wird der Textchronologie gefolgt. Der Wortschatz ist eher einfach, die Syntax reihend.

In dem Leserbrief wird eine Einschätzung zum Verhalten des Amerikaners gegeben, ein eher einfaches Vokabular verwendet und der *subjuntivo* vermieden (*El señor norteamericano ya es mayor. Para él es mejor no participar en el encierro. No comprendo su manera de actuar*).
Der Bezug zum Ausgangstext, zu Hemingway sowie einige Argumente für oder gegen die *corrida* müssen genannt werden. Die Argumente werden nicht aufwendig miteinander verknüpft, sondern können als Aufzählung erscheinen.
Im Brief sollten einige textsortenspezifische Elemente erscheinen. (*Me refiero al artículo... aparecido... en El País Digital. / Quiero decir que el acontecimiento descrito... / Quiero presentar un par de argumentos*)
Gehäufte Verstöße gegen die Elementargrammatik (Konkordanz, Tempora, Morphologie der Verben) treten nicht auf. Einfache Syntax und begrenzter Wortschatz werden toleriert.

Kopiervorlage

Arbeitsblätter für die Erstellung eines *resumen* und einer *carta al director*

Ayudas estructurantes y lingüísticas para redactar los textos requeridos en el comentario

1. Resumen

a) Leer el texto para hacerse una idea de los acontecimientos.

b) Leerlo otra vez subrayando al mismo tiempo las informaciones básicas que responden a las preguntas:
¿quién/es? (protagonista/s)
¿qué pasa? (acción)
¿dónde? (lugar)
¿cuándo? (tiempo)
¿por qué? (motivos y razones)

c) Esbozar el resumen: especificar los detalles imprescindibles para el resumen de este texto.

d) Parafrasear y condensar el esbozo: redactar la frase inicial para que el lector se pueda hacer una idea de lo que se trata en general; sintetizar los elementos de la fase b, conectarlos entre sí y sustituir frases largas por expresiones / sintagmas concisos.

e) Redactar la versión final del resumen.

2. Carta al director

Preparativos:

1er paso: trabajar con el texto base

a) subrayar en el texto los elementos requeridos en la actividad

b) sombrear en amarillo / verde o resaltar en rojo lo importante para ti

c) ~~suprimir~~ lo menos interesante

c) resaltar el aspecto que más merezca ser comentado y marcarlo con un signo de exclamación (¡!) al margen

2º paso: apuntar los argumentos que mejor quepan en el contexto

3er paso: redactar un croquis/una tabla/una estructura

recursos para la carta	ejemplos
título llamativo que exprese la postura	*¡Qué suerte! ¡Vaya suerte!...*
referencias al texto base	*Se menciona a Hemingway.*
citas	*Chesson lo considera "milagro" que...*
llamadas al lector	*¡Imagínense!*
interrogaciones retóricas	*¿No les parece...?*
recursos del lenguaje figurado	*El encierro no es un paseo.*
expresiones del lenguaje coloquial	*una barbaridad*
argumentación clara / alegar argumentos convincentes	– – –
anticipar argumentos	*Se podría objetar que...*

- Redactar la carta teniendo en cuenta que sea breve y concisa.
- Repasar el texto de la carta con el fin de compararlo con la actividad requerida, modificar y corregirlo.

México – una sociedad entre autonomía y dependencia (SB S. 82–115)

Das Gesamtmodul spricht sozio-ökonomische Fragen Lateinamerikas an und zeigt sie exemplarisch an Mexiko als Schnittstelle zwischen dem entwickelten Norden und dem sich entwickelnden Süden. Es geht um den Umgang Mexikos und der Vereinigten Staaten mit der Einwanderung der *latinos* in die USA. Des Weiteren wird die ökonomische Verflechtung Mexikos mit Kanada und den USA in der NAFTA beleuchtet. Durch die Darbietung der historischen Perspektive wird ein vertieftes Verständnis angestrebt.
Der Einsatz eines Stationenlernens (SB S. 87–99) und eines Kurzprojekts (SB S. 105/106) ermöglicht die selbstständige Erarbeitung.

Fundamentum (grau unterlegt) und Additum gliedern sich wie folgt:

SB Seite		
82/83	**Auftaktseiten**	
84–102	**1 El impacto de la inmigración latina en los EEUU**	
84–86	**1.1 Entre la tierra y el cielo**	
84	Gina Valdes, English Con Salsa	Gedicht
85	Spanglish	Filmszene, Standbilder
86	Mexicana se naturaliza estadounidense a los 100 años	Internetartikel
87–99	**1.2 La inmigración latina en los EEUU – autoprendizaje en etapas**	
88/89	1.2.1 Un capítulo decisivo de la historia de México (E 1)	*erste Station*
88	Los Niños Héroes de Chapultepec	Zeichnungen, *lámina didáctica*
89	Eduardo Galeano: 2 de febrero de 1848 – Villa de Guadalupe	Sachtext, viñeta, Landkarte
89	Negándose a tragar el anzuelo	Stich
90/91	1.2.2 El otro lado (E 2)	*zweite Station*
90	La franja fronteriza – ver sin mirar	Fotos, Text, Landkarte
91	La emigración de ida y vuelta	*testimonio*
91	Juan Calderón: "Tengo que irme para poder dar educación a mis hijos"	*testimonio*
92/93	1.2.3 El poder de los latinos en EEUU (E 3)	*dritte Station*
92	Protagonistas latinos famosos en los EEUU	Texte, Landkarte
93	Voces latinas acerca de la inmigración	Textfragmente
94/95	1.2.4 La frontera (E 4)	*vierte Station*
94	La frontera entre México y EEUU	*testimonio*
94	La inmigración ilegal en los medios de comunicación	Internetreportage
95	Protagonistas de la frontera	
96/97	1.2.5 Rumbo al norte (E 5)	*fünfte Station*
96	Ramón "Tianguis" Pérez: Diario de un mojado	
96	Cruzando la frontera	zwei Romanauszüge
97	Rumbo al norte	
98/99	1.2.6 Vocabulario y estructuras relacionados con el tema (E 6)	*sechste Station* Übungen zu Wortschatz und Strukturen
100–102	**1.3 La convivencia de las culturas**	
100	Un chicano típico	Internetartikel
101	Bush defiende en México su plan para regularizar inmigrantes	Zeitungsartikel

SB Seite			
103–115	**2**	**La dependencia económica de México**	
103/104	**2.1**	**Tratado de Libre Comercio de América del Norte: El TLCAN o El Nafta**	
103		Una representación gráfica del TLCAN	grafische Darstellung
104		El TLCAN o Nafta – Informaciones básicas	Internetdokument
105/106	**2.2**	**El Nafta y sus consecuencias – un proyecto breve**	Projekt
105/106		Tabla informativa: La herencia del TLCAN o Nafta tras diez años de existencia	Tabelle, Fotos, Logo, Statistik
107/108	**2.3**	**El destino individual en los tiempos del Nafta**	
107		Testimonio: Rosa Zamora Pérez era obrera de maquiladoras	*testimonio*, Foto
107		Rechazan una segunda conquista	Zeitungsartikel
108		Wortschatzübung	
109–115	**3**	**"Un mundo donde caben muchos mundos"**	
109/110	**3.1**	**Indigenismo y pobreza – dependencia y marginación**	
109		La condición de ser indígena	Textfragment/Zitat, thematische Karten
110		Estadísticas sobre el analfabetismo y la tasa de mortalidad infantil	Statistiken
111–115	**3.2**	**Perspectivas de un futuro mejor – autonomía y participación**	
111		Revolucionarios mexicanos	Porträts, Bilder, Fotos
111		Miguel Hidalgo y Costilla (1753–1811)	
111		Emiliano Zapata (1879–1919)	
111		Guillermo dijo	
112		Los indios piden sitio en el futuro de México	Zeitungsreportage
115		El debate final	

Zum Einsatz der Auftaktseiten (SB S. 82/83)

Didaktisch-methodische Hinweise

Die Fotos sprechen verschiedene Aspekte der Thematik an. Sie eignen sich, um Fragen aufzuwerfen, die im Verlauf der Arbeit mit den Teilmodulen geklärt werden können. Die Fotomotive im Einzelnen:

- die Grenzregion und der Zaun zwischen den USA und Mexiko (SB S. 82 oben),
- *jornaleros* auf dem Weg zur Feldarbeit (SB S. 82 Mitte),
- *manifestaciones* „somos el pueblo" aus dem Jahr 2006 (SB S. 82 unten),
- México D.F. mit dem Palacio de Bellas Artes; Bild der Metropole, die sich bis an die Berge im Hintergrund erstreckt (SB S. 83).

Zusatzinformationen

México D.F. (o Ciudad de México) es el centro geográfico, político y económico del país. Está ubicado en una zona sísmica, rodeada de volcanes activos como el Popocatéptl. Construida sobre los fundamentos de la antigua capital azteca Tenochtitlán, Ciudad de México es un verdadero crisol de culturas, o sea, de la indígena, la española y la mexicana.
En 2005 la Zona Metropolitana de la Ciudad de México registraba 19.331.365 personas, casi el 20% de la población total del país. Para el año 2007 se estima una población de 19.704.125 habitantes para toda la Zona Metropolitana.
En el Distrito Federal, que aporta la quinta parte del PIB Nacional de México, se siguen creando empleos en el sector de servicios. De ahí que la conurbación ejerza un efecto imán sobre la empobrecida población rural.
La infraestructura urbana colapsa en lo que se refiere al tráfico, al suministro de agua, al tratamiento de aguas residuales y de basuras. Uno de los graves problemas ambientales es la contaminación del aire. Se debe a la densidad de tráfico, pero también a la situación geográfica de Ciudad de México en el valle de Anáhuac, en el centro-sur del país. Como el aire no puede circular libremente, se produce un esmog permanente.

1 El impacto de la inmigración latina en los EEUU (SB S. 84–102)

Das Teilmodul gibt einen Einblick in die Immigration der *latinos* in die USA. Die Gründe für die Auswanderung bzw. Einwanderung in die USA (*factores de empuje y atracción*) und die Bedingungen des Lebens in den USA werden angesprochen. Im Zentrum stehen aber Aspekte, die für diesen geografischen Raum typisch sind: die Landgrenze zwischen den USA und Mexiko, der geschichtliche Hintergrund und das Leben in der Grenzregion, d. h. der gegenseitige Einfluss der Kulturen (Stichworte: Amerikanisierung und Latinisierung).
Den Kern des Teilmoduls stellt ein Stationenlernen dar. Es besteht aus sechs Stationen, vier obligatorischen und zwei fakultativen (s. Darstellung in der tabellarischen Übersicht, S. 78). Die Einführungsphase (SB S. 84 f.) sensibilisiert die Lernenden für die Vermischung der englischsprachigen und spanischsprachigen Kultur. Sie greift die Bedeutung von Sprache für die Identität des Einzelnen, aber auch als Voraussetzung für die Integration der Immigranten auf.
In der Synthesephase (SB S. 100 f.) werden zwei Texte zur Bündelung und Weiterführung der Inhalte des Stationenlernens angeboten. Sie behandeln die Situation der in den USA ansässigen Mexikaner als *ciudadanos bilingües, binacionales y biculturales* und die Einwanderungspolitik der USA.

Vernetzungsmöglichkeiten

Das Modul „Movimientos migratorios" (SB S. 32–57) betrachtet die Thematik der Migrationsbewegungen aus europäischer Sicht. Die *inmigración latina* kann durch das Teilmodul „La dependencia económica" (SB S. 103–115) auf der Sachebene, mit Sandra Cisneros' „La Casa en Mango Street" (SB S. 265–275) auf der literarischen Ebene differenzierter erarbeitet werden. Das Modul zur „Malinche" (SB S. 116–141) liefert die historischen Hintergründe für die Abhängigkeit der Länder Lateinamerikas von den USA.

Lernerfolgskontrolle

Als Ausgangstexte für eine schriftliche Leistungsüberprüfung eignen sich die Sachtexte „Mexicana se naturaliza..." (SB S. 86, 288 Wörter) und „Bush defiende en México..." (SB S. 101/102, 446 Wörter). Literarische Textgrundlagen, die infrage kommen, sind z. B. die Auszüge aus dem Roman „Diario de un mojado" (SB S. 96/97) oder „Geraldo sin apellido" von Sandra Cisneros (SB S. 272/273). Alternativ fertigen die Schülerinnen und Schüler eine *carpeta* mit den Arbeitsergebnissen des Stationenlernens an. Die Mappe dient als Kompendium bei der Abiturvorbereitung und zur *autoevaluación*.

1.1 Entre la tierra y el cielo (SB S. 84–86)

Gina Valdes, English Con Salsa (SB S. 84/85)

Text: Gedicht
Wortzahl: 262
Schwierigkeitsgrad: **
Inhalt: Ein Englischlehrer präsentiert seinen Schülern, *inmigrantes* aus México, die Inhalte des Grundkurses ESL 100. Der Kurs soll sie dazu befähigen, sich binnen eines Jahres auf Englisch verständigen zu können. Die Art und Weise, wie der Sprecher typische Begriffe des US-amerikanischen und des mexikanischen Kulturraums verknüpft, zeigt, dass die beiden Kulturen und Sprachen zu etwas Neuem verschmelzen.

Didaktisch-methodische Hinweise

Die Funktion des Gedichts ist, Neugier zu wecken und die Lerngruppe mit Freude an die Thematik heranzuführen. Vorherrschend ist ein optimistischer, fröhlicher Ton: Das Gedicht betont zwar die Notwendigkeit, die Sprache zu lernen, um sich zu integrieren und in der US-amerikanischen Gesellschaft zu behaupten. Die Hauptaussage ist jedoch: Die *latinos* sollen ihre Eigenarten in den

Kurs und in die US-Gesellschaft einbringen. Ein Ausdruck wie „sprinkle holy water on pronouns" vermittelt die Botschaft: „Du wirst Englisch lernen, deine Wurzeln und Traditionen brauchst du dafür jedoch nie aufzugeben. Auch wenn du dich integrierst, bleibst du Mexikaner".
Die Schülerinnen und Schüler sollen sich als Rezipienten von Lyrik dem Gedicht individuell nähern können. Daher bleiben Umfang und Tiefe der Analyse des Gedichts genauso offen wie die Bestimmung der Intention der Dichterin.
Gina Valdes vermischt auf unterhaltsame Weise Begriffe und einzelne Wörter der englischen und spanischen Sprache dergestalt, dass Kernbereiche der beiden Kulturen angesprochen werden. Die *latino*-Elemente im Gedicht spiegeln den Einfluss der spanischen Sprache auf das amerikanische Englisch wider. Haltepunkte sind zwar die vielen englischen Wörter, doch ist auch eine Vielzahl der spanischen Wörter zu verstehen. Wenn Schülerinnen und Schüler das Gedicht laut vorlesen, wird ihnen klar, wie schwer die simultane Verwendung beider Sprachen ist. Die Vermischung der beiden Sprachen erschwert die korrekte Artikulation beim lauten Vortrag. Die Schülerinnen und Schüler führen sich damit vor Augen, was es für einen *hispanohablante* heißen mag, z. B. vom spanischen geschlagenen [rre] auf das englische gerollte [r] umzuschalten („requinto from Uruapán").

Zusatzinformation

Gina Valdes: Nació en Los Ángeles, se crió en ambos lados de la frontera entre México y EEUU. La vida entre dos culturas influyó considerablemente en su escritura. Valdes se graduó en inglés y en español. Ha sido profesora de literatura de ambas lenguas en varias universidades. Escribió dos colecciones de poemas bilingües *Comiendo lumbre/Eating Fire,* y *Puentes y fronteras/Borders and Bridges* (Bilingual Press).

Um das komplexe Gedicht im Unterricht leichter zugänglich zu machen, wird eine *actividad de prelectura* vorangestellt (SB S. 84). Die ausgewählten Sätze beziehen sich auf die Begrüßungssituation. Sie erlauben Rückschlüsse auf den Sprecher, die Adressaten und den Kontext: Der Sprecher, d. h. der Lehrer, begrüßt die Gesprächspartner auf Englisch. („ESL 100" wird in der Annotation als Grundkurs Englisch identifiziert.)
Die Fragen in Aufgabe 2 rufen die Erwartungen der Schülerinnen und Schüler ab. Auf diese Weise wird der spätere detaillierte Zugang zum Gedicht vorbereitet.
Bei der Erstbegegnung lesen die Schülerinnen und Schüler in Stillarbeit das Gedicht. Um die Ergebnisse der Phase der *prelectura* für das erste Textverständnis zu nutzen, erhalten sie ggf. den Auftrag, die spanischen bzw. mexikanischen und die englischen Wörter zu markieren. Die Begriffe können in einer Liste geordnet werden (ggf. Ortsnamen: Santee, La Jolla; Jalisco, Lake Patzcuaro, Uruapán/Politiker: George Washington, Benito Juárez/Religion: Heiligennamen; „sign of the cross"/(Pop-)Kultur: „cowboy"; Donald Duck, Batman; Nahuatl/Gastronomie: „refrito", „sal y limón", „con chile y cilantro", „tequila"/Sinneseindrücke: Hören: „requinto", Sehen: „Oaxacan dawns", Schmecken: „mango juice").

Actividades SB S. 84, Lösungsvorschläge

1. –

2. el profe se presenta a sí mismo / empieza la clase con un juego / presenta los temas del curso / quiere que los estudiantes se presenten / les dice que presenten sus conocimientos previos / da informaciones sobre el colegio / "learn English" / habla una mezcla de inglés y español
texto modelo: El poema es el discurso de un profesor de inglés en EEUU que les da la bienvenida a unos estudiantes latinos, probablemente un grupo de mexicanos. Se trata de un llamado curso ESL 100, o sea, un curso básico para extranjeros provenientes de Latinoamérica.

Actividades SB S. 85, Lösungsvorschläge

1. Al leer el poema en voz alta, he notado que es bastante difícil pronunciar las palabras correctamente. De vez en cuando he confundido la pronunciación inglesa con la española y viceversa.

2. individuelle Schülerleistung
- Los estudiantes aprenderán a defenderse bien en inglés, dentro de un año; aprenderán la gramática de la lengua inglesa (pronombres, participios, gerundios, tiempos verbales) y la pronunciación de sonidos difíciles (*shoes and shit*).
- El inglés que se hablará en esta clase será una mezcla de inglés y español, o como lo llama el locutor, *English surely latinized.* Con esto quiere decir que los estudiantes lo pronunciarán con un marcado acento español. Además, el inglés hablado en esta clase será influenciado por la

mentalidad de los estudiantes, o sea, sus creencias, sus tradiciones y su mentalidad que constituyen el legado de los inmigrantes. Éste no lo podrán negar ni suprimir.

Zusatzinformation

Benito Juárez nació en San Pablo Guelatao, Oaxaca, en 1806. Murió el 18 de julio de 1872. Creció dentro de una comunidad indígena, y durante una gran parte de su niñez habló zapoteco. Estudió en el Seminario de Santa Cruz, único plantel de secundaria que existía en Oaxaca. Más tarde se dedicó al estudio de Derecho. Fue uno de los más grandes reformadores liberales mexicanos. Su lucha por la defensa de las libertades humanas sirvió de ejemplo a otros países latinoamericanos. En 1857 se hizo presidente. En octubre de 1867 fue reelecto Presidente de México. Se empeñó en organizar la situación económica y política del país, reducir el ejército, y organizar una reforma educativa. En 1871 fue reelecto por última vez como presidente.

Spanglish (SB S. 85/86)

Material: Auszug aus dem Spielfilm „Spanglish" (USA 2004; 3:20–11:53)
Länge: Gesamtlänge 131 Minuten; Auszug: 8'33
Schwierigkeitsgrad: */**
Inhalt: Die Mexikanerin Flor geht mit ihrer Tochter Cristina in die USA, nach Los Angeles. Nach Jahren, die sie dort in einem *latino*-Viertel gelebt und gearbeitet hat, bewirbt sie sich um eine Stelle als Haushaltshilfe bei der Familie McClasky. Sie will sich mehr um ihre flügge werdende Tochter kümmern können. Die Szene zeigt das Bewerbungsgespräch: Flor, der englischen Sprache nicht mächtig, kommt in Begleitung ihrer Cousine. Diese fungiert als Flors Dolmetscherin. Im Verlauf der Unterhaltung zeigt sich Flor sichtlich irritiert und hilflos. Aber auch Mrs. McClasky hat Schwierigkeiten, sich situationsangemessen zu verhalten.

Didaktisch-methodische Hinweise

Die Anfangssequenz des Spielfilms ist vergnüglich. Sie lebt von der Situationskomik. Flors Geschichte berührt viele wesentliche Aspekte der Thematik (Grund für die Auswanderung, Eingliederung in die US-Gesellschaft, Erwartungen an das Leben in den USA/Ziele und Wünsche; Sprachbarriere als Problem).
Es ist möglich, mit den Schülerinnen und Schülern die gesamte Anfangssequenz zu sehen, also auch die Vorgeschichte in Mexiko (DVD 0:00–11:53). Alternativ ist im Sinne der Unterrichtsökonomie die Reduktion auf die oben geschilderte Szene im Hause der McClaskys möglich.

Hinweis zur DVD

Aus rechtlichen und Kostengründen war es leider nicht möglich, Auszüge aus dem Film auf die Begleit-CD aufzunehmen. Daher muss die Lehrkraft den Film (DVD) in Eigeninitiative beschaffen.

Actividades SB S. 85/86, Lösungsvorschläge

1. lo que pasa: la prima de Flor tropieza, no ve la puerta de cristal; confusión de las lenguas: Mrs. McClasky no consigue pronunciar correctamente el nombre "Flor" (confusión con la voz inglesa "floor"); el comportamiento de los diferentes personajes: Mrs. McClasky trata de mostrarse como una mujer de mentalidad abierta; la abuela no se comporta conforme a las expectativas; Flor trata de seguir la conversación de los demás pero está muy confusa, ni siquiera se atreve a exigir un sueldo decente.

2. *texto modelo:* Ay pues, parecen bastante simpáticos, a ver si me quieren emplear. Lo espero, necesito el trabajo. Tengo que cuidar de Cristina, no la puedo dejar solita. Esta gente parece ser una familia un poco rara, con la abuelita, la hijita y todo – y mira, este jardín, ¡qué vida tienen! Me gustaría trabajar para ellos. Pero – ¿de qué están hablando?, ¿por qué nunca he aprendido ese maldito inglés? No comprendo nada, pero absolutamente nada de lo que dicen. Ojalá que estuviera en casa, me voy ahorita. ¿Y ahora? ¿qué? ¿qué quieren de mí?, dios mío, ayúdame. Di que sí, Flor, di que sí, para que te den el contrato. Ojalá que no noten que no hablo ni una palabra de inglés... ¡Maldita sea!

Mexicana se naturaliza estadounidense a los 100 años (SB S. 86)

Text: Internetartikel
Wortzahl: 288
Schwierigkeitsgrad: */**
Inhalt: Die mexikanische Einwanderin María Soledad Sarabia Lagareta hat im hohen Alter von 100 Jahren die Entscheidung getroffen, sich in die USA einbürgern zu lassen. Mit 21 Jahren kam sie in die USA, nach Los Angeles, und lebte zunächst bei der Familie einer Tante. Sie wurde Näherin. Nach ihrer Heirat bekam sie zwei Söhne. Bereits seit 10 Jahren hat sie sich mit der Idee getragen, sich einbürgern zu lassen.

Didaktisch-methodische Hinweise

Der Artikel schließt den Einführungsteil ab. Wie die vorausgegangenen Materialien behandelt er die Integration von *inmigrantes* in den USA. Allerdings steht hier nicht die Sprachbeherrschung im Mittelpunkt, sondern der bemerkenswerte, erheiternde Entschluss der Protagonistin, sich im hohen Alter einbürgern zu lassen.
Der Text zeichnet sich durch seinen anekdotischen Charakter aus. Die Diskrepanz zwischen der faktisch vollzogenen, offensichtlich gelungenen Eingliederung der Frau und ihrem langen Warten bis zum Entschluss, sich offiziell einbürgern zu lassen, bringt den Leser zum Schmunzeln. Der Lebenslauf der alten Dame wird recht breit dargestellt. Ihre Geschichte scheint paradox, zumal sie doch selbst sagt, dass das Beste an ihrem Leben in den USA sei, dass sie aus Mexiko ausgewandert sei. Wie die fiktive Flor im Film „Spanglish" (und wahrscheinlich auch die Kursteilnehmer des ESL 100) braucht María Soledad Sarabia Lagareta einen Dolmetscher. Sie tritt mit ihrem 61-jährigen Sohn (*que sirvió de intérprete*) vor den Bundesrichter.
Aufgrund der relativen Kürze, des niedrigen Schwierigkeitsgrades und der eindeutigen Aussage kann der Text in die häusliche Vorbereitung gegeben werden.

Actividades SB S. 86, Lösungsvorschläge

1. La decisión de naturalizarse de María Soledad Sarabia Lagareta es digna de mención porque ella ya tiene 100 años. Como ya lleva 79 años en EEUU, su decisión es tardía y sorprendente.
– informaciones sobre su vida: nació el 25 de marzo de 1906 en Mazatlán / segunda de tres hijas / en 1918: muerte de su padre / con 21 años: inmigración a EEUU, a Los Ángeles / profesión: costurera / matrimonio, dos hijos: Roland de 61 años; Bruce de 59 años / en 1962: muerte del marido / en 1976: traslado a Hawai.

2. Se ha decidido a naturalizarse por haber vivido en Estados Unidos la mayor parte de su vida / desea participar en la vida política del país / ya no tiene arraigo en su país natal México.

3. Tanto la anciana como Flor emigran de México. Después de la pérdida de un ser querido deciden vivir en Los Ángeles. A pesar de haber vivido un tiempo bastante largo en EEUU todavía siguen sin hablar inglés. Por lo tanto ambas necesitan un intérprete, sea su hijo o su prima.

1.2 La inmigración latina en los EEUU – autoaprendizaje en etapas (SB S. 87–99)

Erläuterungen SB S. 87

Didaktisch-methodische Hinweise

Die Erläuterungen schaffen Transparenz hinsichtlich des Stationenlernens. Sie ermöglichen das selbstständige Arbeiten der Schülerinnen und Schüler. Die Angaben zu den Zielen und die Verweise auf den Allgemeinen Europäischen Referenzrahmen informieren über die zu erreichenden Kompetenzen in den einzelnen Fertigkeiten. Damit weisen sie über den schulischen Fremdsprachenunterricht hinaus, d. h. auf eine Qualifikation für den weiteren Bildungsgang der Schülerinnen und Schüler.
Das Stationenlernen legt den Schwerpunkt auf die Schulung von Lese- und Hörfertigkeit.
Hinweis: Die Lösungen zu den *actividades* der Stationen befinden sich auf den Lösungsblättern zu den Stationen 1–6 (S. 106 ff.).

1.2.1 Un capítulo decisivo de la historia de México (E 1) (SB S. 88/89)

Didaktisch-methodische Hinweise

Die Station behandelt die Migration zwischen Mexiko und den USA in historischer Perspektive. Die Materialien beleuchten die Niederlagen Mexikos im Konflikt mit den USA auf verschiedenen Ebenen: dem Kampf um die politische Vorherrschaft, der territorialen Ausdehnung der USA und der Abwanderung der eigenen Bevölkerung, die angezogen vom *sueño americano* den Weg nach Norden antrat.

Los Niños Héroes de Chapultepec (SB S. 88)

Zusatzinformationen

Zu den Illustrationen: Die *niños héroes* sind: Juan de la Barrera (19), *Ciudad de México, 2.7.1828 / Vicente Suárez (15), *Puebla, 21.5.1832 / Juan Escutia (20), *Nayarit, 22.2.1827 / Agustín Melgar (18), *Chihuahua, 20.8.1829 / Fernando Montes de Oca (18), *Azcapotzalco, 29.5.1829 / Francisco Márquez (13), *Guadalajara, 1834.

Zum Foto: Das Foto zeigt das imposante Denkmal zu Ehren der *niños héroes*, das am Eingang zum Chapultepec-Park steht. Straßen, Viertel und Schulen im ganzen Land sind nach dem Begriff *Niños Héroes* und den einzelnen Kadetten benannt worden. In Mexiko-Stadt gibt es auch eine Metrohaltestelle namens *Niños Héroes.*

El asalto al Castillo de Chapultepec (SB S. 88)

Text: *lámina didáctica* aus México
Wortzahl: 146
Schwierigkeitsgrad: */**
Inhalt: Der Text erzählt die legendäre Geschichte der Heldenjungen von Chapultepec. Am 13. September 1847 scheiterten 832 Soldaten und eine kleine Gruppe Kadetten des *Colegio Militar* bei dem Versuch, den militärischen Angriff nordamerikanischer Divisonen auf das *Castillo de Chapultepec* in México D.F. abzuwehren. Die sechs Kadetten, die ihr Leben dabei ließen, sind für ihre Beteiligung an der Heldentat in die Geschichte Mexikos eingegangen.

Eduardo Galeano: 2 de febrero de 1848 – Villa de Guadalupe Hidalgo (SB S. 89)

Text: *viñeta histórica*: „Los conquistadores“
Wortzahl: 113
Schwierigkeitsgrad: **/***
Inhalt: Galeano verfasst ein kurzes, prägnantes Porträt der Expansionspolitik der *Estados Unidos*. Diese junge Nation ist unaufhaltsam. Sie verfolgt ihre Ziele mit politischen Mitteln, aber auch mit Gewalt (*matando, pistola a pecho*). Galeano vermag es, seine sarkastische Kritik auf knappem Raum zum Ausdruck zu bringen (*Pero el derecho de conquista es más glorioso y más barato.*).

Negándose a tragar el anzuelo (SB S. 89)

Material: historischer Stich: „No Vayas al Gringo“
Schwierigkeitsgrad: ***
Inhalt: Bereits seit Ende des 19. Jahrhunderts gingen Bauern auf der Suche nach besser entlohnter Arbeit von Mexiko in die USA. Schon damals warnt Posada seine Landsleute in diesem Stich davor, in die USA zu gehen. Er geißelt die Verheißungen der USA, wie z. B. die von einem besseren Leben. Die Szene wird beherrscht von der Teufelsfigur mit einem Dreispitz in der Hand, die Uncle Sam – auf der anderen Seite des Flusses, des Río Grande – bedroht. Mit dieser Geste wehrt sie ihn ab und beschützt zugleich die Gruppe Mexikaner hinter sich.

Dem Stich zugeordnet sind vier Kästen mit sprachlichen und inhaltlichen Hilfen. Sie enthalten Vokabeln, Hintergrundinformationen zu Posada und dem Stich sowie statistische Daten zu Mexiko bzw. den USA aus dem Jahre 2005. Die vergleichende Betrachtung der *datos estadísticos (factores de atracción y empuje, pobreza, paro, bienestar)* gibt Hinweise darauf, warum wohl so viele Mexikaner ihr Land verlassen.

Hinweise zu den vier Kästen

1.2.2 El otro lado (E 2) (SB S. 90/91)

Im Mittelpunkt der Station steht die Grenze als Trennlinie zwischen zwei Nationen, aber auch als Ort, an dem die Kulturen ineinander übergehen und miteinander verschmelzen (*el otro lado*). Die Grenzlinie ist künstlich. Sie versucht vergeblich, miteinander Verwachsenes zu trennen. Dies wird illustriert durch die beiden *testimonios*, die auf die lange Tradition der Migration zwischen den beiden Nationen hinweisen.

Didaktisch-methodische Hinweise

La franja fronteriza – ver sin mirar (SB S. 90)

Die Fotocollage zeigt drei Bilder der Grenze zwischen Nogales, Arizona und Nogales, Sonora. Sie sind ein Beispiel dafür, wie sich die beiden Nationen in den Zwillingsstädten (*ciudades espejo*) entlang der Grenze spiegeln. Die Fotos lassen erkennen, dass es eine unterschiedliche Bewertung der Grenze gibt: Die Mexikaner bauen ihre Häuser ganz nah an sie heran, so, als ob sie nicht existierte. Damit ignorieren sie ihre Existenz. Dagegen versuchen die US-Amerikaner, eine undurchlässige Grenze zu errichten. Dies tun sie aber nur halbherzig: Die Grenze wird nicht streng bewacht. Patrouillen, Polizeiautos, Wachtürme etc. sind nicht zu sehen.

Hinweise zu den Fotos

Text: Internetartikel; Originaltitel: „Ciudades hermanas"
Wortzahl: 114
Schwierigkeitsgrad: **
Inhalt: Der Text charakterisiert die Grenze als einzigartigen Ort, an dem die Kulturen einander beeinflussen. Das Leben der Bewohner in den Zwillingsstädten entlang der US-amerikanisch-mexikanischen Grenze manifestiert die Verschmelzung, die sich auf alle Bereiche des Lebens erstreckt. Hier entsteht bzw. existiert eine neue Kultur, eine neue Lebensart, u. a. ablesbar an der Sprache und an der Architektur. Wie siamesische Zwillinge, die getrennt wurden, fühlen sich beide Seiten immer noch miteinander verbunden und sind sich des anderen bewusst. Sie gehören untrennbar zueinander. Gleichzeitig nehmen sie aber die jeweils andere Seite als die Seite *jenseits* der Grenze wahr.

Die Karte dient der Visualisierung des Textinhalts. Entlang der Grenzlinie sind die im Text genannten Zwillingsstädte auf US-amerikanischem Gebiet einzutragen. Die statistischen Angaben enthalten Details zur Länge der Grenze sowie zur Zahl der Übergänge und der illegalen Überquerungen. Die wichtigste Information aber ist, dass es 300 Millionen legale Übergänge im Jahr gibt. Dies bedeutet, dass beide Nationen auf beiden Seiten der Grenze leben und arbeiten.

Hinweise zur Landkarte und den statistischen Daten

La emigración de ida y vuelta (SB S. 91)

Text: Internettext: „Testimonio de un ex–bracero"
Wortzahl: 231
Schwierigkeitsgrad: **/***
Inhalt: Stellvertretend für tausende von mexikanischen Arbeitern, die auf den Feldern in Texas und Nuevo México Baumwolle pflückten, erzählt der *ex-bracero* Jesús Campoya Calderón aus San Diego, Chihuahua, von einer Zeit, in der die *braceros* auf den Ranches alles erledigten, was anfiel, obwohl sie laut Vertrag nur für die gepflückte Baumwolle bezahlt wurden. Jesús arbeitete 4 Monate lang, 7 Tage die Woche, mindestens 12 Stunden am Tag und verdiente in dieser Zeit $ 300. Auch im Nachhinein ist er zufrieden mit der Arbeit und dem Verdienst. Von dem Geld kaufte er Lebensmittel und Zigarren (*Esos sí eran buenos tiempos*).

Juan Calderón: "Tengo que irme para poder dar educación a mis hijos"

Text: Auszug aus einem Zeitungsartikel, *testimonio*
Wortzahl: 176
Schwierigkeitsgrad: **
Inhalt: Während er am Marktplatz von Altar auf seinen Lastwagen wartet, erzählt Juan Calderón, 38: Er hat Emigrationserfahrung, ist schon mehrfach nach Hause zurückgeschickt und manchmal auch überfallen worden. In Mexiko gibt es Arbeit, aber der Mindestlohn von $ 4 am Tag reicht nicht einmal für ein Kilo Fleisch. Juan geht in die USA wegen seiner Familie: Er ist verheiratet und hat drei Kinder, die noch zur Schule gehen. Er will ihnen eine Ausbildung ermöglichen. Er vertraut auf Gott und ist bereit, in den USA dort zu arbeiten, wo es sich anbietet.

Hinweise zur Abbildung

Die Illustration neben dem Text zeigt einen *bracero*. Wir sehen ihn von hinten; er hat ein Bündel mit seinen Habseligkeiten über die Schulter geworfen. Der *sombrero* lässt ihn ein wenig wie einen *cowboy* aussehen.
Braceros sind ungelernte Arbeiter, die in ein anderes Land auswandern, um dort eine Zeit lang zu arbeiten. Ursprünglich war ein *bracero* ein mexikanischer Arbeiter, der in den USA auf Farmen und bei der Eisenbahn arbeitete, um den Arbeitskräftemangel während des 2. Weltkriegs auszugleichen.

1.2.3 El poder de los latinos en EEUU (E 3) (SB S. 92/93)

Didaktisch-methodische Hinweise

Das Zusammenleben von Mexikanern und US-Amerikanern in den USA formt deren „Nationalität", d. h., es führt zur Latinisierung oder Amerikanisierung des jeweils anderen. Die Erfolgsgeschichten von *latinos* in den USA abseits von Showbusiness und Politik zeigen, in welchem Maße die *latinos* in der US-Gesellschaft Fuß gefasst haben und den Mainstream repräsentieren.

Protagonistas latinos famosos en los EEUU (SB S. 92)

Text: drei Zeitungsartikel (Kurzporträts)
Wortzahl: 247 (84, 84, 79)
Schwierigkeitsgrad: */**
Inhalt: Die Kurzporträts stellen *latinos* der zweiten Generation vor, die sich in verschiedenen gesellschaftlichen Bereichen behaupten:
- Alex Rodríguez (dominikanischer Abstammung), 29-jähriger Baseball-Spieler der New York Yankees
- Jeff Bezos (Chicano-Hintergrund), Gründer von Amazon.com
- Sandra Cisneros (Chicano-Hintergrund), Schriftstellerin

Eine Vernetzungsmöglichkeit besteht zum Teilmodul „La comunidad latina en EEUU reflejada en la literatura" (SB S. 265–275).

Inmigrantes latinos en los EEUU – informaciones generales (SB S. 92)

Hinweise

Die Landkarte und das Tortendiagramm (*gráfico circular*) geben Hintergrundinformationen zu Zahl, Herkunftsländern und räumlicher Verteilung der *latinos* in den USA. Auffällig ist der hohe Prozentsatz der Mexikaner, d. h. zwei Drittel aller 35,3 Millionen *inmigrantes latinos* kommen aus Mexiko. Ungefähr die Hälfte aller Einwanderer lässt sich im Südwesten der USA nieder, hier vor allem in Kalifornien und Texas.

Voces latinas acerca de la inmigración (SB S. 93)

Text: Zeitungsartikel – Zitate
Wortzahl: 386 (1: 79; 2: 69; 3: 103; 4: 33; 5: 71; 6: 13)
Schwierigkeitsgrad: */**
Inhalt: Fünf Persönlichkeiten nähern sich dem Thema teils aus der sozialpolitischen Perspektive (Simon Rosenberg, Stratege der Demokraten; Catalina Johnson, Übersetzerin am Gericht von Chicago), teils von der kulturellen Warte aus (Carlos Tortolero, Direktor des Museo Mexicano von Chicago; Pepe Vargas, Direktor des internationalen Latino Cultural Center Punto de Encuentro) oder vom Standpunkt des Journalisten, wie Jorge Ramos.

Hinweise

Die Aussagen beziehen sich im Einzelnen auf
- den wachsenden Einfluss der *latinos* bei politischen Wahlen, z. B. bei der Wahl des nächsten Präsidentschaftskandidaten (1);
- die Binationalität der *latinos* und ihre Verwurzelung in beiden Ländern (2: Rolle der Heimat/4: *otro tipo de mexicanidad*/6: Zweisprachigkeit);
- die außergewöhnliche Dimension dieser Einwanderungswelle, bedingt durch die gemeinsame Sprache und die Entschlossenheit der *latinos*, den amerikanischen Traum umzusetzen (3);
- die Fähigkeit der USA als *sociedad esponja*, andere Kulturen zu absorbieren und zu respektieren (5).

Die Tabelle (Aufgabe 1) steuert den Leseprozess. Das Wichtige ist nicht die „korrekte" Zuordnung, sondern die in Aufgabe 2 geforderte Erläuterung der einzelnen Aussagen. – In diesem Zusammenhang können die Lernenden zusätzlich dazu angehalten werden, die Textfragmente nach ihrer Kernaussage zu ordnen.

1.2.4 La frontera (E 4) (SB S. 94/95)

Hinweise

Die verwendeten Hörmaterialien verleihen der Station ihren Dokumentarcharakter. Es kommen Zeitzeugen zu Wort, die sich aus unterschiedlichen Perspektiven zu den Umständen und Gefahren der Überquerung der Grenze äußern. Ein Mitarbeiter des Roten Kreuzes, Reporter und Betroffene vermitteln einen Eindruck von den Risiken für Leib und Leben, die mit der Überwindung der Landgrenze verbunden sind.

La frontera entre México y EEUU (SB S. 94)

Text: *testimonio*: „Les decimos que es peligroso, que no lo hagan"
Wortzahl: 173 Wörter/Länge: 1'20
Schwierigkeitsgrad: **/***
Inhalt: Der Rot-Kreuz-Mitarbeiter Amado Marcelo Coello arbeitet an einem mobilen Posten in Altar. Er berichtet, dass innerhalb von zweieinhalb Monaten knapp 2.200 illegale Grenzüberschreiter vom Roten Kreuz versorgt wurden, d. h. zwischen 30 und 40 Menschen täglich. Trotz eindringlicher Warnungen vor den Risiken des Fußmarsches über die grüne Grenze lassen die *ilegales* sich nicht von ihrem Vorhaben abbringen.

Hinweise zur Karte

Die *mapas de riesgo* aus dem Jahre 2006 stellen den höchst umstrittenen Versuch der Aktivistengruppe Fronteras Compasivas/Humane Borders dar, illegalen Einwanderern in die USA einen Wegweiser für die vier wichtigsten Korridore in Arizona bereitzustellen (und zwar für Douglas, Lukeville, El Sásabe und Nogales). Die Karten geben an, wo sich Berge, die gefährlichsten Stellen der Wüste, Wege, Eisenbahnlinien und Städte in Arizona befinden. Blaue Flaggen markieren Wassertanks in der Wüste, Sterne zeigen Notrufsäulen der Grenzpolizei an.
Es wird deutlich, wie sich die Länge der Tagesmärsche proportional zur Dauer der Reise verkürzt (vgl. Amados Worte: *El primer día caminan 10 horas y hacen 25 kilómetros; el segundo caminan 14 horas y hacen otros 25, y el tercero necesitan unas 18 para los últimos 25*).

La inmigración ilegal en los medios de comunicación (SB S. 94/95)

Text: Internetreportage: „La frontera más caliente"
Wortzahl: 174 Wörter/Länge: 1'20
Schwierigkeitsgrad: **
Inhalt: Das Kapitel „Travesía hacia el sueño americano" behandelt die Überquerung der Landgrenze zwischen Mexiko und den USA. Es wird gezeigt, welchen Gefahren und Schwierigkeiten sich die *inmigrantes* ausgesetzt sehen.

Didaktisch-methodische Hinweise

Die dem Material zugeordnete Tabelle (SB S. 95) dient dazu, das Hörverstehen auf die wesentlichen Informationen zu lenken. Die Reportage widmet sich in umfassender Weise der illegalen Einwanderung in die USA. Sie legt den Schwerpunkt auf das Schicksal der argentinischen *inmigrantes*. Auf der Internetseite finden sich neben dem o. g. Text Beiträge zu den folgenden Themen:

- Améxica, tierra de dos culturas
- Ciudad Juárez, feudo de narcos y miseria
- La apuesta desesperada de los argentinos

Abweichend von der hier vorgeschlagenen Darbietung über CD können die Lernenden die Seiten auch im Internet bearbeiten. Eventuell erleichtert dies die Auseinandersetzung mit dem Text und den Aufgaben. Der Text des Reporters, der im *off* spricht, wird durchgängig in gut verständlichem Spanisch transkribiert eingeblendet. Zudem erscheinen *palabras clave,* wie z. B. *coyote,* unterstrichen. Wenn man auf ein markiertes Wort klickt, erscheint die Begriffsdefinition in einem Pop-up-Fenster. Die Seite ist eine wahre Fundgrube. Außer dem in der Station verwendeten Material enthält sie noch weitere *testimonios*, Kartenmaterial, ein Glossar der zentralen Begriffe und verschiedene Artikel zum Thema: http://www.clarin.com/diario/especiales/especial_sierra_mexico/index.html (letzter Zugriff am 1.3.2008).

Zusatzmaterial

Tonspur/Transkript	Bildspur
Para contactarse con los coyotes el mejor lugar en Ciudad Juárez es la terminal de ómnibus.	Busbahnhof von Ciudad Juárez
Pero los que ya conocen el lugar y la forma de operar de estas mafias, cruzan por su cuenta.	Fahrgastraum eines Busses
José, César y Arturo son tres campesinos mexicanos. Van a trabajar en las caballerizas de un rancho en Arizona cuatro veces al año.	Wüste; Reporter mit den drei Männern
Antes de cruzar se aprovisionan de bidones de agua y muchas galletas saladas, elementos imprescindibles para sobrevivir la travesía que puede llevar hasta tres días en el desierto.	Wüste; Helfer hebt ein Tierskelett hoch
Los cuidan los agentes del grupo BETA, una unidad especial organizada por el gobierno mexicano para rescatar a los miles que quedan tirados en el desierto, deshidratados y moribundos.	Helfer gibt einer Gruppe von Kindern etwas zu trinken
Es una zona de alto riesgo debido a que aquí hay muchos asaltantes, a algunos los golpean, a las mujeres las violan.	
Del otro lado, vigilan. Los guardias de la frontera estadounidense cuentan con un dirigible que con sus cámaras seguirá los pasos de los indocumentados por kilómetros.	Grenzzaun: auf der einen Seite ein Polizeiwagen, auf der anderen *latinos*; Zeppelin
Y a pocos metros, el ejército estadounidense levanta una nueva valla.	Baumaschine, Soldat

Protagonistas de la frontera (SB S. 95)

Text: Interviews (Tondokument)
Länge: 4'32
Schwierigkeitsgrad: **/***
Inhalt: Die beiden Interviews, die in dem Auszug enthalten sind, demonstrieren die Entschlossenheit der *inmigrantes*: Der *mexicano*, der im ersten Interview zu Wort kommt, stammt aus Guanajato. Er wartet seit einem Monat auf die Gelegenheit, die Grenze zu überqueren. Sein Ziel ist es, Arbeit zu finden und Geld zu verdienen. Einen Teil davon will er an seine Familie schicken. Lázaro, der zweite Interviewte, nennt die gleichen Motive und zeichnet sich durch die gleiche Entschlossenheit aus wie sein Landsmann. Sein Bericht illustriert darüber hinaus die verschärften Bedingungen der Immigration heute.

Didaktisch-methodische Hinweise

Im Jahr 2001 griff die BBC mit der vierteiligen Serie *Cruces: frontera de realidades* das Thema der illegalen Einwanderung in die USA auf (http://news.bbc.co.uk/hi/spanish/specials/newsid_1426000/1426873.stm).
Für diese Station ausgewählt wurde der Anfang der ersten Serie. Der Reporter Javier ist an die Grenze bei San Diego gereist. Im einleitenden Text erläutert er, dass die Serie im ersten Teil die Migration und die Grenze im Besonderen zum Thema hat. Die Sprechanteile des Journalisten sind in Standardspanisch gesprochen, während das Sprechtempo in den Interviewpassagen z.T. recht hoch ist. Das Verständnis wird zudem erschwert durch Sprecherwechsel und Hintergrundgeräusche.
Über die Aufgabenkonzeption wird eine breite Variation angestrebt: Aufgabe 1 fordert die Wiedergabe von Sinnzusammenhängen ein, wohingegen Aufgabe 2 die Aufmerksamkeit auf das Wortfeld bzw. auf das Detailverstehen lenkt.
Hinweis: Ggf. ist eine Erklärung zur PRI ('Partido Revolucionario Institucional') erforderlich, die über Jahrzehnte hinweg die staatstragende Partei Mexikos war und die Präsidenten stellte. Erst im Jahre 2000 wurde ihre Macht gebrochen.

Zusatzmaterial

Transkription BBC Cruces, 1era parte

introducción: **0'11–1'38**
Las relaciones entre México y EEUU han estado definidas por el conflicto y la interdependencia casi desde sus orígenes. En los últimos años una mayor integración económica ha permitido la apertura de nuevos canales de interacción y más recientemente la caída del PRI después de 71 años en el poder en México ha llevado a un acercamiento político sin precedentes.
En esta nueva serie de la BBC analizamos aspectos controvertidos y difíciles de estas relaciones. Hoy en la primera de cuatro partes hablamos de la migración. Y como si la frontera fuese un masivo escenario en función permanente, cientos de miles de personas se convierten en actores involuntarios. Algunos consiguen su sueño pero la marcha continúa. Para ello recientemente visité la frontera con México en el sector de California donde conocí a estos personajes. Les saluda Javier de Zarzaburo.
(*altavoz*) Soy la portavoz [...] aquí en San Diego. Queremos ver dónde van y por qué quieren venir aquí a EEUU (*se repite*), United States of America.
Nos estamos acercando a esta zona, a este muro donde hay varias personas que quieren atravesar la frontera y ¿y qué es lo que van a hacer en este momento?
(Mujer:) Lo que tenemos que hacer aquí es esperar a que hablen con ellos para ver qué historia, cuál es su historia.

1. El que cruza de manera ilegal **1'43–2'59**
Una noche recorrí el muro que separa las dos naciones en un sector de San Diego con la agente Gloria Chávez.
Hola, soy para la BBC de Londres en castellano.
Hola estoy intentando cruzar pa' el otro lado.
¿Por qué?
Pues, a trabajar.
¿De dónde viene?
De León, Guanajuato.

¿Desde cuándo están aquí?
Hace un mes, ya tengo yo un mes aquí con varios compañeros.
¿Un mes aquí, en este sector?
En este sitio.
Y ¿qué necesitan ustedes para cruzar? ¿cuál es la señal?
No pues, en cuanto se ponga la ocasión de poder pasar pues pasa uno, ¿no?
¿Cómo qué p. ej., ¿qué situación?
Pues usted sabe pues que no le vean a uno cruzar.
O sea, el hecho que haya patrulla fronteriza aquí al frente, ¿no lo asusta? ¿no le hace correr?
Oh no, bueno pues eso es su trabajo de ellos, agarrar a uno, uno dejarlo cruzar, y uno de quererse cruzar, ¿no?
Aparte de cruzar la frontera ¿cuál es tu otro objetivo?
Pues, llegar allí y trabajar, sabe, para sacar dinero.
¿Qué hace con este dinero?
No pues, lo consumo en cosas que necesito aquí en... pues, cuando estoy en EEUU y lo demás bueno lo envío a mi familia a México.

3'00–3'34 Se calcula que cada año más de 300 000 mexicanos intentan cruzar a EEUU de manera ilegal y para evitar lo que se consideraba una invasión masiva de extranjeros hace seis años que Washington reforzó sus medidas de control fronterizo. En California se llamó Operativo Guardián y las autoridades dicen que ha sido un éxito. Sin embargo, varios centros de estudios señalan que ahora los migrantes buscan rutas menos vigiladas pero más peligrosas. En este escenario han proliferado los llamados coyotes quienes alquilan sus servicios como guías aunque éstos muchas veces son una ruta para el abuso.

3'35–4'32 Lázaro es otra persona que encontré cruzando el muro y me contó sobre el efecto del Operativo Guardián, sobre sus intentos.
L: Para nosotros está difícil porque cada vez está más duro y no podemos cruzar, p. ej. que antes no había doble cerco como está por la mesa como tal, no había luces, sí podíamos cruzar rápido, hasta en el primer día, y ahorita batalla uno hasta un mes o dos.
P: ¿Y qué hacen ustedes en este tiempo? ¿cómo comen? ¿qué...?
R: Salimos a pedir a las casas, pido uno de comer y le dan y nos ponen algo de que hacer, trabajar y nos dan un taco de dinero.
P: ¿Cuántas veces ya ha cruzado la frontera?
R: Como unas veinte veces.
P: Dime una cosa aparte de querer cruzar y trabajar en EEUU, ¿cuál es tu otro objetivo, qué es para ti importante en la vida?
R: Pues, trabajar, juntar dineros, hacer algo, no sé.
(This is the immigration facts, customs and immigration operation. Now we go upstairs to the immigration offices...)

http://news.bbc.co.uk/olmedia/1425000/audio/_1426873_cruces1.ram

1.2.5 Rumbo al norte (E 5) (SB S. 96/97)

Didaktisch-methodische Hinweise

Die Station bietet einen Blick auf die literarische Verarbeitung des Themas. Die Beschäftigung mit den beiden Romanauszügen ist fakultativ. Es sollte jedoch bedacht werden, dass zum gründlichen Textverständnis Sachwissen vorausgesetzt wird.
Der Roman „Diario de un mojado" ist in Tagebuchform verfasst. Der Autor Ramón „Tianguis" Pérez hat die wahre Geschichte seiner Odyssee durch die USA niedergeschrieben. Der Autor bedient sich im Allgemeinen einer verständlichen Sprache. Hervorstechende Merkmale sind sein Humor und Optimismus. – Wie eingangs angemerkt (S. 80), eignen sich beide Auszüge als Vorlagen für eine Klausur mit dem Schwerpunkt auf dem Verfassen des *comentario de texto*.

Ramón "Tianguis" Pérez: Diario de un mojado (SB S. 96)

Didaktisch-methodische Hinweise

Auf der Grundlage der sieben Textschnipsel können mit Hilfe der *actividad de prelectura* die wichtigsten Textkonstituenten antizipiert werden. Das heißt, sie geben Antwort auf die Fragen

wer?, was?, wann? und wo?. Auf diese Weise erhalten die Lernenden ein Vorverständnis, auf dessen Basis sie sich der Lektüre nähern.
Die Gestaltung des *Umschlags* deutet an, dass es sich um die Geschichte des im Titel erwähnten *mojado* in den USA handelt (vgl. englische Wörter: oberhalb des Hutes „pool", rechts neben dem Hut „air conditioned"). Ggf. wird man den Titel (besonders den Begriff „mojado") klären.

Cruzando la frontera (fragmento del 1er capítulo) (SB S. 96)

Text: Romanauszug
Wortzahl: 281
Schwierigkeitsgrad: ***
Inhalt: Der Ich-Erzähler schildert den Tag seiner Abreise in die USA. Alle Vorbereitungen sind getroffen. Seine Mutter hat seine Kleidung gebügelt. Sie sorgt sich sehr um ihn. Eine besondere Symbolik kommt neben der Kerze, mit der die Mutter ihn bekreuzigt, dem Koffer des Protagonisten zu.

Hinweise

Die Retrospektive verleiht der Erzählung, trotz der Traurigkeit der Mutter, einen fast heiteren Ton. Obschon der Weg beschwerlich ist, erinnert das Unternehmen doch eher an ein Abenteuer. Das Besondere an der ausgewählten Szene ist, wie der Ich-Erzähler den Weg beschreibt, den er von dem entlegenen Dorf durch die Berge hin zur Bundesstraße zurücklegt. Weder die Wärme noch die hochstehende Sonne oder der steile Weg, die ihn zum Schwitzen bringen, halten ihn davon ab, zu Fuß gehen zu wollen.

Zusatzmaterial

Kopiervorlage: Worterklärungen

muda de ropa	*Garnitur Wäsche (zum Wechseln)*
valija	aquí: maleta
ha de ausentarse de casa	tiene que separarse de una persona o de un lugar, y especialmente de la población en que se reside
cargar con	aquí: llevarse
un buen cúmulo	aquí: muchas
despedida	*Abschied*
consumirse	*sich verbrauchen, hier: herunterbrennen*
serpentear	*sich schlängeln*
la cúspide de la cordillera	*der Gipfel der Bergkette*
un carro	(Am) un coche
ascendente	*ansteigend*
transpirar	*schwitzen*
planchar	*bügeln*
tardar en asearse	*Zeit brauchen, um sich zu waschen und zurechtzumachen*

Rumbo al norte (fragmento del 2° capítulo) (SB S. 97)

Text: Romanauszug
Wortzahl: 218
Schwierigkeitsgrad: ***
Inhalt: Die Reise in den Südwesten der USA führt vom zapotekischen Dorf Macuiltianguis im Bundesstaat Oaxaca nach Oaxaca-Stadt, von dort nach México, Distrito Federal, und schließlich zur Grenze.

Didaktisch-methodische Hinweise

Der Auszug präsentiert die Etappen des Ich-Erzählers auf dem Weg in den Südwesten der USA. Der Titel legt die Vermutung nahe, dass er wahrscheinlich den Río Grande überqueren wird, um nach Texas zu gehen. Darauf deutet auch der Hinweis auf die lange Tradition der *mojados* in seinem Dorf. Er sagt, sie seien *una comunidad de mojados* und dass es seit Generationen das Schicksal der Bewohner sei, auszuwandern.
Auch hier ist die Atmosphäre geprägt von einem lockeren, entspannten Ton. Der Ich-Erzähler integriert eine kleine lustige Anekdote, wenn er erzählt, dass sie die amerikanischen Geldscheine *green card* nennen. Zugleich verwendet er bisweilen eine bildhafte Sprache, wenn er etwa die Dorfbewohner mit den Wurzeln eines Baumes vergleicht.

Zusatzmaterial

Kopiervorlage: Worterklärungen

reanudar el camino	*den Weg wiederaufnehmen*
estrujar entre sus dedos	*zwischen den Fingern zerknittern*
jocosamente	*scherzhaft*
dispersarse	*sich zerstreuen*
las raíces de un árbol	*die Wurzeln eines Baums*
abrirse lugar	*sich einen Weg bahnen*
brújula	*Kompassnadel*
apuntar	señalar; *zeigen*

Hinweise zur Landkarte

Die Karte fokussiert auf Mexiko und illustriert die politische Gliederung des Landes in Bundesstaaten. Aufgabe 1 führt den Schülern vor Augen, dass die *emigrantes*, wenn sie wie der Protagonist aus den armen indigenen Gebieten im Süden stammen, auf ihrem Weg in die USA quer durch Mexiko wandern und dabei eine Strecke von gut 2.000 km bewältigen müssen.
Es besteht eine Vernetzungsmöglichkeit zum Teilmodul „La dependencia económica de México", SB S. 103–115.

1.2.6 Vocabulario y estructuras relacionados con el tema (E 6) (SB S. 98/99)

Didaktisch-methodische Hinweise

Die Station dient dem Umwälzen des themenspezifischen Vokabulars, das in den einzelnen Stationen verwendet wird. Das Sprachgefühl der Schülerinnen und Schüler wird gefördert durch:

- Begriffsdefinitionen,
- Zuordnen der Teile von feststehenden Ausdrücken,
- Finden von Synonymen,
- Vervollständigen von Kollokationen.

Die Grammatikübungen sind nach dem Prinzip des integrierten Strukturenerwerbs konzipiert. Das heißt, die Großphänomene *indefinido* und *subjuntivo* werden im thematischen Kontext gefestigt. Um eine möglichst hohe Authentizität der Sprache zu gewährleisten, sind die Übungssätze zum *indefinido* auf der Grundlage von Texten der Internetreportage von http://oncetv-ipn.net/migrantes/erstellt worden. Die Reportage lässt sich leicht finden, wenn man auf der *mapa de sitio* auf „México – tierra de migrantes" klickt. Hier finden sich auch viele weitere interessante *testimonios* von Einwanderern. Das beschriebene Vorgehen bietet den Vorteil, dass die Lernenden auch die Übungen als Steinbruch für die eigene Textproduktion nutzen können.
Hinweis auf die Sprache: Es handelt sich um authentische *testimonios*, in denen die Sprecher sich nicht immer ganz den Regeln entsprechend äußern.

Kopiervorlage: Lösungsblatt zu Station 1

1.2.1 Un capítulo decisivo de la historia de México (E 1) (SB S. 88/89)

Produkt

geografía: vecindad / proximidad de las dos naciones; espacio binacional y bicultural; frontera marcada por el Río Grande; en otras partes, en cambio, la frontera era una tierra de nadie; México: pérdida de la mitad del territorio por el tratado de Guadalupe 1848
historia: México – derrotado en conflictos militares, como p. ej. Chapultepec 1847, o el Tratado de Guadalupe 1848
economía: desigualdad; superioridad económica de los EEUU, caricatura: papel ambivalente de los campesinos mexicanos – bienvenidos como mano de obra barata / explotación, trato que reciben los mexicanos: como si fueran ciudadanos de segunda clase

texto modelo: La relación entre México y EEUU siempre ha sido difícil por varios motivos. Histórica y geográficamente dicho, grandes partes del sudoeste de lo que hoy es EEUU, pertenecían a México. Con el Tratado de Guadalupe en 1848 México perdió la mitad de su territorio.
Por otro lado, las dos naciones siempre han estado unidas en una íntima vecindad. Durante un tiempo muy largo sólo estaban separadas por el Río Grande. Largos trechos de la frontera eran simplemente una tierra de nadie, un paisaje desértico e inhóspito. De ahí que surgiera un espacio binacional y bicultural en el que los habitantes se movían libremente, sin pensar en fronteras.
En lo que se refiere al aspecto militar, EEUU siempre ha sido una amenaza: México fue derrotado por los estadounidenses en conflictos militares, como lo demuestra p. ej. el asalto al Castillo de Chapultepec en 1847.
Hoy en día el éxodo masivo de emigrantes latinos que van en busca de trabajo hacia EEUU es un problema de grandes dimensiones. Los EEUU son una potencia económica superior que atrae a mucha gente de los países en vías de desarrollo. Hoy como antes, los mexicanos tienen un papel ambivalente: por un lado se les da la bienvenida ya que vienen como mano de obra barata, por otro lado se los trata como ciudadanos de segunda clase.

Actividades SB S. 88, Lösungsvorschläge

1. –

2. México perdió la batalla en torno al castillo de Chapultepec por su inferioridad militar. Frente al ataque de las divisiones norteamericanas, la pequeña guarnición mexicana tomó las armas, pero los soldados no lograron vencer a los invasores. Los niños héroes eran jóvenes cadetes, o sea, en la mayoría de los casos adolescentes que perdieron la vida en el combate.

Actividades SB S. 89, Lösungsvorschläge

1. estados que no pertenecían a EEUU: Washington / Nebraska / Oregon / Minnesota / Kansas / New Mexico / Utah / Indian Territory; la incorporación se efectuó mediante guerras, la matanza de indios, la compra de territorios, la conquista militar

2. A primera vista, el lector tiene la impresión de que se trata de un texto neutral ya que Galeano presenta los hechos sin ningún comentario obvio. A partir de la línea 7, sin embargo, se nota un claro tono crítico: al decir que esta nación es un país devorador Galeano destaca que la política de expansión de los EEUU se caracteriza por un comportamiento egoísta. La enumeración de los métodos concretos de cómo consiguen la expansión territorial ("crecen matando indios, atropellando vecinos, o pagando", ll. 8) parece lacónica. Consigue expresar su crítica en pocas palabras. A lo largo del texto, Galeano crea la imagen de un país cuyo afán de expansión es imparable y que incluso recurre a la violencia para alcanzar sus objetivos. Al mismo tiempo parece que los EEUU son una nación todopoderosa, política y económicamente (véase ll.9: "han comprado la Luisiana a Napoleón y ofrecen a España cien millones de dólares por la isla de Cuba"). La crítica del autor se hace aún más patente en la frase "Pero el derecho de conquista es más glorioso y más barato." (ll. 12). La combinación de los adjetivos "glorioso" y "barato" suena rara, paradójica, igual que la idea de firmar un tratado con la "pistola al pecho" (ll. 17). Con esta expresión Galeano insinúa que se trata más bien de extorsión, o sea, que México no tuvo más remedio que firmar el Tratado de Guadalupe.
Para llegar a una conclusión hay que constatar que Galeano reprocha a los EEUU el abuso desconsiderado de su poder.

Actividad SB S. 89 unten, Lösungsvorschlag

texto modelo: La caricatura sigue siendo de actualidad por las grandes disparidades sociales entre pobres y ricos que existen. Esto se manifiesta en el PIB de los EEUU que es cuatro veces más alto que el de México. Aparte de eso, lo confirma la tasa de paro de México: es casi seis veces más alta. El porcentaje de la población que vive por debajo del umbral de la pobreza es tres veces superior a la media estadounidense.

A diferencia de antes, los EEUU no hacen propaganda para atraer a los inmigrantes, como lo hicieron con ayuda de la figura del tío Sam. A pesar de ello, siguen atrayendo a los inmigrantes de todo el mundo, sobre todo a los latinos. La esperanza de encontrar trabajo en este país y poder adaptar el estilo de vida norteamericano, les hace suponer que podrán librarse de la pobreza.

La caricatura muestra un grupo de paisanos, son campesinos de México. Unos miran indecisos, otros sorprendidos porque un diablo delante de ellos ataca al tío Sam. Éste se encuentra en la otra orilla de un río. El diablo tiene alas y lleva una gorra con cuernos, tiene una expresión de cara feroz. En sus manos lleva un tridente con que amenaza al tío Sam. Éste por su parte, es fácil de reconocer por la ropa que lleva. Levanta un látigo por lo cual se parece a un domador. Alrededor de él se encuentran escritas todas las promesas que se relacionan con la emigración a los EEUU, o sea, con el sueño americano.

Hablando en general, se puede decir que la caricatura presenta el conflicto entre EEUU y México en torno a la emigración masiva de México.

Kopiervorlage: Lösungsblatt zu Station 2

1.2.2 El otro lado (E 2) (SB S. 90/91)

Produkt

la convivencia en la línea fronteriza

- transformación / influencia mutua de la cultura mexicana y la estadounidense, p. ej. arquitectura, lengua
- mezcla cultural en la vida diaria (trabajo, negocios, estudios, ocio)
- existencia de ciudades hermanas a lo largo de la frontera

el tráfico fronterizo

- 50 puertos fronterizos y 300.000.000 cruces legales al año
- 400.000 cruces ilegales

Conclusión: En comparación con la migración oficial, la cifra de los cruces ilegales es insignificante. La vida en la franja fronteriza se nutre de los movimientos legales de los visitantes provenientes de ambos países. Cruzan la frontera, pero con la intención de regresar.

Actividades SB S. 90/91, Lösungsvorschläge

1. Tijuana – San Diego, California; Nogales, Arizona – Nogales, Sonora; Ciudad Juárez, Chihuahua – El Paso, Tejas; Nuevo Laredo, Tamaulipas – Laredo, Tejas; Matamoros, México – Brownsville, Tejas

2. La cultura mexicana y la estadounidense se influyen mutuamente, mezclándose en la vida diaria. Esto significa que por el contacto directo de los habitantes surge una nueva cultura de la frontera. Ésta se manifiesta en el ámbito del trabajo, de los estudios, de los negocios y del ocio. Se sobreentiende que esta influencia también se refleja en la lengua y la arquitectura.

3. De las fotos sacadas en la frontera entre Nogales (Arizona) y Nogales (Sonora) se desprende que la frontera, o sea, el muro separa una misma ciudad. Destruye una entidad que ha crecido de forma orgánica. Se parece a un corte, una herida. Se ve claramente que se trata de una frontera estadounidense. Parece que los mexicanos no respetan la franja fronteriza como una tierra de nadie. No hacen caso a la línea divisoria. Todo lo contrario, las casas se construyen a pocos metros de la frontera.

Actividades SB S. 91, Lösungsvorschläge

1. Los braceros en los campos de Tejas y Nuevo México tenían que hacer todo tipo de trabajo. Tenían contratos para la pizca de algodón, y cobraban un sueldo de $ 2.10. Por las tardes y los domingos ayudaban también a reparar cercas o a pintar la casa del patrón.

2. Jesús Campoya se muestra contento con su trabajo y con las condiciones de trabajo. Destaca que cobraba un sueldo muy bueno para aquella época (véase l. 11: *parece poco, pero...*). Recordando aquellos tiempos, sigue entusiasmado y afirma que *"eran buenos tiempos"* (l. 18). Aún hoy, sus palabras expresan cierto orgullo de haber trabajado como bracero y haber ganado dinero para mantener a la familia.

3. Si se compara el testimonio de Jesús Campoya con lo que dice Juan Calderón, se nota un tono más seco en las palabras de éste. Realza que las condiciones en México son bastante duras. El dinero que gana no alcanza, porque la vida diaria es demasiado cara. La emigración le parece la solución de su lucha por la vida. Está dispuesto a trabajar como jornalero, en lo que salga. Su principal motivo es el futuro de sus hijos. Quiere facilitarles una buena educación.

Kopiervorlage: Lösungsblatt zu Station 3

1.2.3 El poder de los latinos en EEUU (E 3) (SB S. 92/93)

Produkt

el poder latino en EEUU

transformación de la sociedad estadounidense por

- el gran número de personas de la misma lengua (español)
- el impacto del voto hispano sobre la política del país
- la influencia cultural sobre EEUU

Actividades SB S. 92, Lösungsvorschläge

1. Alex Rodríguez: deporte; Jeff Bezos: medios de comunicación, negocio de Internet; Sandra Cisneros: literatura, cultura

2. individuelle Schülerleistung

3. individuelle Schülerleistung; denkbar ist die Nennung von Persönlichkeiten aus dem Film- und Musikgeschäft

Actividad SB S. 93 oben, Lösungsvorschläge

- Lo que llama la atención es el alto porcentaje de inmigrantes mexicanos (alrededor del 70 %); también viene gente de Puerto Rico, la República Dominicana, Guatemala, Colombia, El Salvador.
- La gran mayoría de los inmigrantes se dirige a California y a Tejas (el 45 %), seguidos por Illinois, Florida, Arizona.

Actividades SB S. 93 unten, Lösungsvorschläge

1. *möglich:*

Tema / texto núm.	1	2	3	4	5	6
latinización de EEUU			(X)		X	
americanización de los latinos		(X)	(X)	X		X
inmigración latina como fenómeno excepcional	X	X	X	X		

2.

- La inmigración latina es un fenómeno sin precedentes, porque...
  - es probable que el voto hispano decida sobre el próximo candidato a la presidencia estadounidense;
  - los latinos son biculturales con arraigo en ambos mundos. Se mantienen al día referente a lo que pasa en su país, tanto en la política como en la vida diaria;
  - la gran masa de gente que viene está unida por el español como lengua común;
  - un alto porcentaje de los latinos es bilingüe, un 80 %.
- Los inmigrantes latinos cambiarán EEUU ya que...
  - vienen con gran entusiasmo. Quieren realizar su sueño americano. Al mismo tiempo van y vienen entre los dos países.
  - la sociedad estadounidense es capaz de adoptar y absorber los diferentes elementos de la cultura latina.
- La vida en EEUU influye a la comunidad latina...
  - porque la convivencia trae consigo otro tipo de mexicanidad, caracterizada por la biculturalidad.

Kopiervorlage: Lösungsblatt zu Station 4

1.2.4 La frontera (E 4) (SB S. 94/95)

Produkt

la frontera entre México y EEUU

- tiene 3.360 km de largo
- es la línea divisoria entre la economía más fuerte del mundo y un territorio que padece graves desigualdades
- miles de personas se juegan la vida en busca de un futuro mejor
- es peligroso tratar de cruzarla caminando (daños físicos, peligro de muerte, p. ej. deshidratación)
- vigilancia estadounidense: alta tecnología; Operativo Guardián
- organizaciones humanitarias como la Cruz Roja o Humane Borders atienden a los inmigrantes
- grupo BETA: unidad de rescate organizada por el gobierno mexicano

Actividades SB S. 94, Lösungsvorschläge

1.

- Los inmigrantes tienen que soportar graves daños físicos pero no se resignan ante los posibles peligros.
- La travesía del desierto es complicada. Si los inmigrantes pierden la orientación, se pueden herir, p. ej. quebrarse algo, incluso pueden morir.
- El representante de la Cruz Roja dice que atienden a entre 30 y 40 inmigrantes cada día, por lo cual se puede estimar que la cifra oscura de inmigrantes es mucho más alta. Es un fenómeno de grandes dimensiones: de enero hasta principios de abril de 2006 se registraron 2.200 personas.

2. En el testimonio de Amado Marcelo Coello predomina el sentimiento de desesperanza. En la primera parte destacan los hechos y los realza con ayuda de algunas cifras. Sin embargo, las estructuras paralelas (*que es peligroso, que no lo hagan; se pueden + verbo*) y la cita de un inmigrante típico demuestran su triste convicción de que no sirve para nada tratar de disuadirles de inmigrar.

3. El mapa de Humane Borders / Fronteras Compasivas intenta convencer a los inmigrantes de los peligros que les aguardan si emprenden la marcha por el desierto. Muestra las distancias que los inmigrantes pueden andar en un día, dos días y tres días. Se hace patente lo que pasa si tratan de cruzar el desierto a pie. Por eso quiere advertir de los peligros mortales (como la falta de agua potable). El mapa es una medida bastante drástica para disuadir a los inmigrantes de sus planes.

Actividades SB S. 95 oben, Lösungsvorschläge

1. 5 – 1 – 4 – 6 – 2 – 3

2.

- Muchos deciden cruzar por su cuenta porque no se fían de las mafias.
- Hay que aprovisionarse antes de cruzar para sobrevivir en el desierto. Los inmigrantes pueden tardar hasta tres días en cruzarlo. Es peligroso porque se pueden deshidratar.
- El grupo BETA se dedica al rescate de emigrantes del desierto.
- Otro peligro que aguarda a los emigrantes son los asaltos.
- La guardia estadounidense vigila la frontera con alta tecnología, p. ej. un dirigible que sigue con sus cámaras la pista de los inmigrantes.

Actividades SB S. 95 unten, Lösungsvorschläge

1. el conflicto y la interdependencia / migración / consiguen su sueño / frontera; el sector de California

2. asustar, muro, frontera, México, familia, separar, naciones, patrulla fronteriza, objetivo, trabajar, el otro lado

3.

Operativo Guardián	es una medida **de control fronterizo** para evitar la **invasión** masiva de extranjeros
como consecuencia	se buscan rutas menos **vigiladas** pero más peligrosas los **coyotes** alquilan sus servicios como guías para los migrantes cruzar es más **difícil**, **más duro** antes no había doble **cerca**, no había luces ahora tienen que esperar hasta **un mes o dos**
objetivos de Lázaro	cruzar la frontera – **trabajar** – **juntar dinero**

Kopiervorlage: Lösungsblatt zu Station 5

1.2.5 Rumbo al norte (E 5, facultativa) (SB S. 96/97)

Produkt

perfil del inmigrante mexicano
- originario de una zona rural
- falta o escasez de trabajo
- arraigo en su pueblo natal

cambio de los flujos migratorios en el transcurso de los años
- siempre hacia el Norte
- antes: migración doméstica (dentro de México), o sea, éxodo rural (del campo a la ciudad)
- después: migración hacia EEUU

los posibles motivos para emigrar de México
buscar empleo, ganar dinero para mantener a la familia, enviar dinero a México

Actividad SB S. 96 oben, Lösungsvorschläge

quiénes: dos personajes, a saber, una madre, hijo
qué: hijo a punto de marcharse, tiene una maleta; es una despedida bastante dolorosa, ignora cuándo volverá / empieza un viaje a lo desconocido
cuándo: en verano, de día; día caluroso
dónde: su pueblo, en la montaña, un lugar algo remoto

Actividades SB S. 96/97, Lösungsvorschläge

1. **la familia:** la madre – conmovida, triste, se preocupa por el hijo; padre – tranquilo, le anima abrazándolo; hermanos – se lo toman tranquilamente también, le piden unas postales
los amigos: unos jóvenes que se despiden de él durante una parranda
su pueblo natal Macuiltianguis: pueblo pequeño, ubicado en una cordillera; una iglesia; lugar apartado: a 8 km. de la carretera federal, poco tráfico
los habitantes: a juzgar por la ubicación del pueblo parece que la gente se dedica a la agricultura; es de suponer que llevan una vida sencilla

2. El protagonista decide caminar los ocho kilómetros de su pueblo a la carretera federal. Es fatigoso llegar a la cumbre de la cordillera. No hay tránsito de vehículos por lo cual no se puede viajar por autoestop. Además hace un cálido sol de verano, aunque no extremo. Sin embargo, al mismo tiempo la escena también da una impresión de alegría.

3. El yo narrador tiene una pequeña maleta en la que cabe una muda de ropa. Esto simboliza la incertidumbre de su situación porque lo que lleva es apropiado para unos pocos días. En realidad no sabe cuándo regresará. En un sentido figurado, en su maleta lleva toda la carga emocional. Va "con un buen cúmulo de buenas despedidas", o sea, se despide de su familia, del pueblo y con esto abandona sus raíces.

Actividades SB S. 97 unten, Lösungsvorschläge

1. ruta: Macuiltianguis / carretera federal / ciudad de Oaxaca / México Distrito Federal / frontera norteamericana

2. Macuiltianguis se ha convertido en un pueblo de emigrantes porque la gente va al norte desde hace varias generaciones ya. Los habitantes han tenido que emigrar para sobrevivir. Sin embargo, a lo largo de los años han ido ampliando el radio cada vez un poco más, hasta cruzar la frontera norteamericana. Desde hace unas tres décadas los EEUU siempre los han atraído.

Kopiervorlage: Lösungsblatt zu Station 6

1.2.6 Vocabulario y estructuras relacionados con el tema (E 6, facultativa) (SB S. 98/99)

Actividades SB S. 98, Lösungsvorschläge

Vocabulario

1. A e, B c, C a, D b, E d

2. Como era de esperarse. / Los Niños Héroes pasaron a la historia. / Hacíamos de todo. / Eso no tiene precedentes. / Queremos salir adelante. / Me han echado para atrás. / Vamos con la bendición de Dios. / Le iba muy bien.

3. ciudades espejo: ciudades gemelas / ciudades hermanas
franja fronteriza: la frontera / línea divisoria / zona fronteriza
migra: policía / Border Patrol

4. Kollokationen: acceder / aclimatizarse / asimilarse a una cultura
reanudar las conversaciones / el diálogo / el camino
apreciar las diferencias en la comida / las condiciones personales del inmigrante / los valores
renunciar a los vínculos / a la cultura / a un derecho
tolerar las costumbres / las tradiciones / los valores

Actividades SB S. 99, Lösungsvorschläge

1. **Margarita y Armando Gómez, migrantes de Jalisco:** vinimos – nacieron – fue – fue – fueron
Natahel Hernández, migrante oaxaqueño: llegué – trajeron – me encontré – me establecí – vi – enseñó – empecé – encontré
Jorge López López, Oaxaca: salí – terminé – salieron – dejó – tuve que – fue

2. hagan – crucen – vayan – traigan – vuelvan – quieran – salga – se abrieran / abran – se estandaricen / estandarizasen – estuviera – veamos

Hinweis zur Sprache: Es handelt sich um authentische *testimonios*. Die Sprecher reden nicht immer ganz den Regeln entsprechend.

1.3 La convivencia de las culturas (SB S. 100–102)

Un chicano típico (SB S. 100)

Text: Internetartikel
Wortzahl: 513
Schwierigkeitsgrad: **
Inhalt: Der Historiker Antonio González entstammt einer mexikanischen Familie, die seit mehr als sechs Generationen in den USA lebt. Als *chicano* ist er in den USA und in México verwurzelt. Antonio ist stolz auf die Zugehörigkeit zu beiden Kulturen (Bikulturalität, Binationalität, Bilingualität). Seit seiner Kindheit ist ihm allerdings der alltägliche Rassismus vertraut: Selbst heute noch kann seine Kleidung darüber entscheiden, ob jemand bei seinem Näherkommen die Straßenseite wechselt.

Didaktisch-methodische Hinweise

Der Text knüpft in verschiedener Hinsicht an das im Stationenlernen erworbene Wissen an. Er bezieht sich auf den geschichtlichen Hintergrund, Fragen der Identität (*ser mexicano*) und Verwurzelung in zwei Kulturen sowie die Integration der Einwanderer in die US-amerikanische Gesellschaft. Neu ist der Begriff *chicano*. Durch Antonios Erklärungen wird deutlich, dass *chicanos* US-Bürger mexikanischer Abstammung sind.

Zusatzinformation

Según una teoría acerca de la etimología del término *chicano*, éste se deriva de la voz *mexicano*. De ésta se formó *xicano*. A veces la pronunciación de la *x* cambia a *ch*. Como resultado se obtiene la pronunciación de *chicano*, aunque otros prefieren *xicano*. Naturalmente, existe la versión femenina de dicho término: *chicana* o *xicana*.

Didaktisch-methodische Hinweise

Im Gegensatz zu den fiktiven Immigranten, die im Einstieg (SB S. 84 ff.) dargestellt werden, ist Antonio viel stärker amerikanisiert und kann seine Situation distanzierter betrachten. Auch im Vergleich mit den *voces latinas* lässt sich der höhere Grad an Differenziertheit feststellen: Während jene sich auf den gegenseitigen Einfluss der mexikanischen und US-amerikanischen Kulturen konzentrieren, hebt Antonio als negative Folge den zunehmenden Individualismus unter den *latinos* hervor.
Die Schülerinnen und Schüler bearbeiten den Artikel in häuslicher Vorbereitung. Eventuell erhalten sie weitere, detaillierte Verständnisfragen, wie z. B.:

Un chicano típico
- ¿Desde cuándo su familia vive en EUUU?
- ¿De dónde eran sus antepasados?
- ¿De qué trabajaban? ¿Dónde se instalaron?

Bilingüe, bicultural, binacional
- ¿Por qué Antonio conserva el español?
- ¿Cómo/En qué se manifiesta la fuerza del español?
- ¿Por qué abre la biculturalidad un sendero muy importante para el futuro del mundo?

Prägnante Textzitate, die im Unterricht exemplarisch erarbeitet und diskutiert werden sollten, sind v. a.:
- Vengo de una familia de herencia mexicana que ya cuenta con más de seis generaciones en los Estados Unidos. (l. 1/2)
- Una parte lejana de nuestra familia integraba la comunidad mexicana que fue conquistada cuando EEUU tomó control del suroeste del territorio. (l. 4–6)
- La discriminación es una cosa cotidiana. (l. 32)

Ausgehend von der Aussage *Somos biculturales, somos binacionales, somos bilingües.* (l. 22/23) wird zum Einstieg in die Besprechung im Unterricht eine Folie präsentiert, auf der 10 Wörter aus dem Text den drei Schlüsselbegriffen zuzuordnen sind (s. Kopiervorlage, S. 102). Die Aufgabe, die Worte bzw. Ausdrücke im *gráfico triangular* zu positionieren, leitet dazu an, über dominante Charakteristika eines Begriffes zu reflektieren. Die Schülerinnen und Schüler kontextualisieren die einzelnen Elemente unter Rückgriff auf den Artikel und begründen ihre Einordnung in das Koordinatensystem. Die „korrekte" Zuordnung ist nicht das Ziel. Wichtig ist vielmehr, dass die Lernenden textbasierte Erläuterungen für ihre Entscheidung geben. Durch die inhaltlich-sprachliche

Auseinandersetzung wird letztlich Klarheit über die vorgegebenen, eher abstrakten Merkmale *bilingüe, bicultural, binacional* angestrebt.

Zusatzinformation

Die Kommentaraufgabe (SB S. 101, Nr. 3) bezieht sich auf die Demonstrationen der *latino*-Gemeinschaft des Jahres 2006, als Tausende Einwanderer auf die Straßen gingen, um zu protestieren. Das **Foto** in der Randspalte vermittelt einen Eindruck vom Ausmaß der *manifestaciones*. Auf einem der Plakate, die die beiden Männer tragen, sind Zeilen einer Strophe des Medleys „Pastures of Plenty"/„This Land Is Your Land"/„Land" von Lila Downs zu lesen (Lila Downs, Border La Línea, Narada Productions 2001, USA). Die Sängerin setzt sich für die Legalisierung der illegalen Einwanderer ein.

Dem Zitat des Bürgermeisters von Los Angeles, Villaraigosa, ist nur bedingt zuzustimmen. Bei der Besprechung sollte sein polemischer Charakter bedacht werden.

Zusatzmaterial

Miles de manifestantes en Nueva York contra la reforma de la inmigración

SANDRO POZZI. Nueva York

El puente de Brooklyn se llenó ayer de banderas multicolores portadas por varios miles de manifestantes que se concentraron en Nueva York para protestar contra la reforma de la legislación de inmigración, que se debate actualmente en el Congreso de EE UU. Los convocantes congregaron a unas 10.000 personas, a pesar del mal tiempo. "Vinimos buscando una vida mejor y más digna", decía una inmigrante mexicana. El alcalde de Nueva York, Michael Bloomberg, se ha opuesto a la propuesta de regularizar a unos 12 millones de inmigrantes.

El País, 2 de abril de 2006

Zusatzmaterial

Kopiervorlage

Marca la posición de las palabras y expresiones en el gráfico triangular.

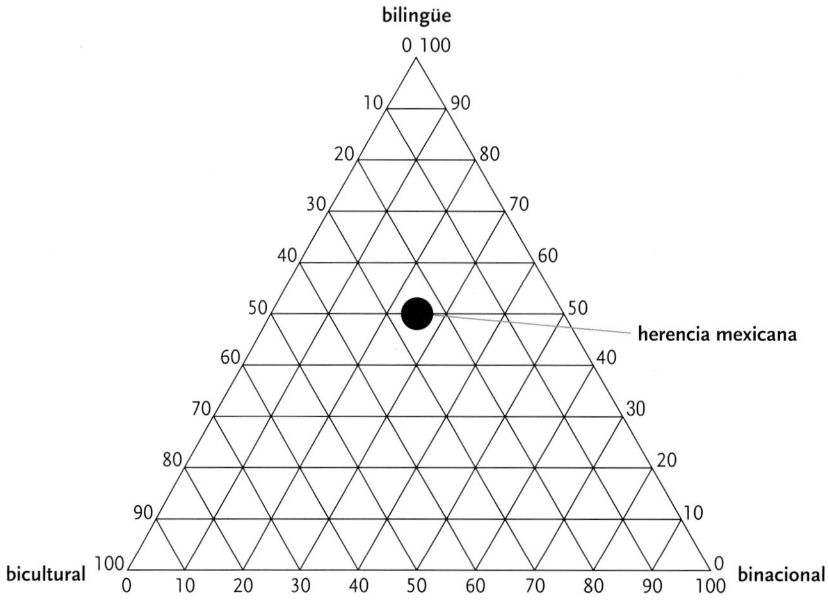

hablo inglés y español, el suroeste del territorio, herencia mexicana, individualismo, tacos y dodger-dogs, corbata, conservar el lenguaje, la comunidad mexicana que fue conquistada, discriminación sutil, tengo raíces en este país y tengo lazos con México

Lösungsvorschlag zur Kopiervorlage

bilingüe: hablo inglés y español, conservar el lenguaje
bicultural: el suroeste del territorio, la comunidad mexicana que fue conquistada, individualismo, tacos y dodger-dogs, corbata, discriminación sutil
binacional: herencia mexicana, el suroeste del territorio, la comunidad mexicana que fue conquistada, tengo raíces en este país y tengo lazos con México
palabra clave: herencia mexicana

Actividades SB S. 101, Lösungsvorschläge

1.
- El arraigo de Antonio en la cultura mexicana se debe a dos razones: En primer lugar, sus antepasados eran gente sencilla del suroeste, aunque destaca la larga tradición de su familia en EEUU. Otro motivo de su arraigo en la cultura mexicana es la fuerza de la misma. Antonio se muestra orgulloso de su cultura que ha perdurado miles de años a pesar de conquistas, represiones y migraciones. Por eso conserva el español.
- Antonio tiene vínculos muy fuertes con las dos culturas. Es chicano, y esto trae consigo el tener raíces en ambos países. Está convencido de que este tipo de binacionalidad puede servir de modelo para el futuro del mundo. Por otro lado es consciente de que la asimilación a una nueva cultura se manifiesta también en algunos elementos negativos, por ejemplo, en el individualismo que adoptan los latinos de la cultura norteamericana.
- Antonio critica la discriminación omnipresente y cotidiana en EEUU. Ya lo experimentó de niño, en el colegio. Hoy en día ve las cosas con más serenidad. Sin embargo, lamenta la manera superficial de la gente de juzgar a un desconocido por tener la piel morena. Afirma que cuando lleva traje y corbata, la gente lo acepta sin pensárselo. Aparte de lo obvio, nota formas de discriminación más sutiles que se muestran en el trato con la gente.

2. En general, se puede decir que Antonio acepta su vida como chicano completamente. Esto se manifiesta p. ej. cuando dice que le "gustan los tacos, burritos y demás platos de la cocina mexicana, pero también me gustan los dodger-dogs". Alega tener raíces en las dos culturas (véase l. 20), aprecia mucho hablar las dos lenguas (ll. 20) y se siente orgulloso de ser chicano (l. 23).

3. *texto modelo:* La cita del alcalde de Los Ángeles Villaraigosa se refiere a la situación legal de los inmigrantes latinos en EEUU. Aunque comprendo lo que quiere expresar con la primera frase, hay que decir que es bastante polémica. A primera vista no hay ninguna conexión lógica entre las dos afirmaciones.
La segunda frase, hay que subrayarla, pues los EEUU son por definición una nación de inmigrantes. Se comprenden a sí mismos como un país de inmigrantes. La nación ha sido construida por ellos, y sigue siendo formada por y con ellos. Si se echa un vistazo a la historia, se hace patente que los mexicanos siempre han sido una parte integral del suroeste de EEUU.
Antonio González dice que los latinos se mueven entre los dos mundos con toda seguridad. Los considera un modelo para el futuro del mundo entero. Él mismo ha aprovechado sus oportunidades y sale exitoso. Pero al mismo tiempo su caso muestra que los inmigrantes latinos se ven frecuentemente enfrentados con un comportamiento racista (que les discrimina por el color de su piel, por la ropa que llevan, etc.). Con su cita el alcalde critica la legislación estadounidense.
Por otro lado hay que conceder a EEUU, como a cualquier otro país, el derecho de regularizar los flujos migratorios. La historia muestra que exactamente esto es lo que ya han hecho repetidas veces, como p. ej. en el año 1882 con el Acta de Exclusión de los Chinos. Este acta prohibió que ciertos trabajadores inmigraran a los Estados Unidos.

Bush defiende en México su plan para regularizar inmigrantes (SB S. 101/102)

Text: Internetartikel
Wortzahl: 446
Schwierigkeitsgrad: **
Inhalt: Im Rahmen eines Gipfeltreffens in Cancún erzielen die drei (damaligen) Staatschefs Fox (Mexiko), Bush (USA) und Harper (Kanada) eine Übereinkunft hinsichtlich der Verstärkung der Grenzkontrollen. Bushs Kritik an den Machenschaften der Schlepper sowie seine Anerkennung für die Leistung der Einwanderer und die damit einhergehenden Überlegungen zu ihrer Legalisierung stoßen auf Wohlwollen bei den Mexikanern.

Ausgehend von dem **Foto** in der Randspalte (SB S. 101 unten) stellen die Lernenden Hypothesen zum Inhalt des Artikels auf. (Mögliche Frage und Antworten: ¿Por qué eligieron precisamente esta escena? – Se ve a los tres políticos subiendo a una pirámide. La escena es casi simbólica porque Fox lidera la subida mientras que Bush tiene que seguirle.) Mit Hilfe der Überschriften wird Vorwissen aus dem Stationenlernen eingebunden, besonders anknüpfend an die Ausdrücke „regularizar inmigrantes", „reforzar la seguridad de las fronteras".

Actividades SB S. 102, Lösungsvorschläge

1.

- Cancún, México, cumbre de Vicente Fox Quesada, presidente mexicano, George W. Bush, presidente estadounidense, Stephen Harper, presidente canadiense
- socios del NAFTA, o sea, Tratado de Libre Comercio de América del Norte
- acuerdo de los tres políticos acerca del reforzamiento de la vigilancia y seguridad fronterizas

texto modelo: El artículo informa sobre el acuerdo al que llegaron los presidentes de los países socios del NAFTA en Cancún (el día 31 de marzo de 2006). En su reunión, Fox, Bush y Harper discutieron el "gran protagonista", o sea, el tema migratorio. Los tres políticos acordaron reforzar la vigilancia y seguridad fronterizas.

2. Las "dos caras" a las que se refiere Bush son la necesidad de reforzar la vigilancia fronteriza y la de sacar a los ilegales de la sombra.

a)

necesidad de reforzar la vigilancia	necesidad de sacar a los ilegales de la sombra
Los inmigrantes no respetan las leyes de EEUU.	Los inmigrantes viven en clandestinidad.
La frontera entre México y EEUU es poco segura.	Los inmigrantes no tienen regulados sus papeles para vivir legalmente en EEUU.
La frontera está mal vigilada.	Los inmigrantes necesitan un permiso de trabajo.
	Los inmigrantes ocupan puestos de trabajo que los propios ciudadanos estadounidenses no ocuparían.
	La "industria de falsificación de documentos" representa un gran problema.
	Los coyotes son los que se aprovechan de la situación de los migrantes.
	Hasta ahora EEUU carecen de una ley integral de inmigración.

b) Los puntos que abundan son los que se refieren a la situación de los inmigrantes. Bush pone de relieve que hay mucha gente que inmigra a EEUU de forma ilegal, hecho del que saca provecho una verdadera industria y que marginaliza a los inmigrantes.

c) *frases modelo:* Es imprescindible que la frontera se vigile mejor.
Es intolerable que los inmigrantes no respeten las leyes de EEUU.
Es lamentable que la frontera entre México y EEUU no sea segura.
Es un escándalo político que la frontera esté mal vigilada.
Me preocupa que los inmigrantes vivan en clandestinidad.
Es indignante que los inmigrantes no tengan regulados sus papeles.
Es lógico que necesiten un permiso de trabajo.
Conviene que ocupen puestos de trabajo que los propios ciudadanos estadounidenses no ocuparían.
Es horrible que los coyotes se aprovechen de la situación de los inmigrantes.
Es una vergüenza que los EEUU hasta ahora carezcan de una ley integral de inmigración.

3. El tema migratorio fue el gran protagonista en la cumbre de los presidentes norteamericanos por ser un problema actual y urgente, tanto para los EEUU como para México. La inmigración ilegal de los latinos es un fenómeno de dimensiones considerables y por eso los flujos migratorios son difíciles de controlar. Se puede decir que el gobierno estadounidense afronta el fenómeno con

recelo mientras las autoridades mexicanas consideran a los emigrantes una fuente de ingresos, ya que los ilegales envían remesas a sus familiares en México.
Sin embargo, es cierto que los dos países sacan provecho económico de la inmigración latina, ya que los latinos, en su mayoría mexicanos, aceptan puestos de trabajo que los estadounidenses no quieren ocupar. Como entran de forma ilegal, carecen de papeles y trabajan como mano de obra barata en la economía sumergida.
No obstante tienen que vivir en clandestinidad y muy a menudo caen víctimas de las mafias. Por lo tanto, el tema migratorio fue el gran protagonista en esta cumbre porque es imprescindible sacar a los ilegales de la sombra.
Otro motivo es que el NAFTA, como la Unión Europea, se encuentra en un dilema. Por un lado hay que abolir las fronteras aduaneras para que las mercancías puedan circular libremente, pero por otro lado no se puede tolerar la inmigración ilegal masiva. Por esto los tres políticos llegaron a un acuerdo acerca del reforzamiento de la vigilancia y seguridad fronterizas.

2 La dependencia económica de México (S. 103–115)

Didaktisch-methodische Hinweise

In dem Kapitel geht es um wirtschaftliche Zusammenhänge, insbesondere die Abhängigkeit Mexikos von den USA. Der Aufbau gliedert sich folgendermaßen: informierender Einstieg über die Grafik (SB S. 103) sowie Basisinformationen zur Nafta (SB S. 104), Hintergrundinformationen (SB S. 105/106) zu dem mit der Nafta verbundenen Nutzen und den Nachteilen für Mexiko und die USA. Es ist es im Grundkurs möglich, die Teile 2.1 und 2.2 als informierenden Lehrervortrag zur Nafta zu gestalten (ggf. unterstützt durch das Organigramm S. 107). Im Zusammenhang mit dem *testimonio* von Rosa Zamora (SB S. 107), das als individuelles Schicksal für Schülerinnen und Schüler interessant ist, können Hintergrundinformationen zu den *maquiladoras* (SB S. 106 Punkt 5.) erarbeitet und vernetzt werden. Der Zeitungsartikel (SB S. 107) leitet über zum Kapitel 3 (SB S. 109–115) und dient als Vorentlastung.

2.1 Tratado de Libre Comercio de América del Norte: El TLCAN o El Nafta (SB S. 103/104)

Didaktisch-methodische Hinweise

Die Schülerinnen und Schüler entnehmen der Überschrift, dass TLCAN bzw. Nafta der Freihandelsvertrag zwischen den nordamerikanischen Staaten ist. Damit wird die Wahrnehmung auf die grafische Darstellung gelenkt.
Mögliche Hilfsfragen:
- ¿Qué continente se distingue en la gráfica?
- ¿Qué países están ubicados en Norteamérica? – Localízalos en el mapa.
- ¿De qué países son las banderas y qué simbolizan?

Una representación gráfica del TLCAN (SB S. 103)

Hinweis

Die Schülerinnen und Schüler erweitern ihren Wortschatz in der aufgabenbezogenen Anwendung der sprachlichen Hilfen. Zur Erweiterung ihrer landeskundlichen Kenntnisse ist es möglich, einen Lehrervortrag zur Geschichte des Adlers und des Nopal (s. S. 106) zu halten oder durch die Schülerinnen und Schüler recherchieren und erzählen zu lassen.
Linktipp: http://usuarios.lycos.es/florelena/resume.html

Actividades SB S. 103, Lösungsvorschläge

1. Se representa un globo con las siluetas de Canadá al norte, de EEUU en el centro y de México al sur. / En los territorios de los países están izadas las banderas correspondientes. / La canadiense tiene dos franjas verticales rojas a las dos lados y una blanca en el medio; en el centro hay una hoja de arce roja. / La bandera estrellada de EEUU tiene franjas rojas y blancas horizontales además de un rectángulo azul con estrellas. Cada una de ellas corresponde a uno de los estados. / La bandera mexicana tiene a la izquierda una franja verde y a la derecha una roja. En la franja blanca central destaca un águila parada en un nopal que crece en una peña rodeada de agua. El águila posa sobre su pata izquierda mientras que con la derecha agarra una serpiente. Las tres banderas – todas del mismo tamaño – simbolizan la unidad y la igualdad de los tres países. El hecho de que las banderas parecen flotar crea una sensación de movimiento y alegría.

2. Evoca armonía y proximidad. Uno de los objetivos de un contrato es la comprensión mutua. / Significa unidad: las tres banderas tienen el mismo tamaño y cada una tiene su territorio. / Creo que simboliza que quieren convivir en paz y armonía.

Zusatzinformationen

Legenden um den Nopal und den Adler

Der kriegerische und wilde Gott Huitzilopochtli hatte seine Schwester Malinalxochitl verlassen, um ein Reich für sein Volk zu gründen. Die Zurückgebliebene überwand die Trauer und gründete ihrerseits das Reich Malinalco. Der Zorn auf den untreuen Bruder blieb in ihr wach und übertrug sich auf ihren Sohn Copil, der sich eines Tages auf den Weg machte, um Huitzilopochtli zu finden und zu töten. Dieser erfuhr von Copils Kommen und befahl seinen Priestern, nicht den Kriegern, diesen zu finden, ihm das Herz auszureißen und es ihm, Huitzilopochtli, zu bringen. Den Priestern gelang es, unbemerkt in das Lager Copils einzudringen und ihm das Herz aus dem Leib zu schneiden. Sie brachten es Huitzilopochtli in einer Schüssel. Er befahl, das Herz unter einem von Unkraut umgebenen Felsen mitten im See zu vergraben.
Am nächsten Tag sahen die Priester mit Erschaudern, dass an der Stelle, an der das Herz in der Erde lag, eine wunderschöne Blume wuchs. Das Herz Copils hatte sich in den rotblühenden Kaktus Nopal verwandelt.

Autorentext nach: Ciro Alegría: La Leyenda del nopal; in: Fábulas y leyendas Americanas, Editorial Austral Juvenil, Espasa Calpe 1984

Kurzform ohne Bezug auf die Legende um Huitzilopochtli: Die Darstellung des Adlers auf dem *nopal* bezieht sich auf eine Legende über die Gründung von Tenochtitlán. Huitzilopochtli hatte dem Volk der Azteken aufgetragen, nach einer Stelle zu suchen, an der sie ihre Hauptstadt errichten sollten. Als Zeichen würden sie einen Adler sehen, der mit gespreizten Flügeln und einer Schlange im Schnabel auf einem Feigenkaktus, dem Nopal, sitzt, der aus einem Felsen in einem See wächst. Die Azteken fanden die Stelle und das Zeichen und gründeten Tenochtitlán.

El TLCAN o Nafta – Informaciones básicas (SB S. 104)

Text: Internetdokument (gekürzte Monografie)
Wortzahl: 116
Schwierigkeitsgrad: ****
Inhalt: Das Nordamerikanische Freihandelsabkommen Nafta zwischen Kanada, USA und Mexiko hat die Stärkung des gemeinsamen Handels und der Investitionen zwischen den drei Staaten zum Ziel sowie den allmählichen Abbau der Einfuhrzölle. Weiterhin sollen Rechtsnormen für die Unternehmen in den drei Ländern geschaffen werden und Mechanismen zur Lösung von eventuell auftauchenden Problemen.

Mögliche Hilfsfragen vor der Arbeit am Organigramm:

- ¿Cuándo entró en vigor el TLCAN? *el 1 de enero de 1994* (Randspalte)
- ¿Cuál es el nombre completo del TLCAN? *Tratado de libre comercio de América del Norte* (Überschrift 2.1 und Übersetzung aus dem Englischen)
- ¿Qué países forman América del Norte? *(el) Canadá, los EEUU de América, los Estados Unidos Mexicanos* (Z. 2/3)
- ¿Qué lazos unen los tres países? *lazos especiales de amistad y cooperación* (Z. 3/4)
- ¿Cuáles son los dos primeros de los cuatro principales objetivos del tratado? *poder fomentar los intercambios comerciales y los flujos de inversión* (Z. 5/6)

- ¿Cómo se pueden lograr estos objetivos? *mediante la paulatina eliminación de los impuestos a pagar por los productos importados* (Z. 6/8)
- ¿Qué otros objetivos tiene el Tratado? *establecer normas que sean respetadas por los productores de los tres países y crear mecanismos para resolver problemas* (Z. 8/9)

Actividades SB S. 104, Lösungsvorschläge

1. Vervollständigung des Organigramms (SB S. 104):

TLCAN

AMÉRICA DEL NORTE

Canadá	EEUU de América	EEUU de México

MOTIVOS

reafirmación de los lazos de amistad	cooperación

OBJETIVOS

fomento del intercambio comercial	fomento de los flujos de inversión	eliminación de los impuestos que pagan los productores para entrar	establecimiento de normas que deben ser respetadas por los productores	mecanismos para resolver problemas

2. *texto modelo:* El TLCAN, Tratado de libre comercio de América del Norte, entró en vigor el 1 de enero de 1994. Regula la cooperación comercial y financiera entre Canadá, EEUU y México. Se prevé eliminar poco a poco los impuestos sobre los productos que se importan de uno de los tres países. Además están previstos el establecimiento de normas para los productores y mecanismos para resolver posibles problemas.
Diese Aufgabe kann auch zu Hause erledigt werden.

3. El Tratado de Schengen (14.06.1985) regula el libre comercio en la UE. Entró en vigor el 26 de marzo de 1995.

2.2 El Nafta y sus consecuencias – un proyecto breve (SB S. 105/106)

Confeccionar un periódico mural (SB S. 105)

Projektarbeit Lösungsvorschläge gemäß Aufgaben 1–6, SB S. 105

Die Schülerinnen und Schüler sollen ein Kurzprojekt gestalten, durch das sie sich gegenseitig mit dem TLCAN zusammenhängende Sachinformationen vermitteln. Es kann nicht darum gehen, alle Konsequenzen des Freihandelsabkommens im Detail vorzustellen, sondern vielmehr darum, einen Überblick zu geben, der es erlaubt, sich ein ausgewogenes Urteil über Vor- und Nachteile zu bilden. Die sprachlichen Aktivitäten liegen schwerpunktmäßig bei der Fertigkeit des *hablar en público* als Vorbereitung des ersten Teils des mündlichen Abiturs, aber auch der mündlichen Gruppenprüfung. Die Schriftlichkeit wird geschult durch Erstellung von kurzen *informes*, die so gestaltet sein sollen, dass sie vor der Klausur oder dem schriftlichen Abitur als Wiederholungsbasis dienen können.

Tabla informativa: La herencia del TLCAN o Nafta tras diez años de existencia (SB S. 105/106)

Didaktisch-methodische Hinweise

In der Übersicht werden zu fünf im Zusammenhang mit dem Freihandelsabkommen relevanten Aspekten Internetadressen für eine eventuelle Vertiefung (linke Spalte), knappe Basisinformationen (rechte Spalte) und Bildmaterial als Visualisierungshilfe (mittlere Spalte) gegeben.

Erläuterungen zu den Unterthemen:
Subtema 1.: Arbeitsplätze in den USA: Der Slogan „Don't send my job to Mexico" zeigt die Probleme in den USA: Abbau vor allem der Arbeitsplätze für Geringqualifizierte sowie der Sozialstandards.
Subtema 2.: Staatseinnahmen und Schulden: Grafik: USA als Hauptnutznießer der Freihandelszone (weit dahinter Kanada und Mexiko)/stetiges Ansteigen des Handelsdefizits Mexikos gegenüber den USA/vor 2000: 4 Milliarden Dollar/Anstieg der Exporte (84 % des gesamten Außenhandels) in die USA und der Importe aus den USA/vor der Nafta: Zuwachs der Landwirtschaft um jährlich 2 %, heute Abnahme um 2 %
Subtema 3.: Wirtschaftliche Entwicklung oder Rückschritt? Starke Wirtschaftsentwicklung in den Grenzgebieten zu den USA/Industrieanlagen vornehmlich in ausländischer Hand/jährliches Wirtschaftswachstum in Mexiko: 1 % , aber Rückgang der Reallöhne: 0,2 %/laxer Umgang mit Sozialstandards und Umweltauflagen
Subtema 4.: Landwirtschaft. Durch massive Subventionierung der US-amerikanischen Landwirtschaft erhebliche Bedrohung der Existenzgrundlage mexikanischer Bauern: Import von genmanipuliertem Mais zu Niedrigpreisen aus den USA/hohe Kosten für genmanipuliertes Saatgut/in jüngster Zeit enormer Anstieg des Maispreises wegen lukrativer Produktion von Bio-Kraftstoff/Konsequenz für Mexiko: Fehlen des Hauptnahrungsmittels/Gefährdung des einheimischen Reis- und Bohnenanbaus durch Import von 80 % des Inlandsverbrauchs/Verbreiterung des sozialen Gefälles zwischen dem entwickelten Norden Mexikos und den armen südlichen Staaten (vgl. auch SB S. 109)
Subtema 5.: *Maquiladoras* (Fertigungsanlagen): erbaut in Grenznähe/Produktherstellung aus importierten Einzelteilen (z. B. Jeans oder elektronische Geräte)/gering entlohnte Arbeit v.a. junger Frauen aus Mexiko und Mittelamerika/keine ausreichende soziale Absicherung/kaum durchsetzbare gewerkschaftliche Forderungen (s. auch Fotos SB S. 106/5.), ansonsten Schließung der *maquiladora* und Verlagerung in andere Länder, z. B. China/Konsequenz für Mexiko: Akzeptieren der Senkung von Löhnen und Sozialstandards zum Erhalt der Arbeitsplätze

Projektarbeit Lösungsvorschläge gemäß Aufgaben 1 – 6, SB S. 105

1. individuelle Lösungen

2. *erster Gliederungspunkt:* individuelle Lösungen
zweiter Gliederungspunkt: Die Schülerinnen und Schüler sollen in Gruppenarbeit jeweils einen Aspekt bearbeiten, einen schriftlichen knappen informativen Text verfassen und ihn in eine Wandzeitung, das Produkt des Projekts, einfügen.
Die Texte sollten unter der jeweiligen Überschrift (linke Spalte) und unter Verwendung der sprachlichen Vorgaben (rechte Spalte) zur Schulung des schriftlichen Ausdrucks und als Vorübung für die Klausur ausformuliert werden. Da die Texte kurz sind, kann verlangt werden, dass die *charla* mit den entsprechenden Einleitungs- und Schlussfloskeln weitgehend frei gehalten wird.
Beispiel für charla zu subtema 1. (SB S. 105): Yo hablaré sobre las consecuencias que tiene el TLCAN en cuanto a los puestos de trabajo en EEUU: Una de las consecuencias del TLCAN es la pérdida de puestos de trabajo poco cualificados en EEUU. Como se deslocalizan muchas empresas éstos desaparecen. La foto con la llamada directa "Don't send my job to México" – No envíes mi puesto de trabajo a México – muestra que los trabajadores son conscientes de este proceso. Una gran desventaja es la siguiente: como hay mucha gente que busca trabajo, los empresarios no necesitan ofrecer sueldos altos. Se trabaja, pues, por poco dinero, que no alcanza para alimentar a la familia. Como se puede ver, a raíz del Nafta han surgido problemas para los trabajadores en EEUU. Con esto daré por terminada la presentación.
dritter Gliederungspunkt – mögliche Elemente für die *hojas de control*:
Subtema 1.: ¿Qué eslogan expresa las preocupaciones de los trabajadores? ¿Cuáles son las consecuencias de la deslocalización de las plantas de fabricación?

Subtema 2.: ¿Cuál de los tres países de Norteamérica es el que más provecho saca del TLCAN? ¿Qué se puede decir sobre el déficit comercial de México con EEUU?
Subtema 3.: ¿En qué región de México se produce un desarrollo económico a causa de las deslocalizaciones de las plantas de fabricación? Enumera al menos dos consecuencias para los trabajadores. (*los salarios bajan / las personas que antes ganaban lo suficiente empobrecen*)
Subtema 4.: ¿Qué tiene que ver la importación de maíz, arroz y frijoles de EEUU con el abandono del campo en México?
Subtema 5.: Wegen der Wichtigkeit des Themas der *maquiladoras* bietet es sich an, eine etwas breitere *hoja de control* anlegen zu lassen:

1. Las maquiladoras pertenecen en su mayoría a	a) propietarios mexicanos.	
	b) los trabajadores.	
	c) propietarios extranjeros.	x
2. Se confecciona ante todo mercancía	a) que requiere calificaciones altas por parte de los obreros.	
	b) que requiere mano de obra barata.	x
	c) para la que se importan los materiales básicos para la confección final.	x
3. Para la importación de los materiales básicos	a) se pagan impuestos altos.	
	b) no se pagan impuestos.	x
	c) los impuestos dependen de la cantidad.	
4. Las personas que trabajan en las maquiladoras son ante todo	a) hombres de mediana edad.	
	b) mujeres jóvenes.	x
	c) hombres y mujeres de cualquier edad.	
5. Un ejemplo de la mercancía producida en las maquiladoras y vendida en EEUU	a) son los trajes para los banqueros.	
	b) es la ropa de niños.	
	c) son los vaqueros.	x
6. ¿Qué tanto por ciento de esta mercancía se produce?	a) 11 %	
	b) 23 %	x
	c) 9 %	
7. Los estándares sociales y medioambientales	a) se respetan en todos los sentidos.	
	b) no se respetan en absoluto.	
	c) no se respetan o sólo se respetan poco.	x

3.–6. – –

Actividad SB S. 106, Lösungsvorschläge

Uno de los objetivos ha sido el fomento del intercambio comercial; se ha cumplido, en gran medida, para EEUU que exportan sin tener que pagar impuestos, p. ej. los materiales básicos que se requieren en las maquiladoras. / EEUU exportan productos agrarios y perjudican así a los campesinos mexicanos. / México, por lo tanto, no saca mucho provecho del NAFTA en el sector agrario. / Algunas expectativas se han cumplido. / Se han creado puestos de trabajo en México. / Por otro lado, en EEUU desaparecen los puestos de trabajo para gente poco cualificada. / En México las diferencias sociales entre las regiones fronterizas y las demás zonas van en aumento. / En el norte hay trabajo. / La construcción acelerada de las maquiladoras es una de las causas del deterioro del medio ambiente.

2.3 El destino individual en los tiempos del Nafta (SB S. 107/108)

Testimonio: Rosa Zamora Pérez era obrera de maquiladoras (SB S. 107)

Text: *testimonio*
Wortzahl: 92
Schwierigkeitsgrad: **
Inhalt: Rosa Zamora berichtet davon, dass man, seit sie in einer *maquiladora (área)* für Autozubehörteile arbeitet, Gerüchte höre, nach denen die Anlage geschlossen werden solle. Rosas Angst vor dem Verlust dieses Arbeitsplatzes rührt daher, dass sie mit 43 Jahren die Altersgrenze für eine neue Anstellung um acht Jahre überschreitet.

Didaktisch-methodische Hinweise

Die im Kapitel 2.2 erworbenen allgemeinen Kenntnisse zu den Maquiladoras und den Arbeitsbedingungen dort sollen in 2.3 an dem Einzelschicksal der Rosa Zamora Pérez verdeutlicht werden. Die Unmittelbarkeit des Eindrucks, den der *testimonio* macht, kann durch das Hördokument erhöht werden. Da der Text sehr kurz ist, kann ein Hörauftrag ausreichen: Escuchad el testimonio de Rosa y prestad especial atención a lo que dice sobre las condiciones de trabajo.
Eine Alternative zum mündlichen Hörauftrag ist der Hörverstehensbogen, der vor dem zweiten Abspielen ausgeteilt werden kann:

1. ¿Qué palabra emplea Rosa para denominar su lugar de trabajo:	a) fábrica	
	b) maquiladora	
	c) área	
2. ¿Qué le preocupa desde que trabaja allí?	a) los rumores de que van a cerrar	
	b) que le despidan por su edad	
	c) el trabajo duro	
3. Ponen convenios temporales hasta	a) un año.	
	b) un mes.	
	c) medio año.	
4. ¿Cuánto tiempo trabaja en estas circunstancias?	a) medio año	
	b) un mes	
	c) dos años	
5. ¿Qué palabra utiliza en el contexto del período que trabaja allí?	a) luchando	
	b) batallando	
	c) aguantando	
6. Al terminar su testimonio menciona un problema. ¿Cuál es?	a) su edad	
	b) su miedo ante el futuro incierto	
	c) su familia	

Lösungen: 1. c); 2. a); 3. b); 4. c); 5. b); 6. a)

Actividades SB S.107, Lösungsvorschläge

1. La mexicana Rosa de 43 años trabaja en una maquiladora de productos de carros. Habla de su miedo de perder el trabajo por los rumores que corren y por su edad.

2. Intimidan a las obreras dándoles sólo contratos temporales hasta un mes. / Las obreras temen que se les quite el empleo. / Corren rumores de que van a cerrar las plantas. / Les pagan cada vez menos.

3. *Linke Spalte:* verbos: 1ª persona plural y singular; pronombres: nos; mí / de los dueños habla en la tercera de plural sin sujeto explícito
Mittlere Spalte: vida privada: edad (43) / lugar de trabajo (maquiladora donde se hacen productos para coches) / miedo ante el futuro (pérdida de trabajo); asuntos de interés general: el poder de

los dueños de las maquiladoras (cierre; malos convenios) / explotación de las obreras (obligarlas a trabajar por medio sueldo) / discriminación por la edad
Rechte Spalte: pertenece a una capa social baja: informaciones explícitas: trabajadora; sueldo bajo; informaciones implícitas: lenguaje estándar; frases poco complejas / algunas muy cortas; ahorita: expresión muy usada en México, lenguaje familiar

Hinweis

Um die Schülerinnen und Schüler in der Versprachlichung von Analyseergebnissen zu schulen, können sie aufgefordert werden, die Ergebnisse zu 3. mündlich in zusammenhängenden Sätzen zu präsentieren:
Mögliche Versprachlichungen: El texto ofrece las características de un testimonio, porque una persona habla sobre sí misma y, en este caso, ante todo, sobre lo que le preocupa. / Rosa, la autora, utiliza tanto el pronombre "yo" como la primera persona de singular – p. ej. "estuve yo", "yo tengo". / Cuando se refiere a las obreras utiliza la primera persona de plural – p. ej. "hacíamos productos" y subraya así que forman un grupo. / Rosa utiliza la primera persona de plural al referirse a todas las que trabajan allí, estableciendo así el sentimiento de identificación con las que tienen el mismo destino.
Rosa introduce el tema más importante para ella ya en la segunda frase: la preocupación por su futuro laboral: dedica el resto del testimonio precisamente a este asunto. / Rosa se presenta dando datos sobre su vida y su situación laboral, o sea, dice cuántos años tiene – 43 – y habla sobre la situación laboral precaria, sobre los "rumores" de que van a cerrar la planta o que las obligan a aceptar acuerdos temporales desventajosos para ellas.
Rosa representa la capa social de las trabajadoras de maquiladoras a la que le inquieta su futuro incierto. Este es un tema de interés general, porque atañe a todo un grupo de personas que dependen de las maquiladoras a pesar de las malas condiciones de trabajo que allí reinan.
La manera de estructurar su testimonio es clara y sencilla: primero relata donde trabajaba, pasa a presentar su mayor preocupación y termina hablando sobre su lucha continua y su miedo ante un futuro incierto.
Rosa utiliza un lenguaje sencillo y expresivo sin hablar directamente del dueño o patrón sino utilizando la 3ª persona de plural. / Quizás no lo conozca. / El hecho de que los dueños se queden en el anonimato subraya el grado de distancia existente entre el dueño y las obreras.
Las últimas tres frases de Rosa son muy cortas y revelan su estado de ánimo de mujer desesperada o resignada.

Rechazan una segunda conquista (SB S. 107)

Text: Zeitungsbericht
Wortzahl: 215
Schwierigkeitsgrad: ***
Inhalt: Der Bericht handelt von dem Imker Antonino Dzidz Tuyub, der als Angehöriger der Maya in seiner Heimat Cancún gegen eine „zweite Conquista" durch ausländische Touristenkonsortien kämpft. Dzidz Tuyub plädiert dafür, dass die indigene Gemeinschaft als selbstständige und aktive Akteurin im Projekt des Corredor Biológico über ihre Ressourcen verfügen und so in Harmonie mit der Natur und der eigenen Kultur leben kann.

Zusatzinformationen

El Corredor Biológico Mesoamericano (CBM)
Das u. a. von der Weltbank finanziell unterstützte Projekt des CBM wird seit Ende der Achtzigerjahre vorangetrieben. Der Corredor verbindet die Ökosysteme von Nord- und Südamerika. Ziele sind die Erhaltung der biologischen Vielfalt, der nachhaltige Gebrauch der natürlichen Ressourcen und die Verbesserung der Lebensqualität der Menschen der Region. Einer der fünf mexikanischen Corredores, der Sian Ka'an-Kalakmul, befindet sich im Bundesstaat Quintana Roo, in dem auch Cancún liegt. Die *comunidades indígenas* bemühen sich um eine Förderung des Ökotourismus.

Didaktisch-methodische Hinweise

Mögliches unterrichtliches Vorgehen:
Entwicklung von Hypothesen zum Inhalt aufgrund des Titels:

Leitfrage: ¿Qué implican las palabras que forman el titular "Rechazan una segunda conquista"? La palabra 'conquista' alude a los acontecimientos en el siglo XVI cuando los españoles conquistaron el actual México. / Como se habla de la segunda conquista, es de suponer que se trata de sucesos decisivos. / El verbo rechazar no tiene sujeto explícito, así que será un conjunto de personas que rechazan la segunda conquista.

Leitfrage: Según vuestra opinión: ¿quiénes conquistan y quiénes son conquistados? – Considerad el sitio en que tiene lugar el acontecimiento.
Sabemos que hay muchas empresas extranjeras en México. Seguramente compran las tierras, montan hoteles y almacenes. / Cancún es un lugar donde hay mucho turismo extranjero, también de Alemania. Por eso habrá una infraestructura hotelera considerable. / Los turistas europeos, de EEUU y de Canadá que pasan las vacaciones en Cancún quieren disfrutar de las mismas comodidades que en sus países de origen. / La ciudad de Cancún se ubica en la península de Yucatán en una zona habitada mayoritariamente por población indígena. Así que serán ellos los que se ven conquistados. / Seguramente los indígenas tienen otras formas de vida que los turistas por lo que puede haber colisiones. / El hecho de que cada año haya tanto turismo no favorece una vida tranquila conforme a las tradiciones antiguas.

Wortschatz

Vokabeln:
miel (f) – *Honig*; renegar – protestar; chaparrito *fam.* – bajito; tez (f) – piel (f) ; desplazar – trasladar; adueñarse – apoderarse/*sich bemächtigen*; gestor (m) – administrador (m); recalcar – acentuar

Didaktisch-methodische Hinweise

Der Zeitungsartikel sollte in Stillarbeit (weitere sprachliche Hilfen im SB S. 339: „El destino individual") gelesen werden. Je nach Kursniveau bzw. Jahrgangsstufe kann der Arbeit am Schema (SB S. 108, *actividad* 1.) eine gemeinsame Inhaltserschließung vorangestellt werden. Vorgeschlagen wird ein Tandembogen (S. 114).

Actividades SB S. 108, Lösungsvorschläge

1.

• es apicultor, maya • bajo, de tez morena • luchador • se identifica con su pueblo y su pasado • no se resigna	• está lleno de hoteles y centros comerciales y de diversión • ya no es el Cancún de los mayas	un Cancún donde... • se respete la cultura maya • haya turismo sin empresarios internacionales • se pueda vivir en armonía con la naturaleza	• conquista • heredar las tierras de los antepasados • invasión • adueñarse de las tierras • sobrevivir • cultura

2. El artículo trata del maya Dzidz Tuyub, apicultor, defensor de la cultura maya y luchador por los derechos de su pueblo. Dzidz Tuyub, un hombre bajo y de tez morena, lamenta la presencia de los consorcios turísticos internacionales que quitan a Cancún su identidad maya. Cancún está lleno de hoteles, centros comerciales y de diversión, todos pertenecientes a extranjeros. Tuyub levanta la voz a favor de los derechos de los legítimos propietarios de las tierras, los mayas. Se dirige a los poderosos de México y también al Banco Mundial pidiendo ser escuchado. Exige que se respete la cultura maya y que se les deje actuar autónomamente en sus propias tierras heredadas de sus antepasados. Para él los empresarios turísticos son invasores y lo que están haciendo es una segunda conquista. Hace alusión a la conquista de los españoles en el siglo XVI cuando se apoderaron de las tierras de lo que hoy es México.

3. La función del título: llamar la atención del lector por ser provocador
Las citas dan una impresión de cómo Dzidz habla: habla de manera muy directa y espontánea, logrando despertar así el interés del lector en el asunto / compara explícitamente los acontecimientos actuales con los del pasado / utiliza las palabras del campo semántico "conquista" (ocupar, superviviente, adueñar, sobrevivir) para subrayar las semejanzas; las palabras del campo

semántico 'cultura' (armonía, conservar, heredar de los antepasados) contrastan con las de la 'conquista'. Las unas tienen connotaciones agradables, las otras resultan negativas / desagradables.
La postura de la autora / la periodista expresa acuerdo y comprensión. El hecho de citar literalmente a Dzidz y de referir sus palabras sin distanciarse - por ejemplo dice como si fuera un hecho: "las tierras de su pueblo ya están ocupadas" – revelan su simpatía e interés por las ideas de Dzidz.

4. *Hinweis:* Es ist möglich, die Reportage in einer Redaktionskonferenz vorbereiten zu lassen. Die Schülerinnen und Schüler sichten und überarbeiten ihre Unterlagen (Arbeitsblätter, Hausaufgaben, Tandembogen, Unterrichtsmitschriften, Ergebnisse aus der Projektarbeit sowie weitere Materialien wie z. B. Fotos). In der Redaktionskonferenz wird die zu erstellende Seite gegliedert, und es werden Aufgaben verteilt (z. B. Erstellung von Texten und ggf. Grafiken; Bearbeiten, Korrigieren, Kürzen). Die Themenbeispiele (Gliederungspunkte) können beibehalten oder durch andere ersetzt werden (s. unten). Die Anordnung und Gestaltung der Texte sollte den Schülerinnen und Schülern überlassen bleiben. Wichtig ist, dass die Inhalte von Kapitel 2 umgewälzt werden. Die Schülerinnen und Schüler sollten als Hausarbeit auch Leserbriefe schreiben, die im „Rincón del Lector" erscheinen können. (Zur Struktur des Leserbriefes s. auch S. 77.)

El Universal

Vivir a las sombras de la maquiladora

Dos destinos mexicanos bien distintos –
Rosa Zamora Pérez y Antonino Dzidz Tuyub

Cuenta Rosa Zamora: Entrevistamos a Rosa, de ojos preocupados y mirada triste...

Antonino Dzidz Tuyub, un hombre bajo de tez morena, tiene la suerte de no vivir en la zona fronteriza. Pero él también sabe lo que es la influencia extranjera...

Foto

Foto

El TLCAN – y lo que tiene que ver con el destino de Rosa...

¿Consorcios turísticos extranjeros o turismo ecológico?

Información
Una maquiladora, ¿qué es?
Daños y perjuicios
1. El medio ambiente...
2. Los estándares sociales

Comentario
¿Es posible que las obreras de maquiladoras también levanten la voz como lo hace Dzidz?
...

EL RINCÓN DEL LECTOR
Sr. Director
...

5. **a)** fronterizas; propietarios / dueños extranjeros; **b)** maquiladoras; **c)** deterioro de las condiciones ambientales / del medio ambiente; potable; estándares higiénicos; **d)** de salud; del medio ambiente / medioambiental; **e)** testimonio; **f)** acuerdos temporales; **g)** carro; **h)** apicultor; una segunda conquista; **i)** miel; **j)** consorcios

Kopiervorlage

Tandembogen zum Nachweis des Verständnisses des Textes: “Rechazan una segunda conquista” (SB S. 107)

Schülerin/Schüler A	Schülerin/Schüler B
→ 1. ¿En qué ciudad mexicana tienen lugar los acontecimientos? *(en la ciudad de Cancún)* ...	... ← 1. ¿A qué grupo étnico pertenece Antonino Dzidz Tuyub? *(es indígena maya)*
→ 2. ¿De qué vive Tuyub? *(de la miel)* ...	... ← 2. ¿Cuál es la profesión de Tuyub? *(es apicultor)*
→ 3 . ¿Qué metáfora utiliza la periodista para la miel? *(habla del oro líquido)* ...	... ← 3. ¿Qué animales producen la miel? *(son las abejas)*
→ 4. ¿Cómo se describe a Tuyub? *(es chaparrito y de tez morena)* ...	... ← 4. ¿Qué significa chaparrito? Utiliza un sinónimo en lengua española. *(bajito / un poco bajo)*
→ 5. ¿A qué se resiste Tuyub? *(a ser víctima de una segunda conquista)* ...	... ← 5. ¿Qué hacen los empresarios turísticos? *(conquistan el país / las tierras)*
→ 6. ¿Qué ocupa las tierras de su pueblo? *(hoteles, restaurantes, centros de diversión y comercio)* ...	... ← 6. ¿Qué es lo único que conserva Tuyub? *(es su identidad)*
→ 7. ¿Qué es lo que pide al Banco Mundial y a su gobernador? *(pide / exige ser escuchado / que lo escuchen)* ...	... ← 7. ¿Cuál es la reacción del Banco Mundial y del gobernador? *(efectivamente lo escuchan / logra / consigue ser escuchado)*
→ 8. ¿Qué le heredaron sus antepasados? *(su tierra)* ...	... ← 8. ¿Qué rasgo característico atribuye a los consorcios turísticos? *(dice que son ambiciosos)*
→ 9. ¿Qué hicieron los consorcios turísticos? *(invadieron sus tierras / su patria)* ...	... ← 9. ¿Qué papel desempeñan los indígenas para los consorcios extranjeros? *(sólo son mano de obra barata)*
→ 10. ¿Qué opinión tiene Tuyub en cuanto al turismo? *(opina que los indígenas pueden hacer turismo también)* ...	... ← 11. ¿Cómo caracteriza la manera de vivir de su pueblo? *(han vivido en armonía con la naturaleza)*

Kopiervorlage

El reportaje

a) Contenido			
• testimonios de interés humano • información básica y especial • cifras y datos significativos • gráficos, imágenes • comentario personal			
b) Cohesión con un hilo conductor que conecte las partes entre sí			
• segundo titular • distintos párrafos con título y uno o más apartados • párrafo inicial con el planteamiento del contenido • párrafo de cierre: recoger las percepciones / observaciones / dar una valoración final / conclusión			
c) Recursos léxicos			
Para referirse a algo ya mencionado	**Para comparar**	**Para ejemplificar**	**Para acentuar**
Lo que ya acaba de mencionarse / ya se ha mencionado... El caso expuesto... El ejemplo dado... Estas / Semejantes / Tales / circunstancias... Este concepto / problema...	El uno... y el otro Mientras (que)... A diferencia de... Comparando... En cambio...	Se puede recurrir al caso de... Voy a alegar el ejemplo de... En el caso de ... El ejemplo va a aclarar lo dicho... Según...	No se puede negar que... No se puede omitir que... Para recalcar... Este problema hay que volver a tratarlo... Seguirá siendo de máximo interés...

3 "Un mundo donde caben muchos mundos" (SB S. 109–115)

Didaktisch-methodische Hinweise

Das Teilmodul gibt einen kompakten Überblick über die Situation der indigenen Bevölkerung Mexikos. Es sollen nicht die Unterschiede zwischen den verschiedenen Ethnien, sondern das Gemeinsame herausgearbeitet werden. Hierzu wird auf die soziale Lage (Armut und Analphabetentum), auf historische und kulturelle Aspekte (Revolution, Landreform, Gebräuche und Traditionen) und die gegenwärtige Situation der *indígenas* fokussiert.
Die Schülerinnen und Schüler erwerben manifeste Kenntnisse zur Lage der indigenen Bevölkerung sowie zu den historischen Persönlichkeiten Miguel Hidalgo und Emiliano Zapata. Der Subcomandante Marcos wird über einen *testimonio* vorgestellt.
Kerntext dieses Kapitels ist der Zeitungsartikel „Los indios piden sitio en el futuro de México". Alle anderen Texte und Materialien dienen dessen Vorentlastung und besserem Verständnis.
Da der Artikel sowohl manifeste Informationen zu Historie, Geografie und Statistik vermittelt und Untersuchungen zum Thema anführt als auch eine ausgewogene Reflexion über die Situation der *indígenas* präsentiert, wäre es möglich, die Materialien und Texte (SB S. 109–112) auszusparen und mit Hilfe der *Guía de Lectura* (SB S. 113/114, Randspalte) nur den Artikel zu bearbeiten. Während der Arbeit könnte auf die Materialien, so z. B. auf die thematischen Karten (SB S. 109) oder die Kurztexte zu den Revolutionären (SB S. 111), zurückgegriffen werden.

3.1 Indigenismo y pobreza – dependencia y marginación (SB S. 109/110)

Zusatzinformationen

„Armut und extreme Armut kennzeichnen die Lebenssituation der Mehrheit der indigenen Völker Lateinamerikas, wie internationale Studien z. B. der Weltbank [...] und der Interamerikanischen Entwicklungsbank [...] belegen. Das gilt für die städtische, aber mehr noch für die ländliche Bevölkerung." Hier sind es insbesondere die Munizipien [= Gemeinden] mit erhöhter indigener Bevölkerung (über 80%), in denen das Armutsniveau viermal so hoch wie in anderen Munizipien und der Anteil von extremer Armut fast 20-mal höher ist (vgl. http://www.gtz.de/de/dokumente/de-Reader_Herausforderungen_Demokratie.pdf; Zugriff: 27.11.07).
Las regiones Pacífico Sur, Golfo y la Península de Yucatán "presentan los indicadores de bienestar más bajos del país, cuentan con numerosos núcleos de población indígena, 56,2% del total nacional. Esta zona destaca por concentrar la mayor proporción de la población rural, la cual asciende a un 38% del total nacional. También concentran el mayor porcentaje de población analfabeta del país y el menor porcentaje de escuelas, aproximadamente el 19,2%."

http://www.rolandocordera.org.mx/esta_nac/desigual.htm; Zugriff: 27.11.07

Weitere Statistiken findet man beim Instituto Nacional de Estadística Geografía e Informática, INEGI.

La condición de ser indígena (SB S. 109)

Text: Auszüge aus Zeitungskommentar
Wortzahl: 82
Schwierigkeitsgrad: **(*)
Inhalt: Obwohl die Verfassung den indigenen Völkern Mexikos einen besonderen Status als tragendem Bestandteil der *composición pluricultural* zuweist, sind diese in der Realität ganz besonders von Armut und Analphabetismus betroffen. José Juan Ruiz schreibt 2006 in seinem Artikel „Indigenismo – ¿revolución o revuelta?", dass die Tatsache, als *indígena* geboren zu sein, die Wahrscheinlichkeit, unter der Armutsgrenze zu leben, um 50% erhöht. Die Anzahl der Schuljahre ist im Vergleich zur nicht indigenen Bevölkerung um 40% geringer.

Didaktisch-methodische Hinweise

Im Vergleich der beiden thematischen Karten wird herausgearbeitet, dass die Regionen mit hoher indigener Bevölkerung gleichzeitig diejenigen sind, in denen statistisch die höchste Armut herrscht.
Es ist möglich, zunächst im Plenum (ggf. auf Folie) beide thematischen Karten sowie die Legende kurz zu erklären (s. auch SB S. 339):

- en el mapa temático de *Distribución de la población indígena* las zonas donde mayoritariamente viven indígenas / con mayor porcentaje de población indígena / donde más indígenas viven resaltan en rojo
- el mapa temático de *Índice de extrema pobreza en México* distingue entre cinco zonas de pobreza indicadas con distintos colores

In einem zweiten Schritt sollten die Schülerinnen und Schüler in Partnerarbeit die Karten auswerten und im Plenum erläutern (Sistema de apoyo para comparar los mapas temáticos; Kopiervorlage s. S. 118)

Actividades SB S. 109, Lösungsvorschläge

1. *texto modelo:* Según los datos en El País, la población indígena forma el 14% de la población total de México. La Constitución atribuye a los pueblos indígenas un papel importante por sustentar originalmente la composición pluricultural.
La mención explícita en la Constitución no significa que la población indígena goce de consideración especial. Al contrario: según la estadística el hecho de ser indígena aumenta en un 50% el riesgo de vivir en extrema pobreza y es sólo un 40% que tiene las mismas oportunidades de escolaridad que el promedio de toda la población mexicana.

La mayor parte de la población indígena vive al sur del país, en los estados de Oaxaca, Chiapas, Yucatán y Quintana Roo. Hay estados donde prácticamente no viven indígenas como Coahuila y Tamaulipas en las zonas limítrofes. Sólo en los estados Sonora y Baja California Norte, que también limitan con EEUU, hay áreas de población indígena.

2. Si se comparan las zonas donde mayoritariamente habita la población indígena con las de extrema pobreza, se constata que son precisamente las mismas, excepto Yucatán cuyo índice de pobreza sólo es alto y no muy alto. El único Estado con un número considerable de indígenas y un índice de pobreza bajo es Chihuahua. En las demás zonas no pobres no habitan indígenas, salvo Baja California Norte donde hay algunos núcleos aislados.

Estadísticas sobre el analfabetismo y la tasa de mortalidad infantil (SB S. 110)

Zusatzinformationen

Die neueste und noch geschätzte Zahl zur Säuglingssterblichkeit zeigt einen Rückgang auf 19.63 bei 1000 Lebendgeburten. Dasselbe gilt für die *tasa de alfabetización*: Die Schätzungen für 2004 liegen bei 89,6 % bei den Frauen und 92,4 % bei den Männern. Der Armutsindex und damit die Alphabetisierungsquote indigener Frauen stagnieren auf hohem Niveau. Somit bleibt die hohe Säuglingssterblichkeit ein Problem dieser Bevölkerungsgruppe, was auch die Untersuchung "La población de México en el nuevo siglo" bestätigt, in der es heißt: "La mortalidad infantil es mayor cuando la madre es analfabeta que cuando la madre tiene algún nivel educativo. Aunque este se ha reducido en los últimos años." (vgl. http://www.bibliojuridica.org/libros/1/341/5.pdf)
Nützliche links:
http://www.indexmundi.com/es/mexico/tasa_de_alfabetizacion.html
http://www.indexmundi.com/g/r.aspx?c=mx&v=29&l=es
http://www.indexmundi.com/es/mexico/tasa_de_mortalidad_infantil.html

Actividades SB S. 110, Lösungsvorschläge

1.
a) En el año 2000 un 7,5 % de la población mexicana era analfabeta.
b) En México 31 niños de cada mil nacidos vivos mueren antes de cumplir un año, es decir, un 3,1 %.

2. Los niños indígenas tienen acceso solamente al 40 % de los años de escolaridad promedio de los niños no indígenas, así que la población indígena es la más afectada por el analfabetismo. La probabilidad de vivir en pobreza entre la población indígena es un 50 % más alta que entre la población no indígena. Por consiguiente es muy probable que la población indígena sea la más afectada por la mortalidad infantil.

3. Las estadísticas y los mapas comprueban perfectamente lo dicho por Ruiz. Las zonas con mayor porcentaje de indígenas son también las áreas donde más pobreza reina. El analfabetismo está estrechamente relacionado con la pobreza. Cuanto más pobre sea una persona menos posibilidades de formación tiene.

4.
- habitantes: **92.202.199**
- número de indígenas (según estadística en *El País* en 2000): 13.416.000, un 14 % (Hinweis: In anderen Statistiken werden andere Zahlen angegeben; son 30.000.000 amerindios, en: http://webdemexico.com.mx/geografia/geografiamexico/gral.html)
- en el Sur de México, frontera con Guatemala
- en el Sur (ante todo: Oaxaca, Guerrero Chiapas, Puebla, Hidalgo, Veracruz)
- es de un 3,1 %
- es de un 7,5 % (Hinweis: in der oben zitierten Statistik werden 13 % ausgewiesen)

5.
a) 104.907.991 · 14 % = 14.687.119 [indígenas]
b) Chiapas, Guerrero, Hidalgo, Oaxaca, Puebla, Veracruz

c) cifras absolutas:
104.907.991 · 14 % = 14.687.119 [niños mexicanos desnutridos]
14.687.119 · 60 % = 8.812.271 [niños indígenas desnutridos en México]
14.687.119 – 8.812.271= 5.874.848 [niños desnutridos que no pertenecen a la población indígena en México]
En México los niños indígenas están más afectados por la desnutrición que los niños que no pertenecen a la población indígena.
d) 100 % – 39 % = 61 % En México 61 de cada cien niños indígenas aprenden a leer y escribir.
e) Comparando las cifras absolutas de niños indígenas desnutridos en México y de niños desnutridos que no pertenecen a la población indígena es muy probable que la cantidad de niños indígenas que muere durante su primer año de vida también sea más alta que la de niños que no pertenecen a la población indígena.

Kopiervorlage

Sistema de apoyo para comparar los mapas temáticos

• Las zonas limítrofes al norte del país: Baja California... • Se extiende una línea fronteriza a lo largo de 3.152 kms... • Los estados caribeños... Norte; Sur; Oeste; Este Caribe, caribeño; Centro del país	• con mayor / menor porcentaje de / donde más / menos... viven / habitan / residen... • mayoritariamente... • donde se halla la mayor concentración de... • que concentran el mayor porcentaje de población pobre / desfavorecida	• presenta indicadores de bienestar más bajos / altos • se caracteriza por un índice... de...
	• Si se compara / al comparar / comparando... • A diferencia de...	• se puede constatar... • se ve claramente... • se evidencia...

3.2 Perspectivas de un futuro mejor – autonomía y participación (SB S. 111–115)

Didaktisch-methodische Hinweise

Kerntext dieses Abschnittes ist die Reportage „Los indios piden sitio en el futuro de México“ (SB S. 113/114). Die beiden informativen Texte zu Miguel Hidalgo und Emiliano Zapata sowie der *testimonio* von Guillermo, der sich auf den Comandante Marcos (SB S. 111) bezieht, dienen der sachlichen Vorentlastung der Reportage und dem Öffnen eines historischen Problemhorizonts.

Revolucionarios mexicanos (SB S. 111)

Texte: Porträts: "Miguel Hidalgo y Costilla", "Emiliano Zapata"
Wortzahl: 82 und 101
Schwierigkeitsgrad: **
Inhalt: 1. Text: Der liberale Priester **Hidalgo y Costilla** führte den Kampf gegen die spanische Krone an und leitete mit dem sog. „Grito de Dolores“ 1810 die Unabhängigkeit Mexikos ein, die 1836 erreicht wurde.
2. Text: Der aus einer angesehenen Familie stammende Revolutionär **Emiliano Zapata** ist eine Schlüsselfigur der mexikanischen Geschichte. Er kämpfte gegen die mächtigen Großgrundbesitzer, die sich nach und nach den Besitz der *indígenas* angeeignet hatten, und forderte eine radikale Landreform. Am 10. April 1919, neun Jahre nach Beginn der Revolution, wurde er ermordet.

Möglichkeiten der Unterstützung des Hörverstehens:

✂

Nombre completo del personaje:	*Miguel Hidalgo y Costilla*
Profesión:	*sacerdote*
Nacimiento:	*1753*
Fallecimiento:	*1811*
Papel que desempeñó:	*lideró la lucha por la independencia mexicana de España*
Acontecimiento clave el 16 de septiembre de 1810:	*Inicio de la lucha armada por la independencia con el "Grito de Dolores"*
Fecha y acontecimiento clave para México:	*1836, independencia de España*

✂

Nombre completo del personaje:	*Emiliano Zapata*
Familia:	*respetada*
Nacimiento:	*1879*
Año y circunstancias de la muerte:	*fue asesinado en 1919*
Papel que desempeñó:	*legendario líder de la Revolución Mexicana*
Objetivo central:	*reforma agraria radical*
Acontecimiento clave para México:	*Revolución*

Hinweis

Die Bilder in der Randspalte (Cover eines Kinderbuches über Hidalgo und Foto von Zapata) können zu Hilfe genommen werden, um die Rolle der beiden Personen näher zu beleuchten.

Mögliche Impulse:

1. Estudia la cubierta del libro "Miguel Hidalgo y Costilla". Fíjate en los destinatarios, en la imagen y en el subtítulo.
   Es un libro para niños. / Tanto las letras como el dibujo revelan que es un libro antiguo. / El subtítulo apoda a Hidalgo de "padre de la independencia", o sea, le concede el atributo de creador. / La sotana descubre que es cura. / Los soldados en uniforme y con escopetas en las manos disparan contra él desde muy cerca. / Se distinguen llamas y nubes de humo. / La bala ha dado en el blanco: Hidalgo está a punto de caerse al suelo.
2. Describe la impresión que te causa la foto de Emiliano Zapata y argumenta por qué la tienes.
   Es la foto de un hombre engreído / soberbio / altivo / presumido / macho / arrogante. / La postura recta revela que está convencido de sí mismo. En la mano derecha lleva una escopeta y en la izquierda una espada. / La expresión de la cara es seria. Tiene los ojos, las cejas pobladas y el bigote negros. En la cabeza lleva un sobrero enorme, el típico sombrero mexicano.

Didaktisch-methodische Hinweise

Alternativ zum Hörverstehen kann der Kurs in zwei Gruppen eingeteilt werden, die sich mit je einer der beiden historischen Persönlichkeiten befassen. Sie sollten auch auf die beiden Bilder Bezug nehmen und überlegen, wie sie sicherstellen, dass die jeweils andere Hälfte über die Basisinformationen verfügt. Ggf. kann das Arbeitsblatt zum Hörverstehen ausgeteilt oder auf Folie gezogen werden.

Text: *testimonio*: "Guillermo dijo"
Wortzahl: 135
Schwierigkeitsgrad: **
Inhalt: Guillermo berichtet bewegt, dass er 1994 als junger Student von Marcos und der beginnenden Revolution in Chiapas gehört habe und gerne am Umbruch hätte mitwirken wollen. Heute arbeitet er als Lehrer, sichert Marcos seine Unterstützung zu und drückt den Wunsch aus, mit ihm in Kontakt zu treten.

Actividades SB S. 112 oben, Lösungsvorschläge

1. En 1810 el "Grito de Dolores" inicia la Independencia; en 1836 España reconoce la independencia de México.

2. "Algo trascendente" significa que algo sobrehumano irrumpe en la vida. Marcos le da esperanza de que algo cambie en un futuro cercano.

El subcomandante Marcos sucede a Hidalgo y Zapata, quienes a su vez lucharon contra la injusticia y el reparto desigual de la propiedad. Ambos eran hombres de ímpetu revolucionario. Como Marcos también se dirige contra la desigualdad de oportunidades, se le puede considerar heredero legítimo de Zapata.

"Los indios piden sitio en el futuro de México" (Foto, SB S. 112)

Didaktisch-methodische Hinweise

Die thematischen Karten (SB S. 109) und statistischen Angaben zur sozialen Lage der *indígenas* (SB S. 110), die Informationen zur Rolle von Hidalgo und Zapata sowie der perspektivische *testimonio* von Guillermo hatten die Funktion, einen Verstehenshorizont zu schaffen für die im komplexen und faktenreichen Artikel (SB S. 113/114) dargestellte und erläuterte Problematik.
Für die weitere Vorentlastung werden zwei Maßnahmen vorgeschlagen:
1. Klärung des Verständnisses der Aussagen auf dem Foto (SB S. 112),
2. expliziter Aufbau einer Erwartungshaltung zur Überschrift.

Zum Foto: Es zeigt eines der Plakate, die man in Chiapas häufig sieht. Die comunidades zapatistas ernannten sich zu (fast) basisdemokratischen *municipios autónomos*, die die Aufgaben im Bildungsbereich, in Justiz und Gesundheitswesen in die eigenen Hände nahmen. Die Verbote (unteres Plakat) beziehen sich auf das große Problem des Alkoholismus und der Drogenabhängigkeit in den indigenen Bevölkerungsgruppen. Holzeinschläge und Sämereien sollen kontrolliert bleiben, um die Nachhaltigkeit zu gewährleisten.

Zusatzmaterial

Viajando por Chiapas uno puede encontrar numerosos carteles: "Está usted en territorio zapatista en rebeldía. Aquí manda el pueblo y el gobierno obedece". Significa que usted está recorriendo territorio habitado por bases civiles de apoyo al Ejército Zapatista de Liberación Nacional (EZLN). Las comunidades zapatistas se agruparon desde 1994 en Municipios Autónomos Rebeldes Zapatistas (MAREZ), gobernados por un Consejo Autónomo, formado por representantes de las comunidades. Los MAREZ se superponen geográfica y políticamente a los municipios constitucionales, y, de forma paralela a la oficial, deciden su propia organización educativa, sanitaria y jurídica. La resistencia representa no aceptar proyectos ni dinero del gobierno.

Auszug aus: El camino del Caracol hacia la autonomía, 10 de Mayo del 2005, Tema Nuestra América, http://laventana.casa.cult.cu/modules.php?name=News&file=print&sid=2544; Zugriff: 28.11.07

"Chiapas nos ha obligado a todos a recordar que somos todo lo que hemos sido, pero también todo lo que nos falta ser y hacer. Chiapas nos recordó todo lo que habíamos olvidado, cuánto habíamos olvidado y qué incompletos y mutilados seremos si no incorporamos Chiapas a México o si permitimos que México sufra su propia balcanización, una fractura entre un norte relativamente próspero y un sur fatalmente abandonado. Pero el desarrollo económico no puede llegar a Chiapas sin la democracia tanto en Chiapas como en México. Ésta es la gran lección del movimiento zapatista: la reforma económica no basta. Es necesaria la reforma democrática. De lo contrario, los frutos de la economía jamás llegarán a las manos y a las bocas de la mayoría".

Carlos Fuentes, Los cinco soles de México, 2000; zitiert nach: Carolina Aldana García: "La Democracia en México: De Chiapas al Distrito Federal." Bogotá, DC 2005, S. 24

Actividades SB S. 112 unten, Lösungsvorschläge

1. El subcomandante Marcos dirigió el levantamiento indígena en Chiapas; es probable que en algunos pueblos los indígenas fundaran comunidades autogobernadas. Seguramente Marcos se ve en la tradición del revolucionario Zapata por lo que se denomina el territorio en que viven sus partidarios 'zapatista'.

Alternativ: Hilfsfragen zur Erschließung des Fotos:
- ¿Por qué se emplea el nombre de Zapata en ese contexto? *(porque seguramente se ven en la tradición del revolucionario Zapata)*
- ¿Quiénes se rebelan? *(los indígenas que viven en aquella región y que son partidarios del subcomandante Marcos)*
- ¿Contra quiénes se rebelan? *(contra aquellos que se aprovechan de ellos / que les niegan los derechos fundamentales / que no se preocupan por ellos)*
- ¿Qué quiere decir "Aquí manda el pueblo y el Gobierno obedece"? *(quiere decir que se pretende practicar la democracia directa y paritaria / porque no tienen confianza en el Gobierno oficial)*

- ¿Quiénes forman, probablemente, el "Buen Gobierno"? *(seguramente lo forman personas del propio pueblo en las que todos confían)*
- ¿Por qué se pronuncian las prohibiciones? *(es posible que haya abuso de alcohol o drogas en las comunidades indígenas / que haya personas que no respetan la naturaleza talando p. ej. árboles y vendiendo la madera)*

2. Hasta ahora los indígenas no tienen sitio en México aunque viven allí desde hace siglos. / Hay que hacer todo para que se les concedan los mismos derechos que a los mestizos y criollos./ Se reclama disminución del analfabetismo. / Se pide participación en los procesos democráticos; igualdad; respeto a las tradiciones / reparto igual de las riquezas del país. / Problemas sociales: falta de acceso a la escuela; mortalidad infantil; viviendas indignas. / Perspectivas para una sociedad paritaria en que todas las personas tengan los mismos derechos tal como la constitución lo prevé.

Zusatzmaterial

Kopiervorlage (Grammatische Übung)

Los indígenas reivindican sus derechos – Inserta las formas correctas de *subjuntivo* o *indicativo* recapitulando al mismo tiempo lo que sabes sobre la situación indígena en México.

1. Es una vergüenza que tantos niños indígenas... (morir) por dolencias intestinales.	*1. mueran*
2. José Juan Ruiz afirma que ser indígena... (aumentar) en un 50 % la posibilidad de vivir por debajo del umbral de pobreza.	*2. aumenta*
3. No se puede negar que la situación precisamente de la infancia indígena... (ser) lamentable.	*3. sea*
4. Los pueblos indígenas reclaman que... (respetarse) su identidad cultural.	*4. se respete*
5. Se sabe que las zonas en que mayoritariamente... (vivir) pueblos indígenas al mismo tiempo... (ser) las más pobres de México.	*5. viven; son*
6. En cuanto al analfabetismo hay que destacar que un gran número de mujeres no... (saber) leer ni escribir mientras que el número de hombres... (ser) más bajo.	*6. sabe; es*
7. Desde hace siglos los mestizos y criollos tienen el poder en México y les preocupa poco que los pueblos indígenas... (vivir) en tales condiciones.	*7. vivan*
8. Un revolucionario de nuestros días es el subcomandante Marcos que desde Chiapas... (dirigir) acciones a favor de los indígenas.	*8. dirige*
9. En Chiapas se han creado municipios autónomos a fin de que los habitantes... (poder) practicar una forma de democracia sustentable.	*9. puedan*
10. Como algunas personas tienen problemas con el alcohol, se prohibe claramente que se... (tomar) bebidas embriagantes en los municipios autónomos.	*10. tomen*
11. Se colocan carteles para que todo el mundo... (saber) lo que se prohibe.	*11. sepa*
12. La declaración „No a la destrucción de la naturaleza" recuerda que el respeto a la naturaleza... (ser) un principio de los pueblos indígenas.	*12. es*
13. Los zapatistas consideran que en la resistencia... (radicar) la posibilidad de rehacer el mundo.	*13. radica*
14. Hay que crear instituciones donde las opiniones de los indígenas... (tener) peso.	*14. tengan*
15. Cuando... (haber) democracia, son los pueblos los que... (decidir) cómo... (querer) desarrollar los diferentes niveles de su vida económica, política, social, cultural y religiosa.	*15. hay; deciden; quieren*

Los indios piden sitio en el futuro de México (SB S. 113/114)

Text: Zeitungsreportage
Wortzahl: 896
Schwierigkeitsgrad: ****
Inhalt: Die Reportage befasst sich anlässlich des Congreso Nacional Indígena de Nurio mit der Situation der 57 indigenen Ethnien in Mexiko und deren Forderungen nach Anerkennung und Beachtung der Verfassung.
Nach einem kurzen historischen Rückblick wird auf das Grundproblem der tiefen sozialen Spaltung zwischen dem Mexiko der Mestizen und dem der *indígenas* seit der Kolonialzeit fokussiert. Ungleichheit und Rassismus leben im 21. Jahrhundert fort.
Die zentrale Forderung nach Autonomie und Anerkennung ihrer Rechte eint die verschiedenen indigenen Ethnien. Die angeführten statistischen Daten zu Analphabetismus, Säuglingssterblichkeit und Armut belegen die Notwendigkeit des Handelns seitens der Regierung.
Intellektuelle, Politiker und Analysten eint die Frage, wie die *indígenas* ihren Platz in der mexikanischen Gesellschaft finden können.

Didaktisch-methodische Hinweise

Die Reportage ist mit einer *guía de lectura* versehen, um den Schülerinnen und Schülern das Bearbeiten zu erleichtern. Es wird empfohlen, den ersten Teil (SB S. 113/114) zu Hause vorbereiten zu lassen und zu Stundenbeginn den Inhalt über einen Tandembogen abzuprüfen (S. 123). Der zweite Teil kann in der Stunde selektiv unter folgender Aufgabenstellung erarbeitet werden:
Explicad el ejemplo que da el texto para exponer lo difícil que es intentar solucionar los problemas de los indígenas de acuerdo con las costumbres.
Mögliche Antworten: Ya en el siglo XIX se intentó solucionar el problema de la propiedad indígena mediante una ley acorde con las costumbres indígenas. Pero la ley no tuvo el efecto deseado, porque los indígenas no sabían lo que era la propiedad individual ya que las tierras que cultivaban desde hacía siglos pertenecían a la comunidad. Por esto no adquirieron títulos individuales, como lo preveía la ley, y las tierras pasaron a manos de mestizos o extranjeros. Los indígenas se convirtieron en peones.

Actividades SB S. 115, Lösungsvorschläge

1. individuelle Lösungen

2. **Tandembogen zur Rekapitulation des Inhalts der Reportage (SB S. 113/114)** (→ S. 123)

Kopiervorlage

A. Pregunta (→ B) y contesta a tu compañera o compañero. Si la respuesta no es exactamente la misma que la indicada, consulta el texto. Si tu compañera o compañero necesita ayuda, indica la línea correspondiente.	B. Pregunta (← A) y contesta a tu compañera o compañero. Si la respuesta no es exactamente la misma que la indicada, consulta el texto. Si tu compañera o compañero necesita ayuda, indica la línea correspondiente.
1. A → ¿Cuántos siglos ya viven los indígenas mexicanos en la marginación? (*desde el principio, o sea, desde la conquista; l. 13*) ...	... 1. ← B ¿Quién saca a la luz la causa indígena? *(Marcos y su marcha; subtítulo)*
2. A → ¿Cuáles son los nombres de los dos revolucionarios mexicanos? *(Hidalgo y Zapata; l. 1)* ...	... 2. ← B ¿Qué reclaman los indígenas en Nurio? *(respeto y consideración constitucional; l. 3)*
3. A → ¿Qué reclama Marcos? *(la libre determinación; l. 5)* ...	... 3. ← B ¿Qué se debatió durante la colonización en cuanto a los indígenas? *(si debían ser considerados bestias o hijos de Dios; l. 7/8)*
4. A → ¿Cuál es el gran problema de la sociedad mexicana moderna que tiene su raíz en la época colonial? *(es la profunda división social entre el México mestizo y el indígena; l. 13–15)* ...	... 4. ← B ¿Cómo se comporta la burguesía mexicana con los indígenas? *(son déspotas/se comportan como los encomenderos de la época colonial; p. 113, 3er párrafo)*
5. A → Explica lo que es la encomienda. *(El rey español otorgó a un grupo de hombres el derecho a pedir tributo a los habitantes a cambio de instruirles en la religión católica y de protegerles. En la práctica los esclavizaron; p. 113, placa informativa)* ...	... 5. ← B Enumera al menos cinco trabajos que realizan los indígenas en la capital. *(lavar coches, platos, escaleras, atender fritangas, servir el desayuno, pasear a los perros, limpiar los parabrisas, vender artesanías; 3er y 4° párrafo)*
6. A → ¿Cuántos indígenas viven en la capital? *(3.500.000; l. 31)* ...	... 6. ← B ¿Cuántos delegados asistieron al tercer Congreso Nacional Indígena? *(5.000; l. 35)*
7. A → ¿Sobre qué temas debatieron los delegados? *(sobre el triste destino de los indígenas, sobre la propiedad de la tierra, sobre urgencias y prioridades; l. 38–40)* ...	... 7. ← B ¿Cuál fue el asunto central? *(fue el proyecto de ley que establece derechos y culturas de su universo; l. 43–44)*
8. A → ¿Cuántas etnias se rebelan contra el Estado? *(son 57; l. 52)* ...	... 8. ← B ¿Con cuántas etnias más cuenta México aparte de las comúnmente aceptadas? *(con cinco más, o sea, en total con 62, y 92 lenguas diferentes; l. 37)*
9. A → ¿Con qué adjetivo se caracteriza el atraso de los indígenas? *(terrible, l. 58)* ...	... 9. ← B ¿Cuál es la media nacional de analfabetismo? *(es del 10,46%; l. 60)*
10. A → ¿Qué tanto por ciento de la población indígena no terminó la primaria? *(un 75%, l. 61)* ...	... 10. ← B ¿Cuál es la causa más frecuente de mortalidad infantil? *(son las dolencias intestinales; l. 62)*
11. A → ¿Cuántos niños están desnutridos? *(un sesenta %; l. 63)* ...	... 11. ← B ¿Cuántas personas viven en pobreza? *(más de 40.000.000; l. 64–65)*

3. Los resultados del trabajo con las estadísticas confirman los datos sobre la población indígena que se dan en el artículo. No son datos nuevos, pero no es sorprendente que el 75 % de la población indígena no termine la primaria y que la causa de la muerte de un 83,6 % de los niños sean las dolencias intestinales. Una razón por las dolencias intestinales es la falta de drenaje en un 88,3 % de las casas. Esta cifra no sorprende, puesto que tantas personas viven en extrema pobreza.

4.

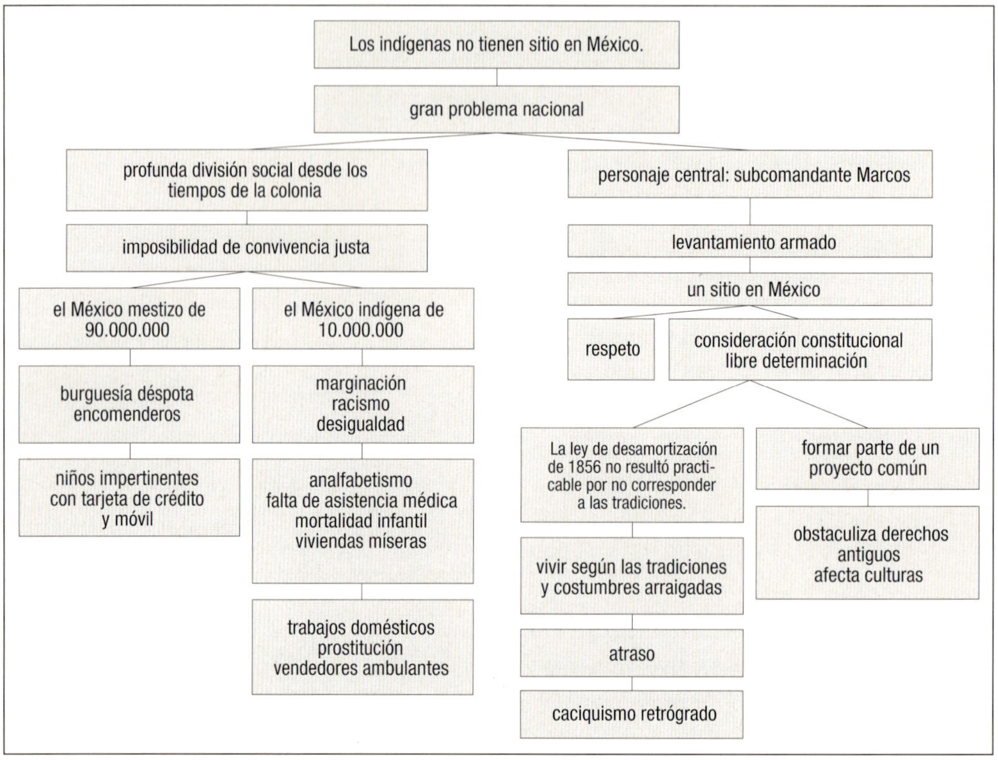

El debate final (SB S. 115)

Hinweis

Es wird vorgeschlagen, vor Beginn der Debatte eine Abstimmung zu der Frage zu machen, die nach der Debatte wiederholt wird. Aus dem ggf. veränderten Abstimmungsverhalten ist zu ersehen, ob die Argumentation besonders überzeugend war. Es ist akzeptabel, wenn Argumente ähnlich sind; darauf geachtet werden sollte, dass sie sich in Nuancen unterscheiden oder sprachlich besonders überzeugend (z. B. Verwendung irrealer Bedingungssätze) formuliert sind.

Lösungshinweise

Mögliche Pro-Argumente:

Los indígenas son los mexicanos auténticos por ser los primeros pobladores del país. Hernán Cortés y la Corona Española se apoderaron de las tierras. Para reparar los daños históricos hay que hacer todo con el fin de que los indígenas puedan vivir según las tradiciones ancestrales.

México es un país muy rico y puede conceder a los indígenas que vivan según sus tradiciones. En un país tan grande debe de haber sitio para eso.

Los indígenas deberían tener la posibilidad de vivir según sus tradiciones y al mismo tiempo adaptarse al mundo del siglo XXI. El apicultor maya reclama p. ej. precisamente esto: quiere mantener las tradiciones y al mismo tiempo acepta que vengan turistas, siempre que no sea turismo masivo que perjudica la naturaleza.

No puede ser que los mestizos sobrepongan su concepto de vida a los indígenas. Cada pueblo tiene el derecho a determinar su propia manera de vivir. Y si los indígenas creen que es mejor conservar las tradiciones y vivir como los antepasados, hay que aceptarlo. Además, principios como el respeto a la naturaleza o la propiedad común también se consideran en los movimientos ecologistas de Europa.

Mögliche Kontra-Argumente:

Hay que procurar integrar a los indígenas porque en un mundo globalizado todos tienen que te-

ner acceso a los progresos tecnológicos. Es poco probable que p. ej. la juventud acepte vivir como los antepasados; hay que brindarles, por lo tanto, las mismas oportunidades.
Es preciso que los indígenas formen parte de un México moderno y que se adapten a las necesidades del siglo XXI, porque en caso contrario no cambiarán sus condiciones de vida.
Los indígenas no se responsabilizan lo suficientemente del futuro de sus hijas e hijos. Aceptan que se críen en circunstancias miserables y que estén desnutridos y enfermos, hasta morir a corta edad. Los mayores tienen que aceptar que ya no viven en el siglo XV.
Una nación moderna no tiene sitio para personas que se nieguen al progreso. Si quieren vivir como los antepasados, siempre necesitarán ayuda estatal porque en el siglo XXI no se puede sobrevivir como antaño.
Se trata de reconocer que el proceso de globalización es irreversible. Así que es imprescindible que los indígenas busquen su sitio en el mundo del siglo XXI y que intenten mantener sus vínculos culturales, siempre que no reclamen un espacio que les aísle de la realidad.
Es muy probable que los indígenas glorifiquen su pasado. Si de verdad vivieran como sus antepasados, pronto se darían cuenta de tener que prescindir de muchas comodidades. Por otro lado se sabe que precisamente los indígenas viven en condiciones pésimas. Así que hay que procurar que se invierta en el desarrollo regional.
No se puede dar un paso atrás porque las condiciones en que viven las personas del siglo XXI son resultado de un largo proceso irreversible.

Kopiervorlage

Vokabular „Los indios piden sitio en el futuro de México" (SB S. 113/114)

abuso	*Missbrauch*
adversario	*Gegner, Widersacher*
afrontar	*gegenüberstehen*
ajeno,a	*fremd*
alertar	*warnen*
ancestral	*überliefert*
ancestro	*Vorfahre*
antepasado	*Vorfahr, Ahn*
apalear	*(ver)prügeln*
en apariencia	*anscheinend*
apego	*Zuneigung*
aplicar	*anwenden*
apropiación (f)	*Anpassung*
arraigado,a	*verwurzelt*
arrastrar	*mitschleppen*
atender (-ie-)	*hier: unterhalten, betreiben*
atraso	*Rückstand, Rückständigkeit*
sin aviso previo	*ohne Vorankündigung*
baldío	*hier: Bauplatz*
bestia	*Vieh*
burguesía	*Bürgertum*
cacicazgos	*hier: Kazikenwirtschaft*
cacique (m)	*Indiohäuptling (Kazike)*
caciquismo	*Kazikentum*
caldera	*Heizkessel*
causa	*hier: Angelegenheit*
coincidir	*übereinstimmen*
colono	*Siedler*
concebir (-i-)	*begreifen, empfinden*
conducir (-zc-) a	*führen zu*
confiar en	*vertrauen auf*
consideración (f)	*Achtung, Respekt (Rücksicht)*
constreñir (-i-)	*hemmen, einschränken*
convenir (-ie-)	*angebracht sein*
convocar	*aufrufen*
cubrir	*abdecken*
cumplimiento	*Erfüllung, Einhaltung*
desamortización (f)	*Privatisierung*
desnutrido,a	*unterernährt*
déspota	*tyrannisch*
determinación (f)	*Bestimmung*
dignidad (f)	*Würde*
dolencia	*Leiden*
drenaje (m)	*Kanalisation*
enarbolar	*hochhalten, anführen*
erradicar	*abschaffen, ausrotten*
estrago	*Verwüstung, Zerstörung*
exigir	*fordern*
explotar	*ausbeuten*
exponer	*darlegen, erklären*

fritanga	*Bratbude (auf der Straße)*
fructífero,a	*befruchtend, ertragreich*
hacendado	*Großgrundbesitzer*
implicar	*beinhalten, enthalten*
instruir (-y-)	*unterrichten,*
insurrecto	*Aufständischer*
integrante (m)	*Mitglied*
intestinal	*Darm-, Eingeweide-*
legislar	*Gesetz verabschieden*
loma	*Hügel, Erhöhung*
marchitar	*verwelken, erschlaffen*
médica: asistencia ~	*ärztliche Betreuung*
medida	*Maßnahme*
milenario,a	*tausendjährig*
mutuamente	*gegenseitig*
obstaculizar	*behindern*
otorgar	*erteilen, verleihen*
paleto,a	*hier: hochnäsig*
pariente (m, f)	*Verwandte/r, Ahn/e*
peón (m)	*Handlanger*
pésimo,a	*äußerst schlecht*
pino: hacer el ~	*Handstand machen*
placa	*Schild, Platte*
posterior	*spätere(r)*
pretender	*beabsichtigen*
rasa: tabla ~	*reiner Tisch*
reclamar	*verlangen, fordern*
reconocer (-zc-)	*anerkennen*
recurso	*Ressource*
reiterar	*immer wieder betonen*
retrógrado,a	*rückständig*
sublevación (f)	*Aufstand*
sustituir (-y-)	*ersetzen, austauschen*
titular	*überschreiben*
título	*Besitzrecht*
trascendental	*von großer Bedeutung*
trepar	*hinaufklettern*
urgencia	*Dringlichkeit, Notfall*
vínculo existencial	*hier: Existenzgrundlage*

Malinche y el malinchismo (SB S. 116–141)

Das Modul bietet einen Überblick über die Figur der Malinche und die Einschätzung ihrer Rolle im Zusammenhang mit der *conquista* von Mexiko sowie über die daraus erwachsenen Konsequenzen für die mexikanische Gesellschaft. Es vermittelt soziokulturelle Kenntnisse und liefert einen Beitrag zum interkulturellen Lernen. Die Schülerinnen und Schüler sollen befähigt werden, einem spanischsprachigen, auch kontroversen Gespräch zu folgen und sachgerecht Stellung zu beziehen. Das Modul eignet sich für den Einsatz im fortgeschrittenen Spanischunterricht, da es neben dem konzentrierten Erwerb von Kenntnissen auf das Problemlösen und Bewerten von Informationen abzielt:

- **Sachwissen**: die historische Person der **Malinche** und ihr Umfeld (*conquista*: insbesondere deren Beginn sowie die Eroberung von Tenochtitlán, La Noche Triste; Biografien von Moctezuma, Cortés und Malinche; Rolle von Glaube und Aberglaube bei den Azteken). – Für die Figur der Malinche liegen in der historischen Forschung nicht so viele gesicherte Erkenntnisse vor wie etwa für andere Protagonisten der *conquista*. Die Rezeption baut gleichwohl auf der Gemengelage von historischen Fakten, Halbwahrheiten, Legenden und Mythen auf. Diese wurden zugrunde gelegt und verarbeitet.
- **Perspektivierung**: Malinche in **Malerei und Literatur**: Gemälde aus Vergangenheit und Gegenwart sowie *viñetas* von Eduardo Galeano und ein Textauszug aus Laura Esquivels Roman „Malinche“
- **Problemlösen und Bewerten: die Relevanz** des ***malinchismo*** in der heutigen mexikanischen Gesellschaft (Gebrauchstexte mit Einschätzungen in unterschiedlichen Beiträgen aus einem Internetforum zu Malinche und eine *fotorrevista* – Seh- und Hördokument – von Carlos Amérigo)

Fachspezifisch bietet sich die Schulung des monologisch-erzählenden bzw. beschreibenden Sprechens an sowie der Bild- und Textanalyse. Interkulturelles Lernen wird entwickelt durch die Kombination von manifesten Kenntnissen vorwiegend historischer Art und durch Einsicht in die Implikationen des landesspezifischen Phänomens des *malinchismo*.
Das Modul ist in drei Schritte gegliedert, u. zw. nach dem Aufbau eines Frage- und ersten Verstehenshorizonts (Lied „Maldición de Malinche“ und Biografie):

1. Geschichte der Malinche im Kontext der *conquista* (Erwerb bzw. Reaktivierung von Sachwissen aus dem 11. Jahrgang bzw. dem Geschichtsunterricht, Anwendung der Vergangenheitstempora) als Voraussetzung für interkulturelle Erkenntnisse (von der historischen Malinche zum *malinchismo*)
2. Einsicht in Perspektivität: die Figur der Malinche in ausgewählten bildlichen und literarischen Darstellungen
3. Weiterleben des Mythos in der Gegenwart

Zusatzinformationen: Eine informative und übersichtlich gestaltete Internetseite zur Rezeptionsgeschichte stellt Malinche als eine der „widersprüchlichsten und bedeutsamsten“ Figuren der Eroberung vor. Die Rezeption ihrer sehr unterschiedlichen Rollen, u. zw. sowohl solche, die in dem Modul thematisiert werden, als auch weitere (z. B. als Instrument göttlichen Willens oder als Wunderwaffe), werden in Kurztexten dargestellt, zu denen man jeweils über einen Link geführt wird: http://pastperfect.univie.ac.at/html/text/frame.php?sid=17876&cid=16101&lid=1

Verknüpfungsmöglichkeiten ergeben sich etwa bei der Behandlung von Themen, die mit der Situation der *indígenas* in den spanischsprachigen Ländern Amerikas und der Immigration in die USA zusammenhängen.

Als Lernerfolgskontrolle sind für die Projektarbeit eine Zusammenschau des Gelernten in Form einer Grafik und eine schriftliche Übung vorgesehen.

Fundamentum (grau unterlegt) und Additum gliedern sich wie folgt:

SB Seite		
116/117	**Auftaktseiten**	
118–133	**1 Malinche – protagonista de la conquista de México**	
118 118	1.1 La maldición de Malinche Amparo Ochoa: La maldición de Malinche	Liedtext
119–121	1.2 Así transcurrió la vida de Malinche	Landkarte Internetdokument
122–133	1.3 El trasfondo histórico, estudiado en equipos cooperativos	
122	1.3.1 Un cartel	
123/124 123	1.3.2 ¿Cuál es la profecía? ¿Quién presagió algo? La reacción de los aztecas ante la llegada de los españoles	Bilder Internetdokument
124/125 124	1.3.3 ¿Cómo hay que imaginarse la escena descrita en la 1ª y 2ª estrofa? Comprender con apoyo de imágenes	Bilder
125/126 125	1.3.4 ¿A qué alude el verso "Y les abrimos la puerta"? La acogida	Bild Mindmap
126–128 126 127	1.3.5 ¿A qué sucesos se refiere la cantante con el verso "Sólo el valor de unos cuantos les opuso resistencia"? La Noche Triste Edudardo Galeano: "La Noche Triste"	Bild *viñeta*
128–130 128 129	1.3.6 "¿Quién era el monarca y de qué profecía se habla? "Se oyó la voz del monarca de que el dios había llegado" Moctezuma	Bild Internetdokument
130/131 130/131	1.3.7 ¿Quiénes eran "los hombres barbados" y cuál era la profecía? Hernán Cortés	Bilder Internetdokument
131–133	1.3.8 ¿Cómo se muestra la "grandeza del pasado"?"	
131/132	Bernal Díaz describe un paseo por el mercado de Tenochtitlán, capital del imperio azteca (fragmentos)	Bild Textfragmente
133	1.3.9 Recapitulación	
134–138	**2 La Malinche – vista desde distintos enfoques**	
134	2.1 Las caras de Malinche	Gemälde und Zeichnungen
136–138	2.2 Malinche como personaje literario	
136/137 136	2.2.1 El encuentro perturbador entre Malinche y su madre Laura Esquivel: Fragmento de la novela "Malinche" (2006)	literarischer Text
138 138 138	2.2.2 El encuentro entre Malinche y su madre representado en la viñeta histórica de Eduardo Galeano Eduardo Galeano: Painala, La Malinche (1523) La viñeta histórica	*viñetas*
139–141	**3 De Malinche al malinchismo**	
139/140	3.1 Lo que opina la gente del siglo XXI – navegar por la Red	Einträge aus einem Internetforum
141	3.2 „La maldición de Malinche" convertida en fotorrevista virtual por el argentino Carlos Amérigo	*fotorrevista* Standbilder

Zu den Abbildungen auf den Auftaktseiten (SB S. 116/117)

Zusatzinformationen

Die Abbildungen sind Ausschnitte aus dem *Mural de la Conquista* von Diego Rivera (1886–1957) im Palacio Nacional in México DF. Die Arbeiten an dem *mural* begannen 1929 und endeten 1951, zweiundzwanzig Jahre später.

S. 116 oben: "Desembarco de los españoles en Veracruz" (1951)
S. 116 Mitte: "De la Conquista a 1930" (1929–1935)
S. 116 unten: "La gran Tenochtitlán" (1945)
S. 117: "Historia de México – El antiguo mundo indígena" (1929–1935)

Didaktisch-methodische Hinweise

Vor allem das Fresko "Desembarco de los españoles en Veracruz" des *mural* (SB S. 116 oben bzw. auf CD) kann genutzt werden zur Reaktivierung der Vorkenntnisse über die Eroberung Mexikos. Es zeigt die Unterwerfung der *indígenas* und die Inbesitznahme des Landes durch die Spanier und kann genutzt werden, um den Schülerinnen und Schülern über Folie oder Beamer einen Einblick in die *conquista* zu geben. Dieser Teil des *mural* ist auch auf der sehr empfehlenswerten Internetseite http://www.prof-despagnol.com/cours/2_148a.htm erklärt, erläutert und mit Aufgaben versehen.
Die vorgeschlagene Projektarbeit (SB S. 122–133) kann, je nachdem, welche Aspekte man vertiefen möchte, verkürzt werden oder entfallen.
Hinweis: Zum Thema „Descubrimiento, conquista y colonización de América: ¿Maldición o bendición?" gibt es von Heinz E. Kremer eine interessante und informative Webquest, in der die Schülerinnen und Schüler selbständig Informationen verarbeiten und rekapitulieren können. Adresse: http://www.wizard.webquests.ch/1492

Beschreibung der Abbildung S. 116 oben:
Hinweis: Falls mit dem Bild in der skizzierten Form gearbeitet wird, muss es auf Folie gezogen oder per Beamer an die Wand projiziert werden, um die Details zu erkennen.
Es sind mehrere Szenen zu unterscheiden, die für die Eroberung bzw. die Besetzung Mexikos repräsentativ sind:
Rechtes oberes Viertel: indígenas, einen schweren Baumstamm sowie Lasten schleppend und einen Pflug ziehend, angetrieben von Aufsehern, von denen einer die Peitsche schwingt, und begleitet von einem Franziskanermönch, der das Kreuz in die Höhe hebt
Hintere Bildmitte: an einem Baum erhängte *indígenas*, die drakonischen Strafen der *conquistadores* symbolisierend
Linkes oberes Viertel: ein großes Kreuz, davor ein Mönch und der fast kahlköpfige, krank aussehende Hernán Cortés mit dem Schwert in der Hand und Malinche hinter ihm stehend, vor ihnen ein am Federschmuck erkennbarer *indígena*, auf den Knien liegend, der Cortés ein Geschenk zu Füßen legt; rechts daneben eine Gruppe von drei Reitern, in der Mitte **Jerónimo de Aguilar** (*conquistador*, der nach Schiffbruch von 1511 bis 1519 in der Gefangenschaft der *mayas* war, von Cortés ausgelöst wurde und ihm während der *conquista* als Dolmetscher für *maya* diente) mit eingefallenen Wangen, tief in den Höhlen liegenden, großen, schwarzen Augen und einem Spitzbart. Links neben ihm **Pedro de Alvarado** (*conquistador* unter Cortés, bekannt wegen seiner außerordentlichen Brutalität), grobgesichtig, rotbärtig, blauäugig, verschlagen blickend in Rüstung; rechts ein Reiter mit heruntergeklapptem Visier.
Im Vordergrund links: zwei Spanier, die einem gefesselten Schwarzen ein Brandzeichen (?) zu machen scheinen; dahinter eine Gruppe von *indígenas* sowie ein weiterer Schwarzer
Zur Zeit des *desembarco* gab es noch keine Schwarzen in Amerika, was für die Intention Riveras keine Rolle spielt, geht es ihm doch darum, ein facettenreiches Bild von der Menschenverachtung der Spanier zu zeichnen.
In der Mitte vorne: ein Geschäftsabschluss, vorne Kaufleute, hinter ihnen stehend ein Notar; rechts eine Frau mit Kind auf dem Rücken und in der Hand einen Beutel, daneben Lasttiere mit Waren auf dem Rücken

1 Malinche – protagonista de la conquista de México (SB S. 118–133)

1.1 La maldición de Malinche (SB S. 118)

Amparo Ochoa: La maldición de Malinche (Gabino Palomares)

Text: Liedtext
Wortzahl: 228
Schwierigkeitsgrad: ***
Inhalt: Das Lied handelt von der *conquista* Mexikos und den daraus erwachsenen Folgen, die darin bestehen, dass die Menschen das Eigene gering schätzen und sich Fremden anbiedern. Das ist der Fluch der Malinche, von dem sich die Sängerin Erlösung wünscht.

Hintergrund-informationen

Die **Sängerin** Amparo Ochoa (verstorben 1994) singt die *Maldición de Malinche* mit großem Engagement und Betroffenheit gemeinsam mit dem mexikanischen ***cantautor*** Gabino Palomares, von dem der Text stammt. Palomares, ein wichtiger Vertreter der *canción social*, feierte 2007 sein fünfunddreißigjähriges Bühnenjubiläum. Auch heute noch füllt er bei seinen Auftritten die Säle.
Die in den Siebzigerjahren entstandene *canción* hat nichts von ihrer Bedeutsamkeit für die Gegenwart eingebüßt. Im Internet gibt es zahllose Einträge und *blogs*, in denen viele Menschen sich über die *maldición* äußern. Nicht zuletzt die Tatsache, dass das Lied im Netz unter vielen Adressen zu hören ist, dürfte für die Jugendlichen attraktiv sein, auch wenn der Musikgeschmack ein anderer ist.
Das ungebrochene Interesse und die Aktualität sowie die starke Internet-Präsenz lassen das Lied für den Unterricht geeignet erscheinen.
Linktipps:
http://visionpublica.blogspot.com/2007/05/gabino-palomares-en-mexicali.html
Youtube _ (Auftritt von Palomares und Ochoa 1983 in Nicaragua)
http://todolosolido.com.ar/weblog/archivos/2004/10/12/maldicion-de-malinche/(Blog mit zahlreichen Meinungen zum Lied/Möglichkeit des Eintrags der eigenen Stellungnahme)
http://www.youtube.com/watch?v=eyUwolkWINk

Didaktisch-methodische Hinweise

Die **Funktion** des Liedeinsatzes besteht darin, bei den Schülerinnen und Schülern Neugier zu wecken und einen Fragehorizont zu öffnen, der sie durch das Thema führt.
Sechs Strophen entfalten Mexikos Vergangenheit und Gegenwart, über denen, so die zentrale Botschaft, seit der *conquista* der Fluch der Malinche liegt. Die Ereignisse werden ausnahmslos aus der indigenen Perspektive (1. Ps. Plural) erzählt, beschrieben und kommentiert. Um sichtbar zu machen, dass die Spanier mit ihren Waffen und Pferden etwas völlig Neues und Unbekanntes darstellten, werden Begriffe wie *escopeta, caballo, armadura* umschrieben. Die Fremdheit der Spanier wird deutlich im Attribut *barbados*. Die *indígenas* waren bartlos bzw. mit geringem Bartwuchs.
Die ersten beiden Strophen fokussieren auf die Ereignisse um die *conquista*, während der vierte Vers der dritten Strophe die Kolonialzeit auf *trescientos años esclavos* reduziert. Die letzten drei Strophen beziehen sich auf die Gegenwart, in der die Unterwürfigkeit gegenüber Fremden und die Missachtung der *indígenas* als Erbe der Eroberung fortbestehen.
Während in den ersten fünf Strophen die Handlungen der Menschen aufgezählt werden und das lyrische Ich sich durch Verwendung der 1. Person Plural einbezieht, erfolgt in der letzten Strophe der Wechsel zur 1. und 2. Person Singular. Das Ich verurteilt in direkter Anrede die Liebedienerei gegenüber Fremden und den Hochmut gegenüber den eigenen Landsleuten als nationale und widersprüchliche Eigenschaften. Der Vers *Oh, maldición de Malinche, enfermedad del presente* fügt zusammen, was die vorangegangenen Verse erzählen, berichten und beklagen. Im Schlüsselwort *enfermedad* werden die konträren Konnotationen und Assoziationen zwischen Dahinsiechen einerseits und Gesunden andererseits gebündelt. Der nachdrückliche Appell in Form einer rhetorischen Frage, von dem Fluch befreit zu werden, schließt das Lied ab.

Hinweis: Das Adjektiv *barbado* (bärtig) stammt aus dem mexikanischen Spanisch, während in Spanien *barbudo* verwendet wird.

Zum Einsatz des Liedes:
- zuhören, ohne mitzulesen, um den Musikeindruck nicht zu stören; ggf. vor Abspielen Hör-Kriterien sammeln und danach abrufen *(ritmo monótono / variado / voz femenina / masculina / dramática / aguda / fuerte / letra bien / mal comprensible)*
- detailliertes Lesen zum Herausarbeiten von Informationen und zum Eröffnen des Fragehorizonts (vgl. 1.3.2 bis 1.3.7)

Actividades SB S. 118, Lösungsvorschläge

1. und 2. individuelle Lösungen

3. *Hinweis:* Die Schülerinnen und Schüler arbeiten in Kleingruppen. Die Fragen werden vorgestellt, abgeglichen, aufgeschrieben und um das Lied gruppiert. Es wäre günstig, dies als Plakat zu gestalten, das im folgenden Unterricht der Orientierung bei der Bearbeitung der historischen Situation, Ereignisse, Personen dient.
Mögliche von den Schülerinnen und Schülern zu stellende Fragen:
¿Quiénes son los que llegaron?
¿Quiénes son los hermanos emplumados?
¿Quién era (es) el monarca?
¿De qué dios se habla?
¿A qué se refieren las expresiones "bestias", "fuego en las manos", "cubiertos de metal"?
¿Quién opuso resistencia?
¿Qué han robado?
¿De qué grandeza se habla?
¿Quiénes son los esclavos?
¿A qué época se refiere la cantante con los 300 años?
¿Quiénes son "los rubios"?

4. Algunos de los versos no se comprenden enseguida porque contienen muchas palabras desconocidas / faltan los / algunos conocimientos históricos
hay muchas alusiones a acontecimientos desconocidos / a veces no se sabe quién es quién / se utilizan recursos estilísticos / la cantante quiere crear suspense / dramatismo / la cantante quiere despertar la curiosidad de los oyentes

5. Para comprender la letra del todo hay que mirar las palabras desconocidas en el diccionario / investigar los acontecimientos históricos / estudiar en grupos de qué personas trata la canción / analizar la intención de la cantante

1.2 Así transcurrió la vida de Malinche (SB S. 119–121)

Malintzin – Madre del mestizaje (SB S. 119/120)

Text: Internetdokument (Sachtext)
Wortzahl: 489
Schwierigkeitsgrad: **
Inhalt: Malintzin, Tochter eines mexikanischen Kaziken, wird nach dem Tod des Vaters von der eigenen Mutter und dem Stiefvater als Sklavin nach Tabasco verkauft. Nach der Ankunft der Spanier wird sie ihnen zusammen mit 20 anderen jungen Frauen geschenkt. Aufgrund ihrer Intelligenz und ihrer Kenntnisse von Sitten und Sprachen wird sie für Cortés als Dolmetscherin und Diplomatin unentbehrlich. Sie bekommt ein Kind von Cortés, wird aber, als dessen Frau nach Mexiko kommt, von Cortés mit dem Kapitän Jaramillo verheiratet. Mit ihm geht sie nach Spanien, wo sie auch stirbt.

Didaktisch-methodische Hinweise

Detailliertes Lesen des Textes (Vorlesen durch Lehrkraft oder stilles Lesen) mit Hilfe der Vokabelangaben und dem Anhang (SB S. 340); Erstellen von Verstehensinseln oder unmittelbare Arbeit mit der Tabelle.

Actividades SB S. 120/121, Lösungsvorschläge

1. **a)** no: Cortés tocó tierras de Tabasco en plan de conquista (l. 1–2); **b)–d)** sí; **e)** no: Su madre se casó de nuevo, y al nacer su medio hermano, empezó para la niña una vida insoportable, por el mal trato al que la sometía su padrastro (l. 11–13); **f)** sí; **g)** no: Los españoles la bautizaron con el nombre de doña Marina (l. 25–26); **h)** sí (l. 25–26); **i)** sí (l. 27–28); **j)** no: Cuando Doña Catalina Xuárez, la esposa de Cortés, llegó de Cuba a Tenochtitlán, siguiendo a su marido, Cortés tuvo que separarse de Doña Marina (l. 33–34); **k)** sí y no: Doña Marina tuvo un hijo, Martín, de Cortés, que fue el primer mestizo de español e india, entre los nobles (l. 28–29); **l)** sí; **m)** no: Tuvieron que separarse por estar casado Cortés (l. 33); **n)** no: Cortés obligó a Doña Marina a casarse con el capitán Juan Jaramillo, quien algunos años después regresó a España, llevándose consigo a Malinche (l. 35–36)

2.
a) Como los indígenas tenían una creencia muy profunda en muchos dioses, Cortés y sus hombres les hicieron creer que los cañones eran unos dioses que podían matar por medio del trueno o del rayo que producen.
b) Debido a la intimidación por los cañones y los caballos – para los indios señal del gran poder de Cortés – los indígenas quisieron convertir al enemigo en amigo por medio de regalos.
c) Se trata de un engaño: la madre y el padrastro de Malinche quieren deshacerse de ella sin que se entere nadie, para no perder la buena reputación en el pueblo. Cuando se muere entonces una sirvienta de la casa, la madre y el padrastro de Malinche entierran suntuosamente a dicha sirvienta, diciendo a las demás personas del pueblo que se había muerto Malinche. Con este fraude pueden vender a Malinche sin que nadie se dé cuenta.

3. *texto modelo:* **¿Quién es Malinche?**
Hablaré primero sobre la expedición de Cortés a Tabasco porque es de interés para la historia de Malinche. Cortés somete a las tribus indígenas no por tener más fuerza o más soldados sino por poseer armas desconocidas que causan un profundo terror a los indígenas. Éstos quedan tan intimidados que, para ganar su simpatía, le entregan muchos regalos valiosos a Cortés, entre ellos la joven Malintzin.
En cuanto a la joven es útil saber que, aun siendo hija de un cacique mexicano importante, Malinche vive una infancia triste porque su padre se muere joven y su madre vuelve a casarse con un hombre del que tiene un hijo. Como su padrastro quiere sólo al hermanastro, a ella la trata muy mal y para deshacerse de ella, la madre y el padrastro la venden a unos mercaderes quienes a su vez la venden como esclava en Tabasco.
Malinche, conocida como Malintzin o Doña Marina, es una de las personas clave en la historia de la conquista de México. ¿Por qué?
El año 1519 es decisivo para Malinche, porque tras el rendimiento de las tribus indígenas la vida de Malinche cambia al conocer a Hernán Cortés. La joven es muy útil para Cortés tanto por hablar las lenguas de los pueblos mayas y por conocer perfectamente sus costumbres, como por su inteligencia y sagacidad. Se convierte en intérprete, compañera, consejera y amante de Cortés y no se separa de él. Cuando su esposa llega a México, Cortés obliga a Malinche a casarse con el capitán Juan Jaramillo con quien va a España. Hasta hoy no se sabe cuándo y dónde murió Malintzin.

4. individuelle Lösungen

5. *Hinweis:* Die Vokabeln sind zum Teil bekannt bzw. wiederholen sich in den verschiedenen Texten (Kapitel 1.3). Es ist aus lernpsychologischen Gründen (wegen der Vernetzungen durch unterschiedliche Kontexte) sinnvoll, die Wiederholungen zuzulassen.

guerra y lucha
emplumado,a, temor (m), bestias, cubierto,a de metal (m), oponer resistencia, someter, terror (m), cañón (m), disparar, capitán (m)
familia
medio hermano, padrastro, esposa, doméstica

rasgos característicos humanos
gozar, humillar, hipócrita, soberbio,a, vergüenza, error (m), humilde, aguerrido,a, sumiso,a, acaudalado,a, sagacidad (f), fidelidad (f)
administración
cacique (m), comarca

Zusatzmaterial: Folie/Kopiervorlage

Medios verbales explícitos	Enlaces	Muletillas
Primero voy a... / Mi tema es... La ponencia tiene / se divide en / X partes... En primer lugar / primero presentaré... La parte central se refiere a... Al principio / final... Hay que añadir... Esto hay que explicarlo / comentarlo... Para concluir / resumir / ...	sin embargo no obstante por lo tanto además por lo cual / que en cambio que / lo que... por un lado... por otro lado	...o sea... / quiere decir que ...desde luego... ...pues... ...vamos... ...bueno... ...a ver... ...repito ...¿no?..., ...¿verdad?...

1.3 El trasfondo histórico, estudiado en equipos cooperativos (SB S. 122–133)

Didaktisch-methodische Hinweise

Während des Kurzprojekts zum historischen Hintergrund sollen die Schülerinnen und Schüler selbstständig und arbeitsteilig nach dem Muster von 1.2 (SB S. 119–121) kürzere Texte bearbeiten bzw. sich mit Bildvorlagen auseinandersetzen, durch die die Fragen, die sich aus dem Lied ergeben haben, beantwortet werden.

Es ist intendiert, dass sich die einzelnen Texte zum Teil überschneiden und die Aufgaben so gestellt sind, dass nicht alles für alle Gruppen neu ist bzw. sich die Informationen (auch in den *placas informativas*) wiederholen. Auf diese Weise kann Bekanntes mit Unbekanntem vernetzt werden, wodurch Verständnis und Behalten leichterfallen.

Die Texte bzw. Aufgaben haben einen unterschiedlichen Schwierigkeitsgrad. So etwa wird bei 1.3.2 und 1.3.7 auf die *tabla de audición* verzichtet, da sie von stärkeren Kursmitgliedern selbst erstellt werden kann.

Es ist davon abzuraten, die Schülerinnen und Schüler weitere Informationen im Netz suchen zu lassen, weil dadurch die *charlas un minuto* und *informes* zu lang werden sowie fremde Vokabeln und Details das Verständnis erschweren.

Verständnisfragen für die Zuhörenden können angelehnt an die *guía de lectura* gestellt oder auch aus ihr übernommen werden. Der mündliche *informe* ist durch seine spezifischen Redemittel vom schriftlichen zu unterscheiden. Wichtig ist, dass die übergeordnete Frage verständlich beantwortet ist.

Die Schülerinnen und Schüler sollten zu Beginn der Arbeit darauf hingewiesen werden, dass am Ende des Kurzprojekts eine schriftliche Übung bzw. ein Test vorgesehen ist und dass die Gruppen die Verantwortung für die gegenseitige Vermittlung des notwendigen Sachwissens übernehmen.

1.3.2 ¿Cuál es la profecía? ¿Quién presagió algo? (SB S. 123/124)

"... de la profecía esperada" (SB S. 123)

Text: Internetdokument (Sachtext): „La reacción de los aztecas ante la llegada de los españoles"
Wortzahl: 97
Schwierigkeitsgrad: ***
Inhalt: Moctezuma reagiert beunruhigt auf die Nachricht von der Ankunft Fremder in Veracruz. Dieses Ereignis steht im Kontext einer Reihe von außergewöhnlichen Begebenheiten, die von den aztekischen Priestern als Vorzeichen für die bevorstehende Rückkehr des Gottes Quetzalcóatl interpretiert wurden.

Didaktisch-methodische Hinweise

Die Bilder: links: historische Zeichnung mit dem Kometen, der von den Azteken als Vorzeichen für ein kommendes Unheil genommen wurde; rechts: Steinfigur des Kopfes des Gottes Quetzalcóatl

Actividades
SB S. 123/124,
Lösungsvorschläge

1.

religión	naturaleza
profecía, presagiar, dios (m), supersticioso,a, sacerdote (m), creencia	cometa (m), rayo, cambio, perturbación (f)

2. a) Como los aztecas eran muy religiosos y creían en el regreso de Quetzalcóatl, un dios blanco y barbudo, pacífico y civilizador, recibieron a los españoles con mucho respeto y sumisión, pensando que se había cumplido la profecía y que Quetzalcóatl había vuelto. b) En la creencia de los aztecas la naturaleza desempeñaba un papel importante, por lo cual solían interpretar los fenómenos naturales. Antes de llegar los españoles habían ocurrido fenómenos que, según los sacerdotes, presagiaron cambios e inquietudes (los que se realizaron con la llegada de Cortés y su tripulación).

3. a) Los aztecas se imaginaban al dios Quetzalcóatl como un ser de rostro blanco y barbado. b) Al regresar Quetzalcóatl protegería a los aztecas. c) El cometa y el rayo se interpretaron como señales de cambios y perturbaciones. d) Los españoles blancos y barbudos trajeron cambios y perturbaciones. e) La situación inquietó mucho a Moctezuma así que envió diversos regalos a Cortés para congraciarse con él, pensando que se trataría de Quetzalcóatl.

4. *Texto modelo (informe oral)*
Contestaré a las preguntas ¿Cuál es la profecía? ¿Quién presagió algo? Empezaré con el fondo religioso de los aztecas porque su creencia influyó mucho en el desarrollo de la conquista de México. Por lo que se refiere a la profecía, los aztecas creían que algún día el dios Quetzalcóatl regresaría para protegerlos. Se lo imaginaban con tez blanca y con barba. Esto, más tarde, favoreció la acogida amable de los españoles. El emperador Moctezuma se dejaba guiar en todas sus acciones por los sacerdotes que solían observar e interpretar la naturaleza. Así ocurrió que comprendieron una serie de presagios como señal de cambios y perturbaciones. Por lo tanto, los aztecas tomaron a Cortés por el dios Quetzalcóatl.

5. ¿Qué influyó en la manera de recibir a los españoles?
¿Cómo se imaginaban los aztecas a Quetzalcóatl?
¿Cómo interpretaron p. ej. los rayos?
¿Qué sensaciones produjo la llegada de los españoles a los aztecas?

1.3.3 ¿Cómo hay que imaginarse la escena descrita en la 1ª y 2ª estrofa? (SB S. 124/125)

Didaktisch-methodische Hinweise

Die beiden Gruppen für 1.3.3 und 1.3.4 sollten gemeinschaftlich die Aufgaben zur Wortschatzarbeit (SB S. 126, *actividad* 4) und zum Nachweis des Hörverstehens (SB S. 126, *tabla*) bearbeiten. Die Verse gehören zusammen und wurden lediglich aus zeitökonomischen Gründen getrennt.

Comprender con apoyo de imágenes (SB S. 124)

Didaktisch-methodische Hinweise

Zu den Bildern (von links oben nach rechts unten):
Die Bilder sind nicht zwingend einer einzigen Textaussage zuzuordnen.

- Gruppe von Männern in Rüstung *(cubiertos de metal)* auf Pferden *(iban montados en bestias)*
- Hernán Cortés *(hombre barbado)*
- Kampf zweier *aztecas* gegen einen Reiter in Rüstung *(opuso resistencia)*
- Segelschiffe auf dem Meer *(del mar los vieron llegar)*
- Kampfszene zwischen aztecas (Unterlegenheit wird durch fallende Haltung angedeutet) und Spaniern in Rüstung *(cubiertos de metal, fuego en las manos* (?) */ correr la sangre)*
- Cortés auf dem Pferd, vor ihm Eskorte *(barbado / bestia / hermanos emplumados)*

Beim *informe* auf der Grundlage der Bilder (auch SB S. 125) wäre eine Folie günstig, da so die einzelnen Elemente besser gezeigt und erläutert werden könnten. Ohne Folie müssten die Schülerinnen und Schüler die Bücher öffnen und die Erklärung müsste dann mit den entsprechenden Angaben versehen werden: *el cuadro con los barcos de vela / la imagen al lado de... / del retrato / la primera,* etc.

Actividades SB S. 125 oben, Lösungsvorschläge

1.

1ª imagen: llevar una armadura para protegerse – llevar un casco para proteger la cabeza – soldados – lanza (2ª estrofa: versos 5–6)

2ª imagen: Cortés – rostro blanco – barbado (1ª estrofa: verso 2)

3ª imagen: oponer resistencia a – luchar contra – matar (brutalmente) – sangre – enemigos – mostrar valor – vencer – rejón – atacar (2ª estrofa: versos 7–8)

4ª imagen: siehe Beispiel SB

5ª imagen: mutilado – sangre – matar – acuchillar – llevar una armadura para protegerse – estar medio desnudo – dominar – llevar un casco para proteger la cabeza – batalla desigual / injusta – victoria vergonzosa – agredir – defenderse contra (2ª estrofa: versos 7–8)

6ª imagen: oponer resistencia a – guerreros aztecas – soldados españoles – tribus aliadas – mostrar valor – canoa – lanza – combatir contra – atacar – batalla (2ª estrofa: verso 7)

2. a) las plumas que llevaban los aztecas – los guerreros emplumados; b) Hernán Cortés – es barbado; c) los españoles que iban montados en caballos, tenían armas de fuego – escopetas en las manos e iban cubiertos de metal, o sea, llevaban armaduras – soldados españoles – medio desnudos; d) fusil y armadura

Kopiervorlage (ggf. Folie)

Wortschatz zur Beschreibung der Bilder

• se trata de un cuadro / un grabado / una foto / una imagen • de gran tamaño • de tamaño mediano • el cuadro expresa (como) / representa	• en primer / segundo plano • al fondo • en el centro / en medio • completamente a la izquierda • junto a / al lado de • delante de ↔ detrás de • debajo de ↔ encima de • a la derecha / izquierda de	• destacan los animales • su aspecto físico es • su fisonomía es • su apariencia es • la expresión de su cara es • su rostro es • la postura es

1.3.4 ¿A qué alude el verso "Y les abrimos las puertas"? (SB S. 125/126)

La acogida (SB S. 125)

Didaktisch-methodische Hinweise

Dargestellt ist die Audienz bei Moctezuma, der die Spanier höflich und ohne Bedrohungsgesten empfängt. Moctezuma sitzt als Herrscher auf dem Thron, der auf einem Podest steht. Neben ihm, ebenfalls erhöht, steht ein Leibwächter mit einer Lanze in der linken Hand. Der aztekische Kalender rechts neben dem Thron symbolisiert die lange Tradition, in der Moctezuma steht.
Am äußersten linken Bildrand sieht man zwei bärtige Spanier mit Helmen und Lanzen in den Händen, vor ihnen Cortés mit Hut und ausgebreiteten Armen, auf Moctezuma blickend und auf ihn zugehend. In der Bildmitte: drei aztekische Adlige mit Federschmuck, von denen einer Cortés mit fast demütiger Geste, nach rechts geneigtem Kopf, die rechte Hand auf dem Herzen, den linken Arm ausstreckend, den Weg in Richtung auf den Thron weist. Leicht zu übersehen ist die kniende Frau rechts unten im Bild. Sie hat die Arme vor der Brust gekreuzt und senkt den Kopf zu Boden.
Die Arbeit an diesem Vers eignet sich besonders für solche Schülerinnen und Schüler, die sich gerne mit Bildern beschäftigen. Sie erhalten über die *mapa mental* strukturierte sprachliche und inhaltliche Vorgaben für die eigene mündliche und schriftliche Textproduktion.

Actividades SB S. 125/126, Lösungsvorschläge

1. *texto modelo:* La imagen representa una audiencia en la corte de Moctezuma. El ambiente parece ser muy solemne, ya que la audiencia tiene lugar en la sala del trono con columnas. A la derecha se puede distinguir al soberano Moctezuma en su trono, delante del cual hay una escultura en forma de serpiente. Al fondo se halla un calendario azteca enorme.
En total se observan nueve personas en el cuadro, divididas en tres grupos de a tres, uno a la derecha, uno a la izquierda y uno en medio de la imagen. Moctezuma está sentado muy erguidamente en su trono, a su derecha hay un guarda de pie y a la izquierda del emperador una mujer arrodillada que tiene la cabeza ligeramente inclinada como para tributar respeto a los huéspedes. Los tres nobles aztecas en medio de la imagen llevan puestas capas y faldas, así como adornos de plumas en la cabeza. Éstos van descalzos. Dos de los nobles están en segundo plano, el tercero muestra a los españoles un gesto de bienvenida. Tiene la cabeza ligeramente inclinada, los otros dos están mirando a los españoles. A la izquierda aparece Cortés con dos soldados españoles, todos están de pie. El conquistador lleva ropa bella y sus soldados llevan armaduras, los tres van calzados. De las tres personas, Cortés está en primer plano mientras que los dos soldados aparecen en segundo plano, lo que subraya la posición superior de Cortés. El conquistador muestra un gesto que posiblemente indica el respeto que los españoles tributan a Moctezuma. Del comportamiento de todos los personajes se puede deducir una escena con cortesía y atención.

2. No se utilizan las palabras exactas en los versos porque la cantante narra los acontecimientos desde la perspectiva de los aztecas que desconocían p. ej. los caballos y las armaduras. Por consiguiente, no tenían nombres en su idioma.

3. *Mögliche Antworten:* El verso *Y les abrimos la puerta por temor a lo ignorado* alude a la acogida solemne y hospitalaria de los españoles por parte de Moctezuma. El noble azteca en el centro del cuadro hace un gesto de bienvenida muy cortés, estirando el brazo izquierdo e indicando el camino hacia el soberano. A pesar de este gesto casi sumiso se percibe claramente que Moctezuma es el soberano, porque se queda sentado en su trono y no se levanta para acercarse a los españoles.

4.

guerra y combate	ropa y adornos	rasgos característicos humanos
atacar, luchar, combatir contra, agredir, oponer resistencia a, defenderse contra, adversario, enemigo, guerrero, soldado, batalla, vencer, imponerse, dominar, rendirse, perder, lanza, pica, rejón (m), escopeta, fusil (m), cañón (m), boca de fuego, armadura	llevar una armadura, llevar un casco, estar medio desnudo, estar emplumado, capa, adorno de plumas, descalzo,a, con zapatos / calzado,a	valor (m), coraje (m) valentía, cobarde, temeroso,a

Comprensión auditiva (SB S. 126)

- Los aztecas vieron llegar a los españoles que iban en barcos.
- El monarca era Moctezuma.
- Los españoles eran barbudos; los indígenas apenas tenían barba.
- Las palabras se refieren a la hospitalidad de los indígenas y la acogida cordial que brindaron a los españoles.
- Las bestias eran los caballos y el fuego en las manos las escopetas, objetos desconocidos por los indígenas.
- Se refiere a las armaduras de metal que llevaban los españoles.
- Hace alusión a la resistencia que algunos aztecas opusieron a los españoles p. ej. en Tenochtitlán.

1.3.5 ¿A qué sucesos se refiere la cantante con el verso "Sólo el valor de unos cuantos les opuso resistencia"? (SB S. 126–128)

La Noche Triste (SB S. 126)

Didaktisch-methodische Hinweise

Die dargestellten Ereignisse stehen im Zusammenhang mit der Noche Triste (1520), als sich die Azteken gegen die Spanier erheben und sie aus Tenochtitlán vertreiben.
Es ist keine Beschreibung des Bildes vorgesehen, sondern es soll lediglich dazu dienen, den schwierigen Wortschatz in der *viñeta* von Galeano vorzuentlasten und sich die Situation vorzustellen. Für die Beantwortung der Eingangsfrage kann das Bild zu Hilfe genommen werden.

Eduardo Galeano: “La noche Triste” (SB S. 127)

Text: *viñeta histórica*
Wortzahl: 150 (Einleitung: 90)
Schwierigkeitsgrad: ****
Inhalt: Im Zentrum der *viñeta* steht die Situation nach dem verlorenen Kampf der Spanier um die Stadt Tenochtitlán. Hernán Cortés zählt die wenigen Überlebenden, während Malinche die zerrissene spanische Fahne flickt.
Der plötzliche und für die Spanier überraschende Angriff der Azteken forderte viele Opfer. Aufgrund der Übermacht der Azteken flohen die spanischen Soldaten. Bei dem Versuch, Beutestücke zu retten, starben weitere.

Actividades SB S. 127/128, Lösungsvorschläge

1.

Wortschatz und Strukturierungshilfe

sucesos: recuperación de la capital
lucha contra los soldados españoles

acciones: ataque con arcos y flechas desde canoas
pegando a los españoles
huida precipitada
corriendo; montado a caballo
llevando objetos de valor robados

resultado: soldados muertos en el suelo
muriendo ahogados con una flecha en el pecho

texto modelo: El cuadro muestra los últimos momentos de la Noche Triste (30 de junio de 1520). La batalla entre aztecas y españoles está a punto de terminar: Desde sus canoas los aztecas, con arcos y flechas, ahuyentan a los soldados españoles. Éstos se fugan, pero no quieren dejar atrás sus talegas y bolsas pesadas con las riquezas robadas. Un español muerto yace en el suelo y otro está a punto de pasar por encima del cadáver.

2.

a) Hernán Cortés controla cuántos soldados se han muerto en la lucha y cuenta cuántos han sobrevivido para combatir a su lado la próxima vez. Hace como un inventario de los que han sobrevivido.
b) Cortés y los españoles ya no están en la ciudad de Tenochtitlán al pie del volcán Popocatépetl, porque tuvieron que huir de los aztecas. Tienen que contemplar el volcán desde lejos y les parece como si éste se despidiera de ellos echando humo por su boca.
c) Como la ciudad de Tenochtitlán se halla en medio de un lago, muchos soldados españoles se ahogaron en la batalla. Los cuerpos de estos soldados ahogados, arrastrados por el agua, sirvieron de puente para los españoles que querían huir de las flechas aztecas.
d) Ya que los soldados españoles no querían dejar atrás los tesoros de los aztecas, se llevaron talegas (bolsas) llenas de oro que pesaban tanto que los hombres se ahogaron por su peso.

3.

a) Los personajes que se mencionan explícitamente son Malinche y Hernán Cortés.
b) La viñeta empieza describiendo el momento después de la batalla, o sea, el combate ha terminado y Cortés controla cuántos soldados han sobrevivido.
c) Para los españoles la consecuencia de la lucha es la pérdida de la capital Tenochtitlán y la muerte de muchos soldados.
d) Los aztecas consiguen su victoria más bien por su astucia. Por una parte, sorprenden a los españoles y, por otra parte, los intimidan con sus tambores de guerra, gritos y maldiciones. Además los atacan con flechas y piedras.
e) Algunos soldados se salvaron pasando por encima de los cadáveres de sus compañeros que les sirvieron de puente.
f) El escenario durante y después de la pelea es horroroso. Por todo el campo de batalla y también en el lago hay cadáveres de soldados y caballos. El aire tiene que estar lleno de gritos de dolor así como de maldiciones.
g) Muchos murieron, porque su codicia les impidió dejar atrás los tesoros aztecas robados.

4.

dolor y muerte	rasgos característicos humanos	lucha y guerra
herido,a, cadáver (m), sobreviviente, mutilado,a, moribundo,a	codicia, astucia, valentía	apoderarse de, recuperación (f), levantarse contra, batalla, flecha, combatiente, recuperar, arco, lanza, pelea, alarido, maldición (f), flechazo, pedrada

5. *texto modelo:* La viñeta "La Noche Triste" de Galeano y el cuadro dan la respuesta a la pregunta. Con el verso "Sólo el valor de unos cuantos les opuso resistencia" la cantante se refiere a los acontecimientos del 30 de junio de 1520, cuando un grupo de aztecas, que no estaba dispuesto a dejar Tenochtitlán a los invasores, se sublevó contra los soldados españoles matando a un gran número y ahuyentando al resto (...les opuso resistencia).
Muchos españoles murieron también por llevar pesados tesoros robados que no querían dejar atrás. Así, a los indígenas no sólo su valentía los ayudó a ganar la batalla sino también la codicia de los españoles.

Comprensión auditiva (SB S. 128)

- 1520, La Noche Triste
- Los aztecas recuperan Tenochtitlán y expulsan a los españoles.
- personajes: soldados españoles y aztecas / Cortés
- españoles: codiciosos / llenos de miedo; aztecas: valientes / furiosos / decididos
- volcán Popocatépetl echando humo / laguna peligrosa para los españoles en armadura y llevando tesoros / noche con ruidos inquietantes
- los aztecas luchan desde la ciudad y la laguna con flechas y piedras contra los españoles / acompañan la pelea con tambores de guerra
- codiciosos, huyen con los tesoros pesados / muchos se ahogan por el peso del oro robado
- síntesis: La recuperación de Tenochtitlán en 1520 significa una gran victoria para los aztecas que hasta entonces se habían mostrado sumisos y casi humildes. El triunfo, sin embargo, es breve, porque los españoles, más tarde, logran destruir definitivamente la capital azteca, y, con ella, todo el imperio.

1.3.6 ¿Quién era el monarca y de qué profecía se habla? (SB S. 128–130)

"Se oyó la voz del monarca de que el dios había llegado" (SB S. 128)

Actividad SB S. 128, Lösungsvorschlag

1. *Hinweis:* Das Bild soll die Pracht des Moctezuma zeigen und gleichzeitig sprachliche Hilfen geben zur Beschreibung. Die Piercings dürften gerade für die heutige junge Generation interessant sein. Der zu lernende Wortschatz ist nach Relevanz und Frequenz (z. B. collar, bordar, piedras preciosas, turquesa) auszuwählen.

A primera vista se percibe que Moctezuma es un emperador, por la postura tiesa y la forma de mirar: serio, orgulloso, decidido, consciente de sí mismo. El penacho, la manta, la diadema y los adornos – turquesas, ajorca y collar valiosos – demuestran su calidad de personaje noble.

Moctezuma (SB S. 129)

Text: Internetdokument
Wortzahl: 111
Schwierigkeitsgrad: ***
Inhalt: Der Text gibt biografische Informationen über den autoritären und abergläubischen aztekischen Herrscher, der das Reich zu großer Blüte gebracht hatte. Obwohl Moctezuma die Spanier gastfreundlich und fast unterwürfig empfangen und den Spaniern große Reichtümer ausgehändigt hatte, wurde er gedemütigt und zu Tode gesteinigt.

Actividades SB S. 129/130, Lösungsvorschläge

2. individuelle Lösung

3. a) – e) ✓; f) falso: los mexicas (aztecas) conocían el comercio y los tributos (l. 3 – 4); g) falso: fue el día anterior, el 8 de noviembre de 1519, cuando Moctezuma recibió a Cortés (l. 5); h) falso: no lo recibió sino que lo alojó en el palacio de Axayácatl (l. 6 – 7); i) falso: fue recibido con gran solemnidad, sumisión y hospitalidad y fue alojado en un palacio (l. 5 – 7); j) – l) ✓

4.

a) Durante el dominio de Moctezuma los mexicas (aztecas), que eran buenos comerciantes, vivieron un período de prosperidad. Extendieron su territorio sometiendo a varios pueblos que tenían que pagarles tributos.
b) Como Moctezuma pensaba que Cortés era el dios Quetzalcóatl, sintió miedo. Por eso recibió a Cortés de forma sumisa deseando ganar su simpatía.
c) Esa expresión subraya el trato desigual entre Moctezuma y Cortés. Mientras que Moctezuma trata como a un dios a Cortés, éste, a su vez, le muestra su desprecio tomándolo preso y matándolo.
d) Después de humillarlo, los españoles mataron a Moctezuma de forma muy cruel.

5. *texto modelo:* Moctezuma era un rey mexica (azteca) quien gobernó de 1502 a 1520, o sea, que era soberano durante la conquista de Hernán Cortés.
Por un lado Moctezuma era un soberano autoritario y exitoso, porque bajo su dominio los aztecas vivieron una época de gran prosperidad. Sometió a otros pueblos y les impuso tributos enormes.
Por otro lado Moctezuma era supersticioso: creía en la profecía según la cual el dios Quetzalcóatl, dios con tez clara y barba, regresaría algún día a tierras aztecas. Como los españoles tenían estas características, fueron recibidos como si fueran dioses. Pero no se comportaron como tales y encarcelaron y mataron a Moctezuma a pesar de haber recibido regalos valiosos.

6.

religión	rasgos característicos humanos	sociedad	guerra y lucha
dios (m) Quetzalcóatl superstición (f) profecía	sumiso,a hospitalario,a generoso,a infame, insidioso,a autoritario,a supersticioso,a	gran auge (m) comercio imponer tributos	rehén (m) prisionero cautiverio apedrear

Comprensión auditiva (SB S. 130)

- 1519
- acogida de Cortés por Moctezuma; asesinato de Moctezuma
- Moctezuma y Cortés
- delgado, piel morena, serio
- medio desnudo, cubierto el hombro derecho de un mantón bordado, una diadema en la cabeza, un penacho, un collar, una ajorca de oro en el brazo
- autoritario, supersticioso, emperador intransigente, duro con los pueblos sometidos, hospitalario, casi sumiso ante Cortés
- Los españoles engañan a Moctezuma, lo toman preso, lo insultan, lo matan.
- síntesis: Moctezuma es un personaje supersticioso y autoritario. Cree que la profecía según la cual el dios Quetalcóatl regresaría algún día se ha hecho realidad. El soberano Moctezuma recibe a los españoles con todos los honores. Éstos a su vez no le brindan ningún respeto, sino todo lo contrario: lo toman preso y lo matan.

1.3.7 ¿Quiénes eran "los hombres barbados" y cuál era la profecía? (SB S. 130/131)

Text: Internetdokument: "Hernán Cortés"
Wortzahl: 152
Schwierigkeitsgrad: **
Inhalt: Der Text informiert über Hernán Cortés, den *conquistador* und späteren Gouverneur Neu-Spaniens, sowie über zentrale Ereignisse während der Eroberung Mexikos.

Actividades SB S. 131, Lösungsvorschläge

1.

a) Malinche ayudó a Cortés durante la conquista en su función de intérprete, porque hablaba varias lenguas indígenas, lo que sirvió a Cortés a comunicarse con los caciques de distintas tribus.
b) Algunos pueblos indígenas habían sido sometidos por los aztecas. Para vengarse, se unieron con los españoles y lucharon a su lado contra los aztecas.
c) Los aztecas confundieron a Cortés con el dios Quetzalcóatl quien, según la creencia de los indígenas, volvería algún día para protegerlos. Por eso recibieron a los españoles con solemnidad y respeto.

2.

a) El ejército de Cortés comprendió once barcos, unos seiscientos hombres, dieciséis caballos y catorce piezas de artillería.
b) Los aztecas habían sometido a algunos pueblos. Para vengarse éstos se unieron con los españoles y lucharon a su lado contra los aztecas.
c) Los aztecas caracterizaron de barbados a los invasores, porque los aztecas a penas tenían barba y por eso les llamaba la atención que los españoles fueran barbudos.
d) Según la leyenda, el dios Quetzalcóatl, el único ser barbudo y con tez blanca que conocían los aztecas, volvería algún día. Así que cuando vieron a los españoles barbudos y blancos pensaron que eran dioses y los recibieron pacífica y solemnemente.
e) El error de Moctezuma consiste en confundir a Cortés con el dios Quetzalcóatl y en recibir pacíficamente a los españoles.

3.

creencias	características de hospitalidad	lucha y guerra
ser (m) divino, dios Quetzalcóatl	recibir regalos, pacífico,a, acogida	derrotar, barco, pieza de artillería, navegar, alianza, invasor (m), someter, saquear, violento,a

4. *texto modelo:* Hernán Cortés nació en 1485 en Medellín y murió en 1547 en Sevilla. Emprendió la expedición a México desde Santiago de Cuba. Una vez llegado a Tabasco, venció a los mayas que le regalaron la esclava Malinche. Cortés logró aliarse con algunas tribus sometidas por los aztecas. Se marchó para Tenochtitlán donde fue recibido pacíficamente por el soberano Moctezuma. Según la profecía, el dios Quetzalcóatl volvería algún día a tierras aztecas. Los aztecas se lo imaginaban con tez blanca y con barba – en la foto se ve que Cortés tenía barba – por lo cual lo identificaron como Quetzalcóatl. Pero los españoles empezaron enseguida a comportarse como invasores violentos destruyendo, así, el imperio azteca.
En 1522 Cortés fue nombrado gobernador de lo que ellos llamaban Nueva España.

Vorschlag für die tabla de comprensión:
Cortés vivió… *~1500*
desarrollo de la conquista: *llegada a Tabasco / alianza con tribus indígenas contra los aztecas / invasión violenta / nombramiento a gobernador*
rasgos físicos de Cortés: *tez clara y barbudo*
profecía: *vuelta de Quetzalcóatl, dios de tez blanca y barbudo*
comportamiento de los españoles en Tenochtitlán: *sin respeto, violentos y destructores*
función de Cortés en México: *gobernador general de Nueva España*

síntesis: *Cortés supo aprovecharse de la situación histórica al principio del siglo XVI (desunión entre las distintas tribus; profecía) y se apoderó del territorio.*

1.3.8 ¿Cómo se muestra la "grandeza del pasado"? (SB S. 131–133)

Bernal Díaz describe un paseo por el mercado de Tenochtitlán, capital del imperio azteca (SB S. 131/132)

Text: ausgewählte Textfragmente
Wortzahl: 139
Schwierigkeitsgrad: **
Inhalt: Der Chronist erzählt detailliert und bewundernd von der Fülle der Handelswaren auf dem Markt von Tenochtitlán, z. B. Schmuck, Kleidung, Decken, Sandalen, Tierfelle, Obst, Gemüse, fertige Gerichte sowie Tiere.

Actividades SB S. 132/133, Lösungsvorschläge

1.
artículos de lujo: joyas, muebles, plumas, oro, plata, piedras ricas, mantas
ropa y vestimenta: telas, plumas, cotaras, cueros de tigres, leones y nutrias
objetos de uso diario: vajillas, muebles, mantas, sogas
seres humanos: esclavas, esclavos
animales: plumas, gallinas, gallos de papada, conejos, liebres
alimentos: cacao, legumbres, yerbas, fruta, cosas cocidas

2. El mercado fascina a los visitantes. Quedan altamente impresionados por tal multitud de gente y la gran variedad de mercancías ofrecidas allí.

3. Las escenas descritas evidencian la grandeza del pueblo azteca, porque un mercado con tantas mercancías da testimonio de una sociedad avanzada y muy desarrollada.
Muchas mercancías están finamente labradas lo que prueba la habilidad artesanal de los aztecas por una parte y la importancia de objetos preciosos y decorativos por otra.

4.

mercancías			
alimentos	animales	objetos preciosos	ropa y vestimenta
legumbres, (f), yerbas, fruta	nutria, gallina, gallo de papada, conejo, liebre (f)	joya, manta, cuero, vasija, cuchillo ritual, collar (m)	cotaras, mantas

5. *texto modelo:* El cronista de la conquista, Bernal Díaz, da testimonio de la grandeza del pasado azteca, describiendo el mercado lleno de gente y de mercancías de muy distinta índole como alimentos, animales, objetos preciosos, ropa y vestimenta. Le llamaron especial atención las muestras de la habilidad artesanal de los aztecas. Menciona, por ejemplo, a los mercaderes de plata, oro, piedras y cosas labradas. Pero también se vendían alimentos como legumbres o fruta, y animales vivos como gallinas y mucho más.

6. Mögliche *palabras clave* für die *tabla de comprensión*:
autor de la crónica: *Bernal Díaz*
lugar que llamó la atención: *mercado / el esplendor y la gran diversidad de mercancía*
objetos de admiración especial: *por ejemplo, las cosas labradas y los animales vivos*
animales que se vendían: *por ejemplo, gallinas y liebres*
alimentos: *por ejemplo, cacao, fruta, legumbres*
síntesis: *Díaz describe detalladamente el mercado con sus productos y mercancías; todo lo que dice revela admiración absoluta.*

1.3.9 Recapitulación (SB S. 133)

Didaktisch-methodische Hinweise

Während dieser Phase bewegen sich die Schülerinnen und Schüler frei im Klassenraum und richten sich sowohl auf das Lernplakat als auch an die Expertengruppen, die die verschiedenen Themen erarbeitet haben.

Actividades SB S. 133, Lösungsvorschläge

1.–4. individuelle Lösungen

5. Die *mapa mental* kann in Gruppenarbeit erstellt werden. Es ist darauf zu achten, dass die Einzelmitglieder aus den verschiedenen Expertengruppen stammen, damit auch die Vielfalt der Aspekte zum Tragen kommt.

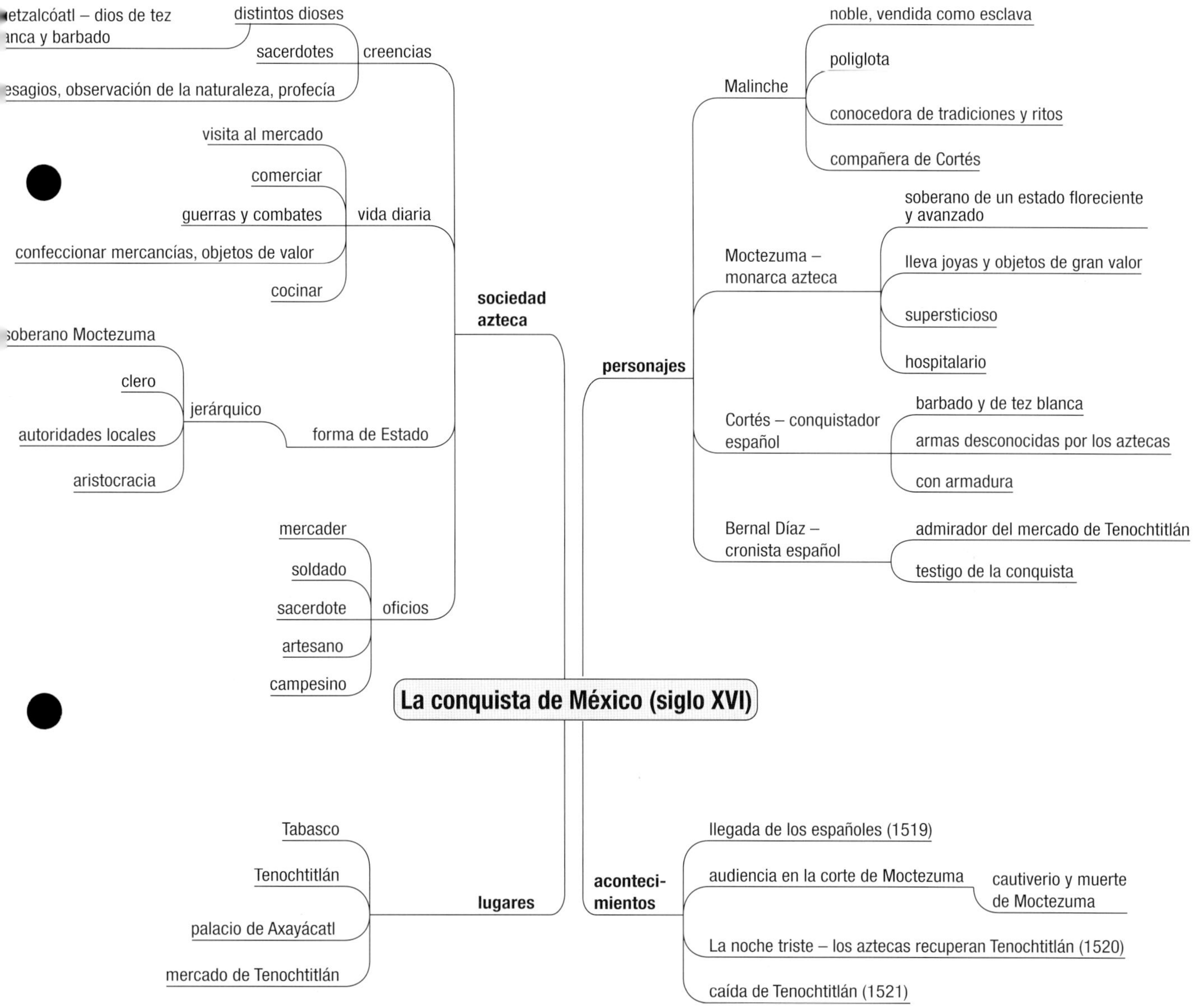

Zusatzmaterial zur Lernerfolgskontrolle

Der Test (s. Kopiervorlage) überprüft das neu erworbene Wissen. Je nach gewünschtem Schwierigkeitsgrad kann gleichzeitig nachgewiesen werden, ob die Tempora der Vergangenheit richtig verwendet werden. Es ist jedoch auch möglich, die Fragen nur mit Stichworten zu beantworten.
Zeitbedarf: 30–60 Minuten je nach Anforderungen an die Textproduktion

Kopiervorlage (ggf. Folie)

¿Qué sabes sobre la historia de México?

1. ¿Qué períodos de la historia mexicana distingue la cantante desde el siglo XVI?	*1. aztecas – conquista – ocupación española (tres siglos esclavos) – independencia – actualidad*
2. ¿Cuáles eran las etapas de la conquista de México?	*2. Cortés y sus soldados pisaron tierra en Tabasco en 1519. Los indígenas desconocían armas de fuego, armaduras y caballos por lo cual la victoria de los españoles fue fácil de conseguir.* *Cortés y sus soldados se marcharon para la capital Tenochtitlán donde fueron recibidos con muchos honores. A pesar de la hospitalidad de Moctezuma, los españoles lo tomaron preso y lo mataron. Se apoderaron de Tenochtitlán y de sus riquezas.* *En la llamada Noche Triste los aztecas se apoderaron de nuevo de su capital y los españoles se vieron obligados a rendirse y huyeron. Tras un asedio largo y una resistencia valiente por parte de los indígenas, Cortés y sus soldados destruyeron Tenochtitlán y el imperio azteca ya definitivamente.*
3. ¿Qué características se le atribuyen a Moctezuma?	*3. soberano, supersticioso, autoritario, hospitalario, sumiso; recibió a los españoles regalándoles joyas y otras ofrendas*
4. ¿Qué papel desempeñó el dios Quetzalcóatl en la conquista? – Resume los acontecimientos en torno a él.	*4. Según el mito, el dios Quetzalcóatl volvería un día a la tierra. Se decía que era rubio, barbudo y que se acercaría desde el mar. Por eso Moctezuma pensó que la llegada de los españoles significaba la vuelta de Quetzalcóatl y recibió cordialmente a los extraños.*
5. ¿Cómo se presentaba Tenochtitlán a los españoles?	*5. Estaban asombrados de la riqueza y del dinamismo el cual había en Tenochtitlán. En el mercado se vendían telas valiosas, plumas de aves, joyas, toda clase de fruta y víveres.*
6. ¿Cómo se desarrolló la vida de Malinche antes de ser entregada a Cortés?	*6. Malinche era hija de un poderoso cacique mexicano el cual murió joven y cuya mujer volvió a casarse. A raíz del nacimiento de su hermanastro el padrastro empezó a maltratar a Malinche y finalmente la vendió como esclava. En Tabasco, los caciques regalaron a Malinche y a otras 20 jóvenes a los conquistadores.*
7. ¿Qué papel desempeñó Malinche durante la conquista?	*7. Sirvió de intérprete a Cortés, explicó la mentalidad azteca a los españoles, fue amante del conquistador, tuvo un hijo de él y es considerada madre de la nación de México.*
8. ¿En qué, crees tú, consiste la maldición de Malinche?	*individuelle Lösungen*

2 La Malinche – vista desde distintos enfoques (SB S. 134–138)

Didaktisch-methodische Hinweise

Das Kapitel fokussiert schwerpunktmäßig auf die künstlerische Verarbeitung der Figur der Malinche, die seit dem 16. Jahrhundert so häufig wie kaum eine andere historische Frauengestalt Gegenstand von Malerei und Literatur ist. Bei der Internetrecherche stößt man auf über 10.000 Beispiele für Zeichnungen, Gemälde und Skizzen. Ähnliches gilt für die Einträge zur Figur der Malinche in Film, Theater, Lyrik und Epik.
Hier eröffnet sich den Schülerinnen und Schüler ein breites Spektrum für individuelle Recherchen. Als Ergebnis kann ihre spezifische Sicht auf die Figur dargestellt werden.

2.1 Las caras de Malinche (SB S. 134/135)

Didaktisch-methodische Hinweise

Die Arbeit mit den künstlerischen Darstellungen kann gut als fächerverbindendes Projekt gemeinsam mit Kunst und Geschichte gestaltet werden. Ebenfalls möglich wäre eine Ausstellung etwa für den Tag der offenen Tür oder den Sprachentag.

Methodische Alternativen zum Vorschlag im SB:
- Kursmitglieder erstellen eine Powerpoint-Präsentation mit eigenen Erklärungen und Erläuterungen unter Nutzung der *Aspectos a considerar* (SB S. 135)/ggf. vorherige Recherche nach weiteren grafischen Repräsentationen der Malinche (vgl. auch SB S. 135, *actividad* 6).
- Insbesondere der eindrucksvolle *mural* „Cortés y Malinche" von Clemente Orozco und das surrealistische Gemälde „El sueño de la Malinche" (1939) von Antonio Ruiz, bekannt als „El Corcito" können Anlass zu einer vertieften Auseinandersetzung bieten. Hilfen für die Interpretation finden sich auf der zitierten Internetseite (S. 128).
- Gestaltung der Klasse als Museumssaal unter dem Motto *Las caras de Malinche / Malinche a través de los siglos / Malinche en la pintura;* Museumsrundgang mit vorbereiteten *charlas un minuto* zu den einzelnen (ggf. laminierten) Bildern
- Eine Gesamtwürdigung kann unter folgender Aufgabenstellung stattfinden: A vuestro parecer, ¿cuál de los títulos propuestos refleja mejor la cara específica que enfoca precisamente esta pintora / este pintor? Die Schülerinnen und Schüler begründen noch einmal die Wahl ihres Titels und diskutieren ggf. mögliche andere.

Actividades SB S. 134/135, Lösungsvorschläge

1. *Bilder von links oben nach rechts unten:*
- Malinche, seria, de ojos grandes y negros, morena, vestida con un traje bordado; detrás de ella una pirámide; al fondo el Popocatépetl cubierto de nieve
- Malinche, viste la típica túnica, está descalza; dibujo antiguo
- Malinche cornuda (mujer diablo), pelo descuidado, ojos negros que apenas se perciben, tez rojiza
- Malinche, estilizada, seria, tez rojiza, en el corazón la cabeza de Cortés
- Malinche, pintura un poco abstracta, el pelo flotante, soltando palabras, los brazos como abrazando a alguien

2. und 3. individuelle Lösungen (Erwartungen s. auch 5.)

4. Die Schülerinnen und Schüler vergleichen ihre Beobachtungen und Erklärungen unter Verwendung geeigneter sprachlicher Mittel: *a mi parecer, la imagen muestra... / yo, en cambio, creo que... / a mí me llama la atención que... / este detalle me convence... / si se comparan nuestros resultados, se puede decir que...*

5. **Bild oben links:** Darstellung 19./beginnendes 20. Jahrhundert (??)
Se enfoca a una Malinche seria, de grandes ojos negros, muy abiertos. Sólo se ve el busto. Lleva el pelo negro liso, recogido en trenzas, y luce pendientes valiosos y un collar. Viste una blusa blanca bordada de rojo. Delante de ella se distinguen flores de colores vivos. El fondo lo forman dos pirámides: en la escalera de una de ellas se encuentran guerreros que están combatiendo o prohibiendo el paso a los que quieren subir. Al lado derecho se está acercando un español montado a caballo y con una escopeta en la mano. La escena hace referencia a la lucha entre aztecas y españoles. Al fondo se distingue la cumbre del Popocatépetl, cubierta de nieve.
El personaje de Malinche domina el cuadro mostrando así su importancia. El efecto que ejerce sobre el espectador es el de una persona pensativa en cuya mirada se refleja la preocupación por el porvenir de su patria.
Titelvorschläge: La inocencia de Malinche / Malinche, bella y seria
Bild oben Mitte: Darstellung der Epoche, Fragment
Malinche, descalza y vestida con una túnica bordada, desempeñando el papel de intérprete, lo que muestra el signo delante de su boca.
Titelvorschlag: Malinche, la intérprete
Bild oben rechts: La Malinche. La Lengua, 1975, pintor: Rafael Zarza (*1944, La Habana, Cuba), litografía sobre Papel; propiedad Colección del autor
Es un cuadro contemporáneo; la cabeza de Malinche, de pelo negro, liso, en la frente dos cuernos

blancos de diablo mujer, la cara de cutis rojizo, los ojos que apenas se distinguen están hundidos en huecos oscuros, la dentadura como de calavera, las palabras le salen de la boca, aludiéndose, así, a su condición de intérprete y tal vez también a su papel de traidora.
El cuadro enseña la cara con rasgos de calavera, desagradable y diabólica de una Malinche destructiva, haciendo así no sólo alusión al papel ambiguo que desempeñó durante la conquista de México sino también a la imagen de traidora y denunciante. La imagen desventajosa de la mujer muestra a la vez odio y dolor.
Titelvorschlag: Malinche, la diabólica / La cara muerte
Bild unten links: Sandra Dionisi: auf Anfrage nach dem Titel schreibt Dionisi (10.04.2007): „I was asked to do an illustration based on the image of Malinche for an article in a university magazine. This was a rather long time ago, so I actually don't remember many of the details. The information I was supplied with included details about a romantic relationship between Malinche and Cortés. The resulting artwork is my interpretation of the information available to me".
La cara de Malinche, estilizada, como trazada con un lápiz blanco, seria, la boca cerrada, de cutis rojizo. Alrededor de la cabeza una serpiente lleva al corazón de Malinche donde se distingue la cabeza de Cortés como una foto sin revelar: la cara oscura, los ojos, el pelo y la barba blancos.
La expresión de seriedad que domina la cara de Malinche hace pensar en su destino de ofendida y desgraciada. El hecho de que en el lugar del corazón se halle Hernán Cortés puede significar que Malinche lo tiene encerrado dentro de sí y que ocupa el lugar de sentimientos humanos. Una culebra – en la iconografía cristiana simboliza traición y sexualidad – une a Malinche y Cortés, haciendo, así, alusión a la supuesta traición de Malinche. Otra interpretación sería la siguiente: Quetzalcóatl lleva el apodo de "serpiente emplumada" por lo que también es posible que la culebra se refiera a la profecía.
Titelvorschläge: Cortés en el corazón / Unidos por la serpiente
Bild unten rechts: Andrea Arroyo (México) nació 1962 en Mexico D.F.; vive en Nueva York desde 1983.
Malinche, arqueada, flotando en el aire, las manos extendidas y abiertas, desnuda, de piel de cobre, saliéndole palabras de la boca; el pelo de azabache, liso, detrás de ella una pirámide desdibujada.
Malinche es pintada como un ser sobrenatural que no se encuentra en un lugar fijo.
La franja turquesa en el fondo del cuadro alude por su color a las joyas con las que se adornaba Moctezuma y por su forma a las pirámides, testigos de la grandeza del pasado de México. La figura flotante suelta palabras en forma de caracoles (intérprete) y abre los brazos como queriendo abrazar algo o a alguien (amante). (ggf. Hinweis auf "El fantasma de pelo suelto y túnica flotante")
Titelvorschlag: Malinche – flotando por el aire

Mögliche Gesamtwürdigung
Las imágenes reflejan las facetas de la –presunta– personalidad de Malinche. Su imagen se ha ido modificando a lo largo de los siglos, lo que transmiten los retratos heterogéneos. Por lo visto, a Malinche se la puede enfocar de distintas maneras: es tanto la joven, guapa e inocente como la mujer de cara destruida, diabólica, la lengua, el fantasma flotante.
Las distintas facetas se muestran también en los textos leídos hasta ahora. Mientras que la Malinche de la canción es la traidora cuyas acciones hasta hoy marcan de manera perjudicial la sociedad mexicana, el texto biográfico enfoca su calidad de madre del mestizaje, mujer de rasgos simpáticos y agradables, inteligente, valiente y fiel.

Hinweis: Einzelne Elemente der Übersicht (Stichworte zu Malerin oder Maler, sichtbaren historischen oder geografischen Elementen, Blickwinkel der Malerin bzw. des Malers, Wirkung auf Zuschauer) können, ggf. zur Binnendifferenzierung, als *sistema de apoyo* dienen, um eine Grundlage für eine *lámina explicativa* oder einen mündlichen *informe* im Galerierundgang zu haben.

6. individuelle Lösungen

7. Bei der *tabla* ist darauf zu achten, dass besonders die neuen Informationen aus der Interpretation der Bilder eingehen.

Procedencia y fases de la vida	"Profesión" y otros papeles	Rasgos característicos	Estatus social
• hija de un rico cacique • esclava en Tabasco • compañera de Cortés • esposa del capitán Juan Jaramillo	• intérprete • intermediaria • diplomática • amante • madre • esposa • consejera	• inteligente / guapa / poliglota • tez rojiza / pelo liso / ojos negros, almendrados • madre del mestizaje / omnipresente • personaje clave de la conquista • representante / símbolo de su patria • sumisa / respetada / simpática / inocente • entre dos culturas / vendedora de su patria / traidora / diabólica menosprecia lo suyo	• alto: procedente de la aristocracia tabasqueña • alto: por ser compañera del conquistador • alto: por ser esposa legítima del capitán Juan Jaramillo • bajo: por su condición de esclava / amante

2.2 La Malinche como personaje literario (SB S. 136–138)

2.2.1 El encuentro perturbador entre Malinche y su madre (SB S. 136/137)

Laura Esquivel: Fragmento de la novela "Malinche" (2006) (SB S. 136)

Text: Romanauszug
Wortzahl: 400
Schwierigkeitsgrad: ***
Inhalt: Der Textauszug handelt von der Unterhaltung zwischen Malinche und ihrer Mutter, die sich das erste Mal, seit sie als Sklavin verkauft worden ist, wiedersehen. Malinche verhält sich abweisend und macht ihrer Mutter Vorwürfe, während diese versucht, ihre Handlungsweisen zu rechtfertigen und Vergebung von der Tochter zu erlangen.

Didaktisch-methodische Hinweise

Die mexikanische Autorin Laura Esquivel stützt sich in ihrem knapp 200 Seiten umfassenden, flüssig geschriebenen Roman auf historische Quellen und zeichnet gleichzeitig mit viel Empathie und Schöpferkraft ein sehr persönliches Bild der Malinche.
Ein Interview mit Laura Esquivel, in dem sie erzählt, was sie dazu bewogen hat, den Roman zu schreiben, findet sich auch als Tondokument im Netz (s. S. 148).

Actividades SB S. 136/137, Lösungsvorschläge

1. El fragmento presente, sacado de la novela "Malinche" de Laura Esquivel publicada en 2006, trata del primer encuentro entre Malinche y su madre después de su venta como esclava. Mientras que la madre está muy conmovida al ver a su hija, Malinche le reprocha el destrozo de su infancia y de su felicidad. Pidiendo perdón a su hija, la madre le explica todas las razones por las que la ha abandonado. Malinalli que ya está a punto de perdonarle cambia de opinión y en vez de perdonarle la humilla, tratándola con mucha soberbia y explicándole que en su nueva vida no desempeña ni desempeñará ningún papel.

2. vgl. auch SB S. 327 und Tabelle SB S. 137
Malinche, tal como aparece en el fragmento de la novela, muestra una discrepancia entre sus palabras y sus sentimientos relatados en las partes narrativas. El diálogo con su madre se caracteriza por elementos no comunes y poco esperados. La hija no se atiende a los ritos convencionales sino que tematiza sin introducción alguna sus sufrimientos y rencores, mostrándose intransigente.
Del análisis se pueden sacar las conclusiones siguientes: La autora ha emprendido la tarea de

acercarse al personaje histórico de Malinche perfilando, llena de simpatía, su (presunta) biografía como niña abandonada que vuelve a encontrar a su madre, como 'mujer' del poderoso Cortés. Esquivel pinta la imagen de una Malinche autónoma, orgullosa y consciente del papel que desempeña en la historia como encarnación o representante de la nueva cultura híbrida.
Al mismo tiempo la autora le otorga rasgos universales que lectores del siglo XXI, que estén lejos de las secuelas de la conquista, puedan comprender: Una hija adulta siente la necesidad de hacer un ajuste de cuentas con su madre que le ha hecho gran daño en la niñez. Se trata de una situación arquetípica que se desarrolla según reglas universales: reproches, justificaciones, explicaciones y excusas que se alternan sin que se logre la reconciliación. Al narrador omnisciente le toca descubrir la discrepancia entre palabras y pensamientos.

Weitere Hinweise

Mögliche Anknüpfungspunkte zur weitergehenden Diskussion: Vergleich des Entstehens einer hybriden Kultur im Mexiko zur Zeit der *conquista* durch Assimilation der *cultura indígena / azteca a la española* mit ähnlichen Vorgängen in unserer Gegenwart, vor allem im Grenzgebiet zwischen Mexiko und USA.
Nützlicher link zu einem Interview (auch als Tondokument) mit Laura Esquivel: "Malinche" permite aprender de nuestro pasado, Radio Cooperativa © Compañía Chilena de Comunicaciones S.A. Antonio Bellet 223, Providencia, Santiago, Chile; Fono: (56–2) 364 8000; http://www.cooperativa.cl/p4_noticias/antialone.html?page=http://www.cooperativa.cl/p4_noticias/site/artic/20060418/pags/20060418123734.html

2.2.2 El encuentro entre Malinche y su madre representado en la viñeta histórica de Eduardo Galeano (SB S. 138)

Eduardo Galeano: Painala, La Malinche (1523)

Text: *viñeta historica*
Wortzahl: 311
Schwierigkeitsgrad: ***
Inhalt: Die im gesamten Reich gefürchtete ehemalige Sklavin Malinche, die Macht hat über Leben und Tod, trifft 1523 in ihrer Heimat Painala ihre Mutter, die sich ihr zu Füßen wirft und um Verzeihung bittet. Malinche stößt sie nicht zurück, sondern hebt sie auf, umarmt sie und legt ihr eine Halskette um. Dann reitet sie fort.

Didaktisch-methodische Hinweise

Der uruguayische Autor Eduardo Galeano ist in den frühen Siebzigerjahren in Europa bekannt geworden mit seinem Buch „Las venas abiertas de Lantinomanerica", in dem er die Ausbeutung des Kontinents durch die westlichen Industriemächte dokumentiert und anprangert.
Der erste Band der Trilogie „Memoria del fuego", dem die beiden Texte entnommen sind, erschien 1982. Die Trilogie beginnt mit der Zeit vor der *conquista* und endet im 20. Jahrhundert.
Galeano verfolgt das Ziel, die Geschichte des Kontinents für Leserinnen und Leser erlebbar zu machen. Er gestaltet mit einigen behutsamen sprachlichen und orthografischen Anpassungen eine ‚Nachschöpfung' in Form von *viñetas históricas*. Die *viñetas* sind kurze Texte, die auf einer strikt historisch-dokumentarischen Basis (mit Quellenangaben) verfasst sind und teilweise Zitate der historischen Zeugnisse enthalten,
Die *viñetas* erzählen Mythen und Legenden Lateinamerikas, berichten von außergewöhnlichen oder alltäglichen Ereignissen, schildern Episoden aus dem Leben berühmter oder namenloser Menschen und erläutern Bräuche. Auch Unterdrückung und Leiden der Bevölkerung werden thematisiert.
Die *viñetas* von Galeano sind für den Unterricht geeignet wegen ihrer Kürze und des spezifischen Fokus auf Lateinamerika.

Actividades SB S. 138, Lösungsvorschläge

1.

acción	Acompañada por los españoles, Malinche llega a Painala donde encuentra a su madre que le pide perdón. Malinche renuncia a vengarse y abraza a la madre.
lugar	Painala, lugar de su infancia
protagonistas	Malinche y su madre
sentimientos	nostalgia, miedo, arrepentimiento, dolor, cariño / compasión, humillación

2. *Esquivel*: la muestra intransigente, no dispuesta a perdonar lo que la madre le hizo; *Galeano*: la muestra dispuesta a perdonar, reconciliar y evidenciar su fuerza y su poder

3. *Mögliche Schülerantworten:* Malinche ha sufrido mucho por lo que me parece más verosímil la versión de Esquivel. / No creo que se pueda perdonar que la madre haya aceptado venderla como esclava. / La madre no merece su perdón, actuó como una madre no debería de actuar. Malinche ha logrado mucho, tiene riqueza y poder; puede permitirse el lujo de perdonar. / Los sentimientos de Malinche se distinguen, según Esquivel, de sus palabras. / Sería más verosímil que Malinche actuara como se lo manda el corazón.

La viñeta histórica (SB S. 138)

Text: Sachtext (Auszug aus der Einleitung zum Buch)
Wortzahl: 97
Schwierigkeitsgrad: **
Inhalt: Die Textsorte der *viñeta histórica*, durch die die Historie für die Menschen erlebbar gemacht werden soll, wird folgendermaßen erläutert: Historische Episoden [aus den drei Bänden der „Memoria del fuego"] werden streng dokumentarisch mit behutsamer sprachlicher und orthografischer Aktualisierung nachgeschrieben. Aus Quellen entnommene wörtliche Zitate erscheinen im Kursivdruck; die verwendeten Hauptquellen werden in der Bibliografie am Ende und unter den Einzeltexten als Ziffern angegeben.

Actividades SB S. 138 unten, Lösungsvorschläge

1. Su base son las fuentes históricas existentes; se insertan citas literarias; se moderniza una ortografía; se cuenta el episodio de manera viva e interesante.

2. *Hinweis*: Die Ziffern 29 und 62 beziehen sich auf das Werk des Historikers Fernando Benítez "La ruta de Hernán Cortés" (México 1974) und die Chronik von Bernal Díaz del Castillo "Verdadera historia de los sucesos de la conquista de la nueva España" (Madrid 1879) (vgl. SB S. 131, 1.3.8). *Vestida de española* bezieht sich darauf, dass Malinche nicht die traditionelle *túnica* (Z. 29) trägt.

Mögliche Informationen für die Schülerinnen und Schüler:
La ropa de Malinche corresponde a la de aquella época, la túnica alude a la ropa tradicional de una indígena.
Los lugares corresponden a lugares existentes. La gruta de Chapultepec era el lugar donde los soberanos encontraban a Huémac, el rey de los muertos, a quien había que entregar ofrendas en forma de sacrificios humanos.

Las cifras 29 y 62 hacen referencia a dos obras que Galeano ha consultado para recrear el episodio. Los lugares mencionados son lugares realmente existentes.

3 De Malinche al malinchismo (SB S. 139–141)

3.1 Lo que opina la gente del siglo XXI – navegar por la Red (SB S. 139/140)

Text: Forumsbeiträge/Lexikoneintrag/Zeitungskolumne
Wortzahl: unterschiedlich (zwischen 40 und 147 Wörtern)
Schwierigkeitsgrad: **/***
Inhalt: unterschiedliche Stellungnahmen und Einschätzungen zum *malinchismo*

Didaktisch-methodische Hinweise

Die Schülerinnen und Schüler können ihrerseits im Forum „Malinche" Einträge zu Malinche und zum *malinchismo* suchen und auch selbst schreiben. Die vielen Foren zum Thema und die Menge an aktuellen Einträgen sowie Veröffentlichungen zeigen die Bedeutsamkeit des Themas für die Gegenwart.

Actividades SB S. 140, Lösungsvorschläge

1.

fragmento	rasgo característico	información nueva	de especial interés
a)	traidora, antipatriota, vendida, mujer sin escrúpulos, colaboradora con el enemigo, astuta, sin darse cuenta de las consecuencias de sus acciones	se educa a los mexicanos a no querer a Malinche	se dejó seducir por la ambición
b)		mitos: no todo lo que llega de afuera es bueno ni tampoco es malo todo lo que llega de afuera	¿Se puede decir que los mexicanos son víctimas por heredar el espíritu de Malinche?
c)	intérprete, diplomática, inteligente, madre de un hijo ilegítimo de Cortés, valor en la batalla, compromiso con los conquistadores	desempeñó un papel importante en la conquista	
d)	Malinche no tenía patria	leyendas: relación amorosa con Cortés traicionó su patria explicación: relación amorosa poco intensa; no traicionó la patria porque no tenía patria	Cortés se aprovechó de la enemistad entre las tribus durante la conquista / el concepto del malinchismo es posterior
e)		el malinchismo no es un fenómeno mexicano: se atribuye a los que sienten una atracción excesiva por lo extranjero, menospreciando lo propio aunque sea de mejor calidad	el malinchismo no es sólo un fenómeno mexicano
f)	esclava, amante de Cortés	malinchismo: desdén de lo propio	
g)		una abierta inclinación por lo extranjero, deseo de ser absorbido	deseo de ser absorbido por los conquistadores

2. individuelle Lösungen

3. La imagen de Malinche se ha ido modificando a lo largo de los siglos. Tanto los cuadros como los comentarios en el foro transmiten perfiles heterogéneos; por lo visto, la Malinche se puede descubrir desde muy distintos enfoques: es tanto la joven guapa e inocente como la mujer diabólica, la lengua.

Las imágenes y los comentarios reflejan las facetas de la –presunta– personalidad. Esto también se muestra en los textos leídos hasta ahora. Mientras que la Malinche de la canción es la traidora cuyas acciones hasta hoy marcan de manera perjudicial la sociedad mexicana, el texto biográfico "Malintzin – Madre del mestizaje" enfoca su calidad de progenitora de la nación mexicana, mujer inteligente, valiente y fiel, de rasgos simpáticos y agradables. En la novela de Laura Esquivel aparece como mujer dominante y orgullosa, consciente de formar parte de una etapa decisiva en su patria.

4. El término *"malinchismo"* implica que los mexicanos y también otra gente de la América hispanohablante desmienten sus propias raíces y veneran lo extranjero si es de piel blanca. El término incluye que las consecuencias del encuentro entre lo indígena, representado por Malinche, y lo foráneo, representado por Cortés, han influido de manera sustancial y duradera en las acciones y la mentalidad de los mexicanos. La interpretación actual del papel que desempeñó Malinche puede llevarlos a desarrollar una nueva conciencia de sí mismos que acepte tanto las propias raíces como el reconocimiento del valor de culturas ajenas.

3.2 "La Maldición de Malinche" convertida en fotorrevista virtual por el argentino Carlos Amérigo (SB S. 141)

Didaktisch-methodische Hinweise

Die *fotorrevista* greift die das Modul eröffnende *canción* noch einmal auf und lässt den Inhalt mit Hilfe von Ausschnitten aus *murales* von Rivera und Orozco, Gemälden und Bildern, historischen Fotos und solchen mit Szenen aus dem täglichen Leben sowie Standbildern aus Filmen Revue passieren. Die Schülerinnen und Schüler verfolgen die Präsentation und müssten alle historischen Anspielungen sowie die Appelle und Anklagen verstehen. Das die Arbeit am Modul abschließende Organigramm fokussiert auf die zentrale Bedeutung Malinches und dient als Grundlage für die Schlussdiskussion sowie die spätere Rekapitulation etwa im Zusammenhang mit der mündlichen und schriftlichen Abschluss- bzw. Abiturprüfung.

Actividades SB S. 141, Lösungsvorschläge

1. individuelle Lösungen

2. *mögliche Schülerantworten:* Los textos leídos hasta ahora enfocan distintas perspectivas y facetas del personaje de Malinche. / La Malinche de la canción presenta una visión limitada: es exclusivamente la traidora cuyas acciones hasta hoy marcan de manera perjudicial la sociedad mexicana, negando la autorresponsabilidad de las personas del siglo XXI. / Este enfoque también se descubre en algunos *post* del foro 'Malinche' o en algún cuadro. / Otros textos, literarios y no ficticios, así como algunos cuadros revelan su calidad de mujer valiente que destaca por su espíritu innovador e independiente. / Malinche forma parte activa de un cambio histórico decisivo y genera algo absolutamente nuevo, lo cual se hace patente en el apodo de 'madre del mestizaje'. / En cuanto a la herencia de Malinche se puede decir que, según la visión que se tenga de ella, se la adora / respeta / toma por modelo / odia / responsabiliza de desastres, vicisitudes y peripecias.

Organigrama:

sucesos históricos	características de Malinche	herencia
conquista	inteligencia	pobreza
muerte (asesinato) de Moctezuma último soberano azteca	intérprete	marginación
apropiación de tierras mexicas / aztecas	intermediaria entre dos culturas	hambre
colonialismo	madre del mestizaje	admiración de lo blanco
independencia	esclava regalada a Cortés por los aztecas	sentimiento de inferioridad

malinchismo
reverencia a lo foráneo
inclinación a entregarse
menosprecio de lo propio
apego a lo extranjero

cambiar el concepto

La Malinche histórica no era azteca, por lo cual no se puede decir que traicionara a su patria. Con Malinche empezó una nueva cultura híbrida en la que se funden la hispana y la azteca. Los mexicanos deben sentirse orgullosos de su cultura y ofensivos a la hora de defenderla.

La diversidad cultural y lingüística en España (SB S. 142–167)

Das Modul bietet einen Überblick über die Sprachensituation in Spanien am Beispiel von Katalonien. Die Schülerinnen und Schüler erarbeiten sich das nötige Sachwissen als Grundlage für den Erwerb interkultureller Kompetenz. Das Modul leistet mit dem einleitenden Blick auf die sprachliche Vielfalt in der Welt und die Erklärungsversuche der Menschen für diese Vielfalt einen Beitrag zum Allgemeinwissen. Eine Vernetzung mit dem ersten Modul „Jóvenes en Europa y España" ergibt sich durch den Überblick über die europäischen und die vier in Spanien gesprochenen Sprachen. Die gegenwärtige sprachliche Situation in Spanien und die sich daraus ergebenden politisch-kulturellen Konsequenzen bilden den Kern des Moduls.

Fundamentum (grau unterlegt) und Additum gliedern sich wie folgt:

SB Seite			
142/143	**Auftaktseiten**		
144–149	**1**	**La lengua como elemento unificador**	
144–146	**1.1**	**El mito de la torre de Babel**	grafische Darstellungen
145		La Santa Biblia: La Torre de Babel	Bibeltext grammatische Übung zur Zeitenfolge
147/148	**1.2**	**Las lenguas de Europa**	
147 148		En el principio fue la palabra Las lenguas europeas más habladas	Sachtext Statistiken
149	**1.3**	**Las lenguas de España**	
149		Pequeño glosario para defenderse en las regiones bilingües Mapa lingüístico de España	Glossar thematische Landkarte
150–156	**2**	**El bilingüismo castellano-catalán y sus reflejos en la sociedad española**	
150–153	**2.1**	**Hacia más autonomía – el Estatuto Catalán del 2006**	
150 150/151 150/151 151 152/153		La Página Web oficial catalana La Constitución española y el Estatuto en comparación Constitución española de 1978 Estatuto de Cataluña de 2006 La relación entre Cataluña y España desde la perspectiva del caricaturista	politische Propaganda Artikel der Verfassung Artikel des Estatut Karikaturen
154	**2.2**	**Una mirada hacia el pasado franquista y sus huellas en el presente**	
154		El franquismo	Internetdokument
	Ggf. als Ersatz oder ergänzend in selbstständiger Arbeit: Station 2 vom Stationenlernen zu: „Panorama de la Guerra Civil española" (SB S. 180/181)		
155/156	**2.3**	**Cataluña – locomotora del progreso económico de España**	
155 155/156 156		La potencia económica de Cataluña comparada con la de España en relación con el promedio de la Unión Europea La inmigración como expresión de la potencia económica El desarrollo económico de Cataluña desde el ingreso en la UE	Statistiken/Diagramm
157–161	**3**	**¿Bilingüismo catalán-castellano o monolingüismo catalán?**	
157–159	**3.1**	**Las oficinas de Garantías Lingüísticas en Cataluña como instrumento de superación del bilingüismo**	
157/158 159		El Govern recomienda aumentar las oficinas de denuncia Una manifestación contra la política lingüística de Cataluña Formulario de queja o denuncia lingüística descargado de gencat, la Página Web de la Generalidad Catalana	Zeitungsbericht Plakate Formularvordruck

SB Seite			
160/161	**3.2**	**Reacciones ante el fenómeno de la "garantía lingüística"**	
160 160/161		El uso del castellano, sancionado El rótulo incriminado	Internetdokument grammatische Übung zum *subjuntivo*
162–167	**4**	**La discusión de los distintos puntos de vista en los medios de comunicación**	
162–164	**4.1**	**Voces de autoridades:**	
162 163 164		Gregorio Salvador alerta sobre los daños que causa el bilingüismo El imperio del español Discurso del Presidente del Gobierno en el debate de totalidad sobre la Propuesta de Reforma del Estatuto de Cataluña	Zeitungsbericht Zeitungsbericht Politische Rede Tondokument
165/166	**4.2**	**Testimonios**	
165 165/166		Hablar catalán, un andaluz El tema de la identidad catalana – testimonio de Teresa C.	*testimonios*
167	**4.3**	**El catalán – ¿amenaza para el castellano? (Mesa Redonda)**	

1 La lengua como elemento unificador (SB S. 144–149)

1.1 El mito de la Torre de Babel (SB S. 144–146)

Didaktisch-methodische Hinweise

Abbildungen S. 142–144: Die bildlichen und grafischen Darstellungen zum Turmbau zu Babel dienen der Einstimmung auf das Thema der *diversidad lingüística* und als Sprechanlass für Erklärungsversuche der Menschen zur Entstehung der Sprachen und über die Funktion der Sprache allgemein. Der Mythos des Turmbaus gehört zum Allgemeinwissen und sollte als solches vermittelt werden. Je nach individueller Kursplanung kann sich die Einführung in das Gesamtthema (Kapitel 1.1) auf das Beschreiben und Besprechen ausgewählter Bilder beschränken. Es sollten mündlich Vorkenntnisse abgerufen und erste Stellungnahmen zur Rolle der Sprache als Verständigungs- und Kommunikationsmittel abgegeben werden.

Actividades SB S. 145, Lösungsvorschläge

1. una torre muy alta / antes había una lengua común y después de la construcción de la torre de Babel surgieron muchas lenguas y las personas ya no podían comunicarse / los seres humanos se habían vuelto soberbios / la construcción de la torre era una ofensa de Dios, porque se pretendía llegar hasta el cielo donde Él vivía / confusión / desorden / malentendidos / castigo / megalomanía / historia bíblica / dispersión / falta de comprensión / desobediencia

2. *texto modelo:* Las perspectivas desde las que están dibujadas / pintadas son distintas: En dos imágenes de color (p. 142 y p. 144 arriba a la derecha) se distinguen muy bien las personas que están trabajando tanto en la construcción de la torre como en el campo. Así que las personas ocupan un lugar central. En los demás cuadros es la torre que destaca y los hombres desempeñan un papel secundario. En la "Tour de Babel" (p. 143) sólo son puntos al pie de la torre. Para subrayar la altura de la torre, en esta litografía se ven otros edificios mucho más pequeños que normalmente son considerados como grandes, p. ej. una especie de castillo.
En los demás cuadros las personas y los animales tienen un tamaño minúsculo, pero resultan perfectamente distinguibles.
Para demostrar la altitud de la torre, en algunas imágenes la punta más alta de la torre llega hasta las nubes como por ejemplo en el famoso cuadro de Peter Breughel (p. 144 abajo a la izquierda).
Las imágenes, excepto la segunda de la página 142 abajo, tienen en común que la torre está en construcción. La más completa es la "Tour de Babel" (p. 143) aunque también a ésta le falta la cúspide.

3. *Hinweis:* Es bietet sich an, die Reihenfolge der Inhaltselemente im Kurs zu besprechen und die Ergebnisse mit einer Begründung vortragen zu lassen. Die Inhaltselemente können auch mit geeigneten Textkonnektoren verbunden werden: z. B. e) und c): ...donde empezaron a construir una torre; a) und g): ...por lo que confundió la lengua e hizo que...
Lösungen: a) 6; b) 5; c) 3; d) 4; e) 2; f) 1; g) 7

La Santa Biblia: La Torre de Babel (SB S. 145)

Text: biblische Erzählung (AT)
Wortzahl: 198
Schwierigkeitsgrad: ****
Inhalt: Jahwe straft die Menschen dafür, dass sie sich anmaßen, einen hohen Turm zu bauen. Er verwirrt die eine gemeinsame Sprache und zerstreut die Menschen über die ganze Erde.

Hinweis: Eine Erläuterung der Bibelstelle findet sich auf der folgenden Internetseite: http://www.zum.de/Faecher/kR/Saar/gym/projekt/bibel/11_mythos/Kontext.htm

Actividades SB S. 145/146, Lösungsvorschläge

1. *Hinweis:* Für die Bibelstelle kann auch die deutsche Übersetzung herangezogen werden. Die Schülerinnen und Schüler erkennen im Vergleich, dass keine Alltagssprache verwendet wird, sondern ein spezifisches sprachliches Register.
individuelle Lösungen

2. *Hinweis:* Die *actividad* dient der Auseinandersetzung mit den Erklärungsversuchen zum Ursprung der verschiedenen Sprachen. Eine festgelegte Reihenfolge für die Wertigkeit oder Stichhaltigkeit der einzelnen Äußerungen gibt es nicht. Wichtig ist, dass die Schülerinnen und Schüler etwa drei für sie zentrale Erklärungsversuche nennen und begründen, weshalb diese für sie stichhaltig sind. Für die Versprachlichung können die *ayudas lingüísticas* (SB, S. 74) hilfreich sein.
Mögliche Äußerungen:
- La declaración más convincente es la siguiente:...
- Desde mi punto de vista la torre de Babel...
- Yo, desde luego, quisiera subrayar, que los seres humanos...
- Hay que hacer hincapié en el hecho de que la Torre de Babel...
- El segundo rango lo ocupa la declaración siguiente:...
- La tercera declaración convincente es la siguiente:...

3. *Hinweis:* Die Methode der *charla un minuto* wird im SB auf S. 319 auf Deutsch erklärt.
texto modelo: Presentaré primero la historia bíblica de la Torre de Babel y luego pasaré a unas breves consideraciones generales sobre la función de una lengua.
Según la Santa Biblia, había una época en la que todas las personas hablaban una misma lengua. Un día, durante la emigración del pueblo hacia Oriente, descubrieron una planicie en la que se quedaron y decidieron edificar una ciudad. Pero éste no era su único motivo: también quisieron hacerse famosas por construir una torre cuya cúpula llegara hasta el cielo.
Poco después Yahvé bajó del cielo para ver la labor de las personas y se dio cuenta del posible poder de los hombres por ser un solo pueblo con una sola lengua. Entonces, para frenar un poder tan ilimitado, Yahvé confundió el idioma de todos los habitantes de la tierra y los dispersó por toda la superficie.
Ésta era la historia bíblica y ahora expondré en breve lo que se puede deducir de la misma en cuanto a la función de una lengua.
Lo que la historia revela claramente sobre las funciones diferentes de una lengua es el aspecto del poder, o sea, de la posibilidad de concebir y realizar grandes proyectos. En el caso de la Torre de Babel Yahvé no quiso que las personas realizaran empresas tan grandes.
Ahora: las empresas grandes son buenas, si se trata de proyectos útiles para la humanidad, como por ejemplo en nuestra época proyectos de las Naciones Unidas. Además, una lengua común evoca un sentimiento de afinidad o unión lo que trae consigo seguridad y un cierto orden. También quiero alegar el aspecto social. Hablar una misma lengua favorece la convivencia social en todos sus aspectos: familia, amistad, vecindad, ayuda para los que la necesiten.
Para concluir quisiera recalcar el punto primordial para mí: la lengua común une a las personas.

Weitere Übungs- und Wiederholungsangebote

Grammatik – Regel und Wiederholung
Hinweis: Ggf. muss vor der folgenden Übung die Zeitenfolge im Satzgefüge behandelt bzw. wiederholt werden (Grundregeln: 1. das Tempus des Verbs des Hauptsatzes bestimmt das des Gliedsatzes, 2. der Modus richtet sich nach dem Auslöser im Hauptsatz).
Obwohl die Zeitenfolge in der indirekten Rede im Spanischen denselben Regeln folgt, kann der Tempus- bzw. Modusgebrauch für Schülerinnen und Schüler ein Problem darstellen wegen der Möglichkeit, im Deutschen über die Verwendung des Tempus oder Modus unterschiedliche Sprechintentionen auszudrücken. Eine Diskussion um die ‚richtige' Verwendung der Modi im Deutschen bringt nichts für das Spanische. Es reicht aus, wenn sich die Schülerinnen und Schüler bei der Redewiedergabe an die Grundregel halten, dass im indirekten Befehlssatz der *subjuntivo* stehen muss und das Tempus vom Hauptsatz abhängt.

Kopiervorlage

Regel

I. Regla básica	II. Regla añadida
El tiempo de la frase principal determina el de la frase subordinada: ➔ ***tiempos del presente*** *en la principal: se utiliza el mismo tiempo en la subordinada* ➔ ***tiempos del pasado*** *en la principal: se utiliza un tiempo del pasado en la subordinada*	*Hay que prestar especial atención a los* ***imperativos****:* ➔ *los imperativos se transforman en formas verbales del subjuntivo del tiempo correspondiente* ➔ *las formas personales del verbo cambian si se relata algo dicho por otra persona*
Ejemplo: La mujer **dice**: "Los hombres **hacen** ladrillos." ↔ La mujer **dice** que los hombres **hacen** ladrillos. La mujer dijo: "Los hombres **hacen** ladrillos". ↔ La mujer **dijo** que los hombres **hacían** ladrillos.	**Ejemplo:** La mujer dice: "**Haced** ladrillos". ↔ La mujer dice que **hagan** (**hagáis**) ladrillos. La mujer dijo: "**Haced** ladrillos". ↔ La mujer **dijo** que **hicieran** (**hicierais**) ladrillos.

¿Cómo se explicaron los judíos la existencia de tantas lenguas? – Repasa tus conocimientos y recuerda el uso correcto de los tiempos y modos.

1. Un día los hombres llegaron a una planicie que les ______________ (parecer) idónea para asentarse.
2. Algunos querían que todo el pueblo se ______________ (animar) a construir una torre alta.
3. Los más soberbios insistieron en que ______________ (ser) muy alta y que así ______________ (llegar) hasta el cielo.
4. Para otros lo más importante fue que se ______________ (hacer) famosos.
5. Una mujer dijo (mandó) a los hombres que ______________ (empezar).
6. En seguida comenzaron con la construcción para que la labor se ______________ (llevar) a cabo rápidamente.
7. En eso Yahvé descendió del cielo para ver lo que los hombres ______________ (hacer).
8. No impidió que ______________ (terminar) su labor.
9. A pesar de ello mandó que se ______________ (dispersar) por el mundo.
10. A la vez confundió su lenguaje de modo que ya no se ______________ (entender).
11. Algunas personas creen que ______________ (ser) un castigo de Dios por la soberbia humana.

Lösungen zur Kopiervorlage

1. pareció / 2. animara / 3. fuera, llegara / 4. hicieran / 5. empezaran / 6. llevara / 7. hicieron / hacían / 8. terminaran / 9. dispersaran / 10. entendían / 11. fue

1.2 Las lenguas de Europa (SB S. 147/148)

En el principio fue la palabra (SB S. 147)

Text: Sachtext
Wortzahl: ca. 300
Schwierigkeitsgrad: **
Inhalt: Der Text informiert über den gemeinsamen indoeuropäischen Ursprung der europäischen Sprachen mit den Ausnahmen des Finnisch-Ugrischen und des Baskischen.
In der EU werden Mehrheitssprachen, offizielle Sprachen der Staaten und Minderheits- oder Regionalsprachen unterschieden. Eine Sprache kann Mehrheitssprache in einem Land und Minderheitssprache in einem anderen sein.

Didaktisch-methodische Hinweise

Der Text kann entgegen dem vorgeschlagenen Verfahren von der Lehrkraft vorgetragen und das Verständnis nachgewiesen werden durch mündliche oder schriftliche Zusammenstellung der Informationen zu den *lenguas minoritarias* und *oficiales* (s. Kasten unten), um die Rolle des *catalán* (*vasco, gallego*) im europäischen Kontext zu verstehen. Alternativ wäre das Organigramm (S. 157) auszufüllen.

Actividades SB S. 147, Lösungsvorschläge

1. *erster Punkt:*
Strategie: selektives Lesen auf Hauptinformationen: Suchen nach Infos, die mit den *lenguas* zu tun haben
- Kennen und Erklären des Terminus *grupo indoeuropeo*
- Unterscheidung zwischen *lenguas oficiales* und *regionales / minoritarias*
- überfliegendes Lesen etwa nach Aufzählungen: offizielle Einzelsprachen; Länder mit gleichen Sprachen
- Ziffern zu Angabe von Schlüsselinformationen: Anzahl der Länder und Anzahl der offiziellen Sprachen

lenguas oficiales	lenguas regionales o minoritarias
25 países – 20 lenguas oficiales → tercer párrafo (en algunos países europeos se habla el mismo idioma, p. ej. en Austria y Alemania → último párrafo)	lenguas de poca difusión y lenguas habladas en un país con otra lengua oficial (→ lenguas oficiales pueden ser al mismo tiempo minoritarias cuando se hablan en un país con otra lengua oficial)

zweiter und dritter Punkt: individuelle Ergebnisse

2. individuelle Ergebnisse

Las lenguas europeas más habladas (SB S. 148)

Zusatzinformation

Unter der Adresse http://europa.eu/abc/keyfigures/index_de.htm (→ Fakten und Zahlen über Europa und die Europäer → Größe und Bevölkerung → Wie viele Menschen leben in der EU?) können Schülerinnen und Schüler selbstständig heraussuchen, welchen Anteil an der Gesamtbevölkerung der EU z. B. Deutschland hat.
Durch Anklicken der verschiedenen Länder kann man an dem Balkendiagramm sehen, welche Staaten welchen Anteil an der Gesamtbevölkerung der EU bilden. Im nächsten Schritt wäre herauszuarbeiten, welcher Prozentsatz von Menschen die entsprechende Landessprache als Fremdsprache beherrscht.

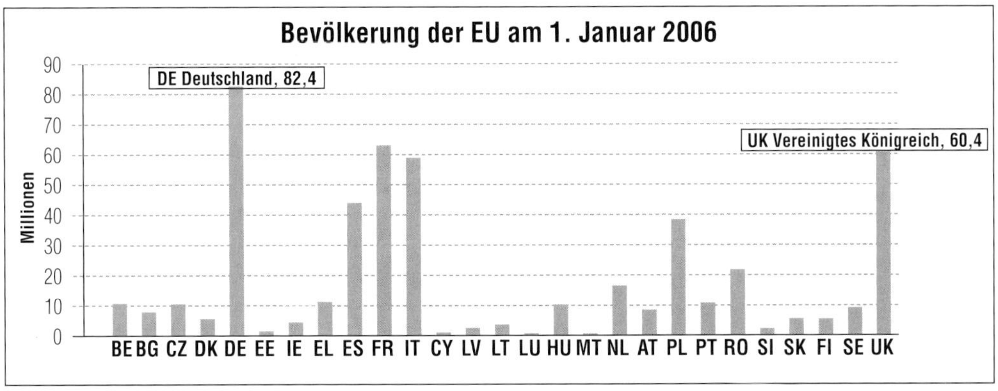

Actividad SB S. 148, Lösungsvorschlag

A pesar de ser el país más poblado de la UE con un 18,5 % de la población total, el alemán sólo lo habla un 32 % mientras que el inglés lo habla un 47 % aunque la población sólo es de un 13 %.

Hinweis

Alternativ zu dem Verfahren, das im SB vorgeschlagen wird, könnte das Balkendiagramm ohne die Angaben an der x-Achse auf Folie gezogen werden. Die Schülerinnen und Schüler müssten, ggf. mit Hilfe der kleinen Tabelle in der Randspalte (SB S. 148), überlegen und begründen, in welcher Reihenfolge die Sprachen stehen.

Zusatzmaterial zur Lernerfolgskontrolle

Evalúa tus conocimientos sobre las lenguas

grupos de lenguas indoeuropeas → 1. 2. 3.

↓

número de lenguas oficiales en la UE →

↓

lenguas oficiales poco habladas en la UE → 1. 2. 3. 4.

↓

lenguas oficiales más habladas en la UE	número de hablantes
1.	1.
2.	2.
3.	3.
4.	4.
5.	5.

↓

lenguas minoritarias en España

↓

1	2	3	4

1.3 Las lenguas de España (SB S. 149)

Didaktisch-methodische Hinweise

Pequeño glosario para defenderse en las regiones bilingües
Es soll an Beispielen die Verwandtschaft zwischen den romanischen Sprachen – Begriff der *familia románica* – unter Rückgriff auf den Artikel *En el principio fue la palabra* herausgearbeitet werden. Ggf. können Wörter weiterer romanischer Sprachen hinzugefügt werden.

Actividades SB S. 149, Lösungsvorschläge

1. *erster Punkt:* Muchas palabras se parecen (se entienden) porque pertenecen a la misma familia / son lenguas románicas / el español, el catalán y el gallego tienen su origen en el latín.
zweiter Punkt: hola, adiós, buenos días, buenas tardes, buenas noches, no, por favor, sí, muchas gracias, de nada
dritter Punkt: adieu, bonjour, bonsoir, bonne nuit, non, s'il vous plaît, de rien, buon giorno, buona sera, buona notte, no, per favore, sì, molte grazie, etc.

2. Se presentan problemas con el vasco que no pertenece a la familia de las lenguas románicas, ni tampoco de las lenguas indoeuropeas. Por eso las palabras vascas no se parecen a las palabras gallegas, catalanas, castellanas.

Zusatzinformation

Der Sprachkurs **Vincles** des katalanischen Erziehungsministeriums (http://www.edu365.com/eso/muds/catala/vincles/vincles2/index.html#) eignet sich gut, um einen Höreindruck vom Katalanischen zu bekommen und eigene Versuche mit der Sprache zu machen.
Empfehlung: Einstieg auf der Seite „El meu país" und „Com s'hi viu", auf der Aktivitäten verschiedener Personen verbunden werden müssen mit den entsprechenden Verben. Man muss die Verben zu den Handlungen ziehen und erhält umgehend eine verständliche verneinende oder lobende (z. B. *perfecte, excel·lent, molt bé*) Antwort.

Mapa lingüístico de España (SB S. 149)

Didaktisch-methodische Hinweise

Als Einstieg können vor der Beschäftigung mit den Aufgaben allgemeine geografische Daten wiederholt werden unter Verwendung eines variantenreichen themenspezifischen Wortschatzes.

- El mapa grande expone / enseña / En... se distinguen / las 50 provincias que constituyen / integran las 17 comunidades de España.
- Los cuatro mapas muestran toda la Península Ibérica, el sur de Francia y una parte del norte de África así como el Océano Atlántico y el Mar Mediterráneo.
- Las tres comunidades autónomas Galicia, País Vasco y Cataluña están ubicadas en las costas españolas; las primeras dos en el Mar Cantábrico y la última en el Mar Mediterráneo.
- Galicia y el País Vasco se ubican / se sitúan / en el norte de la Península / en la región cantábrica norte / en la costa cantábrica / en la costa del Mar Cantábrico.
- La comunidad contigua / vecina / del País Vasco es Cantabria.
- El territorio de Cataluña comprende la parte más oriental de España y el País Vasco se halla en el norte; ambos hacen frontera con Francia.

Actividad SB S. 149 unten, Lösungsvorschlag

Entre el País Vasco y Cataluña se sitúan Navarra y Aragón que a su vez limitan con Francia.
El mapa grande presenta en cuál de las comunidades se habla qué lengua – castellano en la mayor parte de España porque se trata de la "lengua oficial" pero también gallego, euskera, valenciano y catalán, las lenguas "regionales" o "minoritarias".
En los mapas pequeños se destacan las comunidades con lenguas propias que, según la definición de la CE, son lenguas regionales o minoritarias por ser habladas en un país (aquí: España) con otra lengua oficial.
El mapa "Catalunya" pone de relieve la comunidad de Catalunya (se escribe en catalán, o sea, no se emplea la "ñ" sino la ortografía catalana "ny"), mostrando el área de habla catalana en rojo con la bandera de Catalunya: ésta consta de nueve rayas horizontales, cinco amarillas y cuatro rojas.
El catalán es una lengua románica, o sea, deriva del latín.
El mapa "Euskadi" muestra el País Vasco o Euskadi. La bandera es roja con dos rayas diagonales de color verde y una cruz blanca.

El vascuence no pertenece ni a la familia de las lenguas románicas ni a la de las lenguas germánicas. Sus raíces siguen siendo objeto de investigación.
El mapa “Galicia” pone de relieve Galicia que se halla en el noroeste de España y al norte de Portugal. La bandera de Galicia es principalmente blanca con una raya diagonal de color azul y un escudo en medio de la bandera.
Igual que el catalán y el castellano, el gallego es una lengua románica.

Zusatzmaterial

Kopiervorlage (ggf. Folie)

El catalán: la historia, el territorio y las variantes lingüísticas en España

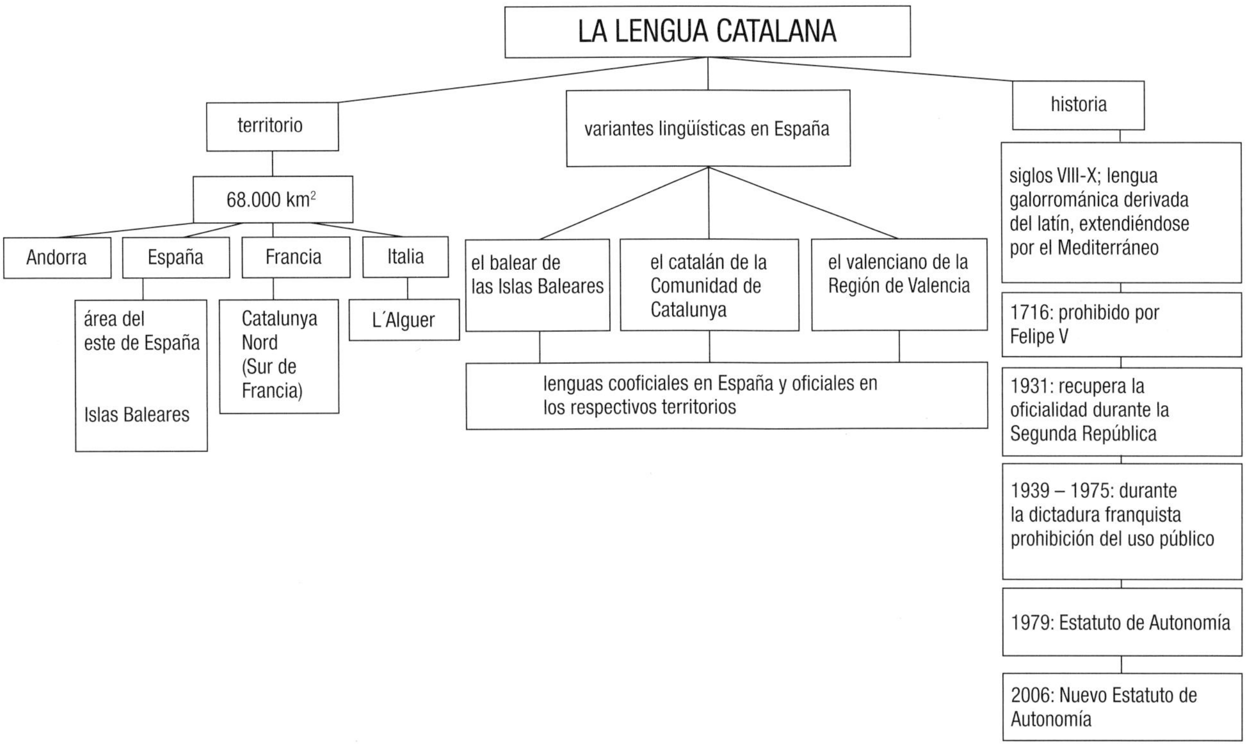

Auftrag für die Arbeit am Rechner, im Selbstlernzentrum oder zu Hause

Zusatzmaterial

1. Abre en la Red la página http://www.edu365.com/eso/muds/catala/vincles/vincles2/index.html, navega por las páginas de este curso de catalán y escucha cómo suena la lengua. Seguramente sabes hacer el ejercicio **“Vincles 3.1: Quin día es avui?”**.
También puedes buscar, por ejemplo, la página **3. EL MEU PAÍS 3.2 Com s’hi viu** en la que tienes que relacionar las actividades que realizan las personas con uno de los verbos en el centro: Con tus conocimientos del latín, de las otras lenguas románicas o simplemente “cliqueando” podrás encontrar las soluciones.

2. Cuando hayas realizado una acción, escucharás una voz femenina o masculina que reaccionará a tus intentos. Enseguida comprenderás si es correcto o no.
Repite la palabra que articula la voz de la Red, intentando imitar la manera de pronunciarla y la entonación. Apunta la palabra en castellano.

3. ¿Qué impresión te llevas del son del catalán?

2 El bilingüismo castellano-catalán y sus reflejos en la sociedad española (SB S. 150–156)

2.1 Hacia más autonomía – el Estatuto Catalán del 2006 (SB S. 150–153)

Didaktisch-methodische Hinweise

Es sollte zunächst ohne Zusatzinformationen mit der *website* und den Auszügen aus der spanischen Verfassung und dem Estatut gearbeitet werden. Der Blick auf die Geschichte sollte erfolgen auf der Basis von Sachkenntnissen zur gegenwärtigen Situation. (Eine Übersicht über die jüngere Geschichte Kataloniens findet sich in Kapitel 2.2, SB S. 154, sowie im SB S. 181 „Cataluña – informaciones históricas".)

Actividades SB S. 150, Lösungsvorschläge

1. La Generalitat quería lograr que los catalanes / usuarios se identificaran con el proyecto de cambiar el Estatuto del año 1979.
El texto hace referencia al cambio de los tiempos para explicar / justificar / respaldar el proyecto del nuevo Estatuto. Los ejemplos establecen el contraste entre lo antiguo y lo actual; p. ej. el euro sustituye la peseta, el correo electrónico la carta tradicional. El repetido uso del atributo "nuevo" también alude a lo moderno, juvenil y actual, de lo cual no se puede prescindir.
En este contexto al lector le parece lógico que también haya cambios constitucionales.

2. a) Antes utilizábamos máquinas de escribir mecánicas. Ahora existe un ordenador. b) Antes consultábamos bibliotecas y archivos. Hoy en día navegamos por la Red. c) Antes eran caros los billetes. Ahora hay líneas aéreas de bajo coste. d) Antes conseguíamos el carnet de conducir a los 18 años. Hoy en día lo conseguimos a los 17. e) Antes terminábamos el bachillerato a los 19 o 20 años. Ahora lo terminamos a los 18. f) Antes les gustaban a los niños las novelas de Enid Blyton. Hoy en día leen Harry Potter en inglés. g) Antes escuchábamos discos, pero hoy escuchamos CDs. h) Antes se necesitaba un visado para muchos países europeos. Hoy en día se necesita sólo el carné de identidad.

La Constitución española y el Estatuto en comparación (SB S. 150/151)

Didaktisch-methodische Hinweise

Die Schülerinnen und Schüler sollen über das Studium der Artikel der Constitución (*castellano = lengua española oficial del Estado; catalán, gallego y vasco = lenguas oficiales en las comunidades correspondientes*) und des Estatut (*catalán y castellano = lenguas oficiales; catalán = vehicular de aprendizaje; derecho y deber de conocer ambas lenguas*) den Stellenwert der spanischen Sprachen kennenlernen. – Man hört auch für die *lenguas oficiales en las comunidades correspondientes* den Begriff der *lenguas cooficiales.*

Actividades SB S. 151/152, Lösungsvorschläge

1. España se autodenomina "nación" y Cataluña "nacionalidad". La Constitución Española y el Estatut forman la base.
A nivel nacional: En cuanto al español se tiene el deber de conocerlo y el derecho a hablarlo. Esto significa que los ciudadanos no tienen que expresarse forzosamente en castellano. Las demás lenguas pueden ser oficiales en las respectivas autonomías.
A nivel regional catalán: Cada ciudadano de Cataluña tiene el derecho y el deber de saber castellano y catalán.

2. *Hinweis:* Über die vorgegebenen Behauptungen zum Gebrauch des *castellano* bzw. des *catalán* wird bereits eine Problematisierung angestrebt. Diese sollte sich in einigen Antworten widerspiegeln.
a) – b): no; c) – e): sí; f) – g): no; h) – k): sí; l): no se sabe exactamente, pero...; m): sí; n): no se sabe; o) – p): sí

3. a) siehe Beispiel; b) El „Estatut" no sustituye la Constitución en Cataluña porque la Constitución española es válida en todas las comunidades autónomas de España. Pero Cataluña tiene normas institucionales básicas ("Estatut") que garantizan la autonomía en determinados sectores. c) l. 3–5; d) l. 20/21; e) l. 19/20; f) El catalán es lengua oficial de Cataluña y allí se enseña, pero Andalucía no tiene que ver nada con la lengua catalana (l. 22). g) El castellano es la única lengua oficial del Estado español, el catalán, el gallego y el vasco lo son solamente en las respectivas comunidades y no en toda España. Sólo los catalanes tienen el deber de conocer el catalán. h) l. 9/10; i) l. 23–25; j) l. 23–25; k) l. 25/26; l) No se sabe exactamente. Según el Estatuto de Cataluña de 2006 "todas las personas tienen derecho a utilizar las dos lenguas oficiales" (l. 23/24). Pero a veces una ley o un artículo no corresponde a la realidad. m) l. 20/21 Como el catalán es lengua de aprendizaje en la enseñanza, es imprescindible que los niños de otras regiones que se trasladan con sus familias a Cataluña aprendan el catalán. n) No podemos encontrar la información en el texto, pero si el catalán es la lengua de aprendizaje en la enseñanza (l. 20/21), es de suponer que el castellano se enseñe como lengua extranjera. o) l. 20/21; p) l. 20/21

4. *zu afirmación l):* Como el catalán es la lengua vehicular y de aprendizaje en la enseñanza es de suponer que no se puede pedir que se hable castellano. Por otro lado el castellano es también lengua oficial en Cataluña y nadie puede ser discriminado si lo usa.
zu afirmación n): Si la lengua vehicular en las clases es el catalán, es de suponer que el castellano, en caso de figurar como asignatura, se trate como lengua extranjera.

La relación entre Cataluña y España desde la perspectiva del caricaturista (SB S. 152/153)

Didaktisch-methodische Hinweise

Bei der Bearbeitung der Aufgabe kann angeknüpft werden an explizites Vorwissen aus anderen Fächern zur Funktion und Intention einer Karikatur. Alternativ können die beiden *viñetas* besprochen werden, und die Elemente einer Karikatur werden induktiv herausgearbeitet und dann thematisiert.
Mögliche Schülerinformation (vgl. auch S. 162):
Definition: La caricatura tiene la intención de trasmitir un mensaje o una idea irónica mediante una representación gráfica exagerada sobre un tema / personaje / acontecimiento actuales.

Actividades SB S. 153, Lösungsvorschläge

1. *La viñeta de Máximo:* El cambio geográfico de Madrid y Barcelona alude a la importancia que los catalanes atribuyen a su capital. Les gustaría verla en el centro de toda España, sustituyendo a Madrid que deslocalizan al margen.
El corazón, que forma una nueva silueta de España y en el cual aparecen las dos ciudades, simboliza el cariño que se les tiene a ambas.
La viñeta de Roto pone el dedo en la llaga: Dos hombres, un catalán con el típico nombre de Jordi y otro hombre, entran en un bar. No hablan sobre la copa que van a tomar ni sobre los amigos a los que van a ver sino sobre un asunto aparentemente primordial para Jordi, es decir, la diferencia entre Cataluña y España. Roto se burla de la preferencia del inglés ante el castellano: Jordi no comunica en castellano, como sería de suponer: "Catalonia is not Spain". El otro contesta "¡Of course not, Jordi!" como si ya hubiera oído y comentado la misma exclamación varias veces y quisiera apaciguar / reconciliar a Jordi.
Ambas viñetas comunican un mensaje claro: Para los catalanes el primer lugar lo ocupa el catalán (o lo catalán).

- La viñeta de Máximo lo expresa con humor, indulgencia y tolerancia, concediendo a las dos ciudades un lugar dentro del gran corazón que representa España.
- La viñeta de Roto tiene rasgos sarcásticos y hace referencia al fanatismo de algunos catalanes.

2. La cuestión actual de las dos viñetas es la preponderancia del catalán en perjuicio del castellano, muy discutida en relación con la publicación del Estatuto de Cataluña de 2006.

Zusatzmaterial

Kopiervorlage (*sistema de apoyo* zur Arbeit mit den Karikaturen)

a) La ilustración comunica un mensaje claramente visible.	b) El caricaturista expresa juicios de valor, exagerando o suavizando según su interés personal.
c) Las viñetas expresan, p. ej., humor, sátira, burla.	d) Los temas suelen ser actuales.
e) El lector se siente atraído.	f) Se encuentra en las páginas de opinión.

2.2 Una mirada hacia el pasado franquista y sus huellas en el presente (SB S. 154)

Didaktisch-methodische Hinweise

Der kompakte Abschnitt stellt die unverzichtbaren historischen Fakten für das Verständnis der gegenwärtigen Ereignisse und Entwicklungen bereit. Eine Vertiefung und Perspektivierung findet sich im Modul „Panorama de la Guerra Civil" (Station 2, SB S. 180). Für die Arbeit sollten zwei Doppelstunden veranschlagt werden.

Zusatzinformationen

Cataluña – datos históricos adicionales

1714 Pérdida de los derechos constitucionales catalanes e integración a la monarquía española (Tratado de Utrecht al final de la Guerra de Sucesión)

1914 – 1925 Mancomunidad, primer ensayo de autogobierno catalán, al que puso fin la dictadura del general Primo de Rivera en **1923**

1932 – 1936 Establecimiento de la Generalidad y del Estatuto durante la Segunda República

Mögliches methodisches Vorgehen

Hausarbeit: Eine Hälfte des Kurses bearbeitet den ersten Brief (SB S. 180), die andere den zweiten mit Hilfe der *actividades* und der Hintergrundinformationen.

Im Unterricht:

1. Vorstellen der Ergebnisse mit Folie/Tischvorlage/Tafelanschrieb
2. Diskussion der Frage 2 der *guía de trabajo* (SB S. 180; mögliche Ergebnisse s. S. 192)

El franquismo (SB S. 154)

Text: Sachtext (Internetdokument)
Wortzahl: 214
Schwierigkeitsgrad: ***
Inhalt: Mit dem Beginn der Diktatur Francos wurden alle Rechte, die Katalonien zur Zeit der Republik erworben hatte, außer Kraft gesetzt. Der *franquismo* war gekennzeichnet von politischer und gesellschaftlicher Unterdrückung.
Ende der Fünfzigerjahre begann ein wirtschaftlicher Aufschwung. Die schnell wachsende Industrie in Katalonien bedurfte der Arbeitskräfte, die vornehmlich aus Andalusien kamen. 1980 hatte sich die Bevölkerung gegenüber 1950 verdreifacht.

Actividades SB S. 154, Lösungsvorschläge

1. *Cataluña:* ocupación por el ejército franquista / abolición del Estatuto de Cataluña / opresión de toda manifestación de catalanismo / prohibición del uso público del catalán / intento del régimen franquista de quitar a los catalanes su identidad cultural
España: instauración de la dictadura franquista / consecuencia: exilio, muerte y represión de muchos republicanos y de los partidos y sindicatos obreros / comienzo de una época de suspensión de los derechos / aislamiento internacional de la España fascista y, por consiguiente, atraso económico y cultural

2. 1936–1939: Guerra Civil Española
1939–1975: Régimen dictatorial totalitario bajo el general Francisco Franco
1975–2006: Transición y democracia

3. *texto modelo:* Hablaré sobre los motivos históricos por los que Cataluña reclama con tanto ahínco derechos propios. Hay que remontar a la historia del siglo XX, o sea, a los años 1936 a 1975, época histórica de la Guerra Civil y del franquismo.
Con la ocupación franquista empieza para Cataluña la época dura de la posguerra que se caracteriza por la represión de los republicanos y otros adversarios del régimen franquista y por la supresión de los derechos democráticos adquiridos anteriormente. Así que el nuevo régimen deroga el Estatuto de Cataluña, oprime toda manifestación de catalanismo y sanciona el uso público de la lengua catalana. Resumiendo se puede decir que el régimen franquista les quita toda su identidad cultural a los catalanes.
En el año 1959, tras la larga y dura posguerra, se anuncian ciertos cambios y comienza un período de expansión económica en España. En esta situación Cataluña empieza a vivir un gran incremento demográfico, causado por la necesidad de mano de obra en la industria. En aquel entonces muchos emigrantes de otras partes de España vienen a Cataluña y configuran de forma decisiva la sociedad catalana actual.
Se puede decir que, a pesar del largo período de represión, los catalanes siempre han mantenido su identidad cultural y lingüística. Una vez superada la dictadura y alcanzada la democracia, han recuperado los derechos de los que gozaron antes de la época franquista.
Para concluir quisiera añadir mi propia opinión... / comentar que, considerando la historia de Cataluña, por un lado se puede comprender la postura de los catalanes, pero por otro lado los catalanes parecen olvidar que Cataluña de todos modos forma parte del Estado Español... / decir que el fondo histórico sirve para comprender que los catalanes sean un poco radicales... / dejar en claro que a pesar de los sufrimientos durante el franquismo no puedo comprender que...

4. individuelle Ergebnisse

2.3 Cataluña – locomotora del progreso económico de España (SB S. 155/156)

Didaktisch-methodische Hinweise

Der Abschnitt gibt Aufschluss über die Wirtschaftskraft Kataloniens im Vergleich zu Gesamtspanien und Europa. Katalonien liegt in allen Feldern deutlich über dem Gesamtwert für Spanien. Hieraus können folgende Schlüsse gezogen werden: Katalonien ist gegenüber Spanien in einer äußerst komfortablen Situation, da es einen im Verhältnis hohen Anteil am Bruttosozialprodukt und Volkseinkommen erwirtschaftet. Es wird auch deutlich, dass Katalonien stark vom Eintritt in die EU profitiert hat.
Es ist am Beispiel Kataloniens zu sehen, dass wirtschaftliche Stärke und politisches Gewicht zusammenhängen. Hier liegt ein Grund dafür, weshalb Katalonien so nachdrücklich seine Autonomieansprüche durchsetzen kann.
Der Abschnitt ist vor allem relevant für Schülerinnen und Schüler von Wirtschaftsgymnasien und höheren Berufsfachschulen sowie mit Spanisch ab Klasse 5.

Vocabulario

Wortschatz und Phrasen:
- La estadística informa sobre el producto interior bruto de Cataluña, España y la Europa de los 25 / el PIB por habitante / ...
- eje de abscisas (x) / eje de ordenadas (y)
- la barra azul / marrón corresponde a...
- la población en 1980 es de 5 millones...
- se comparan las cifras de los años...

Erläuterung: PIB (= Producto Interior Bruto, deutsch: BIP = Bruttoinlandsprodukt): Wert aller Güter und Dienstleistungen, die in einem Jahr innerhalb der Landesgrenzen einer Volkswirtschaft erwirtschaftet werden. Die Höhe des PIB gibt Auskunft über die Leistungsstärke einer Volkswirtschaft.

La potencia económica de Cataluña comparada con la de España en relación con el promedio de la Unión Europea (SB S. 155)

Actividades SB S. 155, Lösungsvorschläge

1.
- De la estadística se puede sacar la información de que en el año 2004 el PIB por habitante de Cataluña superó el PIB de España en un 20% más o menos. / En cifras absolutas: En España el PIB era de 19.642 € y en Cataluña de 23.359 €, es decir, por habitante son casi 4000 € de diferencia.
- El PIB de Cataluña superó también el de la Unión Europea. / El PIB por habitante de Cataluña es incluso mayor que el PIB del promedio de la UE.
- De esto se puede deducir que Cataluña tiene una economía muy fuerte.
- La potencia económica (Wirtschaftsleistung) de Cataluña es casi una quinta parte mayor que la de España, por lo que Cataluña se puede considerar la "locomotora del progreso económico de España".

2. *Hinweis*: Aus dem Säulendiagramm ersieht man, dass der PIB in Katalonien im Zeitraum zwischen 2000 und 2004 deutlich über dem EU-Durchschnitt (Bezugsgröße 100%) und Spanien liegt, dass Spanien aber gegenüber Katalonien aufgeholt und 2004 den EU-Durchschnitt erreicht hat.
El diagrama de barras muestra el crecimiento del PIB por habitante (según la paridad de poder de compras) en Cataluña y en España en comparación con el promedio de la UE.
- Se puede ver que entre 2000 y 2004 tanto el PIB de España como el de Cataluña creció constantemente.
- En cifras relativas el PIB de España incluso creció más que el PIB de Cataluña, pero en cifras absolutas el PIB de Cataluña siempre supera el de España.
- Entre 2000 y 2004 el PIB de Cataluña aumentó de cerca de 114% a cerca de 118% (el promedio de la UE presenta el valor indicativo del 100%), mientras que el PIB de España aumentó de cerca de 93% en 2000 a 100% en 2004.
- Se puede decir que el PIB de Cataluña supera el promedio de la UE desde 2000 (o antes) y que el PIB de España queda debajo del promedio de la UE, alcanzando el valor indicativo de 100% en 2004.

La inmigración como expresión de la potencia económica (SB S. 155/156)

Actividades SB S. 155/156, Lösungsvorschläge

1. *Hinweis* zu den Statistiken a) und b): Das Bevölkerungswachstum Kataloniens zwischen 1981 und 2004 beträgt ca. 1 Mio, obwohl nur ein geringer Zuwachs im natürlichen Bevölkerungswachstum zu verzeichnen ist. Die Bevölkerungszugewinne lassen sich daher nur aus (Binnen-)Migration erklären. Das natürliche Wachstum in Katalonien hält nicht mit dem Gesamtwachstum der Bevölkerung Schritt.
a) Statistik: "Evolución de indicadores"
Mögliche Schülerantworten: En los once años entre 1980 y 1991 la población apenas creció. / Entre 1991 y 2004 se produjo un crecimiento considerable de la población catalana. / En los 11 años entre 1980 y 1991 el crecimiento de la población es escaso mientras que en los 13 años entre 1991 y 2004 es de unas 900.000 personas.
b) Statistik: "Población 2004 (por 1.000 habitantes)"
Mögliche Schülerantworten:
- En 2004 el crecimiento natural de la población en Cataluña fue de 2,9 personas por cada 1000 habitantes / comparado con España en Cataluña el crecimiento natural fue más alto.
- En 2004 el crecimiento natural en España fue menor que en Cataluña.
- El saldo migratorio, o sea, el número de personas que inmigró desde otras regiones y países a Cataluña, superó a España en más de un tercio / en Cataluña el crecimiento de la población por inmigración es de unas 20 por cada 1000 personas / en España sólo es de unas 15 por cada mil personas.
- En Cataluña, el crecimiento total, o sea, natural y por migración, fue de unas 22 personas mientras que en España sólo fue de unas 16 personas por cada 1.000 habitantes.
- En la UE el crecimiento natural es mucho menor que en Cataluña y España: es sólo de una persona por cada mil habitantes / el saldo migratorio también es significativamente menor:

más o menos la quinta parte de Cataluña y un poco más de la cuarta parte de España, o sea, son sólo 4 por cada mil personas.

2. La gran afluencia de inmigrantes prueba que Cataluña tiene una industria potente
- la esperanza de encontrar un puesto de trabajo atrae a los migrantes
- se puede suponer que muchos inmigrantes buscan trabajo en el sector terciario, fuerte en Cataluña, porque hay mucho turismo, ante todo en las costas
- tanta gente inmigra a Cataluña porque la comunidad ofrece buenas condiciones de trabajo
- Cataluña, es una región atractiva por tener una capital fascinante, una buena infraestructura y óptimas ofertas para el tiempo de ocio

3. *Hinweis:* Hier sollen die aus den Statistiken gewonnenen Erkenntnisse noch einmal im Zusammenhang erläutert werden:
- Para resumir se puede decir que la población de Cataluña sigue creciendo tanto por ser una comunidad atractiva / por tener una industria potente / por ofrecer puestos de trabajo para todo tipo de profesiones
- entre la población inmigrante de los países africanos hay un mayor crecimiento demográfico que entre la población autóctona y la inmigrante de otros países europeos / aunque las estadísticas no distinguen entre los inmigrantes de África y de Europa se sabe que la población marroquí de Cataluña forma un grupo considerable entre los inmigrantes

El desarrollo económico de Cataluña desde el ingreso en la UE (SB S. 156)

Zusatzinformationen

Die genauen Daten zum EU-Beitritt finden sich im ersten Modul (SB S. 27).
Hinweis: Die Angaben zur Entwicklung des PIB pro Einwohner von 1980–2004 für Katalonien zeigt, wie stark Katalonien vom EU-Beitritt 1986 profitiert hat (Verachtfachung des PIB pro Kopf von 1980–2004). Vergleichswerte von Staaten wie Albanien oder Bulgarien illustrieren, dass Katalonien 1980 eine Wirtschaftskraft ungefähr vergleichbar etwa mit Albanien hatte und heute auf dem Niveau Deutschlands liegt.

Actividades SB S. 156, Lösungsvorschläge

1. España ingresó en la Unión Europea en 1986. Entre 1980 y 1991 el PIB por habitante en Cataluña se triplicó (factor ~3,5) de cerca de 3.000 a más de 10.000. Es de suponer que desde 1986 el crecimiento fue mayor que en los años anteriores / en un espacio de 24 años el crecimiento se ha multiplicado por ocho / casi se ha octuplicado / entre 1991 y 2004 aumentó considerablemente. / Resumiendo se puede decir que el ingreso de España en la UE ha influido muy positivamente en el crecimiento económico de Cataluña.

2. *Hinweis:* Die Schlussbewertung kann wie folgt lauten: Wenn Katalonien so stark von EU-Subventionen profitiert hat, so hat es heute auch die moralische Pflicht, Spanien entwickeln zu helfen, denn es ist (zusammen mit Madrid) der Wirtschaftsmotor Spaniens, aber wegen seiner Lage am Mittelmeer viel bedeutsamer als das im Binnenland liegende Madrid; denn die gesamte Mittelmeerregion Spaniens ist eine Wachstumsregion, für die Katalonien entscheidende Anstöße liefert.
- Como muestra la estadística, el crecimiento considerable del PIB de Cataluña se debe en gran medida al ingreso en la UE y, con eso, a las ayudas económicas de las que se ha beneficiado la comunidad catalana.
- Si difieren tanto el PIB nacional y el catalán hay que apelar a la solidaridad catalana y esperar que los catalanes contribuyan a desarrollar las comunidades menos favorecidas.
- En vista de las ayudas de la UE prestadas a Cataluña hay que reivindicar que ella también contribuya al bienestar del Estado Español.
- Si se considera el PIB por habitante de Albania en 2000, se puede decir que ésta está más atrasada que la Cataluña de los años ochenta.
- Para combatir el desnivel entre los estados europeos y llegar a un estándar de vida semejante hay que invertir en los nuevos países miembros.
- Es necesario renunciar a las ayudas económicas de la UE para favorecer los países necesitados.

3 ¿Bilingüismo catalán-castellano o monolingüismo catalán? (SB S. 157–161)

3.1 Las Oficinas de Garantías Lingüísticas como instrumento de superación del bilingüismo (SB S. 157–159)

El Govern recomienda aumentar las oficinas de denuncia (SB S. 157/158)

Text: Zeitungsbericht
Wortzahl: 578
Schwierigkeitsgrad: ****
Inhalt: Thema des Artikels ist der Regierungsbericht zu Fortschritten bei der Verwendung der katalanischen Sprache, die seit Einrichtung der *Oficinas de Garantías Lingüísticas* erzielt wurden. Diese verfolgen Anzeigen gegen Geschäfte und Institutionen, die gegen die Vorschriften zur Verwendung des Katalanischen handeln.

Didaktisch-methodische Hinweise

Beschreibung („Descripció") der Funktionen der Oficinas auf www.gencat.es:
"La Oficina de Garantías Lingüísticas es un punto de referencia para todas las consultas e incidencias relacionadas con el uso de la lengua. Forma parte de la Secretaría de Política Lingüística y ofrece los siguientes servicios:

- Atiende a las personas que quieren formular preguntas, quejas o denuncias en torno al uso de la lengua catalana y del aranés del Valle de Arán.
- Tramita las quejas y denuncias para que los organismos competentes hagan una inspección, y, si es necesario, impongan una sanción.
- Ofrece ayuda y recursos a las empresas o entidades objetos de queja o denuncia para facilitarles el uso del catalán.
- A partir de los casos atendidos hace propósitos de actuaciones para fomentar el uso del catalán en los ámbitos que más quejas o consultas generen."

Übersetzung aus dem Katalanischen zur Rolle der Oficinas de Garantías Lingüísticas; http://www6.gencat.net/llengcat/ogl/index.htm; Zugriff am 23.08.07

Die **Oficinas de Garantías Lingüísticas** sind eine offizielle katalanische Behörde mit weitreichenden Befugnissen. Die englische Übersetzung ‚Sprachpolizei' verdeutlicht die exekutive Funktion der Behörde. („language policy" auf http://www6.gencat.net/llengcat/informe/angles/a_opinion_05.pdf)
Die Besuche der *inspectores lingüísticos* in Schulen, Behörden, Geschäften und Betrieben sind Gegenstand mannigfacher Kritik, Kontroversen und Polemiken in Druckmedien und Internet.

Für die Schülerinnen und Schüler stellen die *oficinas* eine ihnen völlig fremde Institution dar. Sie sind von hohem Interesse, da es Vergleichbares in Deutschland nicht gibt. Die Informationen und die – auch polemische – Auseinandersetzung sind notwendiger Bestandteil des Themenkomplexes.
Es wäre allerdings ungünstig, wenn das Thema der *diversidad lingüística* und die Rolle des Katalanischen in Spanien und Katalonien durch die Diskussion um die *oficinas* auf die umstrittenen Aspekte reduziert würde.
Zu überlegen wäre, ob in diesem Zusammenhang folgende Aspekte thematisiert werden könnten:

- Minderheitensprachen in Deutschland (z. B. Sorbisch oder Dänisch), Nachbarsprachen (Niederländisch, Polnisch, Französisch ...) oder Begegnungssprachen (Türkisch, Russisch ...) und Überlegungen zum Stellenwert der Muttersprache in einer mehrsprachigen Umgebung;
- Vergleich des Strebens Kataloniens nach alleiniger Verwendung des *catalán* mit unserem Umgang mit der deutschen Sprache (Anregungen zum Deutschen auf: http://vds-ev.de/index.php).

Vor Beginn des Textstudiums sollten Erwartungen zu dem, was die *Oficinas* wohl sind, abgerufen werden:
Leitfragen: ¿Cómo os imagináis una Oficina de Garantía Lingüística? / ¿Qué función puede tener? / ¿Qué pensáis: quiénes crearon las Oficinas y por qué? / ¿Qué puede significar 'superar el bilingüismo'?

- seguramente vigilan sobre el uso correcto de la lengua
- será gente conservadora que lucha contra las palabras extranjeras / inglesas
- no quieren que se mezclen las lenguas
- se propagará el uso correcto del catalán
- se ofrecerán cursos de perfeccionamiento del catalán

Actividades SB S. 158, Lösungsvorschläge

1. und 2.

nº	líneas	detalles aclarativos
1: ***6***	1–10	tarea principal de las Oficinas de Garantías Lingüísticas
2: ***7***	18–27	faltas que pueden originar una denuncia
3: ***3***	28–38	dinero ingresado y pendiente por denuncias
4: ***4***	46/53–61	sugerencia de un incremento de capacidad con nuevas ubicaciones y mejores tecnologías
5: ***10***	62–69	el informe como instrumento de análisis y evaluación
6/7: ***2/9***	70–85	En Cataluña, sólo 3,4 de cada diez trabajadores en la Administración del Estado (español) utilizan el catalán.
8/9: ***1/8***	86–92	En el ámbito de la justicia no se usa mucho el catalán.
10: ***5***	93–101	El uso del castellano en los supermercados asciende.

3. *Mögliche Fragen:*
¿Qué son las Oficinas de Garantías Lingüísticas?
¿Qué es el "informe Dictamen"?
¿Qué hacen las Oficinas de Garantías Lingüísticas?
¿Por qué causas se pueden poner multas o denuncias?
¿Cuál será el importe total por multas en la primera mitad del 2005?
¿Qué sugiere El Consell Social de la Llengua?
¿Por qué el uso del catalán es elevado entre los empleados públicos, los funcionarios y el personal sanitario, pero menos frecuente en la Administración del Estado y en el ámbito de la justicia?
¿Por qué el uso del castellano está aumentando en establecimientos como supermercados?

4. *Mögliche Argumente:*
Pro:

- Es útil que exista tal institución, porque así se impone el catalán que es la lengua de los catalanes.
- Es importante que se vigile sobre el uso del catalán porque es la lengua de todos los catalanes.
- En otros países no hacen falta tales oficinas, pero en un territorio bilingüe son necesarias, porque sólo así se puede fomentar el monolingüismo.
- En el territorio de Cataluña se habla catalán desde hace siglos y las oficinas hacen todo para que en el futuro también sea así.
- Durante el franquismo los catalanes sufrieron mucho si se atrevieron a hablar catalán. Es una consecuencia lógica que se crearon las oficinas.
- El catalán es una lengua minoritaria, pero no por eso tenga menos importancia.

Contra:

- Las oficinas invitan a la denunciación con el pretexto de vigilar sobre el uso del catalán.
- Si alguien recibe la denunciación anónima por utilizar el castellano en el ámbito público, empieza a desconfiar del vecino.
- En vez de invertir dinero en tales oficinas se debería hacer todo para que la gente sea bilingüe de veras, porque en los tiempos de la globalización es imprescindible saber más de un solo idioma.
- La constitución española y el Estatut reconocen ambos idiomas por lo cual tal institución debería vigilar que esto se cumpla.

- No comprendo que las Oficinas puedan poner multas a las personas que se expresan en castellano porque éstas están en su derecho.

Una manifestación contra la política lingüística de Cataluña (SB S. 159)

Actividades SB S. 159, Lösungsvorschläge

1.
- Las pancartas de los manifestantes se dirigen contra el hecho de que en Cataluña cualquier tipo de comunicación oficial (p. ej. los letreros, rótulos, menús, etc. de comercios, restaurantes u otras instituciones) debe realizarse en catalán.
- Para garantizar el uso obligatorio de la lengua catalana, las Oficinas de Garantías Lingüísticas se encargan de recoger denuncias de ciudadanos que detectan la falta del catalán en dichos sectores.
- También en la escuela el uso de la lengua catalana es obligatorio por ser la lengua *normalmente utilizada como vehicular y de aprendizaje en la enseñanza.*
- Los manifestantes reclaman el derecho al uso del castellano.

2.
- Los manifestantes se burlan mediante pancartas en castellano donde confiesan su adhesión al español.
- Las pancartas revelan que se trata de asuntos que en el fondo carecen de importancia.
- El hecho de que una persona denuncie que ha soñado en español, descubre claramente que el castellano no se puede erradicar mediante prohibiciones o persecuciones.

3. Beim Ausfüllen des *formulario de queja* (http://www6.gencat/ogl/formque.htm) stellen die Schülerinnen und Schüler ihre Lesekompetenz unter Beweis. Aus Kenntnis des Aufbaus eines Formulars und mit Hilfe des Französischen, Spanischen oder Lateinischen ist das Formular zu verstehen:
Erster Teil ("Dades personals"): persönliche Daten: Vorname (*nom*), Nachname (*cognom*), Adresse, Nummer des Personalausweises, ggf. Firma oder Körperschaft, der man angehört, sowie Angaben über Zeit
Zweiter Teil: ("Objecte de la queixa o denúncia") mit Angaben zu Namen (Ort etc.) des Betriebs, der gegen die Sprachverordnung verstoßen hat, sowie der
<u>Fets</u> (*faits – hechos*): Angabe des Gegenstands der Beschwerde oder der Anzeige, z. B.: un restaurante con el nombre de "Don Quijote" / un taxista que habla castellano / música castellana en la discoteca / un camarero que se niega a hablar catalán aunque el cliente le dirija la palabra en catalán / un perro con el nombre de Chucho...
<u>Petició</u>: Forderung der Person, die das Formular ausfüllt
<u>Vordruck</u>: Vull (je veux) informar dels fets perquè (para que) l'Administració en tingui (lo tenga / tienne) coneixement (conaissance / conocimiento) i actui com consideri oportú.
<u>Links</u> zu der für die Bearbeitung der Beschwerde zuständige Oficina de Garantías Lingüísticas in Barcelona, Gerona, Lérida, Tarragona oder Tierras del Ebro

3.2 Reacciones ante el fenómeno de la "garantía lingüística" (SB S. 160/161)

Didaktisch-methodische Hinweise

Die Gruppe "Asociación por la Tolerancia" unterhält eine Internet-Seite (http://www.tolerancia.org) mit Dokumenten, aus denen hervorgeht, dass *catalán* gegenüber *castellano* bevorzugt wird, obwohl beide offizielle Sprachen in Katalonien sind. Es finden sich weiterhin Zeitungsartikel und sonstige Beiträge zu – den Betreibern der Seite nach – Auswüchsen bei der Verfolgung von Menschen, die versuchen, das Recht auf Verwendung des castellano durchzusetzen (z. B. offizielle Dokumentationen zum bevorzugten Gebrauch des *catalán* mit Statistiken, in denen der Primat des *catalán* nachgewiesen wird).

Réplica de José Domingo, vicepresidente de la Asociación por la Tolerancia, al "Informe de evaluación de las actuaciones de la política lingüística del año 2004" (SB S. 160)

El uso de castellano, sancionado

Text: Internetdokument
Wortzahl: 320
Schwierigkeitsgrad: ***
Inhalt: José Domingo nimmt Stellung zum "Informe de Evaluación", präsentiert von Miquel Pueyo, Generalsekretär für Sprachenpolitik. Spitzenstellung hat dessen Unmutsäußerung über die Jugend, die das Katalanische zugunsten des *castellano* und des Englischen vernachlässige. Domingo zeigt auf, dass die Oficinas de Garantías Lingüísticas zu Denunziantentum führen. Er schließt mit dem Hinweis, dass die Missachtung des *castellano* nicht sanktioniert wird.

In der *réplica* auf den Sprachenbericht (s. SB S. 157) geht es vornehmlich um die *Oficinas de Garantías Lingüísticas*, die der Meinung des José Domingo nach in erster Linie Instrumente der Denunziation sind. In ironisch-sarkastischer Form gibt Domingo Beispiele dafür, dass für *castellano* nicht dieselben Rechte gelten wie für *catalán*.

Didaktisch-methodische Hinweise

Zu den Kopiervorlagen S. 170: Die Tabelle *a)* sollte nicht nur abgehakt, sondern genutzt werden zur Entwicklung des freien Sprechens. Sie ist gleichzeitig ein Instrument für die Binnendifferenzierung, da die sprachliche Realisierung in Abstufungen erfolgen kann. Das Abrufen der Antworten kann in Kleingruppen erfolgen, da so der individuelle Sprachumsatz erhöht wird. – Zum Überprüfen der Richtigkeit der Antworten können die Lösungen einem Gruppenmitglied ausgehändigt werden.
Beispiele für Versprachlichung:

- Sí, la afirmación es correcta. / Sí, José Domingo es...
- La afirmación es correcta: José Domingo es... / Sí, la afirmación es correcta porque, efectivamente José Domingo...
- El primer párrafo del artículo presenta a José Domingo como Vicepresidente..., por lo tanto la afirmación es correcta.

Auf der Basis der Tabelle und der richtigen Antworten kann eine *charla un minuto* (SB S. 319) erstellt werden, die dazu dient, das freie Sprechen (*hablar en público*) zu üben. Vorbereitend werden die Elemente zusammengestellt, die wichtig sind, modifiziert werden müssen und entfallen können.
Vorschlag: 1; 2 + 4 sowie 9, 10, 11, 14 koppeln; 7, 8, 12, 13, 16 entfallen; 16 Ziffer aufrunden
Für die Untersuchung des Textes kann das Analyseverfahren 2.2.2 (SB S. 329) angewendet werden. Die Leitfragen dienen als Grundlage für die Plenums- oder Gruppenarbeit.

Zusatzmaterial (s. S. 170)

Kopiervorlage 1: Nachweis des Inhaltsverständnisses
Kopiervorlage 2: Umwälzen des Inhalts bei gleichzeitigem Üben des *subjuntivo*

Kopiervorlage 1

¿Entendiste el artículo?

Decide si las afirmaciones son correctas.	l.	c/f	l.	c/f
1. José Domingo es Vicepresidente de la Asociación por la Tolerancia.				c
2. El artículo es una réplica a la presentación del último Plan de Acción Lingüística del Gobierno Catalán.				c
3. Miquel Pueyo es un buen amigo de José Domingo.				f
4. Pueyo es el secretario General de Política Lingüística de Cataluña.			1	c
5. Pueyo denuncia los hábitos lingüísticos de la juventud catalana.			5	c
6. Los jóvenes catalanes prefieren hablar castellano e inglés.			6	c
7. La Ley de Política Lingüística no prevé sanciones para los que no la respeten.			7	f
8. El inspector prefiere que los habitantes de Cataluña hablen catalán voluntariamente.			7	f
9. Las sanciones previstas por la ley se aplican con rigor.			7	c
10. Se han creado Oficinas Lingüísticas que vigilan sobre el buen uso del catalán.			12	c
11. Las Oficinas existen desde principios de 2006.			11	f
12. Hasta ahora existe solamente una Oficina Lingüística en Barcelona.			11s	f
13. El objetivo de las Oficinas es garantizar el "derecho a vivir plenamente en castellano".			12	f
14. La Ley prevé sanciones para establecimientos que sólo utilizan el catalán, o sea, que no tienen la rotulación también en castellano.			20	f

Kopiervorlage 2

Domingo constata, informa, lamenta, critica... Inserta las formas correctas de indicativo o subjuntivo y recapitula el contenido del artículo.

1. Domingo publica una réplica al informe de evaluación de las actuaciones de política lingüística del año 2004 en que ________________ (comentar) las informaciones dadas.
2. Miguel Pueyo, Secretario General de Política Lingüística, a su vez, comenta algunos de los resultados a fin de que la gente se ________________ (poder) hacer una idea de los logros en el campo lingüístico.
3. Lo que para Pueyo son logros para Domingo son fracasos por lo que éste último ________________ (criticar) la política lingüística.
4. Denuncia que se ________________ (aplicar) con rigor el régimen sancionador de la Ley de Política Lingüística.
5. Los establecimientos que no ________________ (tener) la rotulación en catalán temen que los inspectores lingüísticos les ________________ (poner) una multa.
6. Los bares o restaurantes corren el mismo peligro a no ser que ________________ (disponer) de personal que ________________ (saber) catalán.
7. Es de esperar que las quejas no ________________ (aumentar) sino que la gente ________________ (actuar) con sensatez.
8. Para Domingo es imprescindible que los catalanohablantes e hispanohablantes se ________________ (respetar) mutuamente.
9. Domingo defiende el derecho a hablar castellano también en Cataluña a fin de que ________________ (existir) un bilingüismo vivo y provechoso.
10. Mientras no se ________________ (conceder) los mismos derechos al castellano que al catalán, Domingo no cesará de oponer resistencia.

Lösungen zur Kopiervorlage 2

1. comenta; 2. pueda; 3. critica; 4. aplica; 5. tienen / pongan; 6. dispongan / sabe; 7. aumenten / actúe; 8. respeten; 9. exista; 10. concedan

Actividades SB S. 160, Lösungsvorschläge

1. El motivo concreto de la réplica de Domingo es la presentación del "Último Plan de Política Lingüística" por el Secretario General de Política Lingüística, Miquel Pueyo. / Se lamenta que la juventud prefiera expresarse en castellano o inglés y no en catalán. / Se pretende intervenir en las costumbres de la juventud. / Se presentan los 'éxitos' de las Oficinas de Garantías Lingüísticas.

2. Tras la lectura del artículo se puede formular la hipótesis de que Domingo tiene una postura muy crítica frente a las Oficinas de Garantías Lingüísticas. Para comprobar esta hipótesis hay que analizar la manera de presentar y comentar el informe sobre su trabajo, la selección de ejemplos y hechos que presenta así como el vocabulario empleado:

- Utiliza el adjetivo evaluador *siniestro*, palabra que tiene connotaciones negativas como 'funesto, desfavorable, desastroso' para caracterizar las Oficinas.
- Domingo denuncia que la Generalitat, y con ella las Oficinas de Garantías Lingüísticas, intervengan demasiado en el derecho de los habitantes de Cataluña a utilizar tanto el castellano como el catalán (l. 13 ff.).
- Cita que estas instituciones garantizan *el derecho a vivir plenamente en catalán* (l. 12), es decir que se comprometen a vigilar sobre el uso del catalán y a procurar que sea la única lengua hablada. En este contexto habla de un *mecanismo de denuncia*, o sea, de un automatismo perjudicial para la sociedad, (l. 13) lo cual evidencia su opinión desfavorable sobre este derecho.
- El uso de la expresión *régimen sancionador* hace pensar en una dictadura bajo la cual las personas no tienen derechos propios.
- La expresión *vivir plenamente en catalán* implica toda una ideología: se trata de toda una forma de vivir, excluyendo a los castellanohablantes y distanciándose de los mismos.
- El enfado de Domingo se manifiesta en el verbo *ufanarse* (l. 16) que usa para caracterizar la arrogancia con la que actúan las Oficinas. Una persona que se ufana de algo humilla a los demás y no les brinda respeto.
- El atributo *nacional* para caracterizar la lengua catalana alude a la controversia en torno a los primeros borradores del Estatut en que la Generalitat definió a Cataluña como nación, término reservado para la nación española. Pone el adjetivo entre comillas para recordar la lucha perdida a los catalanes y hacerlos sentir de nuevo el fracaso doloroso. / El uso implica ironía y expresa su desprecio frente a la política lingüística de la Generalitat y de las Oficinas de Garantías Lingüísticas.
- La expresión *es ocioso advertir* (l. 18) revela cierta resignación por parte de Domingo. / El autor no exige explícitamente que se sancione la falta de reconocimiento del castellano sino que lo hace implícitamente mediante la expresión irónica *es ocioso advertir.*

3. Los fines de la Asociación por la Tolerancia pueden ser propagar y postular tolerancia, comprensión y reconocimiento entre las personas / interceder a favor de minorías / luchar por el uso de la lengua castellana en Cataluña o en las demás comunidades con otra lengua minoritaria / ocuparse de todas las personas que por causas diferentes no dominan el catalán / denunciar malos usos por parte de las instituciones

4. *Mögliche Schüleräußerungen:*
Lo que le disgusta visiblemente a la Generalitat es el hecho de que la juventud de Cataluña en vez del catalán prefiera otros idiomas para comunicarse, como el castellano o el inglés. / La Generalitat lucha por imponer el catalán en todos los sectores y la juventud no le hace caso.
Creo que la juventud no se interesa mucho por las preocupaciones de la Generalitat, ya que normalmente a muchos jóvenes la política no les importa. / En el fondo a la Generalitat le disgusta que a la juventud no le importa lo que digan los funcionarios. / Los jóvenes parecen burlarse de las preocupaciones y esfuerzos inútiles de la Generalitat. / A la juventud siempre le molestan las prohibiciones e instrucciones. / Aparte de un posible desinterés y de la tendencia a ir en contra de algo, el mundo fuera de Cataluña convence a los jóvenes de la importancia de poder comunicarse en castellano o, por ejemplo, en inglés.

El rótulo incriminado (SB S. 160/161)

Text: Blogeintrag
Wortzahl: 150
Schwierigkeitsgrad: **
Inhalt: Der in Barcelona lebende Verfasser berichtet davon, dass er eine Strafanzeige wegen eines fehlenden Akzents auf einem Schild erhalten habe. Ein pakistanisches Lokal mit Schildern in pakistanischer Sprache sowie ein *night club* seien unbehelligt geblieben.

Actividades SB S. 161, Lösungsvorschläge

1. El inspector del Ayuntamiento litiga contra el autor del post porque éste tiene un rótulo que en catalán carece de una tilde sobre una vocal, y por eso "atenta contra la normativa".

2. El autor del *post* tiene a su izquierda un bar de paquistaníes y a su derecha un 'night club'. A los paquistaníes no se los denuncia porque el rigor de los inspectores se dirige contra la lengua castellana y no contra el idioma de los paquistaníes ni tampoco contra el inglés. O sea, se aceptan rótulos en lenguas extranjeras sin más.

3. *mögliche Schüleräußerungen:*
Comprendo que el autor se queje y se enfade, porque no se trata igual a los vecinos, ni se cumplen las promesas, ni se respeta la ortografía de su nombre. / Me parece bien que se vigile sobre el uso del catalán porque así la gente se da cuenta del valor que tiene la lengua en un país. / Creo que el suceso muestra que en Cataluña se exagera, pero tampoco está mal que se vigile sobre la lengua propia y no se desprecie como ocurre a veces aquí en Alemania, donde hasta se inventan palabras "inglesas" para aparentar ser moderno, joven o progresivo. / La Generalitat debería de invertir el dinero en acciones necesarias para los ciudadanos y olvidarse de asuntos como la falta de una tilde.

4. a) convierta; b) es; c) desaparezca; d) dieran / solicitaran;e) crezcan; f) cierran; g) desean / puedan; h) podía / impartieran; i) indicara; j) persiga; k) satisfaga; l) permite / obstaculicen; m) es

5. *Ejemplo:* Para mí la observación más concluyente es la letra c. Yo creo que muestra gran preocupación por los hijos. Para la nueva generación es importante que sepa hablar a la perfección el castellano.

Zusatzmaterial/Kopiervorlage

Explica los términos siguientes:

1. bilingüismo	*1. el hecho de coexistir dos idiomas en una región*
2. lengua vehicular	*2. lengua que se usa para comunicarse en ámbitos determinados*
3. denuncia lingüística	*3. Cataluña: queja que se puede presentar anónimamente en caso de sentirse uno restringido / coaccionado p. ej. en su derecho a ser atendido en catalán*
4. "l'Estatut"	*4. Cataluña: define las instituciones políticas de Cataluña, sus competencias y sus relaciones con España*
5. formulario de queja o denuncia lingüística	*5. Cataluña: formulario oficial que se puede rellenar y mandar por correo electrónico a la Oficina de Garantías Lingüísticas correspondiente en caso de querer presentar una queja o denuncia*
6. regiones bilingües	*6. aquellas regiones en que se hablan dos lenguas*
7. la Generalitat	*7. el Gobierno de Cataluña*
8. lenguas españolas	*8. las cuatro lenguas que se hablan en España*
9. comisario lingüístico	*9. Cataluña: inspector que vigila sobre el uso del catalán*
10. viñeta (p. ej. de Roto)	*10. caricatura*
11. lengua minoritaria	*11. lengua hablada en una región de un país con otra lengua oficial: el danés es lengua minoritaria en Alemania y oficial en Dinamarca*

4 La discusión de los distintos puntos de vista en los medios de comunicación (SB S. 162–167)

4.1 Voces de autoridades (SB S. 162–164)

Didaktisch-methodische Hinweise

Der Abschnitt ist vornehmlich für fortgeschrittene Lerngruppen geeignet. Vor allem der Artikel mit der Stellungnahme Salvadors ist sprachlich und inhaltlich schwierig. Zusammen mit dem Auszug aus Krauze bieten beide Texte ein hohes Potenzial an nachvollziehbaren und polemischen Argumenten im Zusammenhang mit dem Sprachgebrauch. Die Rede Zapateros schlägt den Bogen zur jüngeren Geschichte Spaniens.

Gregorio Salvador alerta sobre los daños que causa el bilingüismo (SB S. 162)

Text: Zeitungsbericht
Wortzahl: 318
Schwierigkeitsgrad: ****
Inhalt: Der Artikel hat die Ausführungen von Gregorio Salvador, Vizepräsident der RAE, gegen den *bilingüismo* zum Thema. Salvador wendet sich polemisch und vehement gegen die Versuche der *comunidades autónomas* mit eigener Sprache, diese gegen das *castellano* durchzusetzen. Die Schäden, so Salvador, seien enorm, denn die gemeinsame Sprache sei ein einigendes Band. Er verweist in diesem Zusammenhang auf Hispanoamerika.

Didaktisch-methodische Hinweise

Der Vizedirektor der Real Academia Gregorio Salvador hat eine sehr pointierte Haltung zum *bilingüismo*. Er wirft den zweisprachigen Regionen Nationalismus vor und warnt vor der Vermischung der Sprachen, die dazu führe, dass beide nicht richtig gesprochen würden. Neben diesem qualitativen Argument führt er ein quantitatives an, u. zw. das des hohen Verbreitungsgrades des *castellano* als zweiter Sprache der Welt im Vergleich zu kleinen Sprachen, mit denen man sich in der Welt nicht verständigen könne. Sein wichtigstes Argument ist ein pragmatisches, nämlich das, dass die Sprache der Verständigung dient.

Zusatzinformationen

Dass das Argument Salvadors der *identidades* (ohne das abwertende ‚rebuscado') im politischen Raum kritisch reflektiert wird, zeigt sich in folgendem Auszug aus einem aktuellen Interview von *El País* (26.08.07) mit dem ehemaligen katalanischen Ministerpräsidenten Jordi Pujol:

> *Pregunta:* Sin duda, es usted la única persona en Cataluña que puede tener autoridad moral para responder a una pregunta difícil: ¿no cree que los catalanes están cansados del debate identitario y que el Estatuto no era necesario?
> *Respuesta:* Hay cansancio, es verdad, pero no de la reivindicación identitaria, sino de cómo se ha llevado el tema. Cansancio de nosotros mismos. Y también de España. Y de la actitud respecto a Cataluña. En mis muchos años de observador de España –desde antes de 1975– no había sentido tanto desapego e incluso tanta hostilidad contra Cataluña. Y también hay cansancio del cainismo español. Nosotros, los catalanes, debemos interrogarnos. El resto de España, también.
> http://www.elpais.com/solotexto/articulo.html?xref=20070826elpdmgrep_2&type=Tes&anchor=elpepusocdmg; 26.08.07

Actividades SB S. 163, Lösungsvorschläge

1. Según Salvador, la función principal de una lengua es el entendimiento colectivo. Además un idioma común puede servir de lazo de unión.

2. En primer lugar Salvador destaca que el castellano es la lengua propia de todos los españoles y la segunda en el mundo, por lo que no se debe de dejarla por una lengua minoritaria. Además alega que el uso del español en Hispanoamérica se ha considerado como un "lazo" de unión que no debe perderse. También subraya que la cohesión de la lengua española es una de sus virtudes esenciales y permite que cualquier hispanohablante sea capaz de comunicarse con otro.

3. a)

argumento / opinión / cita	palabra o expresión introductoria
1. las lenguas están para entenderse, no para diferenciarse (l. 4–5) 2. el bilingüismo está provocando un deterioro del castellano (l. 6–7) 3. hay gente que empieza a hablar mal el castellano (l. 9–10) 4. hay personas que hablan una lengua mezclada o contaminan la suya (l. 16–17) 5. los nacionalismos están provocando que parte de la población pierda su lengua propia que es el castellano (l. 19–22) 6. [son] desdeñables los mundos pequeños generados alrededor de señas de identidad rebuscadas (l. 23–25) 7. no se puede dejar la segunda lengua del mundo por una lengua pequeña (l. 28–29) 8. el papel del idioma común [es] propiciar el entendimiento colectivo (l. 31–33) 9. el uso del español en Hispanoamérica se ha considerado como un lazo de unión que no debe perderse (l. 35–38) 10. el *spanglish* [...] no pasa de ser lo que hablan los inmigrantes que no acaban de hablar inglés (l. 43–46) 11. los medios de comunicación contribuyen a favorecer la cohesión de la lengua (l. 47–49) 12. la cohesión de la lengua [...] es lo fundamental (l. 49–51) 13. la cohesión de la lengua española es una de sus virtudes esenciales (l. 52–53)	1. afirmar (l. 1) 2. advertir (l. 5) 3. declarar (l. 13) 4. decir (l. 14) 5. asegurar (l. 19) 6. calificar (l. 23) 7. señalar (l. 30) 8. elogiar (l. 31) 9. destacar (l. 35) 10. en su opinión (l. 44) 11. afirmar (l. 47) 12. a su juicio (l. 50/51) 13. asegurar (l. 57)

b) Mögliche Schülerfragen

¿Qué advierte / previene Salvador en cuanto al bilingüismo? *(advierte que está provocando un deterioro del castellano)*

¿Qué afirma / sostiene para subrayar que las lenguas están para entenderse? *(afirma que no son para diferenciarse)*

¿Qué destaca / acentúa en cuanto al uso del español en Hispanoamérica? *(destaca que es un lazo de unión que no debe perderse)*

¿Qué es lo que elogia / celebra en cuanto al papel de la lengua? *(elogia que el papel es propiciar el entendimiento mutuo)*

¿Qué función recalca / subraya en el contexto de los medios de comunicación? *(recalca que contribuyen a favorecer la cohesión de la lengua)*

¿Cuál es su opinión sobre el spanglish? / ¿Qué es lo que opina sobre ...? ¿Por qué quita importancia al spanglish? *(le quita importancia con el argumento de que se trata sólo del idioma de los que no aprenden el inglés)*

¿De qué califica los mundos generados alrededor de señas de identidad rebuscadas? *(los califica de desdeñables)*

¿Qué señala / aclara respecto a las lenguas grandes y pequeñas? *(señala que no se puede dejar la segunda lengua del mundo por una pequeña)*

4. argumento cualitativo: 7,(9); argumento cuantitativo: (9),11,12,13; argumento pragmático: 1,8; tesis sin prueba 2,3,10; suposiciones y descréditos: 2,4,5,6

Skizzierung eines Unterrichtsgespräch:

Frage: Del artículo se puede deducir que Salvador defiende rigurosamente el uso predominante del castellano en las regiones bilingües. ¿Cuáles son los argumentos más convincentes y cómo los apoyarías?

- P. ej., que la función primordial de la lengua es el entendimiento común. Es la función más importante. / Así se emplea la lengua, precisamente para comunicarse.
- La lengua no está para diferenciarse. Es por eso que en el colegio o en las academias se estudian lenguas con el fin de poder hablar con la gente de fuera.
- En Latinoamérica se habla castellano. / Es una gran ventaja poder comunicarse con la gente de allí.
- El español es una de las lenguas más habladas y sería tonto privarse de las ventajas de poder comunicarse con tanta gente en tantos países y continentes.

Impuls: O sea, Salvador alega una serie de argumentos serios y convincentes. Pero no todos sus argumentos son racionales, algunos son, como ya se ha dicho, más bien afirmaciones emocionales o incluso suposiciones.

- Salvador utiliza el adjetivo "rebuscado" en el contexto de las señas de identidad. Esto lo encuentro exagerado / no justificado porque en cuanto a los catalanes no se les puede negar la identidad propia. / Recordemos su sufrimiento durante la Guerra Civil y el franquismo.

- Salvador opina que no se puede dejar una lengua grande por una pequeña; no se trata de eso; se puede dominar tanto el catalán como el castellano y me parece un enriquecimiento hablar bien dos idiomas. / En Alemania hay muchos colegios bilingües porque se sabe que es importante saber idiomas. / No creo que el bilingüismo cause daños; me parece que es todo lo contrario: las personas bilingües tienen muchas ventajas en el mundo ya que se pueden mover con toda facilidad en los ámbitos de sus lenguas.
- Pueden invertir el tiempo para estudiar otro idioma. / Tienen ventajas a la hora de buscar un puesto de trabajo.
- El catalán es una lengua románica como el castellano y tiene el mismo valor. / El finlandés (finés) tampoco lo hablan muchas personas pero tiene el estatus de lengua oficial.

Impuls: Destacáis muchas ventajas que tiene la persona bilingüe. Salvador es un hombre culto, miembro de la Real Academia. ¿Qué es entonces lo que le puede haber empujado a pronunciar sus tesis, mayoritariamente provocadoras?

- En Cataluña se pretende eliminar del todo el castellano. Aunque el Estatut le concede el estatus de lengua oficial con los mismos derechos que el catalán, de hecho no los tiene. Por ejemplo, los inspectores lingüísticos vigilan sobre el uso del catalán pero no del español.
- Hay unos catalanes fanáticos que prefieren el inglés al castellano como lo denuncia Roto en su caricatura. / Incriminan a un comerciante porque una palabra en su rótulo carece de una tilde. Eso es estrecho de miras.

4. *mit möglicher integrierter Behandlung von* **5.** :

¿Cuál es, a vuestro parecer, la posición del autor del artículo?

- El periodista cita a Salvador sin distanciarse visiblemente de su argumentación.
- Concede mucho espacio a lo dicho por Salvador, lo cual se puede comprobar con la serie de citas literales y los resúmenes de lo dicho por el catedrático.
- Hay que reconocer que siempre introduce las citas refiriéndose explícitamente a Salvador, pero no da señales de desaprobación o crítica.

¿Cuál puede ser la conclusión que se puede sacar del debate?

- Hay que dar la plena razón a Salvador / tiene razón en todo lo que dice. Lo del fomento forzado del catalán es exageradísimo.
- La lengua minoritaria tiene derecho a seguir existiendo y ser respetada.
- El bilingüismo es un elemento enriquecedor para las personas.
- El intento de crear un monopolio del catalán no favorece a la juventud por privarla de su derecho a estudiar la lengua oficial de su patria.

5. El autor del artículo parece estar de acuerdo con la actitud de Gregorio Salvador, lo que se puede deducir sobre todo del contenido de las citas que alega y de los verbos que utiliza el autor: ninguno tiene una connotación negativa. Son objetivos como los verbos *afirmar* (l. 1), *declarar* (l. 13), *destacar* (l. 35), *asegurar* (l. 19, l. 57) o tienen una connotación positiva como por ejemplo *elogiar* (l. 31) y *alabar* (l. 38). El contenido de las citas está elegido de tal forma que al lector le parezca comprensible y lógico lo que alega Salvador. Se trata también de observaciones de valor común como por ejemplo que *las lenguas están para entenderse, no para diferenciarse* (l. 4–5). Además de esas observaciones, el autor del artículo repite frases cuyo contenido apela al orgullo y al sentimiento de unión de los lectores españoles como por ejemplo *la segunda lengua del mundo* (l. 28–29) y *lazo de unión que no debe perderse* (l. 37–38). La intención del autor del artículo es que los lectores estén de acuerdo con la posición de Gregorio Salvador.

El imperio del español (SB S. 163)

Text: Zeitungsartikel (Auszug)
Wortzahl: 108
Schwierigkeitsgrad: ***
Inhalt: Der Verfasser Enrique Krauze lobt das Spanische als eine der lebendigsten und kraftvollsten Sprachen und verwendet zur Illustration der Größe der Sprechergemeinschaft das Bild des Imperiums, in dem die Sonne nie untergeht.

Actividades SB S. 163, Lösungsvorschläge

1. Según el escritor mexicano Enrique Krauze, el español desempeña un papel muy importante en el mundo ya que tiene muchísimos hablantes y es una de las lenguas más vivas y vivaces del mundo y avanza con mucha energía.

2. *Texto modelo:* En su artículo Krauze destaca la importancia de la lengua y de la nación españolas en el mundo. Advierte la riqueza y variedad de la nación española y lo subraya con una serie de adjetivos evaluadores como *espiritual, viva, vivaz* y con el medio estilístico del contraste realzando el *dominio antiquísimo y moderno*. El escritor mexicano casi personaliza la nación española diciendo que está *llena de promesas* y caracterizándola de *múltiple, compleja, variada* y *cambiante* como si estuviera hablando de una amante.
Con las expresiones *dominio, imperio* y *nación* Krauze acentúa la fuerza y subraya la importancia del español que es como un soberano que rige un territorio enorme y que a la vez es capaz de mantener la unidad dentro de este mismo territorio. El autor utiliza estas expresiones en un contexto histórico para afirmar el poder de la lengua y para advertir la importancia del desarrollo histórico de la lengua y de la nación españolas.
En resumidas palabras, Krauze alude con la cita sobre el imperio bienhechor y a través de sus propias palabras a la grandeza del imperio español que a pesar de haber terminado ya definitivamente a finales del siglo XIX sigue existiendo aún, ya no como imperio real sino virtual y global a través de la lengua común.

Zusatzmaterial/Kopiervorlage

Sistema de apoyo para expresar y explicar la opinión propia

- [Yo] considero / opino / me parece / que la afirmación es equívoca, porque...
- Me figuro que hay que modificar / falsificar / verificar la tesis...
- Mi opinión difiere de la de... ya que...
- Desde mi punto de vista no se puede argumentar así...
- A pesar de lo dicho anteriormente / Lo que se podría alegar...
- No hay nada que objetar, pero...
- Lo principal / Lo más importante / Lo que hay que recordar...
- Quisiera comentar lo que acaba de alegar X...
- Respecto a lo que acaba de manifestar y...
- En lo que concierne / se refiere a...

Discurso del Presidente del Gobierno en el debate de totalidad sobre la Propuesta de Reforma del Estatuto de Cataluña (SB S. 164)

Mögliche Höraufträge

Marca con un aspa si las frases siguientes corresponden a lo que dice el Presidente Zapatero:

1. En 1878 los españoles miraron con libertad en el espejo de la historia.
2. El proyecto común de todos los españoles es España.
3. Hay diferencias entre los españoles que hay que aceptar.
4. La unidad del estado significa uniformidad.
5. El centralismo político es la solución.
6. En la Constitución se habla de un Estado de las Autonomías.
7. El discurso se pronunció poco después de cumplirse veintisiete años del refrendo.
8. España ha vivido la etapa de más democracia desde 1978.
9. El Estatuto de Cataluña es posterior a la Constitución Española.
10. El resto de España todavía no respeta a Cataluña.

Lösungen: 1 – 3: richtig; 4 – 5: falsch; 6: richtig; 7 – 9: richtig; 10: falsch

Text: politische Rede (Auszug)
Wortzahl: 297
Schwierigkeitsgrad: ***
Inhalt: Der spanische Ministerpräsident Zapatero hält seine Rede in zeitlicher Nähe zur Verabschiedung des neuen Estatut von Katalonien. Er zieht eine Bilanz der Reformprozesse seit Ende der Diktatur und lobt die positive Wirkung der spanischen Verfassung von 1978, die Spanien Stabilität und Demokratie gebracht habe. Positiv beurteilt er den Estatut von 1979: Katalonien habe eine Periode des Wohlergehens, der Anerkennung und Achtung der eigenen Identität erlebt.

Actividades SB S. 164, Lösungsvorschläge

1. El año 1978 tiene tanta importancia porque tras la dictadura de Franco (1939–1975) y después de un período de transición entró en vigor la Constitución Española. / Por una parte la Constitución postula la unidad del Estado español, pero también permite libertades prohibidas durante la época de Franco. / Entre estas libertades figuran ante todo los derechos particulares de las comunidades autónomas de Cataluña, Galicia y el País Vasco. / Dichas comunidades se distinguen por lengua, cultura e historia propias dentro del desarrollo común de España. / En resumen se puede decir que la Constitución Española, en contraposición a la dictadura, fomenta la diferencia en la unidad.

2. Según Zapatero, las comunidades son distintas, no son uniformes; y esto hay que reconocerlo. / La unidad no significa uniformidad, o sea, las comunidades se distinguen la una de la otra, y a pesar de las diferencias forman el Estado. / España es un "Estado de las Autonomías" lo cual significa que cada autonomía tiene su autogobierno, su identidad, su historia y su cultura. / El centralismo político crea problemas.

3. Refiriéndose al período comprendido entre 1978 y 2005, Zapatero llega a la conclusión de que es la primera vez en la historia del país que los españoles disponen de gran libertad y bienestar igual que los catalanes que se ven respetados y reconocidos y gozan del autogobierno.

4. En su discurso el presidente Zapatero destaca que la Constitución de 1978 y el Estatut de 1979 han garantizado al pueblo catalán libertad, bienestar, respeto y reconocimiento. De sus palabras se puede deducir que Cataluña podría disfrutar de estos logros y que no hace falta un Estatut nuevo. El Presidente no se refiere directamente a la propuesta del nuevo Estatut que a finales del 2005 y durante 2006 se debatía en el Congreso de Diputados.

5. *Hinweis:* Im Vergleich zu den Ausführungen von Zapatero, der die Vielfalt gegen Uniformität abhebt, ist die Argumentation von Salvador sehr polemisch. Es kann erwartet werden, dass Schülerinnen und Schüler deshalb bewusst gegen ihn argumentieren.
Unabhängig davon, zu welchem Ergebnis die Lernenden gelangen, sollen die Argumente an dieser Stelle noch einmal gebündelt werden, damit sie in der die Reihe abschließenden Debatte präsent sind.

pro:	• la unidad y la fortaleza de ese proyecto común que es España no podía seguir sosteniéndose en la negación de todo aquello que nos hacía distintos (Zapatero, l. 6–10) • [hay que] reconocer la diferencia como parte de nosotros mismos, admitir que la unidad del Estado no significa uniformidad (Zapatero, l. 11–14)
contra:	• las lenguas están para entenderse, no para diferenciarse (Salvador, l. 4–5) • el bilingüismo está provocando un deterioro del castellano (Salvador, l. 6–9) • hay gente que empieza a hablar mal el castellano en determinadas regiones donde lo hablaban muy bien y lo escribían muy bien (Salvador, l. 9–12) • los nacionalismos están provocando que parte de la población pierda su lengua propia, que es el castellano (Salvador, l. 19–22) • el bilingüismo favorece los mundos pequeños generados alrededor de señas de identidad rebuscadas (Salvador, l. 23–27) • no se puede dejar la segunda lengua del mundo por una lengua pequeña (Salvador, l. 28–29) • el uso del español en Hispanoamérica se ha considerado como un lazo de unión (Salvador, l. 35–38) • el imperio del español es un dominio antiquísimo y moderno, cultural y espiritual (Krauze, l. 3–5) • el español es una de las lenguas más vivas y vivaces del mundo (Krauze, l. 10–13)

4.2 Testimonios (SB S. 165/166)

Didaktisch-methodische Hinweise

Die beiden *testimonios* lenken nach den sehr pointierten Ausführungen (SB S. 160/161 und ggf. S. 162 f.) den Blick auf die Perspektive zweier Menschen, die sich Katalonien aus verschiedenen Gründen verbunden fühlen. Die *testimonios* sind sprachlich und inhaltlich weniger komplex, so dass sie auch von schwächeren Schülerinnen und Schülern gut bewältigt werden können.

Hablar catalán, un andaluz (SB S. 165)

Text: Leserbrief
Wortzahl: 230
Schwierigkeitsgrad: **
Inhalt: Der Verfasser, ein Andalusier, bezieht eindeutig positiv Stellung zur Sprachenpolitik Kataloniens. Er habe es, als er dort gelebt habe, für selbstverständlich gehalten, Katalanisch zu lernen und zu sprechen, und empfinde es als persönliche Bereicherung.

El tema de la identidad catalana – testimonio de Teresa C. (SB S. 165/166)

Text: *testimonio*
Wortzahl: 425
Schwierigkeitsgrad: **
Inhalt: Teresa, Tochter eines andalusischen Vaters und lange Zeit in Katalonien lebend, nimmt Stellung zum Thema der eigenen Identität. Sie ist stolz darauf, Katalanin zu sein, wendet sich aber gegen übertriebenen Nationalismus und den Zwang, z. B. in der Schule nur auf Katalanisch unterrichtet zu werden.

Actividades SB S. 166, Lösungsvorschläge

1. *textos modelo*

Ángel es andaluz y vive actualmente en Granada. Ha vivido muchos años en Cataluña y, según su testimonio, lo considera normal haber aprendido catalán, lengua que califica de "hermosa". Incluso se siente orgulloso de saber hablarla. Explica su interés con motivos culturales, o sea, saber catalán lo estima un enriquecimiento cultural. Ángel contempla la cuestión de la política lingüística bajo un punto de vista cultural y no separatista. Alega la importancia general de aprender otros idiomas y de aceptar y comprender otras culturas.
Ángel se distancia de la opinión de que hay que criticar la política lingüística catalana y la califica de obsesiva y ultraespañolista, adjetivos que expresan una desaprobación clara. Ángel está a favor de Cataluña (incluso escribe el nombre en catalán); la expresión "obsesiva crítica anticatalana" revela que aprueba la política lingüística de la Generalitat.
Se distancia también de las tendencias nacionalistas de los andaluces, lo cual lo muestran las expresiones "extremista" y "signo de pobreza cultural".
Alega además el aspecto sociológico de que la convivencia de culturas diferentes siempre requiere el respeto hacia el pueblo que acoge a los inmigrantes.
Ángel tiene sus raíces en Andalucía, tierra donde vive actualmente, pero Cataluña lo ha enriquecido.
Teresa tiene el padre andaluz y la madre probablemente catalana. Creció en un ambiente catalán-andaluz en Cataluña. Los veranos los solía pasar en Andalucía, por lo que se puede decir que Teresa tiene sus raíces en dos lugares: en Cataluña y Andalucía.
El padre al principio hablaba catalán con sus hijos, lo que se puede interpretar como su deseo de integración en la cultura catalana. Pero como sus hijos se reían de su acento, al final cambió al castellano.
Para Teresa era tan natural hablar también en catalán que con su perro lo hablaba siempre. Teresa declara que se siente catalana, pero añade que no se siente catalanista. Con el sufijo *–ista* Teresa alega una connotación negativa. Para concretar lo que es para ella ser "catalanista" cuenta que era alumna de un colegio donde daban todas las asignaturas en catalán y el castellano se enseñaba

como si fuera una lengua extranjera. Este hecho es completamente contradictorio porque el castellano es la lengua de uso diario para el alumnado y lo dominan todos.
Resumiendo se puede decir que Teresa acepta Cataluña y la cultura catalana, pero rechaza tanto la política lingüística catalana como las aspiraciones separatistas de algunos catalanes.

2. *Hinweis:* Die abschließende Einschätzung der *testimonios* durch die Schülerinnen und Schüler dient gleichzeitig dem Nachweis des Verständnisses des jeweils vorgestellten Inhalts. Die Begründungen für die Wahl müssen inhaltsbezogen sein.
Ejemplo:
Encuentro un poco extraño que Ángel como andaluz tenga una opinión tan notoriamente positiva sobre el catalán.
La posición de Teresa es muy sensata. Ella se siente catalana y al mismo tiempo española; habla las dos lenguas a la perfección y se sirve de la una o de la otra cuando sea necesario.

4.3 El catalán –¿amenaza para el castellano? (SB S. 167)

Didaktisch-methodische Hinweise

Die abschließende **Debatte** dient auf der Ebene des Sachwissens der Rekapitulation des Gelernten und sprachlich dem Nachweis des monologischen Sprechens in längeren Einheiten sowie dem dialogischen Sprechen, nämlich dem Diskutieren eines kontroversen Sachverhalts (zum Arrangement vgl. auch Methodenanhang, SB S. 321).
Den Schülerinnen und Schülern können Rollenkarten ausgehändigt werden oder sie können sich selbst solche erstellen. Die Podiumsmitglieder sollten in jedem Fall unterschiedliche Positionen vertreten, damit sich auch eine Debatte entwickelt.
Als *Hausaufgabe* zu der Debatte sollten die Schülerinnen und Schüler ihre Debattenbeiträge vorbereiten und sich evtl. einen Spickzettel mit Stichpunkten vorbereiten. Die Beiträge selbst sind (weitestgehend) frei zu halten.
Es ist darauf zu achten, dass alle Kursmitglieder zu Wort kommen; sie müssen sich jeweils mindestens einmal mit einem eigenen kurzen Kommentar zu Worte melden sowie eine Reaktion auf etwas Gesagtes abgeben.
Für die sprachliche Vorbereitung ist es nötig, den *subjuntivo* zu wiederholen.

Vorschläge für die Besetzung des Podiums:
- Moderatorin/Moderator
- Katalanin/Katalane der älteren Generation, die/der noch die Zeit des *franquismo* mitgemacht hat und Angehörige hat, die im Bürgerkrieg gekämpft haben → Erläuterung der historischen Situation aus der Perspektive von Betroffenen
- Vertreter/in der Asociación por la Tolerancia → strikte Ablehnung der Tendenz, in Katalonien die Zweisprachigkeit aufzuheben
- Vertreter/in einer Oficina Lingüística → Bericht über Maßnahmen der *oficinas*, Rechtfertigung
- Mutter und Vater aus Madrid, die einen zweijährigen Arbeitsvertrag für ein bestimmtes Projekt in Katalonien haben und danach wieder nach Madrid zurückkehren müssen. Das Paar hat schulpflichtige Kinder → Bericht über die Schwierigkeiten, eine Schule mit *castellano* als *lengua vehicular* zu finden; Ängste, dass die Kinder in Madrid nicht mehr im Unterricht mitkommen/dass sie in der katalanischen Schule nicht mitkommen, weil sie kein Katalanisch können

Gruppe (Publikum):
Schülerin aus katalanistischem Elternhaus/junger marokkanischer Immigrant/Richter, dessen Frau eine Stellung in Katalonien hat und der eine Stelle am Gericht in Katalonien anstrebt/deutscher Austauschstudent

Zusatzmaterial/Kopiervorlage für die Vorbereitung der Debatte

Argumentos a favor y en contra

1. "Las personas se llevarían mejor si hablaran una sola lengua como antes de la Torre de Babel."
2. "El 'Estatut' establece la división de España."
3. "Cataluña representa una potencia económica considerable que, con razón, reclama más autonomía e independencia."
4. "Es imbécil que las oficinas de garantías lingüísticas multen a personas que sólo ejercen su derecho a hablar castellano."
5. "Es anómalo que en el Congreso los diputados no puedan intervenir en las lenguas regionales (co-oficiales / minoritarias)."
6. "Para los niños es fácil aprender un idioma, de ahí que no suponga ningún esfuerzo especial sino todo lo contrario; es una ventaja poder aprender idiomas automáticamente."
7. "Es poco lógico emplear el catalán como lengua vehicular si se tiene en cuenta que el castellano lo hablan casi 400 millones de personas y el catalán sólo unas 10 millones."
8. "Hay interesados en agigantar las diferencias para sacar partido de crispación política."
9. "Si el castellano es la lengua común de España no se puede perseguir a nadie por emplearla, tampoco en Cataluña."
10. "El boicoteo de productos catalanes es una medida muy acertada para manifestar la actitud contra el Estatuto."
11. "Se quitan oportunidades a la gente joven si se les aleja forzosamente del castellano."
12. "El castellano es la lengua común de España por lo que en Cataluña, el País Vasco y Galicia el alumnado tiene que ser enseñado en castellano."
13. "Como la lengua es seña de identidad hay que respetarla aunque se distinga de la lengua oficial del país."
14. "Se priva a toda una generación del castellano, idioma que se habla en 22 países en distintos continentes."
15. "Es una tontería que en la UE se acepte el catalán como lengua de debate, porque los catalanohablantes dominan perfectamente el castellano y la traducción supone un gasto inútil."
16. "El catalán no se puede considerar lengua pequeña dado que la habla más gente que por ejemplo el finlandés, lengua pequeña pero mayoritaria, y por lo tanto reconocido oficialmente por la UE."

Fichas ejemplares

Nombre: Pere Rodó
Edad: 32
Profesión: inspector lingüístico
- catalán convencido
- atiende las quejas lingüísticas
- defiende el derecho a hablar exclusivamente catalán

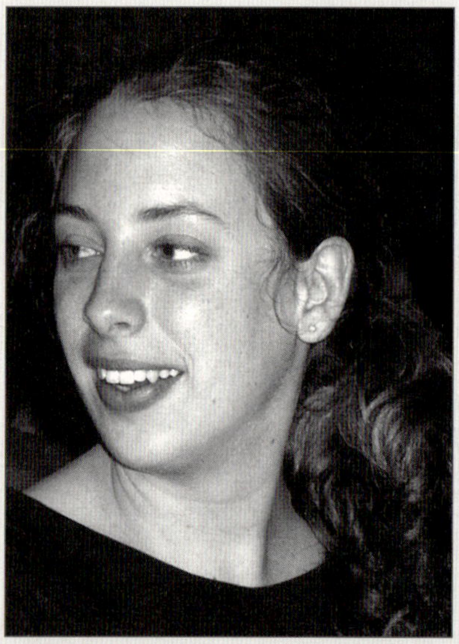

Nombre: Nuria Borrell, catalana de Vic
Edad: 22
Profesión: maestra en una escuela en Barcelona
- imparte las clases en catalán y castellano
- el alumnado es de 35 naciones y de toda España
- le parece importante enseñar tanto el catalán como el castellano

Nombre: Volker Ritter, alemán
Edad: 24
Profesión: estudiante de español
- estudia en Barcelona con una beca Erasmus
- quiere perfeccionar el castellano
- tiene amigas y amigos de todas partes de España
- le interesa el catalán, pero no piensa estudiarlo

Panorama de la Guerra Civil española – autoaprendizaje en etapas (SB S. 168–189)

Das Modul bietet einen Einblick in die traumatische Epoche des spanischen Bürgerkriegs und seine Auswirkungen auf die Gegenwart. Es leistet somit einen Beitrag zum vertieften Verständnis von aktuellen Entwicklungen in Spanien. Schülerinnen und Schüler sollen befähigt werden, mündlichen und schriftlichen Ausführungen zum Thema zu folgen und selbst Beiträge zu äußern. Die Reihe eignet sich zum Einsatz ab dem 3. Lernjahr. Sie legt durch die **Vermittlung von grundlegenden Kenntnissen** zu historischen Vorgängen und Personen das Fundament für

- Erkenntnisse zur **Rolle Deutschlands** im spanischen Bürgerkrieg;
- vertiefte Einsichten in die **ökonomisch-politischen Bedingungen** des Konflikts zwischen revolutionären und restaurativen Richtungen;
- das Verständnis von **Zeugnissen künstlerischer Auseinandersetzung** mit dem Thema der Guerra Civil in der zeitgenössischen hohen Kunst und Alltagskunst.

Fachspezifisch bietet sich insbesondere die Schulung des Hör- und Leseverstehens an. Interkulturelle Kompetenzen werden dadurch entwickelt, dass sich Schülerinnen und Schüler dessen bewusst werden, dass historische Kenntnisse unabdingbar für das Verständnis von aktuellen Entwicklungen sind.

Das Erbe des Bürgerkriegs und der Franco-Diktatur im Spanien der Gegenwart:

- von der Regierungszeit Alfonsos XIII. zur 2. Republik und zum Bürgerkrieg;
- Originaldokumente der zeitgenössischen historischen Persönlichkeiten Dolores Ibárruri und Santiago Carrillo sowie Franco und Queipo de Llano und dem einfachen Soldaten Celestino García;
- die künstlerische Verarbeitung im zeitgenössischen (Volks-)Lied, im politischen Plakat sowie im Gedicht „Vientos del Pueblo me llevan“ von Miguel Hernández und im Gemälde „Guernica“ von Pablo Picasso.

Als Lernerfolgskontrolle bietet sich eine abschließende Debatte an.

Fundamentum (grau unterlegt) und Additum der Reihe gliedern sich wie folgt:

SB Seite			
168/169	**Auftaktseiten**		
170–176	**1**	**Esbozo histórico de la Guerra Civil**	
170–172 170/171	**1.1**	**Las huellas del pasado en el presente** "Granada a José Antonio"	Zeitungsartikel Karikatur
173/174 173	**1.2**	**España antes de la República** España antes de la 2ª República	zeitgenössische Fotos Textauszug (aus spanischem Schulbuch)
175/176 175 175 176	**1.3**	**Cronología – la 2ª República y el comienzo de la Guerra Civil** La 2ª República Tabla Histórica: Cronología de la 2ª República Carteles históricos	Textauszug (aus spanischem Schulbuch) Zeitleiste zeitgenössische politische Plakate
177–189	**2**	**Ver, escuchar y leer documentos relacionados con la Guerra Civil – autoaprendizaje en etapas**	**Lernzirkel mit sechs Stationen**
178/179 178 178 179 179 179 179 179 179	**2.1**	**La Guerra Civil – de la sublevación al último parte** La Guerra Civil (1936–1939) – síntesis Protagonistas extranjeros famosos de la época La sublevación y el último parte Texto introductorio Documentos sonoros La voz del general Queipo Franco proclama el final de la guerra (texto introductorio) El último parte de la guerra redactado por Franco	*erste Station* kommentierte Zeitleiste, Landkarte zeitgenössische Fotografien historische Tondokumente

SB Seite			
180/181	**2.2**	**El reflejo de la Guerra Civil y del pasado franquista en la Cataluña actual**	*zweite Station*
180		Dos cartas al director	aktuelle Leserbriefe
180		La lección de un exiliado: José Muñoz de Baeza – Madrid	zeitgenössische Fotografien
180		Carta sobre la supuesta persecución del castellano en Catalunya que el PP denuncia: Francesc Roca-Villadecans	*placa informativa*
181		Cataluña – datos históricos para comprender las cartas	
182/183	**2.3**	**Violencia y resistencia como tema del discurso político**	*dritte Station*
182		Discurso pronunciado por el general Franco sobre el concepto del estado totalitario	zeitgenössische Fotografien
182		Discurso pronunciado por Santiago Carrillo	historische Tondokumente
183		Alocución de Dolores Ibárruri, la Pasionaria	
183		Alocución del soldado Celestino García	
184/185	**2.4**	**La Guerra Civil en la canción popular de la época**	*vierte Station*
184		Una canción republicana	Landkarte
185		Carteles de la época	historische Fotografien und Plakate
185		Música "Coplas de la defensa de Madrid", grabación de la época	historische Tondokumente
186/187	**2.5**	**La Guerra Civil en la poesía de la época**	*fünfte Station*
186		Miguel Hernández: "Vientos del pueblo me llevan"	Gedicht
188/189	**2.6**	**La Guerra Civil en el arte – el "Guernica" de Picasso**	*sechste Station*
188		"Guernica" (1937)	Gemälde
189		"Guernica" en el cortometraje "Minotauromaquia"	Filmfragment

Zu den Fotos auf den Auftaktseiten (SB S. 168/169)

Didaktisch-methodische Hinweise

S. 168: *oben:* Gruppe von spanischen Flüchtlingen, Frauen und Kinder, in Frankreich; ein lächelnder französischer Gendarm beugt sich zu zwei kleinen Kindern hinunter und reicht ihnen wahrscheinlich Lebensmittel, eingewickelt in eine Zeitung. Die Gesichter der Frauen sind ernst und von Strapazen gezeichnet. *Mitte:* ein junger Soldat mit Stahlhelm und angelegtem Gewehr; *unten:* Szene nach der Bombardierung von Guernica 1936.
S. 169: Gruppe von drei entschlossen blickenden republikanischen Soldaten mit Gewehren in der Hand und eine Milizionärin, müde und ernst schauend, ein Gewehr und einen Patronengürtel über der Schulter. Einer der Soldaten reckt die geschlossene Faust als Zeichen für den Kampf nach oben.

Die Fotos können unter folgender Aufgabenstellung zum Einstieg genutzt werden:
¿Qué revelan las fotos sobre las consecuencias de la guerra? *(pena; destrucción; intransigencia; sufrimiento; falta de esperanza / las mujeres de la primera foto son refugiadas a las que ayuda un policía / las personas en la foto grande parecen dispuestas a combatir; su ropa / los zapatos muestran que su equipamiento no es muy favorable)*

1 Esbozo histórico de la Guerra Civil (SB S. 170–176)

1.1 Las huellas del pasado en el presente (SB S. 170–172)

"Granada a José Antonio" (SB S. 170/171)

Text: Zeitungsartikel
Wortzahl: 443
Schwierigkeitsgrad: ****
Inhalt: In dem 2003 erschienenen Artikel wendet sich der Verfasser Ian Gibson mit Entschiedenheit gegen das Fortbestehen von Gedenkstätten aus der Franco-Zeit.
Gibson beginnt mit einem zynischen Augenzeugenbericht von der Erschießung Oppositioneller durch Franco-Anhänger im Jahr 1936. Mit besonderer Häme und Menschenverachtung schildert der Zeuge Lorcas letzte Minuten. Angesichts dieses Skandals nimmt Gibson die Tatsache, dass vor der Diputación Provincial in Granada noch 2003 ein Denkmal steht mit der Inschrift „Granada a José Antonio", eines der Hauptschuldigen für den Bürgerkrieg, zum Anlass, einen scharfen Angriff gegen die Behörden von Granada zu formulieren.
Die provokativen Fragen Gibsons zum Verhalten der Verantwortlichen des Jahres 2003 münden in die Feststellung, dass es vielleicht sogar Gleichgültigkeit ist, mit der die Untätigkeit der Behörden erklärt werden kann.

Zusatzmaterial

Die Forderung Gibsons und vieler anderer nach Eliminierung franquistischer Symbole muss seit 2007 erfüllt werden: Die „Ley de Memoria Histórica" (2006 vom Consejo de Ministros und 2007 vom Congreso de los Diputados verabschiedet) sieht nicht nur die Entschädigung von Betroffenen und Hinterbliebenen vor, sondern auch die vollständige Eliminierung von Zeichen des *franquismo*:

> **Artículo 17. Símbolos y monumentos públicos.**
> Los órganos que tengan atribuida la titularidad o conservación de los monumentos, edificios y lugares de titularidad estatal, tomarán las medidas oportunas para la retirada de los escudos, insignias, placas y otras menciones conmemorativas de la Guerra Civil, existentes en los mismos, cuando exalten a uno sólo de los bandos enfrentados en ella o se identifiquen con el régimen instaurado en España a su término.

Didaktisch-methodische Hinweise

Das im SB vorgeschlagene Verfahren zielt auf die selbstständige Erarbeitung des Artikels durch die Schülerinnen und Schüler ab. Der Artikel von Gibson dient vorwiegend dazu, einen Fragehorizont zu eröffnen. Deshalb sollte es vermieden werden, zu sehr ins Detail zu gehen.
Da der Artikel sehr kompakt ist und viele neue Informationen enthält, kann über *actividades de pre-lectura* eine Annäherung erfolgen: Auszugehen wäre von der Kapitelüberschrift, dem Titel des Artikels, Erscheinungsdatum, Foto und *placa informativa* (linke Spalte). Die Erarbeitung des Artikels erfolgt sukzessive und wird durch Impulse/Leitfragen gestützt:
Mögliche Impulse:
Este artículo introduce el módulo sobre la Guerra Civil española. El artículo data del año 2003. Vamos a ver ¿cuáles son las huellas del pasado, dónde se encuentran y quién es José Antonio?
Una huella es el monumento con la inscripción "Granada a José Antonio" / como el artículo data del año 2003 es probable que la foto sea también actual / En 1936 José Antonio fundó una agrupación antimarxista y antiparlamentaria / por lo tanto defiende principios dictatoriales y antidemocráticos
Leed la placa informativa sobre Federico García Lorca y relacionadla con el primer párrafo.
Lorca es uno de los poetas más famosos de España / era republicano / fue fusilado por los franquistas en 1936 / un testigo cuenta que presenció en el fusilamiento de Lorca / el tono en que lo cuenta es muy despectivo y humillante / hasta dice que gozó de los fusilamientos

¿Por qué recuerda Ian Gibson los acontecimientos relatados?
Los recuerda porque contempló el monumento a José Antonio / ha visto varias veces el monumento / se dio cuenta del esmero con que se ha arreglado la glorieta / le da rabia que exista y que haya gente cuidándolo
¿Qué información da Gibson sobre los republicanos?
la guerra, por lo visto, empezó en 1936 / apenas tenían armas / fueron fusilados / había muchísimas víctimas durante y después de la guerra
¿Qué es lo que a Gibson le lleva a formular preguntas a los lectores (y a los responsables del gobierno granadino)? *No son compatibles los hechos de que José Antonio haya sido uno de los responsables de la guerra y de que exista aún un monumento en su honor.*
¿Por qué dice Gibson al final: "mejor ni pensarlo"? *porque no quiere aceptar que haya tanta indiferencia ante los sucesos / porque reivindica justicia y no quiere que se olvide la guerra*

Actividades SB S. 171/172, Lösungsvorschläge

1.
- Gibson introduce su artículo con citas de un testigo de los fusilamientos de personas en la Granada del año 1936. El testigo siente placer al asistir al acontecimiento y disfruta en especial de la ejecución del poeta García Lorca.
- Gibson constata que se encuentra un monumento a José Antonio Primo de Rivera delante de la Diputación Provincial de Granada (a pesar de haber sido éste uno de los responsables de los crímenes contra los republicanos).
- Gibson subraya que los republicanos solo opusieron poca resistencia al estallar la Guerra Civil y, a pesar de eso, muchos fueron fusilados durante los primeros días y también después de la guerra.
- Gibson pregunta cómo puede ser que en la España democrática no se haya derrumbado el monumento y si no es una ofensa diaria para las víctimas y sus familiares.
- Al final Gibson expresa claramente su irritación ante la negligencia del Estado y termina diciendo que espera que no sea indiferencia, lo cual le parecería peor aún.

2. *Hinweis:* Die Tabelle (S. 185) enthält alle möglichen Elemente. Je nach Vorkenntnissen und nach dem Verlauf der Einstiegsphase können einzelne Fragen schon als (vorläufig) geklärt angesehen werden.

3.
a) Gibson cita literalmente las palabras del testigo de los sucesos para evidenciar tanto el insulto "canalla" que atribuye a Lorca, uno de los poetas españoles de más prestigio, como la brutalidad y la falta de empatía que refleja el comentario sobre la reacción ante el sufrimiento que marcaba la cara de Lorca.
b) Gibson da un ejemplo de lo vivo que aún está el espíritu franquista, describiendo detalladamente el esmero con que la ciudad cultiva el lugar, una "bonita glorieta", en que se encuentra la estatua.
c) La mención del año1962, fecha de la construcción del monumento, precisa que fue erigido en plena era franquista.
d) Esta información es necesaria para poder comprender el empeño de eliminar los testimonios de la época franquista.
e) Gibson relata este detalle, porque es necesario conocer la brutalidad de los nacionales que mataron a personas sin que éstas se pudieran defender.
f) Con la interrogación retórica Gibson se dirige tanto a aquellos en cuyo poder está derrumbar el monumento como a los que se deberían de rebelar públicamente contra el mismo. La mención de la Constitución pone en evidencia que Gibson considera anticonstitucional que sigan existiendo signos de veneración hacia la época franquista.
g) Gibson critica la Iglesia Católica y sus representantes por apoyar la sublevación y no el gobierno legal.

comprensión (transitoria) del artículo de Gibson	alusiones históricas			observaciones, preguntas surgidas, puntos a aclarar
	personaje	**fecha**	**acontecimientos históricos**	
El título no se comprende enseguida.	José Antonio			*¿Quién es José Antonio?*
El artículo empieza con la cita de una carta de Manuel Luna a un conocido suyo, a Melchor Fernández Almagro. Luna escribe que asistió al fusilamiento de 70 personas en Granada especificando que eran rojos: criminales: bandidos, asesinos, violadores, incendiarios. Cita los nombres siguientes de personajes fusilados: Virgilio Castillo, presidente de la Diputación, Vicente Almagro, ex gobernador de Alicante, Montesinos, alcalde de Granada. El espectador gozó de los fusilamientos llamándolos "una buena limpia".	s. linke Spalte	(1998) agosto 1936/ 1939	fusilamiento de 70 personas	En 1998 hubo una exposición en honor a García Lorca. *¿'Rojo' se refiere a la convicción política?* *¿Los 'rojos' eran criminales?* *Es raro que alguien goce de un fusilamiento.* *"Una buena limpia" pertenece al vocabulario fascista.* *¿Qué pasó exactamente en 1936?*
Entre los fusilados se encontraba el "gran canalla de García Lorca".	García Lorca			*¿Quién es García Lorca?* *¿Por qué se le llama "gran canalla"?*
Ian Gibson se distancia de los relatos.				
Delante de la Diputación Provincial de Granada se halla un monumento al fundador de la Falange Española, José Antonio Primo de Rivera. El monumento está ubicado en una bonita glorieta, con naranjos, setos y árboles; lleva la inscripción "Granada a José Antonio" y se erigió en 1962.	José Antonio Primo de Rivera	2003 1962	fundación de la Falange Española	*¿Qué es la Falange?* *¿Quién es Primo de Rivera?* *Se trata de un lugar cuidado con esmero.* *¿Qué relación hay entre el año 1962 y José Antonio?*
Los fusilamientos empezaron nada más invadirse la ciudad de Granada y los republicanos a penas opusieron resistencia por no tener armas.			fusilamientos invasión poca resistencia	*¿Quiénes invadieron y quiénes eran los republicanos?*
Se calcula que durante la guerra y la posguerra murieron miles de personas.			guerra y posguerra	*Hay que saber más sobre la guerra y la posguerra.*
A Ian Gibson le choca que el Ayuntamiento de Granada no haya derrumbado el monumento por ser Primo de Rivera uno de los más responsables de la guerra.	Primo de Rivera			*¿En qué sentido es responsable?*
No le extraña, sin embargo, que en la fachada de la iglesia del Sagrario figure aún el nombre de José Antonio Primo de Rivera.			la Iglesia apoyó a Primo de Rivera	*¿Qué papel desempeñó la Iglesia Católica?*
La jerarquía católica estuvo con los rebeldes desde el primer momento.			la Iglesia apoyó a los rebeldes	*¿Quiénes exactamente fueron los que se rebelaron?*
¿Por qué estuvo la jerarquía católica con los rebeldes? Gibson acentúa que ha habido, y hay –no sólo en Granada–, desidia a la hora de desterrar los símbolos de la dictadura de Francisco Franco.	Francisco Franco		dictadura; dura represión; miles de víctimas; 25 años después de aprobada la Constitución	*¿Quién es Francisco Franco?* *¿Cuáles son los símbolos?* *¿En qué año se aprobó la Constitución?*
Pero, ¿y si se tratara de indiferencia? Mejor ni pensarlo.				*Gibson recalca que no se puede reaccionar con indiferencia.*

4. **La cita:** muestra claramente que el político García Montero pretende quitar importancia al tema / las palabras revelan indiferencia / ignorancia / no tiene interés en la retirada de los símbolos del franquismo / el hecho de que considere estéril el debate y de que lo califique de polémico minimiza los crímenes de los responsables
El artículo presenta, comenta y analiza las huellas del pasado en la España de hoy.

La viñeta: El caricaturista Romeo aprovecha seguramente la ocasión del 30 / trigésimo aniversario de la muerte de Franco para mostrar su inquietud ante el hecho de que en la sociedad española el espíritu del pasado sigue vivo.

5. *Hinweis:* Das Zitat von Gibson sollte als Grundlage dienen für eine das Modul abschließende Debatte, in der die Schülerinnen und Schüler durch eine Zusammenschau der Ergebnisse der Reihe auf die Ebene des Problemlösens und Wertens gelangen.

Kopiervorlage

Ayudas lingüísticas para citar variada y correctamente

- Las palabras "..." revelan / descubren / acentúan...
- Con las palabras / la frase "..." quiere acentuar...
- Según XY la tesis "..." no se puede defender...
- Analizando / Si se analiza la cita de... se ve que se sirve de un vocabulario poco adecuado, lo que demuestran las palabras "..." que expresan desprecio
- Lo que llama la atención son palabras relacionadas con el / pertinentes al / campo semántico de..., p. ej. "... " y "..."
- Los adjetivos / sustantivos "..." y "..." se refieren a... e insinúan...

1.2 España antes de la República (SB S. 173/174)

España antes de la 2ª República (SB S. 173)

Text: Auszug aus einem spanischen Schulbuch
Wortzahl: 120
Schwierigkeitsgrad: **
Inhalt: Die Regentschaft Alfonsos XIII. dauerte von 1902 bis 1931. Ein Militärputsch mit anschließender Militärdiktatur beendete die parlamentarische Monarchie. Alfonso XIII. ging ins Exil.

Didaktisch-methodische Hinweise

Die Fotos zeigen oben links Alfons XIII. mit seiner deutschen Frau Eugenia von Battenberg, aus demselben Adelshaus, dem auch der Prinz Philipp von England angehört. Alfonso ist der Großvater des heutigen spanischen Königs Juan Carlos. Unten links im offenen Wagen sieht man den Putschisten Primo de Rivera mit König Alfonso, der sich zunächst mit ihm arrangierte, dann aber abdanken musste und emigrierte.
Dieser Abschnitt ist fakultativ, da die Kenntnisse über die Zeit vor der Republik nicht zwingend nötig sind für das Verständnis der Vorgänge im Zusammenhang mit der Republik und dem Bürgerkrieg.
Geschichtsinteressierte könnten eine *charla un minuto* vorbereiten und das Verständnis mit Hilfe der *tabla* (SB S. 174) nachweisen lassen.

Actividades SB S. 174, Lösungsvorschläge

1. a) Es correcto, pero sólo en cuanto a los años 1902–1923; la monarquía terminó con la dimisión del rey Alfonso XIII en 1931; b)–f) correcto; g) No, fue en el año 1931; h) No es así, Marruecos derrotó a España. i) No: el sistema parlamentario desapareció entre 1923 y 1930.

2. individuelle Lösungen

3.

- Con el **"Viernes negro"** se denomina la derrota total de la Bolsa de Nueva York. Millones de personas perdieron cantidades enormes de dinero debido a la pérdida de valor de las acciones.
  Para más información véase: http://www.linuxkid.de/weltwirtschaftskrise/krise1.htm

- La **crisis económica** en EEUU repercutió enseguida en los países europeos, ante todo en Francia y Alemania que no se habían repuesto aún de las secuelas de la Primera Guerra Mundial. Las consecuencias de la crisis económica fueron paro, disminución de sueldo, empobrecimiento de grandes partes de la población, quiebras de numerosas empresas.
- España no tomó parte en la **Primera Guerra Mundial**, manteniendo neutralidad.

4. La exportación de productos agrícolas e industriales destinados al exterior disminuye a causa de la depresión mundial, que, por lo tanto, también afecta a España. El desequilibrio económico lleva al paro de una gran cantidad de obreros. La situación en el campo no es mejor, debido al latifundismo y la pobreza de los campesinos.

1.3 Cronología – la 2ª República y el comienzo de la Guerra Civil (SB S. 175/176)

Der Abschnitt gibt die für das Verständnis der Ereignisse im Jahre 1936 nötigen Informationen. Die Zeittafel dient den Schülerinnen und Schülern während des Stationenlernens dazu, Bezüge zu der Zeit vor dem Ausbruch des Bürgerkriegs herstellen zu können.

La 2ª República (SB S. 175)

Text: Auszug aus einem spanischen Schulbuch
Wortzahl: 82
Schwierigkeitsgrad: **
Inhalt: Der Ausruf der 2. Republik erfolgte auf nationaler Ebene vor dem Hintergrund des Scheiterns der parlamentarischen Monarchie und der Notwendigkeit, die bestehenden Probleme zu lösen, und auf internationaler Ebene vor dem Hintergrund der Weltwirtschaftskrise, deren Auswirkungen auch in Spanien zu spüren waren.

Hinweis

Die chronologische Behandlung der Zeittafel hätte keinen Effekt. Deshalb soll sie unter der Fragestellung (SB S. 176) selektiv bearbeitet werden.

Actividades SB S. 176, Lösungsvorschläge

1. El primer bienio: el gobierno de Azaña es republicano-socialista y defiende ideas progresivas en cuanto a la distribución de la propiedad privada, el sufragio masculino y femenino y la separación entre Iglesia y Estado.
- A las regiones españolas se les otorgan derechos propios como p. ej. a Cataluña el uso del catalán.
- La situación en el campo (empobrecimiento de los campesinos, dependencia de los latifundistas) hace necesaria una reforma agraria.
- Igualdad de mujeres y hombres: A las mujeres se les concede el derecho de voto.
- El concepto del Estado seglar con la separación de la Iglesia trae consigo la educación laica, o sea, el Estado se responsabiliza de la educación general y la enseñanza privada católica cesa o queda excepcional.
- El matrimonio civil implica la posibilidad del divorcio prohibido por la Iglesia Católica.

El "bienio negro" se caracteriza por la anulación de las reformas del bienio anterior, lo cual provoca protestas de las izquierdas que desembocan en la huelga general de los mineros en Asturias y de los campesinos.
Las instituciones conservadoras (p. ej. la Iglesia Católica) y ciertos grupos (p. ej. los terratenientes) que durante siglos habían desempeñado un papel importante en la sociedad española de repente se vieron privados de sus derechos y de su autoridad 'natural'. Por eso se opusieron a las tendencias reformistas.

2. El primer cartel data de la época del segundo bienio ya que es una llamada al campesino a luchar por sus derechos (que se le otorgaron durante el primer bienio con la reforma agraria).
El segundo cartel hace propaganda para el partido comunista; se dirige a la gente humilde y alude a la represión que sufren los obreros.

El tercer cartel muestra a una familia pidiendo limosna. La escena se relaciona con el socialismo. Las palabras al pie del cartel dicen que hay que votar a las derechas para evitar que todos se conviertan en mendigos.
El último cartel hace referencia a la huelga de los mineros asturianos propagando que se vote a la izquierda para brindar ayuda a las familias.

2 Ver, escuchar y leer documentos relacionados con la Guerra Civil – autoaprendizaje en etapas (SB S. 177–189)

Didaktisch-methodische Hinweise

Obwohl das Modul als Stationenlernen angelegt ist, können einzelne Stationen in anderen Unterrichtszusammenhängen nützlich sein und ggf. dann in Kleingruppen bearbeitet werden. Folgende thematische Verknüpfungen sind möglich: E 1: *El franquismo;* E 2: *La diversidad lingüística y sus huellas en el pasado* (SB S. 154–167); E 5: *La literatura comprometida*; E 6: *El País Vasco;* E 5 und E 6: *El papel del arte en tiempos de represión.*
Bei der Bearbeitung des Moduls können die Stationen E 2 und E 3 im GK entfallen. Es ist auch möglich, die sehr komplexen Stationen E 5 und E 6 fakultativ als weitere Optionen für leistungsstärkere Schülerinnen und Schüler bereitzustellen.
Für die Bearbeitung einer Station ist eine Doppelstunde vorgesehen. Bei den Stationen mit einer abschließenden Gruppendiskussion sollten für diese ca. 10–15 Minuten veranschlagt werden.
Die Schülerinnen und Schüler führen während ihrer Arbeit ein Arbeitstagebuch, in das sie die Ergebnisse eintragen, in dem sie Fragen und Probleme vermerken sowie Stichpunkte oder Kurztexte zu den längerfristig zu bearbeitenden Aspekten. Die Einträge sollten bei der Notenfindung berücksichtigt werden.
Für die unmittelbare Rückmeldung können die Lösungsblätter oder Teile davon zur Verfügung gestellt werden. Es ist zu entscheiden, ob alle Schülerinnen und Schüler das Lösungsblatt erhalten oder ob es, ggf. in laminierter Form, nur einmal vorliegt.
Hinweis: Die Lösungen zu den *actividades* der Stationen befinden sich auf den Lösungsblättern zu den Stationen 1–6.

2.1 La Guerra Civil – de la sublevación al último parte (SB S. 178/179)

Protagonistas extranjeros famosos de la época (SB S. 178)

Linktipps für weitere Informationen:
http://www.schriftdeutsch.de/orth-orw.htm
http://www.whoswho.de/templ/te_bio.php?PID=678&RID=1
http://derstandard.at/?url=/?id=2520062
http://www.br-online.de/wissen-bildung/collegeradio/medien/geschichte/span_buergerkrieg/fragen_antworten/ueberblick.shtml
Weitere Tondokumente zu Franco:
http://news.bbc.co.uk/hi/spanish/specials/newsid_4447000/4447418.stm

Die Hörtexte sind zum großen Teil zeitgenössische Dokumente, weshalb die Qualität nicht unbedingt den heutigen Standards entspricht.

La sublevación y el último parte (SB S. 179)

Transkription

1. Hördokument (Queipo de Llano)
Fragmento de un discurso del general Queipo de Llano:
"Inmediatamente, empezaron a acudir donativos de todas partes, de las bodegas de Jerez principalmente. Los patronos contribuyeron todos una cantidad igual a la que los obreros destinan todos los meses para la "Obra de las casas baratas", y su alegría se manifestaba no solamente dando vítores a mí, sino también al Generalísimo."

Mögliche Hilfsfragen zum 1. Dokument:
¿Con qué adjetivo se caracteriza al general Queipo de Llano? (*rebelde*)
¿En qué ciudad Queipo se hace fuerte? (*Sevilla*)
¿Qué hace con la resistencia de las organizaciones obreras? (*la reprime*)
¿Quiénes están contentos con las acciones del general Queipo? (*los patronos*)

2. Hördokument (Einleitungstext von RNE)
El 28 de marzo los nacionales entran en Madrid y durante los días siguientes se rinden las últimas plazas republicanas.
El 1 de abril de 1939 se lee en el Cuartel General de Franco el último parte de la guerra.

3. Hördokument
Último parte de la guerra, difundido a través de RNE por el locutor Gonzalo Fernández de Córdoba.
"En el día de hoy, cautivo y desarmado el ejército rojo, han alcanzado las tropas nacionales sus últimos objetivos militares. La guerra ha terminado. Burgos, primero de abril de 1939. Año de la Victoria. El Generalísimo: Franco."

2.1 La Guerra Civil – de la sublevación al último parte (SB S. 178/179) Station 1

Lösungsblatt für die Hand der Schülerinnen und Schüler

Guía de trabajo (SB S. 178)

1. individuelle Lösungen
2. Informaciones: El general Queipo entró en Sevilla donde reprimió la resistencia de las organizaciones obreras; el 24 de marzo los nacionales entraron en Madrid.
   La síntesis revela que fueron los generales los que se alzaron contra la República legalmente elegida. Las luchas entre los insurrectos y los republicanos fueron sangrientas y dolorosas. Al final, también debido a la ayuda de la Alemania e Italia fascistas, el ejército republicano tuvo que rendirse.

   Se puede deducir de la alocución radiofónica del general Queipo de Llano en Sevilla que éste se dirige contra las actividades obreras asegurándose del apoyo de los patronos de las grandes empresas. Las palabras de Franco en el último parte de la guerra revelan su profunda aversión contra la República haciendo patente que subsume todas las fuerzas progresivas bajo el calificativo de "rojo".

   A muchos españoles les esperará represión y seguramente se suspenderán derechos democráticos. El general Queipo de Llano reprime la resistencia en Sevilla; por lo tanto es probable que en toda España se repriman los derechos y empiece una dictadura. Además, tras una lucha tan sangrienta, los que llevan la victoria seguramente no tratarán con mucha consideración a los perdedores.

Protagonistas extranjeros famosos de la época (SB S. 178/179)

1. Hemingway, hombre robusto, un cigarrillo en la boca, por lo visto seguro de sí mismo, está en medio de un grupo de tres militares que se dirigen a él. Parece disfrutar de la situación. Hemingway, partidario de la República, fue corresponsal de guerra entre el 1936 y 1937. Su obra literaria también da testimonio de la brutalidad de la guerra.
   El retrato de Orwell enseña una persona delgada, de cara enjuta y sonrisa tímida. La portada del libro muestra un fusil con punta de lápiz, doble alusión a la guerra y al poder de la pluma del escritor. George Orwell se afiló al ejército republicano como miliciano voluntario en 1936. Sus experiencias hechas en Cataluña, las luchas internas entre los estalinistas y anarquistas, lo empujaron a escribir "Homenaje a Cataluña".
   Ambos escritores apoyaron la causa de la República no solamente por estar presentes en España y demostrar así su simpatía, sino también a través de obras literarias.
2. individuelle Lösungen

La sublevación y el último parte (SB S. 179)

1. Queipo de Llano es uno de los generales que se levantan contra la República. Se instala en Sevilla donde somete a las organizaciones obreras, por lo que gana la simpatía de los empresarios.
   Documentos sonoros
   1er documento:
   a) bodegas de Jerez; los patronos
   b) vendieron mercancías / alimentos económicos
   c) Los latifundistas y los patronos de las grandes empresas habían perdido algunos de sus privilegios que habían tenido antes de la República y querían recuperarlos. Por lo tanto apoyaron a los insurrectos. Los latifundistas, cuyas tierras habían sido expropiadas, esperaban que la reforma se anulara definitivamente. El sufragio general y p. ej. la huelga de los mineros en Asturias habían aumentado la autoestima de los obreros. No estaban dispuestos a perder los derechos adquiridos y se sobreentiende que lucharon por la República .
   2º documento:
   a) el 24 de marzo de 1939; **b)** siete días; **c)** el 1 de abril de 1939
   3er documento: Último parte de la guerra, difundido a través de RNE por el locutor Gonzalo Fernández de Córdoba. "En el día de hoy, cautivo y desarmado el ejército rojo, han alcanzado las tropas nacionales sus últimos objetivos militares. La guerra ha terminado. Burgos, primero de abril de 1939. Año de la Victoria. El Generalísimo: Franco."
   a) RNE; **b)** ejército rojo; **c)** el fin de la guerra; **d)** año de la victoria
2. En la foto se ve al general Queipo de Llano, un hombre mayor de bigote y vestido de uniforme, pronunciando el discurso y haciendo un gesto con la mano como si se encontrara delante de un gran auditorio.
   Al lado, la foto de Franco y su esposa en medio de los representantes de la Iglesia Católica, (todos con el saludo fascista - la mano derecha en alto), muestra que las jerarquías católicas estaban del lado de los insurrectos.
   En la foto de la toma definitiva de Madrid distinguimos a un soldado que está de pie en el capó de un coche, haciendo el saludo militar con la mano en la boina. En el techo del coche están sentados dos hombres que hacen el saludo fascista con las manos levantadas. Están rodeados de un grupo de personas que también hacen el saludo fascista. Todos tienen caras contentas. No se sabe exactamente si apoyan de verdad a los insurrectos o si celebran el final de la guerra.

2.2 El reflejo de la Guerra Civil y del pasado franquista en la Cataluña actual (SB S. 180/181)

Didaktisch-methodische Hinweise

Die Station vertieft die im Unterkapitel „Una mirada hacia el pasado franquista y sus huellas en el presente" (SB S. 154; in: „La lengua como elemento unificador") angesprochenen Aspekte durch zwei perspektivische Darstellungen in aktuellen Leserbriefen. Zudem werden in einer Übersicht Zusatzinformationen und zeitgenössische Fotos zu Katalonien im Bürgerkrieg und im *franquismo* bereitgestellt, die den historischen Hintergrund erhellen.

Guía de trabajo (SB S. 180)

Hinweise: Die Frage zur Argumentation von Francesc Roca kann nicht mit einem klaren Ja oder Nein beantwortet werden (vgl. Modul "La diversidad cultural y lingüística en España", insbesondere S. 157 ff.). Es gibt Beispiele von *persecución lingüística*, die die Position von Rajoy zu bestätigen scheinen. Andererseits ist der Vergleich zwischen Maßnahmen und Vorkommnissen während der Diktatur und der Demokratie schon deshalb nicht stimmig, weil in einem demokratischen Staat keine Willkür herrscht, sondern jeder Mensch den Rechtsweg beschreiten kann und Gesetze von Parlamenten verabschiedet werden.
In dem Zusammenhang könnte der Text „El Franquismo" (SB S. 154) hilfreich sein.

Dos cartas al director (SB S. 180)

La lección de un exiliado: José Luis Muñoz de Baena – Madrid

Text: Leserbrief
Wortzahl: 158
Schwierigkeitsgrad: **(*)
Inhalt: Der Verfasser des Leserbriefs erzählt bewegt von dem versöhnlichen Treffen seines 1939 nach Mexiko emigrierten republikanischen Onkels mit seinem Vater, Ex-Kämpfer in der blauen Division, das nach 67 Jahren der Trennung stattfindet. Der Onkel betont seine Freude, in Barcelona zu sein, und erteilt einer Frau, die ihn zur Unterschrift gegen den „Estatut" bewegen will, eine Abfuhr: Er würde niemals gegen die Stadt stimmen, da er sie sehr liebe.

Carta sobre la supuesta persecución del castellano en Catalunya que el PP denuncia: Francesc Roca – Viladecans

Text: Leserbrief
Wortzahl: 118
Schwierigkeitsgrad: **(*)
Inhalt: Der Verfasser des Leserbriefes bezieht sich auf eine Aussage des spanischen Oppositionsführers Manuel Rajoy des Partido Popular (PP), der die heutige Situation des *castellano* mit der des *catalán* unter Franco vergleicht. Der Verfasser führt das Beispiel seines Sohnes an, der eine öffentliche Schule besucht und während des Unterrichts beide Sprachen frei verwendet. Auf dem Schulhof herrsche *castellano* sogar vor. In der Franco-Zeit hingegen sei er körperlich gezüchtigt worden, weil er seine Muttersprache Katalanisch benutzt habe.

Station 2

2.2 El reflejo de la Guerra Civil y del pasado franquista en la Cataluña actual (SB S. 180/181)

Lösungsblatt für die Hand der Schülerinnen und Schüler

Guía de trabajo (SB S. 180)

1. individuelle Lösungen
2. *Soluciones modelo:* Sí, se puede tomar como modelo a los hermanos Muñoz porque demuestran que tras casi 70 años hay que reconciliarse y perdonarse. / Sí, porque hay que olvidar definitivamente para poder vivir en paz. / No, porque, como sabemos, aún quedan huellas del fascismo y este capítulo histórico sigue vivo en la España actual. / En Cataluña hubo tantas víctimas y tanta represión durante largos años, que no comprendo que una persona que haya sufrido esto, pueda perdonar a los autores de los crímenes.
   Francesc Roca se dirige contra las palabras de Manual Rajoy, líder de la oposición conservadora, cuya intervención polémica provoca e irrita. Roca alega sus propias experiencias y declara que hoy en los colegios los niños pueden hablar el idioma que quieran, lo cual estaba estrictamente prohibido durante el franquismo. Se sabe, sin embargo, que en Cataluña la lengua de uso normal debe de ser, según el Estatuto, el catalán y que hay inspectores lingüísticos que vigilan por el uso en el aula. Por eso tampoco parece verosímil que los niños puedan servirse del idioma que quieran en el colegio.

Dos cartas al director (SB S. 180)

a) La carta de Muñoz de Baena alude a la campaña electoral del año 2006 con ocasión de la aprobación del nuevo Estatut catalán. La carta de Roca se refiere a la alocución política de Rajoy en torno a la situación lingüística en Cataluña
b) Trasfondo histórico: el exilio mexicano de muchos republicanos durante y al final de la Guerra Civil / la afiliación a la División Azul que luchó junto a la Alemania nazi en Rusia / la prohibición del uso del catalán durante el franquismo

2.3 Violencia y resistencia como tema del discurso político (SB S. 182/183)

Didaktisch-methodische Hinweise

Die vier historischen Tondokumente, deren exakte Erscheinungsdaten nicht genau zu ermitteln waren, sind eindringliche Zeugnisse der Epoche zwischen 1936 und 1939.
Die Ausführungen Francos zum totalitären Staat bilden die ideologische Basis seiner Herrschaft.
Die herausragenden Persönlichkeiten Dolores Ibárruri und Santiago Carrillo (geb. 1915) kämpften auf Seiten der Republik. Beide emigrierten nach dem Bürgerkrieg, Carrillo nach Frankreich und Ibárruri in die Sowjetunion, und kehrten nach Francos Tod nach Spanien zurück. Sie engagierten sich in der Kommunistischen Partei, die heutzutage in der spanischen Demokratie keine bedeutende Rolle mehr spielt. Vom Parlamentsabgeordneten Carrillo ist seine Standhaftigkeit während des Putschversuchs des Obersten der Guardia Civil, Tejero, im Februar des Jahres 1983 in Erinnerung geblieben: Carrillo blieb trotz der Bedrohung durch ein Gewehr auf seinem Platz sitzen und versteckte sich nicht unter dem Tisch.
Die Ansprache des Soldaten Celestino ist das engagierte und persönliche Zeugnis eines einfachen Soldaten, der auf Seiten der Republik kämpfte.

Weiterführende Adressen: Teile der vorgestellten sowie weitere Tondokumente finden sich unter: http://news.bbc.co.uk/hi/spanish/specials/newsid_4447000/4447418.stm

Weitere Hintergrundinformationen zu Carrillo und Franco:
http://www.lang.soton.ac.uk/students/resabroad/spanish.pdf
http://www.profes.net/rep_documentos/Especiales/Especial_20_N_Carrillo.pdf

Discurso pronunciado por el general Franco sobre el concepto del estado totalitario (fragmento) (SB S. 182)

Transkription

"Un Estado totalitario armonizará *en España* [1] el funcionamiento de todas las capacidades y *energías* [2] del país, en el que, dentro de la unidad *nacional* [3], el trabajo, estimado como el más ineludible de los deberes, será el único exponente de la *voluntad popular* [4]. Y merced... merced a él, podrá manifestarse el auténtico sentir del *pueblo español* [5] a través de aquellos órganos naturales [6] que, como la *familia* [7], el *municipio* [8], la asociación y la *corporación* [9], harán cristalizar en realidades nuestro *ideal supremo* [10]."

RNE Servicio Cultural, Madrid, 1.9.1986, pp. 5–40

2.3 Violencia y resistencia como tema del discurso político (SB S. 182/183)

Station 3

Lösungsblatt für die Hand der Schülerinnen und Schüler

Guía de trabajo (SB S. 182)

1. individuelle Lösungen
2. Francisco Franco es el líder de los insurrectos. Su discurso refleja su ideología antidemocrática y reaccionaria. Aunque habla de la *voluntad popular,* se ve que no la respeta porque no promete elecciones mediante las que la voluntad se haría patente.
   Ibárruri y Carrillo eran partidarios de la República. Esto se manifiesta en el discurso de Carrillo cuando se dirige explícitamente a la juventud catalana lo cual los insurrectos jamás harían porque los catalanes en su mayoría se pronunciaron contra los golpistas.
   El soldado Celestino es republicano: relata el encontronazo con soldados italianos, de los cuales se sabe que lucharon contra los republicanos. Los italianos se defienden diciendo que Mussolini, caudillo fascista de Italia, los había mandado a luchar en España.
   Weitere individuelle Lösungen

Discurso pronunciado por el general Franco sobre el concepto del estado totalitario (fragmento) (SB S. 182)

1. 1: España; 2: energías; 3: nacional; 4: voluntad popular; 5: pueblo español; 6: naturales; 7: familia; 8: municipio; 9: corporación; 10: ideal supremo
2. **Hipótesis sobre la intención:** Quiere dar un significado positivo al "Estado totalitario", recurriendo a la imagen de un pueblo unido que tiene ideales y vive en armonía / en su discurso da una explicación e interpretación del concepto del "Estado totalitario" para convencer a los oyentes de sus ideas.
   análisis
   - **connotaciones: totalitario:** arbitrario, absolutista, dictatorial, tiránico, extremista; pérdida de derechos; sin derechos; **armonizar:** acordar, pactar, consolidar; **unidad:** unido, acuerdo, pacto: **cristalizar:** cristal, algo valioso, transparente, hacer claro; **energía:** fuerza, afán, coraje, ánimo, empuje, firmeza; **deberes:** exigencias, obligaciones morales, normas
   - **campo semántico:** armonizar, cristalizar, unidad
   - **contrastes:** totalitario ↔ armonizar
   - **adjetivos evaluadores:** supremo, único, auténtico
   - **superlativo:** más ineludible
   - **tiempo gramatical:** futuro
   - **características del estado totalitario: base:** familia, municipio, asociación, corporación
   - **deber:** trabajo como exigencia moral de las personas
3. **interpretación:**
   Franco
   - aprovecha la difícil situación histórica para introducir su concepto de un estado nuevo
   - recurre en el discurso al deseo / anhelo de la gente de estabilidad y seguridad

- no menciona ni virtudes ni derechos democráticos, ni a los individuos que constituyen la nación, ni partidos políticos, sino que califica de "órganos naturales" a la familia, el municipio, la asociación y corporación. El adjetivo "natural" implica algo incambiable e irreversible. Implícitamente niega los logros de la democracia
- utiliza palabras con connotaciones positivas como 'armonizar', 'unidad', 'cristalizar' para evocar en los oyentes sentimientos de bienestar y de confianza
- denomina 'deber' al trabajo, o sea una obligación, con lo cual atribuye un valor moral al trabajo
- el uso del futuro en vez de verbos modales subraya la certeza de Franco de que su visión se va a realizar

El análisis muestra que Franco, con la enumeración de los pilares estructurales del Estado y con su dicción paternal y benévola, persigue la intención de hacer olvidar a los oyentes las libertades y los logros de la República. También pretende que se identifiquen con la visión de un Estado totalitario.

Discurso pronunciado por D. Santiago Carrillo (fragmento) (SB S. 182)

1. individuelle Lösungen (für die Argumentation s. actividad 2.)
2. **Variante 1 b):** Los jóvenes son los destinatarios porque en caso de una guerra son las personas jóvenes las que tienen que movilizarse.
   Variante 2 b): Carrillo pertenece a un partido de la izquierda, por lo que utiliza el término "revolucionaria" / reaccionario es lo contrario de *revolucionario* / *independista* se referiría a un grupo que quiera separarse / no es probable que diga nacionalista, porque los comunistas eran internacionalistas
   Variante 3 a): Utiliza la palabra "héroe" porque uno se puede identificar muy bien con el heroísmo. También sería posible que hubiese dicho "padres o antepasados" aunque no tienen forzosamente la connotación de heroico, lo cual quiere subrayar. La palabra "conquistador" suena a robar algo a alguien. Los conquistadores no son gente con que hermanarse.
   Variante 4 b): El adjetivo 'napoleónico' es descriptivo y al mismo tiempo se ve que Carrillo distingue entre el pueblo francés (4 a) y el entonces emperador cuya mención alude a la ocupación napoleónica de España a principios del siglo XIX. No identifica a los franceses con Napoleón por lo que no dice 'franceses'. El adjetivo 'extranjero' no determina de quién se trata; así que no se lo puede relacionar con la época napoleónica sangrienta; 'turco' sería falso.
3. Trata de lograr su intención de llamar a la juventud al combate, dirigiéndose directamente a este grupo, apelando a su afán innovador y reformista. Alude a la Guerra de Independencia para que los oyentes comparen la situación actual con la del siglo anterior y vean las semejanzas.

Alocución de Dolores Ibárruri, la Pasionaria (SB S. 183)

1. individuelle Lösungen
2. b); f); g); j)
3. Manera de hablar: en la primera frase se distingue cierto desprecio; la palabra 'madre', en cambio, suena suave / acentúa de manera patética la enumeración al final y logra así que los oyentes se identifiquen con los valores por los que vale la pena morir / la mención final de la palabra "República" muestra que se dirige a los partidarios del gobierno legal / su discurso es flamante, apasionado y retóricamente convincente / seguramente se le ha dado el sobrenombre de Pasionaria por su manera de hablar y la firme convicción que se percibe al oír la alocución / hace una alocución directa a los soldados tratándolos de tú, mostrando así confianza y cercanía / las palabras 'hijos de Pasionaria' las pone al final y capta así la atención de los oyentes

Alocución del soldado Celestino García (SB S. 183)

1. individuelle Lösungen
2. 1a/2b/3a/4b/5a/6a/7a
3. **a)** El soldado Celestino García relata el bombardeo de trece tanques y la destrucción de tres de

ellos. Menciona la detención de los soldados italianos, los cuales contestaron a la pregunta de qué hacían en España, que Mussolini les había mandado a defenderla.
Se sabe a qué bando pertenece García porque los italianos se pusieron de lado de Franco. Además la alocución termina con un brindis a la República.
b) Hay que ser como el camarada Celestino porque estaba convencido de luchar por la causa justa/era valiente/defendió la República libremente elegida por el pueblo. (Este afán patriótico hoy en día está pasado de moda.)

2.4 La Guerra Civil en la canción popular de la época (SB S. 184/185)

Die Lieder sind historische Aufnahmen aus der Zeit des Bürgerkriegs.

Una canción republicana (SB S. 184)

Didaktisch-methodische Hinweise

Das Lied "Los cuatro generales" wird von einem Sänger mit ausländischem (deutschen?) Akzent gesungen (z. B. rr statt r: *serrán, *parra, *generrales,/ch wie dt. ‚Matsche'/harte Aussprache der stimmlosen Explosivlaute p und t).
Für den ersten Text ist detailliertes und für den zweiten selektives Hörverstehen vorgesehen.

Transkription zu actividad 3, SB S. 184

Franco y Queipo de Llano son dos de los cuatro generales que llevan el peso del alzamiento. Los otros dos son Mola en Navarra y Sanjurjo que desde Portugal ostenta la jefatura del alzamiento. El odio de la España republicana se dirige contra los cuatro.

Música "Coplas de la defensa de Madrid", grabación de la época (SB S. 185)

Das berühmte Motto "No pasarán" (Lied und Plakate) stammt von Dolores Ibárruri.

...Defensa de Madrid,
por la defensa de Madrid...
Los proletarios salvarán
su casa y su mujer,
sus hijos y su pan.
Gritemos con valor
¡No pasarán! ¡No pasarán!
Gritemos con tesón
¡ahí va el son del cañón!
Luchar, luchar, luchar,
salga la voz de los fusiles,
luchar, luchar, luchar,
hasta el fascismo aniquilar.
¡No pasarán!
Y si alguien llega a pasar
le costará la cabeza,
Y si alguien llega a pasar
la cabeza le costará.
Gritemos con valor
¡No pasarán! ¡No pasarán!

RNE, 1986, pp. 13–40

Station 4 2.4 La Guerra Civil en la canción popular de la época (SB S. 184/185)

Lösungsblatt für die Hand der Schülerinnen und Schüler

Una canción republicana (SB S. 184)

1. individuelle Lösungen
2. *Transkription:* "Los cuatro generales, (3 veces) / mamita mía que se han alzado (2 veces) / para la Nochebuena, (3 veces) / mamita mía, serán ahorcados." (2 veces)
   a) Morirán ahorcados (no es una muerte normal sino que se les condena a morir ahorcados).
   b) La intención de la canción es crear unidad y una vivencia colectiva.
3. **a)** Franco, Queipo, Mola, Sanjurjo; **b)** desde Navarra: Mola / desde Portugal: Sanjurjo
4. A Franco se le mencionó en varios contextos por ser el protagonista de la época posterior a la Guerra Civil. Queipo de Llano ocupó Sevilla en los primeros días del alzamiento y dirigió desde allí un discurso radiofónico al pueblo.

Carteles de la época/Música: "Coplas de la defensa de Madrid", grabación de la época (SB S. 185)

1. individuelle Lösungen
2. linke Kolumne: 5/8/1/4; rechte Kolumne: 6/2/3/7
3. La consigna, tanto cantada como escrita y relacionada con una imagen, es breve y concisa; el futuro tiene función imperativa. Las imágenes en los carteles enseñan a soldados y milicianos con fusiles en las manos, dispuestos a defender la patria; en el cartel alemán se puede leer la consigna escrita en alemán. Se puede deducir que en Alemania hubo simpatizantes muy comprometidos que intervinieron en la Guerra Civil, p. ej. haciéndola pública en Alemania a través de un cartel. Las caricaturas de los buitres con distintas boinas representan a los generales y soldados insurrectos. La canción tiene el mismo efecto que la primera: tener una vivencia colectiva / sentirse unidos con los que defienden la causa de la República / sentir la solidaridad al cantar
   La batalla de Madrid tuvo lugar en la última semana del año 1939, la guerra terminó con la victoria de los insurrectos tras tomar Madrid.
4. Dolores Ibárruri se dirige indirectamente a los trabajadores de todos los frentes, lo cual supone que todos los trabajadores tienen un objetivo común. La canción habla del proletario que se une para luchar por el gran valor de la libertad.
   Tanto el discurso de Dolores Ibárruri como la letra de la canción están inspirados por el ideal socialista o comunista según el cual la clase obrera desempeña el papel más importante en la sociedad, o sea, son los obreros los que empujan al pueblo a luchar por sus derechos, también a costa de la propia vida.

2.5 La Guerra Civil en la poesía de la época (SB S. 186/187)

Miguel Hernández: Vientos del pueblo me llevan (1937) (SB S. 186)

Didaktisch-methodische Hinweise

Hernández wählt eine typische und urspanische Gedichtform, nämlich die *romance* (fast durchgängig: *octosílabos y rima asonante en los versos pares y libre en los impares*). Die Entscheidung für diese Form zeigt, dass er sich mit der Tradition identifiziert. Das Gedicht befasst sich im weitesten Sinne mit dem spanischen Volk, sodass Form und Inhalt sich entsprechen. Es ist trotz seiner Länge und der anspruchsvollen Sprache wegen seiner deutlich angelegten kontrastiven Struktur gut zu verstehen.
Miguel Hernández' Gedicht spiegelt den Glauben an einen schnellen Sieg: Der Grundton ist opti-

mistisch ("Crepúsculo de los bueyes / Está despuntando el alba") und der Appell an das Volk, sich gegen seine Gegner zu erheben, deutlich. Die Negativzeichnung der Gegner und die deutliche Idealisierung der Eigenschaften der Völker Spaniens verstärken den Appell und dienen dazu, den Zusammenhalt der Menschen in der dunklen historischen Situation zu stärken.

Zusatzinformationen

Notas biográficas del poeta Miguel Hernández (1910–1942, Alicante)
- hijo de una familia humilde
- escuela: colegio de jesuitas hasta **1925**
- aficiones: libros prestados por los amigos
- estancia en Madrid, pero sin tener éxito
- vuelta a Madrid, entablando amistad con los poetas de la generación del 27

1936: incorporación al ejército republicano; comisario de actividades culturales
1937: boda con Josefina Manresa
1939: al acercarse el final de la República, intento de huida a Portugal
- encarcelamiento posterior
- condena a muerte conmutada en una de 30 años

1942: muerte por tuberculosis en la cárcel de Alicante

2.5 La Guerra Civil en la poesía de la época (SB S. 186/187) — Station 5

Lösungsblatt für die Hand der Schülerinnen und Schüler

Miguel Hernández: Vientos del pueblo me llevan (1937) (SB S. 186)

1. - las estrofas irregulares hacen referencia a la situación 'anómala' y excepcional en que se encuentra el pueblo español
   - la larga enumeración se debe al hecho de que se pretende incluir a todos los pueblos españoles
   - las interrogaciones retóricas pueden ser llamadas a los lectores / las negaciones subrayan el mensaje (función apelativa)
   - el hecho de haber un yo poético (uso de pronombres: me, mi; sujeto 'yo': espero) evidencia la función expresiva dominante
   - las anáforas (vientos del pueblo / ¿quién?) / repeticiones (bueyes, leones, águilas) tienen un efecto expresivo intensificando así lo dicho
   - la imagen de los "ruiseñores que cantan encima de los fusiles" evoca la sensación de paz y tranquilidad que anhela la gente
2. La metáfora "vientos del pueblo" alude a la naturaleza en que el hombre no puede influir, a lo ilimitado, a la fuerza y al poder. Anima al pueblo a actuar con el corazón y con su voz. Se puede comprobar que se muestra muy unido al pueblo en los efectos que tienen los vientos en él: le "esparcen el corazón", el órgano esencial para vivir y le "esparcen la garganta", o sea, le empujan a escribir sus versos.
3. *buey:* manso, impotente, con yugo, cabizbajo, prisionero – dependencia, amaestrado, domado, abatido;
   león: cabeza alta, poderoso, macho, arrogante, libre – independencia y autonomía
4. **a)** Se establece la oposición entre el buey y el león mediante la negación inicial con que empieza la estrofa – "no soy de un pueblo de bueyes" (v. 11) – y mediante la siguiente descripción detallada de las características del pueblo al que pertenece.

   b)

bueyes – animales castrados – yugo, traba, jaula → estar forzado a trabajar duro / sin posibilidad de escapar / cautivo	leones / águilas / toros – animales bravos, machos – reyes de la naturaleza → dominan el espacio terrestre y aéreo – yacimientos / desfiladeros / cordilleras → ocupan gran espacio / viven en zonas aisladas y escondidas / no están reducidos a vivir en una cuadra – huracán, rayo → fenómenos naturales / se caracterizan por su fuerza y energía

5.

los pueblos españoles:	gentes
– virtudes: braveza , firmeza, alegría, energía, arrogancia – cultura (industria, agricultura, folklore): música (guitarra); yunque (herramienta del herrero); hacha (leñador); dinamita (minero); labranza (agricultor) – naturaleza: raíces, tierra, lluvia, centeno, alba	– defectos: humildad (sumisión), maloliente, yugo, cuadra (docilidad), mala hierba (lastima y minimiza la cosecha, es inútil), crepúsculo

6. El autor establece una oposición tan clara para que todos comprendan su objetivo de evidenciar las virtudes obvias de las personas que pertenecen a la España genuina, legítima y auténtica. Deja claro que ambos grupos están implicados en la guerra pero pretende, a través de su poema, destacar las cualidades del pueblo de toros y hacer visibles los defectos del pueblo de bueyes. Su fin es empujar a aquellos que pertenecen a este último que cambien de lado y se afilen a los leones, águilas y toros.
7. La función del poeta es levantar la voz, aun estando involucrado en la guerra y dispuesto a morir. No interviene con el fusil en la mano sino que su arma es el arte. Emplea la imagen del ruiseñor, pájaro poco llamativo, pero por su canto símbolo de amor y belleza, para hacer percibir e intuir la esperanza de que termine la guerra y vuelva la paz.

2.6 La Guerra Civil en el arte – el "Guernica" de Pablo Picasso (SB S. 188/189)

Didaktisch-methodische Hinweise

Picassos für die Weltausstellung 1937 in Paris erstelltes Gemälde „Guernica" entstand unter dem Eindruck der Bombardierung der baskischen Stadt Guernica durch die deutsche Legion Condor am 26. April 1937. Die Unterstützung der Aufständischen durch Deutschland hat maßgeblich zu deren Sieg beigetragen: „Mir gab Spanien die Gelegenheit, meine junge Luftwaffe zu erproben", sagte Hermann Göring, damals Oberbefehlshaber der Luftwaffe, während der Nürnberger Prozesse. Doch die Generalprobe galt nicht nur der Technik, sondern vor allem einer neuen, perfiden Kriegstaktik: dem Einsatz des Flächenbombardements zur Demoralisierung der Zivilbevölkerung. Bis dato hatten nur strategisch wichtige Einrichtungen wie Waffenfabriken, Brücken, Straßen oder militärische Einheiten als Ziele von Luftangriffen gedient, nun galt es auch den „Widerstandswillen des Volkes zu lähmen und endlich zu brechen."
Das Gemälde gilt als eines der eindringlichsten Zeugnisse gegen den Krieg.

Die Station stellt hohe Anforderungen an die Schülerinnen und Schüler. Vor diesem Hintergrund könnte es sich anbieten, nur die Aufgaben 1 bis 3 (SB S. 188 und 189) erarbeiten zu lassen. Der Kurzfilm „Minotauromaquia" könnte im Plenum die die Gesamtarbeit abschließende Problematisierung (vgl. SB S. 172, Aufgabe 5.) initiieren.

„Guernica" en el cortometraje „Minotauromaquia" (SB S. 189) (DVD)

Im Kurzfilm "Minotauromaquia" werden die Figuren aus der Komposition herausgelöst und bewegt. Der Maler Picasso gerät in das Labyrinth des Minotaurus und folgt dem Stiermenschen.

Sequenzabfolge

2:51 Picasso nähert sich einer brennenden Stadt/brennenden Häusern (Guernica?), er wendet sich ab.
3:00 Eine Gestalt mit großen Füßen taucht auf (vgl. rechts unten im Bild).
3:10 Das Gesicht der Gestalt ist das mit dem Profil (rechte Bildhälfte links oben) und der Hand mit der Kerze rechts unterhalb des Auges.
3:15 Picasso folgt ihm, obwohl er sich vorher abgewendet hatte.
3:21 Sie gehen wieder auf die brennende Stadt zu, der Boden ist wie ausgetrocknet und sieht aus wie die geometrische Anordnung der Bilder dieser Epoche und die Dreiecksanordnung des Bildes Guernica.

3:36 Picasso (winzig) geht weiter, Gestalt ist neben ihm, als plötzlich, auf der Erde liegend, der Kopf des Soldaten mit der ausgestreckten Hand (vgl. links unten im Bild) auftaucht.
3:38 Die Gestalt hat das Gesicht der Gestalt im Bild rechts oben, große, ins Leere greifende Hände.
3:40 Es wird nur der halbe Arm mit der Faust des auf dem Boden liegenden Soldaten (vgl. Bild unten) und der fest (krampfhaft) umfassten, abgebrochenen Lanze sichtbar; auf Unterarm Kreuz geritzt.
3:41 Es wird fokussiert auf den Kopf, der vom Rumpf abgetrennt ist. Die überdimensionalen Füße (Bild: rechts) der Gestalt und sein Kopf (Bild: hinten rechts) sind sichtbar.
3:45 Das Pferd aus dem Bild erscheint, völlig verschreckt, in Todesangst mit weit aufgerissenem Maul durchs Bild galoppierend; die Lampe im Auge blinkt mehrmals, ängstigend.
3:48 Das Pferd galoppiert, sein Körper ist von einer Lanze durchbohrt, der Kopf nicht sichtbar.
3:53 Szene voller Dramatik: Das Pferd flieht wie in Panik mit angstvoll geöffnetem Maul. Die Musik unterstützt die Dramatik; das Pferd scheint Picasso und die Gestalt zu überrennen.
3:57 Die Gestalt schaut dem Pferd hinterher, die Hände sind weit geöffnet, Picasso ist klein, vom Pferd ist nur der Schatten zu sehen.
Der Minotaurus ist zwischendurch zu sehen (vgl. Bild oben links?).
4:06 Picasso flieht, Minotaurus taucht wieder auf.

Actividades SB S. 189 unten, Lösungsvorschläge

1. El hecho de que el director de cine introduzca al pintor ayuda a comprender las sensaciones que a Picasso le han llevado a pintar el cuadro: se ve a un Picasso horrorizado y con ansias de huir, cuando percibe la ciudad de Guernica en llamas. Los protagonistas del cuadro están sacados parcialmente de su alrededor. Así, resaltando los detalles, aumenta el dramatismo de la obra. Se enfoca a las criaturas sufrientes, convertidas en movimiento, ante todo al caballo, que irradia una fuerza expresiva extraordinaria.

2. und 3. Igual que Etcheverry, Campmany destaca el sufrimiento del caballo en medio de una guerra desastrosa. Pero va más lejos: comprende el caballo como caballo de Iberia junto al toro y al hombre que todos están profundamente doloridos por la lucha entre hermanos. Así Campmany establece una relación directa con la Guerra Civil, evitando declararse partidario de uno de los bandos.

4. Creo que el *Guernica* es un cuadro que pertenece a toda España, porque la Guerra Civil afectó todo el país. / Es lamentable que precisamente esta pequeña ciudad vasca haya sufrido el bombardeo. Es por este sufrimiento que el cuadro debería ser trasladado a Guernica. / No creo que Picasso hubiese asentido al traslado. En la Exposición Universal de París, para la cual lo creó, representó la España republicana y no el País Vasco. / El cuadro evidencia los sufrimientos de los ciudadanos de Guernica, pero al mismo tiempo también los de toda la nación española.

2.6 La Guerra Civil en el arte – el “Guernica” de Pablo Picasso (SB S. 188/189) — Station 6

Lösungsblatt für die Hand der Schülerinnen und Schüler

Guía de trabajo (SB S. 188)

1. individuelle Lösungen
2. En un cuadro como “Guernica” el horror y los desastres de la guerra están plasmados. / Los espectadores sienten casi físicamente el dolor y las angustias de las personas y los animales. / El mensaje de un cuadro como Guernica que muestra de manera tan dramática y conmovedora las secuelas de la guerra se escucha en el mundo. / El arte pretende tener una función especial, pero no creo que la tenga. El Guernica no ha contribuido a terminar la Guerra Civil. / Muchos artistas escriben novelas ensayos, pintan cuadros, se pronuncian en contra de la guerra, pero nadie les escucha. / Actualmente en Iraq o en Afganistán hay guerras y nadie hace caso a los artistas que mediante sus obras intentan lanzar llamadas.

„Guernica" (1937) (SB S. 188)

1. **a)** und **b)** individuelle Lösungen
   c) El sentimiento que predomina es el de la compasión, pero también se percibe algo como agresión / Para mí, en cambio,... / Yo, desde luego... / En comparación con lo que tú destacas...
2. **a)** composición: elemento dominante: el triángulo; figuras geométricas / personajes fragmentados / movimiento y miradas hacia la izquierda / figuras pinceladas
   personas: soldado muerto en el suelo, cubriendo la base del triángulo / mujer con un niño muerto en el brazo / mujer huyendo / mujer con una vela en la mano / una persona estira los brazos hacia el cielo / distintas perspectivas unidas / cabezas sueltas de personas
   animales: caballo con la boca extremamente abierta, como relinchando / parte delantera de un toro
   b) La grisalla tiene la función de subrayar la cara fúnebre y sombría de la guerra.
   El tema son los desastres de la guerra / los sufrimientos y angustias de los seres vivos / la fuerza destructiva de la guerra
3. *texto modelo:* La composición tiene forma de triángulo; sobre su base yace un hombre, un soldado moribundo con la boca abierta como gritando y los ojos extremamente abiertos, el brazo izquierdo extendido hacia atrás y una lanza rota en el puño derecho. Una flor sencilla florece encima del arma.
   Al margen izquierdo del cuadro una mujer con el cuerpo de su niño muerto (la cabeza caída y los ojos apagados) en el brazo derecho, lanza un grito dolorido hacia el cielo.
   Encima de ella aparece un toro, clavando indiferentemente el ojo izquierdo en la escena y mirando fijamente con el otro hacia fuera; al lado de los cuernos le saltan las orejas como si fueran dos picos. Al lado derecho se discierne el perfil de una mujer con la boca abierta y el pelo flotando hacia arriba. Encima de ella un brazo derecho suelto con una linterna en la mano forma una unidad compositora con la cabeza de la mujer.
   Arriba un ojo, que en vez de pestañas tiene dientes agudos o llamas amenazadoras que apuntan hacia abajo, está observando la escena. En el centro del ojo, como quitándole lo humano, resalta una bombilla.
   Debajo del ojo bombilla y ocupando la parte central del cuadro, un caballo herido por una lanza parece echar de la boca extremamente abierta un aullido desesperado.
   A la derecha, igual que la madre a la izquierda, una persona lanza, de su boca extremamente abierta, un grito angustioso hacia el cielo. Con las manos extendidas manifiesta su honda desesperación.
   Las figuras geometrizadas que representan a los seres humanos quedan restringidas a su dolor y desesperanza inmensos. Los colores gris, negro y blanco con sus matices subrayan la sensación de congoja, de desconsuelo, de impotencia y abatimiento.
   El cuadro es una obra que muestra de manera imborrable las consecuencias desastrosas de la guerra.

Arbeitsauftrag zum Abschluss der Reihe

Zum Abschluss der Reihe zur „Guerra Civil" sollten die Schülerinnen und Schüler noch einmal auf das Zitat „Pero, ¿y si se tratara de indiferencia?" von Ian Gibson (SB S. 171/172, *actividad* 5.) zurückkommen und in einer Zusammenschau des Gelernten das Zitat kommentieren. Dazu sollte jedes Kursmitglied eine knappe Stellungnahme vorbereiten und vortragen, in der begründet die Notwendigkeit des Wachhaltens der Erinnerung dargelegt wird.
Für die sprachliche Realisierung ist darauf zu achten, dass der *subjuntivo* dort, wo es nötig ist, verwendet wird.

Lösungsbeispiele:

- Gibson teme la indiferencia ante la existencia de las huellas del pasado franquista. Creo que el cuadro impresionante de Picasso siempre mantendrá vivo el recuerdo y no dejará indiferente a nadie.
- Quizás la distancia histórica debilite la memoria colectiva. La tragedia está tan lejos que la gente ya no se ve afectada. Los problemas cotidianos les interesan más que, p. ej., una estatua a José Antonio.

- La muerte y la persecución sistemática de miles de personas y la abolición de los derechos democráticos no pueden dejar indiferente a nadie. Hay que procurar que cada acto de veneración, ante todo por parte de responsables políticos, sea proscrita.
- Los problemas internos de la España de los años 20 y principios de los 30 como p. ej. los contrastes sociales / el poder de la Iglesia y su postura intransigente contra los intentos de modernización / la repercusión de la crisis económica mundial llevaron a una situación de crispación política de la que los adversarios de la república se aprovecharon para conseguir sus fines. Hay que procurar que esto no se repita y por lo tanto hay que luchar contra la indiferencia.
- La indiferencia puede llevar consigo que las personas ya no vean señales que anuncien el retorno del fascismo.
- La indiferencia aumenta el sufrimiento y el dolor de las familias que ha destruido el fascismo. Por eso hay que mantener viva la memoria histórica.
- La Ley de la Memoria Histórica, aprobada recientemente, es un medio para combatir el olvido y también la indiferencia.

400 años de "Don Quijote" (SB S. 190–207)

Das Modul spricht mit dem literarischen Rang des Werkes innerhalb der Weltliteratur, der Biografie des Autors sowie dem kulturgeschichtlichen Hintergrund und der Rezeption von Lesern und Künstlern bis in die Gegenwart hinein eine Vielfalt von Aspekten an. Es bietet die Möglichkeit, methodische Fertigkeiten einzuüben bezogen auf den Umgang mit literarischen Texten, auf kreatives Schreiben oder auf den Vergleich zwischen literarischer Vorlage und außerliterarischer Bearbeitung. Die vertiefende Bearbeitung sollte die beiden Helden einander gegenüberstellen und die Entwicklung Sancho Panzas, des bäuerlichen Begleiters, der ursprünglich von materiellen Motiven angetrieben wird, zu einer dem Don Quijote fast ebenbürtigen Figur herausarbeiten.
Beim Vergleich von erstem und zweitem Buch können die Schülerinnen und Schüler fundamentale Unterschiede entdecken. Ist Don Quijote im ersten Teil ein unbekannter Ritter, der die Welt verändern will, so ist er im zweiten allen wohlbekannt, und die Menschen, die ihm begegnen, gehen zum Schein auf seine Narreteien ein, sodass der Held in seiner Verrücktheit bestärkt wird, gleichzeitig aber augenblicksweise die Welt in ihrer Realität wahrzunehmen imstande ist. – Das Modul ist für einen fortgesetzten GK 11 sowie für neu einsetzende Grund- und Leistungskurse ab 12 geeignet. Es ist wie folgt aufgebaut:

SB Seite		
190/191	**Auftaktseiten**	
192	**1**	**Una obra inmortal**
192		El Quijote, fuente de inspiración
192		Un libro conquista el mundo
193–196	**2**	**En un lugar de la Mancha**
193		La Mancha, paisaje del Quijote
193–195		...de cuyo nombre no quiero acordarme
195		Los libros de caballerías
196		Ecos de un siglo pasado
197–203	**3**	**Don Quijote y sus aventuras**
197	3.1	Un caballero andante
198	3.2	La aventura con los mercaderes
199–201	3.3	La aventura de los molinos de viento
199		Don Quijote y los molinos
199		Luchando contra molinos gigantescos
201		El episodio con los molinos en la pantalla
202/203	3.4	La aventura de los galeotes
202/203		Deshaciendo entuertos
204/205	**4**	**La época cervantina**
204		El siglo de Cervantes: Decálogo de una época
205		La vida de Cervantes
206/207	**5**	**La percepción de la obra en el siglo XX**
206/207		"Don Quijote" cumple 400 años

Zum Einsatz der Auftaktseiten (SB S. 190/191)

Zum Einstieg in die Teilsequenz werden die Bilder beschrieben. Die Eindrücke und Assoziationen der Schülerinnen und Schüler werden notiert (*mögliche Frage:* "¿Qué sabéis sobre las personas y cómo están presentadas?").

Zusatzmaterial Im Band „Visiones del Quijote", X Quijote IV Centenario, Fundació Catalunya 2005 finden sich weitere herausragende Darstellungen des Don Quijote (z. B. von: Jérôme David, 1650; William Hogarth, 1738; Gustav Doré, 1863; Honoré Daumier, 1866; Pablo Picasso, 1955; Salvador Dalí, 1946; Joan Ponç, 1979; Antonio Saura, 1987).

1 Una obra inmortal (SB S. 192)

El Quijote, fuente de inspiración

Material: Picasso-Lithografie
Schwierigkeitsgrad: */**
Inhalt: Im Mittelpunkt der bekannten Quijote-Darstellung steht die Figur des Don Quijote, der auf Rocinante daherkommt. Neben ihm reitet sein treuer Diener Sancho Panza. Mit wenigen Federstrichen gelingt es Picasso, die Landschaft der Mancha ebenso wie die Windmühlen, Symbole der gleichnamigen berühmten Episode, entstehen zu lassen.

Didaktisch-methodische Hinweise

Die Kategorien der *mapa mental* leiten sich aus der Beschreibung der Lithografie ab (Figuren, Windmühlen und Landschaft/Hintergrund). Es bietet sich an, die Lernenden in einem Lehrervortrag über Bedeutung und Geschichte des Bildes zu informieren.
Möglicher Lehrervortrag: El don Quijote de Picasso: Con esta extraordinaria imagen emblemática Picasso inauguró un nuevo canon quijotesco, el de las formas-silueta esenciales, vaciadas de representación superflua. Esta ilustración es una de las más famosas y reconocidas. La historia que se cuenta sobre la ilustración es la siguiente: Con motivo del 350 aniversario de la publicación del don Quijote, Pierre Daix, amigo personal de Picasso, le pidió pintar un dibujo para la revista 'Les Lettres Françaises'. La revista se publicó el 10 de agosto de 1955. Se dice que Picasso hizo la ilustración en el mismo momento en que su amigo se lo pidió y que se inspiró en una estatua que vio o, como dicen otros, tal vez compró a un artista desconocido.

Actividades SB S. 192 oben, Lösungsvorschläge

1. El cuadro representa la inconfundible pareja de caballero-caballo y escudero-asno. Es una ilustración muy sencilla en blanco y negro. De trazo simple Picasso muestra a don Quijote junto a su inseparable Sancho bajo el sol. Se ve a don Quijote y Sancho Panza que contrastan con un fondo blanco. Éste refleja el paisaje manchego. Hay un sol en la parte superior y unos molinos de viento en varios sitios. Don Quijote, erguido y delgado, aparece con yelmo, lanza y escudo sobre su caballo Rocinante, que está tan flaco como su dueño. Además de la complexión recia se reconoce a don Quijote por la cara, en la que destacan el mentón y la nariz agudos. A la izquierda está Sancho, regordete y bajo, montado en su asno. Sancho parece una masa negra al lado de su amo.

2. Mögliche *mapa mental*:

Un libro conquista el mundo

Text: zwei Fragmente aus einem Internettext
Wortzahl: 123 (34, 89)
Schwierigkeitsgrad: */**
Inhalt: (1) Am 16. Januar 1605 erschien die Erstausgabe des Quijote. (2) Es ist nach dem Koran und der Bibel das Buch, das am häufigsten in andere Sprachen übersetzt worden ist.

Actividad SB S. 192 unten, Lösungsvorschlag

Desde el momento de su publicación "El Ingenioso Hidalgo de la Mancha" ha obtenido un gran éxito. Se ha convertido en una de las obras más traducidas y editadas de la literatura universal. Sus personajes constituyen verdaderos arquetipos. De hecho el Quijote es la mayor contribución de la lengua española a la literatura de todos los tiempos, un mito de la literatura universal. Aunque nos separan varios siglos de su publicación, es una novela que sigue siendo vigente.

2 En un lugar de la Mancha (SB S. 193–196)

La Mancha, paisaje del Quijote (SB S. 193)

Material: zwei Fotografien
Inhalt: Die Landschaft der Mancha erweckt den Eindruck von Weite und Öde. Die in gerader Linie erbauten Windmühlen wirken vor dem tiefblauen Himmel imposant und evozieren die Erinnerung an Don Quijotes Kampf mit den vermeintlichen Giganten.

Actividad SB S. 193, Lösungsvorschlag

individuelle Schülerleistung; *möglich*: La foto de la izquierda, la domina un paisaje ancho, aislado e inhabitado. Transmite soledad, desolación y abatimiento. La imagen de la derecha destaca por la alineación geométrica de los molinos de viento y su forma clásica, o sea, su sencillez. También llaman la atención los contrastes (azul, blanco, negro). La imagen evoca tranquilidad y paz.

...de cuyo nombre no quiero acordarme (SB S. 193/194)

Text: Auszug aus einer adaptierten Romanfassung
Wortzahl: 663
Schwierigkeitsgrad: **/***
Inhalt: Der verarmte Edelmann Alonso Quijano lebt mit einer Magd und seiner Nichte zusammen. Für seine Leidenschaft, die Bücher, verkauft er große Teile seines Besitzes und vernachlässigt seine Pflichten immer mehr. Eines Tages beschließt er, verwirrt vom Lesen, fortan als der fahrende Ritter Don Quijote Gutes zu tun. Die *moza labradora* Aldonza Lorenzo bestimmt er zu seinem Edelfräulein Dulcinea del Toboso. In verstaubter Rüstung und auf einem Pferd reitend, das er Rocinante nennt, zieht er hinaus in die Welt.

Didaktisch-methodische Hinweise

Auch in der adaptierten Fassung der Ediciones Vicens Vives wurde der berühmte Wortlaut des Romananfangs beibehalten. Hier ist, wie bei dem Foto der Windmühlen, mit einem Wiedererkennungseffekt zu rechnen. Der Vorteil der Adaptierung ist, dass die Geschichte des Don Quijote auf eine sprachlich verständliche Art und Weise vermittelt wird. Die Lektüre der Episoden ist somit auch im Selbststudium möglich.

Actividades SB S. 195, Lösungsvorschläge

1. Se nos habla de Alonso Quijano, un hidalgo empobrecido, que vive en un lugar de la Mancha. Alonso Quijano, de unos cincuenta años y de complexión recia, es madrugador y un aficionado a la caza. Es gran amante de la lectura, ante todo de las novelas de caballerías. Debido a su obsesión por estos libros casi olvida el cuidado de su hacienda, y al final cree que las aventuras

son verdaderas. Pierde el juicio y, tomando el nombre de don Quijote de la Mancha, decide abandonar su aldea para actuar como caballero andante en defensa de los débiles.

2. *don Quijote:* hidalgo empobrecido, desocupado; alto y flaco; amante de los libros de caballerías; tiene altos ideales nobles / *la criada:* vive en la casa de don Quijote; tiene más de 40 años / *la sobrina*: jovencita; tiene menos de 20 años / *el cura, el barbero:* amigos de don Quijote / *Dulcinea del Toboso:* en realidad se llama Aldonza Lorenza; es una simple labradora; poco atractiva pero en la imaginación de don Quijote se convierte en la hermosa y discreta princesa Dulcinea del Toboso

3. a) c, l. 15; b) c, l. 17 ; c) f, l. 20/21; d) c, l. 22; e) f , ll. 32–35; f) c, l. 33/34; g) c, ll. 26, 39; h) f, l. 41/42; i) f, ll. 25–28

4.

- Quiere vivir aventuras y defender los ideales de la vida caballeresca como, por ejemplo, el heroísmo y la protección de los débiles.
- Después de bautizarse a sí mismo con el nombre de don Quijote de la Mancha, se pone la armadura de sus bisabuelos. Además tiene que buscarse una dama a la cual pueda llamar dueña de sus pensamientos. Elige a la labradora Aldonza Lorenzo que, en su imaginación, se convierte en su 'dulce señora' por lo que la llama Dulcinea del Toboso. El viejo y flaco caballo recibe el nombre de Rocinante.

Los libros de caballerías (SB S. 195)

Text: Auszug aus einem spanischen Schulbuch
Wortzahl: 180
Schwierigkeitsgrad: **/***
Inhalt: Die Gattung des Ritterromans, die im 16. Jahrhundert den Höhepunkt ihrer Popularität erreicht, nimmt ihren Ausgang mit der Veröffentlichung des *Amadís de Gaula*. Der fahrende Ritter, der in Begleitung eines Knappen reist, kämpft aus Liebe zu seiner Herzensdame für die Belange der Gerechtigkeit. In Wesen und Verhalten stellt er ein Vorbild an Mut und Loyalität dar.

Ecos de un siglo pasado (SB S. 196)

Text: Internettext
Wortzahl: 404
Schwierigkeitsgrad: **/***
Inhalt: Vom Moment des Ritterschlags an ist der *caballero andante* Gott und dem Ritterorden verpflichtet. Sein Verhalten wird geleitet von einem strengen Ehrenkodex; er genießt hohes soziales Ansehen. Neben seiner Jugend zeichnen ihn Tugend, Mut, Loyalität und Bescheidenheit aus. Die typischen Attribute des Ritters sind seine Waffen und das edle Pferd. Seine Mission erfüllt er aus idealistischen (Nachahmen von Vorbildern), politisch-rechtlichen (Sühnen von Unrecht) und wirtschaftlichen (Geld verdienen) Motiven.

Didaktisch-methodische Hinweise

Die drei Texte (SB S. 193–196) dienen als Einleitung, d.h. einem grundlegenden Zugang zum Roman. Durch das Zusammenspiel des literarischen Auszugs mit den beiden Sachtexten wird deutlich, dass Don Quijote das Zerrbild des Ritters ist. Die *placa* in der Randspalte (SB S. 195) weist zusätzlich darauf hin, dass der Roman als Parodie auf die Ritterromane (also das höfische Streben nach Abenteuern, nach Liebe und heroischer persönlicher Anstrengung) zu verstehen ist. Cervantes macht sich lustig über die tradierten, erstarrten Konventionen, derer sich die damals so beliebten Ritterromane bedienten.

Actividades SB S. 196, Lösungsvorschläge

1.

- Los libros de caballerías alcanzaron su mayor éxito en el siglo XVI. Una de las obras maestras del género es el *Amadís de Gaula*. A diferencia de la novela sentimental que encarna el ideal amoroso del siglo XV, los libros de caballerías reflejan los deseos de la sociedad cortesana de la época, o sea, la aventura caballeresca. Son novelas que cuentan las aventuras fantásticas de

un caballero ficticio, acompañado por un escudero, que lucha por su cuenta a favor de la justicia y para alcanzar el amor de una dama.
- El caballero medieval se destaca por varias características: para poder ejercer la caballería andante es armado caballero en una ceremonia solemne. A partir del nombramiento a caballero empieza una nueva vida como viajero errante. Suele ser un joven que se caracteriza por un comportamiento ejemplar y representa tanto los ideales caballerescos como las virtudes cristianas. Está dotado de unas cualidades excepcionales, o sea, es independiente, culto y fuerte. Pertenece a la élite social por lo cual representa los más altos valores; es noble, hermoso y apreciado por todo el mundo. Tiene un caballo y unas armas sin igual: su caballo es el más noble y bello y sus armas son las mejores y las más mortíferas. Dedica sus hazañas a la dueña de su corazón. Lo impulsan motivaciones diversas como la fama, el deseo de imitar a ídolos y modelos, la lucha a favor de la justicia; también tiene razones económicas.

2.

- don Quijote forma parte de la nobleza, es hidalgo
- tiene fama de hombre bueno
- con unas armas (lanza, espada, escudo y casco), a lomos de su caballo, deja su casa para convertirse en caballero andante en busca de aventuras
- como símbolo de su nueva vida cambia su nombre mostrando así su independencia
- pretende defender a los débiles y hacerse famoso, es muy orgulloso de sí mismo
- imita a los modelos de los libros de caballerías
- es acompañado por un escudero
- la labradora Aldonza Lorenzo a la que don Quijote convierte en su 'Dulcinea' representa la dama a la que adora

3. condición física

joven, (fuerte), de unos 15 años, elegante, hermoso

carácter: caracterizarse por un comportamiento ejemplar / por la independencia, la sabiduría, el valor, la fuerza de voluntad y las ganas de imponerse
representar los ideales caballerescos / las virtudes cristianas / los más altos valores
ser noble, hermoso y apreciado por todo el mundo / independiente, culto y fuerte
estar dotado de unas cualidades excepcionales
estar fascinado por la aventura
profesar una veneración sublime
ser hombre leal, misericordioso, casto y humilde
renunciar a las comodidades, ayunar y velar cuando hace falta sin quejarse jamás

ceremonia: estar armado caballero
armar caballero en una ceremonia solemne
ser una majestuosa ceremonia religiosa
el nombramiento a caballero
participar un príncipe o importante señor encargado de darle un golpe en el hombro con la espada
ser el gesto con el que se escenifica el nombramiento como caballero

armadura: ponerse la armadura
llevar armas mortíferas sin igual (lanza, espada, escudo, casco, yelmo)
la lanza: símbolo de verdad y rectitud
el casco: representar la vergüenza que le impide cometer actos despreciables

misión: peregrinar por tierras extrañas
luchar en defensa de los débiles / a favor de la justicia
proclamarse defensor de los oprimidos y valedor de la justicia
conseguir triunfos gloriosos
hacerse famoso con sus hazañas
convertirse en caballero andante en busca de aventuras
buscarse una dama a la que adorar y servir
dedicar sus hazañas a la dueña de su corazón
alcanzar el amor de una dama
ser impulsado por motivaciones diversas
deshacer agravios o resolver conflictos

3 Don Quijote y sus aventuras (SB S. 197–203)

3.1 Un caballero andante (SB S. 197)

Don Quijote es armado caballero

Text: Auszug aus einem Comic
Schwierigkeitsgrad: **/***
Inhalt: Don Quijote kommt zu einer *venta*, wo er auf zwei junge Frauen trifft. Nach einem Wortwechsel mit ihnen und dem Wirt, dem er offensichtlich einen Geldbeutel übergibt, lässt er sich im Gastraum bedienen. Don Quijote wird vom Wirt zum Ritter geschlagen. Nach der Zeremonie reitet er davon, der untergehenden Sonne entgegen.

Didaktisch-methodische Hinweise

Die Szene ist durch die Sachtexte (SB S. 195/196) vorentlastet. Zudem ist die Darstellung im Comic so klar, dass die Schülerinnen und Schüler keine Probleme mit dem Verfassen der Dialoge sowie mit der Inszenierung haben dürften. – Nach der Präsentation könnte man den Schülern die Szene auch als spanischen Zeichentrick vorspielen (z. B. die Produktion von Cruz Delgado und RTVE; s. S. 211).

Actividades SB S. 197, Lösungsvorschläge

1. und 2. individuelle Schülerleistung

3.2 La aventura con los mercaderes (SB S. 198)

Text: Auszug aus einer adaptierten Fassung des Romans
Schwierigkeitsgrad: **/***
Wortzahl: 395 (plus Einleitung: 17)
Inhalt: Auf dem Weg in sein Dorf trifft Don Quijote auf eine Gruppe von Händlern. Sie verspotten ihn ob seines Ansinnens, Dulcineas Schönheit anzuerkennen. Erzürnt greift er sie an, um sie zu töten. Doch Rocinante stolpert, und Don Quijote bezieht daraufhin Prügel mit seiner eigenen Lanze. Die Händler lassen ihn hilflos zurück. Es ist ihm unmöglich, aus eigener Kraft aufzustehen. Die Rettung naht in Person des *labrador* Pedro Alonso, der ihm hochhilft.

Actividades SB S. 198, Lösungsvorschläge

1. Don Quijote regresa a su aldea para proveerse de dinero y de ropa limpia y para conseguir un escudero. En medio del camino don Quijote encuentra a unos mercaderes. Cuando exige que confiesen que Dulcinea del Toboso es la doncella más hermosa del mundo, los hombres, sorprendidos, replican que nunca la han visto. Como no aguanta la burla de los mercaderes, don Quijote los ataca con la lanza. Desafortunadamente, el caballo tropieza y don Quijote cae al suelo. Uno de los mercaderes le arranca la lanza para darle una paliza después de la cual los hombres lo abandonan. Nuestro héroe, que no puede levantarse por el peso de las armas, se queda solo con sus heridas hasta que viene un vecino suyo quien lo ayuda y lo pone sobre su asno.

2. Desde un principio don Quijote se muestra soberbio y agresivo. Al mismo tiempo se mantiene fiel a su misión. Sin rodeos pide a los mercaderes que confiesen la hermosura de una mujer, a la que no han visto nunca y que en realidad es una labradora poco atractiva. A causa de una broma se pone furioso y ataca a los hombres con la intención de matarlos. Sus palabras al final del episodio muestran que cree haber sido atacado por unos gigantes. Tanto su lenguaje como su comportamiento representan la imitación total de la vida caballeresca y resultan burlescos. Se hace patente que confunde la realidad con la ficción. Dulcinea, la dama de sus pensamientos, es el símbolo y la justificación de sus acciones caballerescas.

3.3 La aventura de los molinos de viento (SB S. 199–201)

Don Quijote y los molinos (SB S. 199)

Material: Zeichnung
Inhalt: Don Quijote und Sancho Panza stehen vor einer Windmühle. Gleich wird es zu dem berühmten Angriff auf die *molinos de viento* kommen, der für Don Quijote einen desaströsen Ausgang nimmt.

Didaktisch-methodische Hinweise

Die *actividad de prelectura* reaktiviert die Vorkenntnisse, die die Lernenden über den Kampf des Don Quijote gegen die Windmühlen haben, und steuert damit ihre Aufmerksamkeit bei der Lektüre des Textausschnitts „Luchando contra molinos gigantescos" (SB S. 199). Die bei der Bearbeitung der *prelectura* auftretenden Unsicherheiten sind intendiert, denn das Zögern bei der allmählichen Rekonstruktion der Geschehnisse führt zu einem automatischen Abgleich von Vorwissen, Ergebnis der Rekonstruktion und manifesten Informationen.

Actividad SB S. 199, Lösungsvorschläge

- El dibujo muestra el famoso episodio de los molinos: llaman la atención don Quijote, a lomos de Rocinante, y Sancho Panza, montado en su asno. Están delante de un molino de viento. A la izquierda se halla otro molino. El extenso paisaje árido es el de La Mancha.
- Al ver unos **molinos de viento** de grandes **aspas** en un **campo**, don Quijote los **toma por gigantes**. Considera su misión como caballero andante **quitar la mala simiente de la faz de la tierra**. Así que al contemplar las aspas de los molinos que **hacen andar la piedra de molino** se imagina que son los **brazos largos** de unos gigantes, o sea, de sus adversarios. Entonces empieza una **batalla**. Don Quijote no comprende que **el viento** que **se levanta** hace que **las aspas se muevan**. Por esto agarra su **lanza** y los ataca con furia. Pero **Rocinante da golpe con don Quijote**.

Luchando contra molinos gigantescos (SB S. 199/200)

Text: Auszug aus einer adaptierten Fassung des Romans
Wortzahl: 495
Schwierigkeitsgrad: **/***
Inhalt: Don Quijote kämpft wider Sancho Panzas eindringlichen Rat gegen Windmühlen. Er hält sie für Riesen und ihre Flügel für lange Arme. Er versteht nicht, dass sie sich bewegen, weil der Wind sie dreht. Beim Angriff auf die erste Windmühle versetzt er einem der Flügel einen Stoß mit der Lanze. Dieser dreht sich mit dem Wind so unvermittelt, dass Lanze, Ritter und Ross übel zugerichtet werden. Als Sancho ihm zu Hilfe eilt, zeigt sein Herr sich überzeugt davon, dass der Zauberer Frestón seine Hände im Spiel hat.

Actividades SB S. 200, Lösungsvorschläge

1. Por el camino don Quijote y Sancho ven unos treinta molinos de viento. Don Quijote, que los toma por gigantes, se dispone a atacarlos con su lanza. Sancho le advierte que no son gigantes sino simples molinos de viento, pero don Quijote se empeña en atacarlos, puesto que él piensa que afronta a unos gigantes malvados. Al embestir contra los molinos da un lanzazo a una de las aspas; se le rompe la lanza y él rueda por el suelo. Sancho lo levanta advirtiéndole que se lo había dicho antes. Don Quijote le responde en un tono malhumorado que el sabio Frestón (el mago del que se siente perseguido) los ha transformado en gigantes.

2. *don Quijote:* Confunde la realidad con la ficción y así toma los molinos de viento por gigantes. Está convencido de sí mismo sin dar importancia a la reacción de Sancho. Actúa como sus héroes favoritos de los libros de caballerías. Aunque esta aventura termina con un fracaso, no se desanima, sino que sigue creyendo en su misión lo que muestra su afirmación al final del episodio.
Sancho Panza: Es un hombre sencillo y realista. No tiene la misma fuerza imaginativa que don Quijote y reconoce la realidad tal como es. A pesar de no entender el idealismo de su amo, le sirve fielmente de escudero y profesa por don Quijote un respeto auténtico.

la relación de don Quijote y Sancho Panza: A pesar de las diferencias con respecto a su posición social, su nivel intelectual y la percepción de la realidad, su relación se caracteriza por un mutuo respeto. Uno depende del otro y se complementan porque don Quijote representa al idealista y Sancho al realista.

3.

- *don Quijote* confunde la realidad con la ficción. Todo lo que ve es similiar a lo que ha leído en los libros de caballerías y si no tiene esta forma, él crea una imagen que se adapte a las leyes de su mundo de caballerías. *Sancho* representa el sentido común y ve el mundo de manera realista.
- individuelle Schülerleistung; *möglich*:

don Quijote supera a Sancho en cuanto a su educación, formación literaria, procedencia y valentía	Sancho Panza supera a don Quijote en cuanto a su sentido común
don Quijote idealista ⟵⟶	Sancho Panza realista

Zusatzmaterial

An dieser Stelle können sich die Schülerinnen und Schüler mithilfe weiterer Textpassagen aus dem ersten Teil näher mit der Person des Sancho und seiner Entwicklung befassen, um so zu einem fundierteren Urteil zu gelangen. Die Textpassagen eignen sich auch für die häusliche Arbeit oder als Klausurtexte (Quelle: Miguel de Cervantes, *Don Quijote*, adaptación de Eduardo Alonso, Ediciones Vicens Vives, S.A. Barcelona, pp. 57/58, 62, 69/70, 72). Mögliche Arbeitsaufträge: „¿Qué sabemos sobre Sancho Panza y don Quijote?", „¿Cómo se manifiestan las diferencias entre los dos personajes?", „Compara los fragmentos con los textos leídos en clase. Ten en cuenta la relación y los caracteres de los dos personajes."

La segunda salida

Don Quijote prepara su segunda salida

En este tiempo le pidió a un labrador vecino suyo, hombre de bien (si ese título se le puede dar al que es pobre), pero de muy poca sal en la mollera, que le sirviese de escudero. Lo convenció con la promesa de hacerle gobernador de una ínsula que ganase, y Sancho Panza, que así se llamaba el labrador, dejó a su mujer e hijos para servirle.

Don Quijote, vendiendo unas cosas y empeñando otras, reunió unos dineros, se proveyó de camisas, pidió prestada una rodela a un amigo y avisó a Sancho del día y la hora de ponerse en camino. Le encargó que llevase alforjas, y él le dijo que llevaría también un asno muy bueno porque no estaba acostumbrado a andar mucho a pie. Esto dio que pensar a don Quijote, porque no recordaba a ningún escudero montado en un burro, pero al fin decidió que lo cambiaría por el caballo del primer caballero al que derrotase.

Por fin, sin despedirse Panza de su mujer e hijos, ni don Quijote del ama y de la sobrina, una noche salieron del lugar sin que nadie los viese. Caminaron tanto, que al amanecer se sintieron seguros de que no los encontrarían por más que los buscaran. Iba Sancho Panza sobre su jumento como un patriarca *(es decir muy a gusto)*, con sus alforjas y su bote, y con mucho deseo de verse ya gobernador de la ínsula prometida.

–Señor caballero andante– dijo a su amo–, no se olvide de mi ínsula, que yo la sabré gobernar.

–Has de saber, amigo Sancho Panza– contestó don Quijote–, que los antiguos caballeros andantes hacían a sus escuderos gobernadores de las ínsulas o reinos que ganaban. Podría ser que antes de seis días gane yo un reino para coronarte rey.

–Entonces– respondió Sancho Panza–, si yo fuese rey, mi mujer Juana Gutiérrez sería reina, y mis hijos infantes.

–¿Quién lo duda ? –respondió don Quijote.

–Yo lo dudo–replicó Sancho–, porque mi mujer no vale para reina. Condesa le caerá mejor.

–No apoques el ánimo, Sancho– respondió don Quijote–, y no te conformes con menos de gobernador.

–No lo haré, señor mío–respondió Sancho–, y más teniendo en vuestra merced un amo tan principal, que me dará todo lo que esté bien y yo pueda llevar. [...]

Después de la aventura de los molinos de viento

Sancho Panza le ayudó a levantarse y a subir sobre Rocinante que también estaba medio descoyuntado. Y hablando de esta aventura, siguieron camino hacia Puerto Lápice *(un paso entre dos colinas)*. Iba don Quijote muy pesaroso, porque le faltaba la lanza, pero recordó haber leído que un caballero español llamado Diego Pérez de Vargas, al verse sin espada en una batalla contra los moros, desgajó una rama bien gruesa de una encina y con ella machacó tantos enemigos, que le quedó el sobrenombre de "Machuca".
–Yo haré lo mismo con la primera encina o roble que encuentre.
–Que sea lo que Dios quiera– dijo Sancho–. Yo me creo todo lo que vuestra merced dice, pero enderécese un poco, que va de medio lado. Debe de ser por el molimiento de la caída.
–Así es– respondió don Quijote–, pero no me quejo del dolor, porque al caballero andante no se le permite quejarse, aunque se le salgan las tripas por una herida.
–Pues yo– respondió Sancho–, me quejaré del más pequeño dolor que tenga, si es que eso se permite a los escuderos.
Se rió don Quijote de la simplicidad de su escudero y le dijo que podía quejarse como y cuando quisiera, con o sin gana, porque nunca había leído nada en contra. Sancho le dijo que era hora de comer y su amo le respondió que no lo necesitaba, pero que él podía comer cuando se le antojase.

Después de la aventura con los Frailes Benedictinos

Don Quijote y Sancho Panza vieron por el camino a dos frailes, vestidos con sus hábitos negros y a una mujer que iba detrás de ellos en coche. No iban juntos, pero sí en la misma dirección. Don Quijote pensó que los frailes eran encantadores y que tenían secuestrada a la señora que iba detrás de ellos. Así pues decidió atacar a los pobres. Esta aventura terminó otra vez con un fracaso [...].
–Me parece, señor– dijo Sancho–, que deberíamos escondernos en una iglesia, porque si el vizcaíno da noticia a la Santa Hermandad, iremos a parar a la cárcel.
–Calla– dijo don Quijote–, ¿dónde has visto tú que un caballero andante haya sido puesto ante la justicia? No tengas pena, amigo, que yo te sacaré de apuros. Pero dime, por tu vida: ¿has visto caballero más valeroso que yo?¿Has leído que haya en la tierra un caballero con más brío que yo en acometer, más destreza en herir y más maña en derribar?
–La verdad– respondió Sancho– es que yo nunca he leído nada igual, porque ni sé leer ni sé escribir; pero aseguro que en toda mi vida no he servido a un amo más atrevido que vuestra merced. Lo que le ruego es que se cure esa oreja, que suelta mucha sangre. En las alforjas traigo trapos y pomada. [...]

Durante la comida con unos cabreros

–Para que veas, Sancho, el bien que encierra la andante caballería, quiero que te sientes aquí a mi lado y en compañía de esta buena gente. Y quiero que comas en mi plato y bebas en mi copa, para que veas que la caballería andante, lo mismo que el amor, todas las cosas iguala.
–Si la comida es buena– dijo Sancho–, me da lo mismo comer de pie y a solas que sentado al lado de un emperador.

Miguel de Cervantes, Don Quijote, adaptación de Eduardo Alonso, Ediciones Vicens Vives, S. A., Barcelona 2004, pp. 57/58, 62, 69/70, 72

El episodio con los molinos en la pantalla (SB S. 201)

Die sehr bekannte Schlüsselszene hat zu allen Zeiten Künstler jeder Ausrichtung zur Auseinandersetzung angeregt. Diese Faszination soll den Schülern durch die Auswahl und Anordnung der Materialien in diesem Unterkapitel (Cartoon, Auszug aus dem Roman, Filmszene und Gemälde von Dalí) nahegebracht werden. Sie sollen erkennen, wie die unterschiedlichen künstlerischen Darstellungsformen mit den ihnen jeweils zur Verfügung stehenden Mitteln Schwerpunkte setzen und ihre spezifische Wirkung erreichen. Letzten Endes soll das Arrangement die Lernenden zu einem vertieften Verständnis der Redewendung „gegen Windmühlen kämpfen" (SB S. 201, Aufgabe 4) führen.

Hinweis zum Einsatz von Filmszenen

Aus rechtlichen und Kostengründen war es leider nicht möglich, Auszüge aus den verschiedenen Verfilmungen auf die Begleit-CD aufzunehmen. Daher muss die Lehrkraft die Videos/DVDs in Eigeninitiative beschaffen (z. B.: „Don Quijote de la Mancha" (s/w), Regie: Rafael Gil, Spanien 1947, oder „El caballero Quijote", 2002, Manuel Gutiérrez Aragón. Die Zeichentrickversion „Don Quijote de la Mancha", Spanien 1979, ist eine Produktion von Cruz Delgado und RTVE).

Actividades SB S. 201, Lösungsvorschläge

1. *Mögliche Antworten* (bezogen auf den Film von Rafael Gil, s. o.):
- dramático, realista, emocionante
- En la novela dominan el diálogo y la narración mientras en la película destaca más la acción, o sea, la batalla contra los molinos y sus consecuencias. Tanto las voces y la mímica de los actores como la perspectiva de la cámara y la banda sonora crean el dramatismo de esta escena.
- los dos protagonistas y sus diálogos, los motivos de don Quijote y el intento de Sancho Panza de disuadirle, el desenlace de la batalla

2.
- A diferencia de la novela, la película presenta los molinos como si fueran auténticos antagonistas ya que, gracias a la perspectiva de don Quijote, parecen enormes y amenazantes.
- En la película contrastan los caracteres de don Quijote (ascético, idealista, arrojado, culto) y Sancho (hedonista, práctico, pusilánime) porque durante todo el tiempo el espectador se fija en las visibles diferencias físicas de los dos personajes, o sea, don Quijote: alto, flaco y erguido sobre Rocinante, Sancho Panza: gordo y bajo en su asno.

3. El cuadro de Dalí es una ilustración surrealista en la que el pintor, para mostrar el mundo quimérico y disparatado de don Quijote, se sirve de varios medios artísticos. Dalí disuelve la perspectividad, se desprende del realismo y combina diferentes técnicas (lápiz, tinta china y acuarela) y colores, sobre todo vivos, suaves y color de tierra. La cantidad de formas abstractas y geométricas da una fuerza dinámica a la ilustración.
Se nos muestra el interior de la cabeza de don Quijote (en la que sólo hay cabida para un molino de viento), en el momento de contemplar simultáneamente la batalla espectral que él mismo protagoniza y su propia derrota.
A diferencia de las presentaciones realistas de la película y de la novela, Dalí representa el mundo imaginario de don Quijote, idealista y soñador. Con esta ilustración confusa y surrealista Dalí corresponde a los sueños y a las imaginaciones de don Quijote en cuya mente se entremezclan las imágenes conscientes e inconscientes del sueño, como p. ej. de los gigantes y de los molinos de viento. Dalí refleja los pensamientos de don Quijote y combina el mundo real con el mundo imaginario del caballero.

4. La frase hecha significa "luchar en vano contra unos enemigos fantásticos o imaginarios". Si una persona lucha contra molinos, está involucrada en una batalla inútil.

3.4 La aventura de los galeotes (SB S. 202/203)

Deshaciendo entuertos

Text: Auszug aus einer adaptierten Fassung des Romans
Wortzahl: 465
Schwierigkeitsgrad: **/***
Inhalt: Don Quijote befreit eine Gruppe gefesselter Galeerensklaven, die von der Wegepolizei bewacht werden. Als er von ihnen zum Zeichen des Danks verlangt, dass sie Dulcinea von dem Abenteuer ihres Ritters „de la Triste Figura" berichten sollen, machen sich die Sträflinge aus dem Staub, allerdings nicht, ohne ihn und Sancho zuvor mit Steinen zu bewerfen.

Didaktisch-methodische Hinweise

Die Episode verdeutlicht wiederum den Gegensatz zwischen Don Quijote und Sancho: Während der Erste nachdenklich zurückbleibt und nicht zu verstehen vermag, wie die *galeotes* so undankbar sein können, sorgt sich der pragmatische Sancho mehr darum, was passieren mag, wenn die Wegepolizei sie findet.

Actividades SB S. 203, Lösungsvorschläge

1. Al ir tranquilamente por el campo, don Quijote y Sancho Panza se encuentran con un grupo de galeotes presos, acompañados por unos comisarios armados. Al ver que los presos van encadenados, don Quijote se interesa por los delitos que han cometido. Como considera injusto que estos hombres estén condenados aunque hayan nacido libres, decide librarlos. Después de la batalla don Quijote les pide a los prisioneros presentarse ante Dulcinea para contarle la hazaña de su caballero. Pero ellos se niegan a hacerlo y, alejándose, apedrean a don Quijote y Sancho Panza.

2.
- Don Quijote les da la libertad a los malhechores para cumplir con las reglas de caballería, según las cuales está obligado a combatir la injusticia y ayudar a los menesterosos. Una vez más no aprecia en lo justo la situación por malinterpretar las reglas de caballería. La liberación de los galeotes no sólo es una gravísima irresponsabilidad sino que viola un principio básico de la caballería. Pero a pesar de ello don Quijote es impulsado por ideales nobles puesto que su objetivo es llevar a la práctica los principios de equidad y justicia. Además cree que ningún hombre tiene el derecho de esclavizar a sus prójimos.
- Al pedir a los prisioneros que se presenten ante Dulcinea para contarle que el Caballero "de la Triste Figura" los ha liberado de sus cadenas, don Quijote da otro ejemplo de la situación grotesca en que se encuentra. Por otro lado el acontecimiento comprueba su altruismo porque la adoración de la dama sigue siendo el móvil de sus hazañas.
- En vez de apreciar los ideales nobles de don Quijote y de darle las gracias, los prisioneros son ingratos. Se burlan de él y lo tratan mal. Por ser tan idealista y creer en lo bueno de la persona, don Quijote no llega a entender cómo puede haber gente tan desagradecida. Con estos pensamientos nobles se muestra superior a los demás.

4 La época cervantina (SB S. 204/205)

El siglo de Cervantes: Decálogo de una época (SB S. 204)

Text: Auszug aus einem Internettext
Wortzahl: 381
Schwierigkeitsgrad: **/***
Inhalt: Hauptkennzeichen der damaligen spanischen Gesellschaft an der Wende vom 16. zum 17. Jahrhundert sind die politische und soziale Erstarrung (Ständegesellschaft, Einfluss der Kirche) sowie die wirtschaftliche Krise (Vertreibung der *moriscos*). Demgegenüber steht die Blüte der Literatur, die der Realität einen literarischen Gegenentwurf als Spiegel vorhält, mit Cervantes als Vorreiter des Siglo de Oro.

Actividades SB S. 204, Lösungsvorschläge

política	economía	sociedad
• época de finales del siglo XVI y principios del XVII: reinado de Felipe II y Felipe III • periodo crítico, caracterizado por la decadencia del imperio	• crisis económica, bancarrota debido a: malas cosechas, epidemias, incapacidad del pueblo de pagar los impuestos, expulsión de los moriscos	• sociedad estamental: aumento de la pobreza, grandes desigualdades sociales (emigración, mendigos, delincuencia) • importancia de valores nobiliarios de la sangre y del linaje

religión	cultura
• importancia de limpieza de sangre • expulsión de los moriscos • cuestiones de fe • movimiento de la Contrarreforma	• generación de grandes literatos del Siglo de Oro • aparición de varios géneros y subgéneros literarios

La vida de Cervantes (SB S. 205)

Text: Kurzbiografie des Miguel de Cervantes Saavedra
Wortzahl: 223
Schwierigkeitsgrad: */**
Inhalt: In knapper Form präsentiert die Tabelle wichtige Lebensdaten und Etappen des literarischen Wirkens des Schriftstellers.

Didaktisch-methodische Hinweise

In Cervantes' wechselhaftem Lebenslauf finden sich für die Schülerinnen und Schüler interessante Details, wie etwa seine militärische Laufbahn und dadurch bedingt seine Teilnahme an epochemachenden Ereignissen (Seeschlacht bei Lepanto, 1571; Ausrüstung der spanischen *Armada Invencible*) oder seine Gefangennahme im Jahre 1575 (s. Aufgabe 2). Seine literarische Karriere setzt, wie bei Shakespeare, erst in der zweiten Lebenshälfte ein. – Bei der Versprachlichung der biografischen Daten können die Vergangenheitstempora auf integrierte Weise geübt werden (s. Aufgabe 1).

Actividades SB S. 205, Lösungsvorschläge

1. Miguel de Cervantes Saavedra nació en Alcalá de Henares cerca de Madrid en el año 1547. Era el cuarto de los siete hijos de Rodrigo de Cervantes y Leonor de Cortinas.
En 1569 publicó sus primeros versos, y el año siguiente entró al servicio del futuro cardenal Giulio Acquaviva en Italia, adonde se trasladó huyendo de la justicia tras haber herido a un rival en una pelea. Pero Cervantes pronto dejó a Acquaviva para sentar plaza de soldado en la compañía del conde Diego Urbina.
En 1571 el escritor luchó con gran valentía contra los turcos en la famosa batalla de Lepanto. A consecuencia de las heridas sufridas en la batalla, perdió para siempre la movilidad de su mano izquierda ('El Manco de Lepanto'); pero a pesar de ello continuó en el ejército.
Unos años más tarde, en 1575, decidió regresar a España, pero la nave en que viajaba fue asaltada por los turcos, quienes hicieron prisionero a Cervantes. El escritor fue entonces trasladado a Argel, donde sufrió un cautiverio de cinco años durante el cual trató de fugarse cuatro veces, pero todos sus intentos fracasaron. Finalmente, gracias al pago de 500 escudos por los Padres Trinitarios, fue liberado y pudo volver a su país en 1580.
De nuevo en España, unos años más tarde contrajo matrimonio con Catalina de Salazar y Palacios. En 1585 publicó su primer libro, una novela pastoril llamada *La Galatea*. De 1587 a 1600 fijó residencia en Sevilla, donde trabajó como recaudador de impuestos. En esa época sufrió mucha injusticia por ser encarcelado en numerosas ocasiones, muchas veces injustamente acusado de fraude.
Además solicitó dos veces un cargo oficial en América, que en ambos casos le fue denegado.
A partir de 1603, Cervantes residió en Valladolid, por entonces corte del rey, y dos años más tarde se publicó su obra maestra 'El ingenioso hidalgo don Quijote de la Mancha' con la que tuvo un enorme éxito.
En 1606, la corte se trasladó de Valladolid a Madrid, adonde Cervantes la siguió.
Los últimos diez años de su vida los pasó en Madrid, un período de intensa creación literaria, en que aparecieron entre otras obras las *Novelas Ejemplares* y la *Segunda Parte del Quijote*. Miguel de Cervantes murió el 22 de abril de 1616. William Shakespeare falleció en la misma fecha.

2. individuelle Schülerleistung

3.
- Miguel de Cervantes tuvo una vida azarosa y errante durante la que sufrió mucha miseria e injusticia. No obstante el autor superó todas las dificultades de sus diferentes etapas de vida gracias a su extraordinaria entereza, dignidad, valentía y a su optimismo.

- Las condiciones de vida eran inestables y precarias, fue cautivo en Argel, siempre tuvo dificultades económicas y problemas con la justicia. Por un lado conoció el fracaso personal y vivió la desgracia, por otro lado vivió también la suerte y llegó a gozar de cierta estima como literato.
- Por sus viajes, su cautiverio en Argel y sus diferentes oficios hizo muchas experiencias, entró en contacto con diferentes culturas y se relacionó con gente de todos los niveles socioculturales. Se supone que las estancias en los diferentes países, por ejemplo en Italia, influyeron mucho en su formación literaria.
- Cervantes vivió en una época en que España estuvo pasando de la grandeza del imperio a la decadencia marcada por la crisis política, económica, militar y espiritual. Así presenció momentos históricos de esplendor y otros de decadencia.
- La fama y el éxito de su obra literaria no se deben solamente a su propio genio sino también a su vida azarosa y llena de aventuras.

5 La percepción de la obra en el siglo XX (SB S. 206/207)

Don Quijote cumple 400 años (SB S. 206)

Text: Auszug aus einem Internettext
Wortzahl: 240
Schwierigkeitsgrad: **/***
Inhalt: Anlässlich des 400. Jahrestags der Erstveröffentlichung des Romans hebt Vargas Llosa die hohe Bedeutung des Werkes und seinen Status über die Zeit hinweg hervor. Die Abenteuer des Don Quijote transportieren zeitlose universelle menschliche Werte (Gerechtigkeit, Freiheit, Ehre).

Didaktisch-methodische Hinweise

Die Zitate von renommierten Schriftstellern und Kritikern aus aller Welt stellen die literarische Qualität des Quijote heraus, die nur mit Shakespeares Werken zu vergleichen ist (s. SB S. 207, Aufgabe 4).

Actividades SB S. 206/207, Lösungsvorschläge

1.

a) El hecho de que la lectura del 'Quijote' no haya perdido su impacto sobre los lectores durante 400 años lo ha llevado a ser uno de los libros más vendidos y una obra cumbre de la literatura universal. Según Vargas Llosa, don Quijote representa los valores más altos, como p. ej., la justicia. Asimismo intenta mejorar el mundo, si bien el hidalgo se sirve de recursos irreales para llevar a la práctica sus ideales.

b) Aparte de su calidad narrativa, el éxito de la novela se debe a valores eternos como el honor, la justicia, la equidad y la libertad por los cuales está inspirado don Quijote.

c) La verdad consiste en que los conceptos del Quijote no envejecen nunca. Es una obra universal que se caracteriza por unos valores eternos, imprescindibles para un mundo más humano.

2.

a) Don Quijote abandona su vida normal para irse en busca de aventuras y para deshacer entuertos y defender a los débiles. Trata de imponer altos valores como la equidad y la justicia dentro de un mundo materialista. Aunque está rodeado de gente que no lo comprende ni comparte sus ideas e intenta disuadirle, no deja de creer en sus ideales.

b) Al creer, aunque se equivoque, que otros padecen injusticia, no tarda en luchar por ellos.

c) Al convertirse en un caballero, pretende ayudar a los menesterosos y luchar por la justicia. Efectivamente no tarda en combatir la injusticia y la desgracia como lo muestra la lucha contra los molinos de viento que toma por gigantes. Las derrotas que sufre en esta aventura y en la de los galeotes, las acepta siempre como consecuencia de sus acciones caballerescas.

d) No logra realizar sus ideales caballerescos porque lo rodea un mundo de otra índole. Confunde la realidad con la ficción por lo cual sus aventuras representan una serie de fracasos.

3. *cómico:* El contraste entre lo real y lo imaginario provoca risa, p. ej., resulta gracioso que don Quijote crea que Rocinante es la bestia más hermosa del mundo o que tome por 'doncellas' a las mujeres que encuentra a la puerta de la venta.
trágico: los fracasos del caballero suscitan pena y compasión. La novela representa muchas veces la trágica lucha de un hombre que, impulsado por ideales generosos, choca dolorosamente con la realidad y fracasa en sus nobles propósitos. Acaba recibiendo palizas en vez de reconocimiento.
En sus afirmaciones los intelectuales hacen hincapié en el hecho de que muchos siglos después de la publicación de la novela haya consentimiento universal entre ellos con respecto a lo ingenioso del Quijote. Aunque ha sido interpretada de muy diversas formas, los lectores parecen estar de acuerdo en que esta novela, por sencilla que sea, es la mejor ficción. Para ellos el libro se caracteriza por su complejidad y sus valores trascendentes y eternos. Don Quijote encarna algunas de las mayores virtudes como el amor, la generosidad y el heroísmo.

Mujeres en tiempos de represión representadas en obras de teatro (SB S. 208–245)

Bei der Arbeit mit diesem Modul reflektieren die Schülerinnen und Schüler über Themen von universeller Bedeutung, wie (Selbst-)Unterdrückung, Missbrauch von Macht und Wahrheitssuche. Das Modul legt Unterrichtsreihen zu zwei exemplarischen Theaterstücken der spanischsprachigen Welt vor: Bernarda Alba und Paulina Salas repräsentieren starke Frauenfiguren. Sie leben in Zeiten der Diktatur und haben ihre eigenen Mechanismen gefunden, damit umzugehen. Während Bernarda nach dem Tod ihres Mannes den Töchtern gegenüber selbst diktatorische Verhaltensweisen an den Tag legt, zieht Paulina ihren (vermeintlichen) Peiniger zur Rechenschaft.

Zum Einsatz der Auftaktseiten (SB S. 208/209)

Didaktisch-methodische Hinweise

Die Fotos im SB S. 208 lassen Rückschlüsse über die Rolle der Frau *en tiempos de represión* zu. Während die beiden oberen Abbildungen dunkel wirken und den geschlossenen Zirkel der Frauen als leidend, Trost spendend darstellen, tritt die Frau auf dem dritten Foto unten aggressiv auf und nimmt ihr Schicksal entschlossen in die Hand.
In der Phase der *poslectura* kann das Gemälde von Dalí (Bailarina-Calavera, 1939; SB S. 209) als ergiebiges Material zur Rekapitulation der Inhalte und Themen der Stücke dienen.

1 Federico García Lorca: "La casa de Bernarda Alba" – un drama de mujeres españolas (SB S. 210–224)

Das Teilmodul behandelt exemplarische Auszüge aus Federico García Lorcas Drama „La casa de Bernarda Alba". Zusätzlich können die Schülerinnen und Schüler den kompletten Dramentext anschaffen und lesen. Die Reclam-Ausgabe (ISBN 3-15-009129-2) enthält spanisch-deutsche Vokabelangaben; die Cátedra-Ausgabe (Ediciones Cátedra, S.A. 1989) ist erhältlich unter der ISBN 84-376-0068-5.

Thematische Anknüpfungspunkte bieten das Modul „Panorama de la Guerra Civil española" (SB S. 168 ff.) und das Teilmodul „La comunidad latina en EEUU reflejada en la literatura" (SB S. 265 ff.).

Der Inhalt des Dramas
Das Drama spielt Anfang des 20. Jahrhunderts in einem andalusischen Dorf. Es setzt ein, als Bernarda Albas zweiter Ehemann gerade gestorben ist. Deshalb ordnet sie eine achtjährige Zeit der Trauer für ihr Haus an. Ihre fünf Töchter im Alter zwischen 20 und 39 Jahren dürfen in dieser Zeit das Haus nicht verlassen. Sie sollen sich ausschließlich der Anfertigung ihrer Aussteuer widmen. Eine Sonderstellung hat Angustias (39), die Tochter von Bernardas erstem Ehemann, die mit dem Tod des zweiten Ehemannes dessen gesamtes Vermögen erben wird. Infolgedessen hält der junge und attraktive Pepe el Romano (25) um Angustias Hand an. Die Atmosphäre im Haus ist geprägt durch den Neid und die Missgunst jener Schwestern, die auch in Pepe el Romano verliebt sind, und durch Bernardas herzlose und autoritäre Art. La Poncia, eine von Bernardas Mägden, versucht den Konflikt abzuwenden, als sie feststellt, dass Bernardas jüngste Tochter, die zwanzigjährige Adela, ein Verhältnis mit Pepe el Romano eingeht. Das Drama endet mit Adelas Selbstmord.

1.1 Ocho años de luto (SB S. 210–212)

La Andalucía de Lorca (SB S. 210)

Material: vier Fotos, eine Zeichnung, ein Vers
Schwierigkeitsgrad: **
Inhalt: Die vier Fotos geben einen Einblick in das Andalusien des frühen 20. Jahrhunderts. Sie rücken den dörflichen Charakter, die Rolle der Kirche und die sozialen Bedingungen in den Mittelpunkt. Die Illustration von Lorca und der Vers des Dichters vermitteln erste Informationen zum Theaterstück und stellen Bernarda Alba und ihre Töchter vor.

Didaktisch-methodische Hinweise

Die Einführung in das Drama und die Charaktere erfolgt über einen Lehrervortrag, der ergänzt wird durch die Beschreibung des von Lorca gemalten Bildes (SB S. 210). Die Schülerinnen und Schüler erhalten den Hörauftrag, besonders auf die Informationen zu „año de publicación", „lugar de la acción" und „personajes y sus características" zu achten (Tafelanschrieb).

texto modelo: Vamos a leer y analizar 'La casa de Bernarda Alba', uno de los dramas de Federico García Lorca. Forma parte de una trilogía de dramas que contiene *Yerma, Bodas de Sangre y La casa de Bernarda Alba*. Lorca terminó el drama en el mes de julio del año 1936, poco antes de su muerte. Según el autor mismo, se trata de una obra realista. El drama tiene lugar en un pueblo pequeño de Andalucía a principios del siglo XX, y toda la acción se desarrolla en una sola casa.
Im Folgenden wird die Zeichnung (SB S. 210) von den Lernenden beschrieben (casa parecida a un calabozo, tiene una torre y un patio; las mujeres llevan velo, parecen árabes). Die Lehrkraft gibt einige Informationen zu den Figuren:

- la mujer en la terraza es Bernarda; tiene 60 años, es viuda y tiene cinco hijas entre 20 y 39 años,
- la mujer en la ventana es Angustias (la hija mayor que está esperando a su prometido),
- la mujer en el portal es Adela (la hija menor), le gusta observar lo que está pasando fuera, por ejemplo, mira a los hombres que pasan por delante de la casa.

Die Betrachtung des Filmposters (SB S. 211) und des Verses von Lorca (SB S. 210) trägt zur weiteren Klärung der Frage bei: ¿De qué trata "La casa de Bernarda Alba"?. *Mögliche Ergebnisse:* „mujeres solitarias de diferentes edades", „de una familia", „tragedia", „ha pasado un siniestro", „llama la atención el vestido verde", „todas las demás mujeres visten ropa negra".
Die Erarbeitung des sozial-geschichtlichen Hintergrundes erfolgt über die Beschreibung der Bilder (SB S. 210). Die Bilder werden einzelnen Schülergruppen zugeteilt, die ggf. sprachliche Hilfen erhalten:

Zusatzmaterial

En la primera / segunda / tercera... foto se ve...
en el centro... / en primer plano... /
a la derecha / izquierda...
Lo que llama la atención / salta a la vista...
Eso significa que... / De eso se puede deducir que ...

Kopiervorlage/Folie

Actividades SB S. 211, Lösungsvorschläge

1. individuelle Schülerleistung; *möglich: temas:* familia, relaciones entre tantas mujeres, la vida y el trabajo en el pueblo y en el campo, la religión, tradiciones, muerte (luto), *acción dramática:* tragedia, tristeza, conflictos entre las generaciones

- *obere Reihe, Foto links:* una calle estrecha con escaleras, bordeada de portales de casas blancas, en los portales hay flores, plantas y una farola; en el centro: un hombre con sombrero que sube las escaleras montado en un burro / mulo (o a caballo)
  obere Reihe, Foto rechts: foto en blanco y negro; seis mujeres sentadas a una mesa, están comiendo, la mujer en la cabecera de la mesa está hablando / gesticulando de manera autoritaria; al fondo hay una mujer de pie, a lo mejor la criada, las mujeres están vestidas de negro, los muebles (sillas, mesa) y la puerta son de madera y de color oscuro, el mantel es blanco
  untere Reihe, Foto links: la cruz y la campana de una iglesia blanca
  untere Reihe, Foto rechts: foto en blanco y negro; a la derecha: una mujer sentada a la mesa de su cocina, de mediana edad, vestida de negro, lleva un pañuelo negro, tiene las manos en el seno; a la izquierda: utensilios de cocina (jarras y un plato)
  Zeichnung, unten links: un dibujo en blanco y negro; una casa con una torre y ventanas pequeñas de rejas (como una cárcel); se ven tres mujeres: la primera, vestida de monja, está en la entrada, la segunda, también vestida de monja, está en la ventana de la torre, y la tercera, en el balcón, lleva un bastón.
- "mujeres solas", "de todas las edades", "jóvenes, maduras, ancianas"; de cualquier estado civil; "todas vestidas de luto"; se llaman María Josefa, 80, madre de Bernarda, 60. Las cinco hijas de Bernarda: Angustias (39), Magdalena (30), Amelia (27), Martirio (24), Adela (20). Además hay dos criadas: la mayor tiene 60 años y se llama la Poncia, la otra tiene 50 años.

2.

	principios del siglo XX	hoy
vivienda	un ambiente rural, en pueblos, familias grandes	un ambiente urbano e industrializado
trabajo	trabajo agrícola, artesanía, maniobra (carpintero, albañil, zapatero, etc.) → trabajo físico mujeres: trabajo de casa, educación de los niños, labores de aguja	trabajo en la oficina, en fábricas, profesiones académicas → trabajo intelectual y profesiones más especializadas
pasatiempos	fiestas del pueblo, bailar, hablar con los vecinos	cine, discotecas, medios electrónicos, lectura de libros, deporte, ir de viaje
valores	tradición, religión, honra de la familia, buena reputación	más individualidad, carrera profesional, materialismo, autorrealización

3. individuelle Schülerleistung (Die *mapa mental* dient der Bündelung von Informationen zur Beziehung der Figuren zueinander und zur Entwicklung der Handlung. Sie begleitet die Lektüre des Dramas und wird sukzessive vervollständigt.)

Punto de partida (SB S. 212)

Didaktisch-methodische Hinweise

Die Schülerinnen und Schüler tauschen ihren verschriftlichten inneren Monolog (*actividad* 2) mit dem ihres Tischnachbarn aus. Sie lesen die Texte im Hinblick auf die Gefühle, die in ihnen zum Ausdruck kommen.
Lösungsvorschlag: los sentimientos de las hijas de Bernarda: desesperación, enfado, tristeza, aislamiento, miedo, soledad, aburrimiento

Actividades SB S. 212, Lösungsvorschläge

1. Las cinco hijas de Bernarda están obligadas a guardar luto durante ocho años. Con su orden, Bernarda sigue fiel a la tradición de luto en su familia. Durante el tiempo de luto las hijas no deben salir de la casa sino que tienen que bordar su ajuar.

2. *texto modelo:* Papá está muerto. Lo echo de menos, estoy muy triste. No entiendo por qué ha muerto. Todavía no lo puedo creer. Pero tampoco quiero que mamá nos encierre en casa durante ocho años. No es justo, quiero salir. ¿Para qué bordar el ajuar? Después de los ocho años de luto ya no querrá casarse conmigo ningún hombre...

1.2 ¡Silencio! (SB S. 212–215)

Una conversación entre la Criada y la Poncia (SB S. 212/213)

Text: Auszug aus dem Drama
Wortzahl: 529 (plus Einleitung: 16)
Schwierigkeitsgrad: **
Inhalt: Die beiden Mägde Bernardas unterhalten sich, während Bernarda, ihre Töchter und die Nachbarn noch bei der Trauerfeier sind. Gegenstand der Unterhaltung ist Bernarda, die als herrisch, herzlos und autoritär charakterisiert wird.

Didaktisch-methodische Hinweise

Anhand der Szene kann die Methode der indirekten Charakterisierung bewusst gemacht werden. Der Leser bzw. Zuschauer erfährt durch das Gespräch der beiden Frauen bereits viel über Bernarda. Er macht sich ein Bild von der Figur, bevor sie in Erscheinung tritt.
Die Lernenden verfassen im Anschluss an die Aufgaben zu *comprensión* und *análisis* (SB S. 213, 1.–3.) eine kurze Szene, die Bernardas erstes Auftreten zum Gegenstand hat, und führen sie dem Kurs vor (Aufgabe 4.). Ggf. gibt die Lehrkraft die Figuren vor (z. B. Bernarda, zwei ihrer Töchter, la Poncia und eine Nachbarin). Hilfen finden sich im SB auf S. 326.

Actividades SB S. 213, Lösungsvorschläge

1.

a) Los parientes del difunto no han venido a la casa de Bernarda Alba porque la detestan.
b) La Poncia lleva trabajando 30 años como criada en la casa de Bernarda Alba.
c) Angustias es la hija mayor de Bernarda y su primer marido. Parece haber heredado mucho dinero de su padre.
d) La Poncia tiene ganas de vengarse de Bernarda por su comportamiento irrespetuoso, malicioso e hipócrita.
e) La vida de la Poncia y de la Criada está caracterizada por pobreza y por las humillaciones de Bernarda.

2. Caracterización de Bernarda antes de su salida a escena:

medios de caracterización	cita del texto	conclusión / características
el estilo directo (cita del personaje)	"En ocho años que dure el luto..." (SB S. 212 oben, l. 1) "Así pasó en casa de mi padre y en casa de mi abuelo..." (SB S. 212 oben, l. 2/3)	tradicional, severa
caracterización por los demás personajes	"¡Mandona! ¡Dominanta!" (l. 3) "Si Bernarda no ve relucientes las cosas me arrancará los pocos pelos que me quedan" (ll. 14/15)	autoritaria dominante severa, agresiva
descripción de sus acciones	"Tirana de todos los que la rodean. Es capaz de sentarse encima de tu corazón y ver cómo te mueres durante un año sin que se le cierre esa sonrisa fría que lleva en su maldita cara" (ll. 17ss)	dura sin corazón sin compasión
uso de adjetivos para describir al personaje	"Ella, la más aseada; ella, la más decente; ella, la más alta." (l. 21)	presuntuosa arrogante, hipócrita
descripción de su relación con otros	"La gente de él la odia." (l. 25)	tiene una mala relación con los parientes del recién difunto
	"días enteros mirando por la rendija para espiar a los vecinos y llevarle el cuento" (ll. 33/34)	curiosa (su criada tiene que espiar a la gente)
Resumiendo: Por la conversación entre las dos criadas el espectador ya tiene una impresión de su carácter antes de que aparezca Bernarda en el escenario. El lector se forma un concepto bastante negativo . Sin embargo, está curioso por conocer a Bernarda en persona.		

3. La Poncia se caracteriza como persona fiel, leal y de confianza (véase la metáfora "soy buena perra; ladro cuando me lo dicen...", l. 37 y la expresión "noches en vela cuando tose...", l. 33) / aguanta con paciencia el mal humor y las humillaciones de su dueña (p. ej. "me arrancará los pocos pelos que me quedan", l. 15) / tiene el papel de la confidenta de Bernarda ("vida sin secretos una con otra", l. 34).

4. individuelle Schülerleistung; *mögliche Themen*: el duelo, la misa y el recuerdo al marido de Bernarda / temas del pueblo (misa, trabajo, vecinos) / la comida

Aparece Bernarda (SB S. 214)

Text: Auszug aus dem Drama
Wortzahl: 132
Schwierigkeitsgrad: **
Inhalt: Obwohl Bernarda gerade vom Trauergottesdienst für ihren verstorbenen Mann kommt, verhält sie sich autoritär und herzlos.

Didaktisch-methodische Hinweise

Bernarda Albas Auftritt bestätigt die in der vorangegangenen Szene angelegte indirekte Charakterisierung durch ihre beiden Mägde. Nach der Lektüre der Textstelle vergleichen die Lernenden ihre Dialoge mit dieser Darstellung. Mögliches sprachliches *sistema de apoyo*:

Zusatzmaterial

Al comparar el diálogo de... con la escena del drama, se puede destacar que...
La diferencia central es que...
Llama la atención que...
Salta a la vista que...
Me sorprende que / Es sorprendente que...
No puedo creer que...

Actividades SB S. 214, Lösungsvorschläge

1. individuelle Schülerleistung

2. *mögliche Äußerungen:* por lo visto Bernarda no está muy afligida por la muerte de su marido (o al menos no lo muestra) / a pesar de haber asistido al entierro de su esposo se expresa de manera mandona, autoritaria e incompasiva, por ejemplo, no tolera el duelo de su criada (ll. 2–5) ni de su hija Magdalena (ll. 14/15) / habla de manera despectiva sobre los pobres y da instrucciones a los demás / su comportamiento es sorprendente y extraño, puesto que acaba de perder a un ser querido

María Josefa – ¿La vieja loca?

Text: Auszug aus dem Drama
Wortzahl: 193
Schwierigkeitsgrad: ***
Inhalt: María Josefa ist aus ihrem Zimmer entkommen. Sie ist aufgebracht, verlangt von Bernarda ihren Spitzenschleier und die Perlenkette und verkündet, dass sie in ihr Dorf gehen und heiraten will. Das Dienstmädchen ergreift die alte Frau schließlich und sperrt sie wieder ein.

Die Szene verdeutlicht Bernardas Kälte. Sie hält die geistig verwirrte Mutter 'gefangen', um zu verhindern, dass María Josefa orientierungslos durch das Dorf läuft und zum Gesprächsgegenstand wird. Die Aufgabe, den mittleren Teil des Dialogs zu rekonstruieren (SB S. 215, 1.) lenkt die Aufmerksamkeit der Lernenden auf die unerhörte Tatsache, dass Bernarda ihre eigene Mutter einschließt und sie so harsch behandelt. Mit ihrem lautstarken Protest fungiert María Josefa als Sprachrohr für die Frustration und den Freiheitswillen von Bernardas Töchtern.
Die Lehrkraft kann die Gesprächsteile auf Folie kopiert und ausgeschnitten in die von den Schülerinnen und Schülern genannte Reihenfolge legen und z. B. folgende Bezüge im Gesprächsverlauf herstellen (durch Unterstreichung und Pfeile markiert):

mögliche Ergebnisse:

María Josefa – ¿La vieja loca?

MARÍA JOSEFA: Bernarda, ¿dónde está mi mantilla? Nada de lo que tengo quiero que será para vosotras. Ni mis anillos ni mi traje negro de "moaré". Porque ninguna de vosotras se va a casar. ¡Ninguna! Bernarda, dame mi gargantilla de perlas.
BERNARDA: (*A la* CRIADA) ¿Por qué la habéis dejado entrar?
CRIADA: (*Temblando*) ¡Se me escapó!
MARÍA JOSEFA: Me escapé porque me quiero casar, porque quiero casarme con un varón hermoso de la orilla del mar, ya que aquí los hombres huyen de las mujeres.
BERNARDA: ¡Calle usted, madre!
MARÍA JOSEFA: No, no me callo. No quiero ver a estas mujeres solteras rabiando por la boda, haciéndose polvo el corazón, y yo me quiero ir a mi pueblo. Bernarda, yo quiero un varón para casarme y para tener alegría.
BERNARDA: ¡Encerradla!
MARÍA JOSEFA: ¡Déjame salir, Bernarda!
(*La* CRIADA *coge a* MARÍA JOSEFA.)
BERNARDA: ¡Ayudarla vosotras! (Todas arrastran a la vieja.)
MARÍA JOSEFA: ¡Quiero irme de aquí! ¡Bernarda! ¡A casarme a la orilla del mar, a la orilla del mar!

Federico Garcia Lorca: La casa de Bernarda Alba, edición de Allen Josephs y Juan Caballero, Ediciones Cátedra, Madrid 1989, pp. 144–146

Actividades SB S. 215, Lösungsvorschläge

1. b – f – d – a – c – e

2. *María Josefa:* quiere salir de la casa / quiere ser libre y casarse / no aguanta el ambiente de restricción en la casa de Bernarda;
Bernarda: no escucha a su madre, la trata con frialdad, ordena que se calle y que la criada la encierre, se pone de manifiesto que le molesta tener que ocuparse de su madre.

3.

- El papel de María Josefa: Se hace patente que María Josefa, la madre de Bernarda, es confusa. Bernarda quiere encerrarla para que no vaya por el pueblo sin orientación alguna y para que los vecinos no la vean. Esto sería una vergüenza para Bernarda. Por consiguiente, se nota un cambio de roles: María Josefa ya no tiene el papel de la madre de Bernarda sino que Bernarda incapacita a su madre. Se puede decir que María Josefa desempeña el papel de portavoz de los sentimientos y necesidades de sus nietas porque llama la atención sobre su cautividad y el deseo de las hermanas de marcharse y casarse.
  El encierro de María Josefa refleja que Bernarda también encierra e ignora los sentimientos y necesidades de sus hijas. Con esta interpretación se plantea la pregunta de si María Josefa realmente es tan confusa o si más bien tiene una visión de conjunto muy clara. Es posible que comprenda los mecanismos de la tiranía de Bernarda. Sea como fuere, es una carga para Bernarda.
- El retrato de Bernarda: La escena da otro ejemplo de la frialdad de Bernarda y su comportamiento duro e inhumano con los demás, en este caso con su madre.

1.3 ¿Sabéis ya la cosa? (SB S. 215–220)

Cotilleos de las hermanas (SB S. 215/216)

Text: Auszug aus dem Drama
Wortzahl: 432
Schwierigkeitsgrad: **
Inhalt: Magdalena berichtet, dass Pepe el Romano um Angustias' Hand anhalten wird. Für Amelia und Adela liegt auf der Hand, dass Angustias' Erbe ausschlaggebend für seine Heiratsabsichten ist. Adela, die frustriert über das Eingesperrtsein ist, bricht in Tränen aus und gibt ihrer Sorge Ausdruck, so unattraktiv zu werden wie ihre älteren Schwestern.

Conferencia muda (SB S. 216)

Didaktisch-methodische Hinweise

Für das stumme Schreibgespräch (siehe auch S. 320 im Anhang des SB) wird der Kurs in Kleingruppen eingeteilt, die je ein Poster erhalten. Jedes Gruppenmitglied schreibt seine Gedanken auf und kommentiert schriftlich auch die Beiträge der anderen zum Thema (Zeit: ca. 15 Minuten). Sodann werden in einem Lesespaziergang die Inhalte aller Poster gelesen (Zeit: 5 Minuten). Die unten aufgeführten thematischen Schwerpunkte dienen als Leitfaden für die abschließende Besprechung. Sie können vor dem Schreibgespräch als Hilfe gegeben oder alternativ danach mit den Schülern gemeinsam entwickelt werden:

Zusatzmaterial

La relación entre Bernarda y sus hijas...
El comportamiento / La reacción de las hijas de Bernarda...
La relación entre Angustias y sus hermanas...
Los sentimientos de las hermanas hacia Pepe el Romano...
Los sentimientos de Pepe el Romano hacia Angustias y sus hermanas...
Las consecuencias del tiempo de luto (de estar encerradas)...

Zusatzmaterial zu Aufgabe 6., SB S. 216

Der Originaldialog lautet:

ANGUSTIAS: Yo no tengo la culpa de que Pepe el Romano se haya fijado en mí.
ADELA: ¡Por tus dineros!
ANGUSTIAS: ¡Madre!
BERNARDA: ¡Silencio!
MARTIRIO: Por tus majales y tus arboledas.
MAGDALENA: ¡Eso es lo justo!
BERNARDA: ¡Silencio digo! Yo veía la tormenta venir, pero no creía que se estallara tan pronto. ¡Ay qué pedrisco de odio habéis echado sobre mi corazón. Pero todavía no soy anciana y tengo cinco cadenas para vosotras y esta casa levantada por mi padre para que ni las hierbas se enteren de mi desolación. ¡Fuera de aquí! *(Salen. Bernarda se sienta desolada. La Poncia está de pie arrimada a los muros. Bernarda reacciona, da un golpe en el suelo y dice:)* ¡Tendré que sentarles la mano! Bernarda, ¡acuérdate que ésta es tu obligación!

Federico Garcia Lorca: La casa de Bernarda Alba, edición de Allen Josephs y Juan Caballero, Editiones Cátedra, Madrid 1989, p. 167

Actividades SB S. 216, Lösungsvorschläge

1. Pepe el Romano quiere casarse con Angustias. Pero parece que no se trata de un matrimonio por amor.

2. Pepe el Romano quiere casarse con Angustias por razones económicas. Eso se puede comprobar en las líneas 15 hasta 20: Magdalena dice que Angustias (que tiene 39 años) es mucho mayor que Pepe el Romano (que tiene 25 años), ella es enfermiza y poco atractiva. Amelia lo confirma (l. 22).

3. a) Las dos tienen una relación muy íntima, es decir, pasan mucho tiempo juntas, hablan de todo, saben los secretos la una de la otra y no los revelan a los demás.
b) Creo que pronto va a pedir la mano de Angustias.
c) Cuando era joven ya era flaquísima y poco femenina.

d) Eres una persona mentirosa e insincera. / No me gusta que no digas la verdad. (también posible: No me gusta tu ironía.)
e) Soy joven, quiero disfrutar de mi juventud y ser libre en vez de estar encerrada durante ocho años de luto.

4. Las reacciones de las hermanas:

personaje	citas del texto	interpretación
Martirio	"Yo me alegro" (l. 11) "¡Magdalena! ¡Mujer!" (l. 14) "¡Puede que a él le guste!" (l. 29) "Ya te acostumbrarás" (l. 45)	Al principio parece alegrarse por Angustias. Reacciona de manera indignada por las palabras de Magdalena. Su comentario tiene un tono irónico o incluso agrio. Se muestra poco comprensiva y más bien ruda hacia Adela.
Amelia	"Yo también" (l. 12) "¡Angustias tiene todo el dinero de su padre,..." (l. 22 ss.)	Parece alegrarse por Angustias. Reconoce que Pepe el Romano quiere casarse por motivos económicos, es crítica.
Magdalena	"Si viniera por el tipo de Angustias..." (l. 15ss) "¡El dinero lo puede todo!" (l. 38)	Opina que Angustias sólo es atractiva por su dinero y que otra de las hermanas haría mejor pareja con Pepe el Romano. Muestra la reacción más racional y considerada de las hermanas.
Adela	"¡Pero si no puede ser!" (l. 37) *Rompiendo a llorar con ira* (l. 46)	Parece desconcertada. Muestra la reacción más emocional (al final empieza a llorar).
Resumiendo, ninguna de las hermanas parece alegrarse de verdad, al contrario le tienen envidia a Angustias. Lo que llama la mayor atención es la reacción emocional de la hija menor, Adela.		

5. individuelle Schülerleistung; *möglich*:
A: Se va a desarrollar una relación conflictiva y tensa entre Bernarda y sus hijas.
B: Estoy de acuerdo, porque creo que las hijas de Bernarda sufrirán durante los largos años del luto.
C: A lo mejor van a intentar discutir con Bernarda para cambiar la situación. La obligación de ocho años de luto debe ser horrorosa.
D: Sí, eso puede ser, pero no creo que puedan cambiar a Bernarda, su madre, que es muy autoritaria.
E: Opino que las cuatro hermanas van a envidiar a Angustias y que van a chincharla.
F: Sí, porque no es justo que sólo una de las hijas de Bernarda pueda quedar con un hombre.

6. Die Gesprächsbeiträge von Adela, Martirio und Magdalena werden emotional ausfallen und auf Angustias' Erbe anspielen. Da Bernarda zweimal mit „¡Silencio!" interveniert, ist zu vermuten, dass sich die Schwestern mit Angustias streiten. Bernardas Beitrag am Ende wird vermutlich ihre Machtposition im Haus verdeutlichen.

El secreto de Adela (SB S. 217)

Text: Auszug aus dem Drama
Wortzahl: 293
Schwierigkeitsgrad: **
Inhalt: Angustias beharrt im Gespräch mit la Poncia und Bernarda darauf, dass Pepe el Romano den Platz vor dem Fenster ihres Schlafzimmers regelmäßig um 1:00 Uhr verlässt und nicht, wie la Poncia sagt, um 4:30 Uhr. Bernarda will erhöhte Wachsamkeit walten lassen. – Adela offenbart Martirio, dass sie ein Liebesverhältnis mit Pepe el Romano hat.

Actividades SB S. 217/218, Lösungsvorschläge

1. Adela queda con Pepe el Romano a escondidas y probablemente tiene una relación amorosa con él.

2. a) Tienes que ser vigilante / atenta. – b) Siempre he sido una persona vigilante. No hay nada de que no me entere. – c) Puedes estimarte feliz que no haya revelado tu secreto a las demás. – d) No podía resistirle. / La atracción es tan fuerte que no podía hacer nada. – e) Voy a hacer todo para imposibilitar tu relación secreta con Pepe el Romano.

3. Las reacciones de Bernarda y Martirio:

personaje / cita del texto	interpretación
BERNARDA:	
"¡A las cuatro y media!" (l. 5)	reacción escandalizada
"¡Habla!" (l. 8)	insiste en conseguir más información
"¿Qué es lo que pasa aquí?" (l. 17)	niega la sospecha de la Poncia y anuncia que va a ser aún más vigilante que antes
"No habrá nada..." (l. 25)	su reacción afirma la impresión de su personalidad dominante, dura y obsesionada por la idea de observar y controlar todo lo que pasa
MARTIRIO:	
"Yo también lo sentí marcharse a las cuatro." (l. 11)	Parece tener muchas informaciones sobre las estancias nocturnas de Pepe delante de la casa de Bernarda Alba.
"¿No habláis ahora por la ventana del callejón?" (l. 13)	Anda por la casa en plan observador, incluso se mantiene despierta hasta la madrugada.
"Entonces..." (l. 16)	Se está enterando de algo o está sacando conclusiones.
"No seguirás mucho tiempo." (l. 33)	Se enfada con Adela a la que avisa que no siga quedando con Pepe.
"Yo romperé tus abrazos." (l. 35)	Declara que va a hacer todo para impedir la relación prohibida.
"¡Primero muerta!" (l. 41)	
"¡He visto cómo te abrazaba!" (l. 39)	Observa a su hermana porque le tiene celos.

4. Se puede deducir que existe una relación amorosa entre Adela y Pepe. Hay varios indicios, como las declaraciones contradictorias sobre la hora cuando Pepe se marcha de sus citas nocturnas con Angustias y sobre el lugar donde se reúnen para hablar. Además, la conversación entre Martirio y Adela sugiere que Adela tiene una relación amorosa con Pepe de la que se enteró Martirio.

Una casa decente (SB S. 218/219)

Text: Auszug aus dem Drama
Wortzahl: 488
Schwierigkeitsgrad: **
Inhalt: La Poncia hat gesehen, dass Adela sich nachts, beim zweiten Besuch von Pepe el Romano bei Angustias, am Fenster aufgehalten hat. Besorgt um das Ansehen der Familie im Dorf fordert sie die junge Frau auf, ihre Gefühle zu unterdrücken und auf ihre Gelegenheit zu warten: Angustias werde die erste Geburt nicht überleben, sodass eine spätere Heirat Adelas mit Pepe el Romano durchaus möglich scheint. Adela bietet ihr hitzig die Stirn, überzeugt davon, dass niemand sie aufzuhalten vermag.

Didaktisch-methodische Hinweise

Der Dialog eignet sich zum Üben des interpretierenden Paraphrasierens. Dieses setzt voraus, dass Metaphern im Kontext gedeutet werden, um so ein vertieftes Textverständnis zu erlangen. Bei der Partnerarbeit (SB S. 219, Aufgabe 4.) erhalten die Lernenden für das Verfassen und Einüben der Dialoge 20 bis 25 Minuten Zeit. Es empfiehlt sich, zunächst Vierer- oder Sechsergruppen zu bilden, sodass möglichst viele Zweiergruppen ihren Dialog in den Kleingruppen präsentieren können. Zum Abschluss stellen ggf. zwei Zweiergruppen den Dialog im Plenum vor.

Actividades SB S. 219, Lösungsvorschläge

1. La Poncia quiere persuadir a Adela de la necesidad de terminar la relación con Pepe y olvidarlo. Además propone que Adela espere hasta que muera Angustias para luego casarse con Pepe.

2. a) Te voy a seguir a todos los lados observándote. – b) ¡No actúes de manera amoral / indecente (seduciendo al marido futuro de tu hermana)! – c) No puedo obligaros a nada. – d) No quiero ser partidaria de intrigas ni contribuir a escándalos. / No quiero meterme en ningún escándalo. – e) Puedes revelar mi secreto a todo el mundo – no me importa.

3.

citas del drama	medios	el estado de ánimo de Adela
"¡Baja la voz!" (l. 7) "¡Ciega debías estar!" (l. 12) "¡Calla!" (l. 25) "¡oledora! ¡pérfida!" (l. 27) "buscas como una vieja marrana... para babosear en ellos" (ll. 29ss)	declaraciones cortas: • instrucciones / imperativos • exclamaciones • insultos / reproches	furiosa / agresiva / enfadada
	hacia el final del diálogo sus declaraciones son más largas	emocionada, pasión por Pepe, pasión y deseos sexuales
"este fuego [...] levantado por piernas y boca" (ll. 37s)	expresiones metafóricas	determinación, intrepidez
"Mira a ver si puedes agarrar la liebre con tus manos" (l. 40)	metáfora e hipérbole	nadie le va a cortar el camino dispuesta a luchar
"Trae cuatro mil bengalas amarillas y ponlas en las bardas del corral" (l. 43)		no tiene miedo a revelar su secreto no le importa la reacción de los demás
"Mirando sus ojos me parece que bebo su sangre lentamente" (l. 46)		pasión y amor por Pepe
Para resumir, considerando su manera de hablar y expresarse no cabe duda de que Adela está dispuesta a romper las convenciones sociales y morales para luchar por su amor (cueste lo que cueste).		

4. *mögliche Themen:* Adela und Pepe sprechen über ihre Gefühle/Pepe macht Adela Komplimente/Adela fragt Pepe über seine Verlobung mit Angustias aus/Pepe erläutert die Gründe (gesellschaftliche Zwänge/Konventionen), die älteste Tochter zu heiraten.

Aquí no pasa nada (SB S. 219/220)

Text: Auszug aus dem Drama
Wortzahl: 332
Schwierigkeitsgrad: **
Inhalt: La Poncia insinuiert Bernarda gegenüber, dass unerhörte Vorkommnisse im Gange sind. Sie führt mahnend an, dass Bernarda ihre Töchter stets mit großer Härte behandelt und z. B. Martirios Heirat mit Enrique Humanas verhindert hat. Bernarda verbittet sich La Poncias Einmischung mit dem Hinweis darauf, dass ihr als Tochter einer Prostituierten kein Urteil über die Vorgänge im Hause Alba zustehe.

Didaktisch-methodische Hinweise

Die Unterhaltung bringt ein weiteres Mal die Charaktereigenschaften Bernardas zu Tage: Sie ist dünkelhaft, bösartig und unerbittlich. La Poncia unternimmt den vergeblichen Versuch, das Unheil aufzuhalten und Bernarda zu einem milderen Umgang mit den Töchtern zu bewegen.

Actividades SB S. 220, Lösungsvorschläge

1. *la Poncia:* Insinúa que enfrentan un escándalo. / Desaprueba totalmente que Bernarda haya impedido una relación entre Martirio y un hombre del pueblo.
Bernarda: Niega que haya un escándalo en su casa. / Recuerda a la Poncia que su madre era una prostituta, así que no debe permitirse ningún juicio sobre los asuntos en la casa Alba.

2. La conversación se caracteriza por un ambiente agresivo y tenso. Indicios: la manera de hablar de la Poncia (l. 8: "Siempre con crueldad", l. 18: "Con odio", l. 21: "Con odio envuelto en suavidad") y las expresiones metafóricas que usa Bernarda (l. 7: "Ya empiezas a sacar la punta del cuchillo"). Es la primera vez que la Poncia critica a Bernarda de manera tan directa y fuerte. La Poncia insinúa algunos acontecimientos dramáticos (l. 28: "¡Nadie puede conocer su fin!", ll. 25s: "Eso no lo sé yo. ... hay gentes que leen también de lejos los pensamientos escondidos").

3. la Poncia es el personaje "omnisciente" de la casa (se entera de todo y tiene una buena relación con todos) / la confidenta de Bernarda y de sus hijas / el alma de la casa / la "mala conciencia" de Bernarda y Adela / la representante de la moral / intenta intervenir en el conflicto para solucionarlo

1.4 Historias del pueblo (SB S. 220/221)

¡Qué escándalo! (SB S. 220)

Text: Auszug aus dem Drama
Wortzahl: 220
Schwierigkeitsgrad: **
Inhalt: Eine junge Frau aus dem Dorf hat aus Angst vor der Schande ihr (uneheliches) Neugeborenes getötet und unter Steinen versteckt. La Poncia berichtet, dass Hunde die Kinderleiche entdeckt haben. Die aufgebrachten Dorfbewohner wollen die Frau umbringen. Adela plädiert als Einzige dafür, dass man sie entkommen lassen solle.

Didaktisch-methodische Hinweise

Die Lehrperson lenkt ggf. das Augenmerk der Schüler und Schülerinnen auf Adelas Geste (Z. 23: „Cogiéndose el vientre"), die als Andeutung auf eine Schwangerschaft verstanden werden kann. Für das Standbild werden Gruppen gebildet, in denen sich jeweils ein „Künstler" befindet. Seine Aufgabe ist es, das Standbild zu modellieren. Bei einer Gruppengröße von fünf Personen werden die vier Figuren la Poncia, Bernarda, Adela und Martirio gemäß ihrer Beziehung in der vorliegenden Szene zueinander sowie ihrer Reaktionen und Einstellungen positioniert. Bei einer größeren Gruppe können Magdalena und Angustias hinzugenommen werden (die zwar nicht verbal beteiligt sind, jedoch die Szene verfolgen).
Die Gruppen verständigen sich auf ein Standbild, welches der Künstler anschließend vor dem Kurs aufbaut. Bei der Präsentation stellt er sich nacheinander hinter seine Figuren und formuliert aus deren Sicht einen Satz zu ihrer Haltung den anderen gegenüber und ihren Gefühlen. Alternativ erläutern die einzelnen Schüler und Schülerinnen, wie sie „ihre" Figur interpretieren. (Weitere Hinweise zum Standbild finden sich auf S. 320 im Anhang des SB.)

Zusatzmaterial

Ayudas lingüísticas

Para formular los sentimientos de los personajes
Soy / represento el personaje de... y me encuentro en esta posición porque...
He visto que... / cómo... y por eso me siento...
He asumido esta postura para...
Acabo de enterarme de... y me siento...
A mí, el destino de la mujer con el hijo ilegítimo, me parece...
Me gustaría... porque...

Para explicar / justificar las posturas
Elegí esta postura para el personaje de... para expresar...
Me parece que este gesto de... revela / pone de relieve / destaca que...

Para preguntar / criticar / hacer sugerencias
No entiendo qué...
¿Por qué has puesto al personaje de... en esta posición / postura?
No me parece bien que...
Me gusta que... / Me parece lógico que...
Yo que tú, pondría al personaje de... en otro lugar / otra posición...
Hay que cambiar la postura de... para expresar...
Tengo la impresión de que...

Nacer hombre o mujer? (SB S. 221)

Text: Auszug aus dem Drama
Wortzahl: 149
Schwierigkeitsgrad: **
Inhalt: Im Dorf sind die Erntearbeiter eingetroffen. 15 von ihnen haben eine Prostituierte, die am Vorabend dort angekommen ist, angeheuert, damit sie sie in den Olivenhain begleitet.

Didaktisch-methodische Hinweise

Der Wortwechsel zwischen la Poncia und den Schwestern Amelia, Magdalena und Adela enthüllt die moralischen Vorstellungen der damaligen Zeit. La Poncia steht stellvertretend für die Doppelmoral, die es Männern gestattet, ihre sexuellen Bedürfnisse zu befriedigen, während das Verhalten der Frauen strengen Gesetzen unterliegt.

Actividades SB S. 221 Mitte, Lösungsvorschläge

1. *hombres:* pueden permitirse cualquier comportamiento, andar detrás de mujeres, contratar a prostitutas (tener sexo con quien les dé la gana);
mujeres: deben ser decentes, fieles, honradas y obedientes, no deben tener contacto (sexual) con hombres antes (y fuera) del matrimonio (única excepción: las prostitutas, pero son mujeres de fuera, que no viven en el pueblo)

2. Se nota que había códigos completamente diferentes para hombres y mujeres. Parece que en aquella época las mujeres estaban atadas en un sistema familiar y moral muy rígido mientras los hombres eran más libres y se les permitía todo.

1.5 Un mar de luto (SB S. 221–224)

Martirio y Adela hablando a medianoche (SB S. 221)

Text: Auszug aus dem Drama
Wortzahl: 200
Schwierigkeitsgrad: **
Inhalt: Martirio stellt Adela zur Rede, um sie von ihrem Verhältnis zu Pepe el Romano abzubringen.

Didaktisch-methodische Hinweise

Nach der Lektüre des ersten Wortwechsels vervollständigen die Schülerinnen und Schüler mit Hilfe ihres Vorwissens die Szene (Aufgabe 1).

Zusatzmaterial

Originaltext (SB S. 221/222)

ADELA: Vino por el dinero, pero sus ojos los puso siempre en mí.
MARTIRIO: Yo no permitiré que lo arrebates. Él se casará con Angustias.
ADELA: Sabes mejor que yo que no la quiere.
MARTIRIO: Lo sé.
ADELA: Sabes, porque lo has visto, que me quiere a mí.
MARTIRIO: (*Desesperada.*) Sí.
ADELA: (*Acercándose.*) Me quiere a mí, me quiere a mí.
MARTIRIO: Clávame un cuchillo si es tu gusto, pero no me lo digas más.
ADELA: Por eso procuras que no vaya con él. No te importa que abrace a la que no quiere. A mí, tampoco. Ya puede estar cien años con Angustias. Pero que me abrace a mí se te hace terrible, porque tú lo quieres también, ¡lo quieres!
MARTIRIO: (*Dramática.*) ¡Sí! Déjame decirlo con la cabeza fuera de los embozos. ¡Sí! Déjame que el pecho se me rompa como una granada de amargura. ¡Le quiero!

Federico Garcia Lorca: La casa de Bernarda Alba, edición de Allen Josephs y Juan Caballero, Editiones Cátedra, Madrid 1989, pp. 193–195

Actividades SB S. 221/222, Lösungsvorschläge

1. individuelle Schülerleistung

2. Martirio quiere impedir que Adela siga su relación con Pepe. Nos enteramos de que envidia a su hermana porque también está enamorada de él.

3. Martirio está desesperada y llena de celos. Primero intenta convencer a Adela con argumentos morales de que deje a Pepe. Pero cuando no tiene éxito y Adela insiste en su amor por Pepe, se pone cada vez más emocional lo que muestran las palabras que usa. Le duele tanto el amor entre Adela y Pepe que prefiere que Adela le clave “un cuchillo” (l. 21) a que siga hablando sobre Pepe. Cuando finalmente confiesa que quiere a Pepe, está fuera de sí y lo expresa de manera muy dramática usando la imagen de que su “pecho se [le] rompa como una granada de amargura.” (l. 24).

Las voces de los personajes (SB S. 222)

Text: Einzelzitate aus dem Drama
Wortzahl: 212
Schwierigkeitsgrad: **
Inhalt: Die Zitate beziehen sich auf den Auslöser des Konflikts (d.h. Pepes Absicht, Angustias zu heiraten), die angespannte Gefühlslage der Figuren und die Rolle der Poncia als Vertrauensperson, die den schwelenden Konflikt lösen oder zumindest entschärfen möchte.

Didaktisch-methodische Hinweise

Die einzelnen Aussagen können relativ leicht den Figuren zugeordnet und ausgewertet werden, vgl.:

- Bernarda wendet sich in gewohnt autoritärer Ausdrucksweise an die sie umgebenden Personen; auch la Poncia wird von ihr unmissverständlich aufgefordert, sich nicht in ihre Angelegenheiten einzumischen.
- Der rebellische Ton ihrer Äußerung offenbart, dass Adela nicht daran denkt, ihr Liebesverhältnis mit Pepe el Romano aufzugeben.
- Martirio ist wütend und eifersüchtig auf Adela.
- Angustias schüttet einer Person ihr Herz aus, sie ist besorgt wegen Pepes Zerstreutheit.

Actividades SB S. 222, Lösungsvorschläge

1.–3.

cita	personaje	explicación
Ovejita, niño mío, vámonos...	la madre de Bernarda	Ya se sabe que la madre de Bernarda se ha vuelto loca a causa de las vivencias de la vida.
Ya sabes que ando detrás de ti,...	Pepe el Romano (a Angustias)	Enumera los rasgos característicos que un hombre espera de una mujer. Además ya sabemos que Pepe pedirá el matrimonio a Angustias.
Sí, sí. *(en voz baja)*...	Adela (a Martirio o a la Poncia)	La declaración rebelde sugiere que Adela está hablando. Hasta ahora Martirio y la Poncia son las únicas que saben del secreto de Adela.
Tú no tienes derecho más...	Bernarda (a una de sus hijas y a la Poncia)	El tono de la afirmación es autoritario. Esto corresponde al carácter de Bernarda.
Yo no puedo hacer nada...	la Poncia (a la criada)	Sabemos que la Poncia tiene la posición de confidenta en la casa de Bernarda y que intenta solucionar o impedir el conflicto.
Yo lo encuentro distraído...	Angustias (a la Poncia o a su madre)	Está hablando de un hombre y el único hombre en la obra es Pepe. El contenido sugiere que Angustias está hablando con una confidenta.
¡No me abraces!...	Martirio (a Adela)	Martirio ya ha tenido varias discusiones con Adela y le tiene celos.

La hora de la verdad (SB S. 223)

Text: Auszug aus dem Drama
Wortzahl: 301
Schwierigkeitsgrad: **
Inhalt: Als Martirio Adelas Geheimnis vor allen anderen enthüllt, setzt Adela zum Gegenangriff an. Sie zerbricht den Stock ihrer Mutter und bekennt sich öffentlich zu ihrer Liebesbeziehung. Bernarda und Martirio nehmen mit einem Gewehr die Verfolgung von Pepe el Romano auf. Als Reaktion auf Martirios (falsche) Behauptung, dass er tot sei, läuft Adela weg.

Didaktisch-methodische Hinweise

In dieser Szene bricht Adela, zum Äußersten getrieben, mit der Mutter und den gesellschaftlichen Konventionen, die sie repräsentiert (vgl. Z. 9: „En mí no manda nadie más que Pepe."). Die Symbolik der Gewalt (Todesdrohung gegen die junge Mutter, die ihr Baby getötet hat, und gegen Pepe el Romano) verweist darauf, dass das Drama für Adela kein gutes Ende nehmen wird.

Actividades SB S. 223, Lösungsvorschläge

1.

a) Martirio llama a Bernarda porque quiere descubrir el secreto de Adela.
b) Bernarda está furiosa.

c) La reacción de Adela es oponerse a la instrucción de su madre y romper el bastón de ella.
d) Adela proclama que Pepe es su hombre y que se encuentra en el corral.
e) Bernarda busca su escopeta para matar a Pepe.
f) Martirio declara que han matado a tiros a Pepe.
g) Pero es una mentira porque Pepe ha podido escaparse.
h) La Poncia y Magdalena insultan a Martirio por haber mentido.

2.
- Adela ya no acepta la autoridad de su madre y lo demuestra por primera vez en público.
- Adela rompe el bastón de su madre lo que muestra simbólicamente que está dispuesta a romper con todas las tradiciones y convenciones.
- Se descargan su rebeldía y su disgusto sobre la represión en la casa.

¡Nadie diga nada! (SB S. 224)

Text: Auszug aus dem Drama
Wortzahl: 237
Schwierigkeitsgrad: **
Inhalt: Bernarda lässt die Türe des Stalls aufbrechen, in dem Adela sich eingeschlossen hat. Die Frauen finden sie erhängt vor. Bernarda legt den Mantel des Schweigens und der Trauer über die Geschehnisse.

Didaktisch-methodische Hinweise

Die abschließenden Worte Bernardas (s. Z. 19/20: „¡Silencio!") verdeutlichen die Zirkelstruktur des Dramas. Die tradierten Mechanismen der Unterdrückung der Frau werden, vor allem durch die Frauen selbst, perpetuiert.
Das Ziel des abschließenden Kreuzverhörs (*silla caliente*, SB S. 224, Aufgabe 3.) ist ein vertieftes Verständnis der Handlung und der Figurenkonstellation bzw. -konzeption (s. SB, Anhang, S. 319). Es werden acht Gruppen gebildet, die jeweils einen der Charaktere für den heißen Stuhl vorbereiten (z. B. Bernarda, María Josefa, Adela, Martirio, Pepe, Angustias, la Poncia, una vecina). Dabei können folgende Stichpunkte als Leitfaden gegeben werden:

Zusatzmaterial

- posición en la casa / en el pueblo
- relación con los demás personajes
- sueños, deseos e ideales
- sentimientos en situaciones determinadas
- motivos de su comportamiento en situaciones determinadas
- actitudes y valores
- reacción al suicidio de Adela

Actividades SB S. 224, Lösungsvorschläge

1. Por creer que Pepe está muerto, Adela huye al corral y se encierra allí. Cuando no abre la puerta, Bernarda la abre con fuerza y las mujeres ven que Adela se ha ahorcado. Al enterarse de la tragedia, Bernarda ordena mantener silencio y salvar las apariencias para que nadie en el pueblo se entere del escándalo.

2. *Las razones del suicidio de Adela:*
- Está desesperada porque está convencida de que el hombre a quien ama está muerto así que ya no ve sentido alguno en su vida.
- Adela es la víctima del régimen autoritario e inhumano de Bernarda.

La reacción de Bernarda:
- No reacciona como una madre que acaba de perder a su hija.
- Su reacción es fría y dura ya que sólo considera que se haga todo para no arruinar su buena reputación en el pueblo.
- Prohibe a sus hijas llorar delante de ella así que se repite la crueldad que ya mostró después del entierro de su marido.
- Su orden "¡Nos hundiremos en un mar de luto!" (l. 18) probablemente significa que el tiempo de luto (ocho años) se va a prolongar a causa de la muerte de Adela.

3. individuelle Schülerleistung

2 Ariel Dorfman: "La muerte y la doncella" (SB S. 225–245)

Im Mittelpunkt dieses Teilmoduls steht das Drama "La muerte y la doncella" von Ariel Dorfman, das 1991 veröffentlicht wurde. Schauplatz ist ein nicht näher bestimmtes lateinamerikanisches Land der Gegenwart, vermutlich Chile, das als eine junge Demokratie nach einer Diktatur bezeichnet wird. – Das Teilmodul eignet sich für die Arbeit im Spanischunterricht fortgeschrittener Lerngruppen.

Der Inhalt des Dramas

Akt I.I: Eines Nachts wird der Anwalt Gerardo Salas nach einer Reifenpanne von dem Arzt Roberto Miranda nach Hause gebracht. Gerardos Frau, die verstört wirkende Paulina, zeigt sich dem Fremden nicht.
Akt I.II: Roberto kehrt später in dieser Nacht zurück, um Gerardo zu seiner Berufung zum Vorsitzenden einer Kommission zur Aufklärung von Menschenrechtsverletzungen zu gratulieren, von der er im Radio gehört hat.
Akt I.III/I. IV: Als die beiden Männer schlafen, fesselt Paulina Roberto und knebelt ihn. Sie war vor Jahren ein Folteropfer der Militärs und meint, in dem Mann ihren ehemaligen Peiniger wiederzuerkennen.
Akt II, I und II: Als Vermittler zwischen Paulina und Roberto ringt Gerardo seiner Frau die Zusage ab, sich mit einem Geständnis zufrieden zu geben, ohne Miranda zu töten. Nach mehreren Anläufen bricht er das Gespräch mit Roberto aber schließlich verärgert ab, da dieser sich in herabwürdigender Weise über Paulina äußert.
Akt III.I: Paulina schildert Gerardo die Umstände ihrer Entführung und Folterung, baut aber falsche Details in ihren Bericht ein. Als Roberto unbewusst einige dieser Fehler in seiner Erzählung korrigiert, wertet Paulina das als Beweis für seine Schuld. Ihre Forderung, er möge seine Verbrechen ehrlich zugeben, erfüllt er nicht. Es bleibt offen, ob er schuldig ist.
Akt III.II spielt einige Monate später, in einem Konzertsaal. Gerardo berichtet von den Erfolgen der Kommission zur Aufklärung der Verbrechen der Diktatur. Roberto beobachtet aus der Entfernung, wie Gerardo und Paulina sich setzen.

Das Drama wird in Auszügen gelesen und bearbeitet. Kurze Zusammenfassungen dienen als Überleitungen zwischen den Auszügen, z. T. enthalten auch die Grammatikübungen neue Informationen. Alternativ bietet sich die Lektüre des gesamten Stückes an, z. B. in der Reclam-Ausgabe (Reclams Universal-Bibliothek Nr. 9143).

2.1 Refugio (SB S. 225/226)

Primer acto, escena I

In den Bühnenanweisungen zu Akt I.I wird Paulina eingeführt. Offensichtlich fühlt sich diese ein wenig seltsam wirkende Frau bedroht. Der Leser fragt sich, vor wem bzw. wovor sie Angst hat. Die Anspielungen auf *la luna* sind symbolträchtig, denn sie stellen Paulina als Wesen aus einer Zwischenwelt dar. Zudem verweist die Symbolik von Licht und Schatten auf das Kernthema des Stückes, die Frage von Wahrheit und Lüge.

Una casa solitaria (SB S. 225)

Hinweise zur *prelectura*

Das Foto soll einen Eindruck des einsam gelegenen Hauses vermitteln, in dem sich die Handlung des Stückes abspielt. Die Aufgaben 1. und 2. fordern auf zur Spekulation über Schauplatz, vorherrschende Stimmung sowie Charakter und Befindlichkeit der Bewohner (Paulina Salas und Gerardo Escobar). Damit wird die Lektüre der Bühnenanweisungen zu Akt I.I vorentlastet.
Im Anschluss an die Sammelphase zum Titel kann die Lehrkraft einige knappe Informationen geben, sodass die Schülerinnen und Schüler einen ersten Überblick über das Stück erhalten:

texto: drama
autor: A. Dorfman
tiempo: presente
lugar: probablemente Chile

Alternative

Die Hypothesenbildung zum Titel ermöglicht die Vorwegnahme von Themen des Stückes. Darüber hinaus erlaubt sie Spekulationen darüber, in welcher Beziehung *la muerte* (der Schnitter) und *la doncella* zueinander stehen. *Mögliches Tafelbild:*

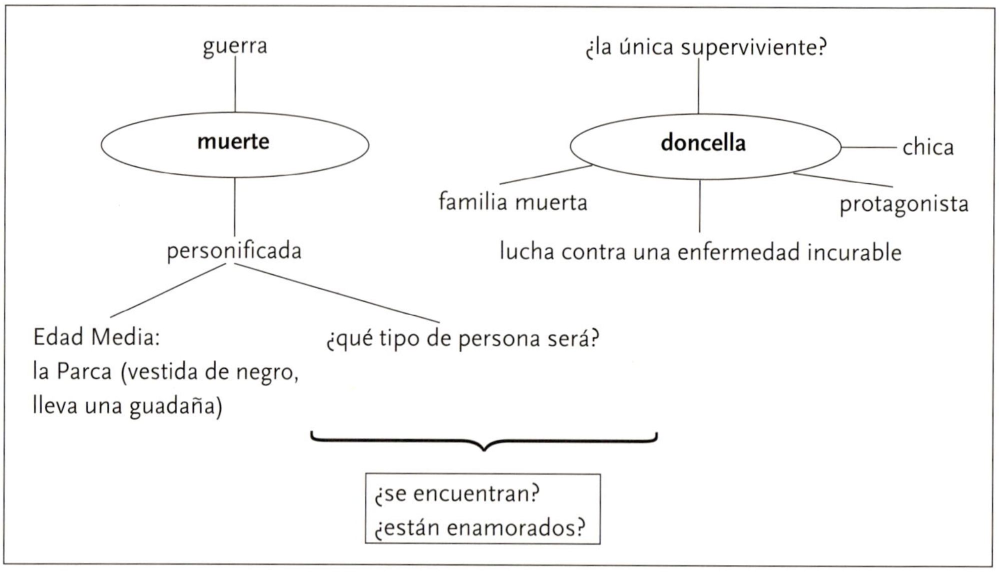

Actividades SB S. 225, Lösungsvorschläge

1. misterioso, siniestro, desolado, abandonado, sombrío, aislado (ggf. romántico, pacífico); fin de la tierra

2. individuelle Schülerleistung; *möglich*: Farben: un gris plomizo, hostil, frío; alguien que se ha retirado del mundo / que busca la paz y la tranquilidad (para entrar en contacto con la naturaleza) / que rehuye la compañía de otros

3. individuelle Schülerleistung; *möglich*: tren / coche, noche, la casa, la cena / cenar, jardín / comedor / salón, llorando / durmiendo / esperando, camión / coche, la luz / las luces, una pistola / un cuchillo / un arma, camión / conductor, (una) puerta

Un vistazo al interior (SB S. 225/226)

Text: Acto Primero, Escena 1 – Bühnenanweisungen
Wortzahl: 148
Schwierigkeitsgrad: **/***
Inhalt: Paulina hat im Wohn-Essraum das Abendessen vorbereitet. Sie sitzt auf der Terrasse, im Mondlicht, als sie das Geräusch eines herannahenden Autos vernimmt. Sie schreckt auf und geht in das Wohnzimmer, von wo sie einen Revolver holt. Das Auto hält an, eine Autotür öffnet und schließt sich.

Didaktisch-methodische Hinweise

Mit dem Ausfüllen der Lücken in den Bühnenanweisungen setzt die Arbeit am Theaterstück ein. Die Lücken sind so gesetzt, dass die Aufmerksamkeit der Lernenden auf Schauplatz, Protagonistin und Atmosphäre gerichtet wird. Durch den Abgleich ihrer Eindrücke und Ideen mit dem Originaltext (s. S. 233) richten die Schüler und Schülerinnen ihr Augenmerk auf die chilenischen Ausdrücke („focos de luces de auto") und auf die bildhafte Struktur „como si estuviera bebiéndose la luz de la luna". Bedingt durch die bedrohliche Atmosphäre, die durch die Beschreibung der Situation erzeugt wird, ist es wahrscheinlich, dass die Lernenden den Gegenstand, den Paulina in der Hand hat, als Waffe identifizieren („arma", „navaja", „tijeras").

Originalbühnenanweisungen Akt I.I:

Zusatzmaterial

Ruido del mar.
Es de noche.
El living-comedor de la casa de los Escobar, con una mesa puesta para una cena para dos. Hay por lo menos tres sillas, una cassette-grabadora, una lámpara. Afuera, una terraza frente al mar comunicada con el living por medio de ventanales. Hay una puerta desde la terraza que conduce a un dormitorio. En la terraza se encuentra sentada Paulina Salas, como si estuviera bebiéndose la luz de la luna. Se escucha el ruido de un auto a lo lejos. Ella se levanta, va hasta el living, mira por la ventana, retrocede, busca algo, y cuando se ilumina la pieza con focos de luces del auto que se avecina se ve que ella tiene en sus manos un revólver. El auto frena con el motor todavía andando, las luces sobre ella. Sonido de una puerta de auto que se abre y se cierra.

Ariel Dorfman: La muerte y la doncella, hg. von Michaela Schwermann, Philipp Reclam jun. GmbH & Co., Stuttgart 2005, S. 5 f.;

Actividades SB S. 226, Lösungsvorschläge

1. individuelle Schülerleistung; *möglich*: Las palabras y expresiones más llamativas son "como si estuviera bebiéndose la luz de la luna" y "revólver".

2. Lo que se sabe sobre el ambiente y la acción: El ambiente que reina en la casa es misterioso y sombrío. La acción tiene lugar en una casa apartada, junto al mar. Es de noche y vemos a Paulina en la terraza, a la luz de la luna. Ella oye que un coche se está acercando y ve las luces del coche. Entra en la casa y después de mirar por la ventana saca un revólver. Alguien baja del coche.

3. individuelle Schülerleistung; *möglich*: palabras clave: "bebiéndose la luz de la luna" (l. 7), "en sus manos un revólver" (l. 10); conclusiones: la protagonista es una mujer rara, soñadora, tendrá la cara pálida por la luz de la luna, parece que quiere defenderse, se siente amenazada; preguntas abiertas: ¿quién ha llegado? ¿por qué Paulina tiene tanto miedo?

2.2 Cautiverio (SB S. 226–233)

Primer acto, escena I

La noticia del nombramiento (SB S. 226–228)

Text: Auszug aus dem Drama
Wortzahl: 747 (Einleitung: 95 Wörter)
Schwierigkeitsgrad: ***
Inhalt: Paulina und Gerardo streiten teils ernsthaft, teils spielerisch darüber, dass Wagenheber und ein funktionstüchtiger Ersatzreifen im Wagen fehlten, als Gerardo die Autopanne hatte. Als die Rede auf Gerardos Ernennung kommt, scheint Paulina genau zu wissen, dass ihr Mann bereits zugestimmt hat. Gerardo antwortet ausweichend und besteht weiterhin auf ihrem Einverständnis. Erst auf ihr Drängen hin gibt er zu, dass er das Angebot schon angenommen hat.

Didaktisch-methodische Hinweise

Im Laufe des Gesprächs kehren sich die Machtverhältnisse zwischen Paulina und Gerardo um; zu Beginn ergreift Gerardo die Initiative und setzt die Impulse. Zum Beispiel macht er Paulina Vorwürfe, weil sie den Ersatzreifen nicht geflickt und den Wagenheber an ihre Mutter verliehen hat, und erläutert breit die Umstände der Panne. Damit und mit dem Hinweis darauf, dass er einen wichtigen Termin mit dem Präsidenten in der Hauptstadt hatte, appelliert er an ihr schlechtes Gewissen. Sprachlich ist Gerardos Überlegenheit in diesem Teil abzulesen an der Länge und Art seiner Redebeiträge (Satzlänge, Fragen, Imperativ). – Auffällig ist zudem sein väterlicher, leicht herablassender Ton.
In verschiedenen Äußerungen klingt an, dass in der Vergangenheit etwas Schreckliches passiert sein muss, das die beiden sehr belastet (Z. 70: „una recaída tuya", Z. 72: „cuidarme de nuevo"; Z. 78: „Él no sabe. Nadie sabe.").
Mit der Erwähnung von Gerardos bevorstehender Ernennung ändert sich sein Gesprächsverhalten grundlegend. Seinen Beteuerungen, ihre Zustimmung zu benötigen (Z. 66: „el sí que necesito."), steht Paulinas Gewissheit gegenüber (Z. 62: „No veo qué tienes que pensar."). Die Gesprächsanteile kehren sich um: Paulina ist jetzt diejenige, die die Fragen stellt, sie verhält sich selbstsicher und konstatiert „Ya decidiste." (Z. 57). Das Gespräch ist nun bei einem Thema (der

Vergangenheit) angelangt, in dem sie sich sicher zu bewegen weiß. Dies zeigen die Anspielungen auf die „buena moza" (Z. 21) und ihre Reaktionen auf die Erwähnung ihrer Krankheit („¿tendrías que cuidarme de nuevo, no?", Z. 72). Durch seine evasive Taktik spielt Gerardo ihr die Trümpfe in die Hand. Als sich später herausstellt, dass er in der Tat das Angebot bereits angenommen hat (vgl. SB S. 228, 5.), bekommt sein Verhalten einen unangenehmen Beigeschmack.
Die Aufgaben 4. und 5. (SB S. 228) zielen auf die Diskursanalyse und das Verhältnis der beiden Figuren zueinander. Den Schülern soll die unterstützende Funktion der Bühnenanweisungen bewusst werden.
Aufgrund der eindeutigen Aussage des kurzen Dialogs (SB S. 228, Nr. 5) ist zu erwarten, dass die Schülerinnen und Schüler in ihrer szenischen Interpretation Paulina als die verbal Angreifende darstellen: Ihre Gesprächsanteile überwiegen und zeichnen sich z. B. aus durch die direkte Ansprache und die Kette von rhetorischen Fragen. Auf ihre ironische Ermahnung hin, sein neues Amt nicht auf einer Lüge aufzubauen, weicht Gerardo zurück. Es ist denkbar, dass die Schülerinnen und Schüler Paulina mit verschränkten Armen darstellen, während Gerardo in sich zusammensinkt und evtl. den Kopf senkt.

Hinweis

Das Lesetagebuch begleitet die Lektüre des Dramas. Die Schülerinnen und Schüler führen über das jeweils Wichtige Buch. Auf diese Weise wird der schnelle Zugriff auf eine systematische Rekapitulation gewährleistet.

Actividades SB S. 228, Lösungsvorschläge

1. La conversación entre Paulina y Gerardo gira en torno a dos conflictos:
- la avería del coche, o sea, su pelea por la gata y el neumático de repuesto;
- el nombramiento de Gerardo en la Comisión Investigadora y la pregunta si Gerardo ya ha decidido aceptarlo, sin consultar con su mujer.

2. *mögliche Schülerleistung*
- los personajes: Paulina Salas, Gerardo Escobar, Roberto Miranda;
-

ámbito	acontecimiento	importancia para él	contexto político
público (justicia, ley)	reunión con el Presidente en la capital (telegrama, "de urgencia")	importante: volverá a la capital, acortará las vacaciones	en el presente: se ha instalado un nuevo Gobierno, una democracia
	le ofrecieron un cargo importante	es el más joven de los nombrados, lleva años trabajando para esto, ya decidió aceptar	
		Ministro de Justicia sería la culminación	
privado	ha pasado algo horrible a Paulina; no hicieron denuncia; es posible que se produzca una recaída de Paulina		en el pasado: dictadura

3. Una noche, después de una avería del coche, Gerardo vuelve a casa muy tarde. Llega en el coche del médico Roberto Miranda, a quien invita para el domingo siguiente, ya que le agradece su ayuda. Su mujer Paulina Salas, que al oír el coche se ha armado de un revólver, le está esperando con la cena. Al principio la conversación entre los dos gira en torno a la gata, que Paulina ha prestado a su madre. Cuando se menciona el nombramiento de Gerardo en la Comisión Investigadora, Paulina se muestra convencida de que su marido ya ha aceptado la oferta. Éste niega que sea así e insiste en el consentimiento de su mujer.

4. Aunque aparentemente es Gerardo quien domina la conversación, en el transcurso del diálogo se efectúa un cambio del reparto de roles.
- (1./2. Spiegelstrich) En la primera parte de la conversación Gerardo toma la iniciativa e introduce los temas, o sea, la gata (l. 2: "Ahora dime"), el telegrama (l. 14: "Recibo un telegrama..."), y su nombramiento. Explica detalladamente cómo pasó la avería y que el único que le ayudó fue el doctor Miranda. Habla con Paulina de una manera ligeramente condescendiente, como si

fuera una niña (l. 19: "no sé si tu linda cabeza puede darse cuenta..."). Su mujer le contesta enseguida (l. 3: "Se la prestó a mi mamá"), y se asegura de qué quiere añadir su marido (l. 16: "¿Y...?"). La superioridad de Gerardo se expresa en el uso de las oraciones largas, sus preguntas y reproches directos e indirectos.

- La conversación llega a su momento decisivo cuando Gerardo vuelve a aludir a la reunión con el Presidente a la que tiene que acudir. Entonces Paulina está segura de que su marido ya ha aceptado el nombramiento y se lo pregunta sin rodeos (l. 44). Le pide que responda con franqueza. A partir de aquí es Gerardo quien reacciona y Paulina la que hace las preguntas, da los impulsos e indica un nuevo tema. Gerardo empieza a suplicar que ella consienta.
- Su manera de hablarse sugiere que Paulina y Gerardo se conocen desde hace mucho tiempo, sobre todo cuando se refieren a los acontecimientos terribles del pasado. Se comprenden perfectamente, incluso les basta la alusión a un tema (l. 70 s).
- La manera de hablar de Gerardo revela que le importa justificarse y llegar a un acuerdo, aunque sea tan solo superficial. Pero también está claro que manipula a su mujer haciéndola creer que su voto le importa. Paulina no parece ser una mujer de muchas palabras, aunque es una observadora muy buena. Intuye que algo en el relato de su marido no es cierto.
- Las acotaciones muestran que al principio Gerardo acaricia a Paulina y que habla con su mujer de manera juguetona (l. 1). Al oír que ella ha prestado la gata a su madre, la suelta (l. 4). Esto puede indicar que se enfada con ella. Las pausas marcan un momento conflictivo, sea por la "buena moza" (ll. 21), la invitación de Roberto (l. 37), el nombramiento de Gerardo (p. ej. l. 44) o la enfermedad misteriosa de Paulina (l. 75).

Mögliches Tafelbild

I.I – Cómo se muestran los personajes a lo largo de la discusión

Gerardo	Paulina
• al principio: superioridad (ambivalencia de la palabra *gata*);	• parece ingenua
• teme una recaída de Paulina, la trata como si fuera una niña	• hay un misterio en torno a su pasado • conoce muy bien a su marido y por eso ya sabe que él ha aceptado el nombramiento
• más tarde: defensivo por haber aceptado el nombramiento *(el sí que necesito)*	• ¿hace como si fuera ingenua?

5. individuelle Schülerleistung

Visita nocturna (SB S. 229)

Primer acto, escena II
Didaktisch-methodische Hinweise

Die neuerliche Ankunft Mirandas ist das *elemento desencadenante*. Als Gerardo ihn einlädt, über Nacht zu bleiben, stimmt Roberto zu. Ihre Unterhaltung über die junge Demokratie und die neu gewonnene Freiheit, die Funktion der *Comisión Investigadora* und die Schwierigkeiten, denen sie sich zu stellen hat, sowie Fragen von Wahrheit, Gerechtigkeit und Rache ist lang und komplex. Der Ökonomie halber tritt an die Stelle des Originaltextes ein raffender Überleitungstext.
Die Schlüsselbegriffe sind *verdad* bzw. *justicia*, und um sie geht es auch in Aufgabe 1: Auf der Basis der einzelnen Sätze lässt sich der Standpunkt einer jeden Figur ableiten (auch Paulinas, obschon sie nicht an dem oben skizzierten Gespräch teilnimmt).
Die *placa* (SB S. 228) liefert knappe Hinweise zu den *Comisiones Investigadoras*, die in Chile und Argentinien zur Aufklärung der Verbrechen der Diktatur eingerichtet wurden. (Diese und weitere Detailinformationen zu den Figuren und ihrer Haltung sollen im Lesetagebuch ergänzt werden.)

Hinweise zu den Übungssätzen

Die Übungssätze (SB S. 229, 1.) dienen im Sinne der remedialen Grammatikarbeit der Festigung des *subjuntivo*. Die inhaltliche Arbeit wird durch die Untersuchung der Aussagen auf die Position der drei Figuren hin vorangetrieben. Möglich ist etwa folgendes Ergebnis:

Gerardo es optimista y...

- apoya la intención de la Comisión (publicar los resultados para impedir que nadie pueda negar lo que pasó),

- espera que su país haya salido de la dictadura para siempre,
- acepta que al fin y al cabo los tribunales de justicia sean la última instancia para decidir sobre los resultados,
- está convencido de que por las declaraciones de los testigos se encontrará a los culpables.

Paulina es firme, quiere que la verdad salga a la luz.

Roberto no comparte el optimismo de Gerardo pero **es pragmático, y...**

- está convencido de que el trabajo de la Comisión Investigadora ayuda a reconciliar el país,
- quiere conocer los nombres, aunque no es posible juzgar a esta gente,
- teme que los crímenes de la dictadura no se puedan investigar nunca.

Zusatzmaterial

Kopiervorlage

Enfrentamiento crítico con los crímenes de la dictadura

justicia
- tribunal (m), juez (m)
- juzgar a u.p.
- cometer un crimen
- ser culpable de
- justificar(se)
- castigo, castigar
- pena de muerte
- sanción moral
- amnistía
- indulto, indultar
- derogar una ley

indignarse
- vengarse de u.p. por u.c.
- guardar rencor
- cometer auto-237
- justicia

investigar el pasado
- poner el dedo en la llaga
- cerrar un capítulo de la historia
- saber de una vez por todas
- dar garantías de confidencialidad
- devolverle la dignidad a u.p.
- testigo
- dar testimonio
- declarar
- abogar por los derechos cívicos

ocultar el pasado
- hacer borrón y cuenta nueva
- cubrirse la espalda
- hacerle la contra a u.p.

Actividades SB S. 229, Lösungsvorschläge

1. a) consienta, b) acepte / cuenta, c) se establezca, d) va a publicar / quede / pueda, e) conozca, f) van a traspasar / decidan, g) será (es) / se reconcilie / se acaben, h) se publiquen / sea / se acojan, i) empiecen, j) haya / van a saber/compartiera

2. vocabulario: Enfrentamiento crítico con la dictadura
política: democracia, Comisión Investigadora, ser miembro de una comisión, amnistía, dictadura, instalar comisiones
justicia: establecerse la verdad, tribunal de justicia, reconciliarse las divisiones, testigo, caso de muerte
maneras de comportarse: aceptar el nombramiento, negar lo que pasó, publicar los resultados de la investigación
otros: individuelle Schülerleistung

3. *diario de lectura*
- *la Comisión Investigadora:* investigar casos de muerte o con presunción de, cometidos durante la dictadura; Informe Rettig / Chile, Nunca Más / Argentina
- *Roberto Miranda:* médico, amable, algo escéptico ante los esfuerzos de la Comisión; *Paulina Salas:* parece haber sufrido una enfermedad / un crimen / algo terrible en el pasado; *Gerardo Escobar:* Ha trabajado duro durante toda su vida para hacer valer los valores democráticos (ascender profesionalmente y, tal vez, hacerse Ministro de Justicia).

La toma de poder de Paulina (SB S. 230)

Primer acto, escena III

Text: Primer acto, escena III – Bühnenanweisungen
Material: Film „Death and the Maiden", USA 1994, Auszug (0:31:00–0:36:20)
Wortzahl: 254/Länge: 6'20
Schwierigkeitsgrad: **
Inhalt: In der Nacht überwältigt Paulina den schlafenden Miranda, zieht seinen leblosen Körper in den Wohn-Essbereich und bindet ihn dort an einem Stuhl fest. Bevor sie Mirandas Auto wegfährt, knebelt sie den Mann mit ihrer Unterhose.

Didaktisch-methodische Hinweise

Im Mittelpunkt der Szene steht Paulinas gewaltsame Tat. Die Bühnenanweisungen zu Akt I.III beschreiben die Vorgänge in meist lakonischem, aufzählendem Stil. Die Szene wird vom Mondlicht nur vage erhellt. Die Bühnenanweisungen lenken den Blick des Zuschauers bzw. Lesers mit Ausdrücken wie „lo que parecen ser" (Z. 3 f.), „su silueta" (Z. 4/8), „vemos que efectivamente es..." (Z. 15 f.) auf Paulina.
Um die Schülerinnen und Schüler auf die Dramatik dieses unglaublichen Vorfalls einzustimmen, wird die entsprechende Filmszene eingesetzt. Die Intensität der (stummen) Filmpassage beruht auf dem expressiven Spiel der Hauptdarsteller Sigourney Weaver und Ben Kingsley. Sie erfüllen die nüchternen Bühnenanweisungen zu der Knebelszene mit Leben. Es empfiehlt sich, die Großaufnahme von Paulinas Gesicht als Standbild darzubieten und daran ihre große Entschlossenheit zu erarbeiten. Durch die Rekonstruktionsaufgabe (SB S. 231, Nr. 4) wird die Lektüre der *acotaciones* vorentlastet.

Hinweis zur Verfilmung

Während der Konzertbesuch die Handlung im Drama lediglich abschließt, hat Roman Polanski (an dessen Drehbuch Dorfman mitwirkte) den Schauplatz 'Konzertsaal' als Rahmen für die Filmhandlung gewählt: Paulina und Gerardo sitzen auch eingangs im Konzertsaal und blicken sich an. Weitere Unterschiede zum Drama sind z. B.:

- Der Zuschauer sieht, wie Paulina Mirandas Wagen über die Klippe stürzt.
- Im Film widerruft Miranda sein Geständnis einmal, bevor er schließlich in einer fulminanten Szene an der Klippenkante die Tat doch gesteht.

Hinweis zum Video

Aus rechtlichen und Kostengründen war es leider nicht möglich, Auszüge aus dem Film auf die Begleit-CD aufzunehmen. Daher muss die Lehrkraft das Video in Eigeninitiative beschaffen. (Hinweis: In der DVD-Version des Concorde-Verlags wird die Szene stark gekürzt gezeigt.)
Die besondere Wirkung des Kontrasts von *luz* und *oscuridad* bzw. *silencio* und *ruido* soll in Aufgabe 2. erarbeitet werden.

Mögliches Tafelbild:

Primer Acto, Escena III – Mögliche Analyseergebnisse

palabras clave: silencio y ruido
luz y oscuridad

intención / efecto: crear un ambiente misterioso
amenazador, amenazante
tenso – vaguedad
mediante los ruidos (¿música al fondo?)

acciones: Paulina ataca a Roberto Miranda
lo ata y lo amenaza (→ ambiente)
lo amordaza

↙ para que no diga nada
para hacerlo callar

<u>la mordaza / silencio</u>
↓
¿símbolo de la situación en la que se encontró Paulina en el pasado? (durante el cautiverio)

↘ para protegerse (→ peligro)
para matarlo
para hacerlo confesar

<u>el revólver / ruido</u>
↓
símbolo de la superioridad de Paulina

objetivo: ¿venganza?
la verdad ('luz') sobre su pasado

Zusatzmaterial Zur Bearbeitung der Aufgabe 5., SB S. 231 (*charla un minuto*) benötigen die Schülerinnen und Schüler ggf. zusätzliches Vokabular:

Ayudas lingüísticas

producirse / crearse un ambiente inquietante / tenebroso / lúgubre
congraciarse / hacerse el simpático con
adquirir (ie) confianza con
hacerle sospechar a alg.
saltar a la vista / llamar la atención
entablarse / entramarse un diálogo
al leer la escena
en conclusión

Actividades SB S. 230/231, Lösungsvorschläge

1.
- En plena noche Paulina asalta a Miranda que está profundamente dormido. Lo deja sin sentido para luego atarlo a una silla. Antes de irse en el coche de Miranda, Paulina lo amordaza.
- El manojo de llaves lo necesita para abrir el coche de Miranda y arrancar el motor. Es posible que quiera hacerlo desaparecer.
- Paulina amordaza a Roberto para que no diga nada (para que no pueda gritar / para hacerlo callar). Lo ata porque quiere protegerse de él / inmovilizarlo. También es posible que lo quiera matar.

2.
- La mordaza representa el silencio, y el revólver el ruido. Es posible que la mordaza simbolice la situación en la que se encontró Paulina en el pasado, quizá durante un cautiverio, mientras el revólver refleja su superioridad.
- Solamente se puede especular sobre el posible móvil de Paulina: a lo mejor es venganza. Es posible que quiera encontrar la verdad / arrojar luz sobre el pasado.

3. individuelle Schülerleistung, *möglich*:
- *expresión de la cara:* Paulina – decidida, concentrada / segura de sí misma, fuerte / violenta / tensa, conmovida; Roberto – lanza una mirada temerosa e incomprensiva
- *comportamiento:* Paulina prepara todo cuidadosamente; Roberto tose ligeramente, evade la mirada de Paulina, baja los ojos; trata de defenderse con voz apagada
- *elementos fílmicos:* Al principio de la escena la luz y el ángulo de la cámara enfocan la cara de Paulina para llamar la atención del espectador sobre su determinación.

4. 1 c), 2 h), 3 e), 4 d), 5 i), 6 b), 7 l), 8 a), 9 m), 10 n), 11 g), 12 f), 13 k), 14 j)

5. *texto modelo / charla:*
- *ambiente:* Debido a la penumbra creada por la luz de la luna, el ambiente parece casi fantasmal. La luz y la cámara se concentran en Paulina. Los espectadores sospechan que ella está a punto de hacer algo prohibido, algo secreto. Se identifican con ella y esperan que lo logre.
- La falta de diálogo crea un alto grado de intensidad y hace que el espectador se fije en las imágenes. Los sonidos se sustituyen por un silencio casi absoluto.
- La función de la escena es mostrar que Paulina toma el poder. Se convierte visiblemente en una persona físicamente activa. El lector se encuentra en medio del conflicto central de la pieza. Éste radica en la decisión de Paulina de hacer confesar a Roberto Miranda y sacar a luz la verdad. De ahí que surja la pregunta de si el comportamiento de Paulina está justificado, o si tal vez se debe a una manía persecutoria.
- individuelle Schülerleistung; *möglich*: se produce más tensión en la película / además la escena es más brutal / se ve que Paulina está resuelta

La doncella y la muerte (SB S. 231/232)

Primer acto, escena IV

Text: Primer acto, escena IV
Wortzahl: 571
Schwierigkeitsgrad: ***/****
Inhalt: Paulina hält einen Monolog vor dem gefesselten und geknebelten Miranda. Sie enthüllt, dass sie, obschon eine Verehrerin Schuberts, lange Jahre Angst und großes körperliches Unwohlsein beim Hören des Stückes „Der Tod und das Mädchen" empfand. Der Grund ist, dass ihr Folterer das Stück immer spielte, wenn er sie quälte. Ihrem völlig entsetzten Ehemann erklärt sie, dass Miranda der Arzt sei, der immer Schubert spielte. Sie habe ihn an der Stimme erkannt.

Die Textstelle ist von zentraler Bedeutung für das Stück. Im ersten Teil, Paulinas Monolog, wird die Bedeutung des Musikstückes offenbart (s. *placa*, SB S. 232), auch für den Titel des Theaterstücks. Die Enthüllungen über ihre Gefangenschaft bestätigen die Vermutungen des Lesers. Paulinas Gewissheit, ihren Folterer an der Stimme erkannt zu haben, ist überraschend, aber nachvollziehbar. Mit Gerardos Auftritt offenbart sich die Ungeheuerlichkeit der Situation: er blickt „atónito" (SB S. 232, Z. 41) auf die Szene, die sich ihm bietet.
Paulinas Tribunal gegen Miranda stürzt ihren Mann in einen tiefen Konflikt. Als ihr Ehemann und Gefährte möchte er ihr zu Gefallen sein und um Robertos Leben zu retten (der seine Unschuld beteuert und sein Gast ist), muss er ihrer Forderung entsprechen, dass er Roberto dazu bringt, seine Untaten zu gestehen (auch wenn dieses „Geständnis" falsch ist). Als Anwalt jedoch muss ihm Selbstjustiz jeder Art widerstreben.

Hinweise

Die integrierte Grammatikarbeit (SB S. 233, 4.) greift die Gelegenheit zur funktionalen Festigung der indirekten Rede auf. Mit Blick auf das Training der Schreibfertigkeit wird vorgeschlagen, dass die Schülerinnen und Schüler in Gruppen durch kooperatives Schreiben verschiedene Versionen von *resúmenes* erarbeiten, aus denen schließlich die beste ermittelt wird („Round robin").

Actividades SB S. 232/233, Lösungsvorschläge

1. Paulina explica al doctor Miranda, quien debe de estar completamente confuso, que no le quitará la mordaza hasta que no venga Gerardo. Le revela su historia terrrible y también que lo toma por su antiguo torturador. Pone la pieza de Schubert para recordarle sus crímenes contra ella y, a la vez, para anunciar que le pasarán cosas similares. Dice que siempre ha esperado a que venga "un momento para recuperarlo" (l. 27). Piensa que hay "Tantas cosas que quizás puedan cambiar a partir de ahora." (l. 27/28). Este pensamiento seguramente significa que considera su acto un tipo de terapia. Al mencionar la grúa, le señala de paso que algo ha pasado con su coche. Con su comportamiento muestra que ella lleva las riendas y que él está a su merced, sin duda alguna.

2. La conflictividad de la situación se refleja en la manera de hablar de Paulina y Gerardo. La escena deja incrédulo a Gerardo. Le conmociona tremendamente y se queda anonadado. Su confusión se nota en su manera de hablar: no termina las frases, sino que habla como si estuviera tartamudeando. Usa exclamaciones y preguntas; habla de *tú* y *usted* a Roberto y repite la palabra "locura" dos veces (l. 42, 50). No acaba de comprender qué quiere decir Paulina con "es él" (l. 51).
Paulina, por su parte, le prohibe tajantemente tocar a Miranda. Incluso repite el imperativo negativo. La conflictividad de la situación se refleja muy bien en las preguntas y respuestas cortas: no tienen tiempo para explicar ni para preguntar mucho. Casi parece que ni siquiera tienen tiempo para pensar.
La pieza de música "La muerte y la doncella" tiene un papel sumamente importante. Al oírla, Gerardo ya se estará imaginando el desastre. Sabe muy bien que su mujer siente una gran aversión hacia la pieza. Así que el hecho de que la haya puesto tiene que despertar sus recelos.
Es difícil asignar distintos roles a los personajes: Paulina dirá obviamente que en el pasado ella fue la doncella, y Miranda la muerte. Pero en esta situación se puede observar un cambio de roles: ella se ha convertido en la (posible) muerte, mientras él se encuentra en la posición de la víctima indefensa, o sea, de la doncella.

3. Hay varias razones por las que Gerardo no se pone de parte de su mujer. En primer lugar, porque no está convencido de las afirmaciones de Paulina ("si... fuera el médico", SB S. 233, l. 1). Aparte, le reprocha su comportamiento injusto, parecido al de sus torturadores ("con qué derecho lo tienes de esta manera", l. 2/3). Su papel como abogado y su futuro trabajo en la Comisión

Investigadora le prohiben cualquier tipo de auto-juicio. Sabe que el Estado de derecho lo sancionará. Todo crimen será investigado, y se obligará a los culpables a rendir cuentas de sus actos. Al decir "fíjese... en las consecuencias" (l. 3/4) alude también a las posibles consecuencias para sí: como es su marido, habrá desventajas para su carrera y su prestigio. Al fin y al cabo, la principal razón es que simplemente no cree que Roberto Miranda sea el médico que maltrató a Paulina. Toma a Paulina por traumatizada, como consecuencia de la tortura.

4. individuelle Schülerleistung; *möglich z. B.:* Insinúa que el coche de Roberto Miranda está averiado por lo que ha llamado a la grúa. / Paulina explica que trata de no escuchar nunca el cuarteto de Schubert. / Paulina recuerda a Roberto Miranda que él le repitió una y otra vez que Schubert era homosexual, mientras le tocaba el cuarteto.

5. individuelle Schülerleistung; *texto modelo:* La pieza teatral "La muerte y la doncella" del autor (chileno) Ariel Dorfman está ambientada en un país en transición. Una noche, al llegar a casa muy tarde por una avería del coche, el abogado Gerardo Escobar informa a su mujer, Paulina Salas, de su nombramiento en una Comisión que investigará los crímenes de la dictadura. Avanzada la noche, el médico Roberto Miranda, quien ayudó a Gerardo en la avería, vuelve a la casa del abogado para felicitarle por su nombramiento. Se entabla una conversación entre los hombres sobre la política del país y el nuevo trabajo de Gerardo. Roberto pasa la noche en la casa del matrimonio. Cuando está dormido, Paulina asalta a Miranda, lo ata y lo amordaza. Luego presenta su sospecha a Gerardo: toma a Miranda por su antiguo atormentador. Su marido, no obstante, no le cree a su mujer sino que al contrario teme graves consecuencias y le pide soltar a Roberto Miranda.

Segundo acto, escena I

2.3 Justicia (SB S. 233–241)

Un triángulo conflictivo (SB S. 233/234)

Material: Satzmosaik/Fragmente
Wortzahl: 359
Schwierigkeitsgrad: ***
Inhalt: Die Einzelsätze sind Aussagen der drei Figuren. Während Roberto versucht, seinen Kopf aus der Schlinge zu ziehen, zeigt sich Paulina absolut entschlossen, die Angelegenheit zu Ende zu bringen. Gerardo ist hilflos und appelliert an Paulinas Vernunft und ihr Rechtsempfinden.

Didaktisch-methodische Hinweise

Am nächsten Tag redet Paulina in einem weiteren Monolog über die Zeit der Diktatur und den Staatsstreich. Als Gerardo nach Hause kommt, entbrennt zwischen ihnen ein Streitgespräch über die Berechtigung von Selbstjustiz. Schließlich stimmt Paulina zu, Roberto den Knebel abzunehmen. In dem nun folgenden Dreiergespräch und vor allem in der Auseinandersetzung mit Paulina, die ihm das Geständnis abringen will, beginnt die Figur des *doctor* Miranda sich zu entfalten: Er schwankt zwischen Taktieren, um zu überleben, und der Wut darüber, was Paulina ihm antut.
Paulina ist eine tragische, vielschichtige Figur. Sie ist geprägt von dem traumatischen Erlebnis der Folter. Wir kennen ihren Leidensweg in Ansätzen und können ihr Verhalten nachvollziehen. Durch Robertos Erscheinen wird sie „unschuldig" schuldig.
Gerardo steht zwischen seinem beruflichem Ethos und der Loyalität gegenüber seiner Gefährtin, denn mit ihrem Verhalten stellt sie auch die Arbeit der *comisión* in Frage.

Hinweis zur Wortschatzarbeit

Die Schülerinnen und Schüler sollten auf die im Anhang vorgeschlagenen Kategorien (SB S. 344/345) hingewiesen werden.

Actividades SB S. 234, Lösungsvorschläge

1. *Paulina:* 1, 2, 4, 5, 7–10, 12; *Gerardo:* 6, 13, 14–17; *Roberto:* 3, 11, 18

2.

- Paulina acusa a Roberto Miranda de haberla torturado en el pasado y le reprocha su comportamiento cruel. Está decidida a hablar sobre el pasado con toda franqueza. Piensa juzgar a Roberto Miranda, pero niega que sea mera venganza. No lo quiere matar, sino lograr una confesión detallada. Insinúa que la mantenían atada y amordazada durante un tiempo muy largo. Pide que Miranda lo cuente todo, que lo graben y que después escriba a mano la confesión, y que la firme. Además quiere una copia de la confesión. Paulina considera sus exigencias mucho más humanas que lo que le hizo Miranda, p. ej. le concede consultar con su abogado Gerardo.

- Roberto reacciona de una manera muy comprensible. Insiste en que no conoce a Paulina (véase 18: "No la he visto antes en mi vida".). Sin embargo, su capacidad como médico le permite diagnosticar que Paulina padece una enfermedad mental. Al apelar a su conciencia como abogado (véase 3: "Señor Escobar. No tiene perdón este abuso." / 11: "defensor de los derechos humanos"), trata de aliarse con Gerardo. Intenta establecer un sentimiento de solidaridad entre ellos (11: "...opositor al gobierno militar, como lo he sido yo toda mi vida").
- Para Gerardo, la situación es un desastre en lo que concierne al ámbito privado y profesional. Por un lado, ve que su mujer se comporta de una manera irracional y por lo tanto habla de "locura". Comprende que Roberto Miranda se encuentra en una situación sin salida (2: "¿Si no es culpable? (Pausa breve.) Ahí sí que se jodió.") y trata de persuadir a su mujer de que no siga. Como abogado, no puede tolerar el comportamiento de Paulina, porque con tal de que sea culpable Roberto Miranda, como cualquier otro delincuente, "tiene derecho a defenderse" (13). Advierte que si Paulina llevara a cabo su plan, se rebajaría al nivel de los secuaces del régimen dictatorial. En un plan más general, su comportamiento llevaría al caos social (17: "Imagínate que todos actuaran como lo haces tú.").

  En resumidas cuentas, las acciones de Paulina ponen en peligro el trabajo de la Comisión y hacen que Gerardo caiga en un conflicto de roles. Como miembro de la Comisión "tiene que dar muestras de moderación y ecuanimidad" (16), como marido y compañero quiere ser leal a su mujer.

3. *mögliche Grafik:* Gerardo, el funámbulo

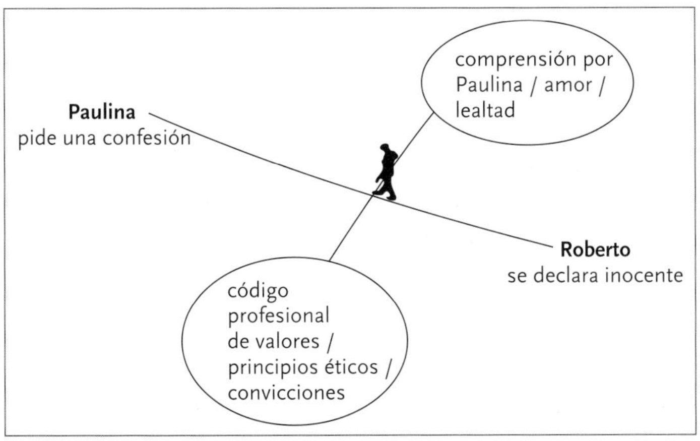

4. individuelle Schülerleistung; *möglich*:

Tomar partido / adoptar una actitud
- ser un defensor de los derechos humanos / un opositor al gobierno militar

Enfrentamiento crítico con los crímenes de la dictadura
- pretender un trabajo de investigación
- a cargo de investigar (la violencia de estos años)
- juzgar a u.p.
- dar muestras de ecuanimidad, moderación y objetividad
- no tener perdón un abuso

Crímenes contra la humanidad
- ser culpable de
- cometer los peores crímenes
- atar a alg. contra su voluntad
- dejar a u.p. sin habla por unas horas
- secuestrar, amarrar, atormentar a un ser humano indefenso

Segundo acto, escena I

La propuesta de Paulina (SB S. 235/236)

Text: Auszug aus dem Drama
Wortzahl: 748
Schwierigkeitsgrad: ***
Inhalt: Paulina schlägt Gerardo einen Kompromiss vor. Sie ist bereit, Roberto freizulassen, wenn er ein Geständnis ablegt. Gerardos Bedenken lässt sie nicht gelten. Sie offenbart, dass sie all die Jahre Rachegelüste gehegt hat.

Didaktisch-methodische Hinweise

Eine Patt-Situation ist erreicht. Paulina bringt die Männer in einen unerbittlichen Entscheidungszwang. Beide müssen einsehen, wie ernst es ihr ist und dass – wie auch immer es sich mit der Wahrheit verhält – Roberto gestehen muss. So bemerkt sie denn auch treffend: „No veo que ninguno de los dos tenga otra alternativa." (SB S. 236, Z. 54).
Die Aussagen in der *correcto/falso*-Tabelle gehen zum Teil über die Ebene der manifesten Informationen hinaus. Aufgabe 3 fordert die Schülerinnen und Schüler auf, die Sätze im Kontext des bisher Erarbeiteten zu diskutieren. Es bietet sich an, die Aussagen nach Themen zu ordnen.

Hinweise zum *gráfico de araña* (SB S. 237)

Mit der Aufgabe zur *poslectura* wird gebündelt, worin der Konflikt besteht. Die Schülerinnen und Schüler sind aufgefordert, die Situation abstrahierend und knapp zusammenzufassen. Die Fotos sind so gewählt, dass der Gesichtsausdruck der Figuren begründete Aussagen über ihren Charakter erlaubt. Vor allem Roberto Miranda, dessen Foto vom Spiel von Licht und Schatten bestimmt ist, zeigt seine zwei Gesichter. Auch bei den beiden anderen Porträts spielen *luz y oscuridad* eine Rolle.

Actividades SB S. 236/237, Lösungsvorschläge

1. *diario de lectura:* El país donde viven Paulina y Gerardo obviamente se encuentra en una fase de transición. Paulina acusa a los antiguos gobernantes, que solamente fingieron instalar la democracia. Siguen controlando la economía y las fuerzas armadas. Es cierto que la Comisión lleva a cabo investigaciones de los crímenes pero los criminales no tienen por qué temer un castigo. Por debajo de la aparente democracia, todo sigue igual que durante la dictadura.

2.

Afirmacíon	c/f
Paulina revela que todo el tiempo ha guardado unos fuertes sentimientos de vengarse.	c
Si Roberto confiesa, admite que es culpable.	f
Las ideas de venganza le han servido a Paulina para arreglarse con el pasado.	c
Paulina espera que Gerardo se haga su cómplice.	c
Todos sus torturadores de antaño son igual de repugnantes para Paulina.	f
Paulina sabía que Gerardo no iba a colaborar con ella voluntariamente.	c
El acuerdo al que llegan Paulina y Gerardo parece una solución razonable.	f
Paulina se conformará con una confesión escrita de Roberto.	f
La venganza es como una terapia para Paulina.	c
Paulina se deja intimidar y desviar de sus planes.	f

3. individuelle Schülerleistung; *möglich z. B.:*
(venganza) 'Paulina revela que...' – Admite francamente que las ideas de venganza fueron la "única manera de conciliar el sueño", o sea, de llevar una vida normal. / 'Las ideas de venganza...' – Si bien las ideas de venganza no le han servido para arreglarse con el pasado, seguramente le han ayudado a sobrevivir todos estos años. / 'La venganza es...' – Las ideas de venganza la han mantenido viva, y por eso sirven de terapia para Paulina. / 'Paulina se deja intimidar...' – Nada puede ser tan fuerte como para desviar a Paulina de su plan de vengarse.
(Roberto) 'Si Roberto confiesa,...' – Una confesión de Roberto no significa necesariamente que sea el médico que la torturó. Si se considera lo que dice ella (cf. *ahí que se jodió*), no tiene otro remedio que "confesar". / 'Todos sus torturadores...' – Paulina aborrece a todos sus torturadores, pero el que más asco le da es aquel doctor que solía ponerle Schubert al violarla. / 'Paulina se conformará...' – No quiere conformarse con una confesión escrita porque Miranda podrá alegar que la escribió bajo presión. Con su voz en la cinta Paulina espera que la confesión sea más fiable.

(Gerardo) 'Paulina espera que...' – Si se toma en cuenta que ya han vivido juntos durante muchos años y que se conocen bien, Paulina no debería esperar que Gerardo jamás se hiciera su cómplice. / 'Paulina sabía que...' – Paulina seguramente sabe que tiene que emplear una estrategia para lograr que Gerardo colabore. Le hace un tipo de chantaje mental para que intente salvar a Miranda. / 'El acuerdo al...' – El acuerdo al que llegan no se puede considerar razonable puesto que Miranda tendrá que confesar que es culpable de las acusaciones formuladas contra él.

4. individuelle Schülerleistung; *möglich*:
(Paulina) acusaciones: Roberto Miranda es su antiguo atormentador;
lo que exige: justicia, confesión escrita y oral / grabación;
método / estrategia: propone un compromiso; recurre a violencia física y psíquica;
móvil: venganza, trauma;
(Roberto) la califica de enferma; niega ser el hombre del que habla Paulina; se presenta como ciudadano honesto;
(Gerardo) trata de apaciguarla, apelando a su conciencia y a sus ideales.

5. individuelle Schülerleistung; *möglich*:
- Paulina quiere que su atormentador confiese.
- Pide que Gerardo comprenda su punto de vista.
- Espera que Gerardo convenza a Roberto para que haga una confesión.
- Gerardo no cree que Roberto sea la persona a la que busca su mujer.
- Duda de que sea culpable.
- Tiene miedo de que Roberto no crea que Paulina lo soltará después de que habrá confesado.
- Roberto teme que Paulina sea una enferma, una loca.

6. *texto modelo:* Pensar que el auto-juicio puede ser el remedio es un deseo humano comprensible. Ya en la Biblia se puede leer el lema de "ojo por ojo". Desde el punto de vista de la democracia, sin embargo, es un pensamiento muy discutible. En una sociedad civilizada hay que rechazarlo, porque ésta se basa en el equilibrio de poderes. El monopolio de poder queda con el Estado, y se prohibe al individuo tomar la justicia por su mano. Desde la perspectiva de Paulina, o sea, de las víctimas, puede ser beneficioso o incluso terapeútico elaborar un plan de venganza. Si Paulina lo pone en práctica, acepta la idea de caer moralmente. El auto-juicio lleva consigo el riesgo del juicio erróneo. Como es posible que mate a una persona inocente, es inaceptable, social, legal y moralmente.
Si las medidas del Estado son demasiado débiles como para agarrar a los culpables, el auto-juicio sirve como recompensa. Por otro lado tal conducta es censurable ya que la sociedad corre el peligro de brutalizarse. Las entidades estatales rayan en desmoronarse, sobre todo el sistema judicial.

"No veo que ninguno de los dos tenga otra alternativa" (SB S. 237/238)

Segundo acto, escena II
Didaktisch-methodische Hinweise

Das Ziel der *prelectura* ist die Vorwegnahme eines Dialogs zwischen Gerardo und Roberto, die beide von Paulina unter Druck gesetzt werden. Am Anfang dieses Dialogs (Z. 1–15) stellt sich Roberto als rechtschaffener, friedliebender Mensch dar, der ganz gewöhnlichen Interessen nachgeht und auch Schubert gern hört. Roberto versucht, an Gerardos Mitgefühl zu appellieren, indem er ihn daran erinnert, dass er nur in diese missliche Situation geraten ist, weil er bei der Autopanne geholfen hat.

Hinweis zur Dilemma-Situation

Die Situation, in der sich die Männer befinden, erinnert an das sogenannte „prisoner's dilemma", d.h. Eigeninteresse und soziales Interesse kollidieren miteinander. Sie müssen in Einklang gebracht werden, um das Ziel zu erreichen, nämlich, „heil" aus der Zwangslage herauszukommen, in die sie Paulinas Forderung nach einem Geständnis gebracht hat.
Gerardo und Roberto können versuchen, allein ihr Ziel zu erreichen und dabei eine Niederlage riskieren, oder aber, durch Kooperation erfolgreich zu sein. Die individuell rationale Lösung für Roberto wäre allerdings, nicht zu gestehen, denn dadurch gibt er u. U. etwas zu, das er nicht getan hat. Falls aber Paulinas Anschuldigungen zutreffen, liefert er sich ihr und Gerardo aus.
Um ein zufriedenstellendes Ergebnis zu erzielen, müssten Roberto und Gerardo eigentlich ihre Strategien koordinieren. Dies ist jedoch schwierig, weil sie einander misstrauen. Beide verfolgen

ihre eigenen Interessen und daher wird jeder der „Spieler“ Strategien anwenden, die ihm helfen, die günstigste Lösung zu erreichen. (Dies deutet schon darauf hin, dass es für keine der drei Figuren ein „glückliches“ Ende geben kann.)

Hinweise zu den Aufgaben

Die *actividad de prelectura* ist eine Vorbereitung auf die Diskursanalyse (SB S. 241, 2.). Die **Leitfragen** stimmen auf die Motivationslage der Figuren ein: Beide Männer müssen eine Taktik anwenden, um einen „guten" Ausgang der Geschichte zu erreichen. Die **sprachlichen Mittel** (SB S. 238 oben) tragen dazu bei, die Textproduktion authentisch zu gestalten. Das **Beispiel** für eine Gesprächsanalyse illustriert mit Hilfe der Kommentare und Erläuterungen am Rand, wie die Figuren sich einander nähern, wie sie bei entstandenen Schäden versuchen, die Unterhaltung wieder aufzunehmen, etc. In fortgeschrittenen Lerngruppen sollten die Schülerinnen und Schüler die Aufgabe erhalten, bei ihrer Textproduktion diesen Sprachduktus zu übernehmen.
Ggf. entscheidet die Lehrkraft sich dazu, zunächst die Leitfragen (SB S. 237, 1.) gemeinsam mit den Schülern zu erarbeiten. Mögliche Ergebnisse:
a) *punto de partida*: Gerardo – desesperado porque quiere evitar un mal, en un dilema; Roberto – situación sin salida, en una trampa;
meta: Gerardo – tiene que persuadir a Roberto a que confiese; Roberto – librarse, salir de esta casa; resultado de la conversación en el mejor de los casos: Gerardo convence a Roberto de la necesidad de hacer una confesión, sea verdadera o falsa;
b) *intervenciones o argumentos*: Gerardo: mi mujer es incalculable / es lo que pide / se lo ha metido en la cabeza / quiere matarte si no confiesas / está loca; Roberto: soy inocente / no la conozco, te lo juro / ayúdame, por favor / no la he visto nunca antes;
c) *estrategia / forma de hablar*: Gerardo: de forma razonable, sensato / tranquilo, con mesura; Roberto: entre mesurado y suplicante, en tono acusador / trata de hacerlo su cómplice.

Actividades SB S. 237/238, Lösungsvorschläge

1.–2. individuelle Schülerleistung, s. o.

3. individuelle Schülerleistung

Segundo acto, escena II

Estrategias y maniobras (SB S. 239–241)

Text: Auszug aus dem Drama
Wortzahl: 989
Schwierigkeitsgrad: ***/****
Inhalt: Gerardos Versuch, Roberto zu einem Geständnis zu bewegen, erweist sich als schwierig. Der grundlegende Konflikt offenbart sich, als Roberto von Gerardo wissen will, was er denn genau gestehen muss. Verärgert über die offensichtliche Geringschätzung, die Roberto Paulina entgegenbringt, bricht Gerardo das Gespräch ab.

Didaktisch-methodische Hinweise

In dem Gespräch erweist sich, wie konfliktreich die Beziehung zwischen Gerardo und Roberto ist. Gerardo, der nicht weiß, ob die Anschuldigungen gerechtfertigt sind, muss den „Angeklagten“ verteidigen, anstatt den Fall untersuchen zu können. Es läuft seiner Überzeugung zuwider, Roberto dazu zu überreden, Paulinas Willen nachzukommen. Roberto versucht unterdessen, sich mit Hilfe von Argumenten zu retten, die wenig mit den eigentlichen Anschuldigungen zu tun haben. Bisweilen flüchtet er sich in Provokationen, wie z. B. die Unterstellung, dass Gerardo Paulinas Komplize sei. Hier spielt er mit Gerardos Rolle als Anwalt und Verfechter der Menschenrechte. Die Aussage, dass Gerardo im Unterschied zu Paulina die Gesellschaft repräsentiere, erbost Gerardo, da Roberto so Paulinas Integrität in Frage stellt. Der häufige Wechsel von Nähe und Distanz spiegelt sich im Gebrauch der Pronomina „tú“ und „usted“.

Actividades SB S. 241, Lösungsvorschläge

1. autorretrato de Roberto; música; colaboración con Paulina: confesión; negativa de Roberto

2.
- 1) marido y amante de Paulina y su compañero de muchos años;
  2) abogado y miembro de la Comisión Investigadora;
  3) amigo / aliado de Roberto, o sea, su última esperanza;

4) como Roberto, una víctima de Paulina;
5) macho latinoamericano.

- Los dos hombres se baten en un duelo intelectual que oscila entre acercamiento y distancia. Son presos de Paulina que los extorsiona con su demanda de una confesión a toda costa. Así que para salir sanos y salvos de esta situación, dependen el uno del otro. Sin embargo, cada uno tiene sus propias metas que alcanzar y por lo tanto, emplea su táctica individual. Roberto declara enérgicamente su inocencia. Intenta establecer una atmósfera de intimidad entre sí y Gerardo. Otras veces provoca a Gerardo. Durante todo el tiempo Gerardo trata de mantener a Roberto a raya. Explica la conflictividad de su situación e insinúa que tal vez Roberto sea culpable. Una vez pierde el control cuando Roberto hiere su orgullo masculino. En general, se muestra evasivo y evita adoptar una posición clara en lo que concierne a la presunta culpabilidad de Roberto.

  Al principio Gerardo está en una posición superior. Esto se nota en la manera de hablar de Roberto. Trata de acercarse a Gerardo y dice "Mire, Gerardo, yo soy..." (l. 5), lo que más tarde se convierte en "mira" (l. 11). Pero Gerardo no se deja desviar del tema ("quiero ser franco contigo", l. 16). Cuando Roberto se niega rotundamente a cooperar ("No veo cómo podría yo colaborarle.", l. 21 y "¡No tengo nada que confesar!", l. 26) es Gerardo quien empieza a suplicar. Roberto da rienda suelta a su indignación lo que se expresa en los insultos hacia Paulina ("la loca de tu mujer", l. 33) y culmina en la exclamación de que "esto ya ha llegado a límites intolerables" (l. 38). Gerardo retoma la noción de la "loca", y trata de hacerlo ver que "a los locos con poder hay que consentirlos" (ll. 41), o sea, que sería lo mejor para ambos hacer lo que exige Paulina. Se hace manifiesto que en cierto sentido entiende a su mujer, "esa necesidad suya porque es una necesidad que tiene el país entero" (ll. 47). No tolera las acusaciones que lanza Roberto contra él. Entonces está tan harto de las mismas ("confabulado con ella", l. 59) que lo amenaza con ir a buscar un revólver.

  En este momento Roberto se da cuenta de que se ha pasado con sus ataques. Gerardo está enfadado de verdad, los intentos de Roberto de apaciguarlo fracasan ("Nada de Gerardo acá...", l. 76). Anuncia que va a llamar a su mujer por estar "cansado de estar en el medio, entre los dos" (l. 83). Roberto retrocede cada vez más, hasta que llegan a un momento de acuerdo mutuo. Admiten que tienen miedo. Así se produce una situación de empate. Pero cuando Roberto pide indirectamente que Gerardo engañe a su mujer, se cierran todas las puertas definitivamente. Gerardo "se levanta bruscamente y empieza a retirarse" (l. 112) porque Roberto, al expresar su menosprecio por Paulina, se ha pasado.

3. A c), B e), C d), D a), E b)

4. individuelle Schülerleistung, *möglich*:

Secuelas para las víctimas y la sociedad
arruinar una carrera brillante
ensuciarse las manos
terminar en la cárcel / en el manicomio

Tomar partido
salvar la vida de un hombre inocente
estar confabulado,a con alguien
ser el cómplice de alguien

Enfrentamiento crítico con los crímenes de la dictadura
estar dispuesto,a a colaborar
no tener por qué avergonzarse (ue)
no tener nada que confesar (ie)
ser franco,a con alguien
llegar a límites intolerables

Acto tercero, escena I

2.4 Verdad (SB S. 241–245)

¿Qué se pierde? (SB S. 242/243)

Text: Auszug aus dem Drama
Wortzahl: 477 (plus 94 Wörter Einleitung)
Schwierigkeitsgrad: ***
Inhalt: Paulina meint, Roberto durchschaut zu haben. Er hat in seinem Geständnis Fehler berichtigt, die sie absichtlich in ihre Darstellung eingebaut hatte. Paulina droht ihm, ihn nach Ablauf eines Countdowns zu erschießen, sollte er nicht endlich gestehen und ihr die Wahrheit sagen. – Als das Licht erlischt, wird vor den Zuschauern ein Spiegel hochgezogen.

Didaktisch-methodische Hinweise

Paulina ist von Mirandas Schuld überzeugt und will ihn töten, weil er nicht bereut. Allein die Wahrheit kann ihn retten, wenn er danach auch wie Kain ein Mal tragen wird. Seinem inständigen Flehen hält sie die bittere Frage entgegen, warum immer sie es sein muss, die Opfer bringt. – Auch hier wechselt das Verhältnis der Figuren zwischen Nähe und Distanz, was sich z. B. im Gebrauch der Anrede äußert.
Die Anspielung auf den biblischen Brudermord (Zusatzinformation siehe unten) betont die Schwere der Schuld, die Roberto auf sich geladen hat (sollte er denn einer der Schergen der Diktatur sein). Paulina gibt ihm zu verstehen, dass er immer mit dieser Last wird leben müssen. Die Frage „¿Qué se pierde?" wird mehrfach wiederholt und hallt im Leser bzw. Zuschauer nach. Die Antwort darauf kann nur lauten: „todo", denn wenn sie Roberto tötete, würde sich Paulina ebenso des Brudermordes schuldig machen.

Zusatzinformation

La historia bíblica de Caín y Abel
Caín y Abel fueron los hijos mayores de Adán y Eva. Caín, el labrador de tierra, tenía envidia a Abel, el pastor de ovejas, porque Dios prefería las ofrendas de animales que le hizo éste. Por fin, Caín mató a su hermano. Dios lo expulsó por su crimen, pero le dio una marca para que no lo pudieran matar por el fratricidio. Así, esta señal es la seña de identidad del asesino y al mismo tiempo una seña de protección.

Actividades SB S. 243, Lösungsvorschläge

1. Paulina dice que...: a); Lo que quiere...: b); Roberto se niega...: a); Paulina se muestra: c).

2. Al comparar a Roberto con Caín, Paulina quiere realzar que durante la dictadura ha atormentado y ha matado a sus compatriotas. Tiene que vivir con su culpa así que nunca podrá negar los hechos ante sí mismo. Si bien su arrepentimiento no borrará su culpa, al menos le dará la oportunidad de empezar una nueva vida. Roberto llevará la señal de su culpa, pero evitará el castigo.

3. individuelle Schülerleistung; *texto modelo:* En su monólogo Paulina amenaza a Roberto con descubrir su identidad. Igual que en la introducción (I.1) ella afirma que lo ha reconocido. Por fin tiene lugar el enfrentamiento decisivo de los personajes. El desarrollo de la acción dramática se inicia cuando Paulina exige la "verdad". Llama la atención que repite esta palabra clave. Paulina está decidida a forzar una decisión y por esto inicia una cuenta atrás. Para ella es una pregunta de verdad o muerte. En el transcurso del drama este proceso se refleja en las negociaciones de los tres personajes. Al mismo tiempo se produce tensión por esta cuenta atrás. Pero igual que en las escenas anteriores Roberto Miranda se niega a confesar, a pesar de la presión enorme que afronta. Al ver que su intento va frustrándose otra vez, Paulina pregunta desesperadamente: ¿Qué se pierde?. Esta pregunta abierta sirve para aumentar el suspense aún más, y al mismo tiempo es el clímax de la obra entera. En resumidas cuentas se puede decir que esta escena es el drama en miniatura. Sin embargo, hay un desenlace abierto puesto que no sabemos cómo se va a decidir Paulina.

4. individuelle Schülerleistung; *texto modelo:* La respuesta a la pregunta de Paulina es obvia: se pierde todo lo que caracteriza a un ser humano, o sea, la humanidad y la dignidad. Hasta este momento Paulina ha sido moralmente superior, ella ha sido el ser humano, Roberto el (supuesto) malvado. El público sabe que la humillaron física y síquicamente y que la torturaron. Ya al princi-

pio del drama notamos que para ella recurrir a una mentira nunca justifica el acto. Si abandonara sus ideales, los límites entre lo bueno y lo malo, la luz y la oscuridad se borrarían. Lo malo vencería porque se anularían las categorías de la moral y con éstas la capacidad de distinguir entre la mentira y la verdad, lo bueno y lo malo.
Cuando se levanta el espejo ante el público, nos preguntamos: ¿Qué firme soy yo?, ¿Haría yo lo que están haciendo los tres personajes de la pieza? ¿Qué haría yo en el lugar de Paulina?. Como los personajes son defectuosos, hacen que el público se identifique con ellos. Estamos destinados a convivir con otros seres humanos. Por lo tanto hay que suprimir los impulsos atávicos, o sea, tanto la venganza como el deseo de dominar a otros o torturar y matarlos. El ideal cristiano es ceder, mostrar un alto grado de autodominio.
En resumidas cuentas se podría decir que la escena es un llamamiento a que uno se cuestione a sí mismo. Por eso el desenlace abierto es un final adecuado para la pieza.

La voz del autor (SB S. 243/244)

Text: Ariel Dorfman: „Posfacio"
Wortzahl: 389
Schwierigkeitsgrad: ***
Inhalt: Die Bedeutung des Theaterstücks für Chile ebenso wie für andere lateinamerikanische Länder liegt in der Möglichkeit zur öffentlichen Vergangenheitsbewältigung. Die Ablehnung des Werks „La Muerte y la Doncella" durch die chilenische Elite führt der Autor darauf zurück, dass es gesellschaftspolitischen Erfordernissen zuwider lief. Für das Gelingen der *transición* war es wichtig, Wunden verheilen und Schrecken vergessen zu lassen.

Didaktisch-methodische Hinweise

Aus Dorfmans Worten geht hervor, dass das Drama aus der intensiven Auseinandersetzung mit der sozio-politischen Entwicklung Chiles erwachsen ist. Er betont die politische, gesellschaftliche und globale Bedeutung der im Theaterstück thematisierten Probleme und Fragen. Handlung und Figuren sind Ausdruck des Verständnisses Dorfmans von Vergangenheitsbewältigung. Dieses impliziert das ehrliche Offenlegen der Tatsachen und die entschiedene Beschäftigung mit den Folgen. Er wendet sich gegen das Verdrängen als (vermeintlich) bequemen Weg.

Zusatzinformation

Ariel Dorfman, dramaturgo, escritor, y ensayista chileno, nació en Buenos Aires en el año 1942. En 1954 se trasladó con su familia a Chile. Adoptó la ciudadanía chilena en 1967. Durante el régimen de Pinochet se quedó en el exilio, no regresó a Chile hasta 1983. Con frecuencia sus obras se dedican a los horrores de la tiranía y las pruebas del exilio.

Hinweise zu SB S. 244, 3. und 4.

Aufgabe 3.
Auf der Seite http://www.memoriaviva.com finden sich unter „quienes somos" einige Informationen. Sehr hilfreich sind darüber hinaus:
http://www.biografiadechile.cl
http://icarito.latercera.cl/(unter historia)
http://www.memoriachilena.cl/mchilena01/cronologia/resultado.asp?ano=1970
http://siglo20.tercera.cl/

Die Schülerinnen und Schüler sollten bei ihrer Recherche zu den drei Phasen der Geschichte Chiles etwa folgende Informationen heraussuchen:

- *período de la Unidad Popular (1970–1973)*
  socialista Salvador Allende: presidente de Chile; Unidad Popular: coalición de partidos de izquierda, reformas radicales (nacionalización de minas de cobre, expropiación de latifundios); repartición del país
- *dictadura militar en Chile (1973–1990)*
  11 de septiembre de 1973: golpe de estado, muerte de Allende, detenciones de opositores; nombramiento del general Pinochet como presidente; hasta 1988: estado de emergencia permanente; 1981/82: crisis económica, oposición al régimen militar; 1988: plebiscito, mayoría de los chilenos en contra del dictador; 1989: elecciones presidenciales, Patricio Aylwin

- *gobiernos de la Concertación, desde la Transición hasta hoy*
  coalición de partidos de centro-izquierda, modernización del país; gobierno: Eduardo Frei Ruiz-Tagle (1994–2000), continuador de la consolidación democrática; crecimiento económico, fortalecimiento del comercio exterior chileno; 1998: detención del general Pinochet en Londres; el 15 de enero de 2006: Michelle Bachelet Jeria, presidenta de Chile

Aufgabe 4.
Bezogen auf ein Land wie Chile, das gerade aus einer Diktatur kommt, entspricht Paulinas Streben nach Wahrheit genau Dorfmans Einstellung. Er ist überzeugt davon, dass man alles auf den Tisch legen muss, um einen Neuanfang wagen zu können. Um dem Land eine Zukunft in Freiheit zu ermöglichen, muss man aber auch bereit sein zu vergeben.

Actividades SB S. 244, Lösungsvorschläge

1. Según lo que dice Dorfman en el fragmento del posfacio, la obra *La muerte y la doncella* intenta contribuir a que haya una verdadera reparación de los crímenes de la dictadura. Por lo tanto la pieza presenta el conflicto de una manera drástica. No salió exitosa en Chile sino que fue rechazada por la élite chilena e ignorada por la mayoría de los espectadores. Dorfman reconoce que este desinterés se debe a las necesidades de la transición, durante la cual, para establecer la paz social, se requería el olvido en vez del recuerdo.

2. Con esta distinción Dorfman pone de relieve su firme convicción de que *La muerte y la doncella* es una obra teatral lograda. Resulta atrayente a los involucrados y a toda la gente que se ocupe del tema. Pero tuvieron que cerrar después de dos meses, porque la obra no fue bien recibida por la mayoría de los espectadores y tampoco fue del agrado de la llamada "élite" chilena. Por razones bien distintas, los antiguos seguidores de Pinochet y los nuevos gobernantes prefieren evadir los problemas relacionados con el pasado: los partidarios de Pinochet por su vergüenza y el deseo de negar las atrocidades cometidas, los nuevos gobernantes por no querer afectar el proceso de transición. Presentar las atrocidades de la dictadura en el escenario significa abrir las heridas, en vez de dejarlas cicatrizar.

3. individuelle Schülerleistung; *mögliche Ergebnisse*: s. S. 275

4. individuelle Schülerleistung; *texto modelo*: Paulina quiere poner las cartas sobre la mesa para poder curar las heridas del pasado. Necesita saber quién le causó este inmenso daño. Dice, por ejemplo, que desde entonces no ha podido disfrutar la pieza de Schubert porque la música le recuerda su tormento. Para que pueda sosegarse hace falta que Roberto Miranda, o sea, el culpable admita que es responsable de la pena de Paulina. Ella exige este acto de expiación para recobrar la tranquilidad de espíritu.
Dentro del contexto de un país que acaba de salir de una dictadura y que se encuentra en plena transición hacia la democratización, *revelar la verdad* significa hacer vida nueva a nivel nacional. Como la democracia es la forma de gobierno más frágil, esto implica que los ciudadanos tienen que acercarse los unos a los otros, sin reparar en el pasado. Hay que renunciar a cualquier plan de venganza. Al contrario, hay que estar dispuesto a perdonar a los antiguos adversarios, con el fin de restablecer la unidad nacional. Las atrocidades de la dictadura tienen que ser publicadas para que no se repita la historia. La aclaración es imprescindible, cada uno tiene que responsabilizarse de sus actos para no poner en peligro la joven democracia. Si el enfrentamiento crítico con los crímenes de la dictadura se llevara a cabo de manera poco decidida o, peor aun, si la nación optara por el silencio, desde un principio se pondría a la joven nación sobre pies de barro.

¿El justo medio? (SB S. 245)

Discusión en torno al tema de "La muerte y la doncella"

Didaktisch-methodische Hinweise

Die zur Diskussion stehenden Statements beziehen sich auf die folgenden Themen:
- *Rache und Vergebung* (Un crimen se repara sólo mediante **venganza**. / El que perdona un crimen revela su flaqueza humana.);
- *die Suche nach der Wahrheit* (No existe la verdad absoluta. / Para encontrar la verdad habrá que aceptar sacrificios.);

- *Gewalt und Vernunft* (El **círculo vicioso de la violencia** nunca se interrumpirá. / Sólo es posible salir del círculo vicioso de la violencia por la razón y la reflexión.);
- *die Zuschreibung der Opfer-Täter-Rolle* (Todo **verdugo** es a la vez una **víctima**.);
- *die Zweckmäßigkeit des Handelns* (El **motivo** justifica el acto. / Es legítimo luchar por todos los medios contra los enemigos públicos.).

In der Diskussion der Aussagen gelangen die Schülerinnen und Schüler zu einem vertieften Zugriff auf das Drama, die Handlung und die Motivationslage der Figuren. Ihre Wahl begründen sie am Text bzw. mit Argumenten, die aus dem Drama hervorgehen.
Die „discusión bola de nieve" schreitet von Einzelarbeit zu Partnerarbeit und von dort zur Arbeit in den Kleingruppen voran, in denen die Schülerinnen und Schüler gemeinsam die drei überzeugendsten Aussagen auswählen.
Es ist empfehlenswert, eine Zeitvorgabe für die Arbeit in den einzelnen Diskussionsrunden zu machen. Im Sinne der Unterrichtsökonomie kann die Phase der Einzelarbeit (SB S. 245, Aufgabe 1.) in häuslicher Arbeit erledigt werden.

Actividades SB S. 245, Lösungsvorschläge

1. bis 3. individuelle Schülerleistung

Relatos contemporáneos de las Américas (SB S. 246–275)

Die drei Teilmodule dieses Kapitels stellen zeitgenössische, kurze Erzählungen der *literaturas fantástica*, *comprometida* und *chicana* vor.
Die *relatos* von Cortázar, Borges und anderer wichtiger Vertreter der fantastischen Literatur zeigen die fließenden Übergänge zwischen Fiktion und Realität; Zeitgrenzen werden aufgehoben. Die Leser erleben Momente des Staunens, Schauderns und Grauens, des Zweifels und der Verunsicherung.
Die Erzählungen der engagierten Literatur beschwören die Zeit der Militärdiktaturen in Lateinamerika herauf. Es wird fassbar, dass die Erfahrung von Folter, Unterdrückung, Leiden und Widerstand auch Jahre später ständiger Begleiter der Opfer und ihrer Angehörigen ist.
Die bisweilen heiteren, manchmal nachdenklichen *viñetas* von Sandra Cisneros spiegeln typische Befindlichkeiten und Schlüsselerlebnisse von *latinos* in den USA.
Im Zentrum des Unterrichts steht der analytische und produktionsorientiert-kreative Umgang mit den Texten. Weiterhin wird auf Bilder und Fotos rekurriert, um schöpferisches Potenzial zu entfalten und gleichzeitig die Schreib- und Sprechfähigkeit zu entwickeln.

Zu den Abbildungen auf den Auftaktseiten (SB S. 246/247)

Zusatzinformationen

SB S. 246 *oben*: "Paddling Through the Air" by arttrainer for the Out of Bounds Art 2 contest. Das Bild zeigt ein an einer Wand hängendes, goldgerahmtes Gemälde mit einer idyllischen hügeligen Flusslandschaft mit Kahn. Ein junger und ein älterer Mann in historischer Tracht haben Stecken in der Hand, mit denen beide das Boot aus dem Bildrahmen herausbewegen. Der Jüngere ist noch im Bild, während der Ältere sich bereits in dem Raum, in dem es aufgehängt ist, befindet.
Mitte: Louis Bourgeois, Skulptur „Spinne", Guggenheim-Museum Bilbao. Das Foto ist so aufgenommen, dass man glauben könnte, die Spinne auf dem Platz errege großes Aufsehen und lasse die Betrachter je nach Disposition unberührt oder versetze sie in Panik. Die Skulptur jedoch ist so monumental (vgl. die winzigen Personen links im Foto), dass man die Spinne nicht sofort erkennt. Im schlimmsten Fall überkommt einen der Moment des Schreckens sehr plötzlich und ist von daher doppelt wirksam. Mit der Spinnenangst spielt auch Cortázar in „Esbozo de un sueño" (SB S. 254).
unten: Salvador Dalí: „Archäologische Reminiszenz an den Angelus von Millet", 1935. Das Gemälde von Dalí mit dem bleiernen Himmel und den beiden aus Ruinen erwachsenden, steinernen,

aber dennoch lebendig scheinenden Figuren am Strand wirkt auf die Betrachter trotz des einfallenden Lichtes bedrohlich.

SB S. 247: Salvador Dalí: "Spanien", 1938. Zuerst sieht man einen nackten Frauenarm, den Ellbogen gestützt auf die Kante eines dunklen Nachtschranks mit halb geöffneter Schublade, aus der ein rotes Tuch hängt. Die schmale Hand mit leicht abgespreiztem Mittelfinger hängt schlaff herunter. Ein helles Kleid aus geschmeidigem Stoff umspielt die Beine der Frau. Auf den zweiten Blick verwandelt sich wie in einem Vexierbild das Kleid der Frau in einen Hund: die Falten sind das Fell und die Schnauze ist dort, wo man vorher das rechte Knie der Frau erkannte. Die menschlichen Füße, eher Männer- als Frauenfüße, bleiben erkennbar. Einer weiteren Täuschung erliegt man beim Alter der Frau. Während der Arm auf den ersten Blick der einer jungen Frau zu sein scheint, deuten der faltige Fuß, der magere Knöchel und die dann auffallenden Falten am Arm auf eine alte Frau hin.

Der Nachttisch und die Gestalt stehen inmitten einer weiten bräunlich-ockerfarbenen, von fernen Bergen und Hügeln gesäumte Ebene, auf der eine Schlacht stattzufinden scheint: zwei Reiter, schon als Skelette erkennbar, durchbohren sich mit ihren Lanzen. Auffällig sind ihre Helme, die sich bei genauem Hinsehen als die Brustwarzen der Frau erweisen. Man vermeint kämpfende Reiter in Rüstungen, Soldaten mit Lanzen und fliehende (?) Menschen zu sehen. Ein Löwe rechts im Bild blickt in Richtung der Kampfszenen.

Über dem Nachttisch sieht man eine Gruppe von zwei Erwachsenen und einem Kind, die sich wie im Ballett auf Zehenspitzen auf eine Frau zu bewegen (dieselbe wie im Vordergrund?), die mit wehendem Haar und flatterndem Rock die Hände theatralisch vor der Brust hochreckt.

Das Bild verwirrt den Betrachter, weil das zunächst sicher Erkannte sich bei erneutem Hinsehen als falsch erweist. Die Frau verschwindet, und man sieht einen Hund. Man will die Frau wiederfinden, aber sie entzieht sich dem Blick. Das verunsichernde Vexierbild bleibt erhalten und mit ihm das unbehagliche Gefühl, dass man den Augen nicht trauen kann und sich die Wirklichkeit als brüchig erweist.

Eventuelle Deutungen, die in dem Bild mit dem auffälligen Titel „España" eine Stellungnahme zum Bürgerkrieg sehen, sollen hier nicht berücksichtigt werden. Auch wenn die Rezeption eines Bildes andere Interpretationen zulässt als die – vielleicht – vom Maler intendierte, so fällt es in diesem Fall gleichwohl schwer, von Dalís Bewunderung für Diktatoren wie Stalin, Hitler und Franco abzusehen.

Didaktisch-methodische Hinweise

Die Bilder sollen keiner Bildbetrachtung im engeren Sinne unterzogen werden, sondern der Vorentlastung und Einstimmung auf die Elemente des Überraschenden, Fantastischen oder auch Erschreckenden dienen.

Anbieten könnte sich ein fächerverbindendes Projekt mit dem Fach Kunst zur Verarbeitung des Fantastischen und Surrealen in Literatur und Malerei. Eigene Produktionen der Schülerinnen und Schüler könnten hier hohe Motivation erzeugen.

1 Sueños y pesadillas – narrativa breve de América Latina (SB S. 248–264)

1.1 Lo fantástico y lo real (SB S. 248–250)

Dos mesas puestas (SB S. 248)

Didaktisch-methodische Hinweise

Zum Einsatz der Bilder:

oben: Salvador Dalí, 1956: Lebendiges Stillleben/Natura Morta, Vivente

Das surrealistische Gemälde von Salvador Dalí mit dem tautologischen Namen zeigt einen mit zwei verschiedenen Tischtüchern bedeckten Tisch. Das weiße liegt wie soeben frisch entfaltet auf der linken Seite, während ein rot gemustertes rechts liegt. Der Tisch steht zur einen Hälfte in

einem Raum, zur anderen auf einem Balkon mit Ausblick aufs Meer. Eine Schwalbe fliegt in den Raum. Es sind typische Gegenstände zu sehen, die man auf einem gedeckten Tisch erwartet, wie eine Flasche, ein Glas, Messer, Teller.
Bei näherem Hinschauen zeigt sich Befremdliches: Die Formen, die das rote Muster der Decke bilden, haben einen Schattenwurf und schweben über dem braunen Tisch. Das vermeintliche Tischtuch ist gar keines.
Die Gegenstände wie Teller, Flasche, Glas stehen nicht auf dem Tisch, sondern haben sich verselbstständigt und fliegen über ihm. Die Gravitation ist außer Kraft gesetzt: Ein Pfirsich trifft einen Apfel wie ein Wurfgeschoss, dessen schnelle Bahn als Kometenschweif sichtbar ist, der wiederum eine parallele Linie mit einem spitzen, fast die Breite des Tisches einnehmenden Messer bildet.
unten: Foto von einem gedeckten Tisch mit aufgetragen Speisen. Die gestickte Tischdecke mit aufwendigem Hohlsaum, gefüllte Teller und Platten, doppelt gedecktes Silberbesteck und Glas mit Goldrand lassen vermuten, dass es sich um ein besonderes Mahl handelt. Alle Gegenstände befinden sich an ihrem Platz, nichts Außergewöhnliches irritiert beim Betrachten des Fotos.

Actividad SB S. 248, Lösungsvorschlag

Die Arbeit mit den Bildern dient als *actividad de prelectura*. Die Schülerinnen und Schüler sollen im Vergleich der beiden Bilder das Identische und das sie Unterscheidende erkennen, wodurch der Weg zum Verständnis der Erzählungen geebnet wird. Die Arbeit mit den Bildern ist nicht zwingend für das Verständnis der *relatos*, erleichtert es aber.
Hinweis: Entscheidend bei dem Vergleich der Bilder ist die Erkenntnis, dass das Fantastische und das Reale nicht völlig verschieden sind, sondern dass die Einzelelemente (*platos, cubiertos, manteles*, etc.) identisch sind und lediglich ihre An- und Zuordnung in den Abbildungen auf Reales bzw. Fantastisches verweist: In der Fantastik werden unsere Wahrnehmungsgewohnheiten ‚gestört', indem z. B. die Gesetze der Physik (etwa die Schwerkraft) ihre Gültigkeit verlieren oder Gegenstände durch ihren Aufbau im Bild ihrer „normalen" Funktionalität beraubt, damit verfremdet und zum Objekt erstaunten Fragens und Zweifelns werden.
Mögliche Schüleräußerungen:
La vajilla se necesita para la comida: En las fuentes se pone la verdura, la carne, las patatas, etc. y las personas en la mesa se llenan los platos con lo que quieren comer.
En el cuadro de Dalí la vajilla no está encima de la mesa sino que vuela por el aire.
Los cubiertos se precisan para servirse y para llevar la comida a la boca. En el cuadro de Dalí sólo hay un cuchillo grande como de carnicero, demasiado grande para pelar una manzana o un melocotón.
El mantel cubre la mesa. Es un mantel caro bordado con calado. Muchas personas sólo ponen un mantel en situaciones especiales como por ejemplo en días festivos.
En el cuadro de Dalí el mantel blanco podría ser parte de una foto. Se disciernen perfectamente todos sus detalles: parece estar recién desplegado, distinguiéndose claramente los pliegues de doblar. Además, está un poco arrugado como si precisara un planchazo.
Los demás objetos: En la foto todo pertenece a un almuerzo o una cena; en el cuadro de Dalí una bola grande encima del mantel rojo perturba al espectador igual que el cuchillo enorme.
Tanto la botella de anís como el vaso a medio vaciar parecen caerse, o, tal vez, levantarse para volar, igual que las fuentes y el plato, por encima de la mesa.
Mientras que en la foto todos los objetos están en su sitio y uno puede imaginarse a las personas disfrutando de la comida, en el cuadro de Dalí los objetos y la mesa parecen existir sin que haya personas que los utilicen. Los objetos llevan una vida autónoma y ya no tienen la función que normalmente se les atribuye.

"lo fantástico"	"lo real"
• el desorden de los objetos encima de la mesa, p. ej. el cuchillo volando, dos manteles distintos en una mesa, los estampados sueltos del mantel • la mesa es un objeto suelto, tanto como los cubiertos, los alimentos, los alrededores, etc. que coexisten incoherente y autónomamente	• el orden de los objetos en la mesa, p. ej. los cubiertos, como en un comedor durante una comida • concentración en la mesa puesta donde los objetos forman un conjunto • cada objeto tiene su función conocida: el tenedor se utiliza para llevarse la comida a la boca

El sentimiento de lo fantástico (SB S. 249)

Conferencia de Julio Cortázar en la U.C.A.B

Text: Vortrag
Wortzahl: 524
Schwierigkeitsgrad: ****
Inhalt: Cortázar spricht davon, wie schwierig es ist zu wissen, was das Fantastische überhaupt ist. Es ist nicht durch Logik zu ermitteln, sondern eher „Bauchgefühl". Menschen mit Sensibilität für das Fantastische erkennen, dass die Kausalität, die wir für unverrückbar halten, dennoch verändert werden kann, wenn der „innere Wind" des Fantastischen sie bewegt. Dieses kann tagtäglich passieren.

Didaktisch-methodische Hinweise

In seinem Vortrag referiert Cortázar Erkenntnisse, die in Teilen den Schülerinnen und Schülern bereits bei der Bildbetrachtung (vgl. SB S. 248) begegnet sind. Damit wird der Text in einen nicht mehr fremden Kontext eingebettet und der Zugang zu Verstehen, Analyse und Kommentar wird erleichtert.
Hinweis zu SB S. 249, Zeile 49: Das Pronomen „los" bezieht sich auf kein maskulines Nomen im letzten Satz. Es könnte sich um einen Druckfehler in der Textvorlage handeln. Grammatisch und inhaltlich muss sich das Pronomen auf „pautas" (Z. 46) beziehen, also „las" heißen.

Actividades SB S. 250, Lösungsvorschläge

1. a) sí (cf. l. 3/4); b) sí (cf. l. 13–25); c) no (cf. l. 17) La poesía se escapa de una clara definición, lo mismo que lo fantástico. En este sentido siguen las mismas normas; d) no (cf. l. 32–35) El mundo no sólo sigue las normas de la lógica, sino que conoce espacios que se escapan de estas leyes; e) sí (cf. l. 36–43); f) no (cf. l. 43–49) Aparte de estas coincidencias existen fenómenos que las sacuden de modo que pierden su validez universal.

2.
- una definición perfecta, sin lugar a dudas
- los elementos incalculables, que no siguen las pautas de la lógica
- no someterse a las definiciones sino seguir su propio camino
- las propias vivencias, las propias experiencias por improbables que sean
- un sentimiento que uno tiene, sin poder explicarlo racionalmente
- el espacio entre dos cosas
- lo que sorprende; lo que no se puede explicar mediante la lógica
- corriente que conmueve y sacude nuestra percepción a la cual estamos acostumbrados

3. individuelle Lösungen

4. *Hinweis:* Hier können die Schülerinnen und Schüler Erträge aus *actividad* 1 (SB S. 248) einbringen und diese durch entsprechende Textbelege ergänzen.

lo fantástico	la realidad
mundo interior (20) la excepción (25) sentimiento... visceral (27) intersticios (32) pequeños paréntesis en esa realidad (40/41)	las leyes (23) la definición preceptiva (18) cosas... delimitadas y separadas (31/32)

5. Lo fantástico no se explica, ya que no sigue las pautas de la lógica. Se manifiesta en un sentimiento de extrañamiento que para Cortázar es necesario para percibir el mundo en su complejidad, que se escapa de meras aproximaciones razonables, dejando espacio (intersticios) a lo inexplicable. Lo fantástico se muestra en cualquier situación cotidiana a quien esté dotado de la sensibilidad necesaria.

6. *Hinweis:* Der Vergleich kann verdeutlichen, dass die Ideen, die am Bild gewonnen wurden, nicht auf die Malerei beschränkt bleiben müssen. Sie gelten vielmehr für alle Ausdrucksformen, also auch für die Literatur.
Damit wird pauschal vorweggenommen, was in dem folgenden *cuento* thematisiert wird.
Mögliche Schüleräußerungen: Las mesas puestas representan en cierto modo las dos maneras de

interpretar la realidad, ofrecidas por Cortázar. / Tanto el orden lógico como el caos fantástico son imaginables e imprescindibles para tratar de interpretar el mundo. / Los cuadros subrayan la posición de Cortázar de desconfiar de un esquema unilateral para la explicación de lo que somos y de donde venimos.

1.2 Una transformación cotidiana (SB S. 251/252)

Un diario (SB S. 251)

Actividades SB S. 251, Lösungsvorschläge

1. cada día; cotidiano

- libro en que se escribe lo que ocurre cada día; lo que se piensa y siente
- publicación de la prensa que sale a la venta todos los días

Hinweise: Die Schülerinnen und Schüler verfassen einen Text, der wahrscheinlich den Gestaltungskriterien eines *cuento* folgt: Einstieg zur Präsentation von Person(en) und Situation; Entwicklung eines Handlungsverlaufs bei Aufbau eines Spannungsbogens; Höhepunkt, eventuelle Konfliktlösung und abruptes, eventuell offenes, Ende.

Präsentation und Evaluation erfolgen nach den vorgegebenen Kriterien. Deren Erfüllungsgrad ist anschließend Gegenstand eines kritisch-würdigenden Unterrichtsgesprächs, das die Lehrkraft – nach Bedarf steuernd – moderiert. Ziel ist die Verbesserung der Reflexions- und Ausdrucksfähigkeit der Schülerinnen und Schüler.

2.–4. *individuelle Lösungen*

Julio Cortázar: El diario a diario (SB S. 251/252)

Text: Erzählung
Wortzahl: 261
Schwierigkeitsgrad: ***
Inhalt: Der *cuento* erzählt den Weg einer Zeitung, die je nach der Funktion, die ihr die Menschen zuweisen, eine Zeitung ist oder einfach nur ein Packen Papier.

Didaktisch-methodische Hinweise

Cortázar thematisiert mit dem Weg einer Zeitung das Banale, Alltägliche, Unscheinbare, Prosaische, von dem er auch in seiner Rede spricht, und führt es damit erst der näheren Betrachtung zu.

Actividades SB S. 252, Lösungsvorschläge

1er paso

1.

- individuelle Lösung
- Primera etapa: un señor: del diario legible, o sea, de un objeto ordenado se convierte en un montón de papel impreso, o sea, un objeto desordenado
  Segunda etapa: un muchacho: transformación del montón de papel impreso en un diario legible y, otra vez, en un montón de papel impreso (estructura circular)
  Las etapas siguientes: repetición múltiple de la estructura circular
  Última etapa: una anciana: la estructura circular se interrumpe por la nueva función del diario, la de papel para envolver

2. individuelle Lösungen; eine qualifizierende, wertende Gegenüberstellung von Original und Schülerversionen wäre unangemessen.

2° paso

- repetidas transformaciones inesperadas de una cosa en otra
- Los objetos de uso diario cambian, transforman su función con las personas que los usan, es decir, que contienen en sí varias formas y funciones.
- Habrá pocos que consideren 'excitante' el uso de objetos cotidianos que no suelen ser objetos de atención. Éste es un ejemplo para el "sentimiento de extrañamiento" (cf. SB S. 249, Z. 36/37).

- El diario es un objeto que por su uso cambia su forma y su identidad. Probablemente a diferencia de las ideas acerca del título, en el cuento el diario muestra un abanico más amplio y complejo de significados. Éstos no se reconocen a primera vista, ni consultando un diccionario, sino sólo por medio de sus contextos en el cuento.

3er paso

El cuento es un ejemplo de las ideas que Cortázar expone en su artículo.
El sentimiento de "extrañamiento" se puede manifestar en un momento "prosaico", o sea, en una situación normal y corriente, como es leer y dejar un diario. Con unos pequeños cambios de la perspectiva lo normal ya no es normal: "todo lo que nuestra inteligencia acepta desde Aristóteles como inamovible, seguro y tranquilizado se ve bruscamente sacudido, como conmovido, por una especie de viento interior, que los [las] desplaza y que los [las] hace cambiar." (SB S. 249, l. 47–49)

1.3 Simultaneidad de pasado y presente (SB S. 252–254)

En un barrio lejano (SB S. 252)

Hinweis

Das Foto des alten Eckhauses hat die Funktion, auf die Atmosphäre einzustimmen, wie sie im *relato* von Denevi beschrieben ist. Die Schülerinnen und Schüler sollen sich hineinversetzen in die Situation dessen, der das Haus sieht, um die Ecke biegt und es vielleicht betritt.

Actividades SB S. 253, Lösungsvorschläge

1er paso

1. La foto muestra una casa vieja de un barrio pobre que tiene la fachada medio destruida. Parece que es un edificio de finales del siglo XIX, que ya ha visto momentos más felices. Las pintadas, realizadas con mucho esmero en una de las paredes, pueden representar los sueños de – probablemente – jóvenes o artistas desconocidos. Sus temas son de leyendas, de cuentos de hadas, de escenas de bienestar, de resplandor fantástico y de alegría. En total pueden representar una oposición a la vida diaria de sus creadores o simplemente son productos de la imaginación artística. La calle delante de la casa está vacía, no hay nadie. La esquina parece abandonada. La soledad subraya la impresión de algo apartado. Unas plantas verdes en la parte alta de la fachada lateral de la casa son la única señal de vida. Pero estas plantas, si no son cuidadas, pueden indicar también la destrucción y el abandono total de este edificio en un barrio olvidado.

2. Si la casa está abandonada huele a moho, a humedad, a gato. No se puede ver mucho en la semioscuridad. El crujir de viejas puertas o ventanas entreabiertas, a lo mejor el leve ruido de un ratón o una rata intimidan al visitante. Tocar las paredes frías y húmedas, las puertas medio podridas, etc. puede causar escalofríos. / Quizás una casa de éstas despierte la imaginación: las habitaciones abandonadas, los olores, los garabatos en las paredes, todo esto evoca imágenes en los visitantes: aparecen personas felices y desdichosas, amores y desamores, jóvenes despreocupados y mayores.

Marco Denevi: Esquina peligrosa (SB S. 253)

Text: Erzählung
Wortzahl: 275
Schwierigkeitsgrad: ***
Inhalt: Im Verlauf des Besuchs des reichen Finanzmagnaten Epidídimus, der nach siebzig Jahren das Viertel besucht, in dem er als Kind gelebt und als Zwölfjähriger gearbeitet hat, verwandelt sich das nun gehobene Viertel in den alten und armen Stadtteil, der es früher gewesen ist.
Als Epidídimus denselben Laden, in dem er als Verkäufer gearbeitet hat, betritt, hat er dieselben Sinnesempfindungen wie in seiner Jugend: er sieht das unveränderte Inventar, riecht dieselben Gerüche und selbst die Stimme des alten *patrón*, der ihn wegen seines Zu-Spät-Kommens tadelt, ertönt wie einstmals. Epidídimus füllt einen Korb mit Waren und geht aus dem Geschäft, um sie auszutragen. Als er die Straße betritt, ist diese nicht mehr asphaltiert, sondern aus Lehm.

Didaktisch-methodische Hinweise

Die Erzählung ist ästhetisch wenig kodiert, und die Zusammenhänge erschließen sich schnell. Man wird unmittelbar ins Geschehen eingeführt durch Vorstellung des Protagonisten und des zentralen Themas, nämlich die Fahrt an den Ort seiner Kindheit. Genauso unvermittelt wird man aus dem Geschehen entlassen.

Als Epidídimus den Wagen verlässt, verlässt er auch gleichzeitig das Gewohnte und Normale. Bis zu dem Zeitpunkt hat er die Ergebnisse der Veränderungen in den letzten 60 Jahre bewusst wahrgenommen, während sich, im Laden stehend, seine Erinnerungen verdichten und die Sinneseindrücke zu einer synästhetischen Wahrnehmung verschmelzen, durch die ihrerseits die zeitlichen Bezüge aufgehoben werden. Die Zeitreise aus der Gegenwart ist am Ende vollzogen: die Straße, in der der *almacén* liegt, ist nicht mehr asphaltiert, wie vorher ausdrücklich erwähnt, sondern es ist der *lodazal* der Kindheit.

Das Element des Fantastischen besteht darin, dass die geordneten Bezüge im Leben des Epidídimus aus dem Lot geraten und durcheinandergebracht werden: Der Befehlsgeber (Z. 5/13) wird zum Befehlsempfänger (Z. 22), der Zweiundsiebzigjährige zum Lehrling, der Finanzmagnat zum Warenausträger, der moderne Vorort zum ärmlichen Stadtviertel. Vielleicht besteht in diesem plötzlichen und endgültig scheinenden Wechsel die im Titel angekündigte Gefahr.

Actividades SB S. 253, Lösungsvorschläge

2° paso

1. individuelle Lösung

2. *Hinweis:* Die Erkenntnisse aus Aufgabe 1. werden in der Tabelle systematisiert.

época de vida	descripción del ambiente	acciones y acontecimientos
niñez, a partir de los 12 años se gana la vida	viejo; sombrío; olor picante y agridulce; etc.	trabajaba como dependiente de almacén
vida actual, tiene entre 82 y 85 años	rico; chofer; automóvil; bulevares asfaltados; torres de departamentos	el señor E. vuelve al barrio de su niñez
de nuevo en el almacén	viejo; sombrío; olor picante y agridulce, etc.	vuelve a trabajar como de niño, en el mismo ambiente pobre

3. *texto modelo:* De niño, a partir de los doce años, trabajaba en un almacén como dependiente. Tenía que repartir la mercancía, que antes metía en una canasta. Su patrón le regañaba y le mandaba trabajar mucho. Años más tarde, ya siendo mayor, Epidídimus se ha convertido en un magnate de finanzas, o sea, un hombre rico, que dispone de coche con chofer y otras comodidades. Pero no ha olvidado su niñez.

3er paso

1. *Hinweise:* Diese Aufgabe kann auch anhand der Tabelle bei *2° paso, actividad* 2. gelöst werden. Wichtig ist, dass die Gegensätze zwischen dem heutigen und dem damaligen Leben gebündelt werden. Es ist günstig, in der Tabelle eine weitere Spalte (s. *actividad* 2.) vorzusehen, aus der grafisch hervorgeht, dass sich das Gestern und das Heute vermischen bzw. das Heute zum Gestern wird. Dieser Gegensatz unterstreicht (ab Z. 14) die Wirkung des Endes des *cuento*, wobei als *frase clave* „Le parecía que retrocedía el tiempo" (l. 20) gelten kann: Die Vergangenheit holt den Magnaten wieder ein. *El viaje en el tiempo* ist als ein typisches Stilmittel des *realismo fantástico* anzusehen.

<table>
<tr><th>hoy</th><th>antes</th></tr>
<tr><td>magnate de finanzas
uno de los hombres más ricos del mundo / chofer / coche</td><td>dependiente de almacén
trabajo sencillo / sufrir regaños / tiene que obedecer</td></tr>
<tr><td>barrio moderno
bulevares asfaltados</td><td>barrio humilde y remoto
calles de tierra</td></tr>
<tr><td colspan="2">almacén viejo y sombrío</td></tr>
<tr><td colspan="2">estanterías / caja registradora / balanza de pesas / mercancía
olor picante y agridulce a jabón amarillo, a aserrín, a vinagre, a aceitunas, a acaroína
la voz del patrón
los quehaceres del dependiente
calles de tierra / lodazal</td></tr>
</table>

2. Durch die Wahrnehmungen des Señor Epidídimus wird eine zyklische Erzählstruktur hergestellt. Er sieht, riecht und hört das, was er auch als Junge wahrgenommen hat. Die Erinnerung wird lebendig und bemächtigt sich seiner.
Vista: Ve el interior del almacén y todos los objetos que en su juventud había en él (SB S. 253, Z. 13–16)
Olfato: Huele a aserrín húmedo, a vinagre (olor picante y agridulce) (SB S. 253, Z. 17–19)
Oído: Oye la voz del patrón (SB S. 253, Z. 22)

3. Es geht in der *actividad* nicht darum, dass die Schülerinnen und Schüler dieselben sinnlichen Wahrnehmungen haben wie Epidídimus, sondern vor allem darum, sich zu vergegenwärtigen, dass beim Betreten eines alten Hauses alle Sinne wach werden, die Fantasie geweckt wird und Bilder auftauchen.
Mögliche Äußerungen: Se me vinieron a las mientes las personas que han vivido en la casa. / Creí oler su comida. / No he pensado en las personas sino que percibí un olor a casa deshabitada, húmeda. / Las percepciones de Epidídimus son las de su infancia. / Mantiene todas las percepciones de su infancia. / En las tiendas pequeñas en Turquía o España a veces huele como lo describe Denevi. / Se puede decir que las tiendas viejas tienen su perfume especial de antaño. / Los olores se quedan durante años en la memoria. / Los olores se fijan en la memoria y se despiertan si se vuelve a oler algo de hace años. / Se sabe que la memoria del olfato es una de las más duraderas.

4° paso
1. A partir de esta frase dejan de funcionar „las pautas de la lógica“ (SB S. 249, Z. 46) y se entremezclan el pasado y el presente de manera que el pasado se apodera del presente, reemplazándolo.

2. Epidídimus ha vuelto a su niñez; el patrón le manda y le riñe, Epidídimus hace los trabajos de un aprendiz, obedeciendo sin contradecirle a su patrón; la vuelta al pasado no sólo la experimentan Epidídimus y la tienda, sino también todo el barrio.

3. El pasado y el presente se mezclan a través de los recuerdos y las nostalgias de Epidídimus. De repente, ha regresado a la época de su niñez y vuelve a vivir su vida de dependiente de almacén. Se puede decir que el omnipotente magnate de finanzas tiene la posibilidad de cumplirse todos los deseos, pero el deseo de volver al pasado se independiza. Como consecuencia, Epidídimus no sólo pierde el poder de controlarlo todo sino que debe someterse otra vez a la voluntad de otra persona.

4. Para Cortázar las pautas de la lógica y de la casualidad del tiempo están sacudidas. Esto lo hemos comprobado en el cuento: primero el pasado y el presente se distinguen perfectamente, luego se entremezclan y al final el pasado se vuelve realidad sobreponiéndose al presente. / Entre el pasado y el presente se percibe un intersticio que hace imposible explicar con lógica la diferencia entre presente y pasado.

1.4 Un momento de estremecerse y sorprenderse (SB S. 254/255)

Didaktisch-methodische Hinweise

Die vorgeschlagene Leseverzögerung (zur Beschreibung der Methode vgl. S. 295/296) über die Füllung von Lücken ist bei diesem komplexen Text vornehmlich für fortgeschrittene Lerngruppen geeignet. Der Text erschließt sich nicht beim ersten Lesen. Die Verlückung hat den Vorteil, dass das Fantastische und das Überraschende zunächst ausgeklammert werden.
Anstelle des Lückenfüllens kann auch das Hörverstehen in den Mittelpunkt gestellt werden. Die wörtliche Wiedergabe der fehlenden Lexeme bzw. Syntagmen kann nicht verlangt werden, wohl aber das Heraushören aller oder einiger fantastischer Elemente und der Tenor des Textes. Herausgearbeitet werden sollte das Spezifikum dieses *relato*, das in dem Schaudern (*gorda araña negra*), dem Außer-Kraft-Sein der Gesetze der Physik (*La bola cae como si fuera de plumas, rebota sin ruido en el umbral y le salta hasta el pecho*), dem Alptraum des Nicht-Wegkommens von einem Ort (*zapatos pegados al suelo*), der unerklärlichen Angst vor dem Zurückblicken (*no debe mirar hacia atrás porque...*) liegt.
Logische Erklärungen gibt es für das Geschehen nicht.

Julio Cortázar: Esbozo de un sueño (SB S. 254)

Text: Erzählung
Wortzahl: 347
Schwierigkeitsgrad: *****
Inhalt: „Esbozo de un sueño" schildert einen Traum im Traum. Während der erste sich schnell als *pesadilla* mit vielen beunruhigenden, Angst erregenden Elementen entpuppt, ist der zweite angenehm und realistisch.
Die Erzählung beginnt mit dem Albtraum: Schon während des langen Weges zum Haus seines Onkels hat der Ich-Erzähler seltsame Empfindungen, so als solle er von dem Besuch abgehalten werden. Beim Onkel angekommen, betätigt er den Türklopfer, der sich in eine dicke schwarze Spinne verwandelt. Die Unterhaltung zwischen Onkel und Neffe ist bizarr. Er verlässt den Onkel mit einem Gefühl der Beklemmung, kommt erleichtert zu Hause an, legt sich hin und träumt davon, mit seiner Freundin einen Ausflug zum „Tigre" zu machen, wo sie rudern und *chorizo* essen.

Didaktisch-methodische Hinweise

Die Erzählung schildert einen Albtraum, an dessen Ende ein schöner Traum steht. Die *pesadilla* entwickelt sich aus einem Alltagsgeschehen, nämlich dem Besuch eines jungen Mannes bei seinem Onkel. Beunruhigende Dinge geschehen schon auf dem Weg: Die Füße scheinen auf der Straße zu kleben, ein Türgriff verwandelt sich in eine hässliche schwarze Spinne, Neffe und Onkel versuchen ohne Erfolg, Gemeinsamkeit durch das Rauchen einer Zigarette zustande zu bringen. Erleichterung findet der Neffe erst auf dem Heimweg.
Wieder zu Hause geht er zu Bett und träumt den Traum im Traum. Er führt ihn zu seiner Freundin, mit der er einen schönen Ausflug macht.
Die kurze Erzählung spielt mit menschlichen Urängsten: Die Spinne ist das Tier, das viele Menschen in ein irrationales Entsetzen verfallen lässt, die am Boden klebenden Schuhe versinnbildlichen die Furcht vor dem, was im nächsten Moment geschehen kann, ein vollgestellter Raum lässt einen Platzangst bekommen. Das Gegengewicht gegen das Grauen bildet der schöne Traum von der Freundin und einem entspannten Tag im Ruderboot auf dem Tigre. – Hier kann auf die Bilder (SB S. 246) Bezug genommen, auf denen Idylle und Grauen verknüpft mit Elementen des Fantastischen sichtbar werden.

Originaltext

Der vollständige Text:
Bruscamente siente gran deseo de ver a su tío y se apresura por callejuelas y empinadas que parecen esforzarse por alejarlo de la vieja casa solariega. Después de largo andar (pero es como si tuviera los zapatos pegados al suelo) ve el portal y oye vagamente ladrar un perro, si eso es un perro. En el momento de subir los cuatro gastados peldaños, y cuando larga la mano hacia el llamador que es otra mano que aprieta una esfera de bronce, los dedos del llamador se mueven, primero el meñique, y poco a poco los otros que van soltando interminablemente la bola de bronce. La bola cae como si fuera de plumas, rebota sin ruido en el umbral y le salta hasta el pecho, pero ahora es una gorda araña negra. La rechaza con un manotón desesperado, y en ese instante, se abre la puerta: el tío está de pie sonriendo sin expresión, como si desde mucho antes esperara sonriendo detrás de la puerta cerrada. Cambian algunas frases que parecen preparadas, un ajedrez elástico, "Ahora yo tengo que contestar..." "Ahora él va a decir..." Y todo ocurre exactamente así. Ahora están en una habitación brillantemente iluminada, el tío saca cigarros envueltos en papel plateado, y le ofrece uno. Largo rato busca los fósforos, pero en toda la casa no hay fósforos ni fuego de ninguna especie; no pueden encender los cigarros, el tío parece ansioso de que la visita termine, y por fin hay una confusa despedida en un pasillo lleno de cajones a medio abrir, y donde apenas queda lugar para moverse.
Al salir de la casa, sabe que no debe mirar hacia atrás porque... No sabe más que eso, y se retira rápidamente, con los ojos fijos en el fondo de la calle. Poco a poco se va sintiendo más aliviado. Cuando llega a su casa está tan rendido que se acuesta en seguida, casi sin desvestirse. Entonces sueña que está en el "Tigre" y que pasa todo el día remando con su novia y comiendo chorizos en el recreo *Nuevo Toro*.

http://www.elcastellano.pl/ebooks/Cortazar,%20Julio%20-%20Historia%20De%20Cronopios%20Y%20De%20Famas.pdf

Actividades SB S. 255, Lösungsvorschläge

1. 1. Zeile: ✓; 2. Zeile: falso ('largo andar'); 3. Zeile: ✓; 4. Zeile: falso: abre en el momento en que toca el llamador; 5. Zeile: falso: el tío sonríe; cambian unas frases; 6. Zeile: falso: no se sientan, pero sí, el tío le ofrece un cigarro, pero faltan los fósforos (las cerillas); 7. Zeile: es correcto que busca las cerillas, pero no las encuentra; 8. Zeile: No, el tío parece contento de que se vaya; 9. und 10. Zeile ✓

2. *Hinweis:* Die Aufgabe ist vorgesehen für fortgeschrittene Lerngruppen, die bereits Erfahrung mit literarischer Kurzprosa haben. Bevor man in die Aufgabe einsteigt, ist es möglich, Assoziationen zu sammeln, die mit dem Begriff *sueño* verbunden werden. Dabei sollte auch auf Cortázar zurückgegriffen werden (z. B. extrañamiento, fantástico, sentimiento, sensibilidad, cama, excepcional).
Naheliegendes Begriffspaar: sueño – pesadilla
sueño
ilusión – visión – espejismo – irrealidad – ficción
vivencias agradables, amor / sentimiento de satisfacción / mujer bonita / hombre guapo / cantante célebre
hacer algo agradable / estar en un lugar hermoso / sentir la cercanía de una persona querida / escuchar melodías gratas
pesadilla
miedo – temor – opresión – congoja – disgusto – horror
persecución / ataques de personas violentas / sentirse abandonado / ver animales espantadores como arañas, ratas, culebras

Mögliche Lesart:
Bruscamente siente gran deseo de ver a su tío y se apresura por callejuelas y empinadas *sumergidas en una luz blancuzca / lleno de alegría* ~~que parecen esforzarse por alejarlo de la vieja casa solariega~~. Después de largo andar, *ya cansado y hambriento / que parecía no terminar* ~~(pero es como si tuviera los zapatos pegados al suelo)~~ ve el portal y oye de *cerca* ~~vagamente~~ ladrar un perro, ~~si eso es un perro~~ grande y negro. En el momento de subir los cuatro gastados peldaños, y cuando larga la mano hacia el llamador que es otra mano que aprieta una esfera de bronce, *se le pone piel de gallina* ~~los dedos del llamador se mueven, primero el meñique, y poco a poco los otros que van soltando interminablemente la bola de bronce. La bola cae como si fuera de plumas, rebota sin ruido en el umbral y le salta hasta el pecho, pero ahora es una gorda araña negra. La rechaza con un manotón desesperado, y~~ en ese instante, se abre la puerta: el tío está de pie sonriendo *mecánicamente* ~~sin expresión~~, como si desde mucho antes esperara sonriendo detrás de la puerta cerrada. Cambian algunas frases que parecen preparadas, *"Buenos días, tío, tanto tiempo sin verte", "Buenos días, sobrino, mucho gusto"* ~~un ajedrez elástico, "Ahora yo tengo que contestar..." "Ahora él va a decir..." Y todo ocurre exactamente así.~~ Ahora están en una habitación brillantemente iluminada, el tío saca cigarros envueltos en papel plateado, y le ofrece uno. Largo rato busca los fósforos, pero en toda la casa no hay fósforos ni fuego de ninguna especie; no pueden encender los cigarros, el tía parece ansioso de que la visita termine, y por fin hay una confusa despedida en un pasillo lleno de cajones a medio abrir, y donde apenas queda lugar para moverse.
Al salir de la casa *antigua / irreconocible*, ~~sabe que, no debe mirar hacia atrás porque... No sabe más que eso, y~~ se retira rápidamente, con los ojos fijos en el fondo de la calle. Poco a poco se va sintiendo más aliviado. Cuando llega a su casa está tan rendido que se acuesta en seguida, casi sin desvestirse. Entonces sueña que está en el "Tigre" y que pasa todo el día remando con su novia y comiendo chorizos en el recreo *Nuevo Toro.*

http://www.elcastellano.pl/ebooks/Cortazar,%20Julio%20%Historia%20De%20Cronopios%20Y%20De%20Famas.pdf

3. und 4. individuelle Lösungen

1.5 El motivo del "Doppelgänger", del doble (SB S. 255–257)

Mario Benedetti: El Otro Yo (SB S. 255/256)

Text: Erzählung
Wortzahl: 327
Schwierigkeitsgrad: **
Inhalt: Der Protagonist Armando hat ein anderes Ich, das eines Tages nach einem Streit mit ihm Selbstmord begeht. Armando fühlt sich erleichtert, da das andere Ich ihn durch seine Andersartigkeit immer etwas gestört hat. Er geht nach einer Zeit der Trauer auf die Straße und muss feststellen, dass seine Freunde ihn nicht wahrnehmen und von ihm als von einem Toten sprechen.

Didaktisch-methodische Hinweise

Armando und sein *Otro Yo* sind zwei Seiten einer Medaille. Sie sind nicht als zwei voneinander getrennte Personen zu sehen, sondern als Verbund. Fehlt der eine Teil, ist auch der andere nicht mehr sichtbar. Das weiß der vulgäre Armando nicht. Er erfährt es erst, als ihn seine Freunde nicht mehr wahrnehmen. Aber auch dann ist er nicht erkenntnisfähig, weil er zu wahrer *nostalgia* und *melancolía* nicht in der Lage ist. Diese sind mit seinem anderen Ich, das von den Freunden als Armando identifiziert wird, verschwunden.
Um in vollem Umfang wahrnehmungsfähig zu sein, darf der Protagonist sich nicht nur auf la *inteligencia razonante* (Cortázar, l. 14/15) stützen, sondern er benötigt *una sensibilidad preparada a ese tipo de experiencias* (Cortázar, l. 41), also ein *sentimiento de lo fantástico* (Cortázar, p. ej. l. 26). Ohne dieses kann er die Reaktion der Freunde nicht verstehen und er muss an seiner Unvollkommenheit verzweifeln.
Dass ihn die Freunde wie seinen Doppelgänger (besser als sein *alter ego*) sehen, ergibt sich aus der Zuordnung der Qualitäten und der Ereignisse zum Namen:

- Die Freunde trauern um Armando; gestorben ist aber sein *doble*.
- Die Freunde erinnern an seine Stärke und Gesundheit; den robusten Armando nehmen sie aber nicht wahr.

Damit finden wir hier, wie in manchen anderen *cuentos de tipo fantástico*, die Struktur des Chiasmus vor: Zwischen Anfang und Ende wird ein Identitätswechsel vorgenommen zwischen Armando und seinem *Otro Yo*. Dieser zeigt sich dann, wenn der Perspektivwechsel vom Erzähler zum Kommentar der Freunde erfolgt.
Vielleicht soll diese Konfusion auch etwas erhalten bleiben, ist sie Teil eben dieses *viento interior*, von dem Cortázar spricht und der dafür sorgt, dass *todo lo que nuestra inteligencia acepta desde Aristóteles como inamovible, seguro y tranquilizado se ve bruscamente sacudido* (Cortázar, l. 47/48).

Actividades SB S. 256/257, Lösungsvorschläge

1er paso

Hinweis: Die Lösung zu a) lässt auch die gegenteilige Antwort zu, da, bedingt durch die chiastische Struktur der Erzählung, die beiden Protagonisten Armando und sein *Otro Yo* ihre Identität austauschen, d. h., Armando zum *Otro Yo* wird und damit stirbt.
a) sí (no); b) sí; c) no; al Otro Yo le gusta ser melancólico y sentimental. d) no; Mozart le encanta al Otro Yo; e) no; Armando lo insulta concienzudamente. f) sí; g) sí; h) no; los amigos no le ven. i) no; no puede, ya que la melancolía se la ha llevado su doble; j) Armando ya está muerto

2° paso

1. *Hinweis:* Die Unterschiede äußern sich deutlich im Gegensatz von *vulgar* und *melancólico*. Die Merkmale beider Personen ergänzen sich, da keiner ohne den anderen existieren kann: Nach dem Tod seines Doppelgängers wird auch Armando nicht mehr wahrgenommen und existiert nicht länger als soziales Wesen.
insultó ↔ lloraba con desconsuelo
lucir su nueva y completa vulgaridad ↔ se había suicidado
no pudo sentir auténtica melancolía ↔ porque toda la melancolía se la había llevado el Otro Yo.

2. Die Distribution der Vergangenheitstempora markiert klar die Anteile an Deskription und fortlaufender Aktion (bis Z. 9: descripción ⇒ imperfecto; acción ⇒ indefinido). Die Beschreibung

Armandos und des *Otro Yo* ist notwendig, damit die Handlung sich entwickeln und zum Identitätstausch führen kann. Dieser Identitätstausch führt dazu, dass die bisher klar markierten Eigenschaften Armandos (und seines *Otro Yo*) verwischen und nicht mehr in vollem Umfang zur Geltung kommen können (vgl. den letzten Satz des *cuento*).

3er paso

Vgl. hierzu z. B. SB S. 249, Z. 29–35: Die Bereiche, die als *perfectamente delimitadas y separadas* (Z. 32) gelten, verlieren ihre allgemeine Gültigkeit durch die *intersticios* (Z. 32), die sich einem logischen Zugriff entziehen und durch die sich die Welt des Fantastischen öffnet. Der vulgäre Armando, der vor seinen Freunden angeben will, lebt in deren Erinnerung als sein Doppelgänger fort, was zu seinem existenziellen Zweifel führt (=> *sintió a la altura del esternón un ahogo*). Die *pautas de la lógica* (Z. 46) werden durch den *viento interior* abgelöst.

1.6 Interferencia entre ficción y realidad (SB S. 257/258)

Borges y yo (SB S. 257)

Actividades SB S. 257, Lösungsvorschläge

1. El cuadro (espejo) y la persona no son idénticos, aunque son la misma persona. La persona delante del espejo no mira directamente al espejo. Se la ve de perfil. Así que el espectador cree ver a dos personas idénticas, pero la una no es la imagen reflejada de la otra.

2. Parecido al cuento de Benedetti, se trata de la separación de una persona en dos que se complementan e incluso se entremezclan.

José Luis Borges: Borges y yo (SB S. 257/258)

Text: Erzählung
Wortzahl: 318
Schwierigkeitsgrad: ****
Inhalt: Der Ich-Erzähler vergleicht sich mit seinem Doppelgänger, dem berühmten Schriftsteller Borges, und beschreibt, wie er sich selbst und wie er Borges sieht. In vielen Hinsichten haben sie dieselben Interessen, auch wenn die Art der Wahrnehmung und der Reaktion sie unterscheidet. Der Ich-Erzähler wirft Borges Eitelkeit vor, aber er will nicht von Feindschaft sprechen. Es steht fest, dass es schwer ist, die Identität als Individuum zu finden, und je mehr er es versucht, umso mehr verwandelt er sich in einen Teil von Borges, bis er am Ende nicht mehr weiß, wer wer ist.

Didaktisch-methodische Hinweise

Eine scharfe Trennung der Identitäten zwischen den beiden Protagonisten Borges und dem Ich-Erzähler ist nicht möglich, auch wenn beiden jeweils andere Eigenschaften und Vorlieben zugewiesen werden. Der Erzähler selbst löst die Spannung nicht auf und schon gar nicht der Autor Borges.
Borges spielt offensichtlich mit den Lesern und macht sich lustig über literaturwissenschaftliche Bemühungen, indem er die Ebenen des Fiktiven und des Realen vermischt und zusätzliche Verwirrung stiftet durch die Wahl seines eigenen Namens für den Protagonisten.

Actividades SB S. 258, Lösungsvorschläge

1. a)

yo	Borges	ambos
• camino... y me demoro... para mirar el arco... • Me gustan los relojes de arena... • ...yo me dejo vivir – – → y esa literatura me justifica.	• ...su nombre en una terna de profesores... • ...de un modo vanidoso... • para que Borges pueda tramar su literatura ← – – ...y todo es del olvido, o del otro	• ...comparte esas preferencias... • ...sólo algún instante de mí podrá sobrevivir en el otro.

b) El "yo" depende de "Borges", a pesar de su afán de liberarse de su doble famoso, que le parece presumido y vanidoso, calidad que no quiere compartir. Pero todo intento de independización ("mi vida es una fuga") es en vano, ya que los dos son inseparables ("No sé cuál de los dos escribe esta página").

2. Hier könnten das in 1. a) skizzierte Unwohlsein des *yo* und die von ihm unterstellte Überheblichkeit von Borges aufeinanderprallen. Dabei können die Vorstellungen von privatem (*yo*) und öffentlichem (Borges) Leben gegenübergestellt werden, wobei das öffentliche Leben dem privaten immer weniger Raum lässt, sehr zum Leidwesen des *yo*. (Vgl. z. B.: *Poco a poco voy cediéndole todo, aunque me consta su perversa costumbre de falsear y magnificar.* SB S. 258, Z. 13/14). Die Unterlegenheit des *yo* gegenüber Borges manifestiert sich in der Hilflosigkeit seiner Vorwürfe (*perversa; falsear; magnificar*) gegenüber seinem *doble*.

3. *Hinweis:* Wichtig ist die Vermengung von Realem und Fantastischem zu einer neuen „Realität", die komplexeren Regeln folgt als denen der Logik; individuelle Lösungen

2 El tema de la represión en la narrativa comprometida hispanoamericana (SB S. 259–264)

In diesem Teilmodul werden Erzählungen vorgestellt, die sich auf die Epoche der Militärdiktaturen in vielen Staaten Lateinamerikas beziehen. Dabei ist es unerheblich, ob die Autoren sich etwa auf die Militärdiktatur in Uruguay beziehen (1973 bis 1985; zwölfjährige Diktatur, Entführung und Ermordung von mindestens 200 Menschen), Argentinien (1976 bis 1982; während der *guerra sucia* Entführung und Ermordung von mindestens 30.000 Oppositionellen) oder Chile (1973 bis 1990, vgl. auch SB S. 225–245, Teilmodul „Ariel Dorfman: *La muerte y la doncella*"). Die diktatorischen Regime in Lateinamerika verfolgten und töteten damals gemeinsam Oppositionelle, Regimegegner und unliebsame Mitmenschen im Rahmen der sogenannten „Operation Cóndor". Besonders grausam waren die Entführungen von oft in Gefangenschaft geborenen Kindern, die den Müttern fortgenommen und mit gefälschten Papieren an Regimetreue gegeben wurden. Die Aufklärung dieser Kindesentziehungen dauert an.
Kenntnisse der Vorgänge während der Militärdiktaturen sind zum Verständnis der *relatos* nicht zwingend erforderlich, da diese auch so verstanden werden. Es ist aber auch möglich, dass Schülerinnen und Schüler sich selbstständig Wissen aneignen und etwa in Form von kurzen Impulsreferaten weitergeben. Im Internet finden sich zahlreiche Seiten mit Dokumenten und *testimonios* zu den Militärdiktaturen Lateinamerikas.
Nützliche Internetadressen:
http://www.bbc.co.uk/languages/spanish/news/politics/dirty_war.shtml (*testimonio* mit Tondokument)
http://www.me.gov.ar/efeme/24demarzo/dictadura.html (übersichtliche und informative Seite zur Militärdiktatur in Argentinien)
http://www.memoriaviva.com/quienes_somos.htm (übersichtliche Seite zu Pinochet, zur Militärdiktatur in Chile und zu Menschenrechtsverstößen; mit zahlreichen *testimonios*)

SB Seite		
259–264	**2**	**El tema de la represión en la narrativa comprometida hispanoamericana**
259/260	2.1	Secuelas de una época fúnebre
259		Mario Benedetti: Contestador automático
260–262	2.2	La fábula como género literario de crítica social
260/261		Marco Denevi: La Hormiga
262–264	2.3	Encerrado en un cuarto
262		Un día en que ...
263		Juan José Arreola: Autrui

2.1 Secuelas de una época fúnebre (SB S. 259/260)

Mario Benedetti: Contestador automático (SB S. 259)

Text: Erzählung
Wortzahl: 443
Schwierigkeitsgrad: ****
Inhalt: Die Stimme des Protagonisten Juan Alberto ist auf dem Anrufbeantworter des Folterers Abilio zu hören, der Juan Alberto vor fünf Jahren ermordet hat. Er rechnet mit ihm ab, wirft ihm seine Gräueltaten an ihm, Juan Alberto, und an seiner Familie vor und prophezeit ihm, dass er keine Ruhe mehr finden wird.

Didaktisch-methodische Hinweise

Der Protagonist Juan Alberto steht exemplarisch für die zu Tode Gefolterten. Der Folterer und sein Opfer gehören verschiedenen Welten an, die nur über den seelenlosen *contestador automático* – und hier nur einseitig – in Kontakt treten können. Ob Abilio die Botschaft wahrnehmen wird, bleibt offen. Vielleicht bleibt Juan Albertos einzige Genugtuung, dass auch der Mörder im Nichts verschwinden wird: *Una pradera gris. Sin aleluyas. Gris.* (Z. 37). Der totale Schrecken lässt nur Hoffnungslosigkeit übrig. Möglicherweise zeigt sich so auch ein fundamentaler Zweifel an der Möglichkeit der Gerechtigkeit.
Es bleiben weitere Fragen offen oder sie sind nicht eindeutig zu beantworten, aber dies ist die Absicht des Genres. Hier bietet sich die Möglichkeit der Diskussion im Kursverband.

Actividad SB S. 259, Lösungsvorschlag

1. *Hinweis:* Der Anfang des Telefonats verrät noch nichts über die Art der Beziehung zwischen einem Opfer und seinem Folterer. Es könnte auch der Versuch einer Kontaktaufnahme nach langer Zeit sein. Damit wird die Erwartungshaltung der Leserinnen und Leser absichtlich auf eine falsche Spur gelenkt, um durch den darauf folgenden Überraschungseffekt, den die tatsächliche Art der Beziehung zwischen Juan Alberto und Abilio hervorruft, die Wirkung der Aussage zu steigern.
Mögliche Schülerantworten: Después de la lectura de las primeras cuatro líneas pueden hacerse las siguientes observaciones: Juan Alberto y Abilio se conocen desde hace muchos años. Juan Alberto quiere reanudar el contacto interrumpido durante un par de años. Parece haber sido una relación amistosa.
nützlicher link zu Benedetti und Militärdiktatur: www.monografías.com/trabajos10/mili/mili.shtml (letzter Zugriff: 26.08.2007)

Actividades SB S. 260, Lösungsvorschläge

1. En efecto Juan Alberto y Abilio se conocían, pero su relación no era nada amistosa sino la de un verdugo y su víctima, de torturador y torturado.
2. a) torturador; verdugo; ejecutor (vocacional), etc.; b) un misterio; c) enfrentamientos; d) las vidas familiares de sus víctimas; e) tiene mucha capacidad; f) ejecutor vocacional; g) de la muerte

3. castigo – rencor – traicionar – amenaza de muerte, como pan cotidiano – picanear – verdugo – etc.
Se evoca la imagen de una sociedad que sufre bajo un sistema totalitario, represivo e injusto donde el individuo no tiene derechos, sino que es amenazado por la persecución y la tortura.

4.
a) Abilio es el personaje negativo modelo: traiciona, vende a conocidos y amigos, se infiltra, destruye, le gusta torturar => es un sádico, un ejecutor vocacional.
b) Juan Alberto es víctima, es buena persona que no hace daño a nadie *(Nunca tuve enfrentamientos directos contigo)*. Siempre es pasivo, entregado a la maldad de Abilio y otros matones del sistema.
c) *Hinweis:* Hier ist auf einen sach- und adressatengerechten Vortrag zu achten, bei dem die Ergebnisse möglichst frei, ohne abzulesen und mit Blickkontakt zum Auditorium präsentiert werden sollen.

5. El contestador automático subraya el anonimato y la impersonalidad del sistema que funciona por sí mismo, automáticamente, una vez puesto en marcha.

6. Los manifestantes de la pintada corren el riesgo de ser encarcelados, torturados y masacrados como Juan Alberto. Esta amenaza se muestra en las rejas de una cárcel y los bultos anónimos a la derecha. En las pancartas se leen las causas por las cuales se manifiestan: represión, hambre, pobreza, injusticia.

2.2 La fábula como género literario de crítica social (SB S. 260–262)

Marco Denevi: La Hormiga (SB S. 260/261)

Text: Erzählung
Wortzahl: 270
Schwierigkeitsgrad: ***
Inhalt: Die Fabel handelt von einer Ameise, die eines Tages den Weg aus dem autarken, von der Umwelt abgeschlossenen und der *Gran Hormiga* beherrschten Ameisenstaat entdeckt, ihn beschreitet und zum ersten Mal die Natur erblickt. Als sie in den Bau zurückkehrt und begeistert von ihren Erlebnissen berichtet, halten die anderen Ameisen sie für verrückt und töten sie.

Actividades SB S. 261/262, Lösungsvorschläge

1er paso

a) progresista; b) vegetal artificial; c) hojalata; d) salvarse del fuego, del veneno, de las nubes insecticidas; e) ampliar los hormigueros; f) una sola Gran Hormiga; g) haber franqueado los límites del Gran Hormiguero; h) una boca de salida; i) palpita; j) talar, a cortar y a comer; k) volver al Gran Hormiguero con la noticia; l) lo que ha visto; m) la matan

2° paso

1.

expansión de galerías ⇒ Gran Hormiguero ⇒ Gran Hormiga tapia a cal y canto Gran Hormiguero = Gran Universo	luz; mañana; jardín; tallos, hojas, ...una rosa amarilla despertar de instintos Gran Universo

2. a) es la dictadora; b) es el universo que limita la percepción de las hormigas: más allá no hay nada; c) se sorprende; de repente sigue sus instintos nuevamente despertados; d) desde dentro: peligro (⇒ fuego; veneno; nubes de insecticidas); desde fuera: aventura; satisfacción (⇒ se da un atracón); libertad ilimitada; e) no le creen; la toman por loca, ya que traspasa los límites de sus convicciones, tradiciones y su horizonte, lo que significa blasfemia y pecado / quieren mantener su mundo seguro / la mayoría se dirige contra el individuo

3. inventaron / era / relevaba / salvaban / es / tiende / había / era / expandían / entrecruzaban / terminaban / eran / sucedían / habían / incurrían / extravió / distinguió / aproximó / descubrió / había / salió / vio (4x) / despertaron / abalanzó / empezó / dio / decidió / buscó / trató / había / comprendieron / creyeron / había / mataron
El uso del presente evoca un efecto más directo, menos distanciado y permite así presenciar la aventura de la hormiga.

3er paso

1. La fábula permite expresar puntos de vista, que en un sistema dictatorial serían perseguidos y castigados, por ejemplo, por la censura. Las hormigas representan una sociedad colectiva, sin dar lugar a ninguna forma de individualismo. El que no sigue el camino de todos, tiene que morir.

2. El porqué: véase actividad 1. Denevi quiere subrayar la necesidad de la experiencia y vivencias individuales, para que una sociedad pueda desarrollarse y prosperar.

2.3 Encerrado en un cuarto (SB S. 262–264)

Un día en que... (SB S. 262)

Hinweis zum Einsatz der Fotos

Die Fotos können für die inhaltliche Vorentlastung und eventuelle Vorgestaltung dienen oder nur am Ende der Arbeit eingesetzt werden, um sichtbar zu machen, wie der Radius des *yo narrador* immer weiter eingeschränkt wird. *Beispiel:* En las fotos (SB S. 262) vemos tres escenas que reflejan etapas de la persecución del yo narrador y de la creciente estrechez del espacio en que vive.

Actividad SB S. 262, Lösungsvorschlag

La primera *foto* representa una escena en una calle céntrica de una ciudad argentina – se distinguen las palabras *el gran diario argentino*, seguramente de Buenos Aires. Algunas personas cruzan la calle, una de ellas va en dirección opuesta a las demás. Va vestida de deportista, mientras que las otras visten de manera cotidiana.
La segunda foto muestra un bloque de pisos tan grises y tristes como el ambiente lúgubre. No hay personas, todo parece vacío y casi abandonado.
La última foto muestra parte de una habitación escasamente amueblada que refleja la misma pobreza que la foto anterior. Pero como no es una aglomeración de muchas habitaciones sino sólo una, provoca aún más un sentimiento de malestar. Puede tratarse de una celda.
Un diario puede ser útil cuando uno no tiene contactos con otros o cuando uno quiere ordenar / explicar sus pensamientos o sentimientos.
Es un monólogo sobre lo que le mueve a uno. A veces se trata el diario como si fuese una persona, tratándolo de tú y dirigiéndose directamente a él escribiendo "Querido diario".

Juan José Arreola: Autrui (SB S. 263)

Text: Erzählung
Wortzahl: 278
Schwierigkeitsgrad: ***
Inhalt: Der Ich-Erzähler berichtet von einer Woche, in der er sich von einem Unbekannten namens Autrui immer mehr verfolgt und eingeengt fühlt, bis er sich schließlich am Ende der Woche eingemauert in seiner Zelle auflöst.

Actividades SB S. 264, Lösungsvorschläge

1. Reihenfolge:

a) ① *Lunes.* Sigue la persecución...; ④ *Martes.* Caminaba hoy...; ③ *Miércoles.* Mi vida...; ⑦ *Jueves.* De un momento...; ② *Viernes.* Pasé todo...; ⑥ *Sábado.* Ahora desperté...; ⑤ *Domingo.* Empotrado en...; ⑧ A nadie...
Textsignale:
Lunes: Sigue la persecución – encarcelarme
Martes: lugares desacostumbrados – laberinto – callejón sin salida
Miércoles: estrecha zona – barrio mezquino – bloquearme...
Jueves: Encerrado en mi cuarto – me desnudo bajo la mirada de Autrui
Viernes: ...en casa, incapaz de la menor actividad – cierta especie de anillo
Sábado: ...dentro de un cartucho hexagonal – mi confinación es obra de Autrui
Domingo: Empotrado en mi celda, entro lentamente en descomposición

b) individuelle Lösungen

2.

a) El radio de acción del protagonista se limita cada vez más / se va limitando paulatinamente. / Autrui no actúa directamente, sus acciones se manifiestan sólo en las reacciones del Yo.

b) Los protagonistas son un Yo, que es víctima del otro, de Autrui, que sólo aparece en las reacciones del Yo. Su contacto es indirecto, sólo lo llegamos a conocer a través del estado cada vez más encerrado del Yo y de sus comentarios. Estos revelan que Autrui es omnipresente y omnipoderoso. La única posibilidad de ofrecerle resistencia se muestra en la última línea: El Yo tiene que descomponerse por completo para quizá llegar a ser un peligro para Autrui.

3. Die Kurve wird bis zum Ende ansteigen und zeigt dort den höchsten Grad an Isolation./Am Ende ist er zwar völlig isoliert, aber er akzeptiert das, wodurch er sich der Beherrschung durch Autrui entzieht.

Mögliche Schülerantworten: Al principio del martes se encuentra todavía en la ciudad yendo por calles y plazas. Se siente despreocupado. Pero poco a poco los pasos dejan de obedecerle y su entorno se convierte en laberinto. El aislamiento se intensifica, lo que revelan las palabras *laberinto*, o sea, un lugar del que no pude escapar, y *callejón sin salida,* peor que laberinto, porque ni siquiera se tiene la ilusión de poder encontrar salida. El miércoles su ámbito se reduce a una zona limitada de un barrio mísero. No puede escapar a las grandes avenidas, símbolo de libertad e independencia. Estando fuera tendría la posibilidad teórica de encontrar a otra persona. El jueves ya no está fuera sino dentro de su habitación, en su cama. La palabra clave es *encerrado*. No tiene la posibilidad de establecer ningún contacto con otra persona. Sólo Autrui lo persigue inmovilizándolo con su mirada. El aislamiento parece total. El viernes, la situación va empeorando considerablemente porque ya no se puede mover lo que antes todavía podía. Se siente atado. Su radio de acción se va disminuyendo cada vez más. El sábado ya no está en la habitación sino en un estuche igual de grande que el cuerpo. El aislamiento es absoluto. No hay salida. A pesar de la persecución, la restricción y la incomunicación el Yo no articula miedo ante Autrui al que llama *enemigo*. Poco a poco el cuerpo se va descomponiendo. Durante este proceso se opone a Autrui al aceptar su muerte sin lamentar.

4.

a) Se trata de un modelo de sociedad en que reinan un control total del individuo y represiones arbitrarias. No llegamos a saber por qué el Yo sufre esta persecución y esta limitación de su espacio y consecuentemente de su existencia. Quizá antes del comienzo del cuento el Yo puede haberse solidarizado con alguna reivindicación que ha molestado a los poderosos.

b) vgl. 2. b)

5. El arte permite expresar en forma de discusión o análisis lo que se sufre por las limitaciones de la libertad individual y social. También puede llamar a la resistencia y llegar a ser un símbolo de los valores y derechos (humanos) usurpados por la(s) dictadura(s).

3 La comunidad latina en EEUU reflejada en la literatura (SB S. 265–275)

SB Seite	
265–275	**3 La comunidad latina en EEUU reflejada en la literatura**
265–267	**3.1 Un vistazo al mundo de Mango Street**
265/266	**3.1.1 "Risa" – hermanas entre sí**
265	Un cuestionario
265	Sandra Cisneros: Risa
266/267	**3.1.2 Un hogar en Mango Street**
266	Fragmentos de: Sandra Cisneros, La casa en Mango Street
266	Mi nombre
266	No speak English
267	Geraldo sin apellido
267–274	**3.2 El destino de Esperanza, Mamacita y Geraldo – autoaprendizaje en un puzzle de expertos**
268–273	**3.2.1 Historias de latinos en Mango Street – fase de elaboración**
268	Grupo 1: Mi nombre
270	Grupo 2: No speak English
272	Grupo 3: Geraldo sin apellido
274	**3.2.2 Los personajes de Mango Street con sus valores y preocupaciones – fase de presentación**
275	**3.3 Autoevaluación**
275	Sandra Cisneros: Gil compraventa de muebles

Im Mittelpunkt dieses Teilmoduls steht die literarische Darstellung der Lebensentwürfe von *inmigrantes latinos* in den USA. Daher ist es in besonderer Weise dem Interkulturellen Lernen verpflichtet.
Den Kern des Teilmoduls stellt ein Expertenpuzzle dar. Der Schwerpunkt der Fertigkeitsschulung liegt auf den Teilanforderungen des *comentario de texto*. Inhaltlich-thematisch soll durch die Auswahl der Texte und die Aufgabenkonzeption ein vertieftes Verständnis der Schülerinnen und Schüler für diese andere Lebenswelt und Kultur erreicht werden. Die Probeklausur am Ende des Teilmoduls gibt Gelegenheit zu einer *autoevaluación*.
Das Teilmodul bzw. die Behandlung der einzelnen Vignetten eignen sich für die Arbeit im fortgeschrittenen Spanischunterricht.

3.1 Un vistazo al mundo de Mango Street (SB S. 265–267)

Der Inhalt von *La casa en Mango Street*
Der Roman, 1984 in englischer Sprache veröffentlicht und 1994 von Elena Poniatowska ins Spanische übersetzt, gilt für beide Sprachen als authentischer Text. Er setzt sich aus 44 Vignetten zusammen. Die Geschichten werden aus der kindlich-naiven Perspektive der Protagonistin erzählt: Esperanza Cordero ist ein junges Mädchen, das im Latino-Viertel von Chicago, in der Mango Street, aufwächst. Der Leser erfährt, wie ihre Familie, Freunde und Nachbarn mit dem Leben zwischen zwei Kulturen zurechtkommen. Auch Esperanza versucht, ihren Standort in beiden Kulturen zu bestimmen. Sie lehnt das Stadtviertel und das Haus ab, in das ihre Eltern mit ihr ziehen. Die bescheidenen Zukunftsaussichten, die diese Welt ihr zu bieten hat, will sie nicht akzeptieren.

3.1.1 "Risa" – hermanas entre sí (SB S. 265/266)

Un cuestionario (SB S. 265)

Didaktisch-methodische Hinweise

Der *cuestionario* ist als *actividad de prelectura* ein optionales Material zur Reaktivierung der Wortfelder „familia“ und „relaciones“ (vgl. „parecerse a“, „tener algo en común“, „llevarse bien“). Zugleich ist er ein Gerüst für die Kurzpräsentationen.
Hinweis: Schülerinnen und Schüler, die keine Geschwister haben, geben alternativ über ihr Verhältnis zu ihren besten Freunden oder einem nahen Verwandten Auskunft.

Sandra Cisneros: Risa (SB S. 265/266)

Text: Vignette
Wortzahl: 169
Schwierigkeitsgrad: **/***
Inhalt: Die Schwestern Esperanza und Nenny gehen mit dem Schwesternpaar Rachel und Lucy spazieren. Als die Erzählerin Esperanza ein Haus mit den Worten kommentiert: *parece México*, wollen ihre beiden US-amerikanischen Freundinnen sie auslachen. In diesem Moment greift aber Nenny ein und bekräftigt Esperanzas Eindruck.

Didaktisch-methodische Hinweise

Der *cuento* thematisiert Fragen bezüglich dessen, was einen Menschen in der Fremde an seine Heimat erinnert, was im Aufeinandertreffen von Vertretern verschiedener Kulturen zu Verständnis- und Kommunikationsproblemen hinsichtlich des Begriffs Heimat führt und letztendlich, was Heimat für den Einzelnen bedeutet.
Die zunächst unbedeutende Episode erweist sich bei näherem Hinsehen als ein Moment des Erkenntniszugewinns für die Protagonistin. Sie findet in dem Haus ein Stück Heimat, d. h. das Vertraute in der Fremde. – Die Einstimmung der Schülerinnen und Schüler auf den *cuento* soll ein

kurzer Lehrervortrag leisten. Die Lernenden werden sodann aufgefordert, ihre Vorstellungen über Mexiko zu äußern. Auf diese Weise bauen sie einen Vergleichshorizont zu Esperanzas Eindruck auf und erkennen u. U., dass ihre eigenen Stereotypen ähnlich naiv sind wie die der beiden US-amerikanischen Mädchen.

Lehrervortrag: El texto es un episodio de la novela corta de Sandra Cisneros que se titula *La casa en Mango Street.* Trata de cuatro chicas: Rachel y Lucy, dos hermanas estadounidenses, y dos chicas de origen mexicano, las hermanas Esperanza y Nenny. – ¿Qué asocias tú con México? ¿Qué es para ti México?
Mögliche Schülerantworten: música: trompeta, mariachi; comida: tacos, chili con carne; mentalidad: pasión, hamaca; valores: familia

Entsprechend der methodischen Schwerpunktsetzung sieht die im SB vorgeschlagene Vorgehensweise nach der stillen Lektüre und dem Abfragen der Leseeindrücke die Erarbeitung nach klassischem Muster vor.
Mögliche Leseeindrücke: un cuento breve, extraño; no pasa nada / mucho; trata de nostalgia; las chicas echan de menos su patria; una casa particular les hace recordar México
Tragendes Element der Geschichte ist der Kontrast zwischen den beiden Schwesternpaaren: Während die Verwandtschaft der US-Amerikanerinnen deutlich zu sehen ist, liegt die Ähnlichkeit der mexikanisch-stämmigen Mädchen tiefer, im Herzen. Sie stimmen stillschweigend überein in ihrer Auffassung dessen, was Mexiko ist. Dem gegenüber steht die oberflächliche Sicht Mexikos von Rachel und Lucy. Der Leser ahnt aber, dass ihr Lachen durch Nennys überraschende Reaktion auf Esperanzas Äußerung im Keim erstickt wird.

Zusatzmaterial *Mögliches Tafelbild*

	Rachel y Lucy	**Nenny y yo**
aspecto físico	p. 265, l. 2: labios... ➔ es obvio que son hermanas; chicas groseras / torpes	no parecen hermanas en lo que concierne a su aspecto físico
comportamiento y reacciones	p. 265, l. 4: tímida risita...; de campanitas... ➔ son tontas / pavitontas	p. 265, l. 5: brusca y sorpresiva ➔ su risa es idéntica
	p. 266, l. 12: me miran como si; l. 12: soltar la risa ➔ no piensan antes de actuar	p. 266, l. 13: Nenny dice:... ➔ son fuertes / espontáneas / vivas, pero también pensativas y sensibles
conclusión	vulgares, poco sensibles, incomprensivas	profunda semejanza interior / se entienden sin hablar

Alternative Vorgehensweisen Um das Interkulturelle Lernen stärker zu betonen, kann für die Phase der Erstbegegnung die Methode des verzögerten Lesens eingesetzt werden: Der Text wird ohne den letzten Teil dargeboten (d. h. bis SB S. 266, Z. 13: „antes de que puedan soltar la risa"). Mögliche Leitfragen für die Hypothesenbildung:

- ¿Qué crees de qué ríen las dos chicas estadounidenses? ¿Qué ven las dos en esta casa? ¿Cómo es la casa (detalles, alrededores, personas, etc.)? ¿Qué es México para las estadounidenses?
- En cambio, ¿qué asocian las dos chicas mexicanas con la casa? Explica y compara con tus propias asociaciones.
- ¿Si estás en el extranjero, qué te recuerda Alemania?

Des Weiteren ist es möglich, den Film *Spanglish* einzubeziehen. Die Themen des Films (z. B. *condiciones de vida de los latinos en EEUU*) sind zielführend für die Besprechung der Geschichten von Sandra Cisneros (s. hierzu auch das Teilmodul „El impacto de la inmigración latina en los EEUU", SB S. 84f., besonders S. 85/86).

Actividades SB S. 265, Lösungsvorschläge

1. und 2. individuelle Schülerleistung

Actividades SB S. 266, Lösungsvorschläge

1. Las hermanas mexicanas Esperanza y Nenny están con dos chicas estadounidenses, Rachel y Lucy, que también son hermanas. Esperanza descubre una casa que le recuerda México. Al decirlo a las otras, Rachel y Lucy casi se echan a reír, cuando Nenny interviene para secundar a su hermana.

2. En la primera parte del cuento Esperanza establece una comparación entre sí misma y su hermana por un lado, y Rachel y Lucy por otro. Se hace patente que éstas se parecen en cuanto al aspecto físico mientras Esperanza y Nenny comparten una semejanza interior. La manera de describir su relación expresa un gran apego (véase: "y otras cosas que no puedo explicar", l. 6). De esta manera se provoca la simpatía del lector hacia Esperanza y Nenny. La imagen que se crea de Rachel y Lucy, en cambio, es más superficial. En la segunda parte del cuento, cuando quieren echarse a reír, Rachel y Lucy incluso parecen antipáticas. No muestran empatía con la situación de sus amigas Esperanza y Nenny a las que la casa les recuerda su país. Al dirigirse directamente al lector ("Somos más parecidas de lo que tú crees.", l. 3), Esperanza logra que éste pueda identificarse con ella.

3. El tema central del cuento "Risa" es la semejanza entre hermanas (la importancia de la familia / la nostalgia por la patria que sienten los inmigrantes).

4. La intención de la autora al narrar este episodio es ilustrar la soledad y la tristeza que sienten los emigrantes por la pérdida de su patria.

Zusatzangebot Grammatikübungen

Gemäß des Prinzips des integrierten Strukturenerwerbs wird der *imperfecto de subjuntivo* wiederholt. Ebenfalls bietet sich die Festigung der Vergangenheitstempora an.

a) Habla sobre las cuatro hermanas, completando las frases con una forma del *imperfecto de subjuntivo*.

1. Parece como si Rachel y Lucy_____________ reír. (estar a punto de)
2. Se comportan como si no _____________ antes de actuar. (reflexionar)
3. Es como si Esperanza y Nenny _____________ sin hablar. (entenderse)
4. Parece como si las dos _________________ la misma cosa. (recordar)
5. Al lector le parece como si las cuatro chicas no _________________ nada en común. (tener)

Lösungen: 1. estuvieran a punto de; 2. reflexionaran; 3. se entendieran; 4. recordaran; 5. tuvieran

b) Unos años más tarde, Esperanza se acuerda de su niñez.
Completa las frases siguientes con una forma verbal del *indefinido* o del *imperfecto*.

1. Nenny y yo no _____________ hermanas. (parecer)
2. Rachel y Lucy _____________ los mismos labios gruesos que todos los de su familia. (tener)
3. Sin embargo, yo y Nenny _______________ muy parecidas. (ser)
4. Nuestra risa, por ejemplo, no ________________ una tímida risita tonta, sino brusca y sorpresiva. (ser)
5. Un día _______________ paseando por una casa que ___________ a las casas que _______ _________ en México. (ir, parecerse, haber)
6. Nada en la casa _________________ exactamente a las casas que yo _______________. (parecerse, recordar)
7. Ni siquiera hoy estoy segura por qué aquel día _______________ ésto, pero en aquel momento _______________ que _____________ bien. (pensar, sentir, estar)
8. Miren esa casa, _________________, parece México. (decir)
9. Rachel y Lucy me ____________ como si estuviera loca, pero Nenny ___________: (mirar, decir)
10. Sí, es México. Es exactamente lo que yo ________ pensando. (estar)

Lösungen: 1. parecíamos, 2. tenían, 3. éramos, 4. era, 5. íbamos, se parecía, había, 6. se parecía, recordaba, 7. pensé, sentí, estaba, 8. dije, 9. miraron, dijo, 10. estaba

3.1.2 Un hogar en Mango Street (SB S. 266/267)

Didaktisch-methodische Hinweise

Die Zitate stimmen die Schülerinnen und Schüler auf den Stil der Autorin ein und vermitteln ihnen vorab einen Eindruck von der Bandbreite der Thematik der *cuentos*. Abgedruckt sind Kernpassagen, und zwar:

- *Mi nombre:* Geschichte der *bisabuela*, von der Esperanza den Namen geerbt hat („pero no quiero heredar su lugar junto a la ventana"),
- *No speak English:* Konflikt zwischen Mamacita und ihrem Mann wegen ihrer Weigerung, Englisch zu lernen („¡Habla inglés!, *speak English*, ¡por Dios!"),
- *Geraldo sin apellido:* die Ungewissheit der in Mexiko Zurückgebliebenen, die niemals etwas von Geraldos tragischem Schicksal erfahren werden („Geraldo – ése se fue al norte…").

Zusatzinformation

La novela "La casa en Mango Street", escrita por Sandra Cisneros, fue publicada por primera vez en inglés en 1984 y traducida al español por Elena Poniatowska en 1994. Es una novela de estructura fragmentada, compuesta de 44 viñetas que reflejan la situación de los inmigrantes latinos en el ambiente urbano estadounidense. Se narran desde la perspectiva del personaje principal Esperanza Cordero. Es una adolescente que vive en el barrio hispano de Chicago, en Mango Street. Se niega a pertenecer a este mundo y rechaza las bajas expectativas que se le ofrecen. Esperanza relata lo que observa y experimenta alrededor de sí, o sea, cómo es su vida allí.

Actividades SB S. 267, Lösungsvorschläge

1. a) falso, b) correcto, c) falso

2. yo narradora, perspectiva de una chica, Esperanza; cuenta lo que le pasa a ella misma y a otros personajes, adorna los relatos con muchos detalles; estilo ingenuo, sencillo, emocionante

3.2 El destino de Esperanza, Mamacita y Geraldo – autoaprendizaje en un puzzle de expertos (SB S. 267–274)

Didaktisch-methodische Hinweise zum Expertenpuzzle, 1. Phase

Die Geschichten sind so ausgewählt, dass sie wesentliche Aspekte des Lebens in einer fremden Gesellschaft berühren. Dazu gehören die persönliche Identität, der Einfluss von kulturellen Stereotypen und die Möglichkeiten für *latinos*, in den USA vorwärtszukommen, um den amerikanischen Traum zu verwirklichen. In der ersten Phase des Expertenpuzzles wird der Text selbstständig erschlossen. Die Aufgabenkonzeption folgt einem Dreischritt, und zwar

- von der Annäherung an den Text über
- die fachgerechte Auseinandersetzung mit dem *cuento* hin zur
- integrierten remedialen Grammatikarbeit bzw. der Wortschatzarbeit.

Auch die Annäherung an den Text vollzieht sich in drei Etappen: Vor der Lektüre stimmt eine *actividad en torno a la lectura demorada* auf das Thema des *cuento* ein. Durch das Markieren von Verstandenem bei der ersten Lektüre führen sich die Schülerinnen und Schüler ihren spontanen, individuellen Zugriff auf den Text vor Augen. Gelenkt durch detaillierte Inhaltsfragen wird das Textverständnis gesichert. Auf der Basis des so vertieften Verständnisses paraphrasieren sie ausgewählte Zitate und erklären sie im Kontext der Geschichte *(Más en detalle)*. Erst im Anschluss daran bearbeiten sie schriftlich die Teilaufgaben des *comentario de texto*. Das Bestimmen des zentralen Themas des *cuento* bereitet die Phase der Präsentation vor (vgl. SB S. 274). (Die Bearbeitung der *actividades de poslectura* auf den Seiten 269 und 271, SB, jeweils Nr. 5, ist optional.)

3.2.1 Historias de latinos en Mango Street – fase de elaboración (SB S. 268–273)

Grupo 1: Mi nombre/Sandra Cisneros: Mi nombre (SB S. 268/269)

Text: Vignette
Wortzahl: 330
Schwierigkeitsgrad: ***/**
Inhalt: Esperanza möchte einen neuen Namen haben. Ihren kann sie im Gegensatz zu ihrer Schwester Magdalena nicht amerikanisieren. Sie hat den Namen von der Urgroßmutter geerbt, einer willensstarken Frau. Diese musste wider Willen heiraten, was sie ihrem Mann nie verzieh. Ihr Leben verbrachte sie am Fenster sitzend und nach draußen schauend. Esperanza möchte dieses Schicksal nicht teilen.

Didaktisch-methodische Hinweise

Die Ich-Erzählerin Esperanza definiert sich über das Schicksal der Urgroßmutter. Diese füllte die Rolle als abhängige Frau, gemäß der mexikanischen Tradition, aus. Esperanza hingegen hinterfragt die traditionelle Frauenrolle und fordert ihr Recht auf Individualität ein. – Es können Verständnisschwierigkeiten auftreten bei der Beschreibung der *bisabuela* (SB S. 268, Z. 5 f.) und bei der Lektüre von Esperanzas Reflexion über ihren Wunschnamen (besonders der Ausdruck "Zezé la X", SB S. 269, Z. 27 f.). Die Aufmerksamkeit der Schülerinnen und Schüler wird aber durch die Zuordnungstabelle (SB S. 269, 1.) von diesen Passagen weggelenkt.

Actividades SB S. 268, Lösungsvorschläge

La yo narradora quiere otro nombre porque el suyo no concuerda con su carácter.

1. individuelle Schülerleistung

2. *mögliche mapa mental:*

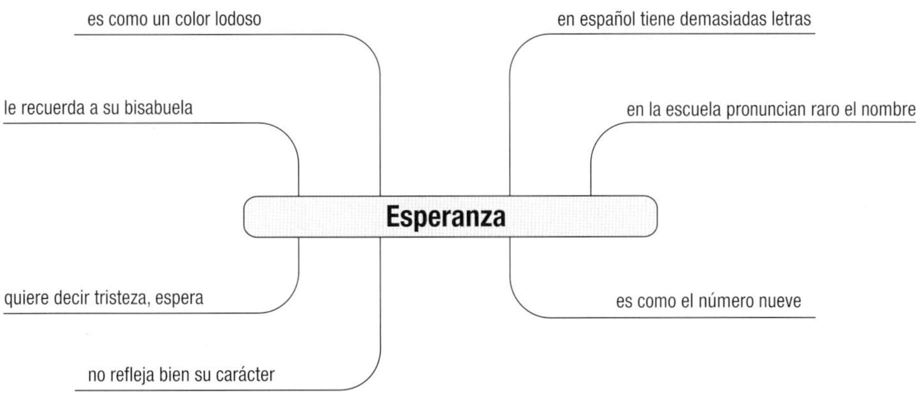

- El nombre "Esperanza" significa tristeza, espera.
- Esperanza relaciona su nombre con los discos que escucha su padre los domingos por la mañana porque es música mexicana, y su nombre suena mexicano (español) también. Por lo tanto los discos mexicanos y el nombre de la chica representan los lazos con la cultura mexicana. Lo que es más, le recuerdan sollozos, o sea, una tristeza enorme.
- Su bisabuela no se casó voluntariamente sino que su marido decidió contraer matrimonio con ella sin preguntarle.

3.
- Su nombre no le gusta mucho, pero lo acepta aunque le gustaría bautizarse con un nombre más apropiado. Sin embargo, Esperanza no está dispuesta a conformarse ni con un papel pasivo ni con una vida determinada por fuerzas ajenas. Ella quiere tener la responsabilidad y la libertad que su bisabuela nunca tuvo. Se rebela contra el papel tradicional de una mujer latina.
- Por un lado el nombre de su hermana le parece feo. Sin embargo, Nenny puede abreviarlo, adaptándolo a la pronunciación inglesa. Con un nombre americanizado sería más fácil para Esperanza integrarse.

Actividades SB S. 269, Lösungsvorschläge

1. *möglich:* 1 D, 2 E, 3 H, 5 C, 6 I, 7 B, 8 F, 9 G (Hinweis: Die Satzteile H, A und I können wahlweise mit 3, 4 bzw. 6 kombiniert werden.)

2. Esperanza describe a la bisabuela como una mujer fuerte (decidida / resuelta) y la compara con un caballo salvaje. Sabe que a los hombres, sean chinos o mexicanos, no les gustan las mujeres independientes.
Se negó a casarse porque hubiera preferido vivir independientemente. Una vez convertida en esposa de aquel hombre, se rebeló contra su destino de forma silenciosa. Se decidió por una vida pasiva, sin tomar iniciativa alguna. Esperanza no está segura si la bisabuela se resignó a su destino, si tuvo remordimientos por haberse dado por vencida o si sacó algún provecho de sus oportunidades. Para la chica no cabe la menor duda de que una vida así es inaceptable.

3. El tema central del cuento es el significado del nombre para la identidad de una persona.

4. individuelle Schülerleistung; *möglich*: su nombre es difícil de pronunciar, poco corriente en EEUU por lo cual siempre se notará que ella es una extranjera; es casi imposible abreviar este nombre para que suene interesante

5. mögliche Lösung:

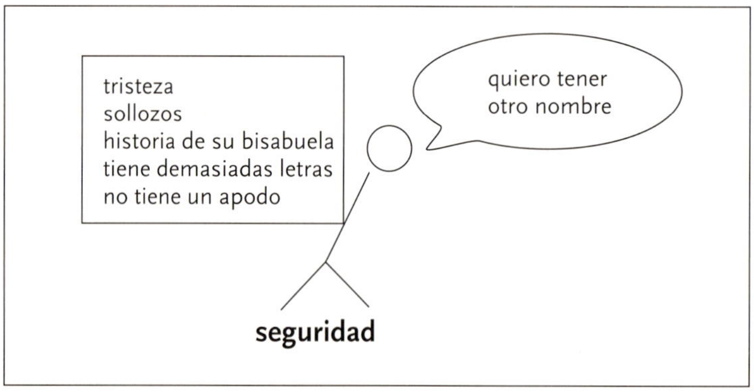

Examinando las estructuras: el pretérito indefinido (SB S. 269)

Actividades SB S. 269, Lösungsvorschläge

1. *verbos regulares en -ar:* se casó (> casarse), echó (> echar), se llevó (> llevarse), perdonó (> perdonar), miró (> mirar), tocó (> tocar), heredé (> heredar)
irregulares: hizo (> hacer), pudo (> poder), fue (> ser, ir), quiso (> querer)

2. individuelle Schülerleistung

Grupo 2: No speak English/Sandra Cisneros: No speak English (SB S. 270/271)

Text: Vignette
Wortzahl: 584
Schwierigkeitsgrad: ***
Inhalt: Mamacita, die Frau des Mannes von gegenüber, kann sich nicht mit dem neuen Leben in den USA abfinden. Nach ihrer spektakulären Ankunft in der Mango Street gerät sie zusehends in die Isolation, da sie sich weigert, Englisch zu lernen. Dies ist der Grund für Auseinandersetzungen mit ihrem Mann, der sich für das Leben in den USA entschieden hat. Er hat lange gespart, um sie und *el nene-niño* in die USA zu holen. Die Tatsache, dass ihr kleiner Sohn anfängt, Englisch zu sprechen, bricht Mamacita das Herz.

Didaktisch-methodische Hinweise

Die Einsamkeit und die Isolation der Protagonistin verleihen dem *cuento* seine traurige Wirkung. Sie leidet darunter, in dem fremden Land leben zu müssen, hat Heimweh und will die Verbindung zur Heimat aufrechterhalten. Die humorvolle Schilderung ihrer Ankunft in der Mango Street evoziert das Bild einer in Blüte stehenden Blume (vgl. Kleidung, Parfüm, Farben). Nach der Ankunft schließt sie sich jedoch in der Wohnung ein, um Musik aus der Heimat zu hören und zu singen. Das heißt, die unüberwindbare Sprachbarriere führt dazu, dass Mamacita sich von ihrer Familie und der Außenwelt abkapselt.

Der Titel, der die Bedeutung des Englischen als Kommunikationsmittel anspricht, bezieht sich auf ihre Unfähigkeit, Englisch zu sprechen, bzw. ihre Weigerung, die Sprache zu lernen. Mamacitas Satz (eigentlich: „I don't (want to) speak English") steht für ihre Furcht vor dem Verlust der eigenen Identität, drückt als Aufforderung an den Jungen (eigentlich: „Don't speak English!") vor allem aber auch die Angst aus, ihn an die fremde Kultur zu verlieren. Seine Integration zerstört ihre Hoffnung, jemals wieder nach Hause zurückkehren zu können.

Actividades SB S. 270, Lösungsvorschläge

1. individuelle Schülerleistung

2.

- Mamacita es de un país hispanohablante, probablemente de México.
- Es la mujer de un vecino de Mango Street. Esperanza la describe como una persona tierna y sentimental que llora con frecuencia. Es una mujer de un aspecto físico extraordinario que, aparte de ser gorda, llama la atención por su manera de vestir.
- Su familia está integrada por ella, su marido y el nene-niño. El hombre ha trabajado muchísimo para poder juntar suficiente dinero y traer a su familia a Chicago. Él no quiere regresar a México de ninguna manera. Insiste en que su mujer hable inglés. Ésta es la razón por la que riñen a menudo. A pesar de ser todavía muy pequeño, el niño ha empezado a imitar un comercial de la Pepsi que sabe de memoria.
- Ahora la familia vive en Mango Street, en un piso de arriba cuyas paredes están pintadas de color de rosa.

3.

- El pronombre "la" se refiere a Mamacita. Esperanza cuenta que después de llegar a Mango Street, Mamacita sube a su piso. Nadie la vuelve a ver y los vecinos se preguntan por qué no baja.
- Mamacita echa de menos su patria, lo que se nota en la añoranza por su casa allí. No puede acostumbrarse a la vida en Mango Street, por lo que riñe con su marido. Cuando recuerda su hogar, se pone tan triste que empieza a llorar.

Actividades SB S. 271, Lösungsvorschläge

1. El cuento "No speak English" de la novela "La casa en Mango Street" de Sandra Cisneros trata de Mamacita, su marido y su nene-niño que viven en un apartamento enfrente de la casa de Esperanza. El hombre no ha escatimado esfuerzos para traer a su mujer y a su hijo a EEUU. Pero Mamacita siempre se queda en el piso, cantando canciones nostálgicas y llorando porque quiere regresar a México. Su marido riñe con ella, insistiendo en que hable inglés, algo que Mamacita se niega a hacer. Muy a pesar suyo, el hijo empieza a hablar esta lengua.

2. Al presentar la llegada de Mamacita a Mango Street, la yo narradora Esperanza describe detalladamente y con un buen sentido del humor el aspecto físico de Mamacita. Se fija en la ropa y los complementos de muchos colores que lleva puestos la mujer. Es obesa, pero también exótica y extravagante, con ropa de colores vivos.
La frase "Y luego ya no la vimos." (l. 18) implica que a partir de aquel día, Mamacita ya no sale del apartamento. Esperanza dice que los vecinos conjeturan sobre sus motivos. Ella, en cambio, piensa que Mamacita tiene miedo de hablar inglés. Supone que no quiere hablar esta lengua para no perder sus raíces. Al decir "y entonces, creo, se pone a chillar." (l. 44) la yo narradora alude a la añoranza que tiene Mamacita de su país de origen. Por eso "canta todas las canciones nostálgicas de su tierra" (l. 39 s). La música es el último vínculo con la cultura mexicana que le ha quedado. Al final del cuento Esperanza describe la discusión entre Mamacita y el marido en la que él exige que su mujer hable inglés. Su manera de hablar con ella indica que se está exasperando. Al contrario de su mujer, él está decidido a echar raíces en este lugar. La imagen del "delgado hilito" que rompe nos hace comprender la miseria de Mamacita, cuya soledad se agrava aún cuando el nene-niño empieza a hablar inglés.
En resumidas cuentas, el contraste entre la descripción inicial de Mamacita como una mujer floreciente y su desesperación subsiguiente hace que el lector comprenda su transformación fundamental. La estancia en Mango Street ya ha influido en su identidad.

3. El tema central del cuento es la necesidad de los inmigrantes de integrarse en la nueva sociedad. Como esto implica que en primer lugar hay que aprender la lengua, el miedo de perder la identidad los acompaña a menudo.

4. Mamacita se aferra a su propia cultura. No quiere empezar una nueva vida en EEUU ya que está decidida a volver. Decide no salir de su piso, sino que se dedica a escuchar la música de su país y se sume en su pena, o sea, la nostalgia por su tierra. Su actitud negativa ante la vida en EEUU trae consigo el desarraigo y el aislamiento. Hay que tomar en cuenta que aprender y hablar la lengua del país donde uno vive es de suma importancia para la adaptación. La barrera lingüística influye en la comunicación, en el ámbito privado, en la vida cotidiana y en el trabajo. La falta de conocimientos lingüísticos causa la dependencia social y afecta la libertad de acción de una persona. A Mamacita le resulta bastante difícil la autoconfirmación ya que es incapaz de comunicar sus sentimientos y pensamientos en inglés. A la larga, este comportamiento contribuirá a su alienación.

5. individuelle Schülerleistung

Formación de palabras: los diminutivos (SB S. 271)

Actividad SB S. 271, Lösungsvorschläge

- La palabra "Mamacita" tiene una connotación de afecto y de cariño (al contrario de 'Mamasota' que tiene un matiz peyorativo por el sufijo *-ota*). Lo mismo vale para las voces "zapatito, zapatitos", "pie suavecito" y "puntita rosa", que crean una imagen detallada de Mamacita. Se viste de forma peculiar y es tan obesa que sus pies, sus zapatos, etc. parecen extremadamente pequeños en comparación con su cuerpo.
- El diminutivo "el delgado hilito" realza la gravedad de la situación en la que se encuentra Mamacita: el cordón umbilical, o sea, su única conexión con este mundo, es muy fino.
- La expresión "salió tempranito" quiere decir "salió muy temprano".

Grupo 3: Geraldo sin apellido/Sandra Cisneros: Geraldo sin apellido (SB S. 272/273)

Text: Vignette
Wortzahl: 374
Schwierigkeitsgrad: ***
Inhalt: Geraldo ist ein junger Mexikaner, der sich illegal in den USA aufhält. Nach dem Besuch einer Tanzveranstaltung wird er bei einem Unfall mit Fahrerflucht schwer verletzt. Er stirbt später in der Nacht im Krankenhaus. Marín, die ihn an diesem Abend zufällig kennengelernt hat, wird von der Polizei befragt, kennt aber weder seinen Nachnamen noch seine Adresse. Da man bei Geraldo auch keine Papiere fand, werden seine Verwandten in Mexiko für immer über sein Schicksal im Dunkeln bleiben.

Didaktisch-methodische Hinweise

Esperanza erinnert sich an das Treffen von Marín und Geraldo. Für Geraldo war es ein besonderer Abend. Darauf deutet die zweimalige Erwähnung seiner Kleidung hin. Er hat sich ausgehfein gemacht. Für Marín war er allerdings nur eine Zufallsbekanntschaft, *un bracero más de esos que no hablan inglés* (Z. 33). Als individuelle Persönlichkeit ist er uninteressant, und so erfährt der Leser nur wenig über ihn: Er arbeitete in einem Restaurant, wohnte in einem kleinen Apartment und schickte regelmäßig Geld in die Heimat. Marín erinnert sich aber nicht einmal an den Namen des Restaurants, wo er arbeitete. Da sie ihn als Letzte lebend gesehen hat, wird sie von der Polizei befragt, kann jedoch keinerlei Auskunft geben.
Die schlichte, lakonische Sprache unterstreicht die Tatsache, dass Geraldos Unfall ein belangloses Ereignis ist. Besonders tragisch ist, dass er stirbt, weil er im Krankenhaus nur unzureichend versorgt wird. Auffälliges Kennzeichen des *cuento* ist der Tempuswechsel, der mit einem veränderten Sprachduktus einhergeht: Während Geraldos Unglück in der Vergangenheit, als abgeschlossenes Ereignis erzählt wird, zeigt der Sprung in die Gegenwart (Z. 44 f.) einen Blick in Geraldos Heimat, wo man sich fragt, was aus ihm geworden ist. Auch dort gerät er allmählich in Vergessenheit (Z. 46: „ése se fue al norte“).

Actividades SB S. 272, Lösungsvorschläge

1. individuelle Schülerleistung

2.
- Geraldo es un jornalero mexicano que vive ilegalmente en EEUU. No habla inglés. Alquila un pequeño piso. Suele mandar dinero a casa.
- Se gana la vida trabajando en un restaurante.
- En su tiempo libre le gusta ir a bailar.
- Una noche es atropellado por un coche en un accidente de pega y corre. Resulta gravemente herido y muere en un hospital.

3.
- La frase "uno que conoció esa noche" se refiere a Geraldo y quiere decir que para Marín el chico no tiene mucha importancia. Es un hombre cualquiera al que conoce por casualidad y que le cae simpático. Por eso pasa la noche bailando con él.
- Con la frase "Geraldo. Eso es todo." se pone de relieve que el nombre es lo único que se sabe del chico. Después de su muerte no queda ninguna huella de él, no tienen ningún otro indicio para reconstruir su identidad.

Actividades SB S. 273, Lösungsvorschläge

1. El cuento "Geraldo sin apellido" narra la historia de un inmigrante ilegal en los EEUU. Marín lo conoce por casualidad en un baile y es la última en verlo vivo porque Geraldo muere en esta misma noche después de ser gravemente herido en un accidente en el que el conductor se da a la fuga. Como Marín no sabe nada de él, la policía no puede avisar a nadie de su muerte.

2. El lector sólo conoce pocos detalles sobre la vida de Geraldo: Es de un pueblo mexicano. Decide irse hacia el norte, o sea, inmigrar de forma ilegal a EEUU, dejando atrás a su familia. En EEUU vive en condiciones humildes y trabaja en restaurantes. Ahorra dinero para enviar órdenes de pago semanales a casa. Su vida transcurre así hasta ese día cuando tiene el accidente fatal y muere en un hospital.
La historia es presentada por la yo narradora que se acuerda de los acontecimientos y también es capaz de relatar los pensamientos de Marín (véase p. ej. l. 20).
A lo largo del cuento se crea la imagen de Geraldo como hombre trabajador que lleva una vida sencilla. Lo que causa el efecto trágico es su anonimato. A esto se añade que precisamente esta noche se ha permitido el lujo de ir a un baile para divertirse un poco.
El lenguaje lacónico subraya esta impresión. El estilo se caracteriza por las oraciones cortas e incompletas (véase p. ej. l. 4). Además llaman la atención las preguntas y las repeticiones (véase p. ej. l. 1/38). En el último párrafo Esperanza reflexiona sobre la familia de Geraldo que vive en México ("otro país") y que nunca sabrá qué ha sido de él. El lector infiere que ellos creerán que Geraldo los habrá olvidado. Así se produce un regusto amargo.

3. El tema del cuento es la importancia del nombre para la identidad de una persona y, en última instancia, para la dignidad de una persona.

4. individuelle Schülerleistung; *möglich*: La autora quiere llamar la atención del lector sobre el destino de los inmigrantes ilegales que vienen a EEUU en busca de una vida mejor. Están dispuestos a pasar apuros para poder realizar su sueño americano. El cuento critica por lo tanto la sociedad de la abundancia por no tener empatía con estos hombres y hace un llamamiento para que mostremos más solidaridad con los inmigrantes y que los consideremos como individuos.

Examinando las estructuras: las frases condicionales (SB S. 273)

Mögliche Lösungen

- Si Marín le hubiera preguntado por su dirección, habrían sabido dónde vivía.
- Si Geraldo hubiera llevado su cartera, habrían sabido a quién avisar de su muerte.
- Si no hubiera habido el accidente de pega y corre, Geraldo no habría sido herido.
- Si el cirujano hubiera llegado, Geraldo no habría perdido tanta sangre.
- Si Geraldo no hubiera muerto sin recobrar la conciencia, le hubieran podido preguntar dónde vivía y cuál era su apellido.

3.2.2 Los personajes de Mango Street con sus valores y preocupaciones – fase de presentación (SB S. 274)

Didaktisch-methodische Hinweise zum Expertenpuzzle, 2. Phase

Als Vorbereitung auf die zweite Phase des Expertenpuzzles fertigen die Schülerinnen und Schüler *apuntes* an und üben ihre Vorträge. Bei der Neubildung der Gruppen muss darauf geachtet werden, dass mindestens ein Experte für jeden der drei *cuentos* vertreten ist. Die Zuhörer tragen während der Vorträge die wichtigsten Informationen in die Tabelle (SB S. 274) ein. Sie müssten in der Lage sein, selbstständig Nachfragen zu formulieren (z. B. ¿Puedes repetir cuál es el tema / cuáles son los temas del cuento?; ¿Qué elemento destaca en el análisis del cuento?). Die ausgefüllte Tabelle dient der Zusammenschau. Sie bietet den Lernenden die erforderlichen Informationen zur Bearbeitung der Kommentaraufgabe.

Alternative

Alternativ wird eine Redaktionssitzung der *editorial Vintage Español* inszeniert. In dieser Redaktionssitzung diskutieren die Schülerinnen und Schüler die Gestaltung eines Sammelbandes von *cuentos* der Autorin. Darin sollen drei der vier gelesenen Texte veröffentlicht werden. Die Redaktionsmitglieder beurteilen die *cuentos* im Hinblick auf ihre Aussagekraft, um die Geschichte zu bestimmen, die nicht aufgenommen wird (*el cuento que menos / más convence es... porque...*). Das Verfassen eines Klappentextes für den imaginären Sammelband kann als produktive Aufgabe die Auseinandersetzung mit den *cuentos* abschließen.

Actividades SB S. 274, Lösungsvorschläge

1. individuelle Schülerleistung

2. *mögliche Tabelle:*

título	resumen	análisis	tema(s)
Risa	**¿quién(es)?** Esperanza y su hermana Nenny, sus amigas Rachel y Lucy **¿qué? ¿dónde? ¿cuándo?** pasan por una casa; Esperanza comenta que una casa le hace pensar en México; Rachel y Lucy quieren reírse, pero Nenny secunda a su hermana **¿por qué?** le parece mexicana	Esperanza y Nenny comparten una semejanza interior (⇒ nuestra risa) sus amigas se parecen en cuanto al aspecto físico (⇒ los mismos labios gruesos de chupón como todos los de su familia)	1. semejanza entre hermanas 2. importancia de la familia 3. nostalgia por el hogar, la patria
Mi nombre	**¿quién(es)?** Esperanza **¿qué?** reflexiona sobre su nombre; quiere otro; desesperada **¿por qué?** no refleja su carácter; lo heredó de la bisabuela (vida triste)	no quiere una vida como su bisabuela (⇒ su lugar junto a la ventana) antes de casarse: temperamental; no quiere ser humillada, anhela amor y respeto; quiere realizar sus sueños	1. descontento de Esperanza con el nombre 2. dificultad que trae consigo un nombre extranjero 3. relación entre el nombre y la identidad
No speak English	**¿quién(es)?** Mamacita, su hombre; de un país hispanohablante **¿qué? ¿dónde? ¿cuándo?** recién llegada a Mango Street; se niega a vivir allí; no sale; riña **¿por qué?** quiere volver a su país; hombre quiere luchar	se aferra a su propia cultura; no quiere empezar una nueva vida; aislamiento: llora, canta canciones; nene-niño, comercial de Pepsi	1. integración 2. nostalgia por el hogar 3. miedo de perder la identidad
Geraldo sin apellido	**¿quién(es)?** Geraldo, un bracero **¿qué? ¿dónde? ¿cuándo?** muere en un accidente; un sábado: Marín lo conoce en un baile; accidente, hospital **¿por qué?** no hay médico	Marín es la última que lo ve familia, México tono trágico	1. situación de un ilegal 2. importancia del nombre para la identidad

3. individuelle Schülerleistung

4. individuelle Schülerleistung; *mögliche Elemente:* temas (s. Tabelle oben); lo que tienen en común: adquirir una nueva percepción de los problemas relacionados con el choque cultural que experimentan los migrantes; reflexión sobre los propios valores y sobre la realidad cotidiana; importancia de la familia, del nombre, de la lengua, de la identidad, dificultades relacionadas con la integración

3.3 Autoevaluación (SB S. 275)

Sandra Cisneros: Gil compraventa de muebles (SB S. 275)

Text: Vignette
Wortzahl: 301
Schwierigkeitsgrad: ***
Inhalt: Esperanza und Nenny besuchen Gils Trödelladen. Als Esperanza einen kurzen Wortwechsel zwischen ihrer Schwester und Gil hört, dreht sie sich in der Erwartung um, ein kunstvoll bemaltes Schmuckstück zu sehen. Es handelt sich aber nur um eine alte Musikdose aus Holz. Als dann die Musik zu spielen beginnt, muss Esperanza ihre Rührung verbergen. Im Gegensatz zu Nenny, die die Musikdose kaufen will, versteht sie, welch große Bedeutung die *caja* für Gil besitzt.

Didaktisch-methodische Hinweise

Gils Geschäft ist dunkel und geheimnisvoll. Es wird beschrieben als Ort, an dem Schätze verborgen sind. Die Autorin verwendet das Mittel der Synästhesie, um die wunderbaren Töne zu illustrieren, die aus der Musikdose kommen.
Die Parallele zum *cuento* „Risa" (SB S. 265 f.) liegt auf der Hand: Während Esperanza sich durch das Haus an Mexiko erinnert fühlt, ist es für Gil die *caja de música*. In beiden *cuentos* wählt Cisneros alltägliche Objekte, die jedoch für die Figuren einen hohen symbolischen Wert haben, da sie ein Stück Heimat repräsentieren.
Die Aufgabenkonstruktion der Probeklausur entspricht der Abfolge des *comentario de texto*. Die Lernenden haben die Möglichkeit, ihre Kenntnisse selbst einzuschätzen. Um die Bereitschaft zur Übernahme von Verantwortung für den eigenen Lernprozess zu stärken, empfiehlt es sich, ihnen auch die Musterlösung auszuhändigen, ggf. zur gegenseitigen Korrektur der Texte.

Zusatzmaterial

Der *cuento* ist um die folgende Passage gekürzt worden:
Mesas con las patas para arriba, y filas y filas de refrigeradores con esquinas redondas, y sillones que hacen girar el polvo en el aire cuando les pegas y cien televisores que tal vez no sirven. Todo está encimado, así que toda la tienda es de pasillitos muy angostos para caminarla y puedes perderte bien fácil.
El dueño, él es un negro que no habla mucho y si no conoces bien puedes estar allí mucho tiempo antes de que tus ojos descubran unos anteojos de oro flotando en la oscuridad.

Zusatzangebot

Zusätzliche Übung zur Festigung des *subjuntivo* (falls der *cuento* im Unterricht behandelt wird):
1. Puedes estar en la tienda de Gil mucho tiempo antes de que...
2. Nenny quiere que Gil...
3. A Gil no le importa que la caja...
4. La chica esconde su cara para que...
5. Es posible que esta caja de música...
6. A la chica le parece raro que la caja...
7. Ella no cree que su hermana...
8. Nenny le pide a Gil que...
9. La chica prefiere que su hermana...
10. A la chica le molesta que su hermana...

Mögliche Lösungen:
1. lo veas / se muestre; 2. le venda la caja de música; 3. sea vieja / no sea bonita; 4. los otros no vean sus sentimientos; 5. represente la nostalgia que Gil siente por su patria; 6. tenga tanta importancia para Gil; 7. lo comprenda; 8. se la venda; 9. se calle; 10. sea tan incomprensiva / insensible.

Actividades SB S. 275, Lösungsvorschläge

1. *texto modelo:* La viñeta "Gil compraventa de muebles" de la novela "La casa en Mango Street" de Sandra Cisneros trata de una caja de música que la yo narradora Esperanza y su hermana Nenny descubren en la tienda de Gil. Cuando Gil abre la caja, oyen unos sonidos tan maravillosos que Nenny quiere comprarla. El dueño, no obstante, se niega a vender su caja.

2. La viñeta muestra la nostalgia por México que sufren los personajes. Esto se hace manifiesto en la reacción de Esperanza al ver y oír la caja de música: Cuando la ve por primera vez, no le gusta nada, por ser un viejo objeto hecho de madera (véase l. 13), y la chica casi parece algo decepcionada. Pero cuando escucha los sonidos que salen de la caja, le parece que ve "un millón de polillas sobre los muebles polvosos" y un "cuello de cisne" (l. 15 s). Incluso se imagina "gotas de agua" y oye "marimbas"(l. 17). Este momento la llena de encanto y se pone triste sin saber por qué. Como no quiere revelar sus sentimientos a su hermana y al dueño, se da la vuelta, como si la caja no le importara nada. El lector puede identificarse con ella y supone que es porque la caja le recuerda México, su país que está tan lejos. Así se crea un ambiente de tristeza y nostalgia que también se provoca por la reacción del dueño. Se nota claramente que la caja representa el vínculo con su país de origen. Por esto Gil cierra la tapa de la caja diciendo "esto no se vende" (véase l. 24).
Nenny, por otro lado, también está fascinada por la caja. Sin embargo, no es consciente del significado simbólico que tiene para el dueño. Si fuera así, no le preguntaría cuánto vale.

3. Modelltext siehe Anhang des SB, S. 332/333.

La literatura urbana contemporánea en lengua española – ejemplos de la narrativa de Javier Cercas, Eduardo Galeano y Juan Madrid (SB S. 276–301)

1 Javier Cercas: El móvil – una novela de suspense contemporánea (SB S. 278–290)

Das Teilmodul befasst sich mit einem Kurzroman des zeitgenössischen spanischen Schriftstellers Javier Cercas und bietet ein Modell zur unterrichtlichen Behandlung anhand ausgewählter Schlüsselstellen, die chronologisch vorgestellt werden und somit der Linearität folgen. Es ist so möglich, die wesentlichen Züge zu behandeln. Aus Gründen der didaktischen Reduktion wurden insbesondere Passagen mit Elementen der metaliterarischen Reflexion sowie surrealistisch anmutende Traumsequenzen ausgeblendet.
Hinweise zum Autor finden sich in der zitierten Ausgabe auf der Buchdeckelinnenseite, in der preiswerteren Quinteto-Ausgabe von Tusquets auf S. 5. Im Internet bietet das „Diccionario de autores" der Cátedra Miguel Delibes (http://www.catedramdelibes.com/archivos/000163.html) weitere Informationen und *enlaces*.

SB Seite	
276/277	**Auftaktseiten**
278–281	**1.1 Con el libro entre las manos**
278	Lo que revela la cubierta
278/279	Texto de la contraportada
279	El comienzo de "El móvil"
279/280	"Decidió escribir una novela"
280	Álvaro se sumerge en su trabajo
281–285	**1.2 Conociendo a los personajes – Puzzle de expertos**
282	Los Casares vistos por la portera
283	Un encuentro no casual entre Álvaro y la señora de Casares
284	Álvaro tropieza con el señor Casares
285	Una visita al anciano
286–288	**1.3 Las estrategias de Álvaro**
286	Las acechanzas
287	Las invitaciones
288–290	**1.4 El desenlace**
288/289	"Pero fue la solución la que lo halló a él"
290	Una reseña de la novela corta "El móvil"

Hinweise zum Foto (SB S. 277)

Didaktisch-methodische Hinweise

In der Fotomontage ist eine einen Spalt geöffnete schlichte Wohnungstür aus Holz zu erkennen, die augenscheinlich in einen Flur mündet. Die Tür könnte auf der Höhe des Schlosses gewaltsam mit einem Werkzeug geöffnet worden sein. Einblicke in das, was sich hinter der Tür verbirgt, blei-

ben dem Betrachter vorenthalten. Das Foto wird in der Mitte in stetig verkleinerter Form in einer unendlich anmutenden Reihe wiederholt eingefügt. Da der Kurzroman unter anderem auf der Handlungsebene ein Krimi ist und die Erzählung von der Struktur her wie eine russische Matrjoschka angelegt ist (s. dazu die Grafik S. 283), eignet sich die Fotomontage somit in zweierlei Weise, um Vermutungen zum Inhalt des Romans anzustellen und mögliche Inhaltselemente zu antizipieren. Zum einen weckt das Motiv der leicht geöffneten Tür die Neugier zu erfahren, was sich hinter ihr verbirgt, sie kann auf eine Investigation oder auch auf ein Verbrechen verweisen. Darüber hinaus könnte die Wiederholung des Motivs auf ein sich wiederholendes Element im Roman bezogen werden, eine sich wiederholende Handlung oder eine ineinandergeschachtelte Handlung.
Mögliche Schüleräußerungen:
una puerta entreabierta / no se ve lo que está detrás de la puerta / la puerta da al pasillo de un piso / es una puerta de madera; debido a la muesca que tiene la puerta al lado de la cerradura, es posible que alguien la haya forzado con una herramienta / en el centro, la foto se repite varias veces (al infinito) en un formato cada vez más pequeño / creo que en el piso pasa algo espantoso / una persona espía desde fuera y trata de averiguar lo que pasa dentro

In einem zweiten Schritt kann der Titel mit aufgegriffen und mit den Äußerungen zum Bild verknüpft werden. Eine intensive Bearbeitung kann in einer Partnerarbeit (Kugellager o. Ä.) erfolgen, deren Ergebnisse im Plenum zusammengefasst werden. Bei geringerem Zeitkontingent oder Übungsbedarf kann alternativ direkt gemeinsam im Plenum assoziiert und gesichert werden.
Hier bietet sich ein Übungsanlass für den *presente de subjuntivo*.
Es können z. B. folgende Auslöser verwendet werden: puede ser que / es posible que / es probable que / quizá(s) / tal vez
Impuls: Relacionad las expectativas que surgieron con la foto con las que evoca el título "El móvil". Tened en cuenta el género de novela policial.
Mögliche Schüleräußerungen:
Relacionándose la foto, el género y el título "El móvil", puede ser que ocurra un robo / un homicidio en un piso vacío / haya un detective que investiga un caso difícil de un asesinato en serie. / Quizás un asesino en serie provoque a la policía / intente realizar un crimen perfecto / siempre consiga escapar sin que se sepa quién es. / Probablemente el móvil del crimen quede incierto durante mucho tiempo / el móvil del crimen sea algo sorprendente / cotidiano / muy trivial para el lector / la estructura de la novela sea complicada.

1.1 Con el libro entre las manos (SB S. 278–281)

Didaktisch-methodische Hinweise

Das Foto des Buchcovers (SB S. 278) und der Klappentext fokussieren Leseerwartungen und versuchen, Leseinteresse zu wecken.
Die Einstiegsaktivitäten sind als **verzögertes Lesen** gedacht, um Erwartungen zu formulieren, auf die im Verlauf der Reihe, etwa zum Abgleich mit der tatsächlichen Ausgestaltung im Kurzroman, zurückgegriffen werden kann.
Dadurch wird Folgendes angebahnt:
- Ausbau der kommunikativen Kompetenz im Diskurs über Literatur durch Einbezug der persönlichen Reaktion,
- Erweiterung der textanalytischen Kompetenz, indem für literarische Gestaltungsweisen sensibilisiert wird,
- Förderung der Kompetenz in der Rezeption von Literatur durch kritische Auseinandersetzung mit den verwendeten Mustern sowie durch Erweiterung des bisherigen Leserepertoires.

Sprachliche Kompetenzen:
- Das Hypothesentesten und -überprüfen lässt Sicherheit in der Anwendung des *presente de subjuntivo* nach den entsprechenden Auslösern gewinnen.
- Das Sprechen in längeren Zusammenhängen wird gefördert durch die Kurzpräsentationen während des Expertenpuzzles.

Lo que revela la cubierta (SB S. 278)

Didaktisch-methodische Hinweise

Die *actividad de prelectura* ist angelegt als eine Art Erstbegegnungssituation mit dem Buch. Es soll ermittelt werden, ob Illustration und Titel dazu anregen, sich näher mit dem Buch zu befassen. Zur Simulierung der Situation empfiehlt sich eine Bearbeitung in Partnerarbeit oder in Dreiergruppen, sodass eine intensive individuelle Auseinandersetzung mit einer hohen Sprechaktivität stattfindet.
Abgebildet ist die Vorderseite des Bucheinbandes (*cubierta*). In der zitierten Ausgabe finden sich auf der vorderen Umschlagseite (*solapa*) ein Foto und die Kurzbiografie des Autors. Der Klappentext befindet sich auf der Rückseite (*contraportada*) des Bucheinbandes (vgl. auch: http://www.newsartesvisuales.com/editor/edit06.htm).

Actividad SB S. 278, Lösungsvorschlag

Mögliche Schüleräußerungen
Lo que llama la atención a primera vista es el cuchillo clavado en un montón de hojas y la mancha de sangre. Tanto la ilustración como el título hacen esperar una novela o un cuento policíaco. / Es de noche. / No hay nadie en el cuarto. / Surgen muchas preguntas: ¿Quién suele trabajar allí? ¿Es escritor o profesora? ¿Quién es la víctima? ¿Mujer / hombre / una persona desconocida / el / la amante infiel? / Estoy bastante intrigada y me llevaría el libro porque me gustan las novelas policíacas raras. / Lo que importa es que la novela tenga suspense, insinuado por la ilustración. Yo me apuntaría para leer el libro.

Texto de la contraportada (SB S. 278/279)

Text: Klappentext
Wortzahl: 159
Schwierigkeitsgrad: **
Inhalt: Álvaro, ein ambitionierter Schriftsteller, hat sich vorgenommen, den ultimativen Roman zu schreiben. Dafür setzt er nicht nur seinen Fleiß und seine Disziplin ein, sondern er beobachtet seine Nachbarn, um den Personen und der Handlung seines Kriminalromans ein Profil zu geben. Darüber hinaus greift er manipulativ in das Leben seiner Nachbarn ein. Jedoch ist das reale Leben nicht so leicht zu beherrschen wir eine fiktive Geschichte im Roman.

Didaktisch-methodische Hinweise

Der Text setzt die Annäherung an den Kurzroman durch die Fokussierung auf das Genre und die kritische Auseinandersetzung mit der Intention und Wirksamkeit von Klappentexten um.

Möglicher erster Schritt der Inhaltserarbeitung:

¿Correcto o falso?	
a) Álvaro es el protagonista de la novela.	*a) sí*
b) Álvaro escribe un drama.	*b) no*
c) Es un hombre aficionado y disciplinado.	*c) sí*
d) Pretende revolucionar la literatura.	*d) sí*
e) Escribir una novela no cuesta muchos esfuerzos.	*e) no*
f) Para la historia son importantes los personajes y el móvil.	*f) sí*
g) Los vecinos le sirven de modelo para su obra.	*g) sí*
h) Son un matrimonio mayor y un joven que vive solo.	*h) no*
i) Además, la portera desempeña un papel.	*i) sí*
j) La ficción empieza a determinar su vida real.	*j) sí*
k) Parece que surgen problemas a raíz de esto.	*k) sí*

Actividades SB S. 279, Lösungsvorschläge

1. Las ambiciones de Álvaro son exageradas / las persigue con mucha disciplina. Se aprovecha de su ambiente / sus vecinos para perfilar a los personajes y para desarrollar el argumento de la novela. Para lograr una máxima verosimilitud tiene que manipular los conflictos existentes entre los vecinos.

2. El texto de la contraportada contribuye a la "invitación a leer": El resumen informa al lector de qué va la novela y al mismo tiempo deja abierto el final. El resumen es cautivador, porque presenta una trama interesante y crea suspense, sobre todo por la última frase. El lector podría engancharse a la lectura.

El comienzo de "El móvil" (SB S. 279)

Text: Romanauszug
Wortzahl: 185
Schwierigkeitsgrad: ****
Inhalt: Álvaro, der Protagonist, hat sich einen regelmäßigen Tagesablauf angewöhnt. Nach morgendlichen Aktivitäten beginnt er um 9.00 Uhr zu arbeiten. Seine gesamten privaten und beruflichen Interessen sind auf die Literatur ausgerichtet. Anstelle einer juristischen Karriere übt er einen Halbtagsjob in einer bescheidenen Agentur aus, der ihm finanzielle Sicherheit gibt und ihm den Freiraum bietet, sich vormittags voll und ganz seinen literarischen Ambitionen zu widmen.

Didaktisch-methodische Hinweise

Der Romananfang führt in die Personen, den Raum, die Zeit und die Handlung ein und stellt in seiner Anlage für den Leser die Schwelle zum Weiterlesen dar. Mit der Aufgabenstellung soll herausgearbeitet und bewertet werden, worin die Funktion des Romananfangs besteht und was er leistet.
Hinsichtlich der Sozialformen bietet sich der Dreischritt Einzel-, Partner- und Gruppenarbeit an. Im letzten Schritt der Aufgabe 3. ist es sinnvoll, die Informationen des Klappentextes hinzuzuziehen.

Actividades SB S. 279, Lösungsvorschläge

1. Acciones matinales de Álvaro: se levanta a las ocho, se pega una ducha de agua helada, compra pan y el periódico en el supermercado. Desayuna en la cocina, tomando café y tostadas con mantequilla y mermelada. Mientras desayuna, hojea el periódico y oye la radio. A las nueve empieza a trabajar.

2. La afición fundamental de Álvaro es la literatura, a la que se dedica exclusivamente. La licenciatura en Derecho le sirve para trabajar media jornada y, así, tener seguridad económica. Además abandona a sus amigos y las actividades de tiempo libre.

3.
- El ambiente parece muy modesto. No están descritos la casa y el despacho de Álvaro. Sin embargo, se obtiene la impresión de que el protagonista está muy solo.
- El protagonista es un hombre muy disciplinado que sabe trabajar. Aunque es jurista, se dedica por completo a su proyecto literario. Tiene pocos contactos sociales, está casi obsesionado por la literatura.
- Hipótesis acerca de la continuación:

Hay un cambio inesperado: A Álvaro le faltan las ideas, recurre a sus vecinos y se pierde en su proyecto. Mientras tanto fracasa en la gestoría y lo despiden. Lo comunica a algunos de sus vecinos y se desarrolla una convivencia dinámica en la casa. / Álvaro empieza a alejarse de la realidad. / Álvaro se convierte en criminal porque ya no sabe distinguir entre ficción y realidad.

"Decidió escribir una novela" (SB S. 279/280)

Text: Romanauszug
Wortzahl: 220
Schwierigkeitsgrad: ****
Inhalt: Álvaros Roman soll die ungewöhnliche Geschichte eines Protagonisten, der seinerseits einen Roman schreibt, erzählen. In ihm ermordet ein junges Paar, das sich in finanziellen Schwierigkeiten befindet, den Nachbarn, einen eigenbrötlerischen Alten. Während der Autor in Álvaros Geschichte seine Geschichte schreibt, verändert sich die Beziehung der Nachbarn, eines vormals glücklichen, jungen Paares. Vormittags, bevor die Schicht beginnt, streiten sie und versöhnen sich bisweilen. Eines Tages trifft der Schriftsteller das Paar mit einem eingepackten Gegenstand, den er für eine Axt hält, und beschließt, dass das Paar seines Romans den Alten mit einer Axt umbringen wird.

Die Passage ist poetologisch eine der Kernstellen des Kurzromans. Sie ist komplex angelegt und aufgrund der unterschiedlichen Handlungsebenen mit dem Roman im Roman nicht leicht zu entschlüsseln. Die sorgfältig durchdachte Komposition erinnert an eine russische Matrjoschka, eine der ineinandergeschachtelten russischen Puppen (*matrioska, muñeca rusa*), und sorgt ebenso wie die Fotocollage (SB S. 277) zunächst für eine Irritation des Lesers. Die Ebenen lassen sich wie folgt grafisch darstellen:

El **autor** Javier Cercas — REALIDAD
↓ escribe

> una novela policial — FICCIÓN
> el protagonista **Álvaro**
> ↓ escribe
>
> > una novela
> > el protagonista, un **escritor** cuyos vecinos se llevan mal y a los que encuentra con un hacha,
> > ↓ escribe
> >
> > > una novela policial ("la novela dentro de la novela") en la que un joven matrimonio mata a hachazos a un vecino anciano por razones económicas

Didaktisch-methodische Hinweise

Die Komposition gibt dem Leser Raum zur Spekulation. Daher soll das verzögerte Lesen an dieser Stelle erneut zum Ausbau der kreativen Rezipientenrolle eingesetzt werden. Je nach Reaktion der Schülerinnen und Schüler kann die Grafik zur Klärung eingesetzt oder als Tafelanschrieb erarbeitet werden.
Die *actividad* 2. gibt viele Hinweise zum Erstellen der Charakterprofile. Zum anderen enthält sie eine weiterführende Aufgabe für die anschließende Arbeit im Plenum. Dort findet eine durch die Tabelle gestützte Präsentation der Ergebnisse statt, die kommentiert und weiterverarbeitet werden.
Die Diskussion im Plenum weitet die thematische Arbeit von den Charakterprofilen zum Handlungsverlauf aus.

Actividades SB S. 280, Lösungsvorschläge

1. a) un escritor ambicionado, un joven matrimonio, un anciano; b) difícil; c) matar a su vecino; d) empeorarse / enturbiarse; e) discuten; f) un asesinato a hachazos

2.

vecinos del escritor Álvaro y al mismo tiempo personajes de la novela que está escribiendo			
	personas vecinas del escritor Álvaro		
	el matrimonio: joven; se enturbia su relación buena por un apuro económico; un día Álvaro los encuentra con un gran paquete envuelto en papel	**el jubilado:** solitario y mezquino	**la portera de la casa:** aburrida de su marido
	personas vecinas del protagonista de la novela del escritor Álvaro		
	• trabajan de la mañana a la noche • se llevaban bien pero la convivencia pacífica cesa y se producen reyertas / llantos • en el gran paquete hay un hacha con que asesinan al anciano	• anciano • vive en el último piso • huraño • vida austerísima • vive con modestia	

Mögliche Schüleräußerungen: En una novela policíaca siempre hay buenos y malos, delincuentes, asesinos, otros criminales, personas que se ven enfrentadas con una situación difícil / un crimen, una investigación y una solución.
Las características del joven matrimonio y sus acciones parecen llevar a la catástrofe. / Seguramente al final asesinan al viejo. / Habrá intrigas y acechanzas, porque la novela sería aburrida si se desarrollara de manera demasiado transparente. / Como a la portera le aburre su marido, intentará seducir al escritor o al marido joven, igual su marido se da cuenta y, en un ataque de celos,

mata al rival. / El anciano, a pesar de su aislamiento obvio, acecha tanto a la esposa joven como a la portera. / A ésta el comportamiento del viejo le disgusta por completo y decide darle una lección. / El escritor se aprovecha de la situación y se acerca a la esposa en plan de ligue. / El marido lo nota, pero está contento, porque así se puede librar de su mujer.

Álvaro se sumerge en su trabajo (SB S. 280)

Text: Romanauszug
Wortzahl: 72
Schwierigkeitsgrad: **
Inhalt: Álvaro taucht völlig in den Arbeitsprozess ab. Die Romanfiguren begleiten ihn innerlich während des ganzen Tages. Er füllt eine Vielzahl von Seiten zu den Figuren, zu Szenen, Episoden und zur räumlichen Umgebung. Als er mit der Materialfülle zufrieden ist, begibt er sich an den ersten Entwurf des Romans.

Actividades SB S. 281, Lösungsvorschläge

1. parece una convivencia ejemplar; preparativos enormes: con todo el afán posible

2. *mögliche Schüleräußerungen:*
- observación interesante: la pareja: tras hacer el amor empieza a discutir → útil porque marca un cambio
- acotación necesaria: la casa de la pareja es modesta → útil para subrayar la situación económica de la pareja
- episodio original: la portera mantiene una relación sentimental con el anciano → útil porque es conflictivo
- rasgo característico de un personaje: curiosidad / poder / intriga de la portera → útil porque ofrece posibilidades de antagonismos

1.2 Conociendo a los personajes (SB S. 281–285)

Puzzle de expertos – indicaciones iniciales para el estudio de cuatro textos diferentes (SB S. 281)

Didaktisch-methodische Hinweise

Das Expertenpuzzle (zur Methode s. SB S. 319) dient in seiner arbeitsteiligen Anlage dem schnellen und effektiven Kennenlernen der zentralen Textfiguren. Es bietet sich an dieser Stelle an, da es für die Arbeit innerhalb des Moduls hinreichend ist, wenn sich die Schülerinnen und Schüler exemplarisch mit einer Textstelle auseinandersetzen.
Im Rahmen der Spracharbeit wird durch die Bildung von Kleingruppen ein hoher Sprachumsatz erzielt. Die Schülerinnen und Schüler erweitern dabei ihre Kompetenzen in der Präsentation und der gezielten Informationsentnahme (sowohl der schriftlich vorliegenden Romanauszüge als auch mündlich während der Präsentation).

Der Phase der Integration der Ergebnisse im Plenum kommt besondere Bedeutung zu, da hier durch die gemeinsame Erstellung der Grafik eine Vernetzung der Ergebnisse der Kleingruppenarbeit erfolgt.
Die Texte stellen die zentralen Figuren (la portera, los Casares, el viejo Montero) näher vor, und zwar immer in der Interaktion mit dem Protagonisten Álvaro. Die Charakterprofile ergeben sich somit durch Formen der expliziten und impliziten Charakterisierung (vgl. SB S. 326). Zudem lässt sich im Abgleich ermitteln, welcher Register sich Álvaro bedient, um seine Nachbarn kennenzulernen bzw. um seine Charakterstudien zu betreiben.
Vor dem Beginn der ersten Phase sollte der Arbeitsauftrag für das gesamte Expertenpuzzle vorgestellt werden, um Transparenz herzustellen und den Schülerinnen und Schülern ein gezieltes Arbeiten zu ermöglichen.

Eine Binnendifferenzierung kann durch die Gruppeneinteilung vorgenommen werden:

- erster Text (*la portera*): anspruchsvoll für Leistungsstärkere; umfangreicher durch Angabe der *antecedentes*
- zweiter Text (*señora Casares):* mittelschwer
- dritter Text (*señor Casares):* leichtester Text
- vierter Text (*el viejo Montero*): mittelschwer, jedoch stark durch politische Äußerungen geprägt (Weltwissen für die Entschlüsselung erforderlich); umfangreicher durch Angabe der *antecedentes*

Trabajo en equipo: primera fase

Actividades SB S. 281, Bearbeitungshinweise

1. Nachweis des Verständnisses durch Entnahme der manifesten Informationen

2. Unterscheidung zwischen den manifesten Informationen im jeweiligen Textauszug und den besonderen *observaciones* zu Álvaros Verhalten im Zusammenhang mit der entsprechenden Textfigur (Interpretation).
Die Spalte *„preguntas abiertas"* dient als Fragenspeicher, in dem offene Fragen notiert werden, damit sie nicht verloren gehen und im weiteren Verlauf der Arbeit geklärt werden können.

3. individuelle Lösungen

4. Üben der mündlichen Präsentation anhand von Kriterien als wichtigem Bestandteil, um die Präsentationsstrategien effizient weiterzuentwickeln (s. *charla un minuto*, SB S. 319; s. Spinnennetz mit Kriterien für die Evaluation der Präsentation SB S. 63).

5. Neben der angegebenen Möglichkeit der Verwendung der Tabelle *correcto - falso* sind noch weitere vorstellbar: Erstellen eines Lückentextes, in dem zentrale Informationen eingetragen werden müssen; Auflisten von Handlungen mit dem Arbeitsauftrag der Zuordnung von Personen, die diese ausführen; Stichworte zusammenstellen für eine Zusammenfassung.

Trabajo en equipo: segunda fase

1. und 2. Für die zweite Phase ist ein komplexer Arbeitsauftrag vorgesehen, der über die Präsentation der Experten hinausgeht. Das Zuhören während der Präsentation erhält die gemeinsame Skizzierung eines möglichen Fortgangs der Handlung als klare Perspektive.

De vuelta al curso entero: fase de integración

1. und 2. argumentative Auswertung; gemeinsame oder individuelle Sicherung je nach Bedarf und Verlauf, unter Verwendung der Grafiken S. 287 – 289.

Grupo azul: Los Casares vistos por la portera (SB S. 282)
Trabajo en equipo: primera fase

Text: Romanauszug
Wortzahl: 282 (+ *antecedentes* 52)
Schwierigkeitsgrad: ***
Inhalt: Nach dem Kontakt mit der geschwätzigen Hausmeisterin lenkt Álvaro das Gespräch auf das Ehepaar Casares: Herr Casares arbeitet bei der SEAT, seine Frau kümmert sich um Haushalt und Erziehung der beiden Kinder. Die beiden leisten sich eine teure Privatschule, die über ihren Verhältnissen liegt.

Sprachliche und erzählerische Besonderheiten im Textauszug: Wechsel zwischen Erzählerbeschreibung und indirekter/direkter Rede; Tempuswechsel; gut geeignet für leistungsstärkere Schülerinnen und Schüler (s. o.)

Vocabulario adicional:

chisme (m) – habladuría
conminar – amenazar
dichoso,a – feliz
dispendio – *Verschwendung*
exasperar – enojar, enfurecer
inasequible – inalcanzable
rencor (m) – *Groll*
reprochar – *vorhalten, vorwerfen*
resentido,a – *nachtragend*

Actividades SB S. 282 (gemäß SB S. 281), Lösungsvorschläge

1. a) c; b) c; c) f: Álvaro hace el amor con la portera para llegar a saber más sobre los Casares; d) f: son inmigrantes; e) f: su economía está moderadamente saneada; f) f: no pasa de los 35; g) f: la señora de Casares no trabaja, se dedica a la casa y a los hijos; h) c; i) c; j) f: los dos hijos van a un colegio bastante caro; k) f: trabaja hasta medianoche; l) c; m) c

2.

portera	Álvaro	otros personajes	observaciones importantes	
• chismosa • envidia a los vecinos su vida normal y corriente • interesada en una relación sentimental / sexual con Álvaro • manipulable	con la portera • liga con ella • hace el amor con ella • la manipula • consigue informaciones sobre los Casares • frío cuando la deja y se va	los Casares: • inmigrantes jóvenes • bastante felices, amables • económicamente seguros • dos hijos • él: ≈ 35 años, trabaja en la SEAT • ella: ama de casa, educa a los hijos • hijos: acuden a un colegio caro	• Álvaro ha estudiado bien a la portera y sabe conquistarla, correspondiendo a los deseos sexuales de ella • persigue sus intenciones de sacarle las informaciones necesarias • (información de segunda mano sobre los Casares)	?

3. und 4. individuelle Lösungen

5. unterschiedliche Lösungen möglich, z. B. *Lückentext* (Lösungen kursiv):
En la conversación, después de *hacer el amor* con la portera, Álvaro le saca algunas informaciones sobre los Casares y sus dos hijos. Son inmigrantes y están financieramente saneados por el trabajo en el turno de tarde del Sr. Casares, que tiene alrededor de 35 años, en la SEAT. Ella se dedica a *la casa y a la educación de sus hijos*. Los dos hijos van a un colegio caro, hecho que la portera critica porque le parece estar por encima de sus posibilidades *económicas*. Durante la conversación Álvaro nota que la portera tiene envidia a los Casares. Cuando Álvaro ha conseguido las informaciones deseadas, deja fríamente a la portera sin prometerle *volver* un día.

Grupo verde oscuro: Un encuentro no casual entre Álvaro y la señora de Casares (SB S. 283)
Trabajo en equipo: primera fase

Text: Romanauszug
Wortzahl: 270
Schwierigkeitsgrad: **
Inhalt: Álvaro trifft Irene Casares, die voll bepackt nach Hause kommt, und ist ihr behilflich. Während sie zusammen im Aufzug hochfahren, scherzen sie über die Arbeit als Hausfrau bzw. Hausmann. Álvaro ist angenehm überrascht, dass sie ihn bei diesem ersten Gespräch duzt. Irene Casares ist von einer gepflegten, natürlichen Schönheit, allerdings etwas gewöhnlich. Álvaro bedauert, dass er wenig Kontakt zur Nachbarschaft hat, und macht einen Scherz auf Kosten der *portera*.

Sprachliche und erzählerische Besonderheiten im Textauszug:
Tempuswechsel ins Präsens zur Beschreibung und Vergegenwärtigung von Irene Casares; leicht erschließbare Passage (s. o.)

Vocabulario adicional
cerradura – *Schloss*; halagar – *schmeicheln*; maliciosamente – *boshaft*; vecindario – comunidad de vecinos

Actividades SB S. 283 (gemäß SB S. 281), Lösungsvorschläge

1. a) c; b) f: lleva muchos paquetes y un carrito de compras; c) f: no se saludan; d) c; e) f: se tutean (ella lo tutea primero); f) f: se llama Irene; g) c; h) f: sólo sus gestos, sus labios y sus palabras emanan dulzura; i) c; j) f: charlan y están bromeando; k) c

2.

Irene Casares	Álvaro	otros personajes	observaciones importantes	
• vuelve a casa con un montón de compras • tutea a Álvaro • empieza a bromear mientras están esperando el ascensor • parece amable y sociable • aspecto físico: de figura mediana; bastante guapa, con cierta elegancia – aunque parece un poco vulgar	**con Irene Casares** • la ayuda caballerosamente • charla y bromea con ella • se muestra simpático • comunica su deseo de establecer buenas relaciones con los vecinos • busca su complicidad	**portera:** • Álvaro bromea maliciosamente acerca de ella	• Álvaro reacciona hábilmente en la situación (contesta al tuteo y las bromas de ella) • amabilidad y ayuda son pretextos para saber más de uno de los personajes que Álvaro estudia para su proyecto literario • interesante: descripción detallada en presente (cambio del tiempo verbal)	?

3. und 4. individuelle Lösungen

5. unterschiedliche Lösungen möglich, z. B. als Kombinationsaufgabe: *Une la primera parte de la frase con la segunda.*

1. Irene Casares es	a. aunque es la primera vez que se dirigen la palabra.
2. Lleva un montón de	b. de la portera para ganarse la complicidad de Irene Casares.
3. Álvaro se muestra	c. paquetes y un carrito de compras.
4. Los dos se tutean	d. una mujer de estatura mediana y de gran naturalidad.
5. Álvaro se burla	e. todo un caballero y muy simpático.

Lösungen: 1. d./2. c./3. e./4. a./5. b.

Grupo rojo: Álvaro tropieza con el señor Casares (SB S. 284)
Trabajo en equipo: primera fase

Text: Romanauszug
Wortzahl: 241
Schwierigkeitsgrad: **
Inhalt: Mithilfe des Türspions gelingt es Álvaro, Enrique Casares abzupassen, als der zur Arbeit geht. Er beginnt ein Gespräch, in dem er die Unterhaltung mit Irene Casares erwähnt und beklagt, dass er wenig Kontakt zur Nachbarschaft hat, und macht einen Scherz auf Kosten der Hausmeisterin. Casares reagiert zurückhaltend, lässt sich aber von Álvaro überreden, dass dieser ihn mit dem Auto zur Arbeit fährt. Während der Fahrt unterhalten sie sich über ihre Arbeit in der Agentur bzw. bei SEAT, wo Casares eine recht verantwortungsvolle Tätigkeit ausübt, die ihm Zugang zu besonderen Kenntnissen im Zusammenhang mit Autos ermöglicht.

Sprachliche und erzählerische Besonderheiten im Textauszug:
Erzählerbeschreibung; indirekte und direkte Rede; Chronologie der Handlung lässt sich leicht erschließen (s. o.)

Actividades SB S. 284 (gemäß SB S. 281), Lösungsvorschläge

1. a) c; b) f: lo estaba esperando detrás de la puerta; c) f: El Sr. Casares sale primero; d) f: se saludan (no se llega a saber si fría o cordialmente); e) c / f: esta información no figura en el fragmento; f) f: sí, le habla de la conversación con la Sra. Casares; g) f: es un poco gordo; h) c; i) f: Álvaro se lo ofrece insistiendo mucho; j) c; k) c (considerablemente importante)

2.

Enrique Casares	Álvaro	otros personajes	observaciones importantes	
• aspecto físico: un poco gordo; sociable • actúa con sobriedad • educado (al inicio no acepta la invitación de Álvaro – se la agradece mucho) • habla franca y orgullosamente sobre su puesto de trabajo de cierta responsabilidad	• acecha la salida de Enrique Casares • se muestra simpático • comunica su deseo de establecer buenas relaciones con los vecinos • busca la complicidad de Enrique Casares • le ayuda a Enrique Casares: lo lleva al trabajo	**portera:** • Álvaro bromea maliciosamente acerca de ella	• encuentro planeado por Álvaro: amabilidad y ayuda son un pretexto para llegar a saber más de uno de los personajes que estudia para su proyecto literario	?

3. und 4. individuelle Lösungen

5. unterschiedliche Lösungen möglich, z. B. Zuordnungsaufgabe: *¿A quién se refiere?, ¿a Álvaro o Enrique Casares? Indícalo con A o E.*

A	Espera a que salga su vecino para establecer el contacto con él.
A	Le habla del encuentro con su mujer y de la impersonalidad de las relaciones que mantiene con el vecindario.
A	Se burla de la portera.
E	Es un hombre un poco gordo y sociable, reacciona con sobriedad.
E	Se deja convencer de que su vecino lo lleve al trabajo.
E	Habla con orgullo sobre su trabajo bastante responsable que le facilita conocimientos automovilísticos especiales.

Grupo verde claro: Una visita al anciano (SB S. 285)
Trabajo en equipo: primera fase

Text: Romanauszug
Wortzahl: 245 (+ *antecedentes* 61)
Schwierigkeitsgrad: **/***
Inhalt: Bei dem Besuch Álvaros offenbart Montero, dass er gegen die Demokratie und das allgemeine Wahlrecht ist, das die Stimme einer Hausmeisterin der eines Anwalts gleichstelle. Als Álvaro ihm zustimmt, kritisiert Montero die aktuelle Politik. Darüber hinaus erwähnt er seine militärische Vergangenheit.
Seine Ersparnisse bewahrt er für die Kinder seiner Tochter auf, die in Argentinien lebt. Unter Alkoholeinfluss verrät er, dass er seine Ersparnisse aus Misstrauen vor den Banken im Safe hinter einem Gemälde aufbewahrt.

Sprachliche und erzählerische Besonderheiten im Textauszug:
zur Entschlüsselung des Gesprächsverlaufs z. T. politisches Vokabular und entsprechendes Wissen erforderlich (s. o.)

Vocabulario adicional:
amorfo – *formlos*; ahorros – *Ersparnisse*; heredar – *erben*

Actividades SB S. 285 (gemäß SB S. 281), Lösungsvorschläge

1. a) f: es más bien raro, ensimismado, huraño; b) f: hablan de la política y de los ahorros del Sr. Montero; c) c / f: la información no figura explícitamente en el fragmento; d) f: suele votar el partido derecho (PP); e) c; f) f: el Sr. Montero vive solo; no se sabe nada de si tiene mujer; g) c: bebe mucho alcohol; h) f: su hija vive en Argentina; i) c; j) c; k) c

2.

el viejo Montero	Álvaro	observaciones importantes	
• anciano que vive solo, sin contacto con los vecinos • la portera le limpia la casa • su afición es jugar al ajedrez • tiene una actitud política de derechas • guarda sus ahorros en una caja de caudales en su casa • tiene una hija y nietos que viven en Argentina • pierde el control bajo la influencia de alcohol	• aprende a jugar al ajedrez para ponerse en contacto con el Sr. Montero • le escucha y asiente cuando habla de política • está conmovido por la emocionalidad del Sr. Montero • se estremece cuando se entera del dinero en la caja fuerte	• Álvaro está bien preparado para el encuentro • sabe animar y motivar al anciano para sacarle todo lo que quiere saber de los ahorros del anciano	?

3. und 4. individuelle Lösungen

5. unterschiedliche Lösungen möglich, z. B. als *Resumen con ayuda de apuntes*:
el viejo Montero – solo – huraño – hablar de política – soler votar a la extrema derecha – criticar con acidez – una hija con nietos – vivir en Argentina – legar su dinero – guardar ahorros – caja de caudales – Álvaro

Didaktisch-methodische Hinweise zum Expertenpuzzle, 2. Phase

Trabajo en equipo: segunda fase
Die Gruppen stellen sich neu zusammen (mit jeweils mindestens einem Mitglied der *grupos azul, verde oscuro, rojo, verde claro*), die die Ergebnisse der Arbeit der ersten Phase präsentieren. Mit den *hojas de comprensión* wird das Verständnis überprüft. Der Informationsaustausch liefert erweiterte Charakterprofile und erhellt die Strategien, derer sich Álvaro bedient.

Actividades gemäß SB S. 281, Lösungsvorschläge

1. individuelle Lösungen; Präsentation des Inhalts und Erläuterungen anhand der *listas*

2. Die Antizipation kann durch Strukturhilfen (*rasgos característicos, constelaciones, conflictos y problemas, posible desenlace*) gelenkt werden (s. auch SB S. 280, *actividad* 2.). Je nach Vorarbeit sind folgende Interpretationsansätze möglich:
rasgos característicos
- los Casares: escasez económica (colegio caro para los hijos)
- portera: bien informada; deseo de una relación sentimental; envidia la vida normal a los Casares
- anciano: adinerado; insociable; el ajedrez como afición
- Álvaro: el gran manipulador, se hace el simpático y es servicial siempre que le sea útil

constelaciones
- antagonismo entre el matrimonio Casares y la portera (porque los tres se congracian con el anciano)
- relación sentimental entre la portera y Álvaro
- y / o antagonismo (con respecto al anciano) entre la portera y Álvaro

conflictos y problemas
- Álvaro como protagonista manipula a los Casares / les cuenta lo del dinero del anciano y observa su reacción / influye a la portera
- Álvaro pierde el control / tiene que dejar su posición de observador / forma parte del conflicto

desenlace
- asesinato del anciano (a hachazos / navajazos / cuchillada u otra forma)
- asesinos: los Casares / la portera / Álvaro

De vuelta al curso entero: fase de integración (im Anschluss an SB S. 282–285)

Didaktisch-methodische Hinweise zum Expertenpuzzle, Plenumsphase

Der Austausch dient neben der Förderung des monologischen und argumentativen Sprechens fachmethodisch insbesondere der Veröffentlichung unterschiedlicher Antizipationen zum Fortgang der Handlung. Mit Hilfe einer textanalytischen Argumentation müssen die Schülerinnen und

Schüler dabei gegenseitig überprüfen, ob die vorgestellten Handlungsmodelle gemäß der bisherigen Kenntnisse möglich sind oder nicht (*¿Son probables o no?*).
Entsprechend der vorgestellten Handlungsverläufe muss situativ entschieden werden, ob es sich anbietet, als Ergebnissicherung eine gemeinsame Variante auf dem OHP zu erstellen, oder ob die Aufgabe eher dazu geeignet ist, als persönliche Zusammenfassung individuell bearbeitet zu werden (z. B. als Hausaufgabe).

Actividades gemäß SB S. 281, Lösungsvorschläge

1. individuelle Lösungen

2. Grafik in Anlehnung an Beispiel (S. 283)

1.3 Las estrategias de Álvaro (SB S. 286–288)

Didaktisch-methodische Hinweise

Die beiden Textpassagen geben zum einen den Fortgang der Handlung an, zum anderen zeigen sie auf, mit Hilfe welcher Mittel im Rahmen der Abhöraktionen und der gezielten Manipulation Spannung erzeugt wird. Als Verfahren kommen wiederum das Aufstellen und Testen von Hypothesen auch im Abgleich mit vorangegangenen Antizipationen zum Tragen.

Las acechanzas (SB S. 286)

Text: Romanauszug
Wortzahl: 324
Schwierigkeitsgrad: **
Inhalt: Álvaro sitzt auf seiner Toilettenschüssel und belauscht die Casares durch die geöffneten Fenster. Er hat im Bad einen Kassettenrekorder installiert, um Streitigkeiten zwischen den Casares mitschneiden und für seinen Roman verwenden zu können. Zu seiner Enttäuschung jedoch sind die Aktivitäten der Casares nicht sehr interessant, weshalb er auf einen Mitschnitt verzichtet.

Didaktisch-methodische Hinweise

Die Passage gibt einen Einblick in Álvaros Abhörstrategien, um seine Nachbarn näher zu studieren. Dieses Abhören liefert detaillierte Informationen über zwei glückliche Menschen. Es erweist sich jedoch im Hinblick auf das Romanprojekt als unergiebig, da sich nichts Konfliktträchtiges abspielt. Gemäß der Andeutung im Klappentext zeigt sich hier eine Stelle, an der Álvaro manipulativ eingreifen könnte.
Die Art, wie die Abhöraktivitäten durchgeführt werden und welche Resultate sie liefern, bietet einen geeigneten Anlass zu einem persönlichen Leserkommentar, in dem Verständnis oder Befremden zum Ausdruck gebracht werden kann. Die *actividades* 2 und 3 verknüpfen dies in der Spracharbeit mit einer Übung zum *imperfecto de subjuntivo*.

Actividades SB S. 286, Lösungsvorschläge

1.
- *ruidos diurnos:* conversaciones, voces, entrechocar de cacerolas, tintineo de vasos;
  ruidos nocturnos: risas gozosas, conversaciones susurradas, respiraciones agitadas, gemidos, crujir de la cama
- *actividades matinales y nocturnas:* levantarse, despertar a los niños, ducharse, arreglarse, asearse, preparar el desayuno, desayunar, acompañar a los niños al colegio, arreglar la casa, realizar labores domésticas, bromear, hacer la compra, preparar la comida; *actividades insólitas:* pocas, sólo la ducha matinal compartida por los Casares y el siguiente acto sexual

2. a) era; b) oyeran; c) quiso; d) estaba; e) carecían / carecieran; f) interesaran; g) sirviera

3.
a) A mí me parece extraño que Álvaro instale un puesto de escucha en el cuarto de baño.
b) Es más raro aún que se siente en el váter por horas.
c) Seguramente Álvaro se quedó asombrado de que hicieran el amor por la mañana.
d) Ciertamente se alegraba de que el ventanuco de ellos estuviera medio abierto para que oyera mejor lo que hacían.

e) Conociendo la actitud laboral de Álvaro no me sorprende que estuviera impaciente, porque no pasó nada que pudiera utilizar para la novela.
f) Comprendo que lo asombraron las actividades matinales de los Casares.
g) No comprendo por qué no le alegre / alegra la felicidad de sus vecinos.

Las invitaciones (SB S. 287)

Text: Romanauszug
Wortzahl: 402 (+ *antecedentes* 64)
Schwierigkeitsgrad: **
Inhalt: Álvaro muss zu seinem Bedauern feststellen, dass sich die Beziehung zwischen den Casares verbessert hat, obwohl die Streitereien anfänglich zugenommen hatten. Álvaro lädt sie wiederholt zum Abendessen ein, wodurch sich eine Vertrautheit einstellt, die Álvaro nutzt, um das Gespräch auf den alten Montero, seine Gewohnheiten und den Tresor zu lenken. Zu Álvaros Beunruhigung und Ärger gehen sie nicht darauf ein.
So findet Álvaro auch keine Lösung für den Schluss seines Romans.

Die Tatsache, dass Álvaros Manipulationsversuche bei den Casares gleichsam in das Gegenteil umschlagen und bei ihnen zur Versöhnung beitragen, ist ein weiteres Beispiel dafür, Spannung zu erzeugen. Die Analyse fokussiert sowohl die konkrete Handlungsebene in der Passage als auch die Wirkungsmechanismen der Spannung auf der konzeptionellen Ebene des Kurzromans. Hier ist ein Rückbezug auf die Schülergrafiken (SB S. 281, Aufgabe 2 unten) intendiert. Ferner soll das erneute bzw. für den Protagonisten weiterhin bestehende Vakuum zum Anlass genommen werden, ein mögliches Ende des Kurzromans auf der Grundlage des bisher Erarbeiteten zu verfassen. Hierfür gibt die Aufgabenstellung sowohl inhaltliche als auch sprachlich-stilistische Kriterien an. Diese sollten vorab mit dem Kurs besprochen werden, um die nachfolgende Textproduktion effizient gestalten und auswerten zu können.
Für das Verständnis der Passage, insbesondere im Hinblick auf die Bearbeitung von Aufgabe 2, ist folgende Information hilfreich:
Die Einladungen der Casares finden nach der Entlassung von Enrique Casares bei SEAT statt, gegen die Álvaro trotz besseren Wissens nicht interveniert hat, sondern im Interesse seines literarischen Projekts den Dingen ihren Lauf gelassen hat. Álvaro vermittelt dem Ehepaar Casares fachlich kompetent, dass es keine Möglichkeiten der Intervention gebe, und bietet sich als guter Freund und Ratgeber an, der beiden jederzeit zur Verfügung stehe. Auf diese Weise erhält er sich das Vertrauen der beiden (vgl. Javier Cercas, El móvil, S. 51–55).

Actividades SB S. 287/288, Lösungsvorschläge

1. a) una celebración religiosa; b) con un mayor grado de confianza; c) del viejo Montero; d) la ubicación de la caja fuerte y el sencillo mecanismo, la fortuna enorme que tiene el viejo Montero, su mala salud, su aislamiento, su rutina cotidiana, sólo acciona el mecanismo de la caja fuerte cuando Montero sale de casa; e) obsesiva; f) por el tema; g) a cambiar de tema; h) que deje el tema al lado; i) mejorando; j) reaccionen como había previsto; k) dar con un final adecuado; l) desaniman

2. mögliche Tabelle (mittlere Spalte kann ggf. ergänzt werden) der Schülerinnen und Schüler oder Folie:

manipulación por parte de Álvaro	expectativas de Álvaro	manera de actuar de los Casares
despido del Sr. Casares	estudiar el desarrollo de las reyertas, desavenencias entre los Casares	⇒ riñen y discuten ⇒ se desarrolla una hostilidad entre ellos
invitación a cenar	intensificar el contacto para encontrar un final para su proyecto literario (manipulación y observación)	⇒ muestran agrado y confianza

manipulación por parte de Álvaro	**expectativas de Álvaro**	**manera de actuar de los Casares**
informaciones detalladas sobre la fortuna del viejo Montero	espera • que muestren interés o que lo escondan • que actúen	⇒ primero: indiferencia acerca del tema ⇒ luego: irritación e impaciencia ⇒ bromeando le piden a Álvaro que deje el tema
la manipulación no llega al término deseado / sus esfuerzos se malogran	**reacción de Álvaro** • se encuentra en la defensiva: tiene que dejar el tema • se impacienta aún más • está desanimado porque es incapaz de encontrar un final	⇒ cesan las peleas ⇒ se reconcilian ⇒ se recuperan físicamente (reacción opuesta a lo previsto)
creación de un vacío: Álvaro queda sin ideas tras el fracaso de las manipulaciones		

3.
- novela policial inversa: el protagonista está buscando un crimen todavía inexistente
- integración de la fase de la etapa de la creación, la etapa previa a la lectura en la trama
- focalización sobre el protagonista Álvaro
- (no) identificación del lector con el protagonista (escritor-detective): ¿cómo hallar una solución?
- contrastes en el protagonista: perfección de Álvaro (preparativos, acechanzas, manipulación) vs. falta de inspiración
- carencia de conflictos ⇒ creación y manipulación de conflictos que llegan a un resultado opuesto
- juego literario con la novela dentro de la novela: creación de expectativas

4. *texto modelo:* La mañana siguiente Álvaro volvió a casa después de comprar pan y un periódico para el desayuno. Abrió el periódico y en ese momento ocurrió algo imprevisto: pareció como si se hubieran reanudado las reyertas entre los Casares. Tras una discusión a voces hubo un silencio inquietante. Álvaro no había estado en su puesto de escucha, por eso no se había dado cuenta de qué iba la discusión. De repente, Irene Casares llamó a su puerta diciendo: "Álvaro, me tienes que ayudar." Álvaro la invitó a entrar y ella le comentó que esta mañana su marido había estado muy deprimido por el paro y la vida le pareció un callejón sin salida. La portera lo había llamado para que reparara algo en la casa del anciano; le había parecido la única solución aprovechar la situación, subir a la casa del anciano y robarle. Ella había intentado impedirle que lo hiciera. Pero todo había sido en vano. Ahora Enrique estaba arriba y ella no sabía qué había pasado. "Álvaro, tú siempre hablaste de la fortuna del viejo Montero y de la caja fuerte. ¿Podrías subir para evitar lo peor?"
Pero ya era demasiado tarde. La puerta estaba entreabierta y al entrar vio el cadáver del anciano en el pasillo. Al lado del cadáver había un hacha. Enrique Casares ya no estaba y la caja fuerte estaba abierta y vacía. Ese fue el momento en que Álvaro empezó a verlo todo claro. Él le había dado a Enrique Casares la idea de robar al anciano. Se arrepintió de haberlo hecho. Al mismo tiempo notó que sus huellas dactilares estaban en todas partes por las muchas visitas a la casa del anciano para jugar al ajedrez. Sabía que estaba perdido, que él era sospechoso del delito también. No podía ir a la policía para denunciar a Enrique Casares. Al salir cerró la puerta detrás de sí y bajó a su casa. Allí encendió su ordenador y borró todos los archivos que tenían que ver con su obra. Cogió los ficheros y los quemó en la chimenea. Empezó a hacer la maleta. Estaba echando de menos el cuchicheo y las reyertas de los Casares en la casa de al lado. Ya sabía que no volvería a visitar a la portera. Forzar la realidad por razones estético-literarias era más difícil de lo que había pensado, sobre todo cuando la ficción se hace realidad.

5. individuelle Lösungen

1.4 El desenlace (SB S. 288–290)

Didaktisch-methodische Hinweise

Die Untersuchung des Schlusskapitels verfolgt zum einen den Gang der Handlung des Kurzromans. Darüber hinaus werden die Fertigkeiten in der expliziten Textanalyse ausgebaut, indem die Wirkung der Erzählweise eruiert wird. Dies bietet sich nach dem Abschluss der Lektüre an, da in den einzelnen Textpassagen unterschiedliche Fokalisierungen vorliegen, die geprüft werden können. Damit wird zugleich ein nachhaltiges, kumulatives Lernen ermöglicht, das seinen Abschluss in der Erstellung einer Rezension zum Kurzroman findet.
Sprachlich-kommunikativ steht im ersten Teil die Mündlichkeit im Vordergrund, für die die Interaktion in Kleingruppen gewählt werden sollte. Die zusammenführende Aufgabe (SB S. 290, *actividad* 2.) fördert den Ausbau der Schreibkompetenz.

"Pero fue la solución la que lo halló a él" (SB S. 288/289)

Text: Romanauszüge
Wortzahl: 393 (A 70, B 60, C 95, D 95, E 73)
Schwierigkeitsgrad: ***
Inhalt: C. Álvaro ist nicht verwundert, den alten Montero eines Morgens nicht im Supermarkt zu treffen. Er geht nicht zur verabredeten Schachpartie, sondern bleibt rauchend und Kaffee trinkend zu Hause, bis die Hausmeisterin völlig aufgelöst bei ihm auftaucht, nachdem sie die Leiche des alten Montero gefunden hat. Álvaro versucht sie zu beruhigen und ruft die Polizei.
B. Ein Inspektor und drei Polizisten sowie ein Polizeifotograf nehmen im Beisein von Álvaro und der Hausmeisterin die Untersuchung auf. Álvaro hält sich zurück, um die Leiche nicht zu sehen.
D. Der Inspektor informiert die wartenden Journalisten, dass er mit einem Schraubenzieher getötet worden sei und das Verbrechen am Nachmittag oder Abend des Vortags stattgefunden haben müsse. Ein mögliches Motiv sieht er im Zusammenhang mit einem ausgeraubten Safe.
A. Álvaro bezeichnet sich als den wahren Schuldigen. Die Eheleute Casares seien lediglich seine Marionetten gewesen. Er fürchtet, dass die Polizei ihn bald festnehmen könne, und erkennt, dass es wichtig ist, den Roman vorher abzuschließen.
E. Er fängt zu schreiben an: „Álvaro, der Protagonist, hat sich einen regelmäßigen Tagesablauf zugelegt. Nach morgendlichen Aktivitäten beginnt er um 9.00 Uhr zu arbeiten."

Didaktisch-methodische Hinweise

Auf der Handlungsebene löst sich der Kurzroman schnell auf: Die Hausmeisterin findet den alten Montero, ermordet mit einem Schraubenzieher, in seiner Wohnung. Die Polizei vermutet wegen des leeren Wandtresors als Motiv einen Raubmord. Álvaro weiß, dass der Mord von dem Ehepaar Casares verübt wurde. Er fühlt sich jedoch selbst als Schuldiger, da er das Ehepaar Casares als Marionetten benutzt hat. Er ist sich darüber hinaus allerdings sicher, dass er der Tat verdächtigt werden wird, und beschließt, noch vor Festnahme und Verhör seinen Roman zu beenden.
Erzähltechnisch findet sich eine Kombination von Erzählerbericht (3. Person), indirekter Rede (Informationen des Inspektors), erlebter Rede (Álvaros Gedanken) und Selbstzitat im Kurzroman. Hier greift Cercas auf ein beliebtes Mittel zurück, indem er den Protagonisten Álvaro seinen Roman neu schreiben und mit exakt denselben Worten wie den Kurzroman „El móvil" (Cercas, El móvil, S. 15) beginnen lässt. Dadurch entsteht nicht nur eine Zirkelstruktur, sondern auch eine Vernetzung der Ebenen des Erzähldiskurses und der Handlung, und der Kurzroman wird mit dem Roman im Roman verknüpft.
Eine Leerstelle wird sich für die Schülerinnen und Schüler in Bezug auf die Frage ergeben, wieso sich Álvaro so sicher ist, dass der Verdacht auf ihn fallen wird. Dass viele Indizien gegen ihn sprechen, lässt sich u.a. aus den Passagen zu den Schachpartien mit dem alten Montero sowie zu den Einladungen des Ehepaars Casares erschließen. Álvaros Beharrlichkeit in Bezug auf den alten Montero und dessen Vermögen ist dem Ehepaar Casares aufgefallen.
Folgende weitere relevante Informationen wurden für die Bearbeitung im Modul aus Gründen der didaktischen Reduktion ausgeklammert:

- dass weitere Personen des Kurzromans Kenntnis von den Schachpartien und Álvaros Berichten über den Tresor haben.
- dass die Mordwaffe Álvaro gehört. Er hat den Schraubenzieher am Vorabend des Mordes an das Ehepaar Casares ausgeliehen.

Ergänzende *actividad*: Als Abschluss der Erarbeitung der Romans sollte eine Reflexion des verzögerten Lesens erfolgen, da dieses Verfahren, u.a. neben der Rekonstruktion, zum Ausbau der kreativen Rezipientenrolle zentral eingesetzt wurde.

Actividades SB S. 289/290, Lösungsvorschläge

1. Reihenfolge: C – B – D – A – E
Kohärenzstiftende Elemente, die nach ihrem jeweiligen Grad an Eindeutigkeit diskutiert werden können:

- secuencia lógica de los acontecimientos (encontrar el cadáver – llamar a la policía – llegada de la policía / comienzo de las investigaciones – informe sobre las investigaciones)
- reflexiones y acciones del protagonista Álvaro

2. individuelle Lösungen

3. A: pensamientos de Álvaro
Recurso estilístico: estilo indirecto libre (entre monólogo e informe). El narrador cede la palabra a Álvaro. Efecto aquí: dramatización.
B: descripción de la situación por parte del narrador
El narrador en tercera persona se limita a la perspectiva de Álvaro (personal / subjetivo). Adopta un punto de vista bastante cercano a los acontecimientos. No toma parte en la acción. Tiene una perspectiva exterior. Efecto: despertar y mantener el interés del lector: ¿qué pasará a continuación?

4. ggf. Hörhilfen geben bzw. Hinweise zum Umgang mit dem Hörtext

5. Die Lösung der Aufgabe 3. lässt sich an dieser Stelle integrieren. Weitere mögliche Aspekte zur Funktion der Erzählweise:

- narrador en tercera persona parcialmente omnisciente y personal a la vez (su perspectiva y su punto de vista se concentran en la figura del protagonista Álvaro)
- manera de desarrollar los pensamientos:
  véase fragmento A: corresponde al discurso del personaje (Álvaro), así que se trata por un lado de un relato secundario (no por parte del narrador), por otro lado recibe un toque de intensificación y dramatización (véase arriba)
- manera de contar los acontecimientos:
  – véase fragmento B y otros: discurso del narrador, se trata del relato primario
  – aceleración para dinamizar la historia: encuentro entre Álvaro y Enrique Casares (SB S. 284)
  – manipulación informativa con mecanismos de retardación: p. ej. la detallada descripción de las acechanzas tiene una función retardativa para perfilar el carácter de Álvaro (igual que el comienzo de la novela); la descripción de las invitaciones acrecienta la impaciencia del lector, conduciendo a la aceleración de la lectura
- tiempos verbales: fragmentos "El comienzo" (descripción en imperfecto: actitud de narrar); "Decidió escribir una novela" (cambio: indefinido – proyecto en presente: el tiempo del mundo comentado presenta el proyecto como proyecto en progreso); "Los Casares vistos por la portera" (pasado y presente; el presente subraya la implicación emocional de la portera y hace destacar los motivos verdaderos de Álvaro de hacer el amor con la portera)

6. individuelle Lösungen mit Rückbezug auf Beginn des Moduls

Una reseña de la novela corta "El móvil" (SB S. 290)

Didaktisch-methodische Hinweise

Der integrative *Comentario de texto* in Form einer Rezension stellt eine komplexe Schreibaufgabe dar, in der viele Ergebnisse, auch die der mündlichen Diskussion, über den Kurzroman gebündelt werden. Die Aufgabe stellt hohe Anforderungen an die Schreibkompetenz, die neben der originären Schreibfertigkeit auch planerische Strategien umfasst. Der Schreibprozess wird zum einen durch den schrittweisen Aufbau der *actividad* unterstützt. Zum anderen liefern die *„Avisos para escribir una reseña"* Kriterien und Hinweise zur Erstellung einer Rezension. Diese sollten, sofern im Kurs bisher noch nicht thematisiert, vor der eigentlichen Schreibaktivität mit den Schülerinnen und Schülern erarbeitet werden.
Als *sistema de apoyo* bieten sich die Kapitel aus dem Gemeinsamen Europäischen Referenzrahmen an, die neben den Schreibkompetenzen auch Planungsstrategien thematisieren:

4.4.1.2. Actividades de expresión escrita
4.4.1.3. Estrategias de expresión
vgl. http://cvc.cervantes.es/obref/marco/cap_04.htm#441 [letzter Zugriff 7.1.2008]
bzw. deutschsprachige Version des Goethe-Instituts: http://www.goethe.de/Z/50/commeuro/4040103.htm [letzter Zugriff 7.1.2008]

Actividades SB S. 290, Lösungshinweise

1. und 2. individuelle Schülerlösungen
Modelle von Rezensionen, die allerdings den kompletten Kurzroman betreffen und somit über die hier ausgewählten Kernstellen hinausgehen, finden sich auf den nachfolgend genannten Webseiten. Sie unterscheiden sich in ihrer Länge und im Tenor bezüglich des Kurzromans.
http://www.leergratis.com/libros/el-movil-de-javier-cercas.html
http://www.comentariosdelibros.com/come-lqhl/book0095-lqhl.htm

2 Jóvenes en la literatura urbana (SB S. 291–301)

In diesem Teilmodul werden drei Beispiele der Stadtliteratur mit einer jeweils anderen Sicht auf die jugendlichen Protagonisten vorgestellt. Für den explizit analytischen Umgang mit literarischen Texten werden drei unterschiedliche, der jeweiligen Erzählung angepasste Verfahren bereitgestellt. Gleichzeitig sollen die Schülerinnen und Schüler auch im produktionsorientiert-kreativen Umgang geschult werden, weshalb mehrere *actividades* darauf fokussieren.
Eine Vielzahl von *actividades* zu Strukturen und Wortschatz dient nicht nur dem Üben in thematischen Zusammenhängen, sondern darüber hinaus auch der impliziten Wiederholung von Inhalten sowie dem Vernetzen der gewonnenen Erkenntnisse.

SB Seite		
291–301	**2**	**Jóvenes en la literatura urbana**
291–293	**2.1**	**Eduardo Galeano: Seguridad ciudadana – análisis de percepción**
292		Eduardo Galeano: Seguridad ciudadana
294–297	**2.2**	**Juan Madrid: "Inspección de Guardia" – hacia la caracterización literaria**
294		En la inspección durante una noche cualquiera
294/295		Juan Madrid: Inspección de Guardia
297–301	**2.3**	**Juan Madrid: "La mirada" – la perspectiva narrativa del monólogo interior**
297		Lo que puede una mirada
298/299		Juan Madrid: La mirada

2.1 Eduardo Galeano: Seguridad ciudadana – análisis de percepción (SB S. 291–293)

En autobús por una metrópoli (SB S. 291)

Didaktisch-methodische Hinweise

Die textorientierte Antizipation soll den Schülerinnen und Schülern den Horizont eröffnen für die in dem kurzen *relato* des uruguayischen Schriftstellers Eduardo Galeano erzählte ungewöhnliche Geschichte. Die Vorgestaltung, die auf einem gemeinsamen Verstehenshorizont basiert, sensibilisiert für Situation und Wortschatz. Sie ist zudem reizvoll, weil durch sie das eigene literarische Handeln in den Fokus rückt. Die Technik des verzögerten Lesens durch den Lückentext bietet eine weitere Möglichkeit der Auseinandersetzung mit dem *relato* und trägt dazu bei, die besondere Qualität des Originaltextes (SB S. 292) wahrzunehmen.

Die beiden Lesedurchgänge nach rechts (erstes Lesen) und nach links (zweites Lesen mit entsprechender Kenntnis des Textzusammenhangs) sollen bewusst machen, dass in literarischen Texten häufig im ersten, zumeist automatischen, Lesen mit der Leseerwartung gespielt wird und man sich im zweiten Lesedurchgang neu orientieren muss. Durch den Abgleich der Originalerzählung mit den Vorerwartungen erkennt man den Leseautomatismus, der durch die Personenkonstellation, die Schauplätze der Handlung und die Klischees bewirkt wird.
Als Analyseverfahren dieser Erzählung bietet sich die Rezeptionsanalyse an, da der Text stark mit Voreinstellungen arbeitet und mit den Erwartungen der Leser spielt. Der unerwartete Schluss lädt ein zum wiederholten Lesen. Dann gewinnen die zunächst überlesenen Hinweise an Bedeutung, so z. B. der Titel, der die Wahrnehmung in die falsche Richtung lenkt, die humorvolle Beschreibung der Protagonistin und der Wechsel der Erzählperspektive in die erlebte Rede.

Actividades SB S. 291/292, Lösungsvorschläge

Primer paso

1. *Hinweis:* Die Situationsvorgabe hat zusammen mit den Fotos die Funktion der Vorentlastung. Die gegebene Konstellation lässt erwarten, dass der junge Mann in der alten Frau ein leichtes Opfer für einen Raubüberfall oder zumindest Diebstahl ausmacht.
individuelle Lösungen

2. Die Schülerinnen und Schüler verwenden bei ihrer Kommentierung den metasprachlichen Wortschatz (SB S. 325).
Beispiele: La constelación de los personajes sugiere una acción determinada. / Hay expectativas claras porque se sabe que una señora mayor es a menudo víctima de un asalto y los hombres jóvenes con frecuencia son violentos. Así que se espera precisamente el acontecimiento del asalto. Es probable que el joven la haya observado al cobrar la pensión y la haya seguido hasta encontrar una situación oportuna para robar el dinero.

3. individuelle Lösungen unter Verwendung des Metavokabulars und Nennung der entsprechenden Elemente in den fremden Texten

Segundo paso

individuelle Lösungen

Eduardo Galeano: Seguridad ciudadana (SB S. 292)

Text: Erzählung
Wortzahl: 224
Schwierigkeitsgrad: ***
Inhalt: Schauplatz der humorvollen Erzählung des uruguayischen Schriftstellers Eduardo Galeano ist Montevideo. Seine Protagonistin ist Doña Gertrudis, eine alte unerschrockene Frau, die zu ihrer Verteidigung immer eine Schere als Waffe bei sich führt.
Nachdem Doña Gertrudis eines Tages ihre Rente abgeholt hat, stellt sie, schon im Autobus nach Hause sitzend, fest, dass sich ihre Uhr nicht mehr an ihrem Handgelenk befindet. Sie verdächtigt den jungen Mann neben sich des Diebstahls, greift entschlossen nach der Schere und drückt sie ihm in den Bauch. Er ist völlig überrascht, händigt ihr eine Uhr aus und stürzt aus dem Bus. Zu Hause angekommen stellt Doña Gertrudis fest, dass sie eine Herrenuhr in der Hand hat und ihre eigene Armbanduhr auf dem Schrank liegt.

Lösungen des Lückentextes: A: 1; B: 2; C: 2; D: 2; E: 2

Actividades SB S. 292/293, Lösungsvorschläge

1. individuelle Lösungen

2. individuelle Lösungen (vgl. Lösungsvorschläge zu SB S. 291, *actividad* 2.)

3. *Hinweis:* Nach dem Vorspielen des Hörtextes sollte den Schülerinnen und Schülern etwas Zeit gegeben werden, um den Gang der Geschichte nachzuvollziehen und mit ihren individuellen Lösungen abzugleichen. Im Anschluss sollte mit dem Text argumentiert werden, um die ‚richtigen' Lösungen zu bestätigen.

Beispiele:
A: La palabra que falta es "solita". Al final se sabe que vive sola, porque no se habla ni de un marido ni tampoco de hijos.
B: El texto que falta es "sufrió un contratiempo". Galeano elige la palabra "contratiempo" para hacer un juego de palabras con "destiempo".
C: Lo que lleva en la cartera es "una tijera escondida". Es poco probable la opción 'un arma', por el adjetivo "desarmada" en la frase anterior. 'Un revólver' es algo asombroso y contradice el tono ligero del relato.
D: Quizás sea posible decir 'con toda su fuerza'. Pero la expresión 'sin vacilar' va mejor, porque Doña Gertrudis es una mujer decidida, por lo cual tampoco es probable el adverbio 'tímidamente'.
E: La opción 2 es la que más sorprende y menos cumple con las expectativas despertadas. Galeano juega con los lectores.

Originaltext, SB S. 292
Si no fuera por las muchas ropas que lleva puestas, doña Gertrudis no haría sombra en el suelo; y los vientos del invierno la volarían por los aires. Pero ella camina por las calles de Montevideo, encorvada como un signo de interrogación, y solita se las arregla para hacer sus cosas y seguir viviendo.
Un día de estos, cuando fue a cobrar su jubilación, sufrió un contratiempo. Tiempo de destiempos, el peligro acecha en cada esquina: doña Gertrudis no anda desarmada. Ella lleva, siempre, una tijera escondida en la cartera.
Iba sentada en el ómnibus. Miró la hora: le faltaba el reloj. Sin vacilar, clavó la tijera en la barriga del joven sinvergüenza que iba sentado a su lado:
–El reloj– dijo doña Gertrudis.
El muchacho tartamudeó:
–¿Cómo dice, señora?
–El reloj– exigió ella, y la tijera pinchó.
El muchacho le dejó el reloj y de un salto se bajó del ómnibus.
Con el reloj apretado en el puño, y el corazón alborotado, doña Gertrudis llegó a su casa.
Se hundió en el único sillón, y hablando sola se quedó un buen rato sentada, qué se habrán creído, que se van a abusar porque una es vieja.
Cuando abrió la mano, vio que aquel reloj era un reloj de hombre. Se levantó, buscó. El reloj suyo estaba en la repisa.
http://www.sololiteratura.com/gal/ultimostiempos.htm

4. vivía / habitaba; Era; iba; estaba; llevaba; acechaban; sufrió; miró; vio / se dio cuenta de; faltaba; clavó; iba sentado; exigió / dijo; espetó; supo; estaba; empezó; volvió; dio / entregó; bajó; regresó / volvió; vio; era; levantó; buscó; encontró

5. a) fuera / volarían; b) llevara / se sentiría; c) tuviera / daría; d) fueran / sospecharía; e) estuviera / clavaría; f) tuviera / desconfiaría; g) tratara / perdería; h) estuviera / se comportaría

6. a) acechar en cada esquina (4) (*El peligro*); Subjekt in b) – h) *La señora mayor / La mujer / Doña Gertrudis / la anciana:* b) hacer sombra en el suelo (1); c) caminar por las calles (3); d) hundirse en un sillón (8); e) llegar a casa (7); f) ir sentada en el ómnibus (5); g) bajarse del ómnibus (6); h) volar por los aires (2)

7. a) apretar *el puño*; b) abrir *la mano*; c) el *corazón* alborotado; d) una *columna vertebral* como un signo de interrogación; e) clavar *en la barriga*

2.2 Juan Madrid: "Inspección de Guardia" – hacia la caracterización literaria (SB S. 294–297)

En la inspección de guardia durante una noche cualquiera (SB S. 294)

Didaktisch-methodische Hinweise

Das Foto von der städtischen Polizeiwache mit den beiden Dienstfahrzeugen und die *actividad* dienen der Einstimmung auf die Erzählung und der Fokussierung auf den themenspezifischen Wortschatz. Die Antizipation von Situationselementen erleichtert den Einstieg; sie kann aber vor allem in einer fortgeschrittenen Lerngruppe auch entfallen.

Actividad SB S. 294, Lösungsvorschläge

personal: agente / policía / comisario / inspector
lugar: comisaría de la policía local
tarea: tener como misión el control del tráfico y la prevención de accidentes y de cualquier delito / perseguir a los criminales / prevenir contra la delincuencia
acontecimientos: detenciones / interrogatorios / gamberrismo / borracheras

Juan Madrid: Inspección de Guardia (SB S. 294/295)

Text: Erzählung
Wortzahl: 656
Schwierigkeitsgrad: ***
Inhalt: Der in der Wache diensthabende Polizist Mariano Sánchez, genannt *El Sevilla*, unterzieht den siebzehnjährigen Lorenzo Sánchez Villanueva, der den dringenden Wunsch hat, verhaftet zu werden, einem Verhör. Im Verlaufe dessen stellt sich heraus, dass Lorenzo seine Eltern und seinen Bruder in dem Glauben getötet hat, dass sie Außerirdische seien.

Didaktisch-methodische Hinweise

Die überschaubare und einfache Erzählung mit dem überraschenden Ende bietet sich besonders für die literarische Charakterisierung der Figuren des *El Sevilla* oder Lorenzos an, da sich deren Verhaltens- und Persönlichkeitsmerkmale sowie Einstellungen in unterschiedlichen erzählerischen Kontexten und aus verschiedenen Perspektiven erschließen.
Die häufig klischeehafte Etikettierung von „Eigenschaften" durch eine Anzahl von Adjektiven kann vermieden werden durch die analytischen Schritte zur Beobachtung der Figur in der Situation des Verhörs (Textstellen, Kontexte) und die synthetischen Schritte zur Zusammenführung von Teilbeobachtungen (Verhalten, Äußerungen, Motive, Situationsbedingungen werden in einen Zusammenhang gebracht).
Es finden sich Stellen der expliziten Charakterisierung des *El Sevilla* durch den Erzähler (1. Absatz) bzw. bei der Textfigur Lorenzo durch diese selbst (Lorenzos Angaben zu seiner Person im Verhör). Die Verhaltensweisen und Merkmale der literarischen Figur des Mariano Sánchez erschließen sich z. B. über Erzählerrede, über die eigene Rede und nonverbale Verhaltensweisen sowie über andere Personen. Ähnliches gilt für die Figur des Lorenzo, dessen Motive und Handlungsweisen gleichwohl vorwiegend durch die eigene Rede, in der er beschreibt und kommentiert, zu ermitteln sind. Bei der Spiegelung durch die anderen Textfiguren sind zu unterscheiden die direkte Rede (z. B. Offenbaren der Hierarchie durch rhetorische Frage an Teodoro, Z. 40/zunehmende Ungeduld des *Sevilla*, sichtbar in Imperativen), die erlebte Rede (z. B. *Su hijo Manuel...*, Z. 49/50) und die nonverbale Reaktion auf die andere Figur (z. B. Zigarettenanzünden und -ausdrücken).

Actividades SB S. 296/297, Lösungsvorschläge

1. individuelle Antworten

2. a) Había diez denuncias por tirones, un accidente con lesiones y una pelea entre dos prostitutas. (3); b) *El Sevilla* había suspendido los cursos correspondientes. (1); c) (11); d) (4); e) *El Sevilla* no quería que Teodoro se quedara y asistiera al interrogatorio. Quería que se marchara. (8); f) Explicó que los extraterrestres se parecían a su hermano Ramón, al padre y a la madre. (10); g) Disimulaba la calva con un peinado especial. (2); h) (6); i) Lorenzo Sánchez Villanueva, así se llamaba el joven, se declaró culpable de homicidio cometido a tres extraterrestres. (9); j) (7); k) El joven tenía entre quince y 18 años, llevaba gafas gruesas y tenía la cara picada de viruelas. (5).

3. *texto modelo:* Los acontecimientos tuvieron lugar en una noche hasta entonces bastante tranquila con solo un par de denuncias. Mariano Sánchez, a quien los compañeros llamaban *El Sevilla*, era un policía bajo, medio calvo y algo gordo, estaba en la comisaría haciendo el turno nocturno. Recordaría siempre esa noche por los insólitos sucesos que iban a pasar.
En aquella noche se presentó el cabo Teodoro acompañado por un joven tímido que quería ser mandado a la cárcel. *El Sevilla* pensaba que era un chico normal, pero, no obstante, empezó el interrogatorio. Se llamaba Lorenzo Sánchez Villanueva y estudiaba peluquería. Llevaba gafas gruesas y tenía la cara picada de viruelas. Dijo que había matado a tres extraterrestres y exigió que lo mandaran a la cárcel. *El Sevilla* empezó a impacientarse y para calmarse se encendió el cigarrillo número 43 del día. Le advirtió a Lorenzo que siguiera hablando, que terminara y se marchara. Lorenzo insistió y empezó a contar lo que sabía de los extraterrestres, que venían de otros planetas en platillos volantes, que viajaban a muchísima velocidad, que tardaban miles de años en llegar y que tenían el mismo aspecto que los habitantes de la tierra. Teodoro, que estaba presente durante el interrogatorio y que parecía esperar impacientemente el final del mismo, animó a Lorenzo a terminar su historia. Y el joven lo hizo contando que los extraterrestres habían tomado la forma de su padre, su madre y su hermano Ramón, por lo cual él, Lorenzo, había de matarlos. La manera de matarlos fue la de clavarles una estaca en el corazón, porque era la única manera de evitar que resucitaran.
Esos fueron los acontecimientos violentos y asombrosos que Mariano Sánchez nunca iba a olvidar.

4. individuelle Lösungen

	El Sevilla	**Lorenzo**	**Teodoro**
rasgos físicos	bajo (1) un poco gordo (2) canas y rizos (3) media calva / peinado que intenta ocultar la calva (3s) mediana edad (lleva 20 años en la comisaría (20) / de joven... (2/3)	lleva gafas gruesas (11s) tiene la cara picada de viruelas (12) joven, no parece mayor (12s) tiene 17 años (28)	*se ignoran*
comportamiento	fuma mucho (44) su manera de hablar es muy coloquial (47) no se burla del chico, le es simpático / le recuerda a su hijo (49/50)	tímido (15) convencido de su historia / parece creerla (70) amable (49) orgulloso de sus estudios: destaca que la academia está homologada (35)	manera de hablar muy coloquial (19) se burla del chico (19) los sucesos parecen divertirlo (19) ávido de la reacción de *El Sevilla* (41)
otros aspectos	suspendió los cursos a subcomisario (5) padre de un hijo al que quiere (49/50) simpático (no se burla de Lorenzo) fuerte (2)	estudiante de peluquería (30ss) ha vivido en una familia de padre, madre y hermano (66) sabe que la consecuencia del asesinato es la cárcel (72)	es cabo (11) no le gusta bromear (52s)

5. s. SB S. 326

6. El lugar de la acción es una ciudad grande, acaso Madrid (Alcalá Carmona), porque es muy probable que allí ocurran tales historias; se habla de una noche más bien tranquila, porque normalmente hay más trabajo que diez denuncias, un accidente con lesiones y una pelea entre dos prostitutas.
El asesinato del joven puede ser la consecuencia de la vida en el anonimato de la ciudad donde la gente vive aislada y hay jóvenes que sólo se divierten viendo la tele o jugando videojuegos.
La violencia es la de un joven que no vive en la realidad sino que se ha creado un mundo irreal.
La relación entre las generaciones no desempeña un papel explícito. Pero sí se puede decir que *El Sevilla* parece ser comprensivo y paciente aunque le advierte a Lorenzo que diga la verdad. Lorenzo le resulta simpático y le recuerda a su hijo Manuel.

7. a) de joven (Z. 2–3); b) tendencia a engordar (Z. 2); c) se peina el pelo a los lados para disimular la calva (Z. 3/4); d) ha suspendido (Z. 5); e) le tenían lástima (Z. 6); f) tirones, accidente de coche con lesiones, pelea entre dos prostitutas (Z. 9/10); g) canturrea por lo bajo (Z. 10); h) mostrador (Z. 16/17); i) gruñir (Z. 16); j) llevaba (Z. 20/21); k) se repantingó (Z. 23); l) tendió (Z. 38); m) lo comprobó (Z. 38); n) lo volvió a apagar (Z. 45); o) extraterrestre (Z. 43); p) a la velocidad del sonido (Z. 55); q) no era amigo de bromas (Z. 52/3); r) se puso a observarlos (Z. 64); s) clavándoles una estaca en el corazón (Z. 71)

2.3 Juan Madrid: "La mirada" – la perspectiva narrativa del monólogo interior (SB S. 297–301)

Lo que puede una mirada (SB S. 297)

Actividad SB S. 298, Lösungsvorschläge

Mögliche Schüleräußerungen:
La mirada es amenazadora e influye miedo. / Los ojos claros y lo blanco forman un contraste con la cara oscura. / El ceño descubre ira o rabia. / La mirada es firme y directa. / Parece ser un hombre mayor por las arrugas y las cejas canosas.
Seguramente el relato trata de un crimen que este hombre de la mirada casi diabólica ha cometido. / A lo mejor es un asesino o un violador. / El relato habla de los sucesos y de cómo se ha detenido al asesino.

Juan Madrid: La mirada (SB S. 298/299)

Text: Erzählung
Wortzahl: 928
Schwierigkeitsgrad: ***
Inhalt: Ein Ladenbesitzer erschießt zwei langhaarige junge Leute, ein Mädchen und einen Jungen, bei dem Versuch, ihn in seinem Geschäft zu überfallen und ihm Geld abzunötigen. Die als innerer Monolog gestaltete Erzählung setzt ein nach der Tat.

Didaktisch-methodische Hinweise

Je nach Lerngruppe kann die Arbeit am Text mit dem Nachweis des Globalverständnisses beginnen, dem eine Phase der Inhaltserschließung mit einem *multiple-choice*-Test folgen kann:

Zusatzmaterial

"La mirada" – tabla de comprensión. ¡Atención! A veces hay que poner dos aspas.

El protagonista es un tendero mayor.		✔
El protagonista es un tendero joven.		
Se ignora la edad exacta del protagonista.		✔
El tendero es soltero.		
El tendero está casado, pero no tiene hijos.		
El tendero está casado y tiene una hija y un hijo.		✔
El hijo tiene 20 años.		✔
Se desconoce la edad del hijo.		
El hijo es todavía pequeño.		
El hijo ayuda a su padre en la tienda.		
El hijo estudia comercio.		
El hijo quiere hacerse actor.		✔
La hija se llama igual que la madre.		✔
La hija se llama Carmen.		
La madre se llama Carmina.		✔
En la tienda se venden galletas, saladitos, refrescos.		✔
En la tienda se vende ropa.		
En la tienda se vende tabaco.		

El tendero era soldado.		✔
El tendero odia la guerra.		
El tendero menciona la guerra.		✔
El tendero nunca sale de la tienda antes de las 10.		✔
El tendero hace el balance después de las 10.		✔
El tendero cierra la tienda a las 8 y va a casa.		
El tendero dispone de un revólver.		✔
El tendero posee un Mágnum 353.		✔
El tendero no tiene arma.		
La chica insultó al tendero.		✔
La chica llamó al tendero "viejo de mierda".		✔
Era una chica bastante cortés.		
Los dos jóvenes tenían como 20 años.		
Los dos eran casi niños.		✔
Tenían 12 años.		✔
El tendero ahuyentó a los jóvenes.		
El tendero gritó 'socorro'.		
El tendero mató a los dos jóvenes.		✔

Actividades SB S. 299–301, Lösungsvorschläge

1. *Hinweise:* Im Zusammenhang mit der Erzähltechnik des *monólogo interior* könnte sich die Frage ergeben, ob es sich nicht um einen Dialog handelt, da der *tendero* Fragen aufgreift. Die Einführung der nicht direkt intervenierenden Textfigur des *inspector* ist ein *recurso narrativo* des Autors zur partiellen Organisation des Monologs. Der *inspector* ist keine handelnde oder thematisierte Textfigur des Monologs wie der *tendero* oder die anderen Personen.
Die Bestimmung der Textfiguren und das Verhältnis zueinander hilft dabei, sich die verschiedenen thematischen Zusammenhänge klar zu machen. Die Schülerinnen und Schüler werden eine Verbindung herstellen zwischen dem *tendero* und den Familienmitgliedern einerseits sowie dem Mädchen und dem Jungen andererseits (vgl. Grafik 1).
Es ist nicht zu erwarten, dass der Zusammenhang zwischen dem Sohn Arturo und den beiden jugendlichen *atracadores* schon gesehen wird (vgl. Grafik 2). Falls dennoch Ergebnisse in die Richtung gehen, sollten sie als Hypothese zur Interpretation behandelt werden, auf die im Verlauf der Arbeit Bezug genommen wird.

Grafik 1

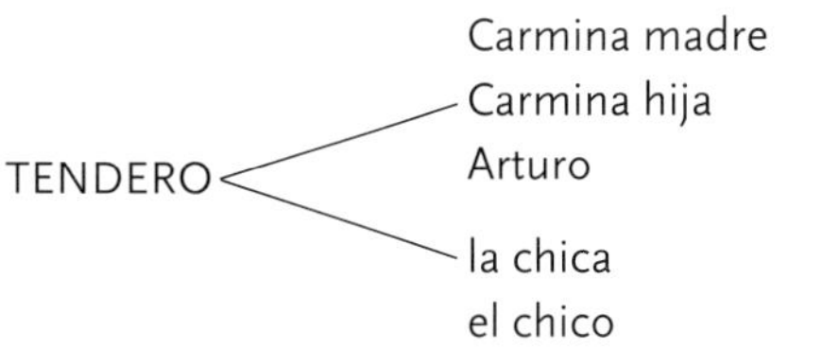

Grafik 2

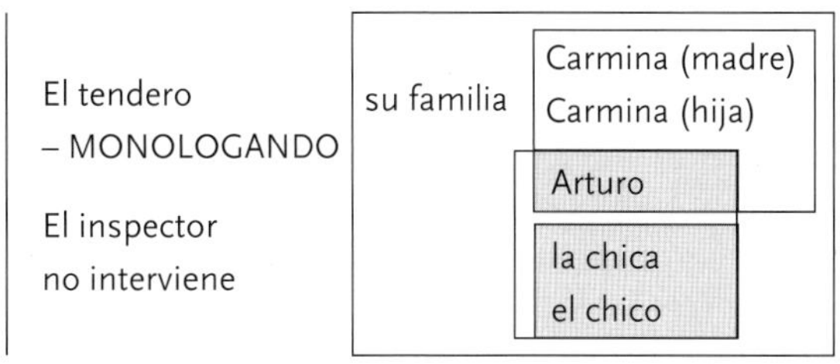

Mögliche Erläuterungen: El tendero monologa ante un inspector que no interviene en el monólogo. Uno de los temas del tendero es su familia que se compone de su mujer Carmina, la hija Carmina y el hijo Arturo. / Otro tema son el chico y la chica que lo agredieron. / Las cinco personas no están presentes pero sí desempeñan un papel importante en el monólogo. / Más extensamente que a las mujeres de su familia se dedica a su hijo Arturo. En la primera ocasión expresa su desengaño por las vicisitudes profesionales de Arturo.

2. *Hinweis:* Die Schülerinnen und Schüler erhalten im Vorfeld den Auftrag, im Text die Elemente zu unterstreichen, die sich auf den Überfall und den Tod beziehen.

- lugar y hora cuando ocurrieron los sucesos: a las 9 y media en una tienda pequeña donde sólo trabajó el dueño
- las personas: el tendero y dos niños muertos
- acontecimiento central: El tendero disparó contra los dos jóvenes, un chico y una chica de doce años, armados de una pistola de juguete que le amenazaron y que exigieron dinero de él.
- las consecuencias: Los niños murieron y el tendero se justificó diciendo que los dos le habían parecido mayores de lo que eran y que no se había dado cuenta de que la pistola era de juguete.

- titular: Un tendero mató a dos niños que le amenazaron con una pistola. / Dos niños resultaron muertos durante un atraco a una tienda.

Se omiten los detalles sobre su pasado y la política que menciona el tendero durante la justificación (p. ej. la guerra, la manera de llevar la tienda, los reproches contra los políticos).

3. Vgl. SB, S. 324

4. *Mögliche Diskussionsbeiträge:*
El tendero habla con cierta nostalgia de los hijos, de cuando eran pequeños y ayudaban a sus padres en la tienda (4ss/27s). / Su hija Carmina parece tener menos importancia para el padre que su hijo Arturo. No menciona ni su edad, ni su carrera profesional, ni si está casada u otros detalles. De ella habla de manera neutral en relación con su mujer (24ss) y no vuelve a mencionarla.
El hijo Arturo, en cambio, ya es tema desde el principio (15ss). / El hecho de que lo mencione en tres ocasiones revela la importancia del hijo para el protagonista. La primera información que da sobre él es que, aunque ya tiene 20 años, no se gana la vida y no termina sus estudios. Al contrario, ya es la tercera carrera que empieza lo cual el padre menciona explícitamente, aunque en el fondo no tiene nada que ver con los sucesos. / El hecho de que Arturo haya declarado que siente vocación para actor enfada al padre sobremanera: hasta expresa cierto desdén al exclamar "¡El teatro, fíjese usted!" (20). / Al final vuelve a mencionar a Arturo precisamente en el contexto del homicidio (74). De esto se puede deducir que también la rabia y la desilusión con miras a Arturo empujan al tendero a matar a los dos jóvenes. / Lo que llama la atención es que, al final, al explicar por qué sacó el revólver y mató a los jóvenes mencione el nombre de Arturo. Esto evidencia que la manera de vivir de éste ofende al protagonista de tal manera que el nombre y la imagen de su hijo se le vengan a las mientes en el momento de justificar el homicidio (74). / Así que se puede constatar que el tendero, sin darse cuenta, establece una relación entre Arturo y los dos jóvenes.

5. a)–e) *Hinweise:* Die Gerichtsverhandlung sollte in einer ca. dreißigminütigen Gruppenarbeit vorbereitet werden. Dazu ist es günstig, *fichas* auszuhändigen bzw. vorbereiten zu lassen, die die Arbeit strukturieren und über die den Mitgliedern Rollen zugewiesen werden. Die Verhandlung selbst dauert zwischen 20 und 30 Minuten. (Für den Wortschatz s. SB S. 351 und 344.)
Es ist darauf zu achten, dass sich die Aussagen der Personen schlüssig aus dem Text ergeben. Abweichungen können dann zustande kommen, wenn sie plausibel in die Gesamtargumentation eingebaut werden.
Beispiele:

juez
- abrir la vista y decir por qué están reunidos (*Estamos aquí para procesar a... acusado del homicidio de dos jóvenes...)*
- interrogar al acusado *(¿Cómo se llama usted? ¿De donde es? etc.)*
- dar la palabra a los testigos / a la abogada / a la sicóloga *(Llamo a la sicóloga que ha sometido al acusado a un examen concienzudo...)*
- preparar una serie de preguntas sobre los sucesos *(p. ej. ¿A qué hora entraron los dos jóvenes? ¿Qué llevaron? ¿Qué aspecto tenían?...)*

abogada
- pedir la palabra / exponer las razones por las que hay que tomar en serio las palabras del tendero / afirmar que los dos jóvenes espantaron al tendero / comprender que se sentía amenazado
- dirigirse al público queriendo ganarse su simpatía / atacar a la mujer porque ya no trabaja en la tienda

sicóloga
- explicar que el tendero ha sufrido mucho en su niñez / que la guerra lo ha traumatizado / que está muy aislado porque la familia lo ha abandonado
- recalcar que el tendero es responsable de lo que hizo / tiene problemas síquicos, pero no tan graves para no ser dueño de lo que hace

Weitere Themen für die mündliche oder schriftliche Textproduktion:

- El tendero está en la cárcel y su mujer le escribe una carta en que habla sobre la convivencia, los problemas generacionales, las distintas expectativas. Además, comenta los sucesos ocurridos. – Escribe la carta desde la perspectiva de Carmina.
- El inspector, tras el interrogatorio, está en su despacho reflexionando sobre el razonamiento del tendero. – Escribe, a partir del texto, un monólogo interior desde la perspectiva del inspector.
  Recuerda: El inspector que todavía está irritado y excitado también hace referencia a la manera de hablar del hombre y los temas que abarcó.
- El inspector regresa a casa y relata los sucesos a su mujer. Escribe el relato añadiendo también posibles preguntas y comentarios de la mujer.

Aviso: No podemos leer en el relato todo lo que escriben o dicen las personas, así que, a partir del texto, tienes que hacerte una idea de cómo es p. ej. el aspecto físico del tendero, qué color tienen sus ojos, cómo era la convivencia con su familia, etc.

6. a) quería / tomara; b) hablaba / tenía; c) comprende / esté; d) había permitido; e) siente; f) esperamos (esperan) / sea / haga / tenga; g) acepte / hace; h) siente / es / llevaban; i) había / confiaran; j) cree / revela / es; k) sintió / repitió; l) sea / dijera / correspondí; m) toma / ha marcado; n) han / es / sirva

7. a) in Schwierigkeiten geraten; b) Wo war ich stehen geblieben? c) Gut, na ja, eben das! d) Die Jugend muss wissen, wo es langgeht. e) Ich musste sie nur anschauen. f) Mir verschlug es die Sprache. g) Ich bin ein Spanier, der sich totarbeitet. h) Woher/wie hätte ich das wissen sollen/können? i) Los, das Geld her! j) Ich guckte ihm weiter in die Augen. k) Was? Na ja, es gefällt mir eben!

Zusatzmaterial (Kopiervorlagen)

Recapitula el contenido y fíjate en el vocabulario, las estructuras y la sintaxis.

1. Sustituye los sustantivos subrayados por un pronombre

a) Doña Gertrudis lleva puestas muchas ropas.	*a) las*
b) El muchacho dejó el reloj a doña Gertrudis.	*b) se lo*
c) El joven – lleno de miedo – preguntó a doña Gertrudis lo que quería.	*c) se lo*
d) Lorenzo mató a sus padres.	*d) los*
e) Teodoro entregó las denuncias a *Sevilla*.	*e) se las*
f) *El Sevilla* se peinaba el pelo a los lados para disimular la calva.	*f) lo / (disimular)la*
g) Lorenzo se quedó mirando a los extraterrestres.	*g) mirándolos*
h) Acaba de matar a los tres.	*h) matarlos*
i) Mató a los chicos.	*i) los*
j) Miró a los jóvenes a los ojos.	*j) les*

2. Relaciona las palabras / los sintagmas siguientes con al menos otros dos de los tres relatos.

Ejemplo: trabajar en la tienda – liar paquetes – llevar recados – hacer el balance

a) decente	*a) normal – matarse a trabajar*
b) la juventud tira para otras cosas	*b) pasan de la tienda – lo suyo es (el teatro)*
c) guerra	*c) revólver – potente – Mágnum – disparar – pistola*
d) saladitos	*d) galletitas – cosas – refrescos – patatas*
e) hacer el balance	*e) echar el cierre – saber lo que falta*
f) estar nervioso	*f) temblar – sudar*
g) pelo rizado	*g) pelo negro – peinarse el pelo a los lados para disimular la calva*
h) comisaría	*h) turno en la inspección de guardia – cabo*
i) extraterrestre	*i) platillo volante – velocidad del sonido*
j) academia	*j) perito de Obras Públicas – peluquería*
k) poner en la garganta la pistola	*k) mandar a la cárcel – acabar de matar a alguien*
l) cobrar la jubilación	*l) dar para vivir – pagar los impuestos*
m) garganta	*m) barriga – codo*
n) bueno, pues eso	*n) pero, bueno – mire usted – fíjese usted – ¿cómo dice?*

3. Convierte los imperativos indirectos en directos con o sin pronombre.

1. El joven rogó a doña Gertrudis que lo dejara en paz.	*1. Déjeme*
2. *El Sevilla* gruñó que Lorenzo se pusiera bien.	*2. Ponte*
3. *El Sevilla* quería que Lorenzo le diera el carnet.	*3. Dámelo*
4. Teodoro quería que *El Sevilla* dejara seguir hablando a Lorenzo.	*4. Déjalo*
5. *El Sevilla* le pidió a Teodoro que se callara.	*5. Cállate*
6. Lorenzo quería que lo mandasen a la cárcel.	*6. Mándenme*
7. Al final *El Sevilla* le pidió a Lorenzo que se lo contara.	*7. Cuéntamelo*
8. Teodoro le mandó al chico que siguiera hablando.	*8. Sigue*
9. Añadió que no se parara ahora.	*9. No te pares*
10. Agregó que se lo contara todo al inspector.	*10. Cuéntaselo*

4. Relaciona las frases con las conjunciones. Utiliza las conjunciones siguientes y otras expresiones para conectar las frases: a pesar de (que) – después / antes de (que) – en caso de (que) – a no ser que – de ahí que – tras – aunque – por lo que / cual – como – para que – a fin de que – por mucho que – sin (que) – como si

a) Lorenzo primero mató a sus padres y después a su hermano Ramón.	a) *Después de matar a... asesina a su hermano.*
b) El relato de Galeano tiene rasgos irónicos. Esto se revela ya al principio. Compara a Doña Gertrudis con un signo de interrogación.	b) *...lo cual lo revela ya el principio cuando se compara a doña Gertrudis con...*
c) El tendero insiste mucho. El asesinato no tiene perdón.	c) *Por mucho que el tendero insista, el asesinato a los dos jóvenes no... .*
d) El tendero disparó contra el chico. El chico sólo tenía un revólver de juguete.	d) *...disparó aunque éste sólo tenía...*
e) *El Sevilla* se encendió otro cigarrillo. Sabía que no le convenía.	e) *A pesar de saber que no le convenía... / A pesar de que sabía que no le... / Aunque sabía que... / Aún sabiendo que...*
f) *El Sevilla* necesitaba fumar un cigarrillo. Tenía que serenarse.	f) *El Sevilla... para serenarse.*
g) Teodoro estaba de buen humor. Esto se nota en la manera de hablar.	g) *...lo cual / lo que se nota...*
h) *El Sevilla* no le hace caso a Teodoro. Teodoro habla mucho.	h) *Por más que Teodoro hable el Sevilla no...*
i) Lorenzo primero mató a sus padres. Después clavó la estaca en el corazón de su hermano Ramón.	i) *Tras / Después de / matar a sus padres Lorenzo clavó...*
j) Lorenzo será mandado a una clínica siquiátrica. No ha mentido.	j) *A no ser que haya mentido Lorenzo será mandado a...*
k) Lorenzo irá a la cárcel. Tal vez lo declaren loco.	k) *A no ser que lo declaren loco...*
l) El tendero es consciente de todas sus acciones. Lo mandarán a la cárcel.	l) *...por lo que lo mandarán...*
m) No es difícil averiguar los acontecimientos. Se sabe que el tendero mató a los jóvenes.	m) *Como se sabe que el tendero..., no es difícil...*
n) El tendero se quedará un par de años en la cárcel. Después lo pondrán en libertad.	n) *Tras un par de años en la cárcel pondrán al tendero...*
o) El tendero presenta los acontecimientos. No tiene el menor remordimiento.	o) *...sin el menor remordimiento.*
p) El tendero habló. El inspector no lo interrumpió.	p) *...sin que el inspector lo interrumpiera.*
q) El tendero habla de su hijo Arturo con desprecio. Parece que está profundamente desilusionado.	q) *El tendero... como si estuviera...*

Soñando con un futuro mejor – Florian Gallenberger: "Quiero Ser" (SB S. 302–318)

Mit „Quiero Ser", seiner Abschlussarbeit an der Hochschule für Film und Fernsehen München, gewann der deutsche Regisseur Florian Gallenberger im Jahr 2001 den Oscar in der Kategorie „Bester fiktionaler Kurzfilm".

Der Inhalt des Films

Der *corto* erzählt die Geschichte der beiden gegensätzlichen Brüder Juan und Jorge, die elternlos in Mexiko-Stadt aufwachsen. Sie hausen in einer verlassenen Garage und schlagen sich als Straßensänger durch. Sie brauchen 100 *pesos*, um sich ihren Traum vom Luftballonverkauf erfüllen zu können. Bislang haben sie knapp 85 *pesos* zusammengespart. Der Traum von einem besseren Leben lässt sich aber nicht verwirklichen, denn Jorge verliebt sich in eine *vendedora de raspado* und entwendet Geld aus der *caja*. Juan verzeiht dem Bruder nicht, dass er die gemeinsame Zukunft aufs Spiel setzt, und verlässt ihn. – Die Geschichte entfaltet sich in der Retrospektive des erwachsenen Juan, der inzwischen offensichtlich ein erfolgreicher Geschäftsmann geworden ist. Die Rahmenhandlung zeigt, wie er eines Tages in einem Bettler seinen Bruder Jorge an dem Lied wiedererkennt, das sie früher gemeinsam gesungen haben, sich ihm aber nicht zu erkennen gibt.

Die Auswahl der Szenen führt die Schülerinnen und Schüler zu einem vertieften Verständnis der fiktiven Welt der beiden Jungen und ihrer unterschiedlichen Lebensentwürfe. Im Mittelpunkt des Moduls steht die Figurenzeichnung. Die Filmanalyse nimmt mit der Kameratechnik, der Lichtführung und dem Einsatz von Musik nur solche filmischen Mittel in den Blick, die der Schwerpunktsetzung zuträglich sind. Dementsprechend beschränkt sich auch die Betrachtung der Symbole auf die *caja* und die *globos*. Der Film bietet Anknüpfungspunkte für Interkulturelles Lernen, u. a. bezogen auf die Rolle von Religion und Familie bzw. der des mexikanischen Staates, der seine Fürsorgepflicht verletzt. Es gilt aber zu bedenken, dass er als Mischung von Dokumentar- und Spielfilm sicherlich nicht die Realität des Lebens von Straßenkindern in Lateinamerika abbilden kann. Am Ende des Moduls werden die Lernenden daher aufgefordert, in selbstständiger Arbeit zu diesem Thema zu recherchieren.
Methodische Hinweise: Mit einer Länge von ca. 35 Minuten ist der Film in idealer Weise für den Einsatz im Unterricht geeignet. Um zu verhindern, dass er seinen ästhetischen Reiz einbüßt, sollte auf zu häufige Unterbrechungen verzichtet werden. Es ist auch eine grundsätzliche Entscheidung, ob der Film von Anfang an, mit der Rahmenhandlung, präsentiert wird oder ob diese erst später gezeigt werden soll. Aus Gründen der Unterrichtsökonomie folgt das vorliegende Modul dem ersten Ansatz. (Eine deutschsprachige Übersicht über die Szenenfolge findet sich unter http://www.martin-loewenstein.de/unveroef/quiser.html, letzter Zugriff am 03.02.2008.) Das Modul ist für die Arbeit im Spanischunterricht ab Mitte des 2. Lernjahres konzipiert. Für die Bearbeitung ist ein zeitlicher Umfang von 10 bis 12 Stunden anzusetzen. Das Modul ist wie folgt aufgebaut:

SB Seite		
302/303	**Auftaktseiten**	
304/305	**1**	**El mundo de "Quiero Ser"**
306–308	**2**	**Dos como uña y carne**
306–308 307	**2.1**	**Hermanos huérfanos** El diario de visionado
309–311 310 **311/312**	**2.2** **2.3**	**El mundo de Juan y Jorge** Introducción al lenguaje fílmico: Algunos elementos llamativos **Juan y Jorge, hermanos bien distintos**
313–317	**3**	**En la encrucijada**

Zum Einsatz der Auftaktseiten (SB S. 302/303)

Didaktisch-methodische Hinweise

Die Straßenszenen vermitteln einen ersten Eindruck von México D.F. Zu ihrer Versprachlichung ist grundlegendes Bildbeschreibungsvokabular erforderlich (z. B.: en la foto se ve, se muestra / primera, segunda, tercera, cuarta / a la derecha, a la izquierda, en el centro, al fondo, en primer plano; siehe auch SB S. 41 ff.).
Auf S. 79 (Teilmodul „Impacto de la inmigración latina") finden sich weitere Hintergrundinformationen zu México D. F. Zu den Fotos im Einzelnen:
SB S. 302 (von oben nach unten)
México D.F. – Escenas de la vida cotidiana
1. al fondo: una casa amarilla, parece una tienda o un restaurante; delante de la casa: gente paseando o trabajando, un escarabajo amarillo; un policía urbano
2. un hombre adulto que lleva a un niño a cuestas; ambos disfrazados de payaso; tratan de entretener a los conductores y paseúntes; al fondo: avenida larga y amplia, coches aparcados
3. mercado de la calle, puesto de verduras; escarabajo verde; policía urbano
4. plaza / plazuela: un hombre sentado en un muro, un perro y al fondo otro hombre que va caminando; no se ven las caras de los dos hombres, no se hacen caso el uno al otro
SB S. 303 (von oben nach unten)
1. en primer plano: coches pasando por la calle, escarabajos verdes, coche rojo; en el centro: dos chicas de pelo largo, visten / llevan faldas, se las ve desde atrás, cogidas de la mano; ofrecen su mercancía, venden globos en la calle; al fondo: un edificio grande
2. llaman la atención unos niños (en primer plano), están jugando en medio de cartones, en plena calle; al fondo se ven las entradas a unas tiendas; en los portales cuelgan muestras de la mercancía, de muchos colores; solamente se ven las caras de los niños, los adultos están en plena faena

1 El mundo de "Quiero Ser" (SB S. 304/305)

Didaktisch-methodische Hinweise

Die Szenenfotos (SB S. 304) präsentieren die Figuren (Juan als Kind und als erwachsener Mann, Jorge als Heranwachsender, die *vendedora de raspados*) und als wesentliche Elemente des Traums von der besseren Zukunft die *caja* sowie die *globos*. Die *fotogramas* sind so ausgewählt, dass die Schülerinnen und Schüler die Charaktere und den grundlegenden Konflikt antizipieren können. Gleichzeitig wird auf diese Weise eine sprachliche Vorentlastung erreicht.
Um die Arbeit zu entzerren, beschreiben die Lernenden in Kleingruppen jeweils ein Standbild, das sie spontan auswählen. Der Hörverstehensauftrag (SB S. 305, 2.) strukturiert die Kurzvorträge nach Schauplatz, Figuren, Thema und Handlung. Als Hilfe für die Phase der Präsentation der Fotos im Plenum müssen aber je nach Lernstand ggf. noch einige Verknüpfungen angegeben werden, um additive Darbietungen zu vermeiden.

Zu den Fotos im Einzelnen
obere Reihe links: Die *caja* ist der Inbegriff des Traums, aber auch des Konflikts zwischen den Brüdern. *Mögliche Versprachlichung:* se ve una caja de metal, bastante usada; sobre una manta de lana; caja adornada con un motivo que es difícil de reconocer

obere Reihe rechts: Juan untersucht die *globos* bei seinem zweiten Besuch im Laden. Die Beharrlichkeit, mit der er seine Zukunftspläne verfolgt, ist die Triebfeder seines Handelns und der Grund für seinen späteren Erfolg. *Mögliche Versprachlichung:* un chico joven en medio de unos globos de diferentes colores (azul, violeta / morado, rojo, verde, rosa, amarillo); ha cogido un globo azul y lo mira / inspecciona seria y cuidadosamente
Mitte, großes Foto: Der erwachsene Juan erinnert sich an ihre gemeinsame Geschichte als Kinder. Das Bild liefert einen Hinweis auf die Rahmenhandlung bzw. die Retrospektive. *Mögliche Versprachlichung:* hombre adulto, Juan; en una ciudad, zona comercial; al fondo se ven las caras de otras personas, pero borradas; el hombre parece pensativo, como si recordara algo
Mitte, kleines Foto rechts oben: Juan und Jorge haben verbotenerweise im Schwimmbad geduscht und sind dem wütenden *conserje* und dessen Hund entwischt. Die Szene steht für die Gewitztheit, mit der sie sich im Alltag durchschlagen. *Mögliche Versprachlichung:* dos chicos, están casi desnudos, solo visten calzoncillos, por lo menos el chico mayor; se encuentran detrás de una cerca y hacen gestos de triunfo dirigidos a una persona que no se ve; parecen de buen humor, alegres
Mitte, kleines Fotos rechts unten: Jorge und Juan stehen vor einem leeren Schulbus, der vor dem Schwimmbad parkt. Dieser Bus repräsentiert den Gegenentwurf zu ihrem Leben, bringt er doch die wohlsituierten Schulkinder zur *piscina*. *Mögliche Versprachlichung:* dos chicos, delante de un bus rojo; el mayor habla con el menor; el menor se ha apartado, mira hacia el otro lado; pensativo
untere Reihe links: Das Mädchen auf dem Rad ist der Auslöser für den Konflikt, denn Jorges Verrat führt schlussendlich zum Bruch der beiden Brüder. *Mögliche Versprachlichung:* en primer plano: una chica montada en bici; lleva un vestido morado sobre una camiseta blanca, zapatos blancos y un delantal; en la parte delantera de la bici hay una bandeja grande con botellas
untere Reihe rechts: Der entschlossene, zugleich auch traurige Gesichtsausdruck des kleinen Juan ist geeignet, um Rückschlüsse auf seinen Charakter zu ziehen. Er hat erkannt, dass sein Bruder ihn hintergangen und damit fürs Erste den Traum vom Straßenverkauf der Ballons durchkreuzt hat. *Mögliche Versprachlichung:* un chico joven: de noche, a oscuras; se ve la cara de un chico bastante joven; determinado, de mirada seria y pensativa; cara ensuciada, como si no se hubiera lavado; no se sabe dónde está

Die „ficha técnica" (SB S. 305) liefert Hintergrundinformationen zum Filmgenre: Es ist ihr z. B. zu entnehmen, dass es sich bei dem *corto* um einen Spielfilm handelt, der 1999 entstanden ist und einen Oscar gewonnen hat. Während der Dokumentarcharakter der Fotos auf den Auftaktseiten offen lässt, um welche Art von Film es sich handelt, wird hier der fiktionale Charakter deutlich. Die Lernenden markieren für sie interessante Details und erörtern die mögliche Bedeutung des Titels.

Zusatzinformation

El cineasta alemán **Florian Gallenberger** nació en Munich en 1972. Se graduó en la Escuela de Cine de Munich con el cortometraje „Quiero ser". El corto fue ganador del Oscar al mejor corto de ficción 2001. Fue una coproducción mexicano-alemana y se rodó en México D.F. Desde entonces Gallenberger ha hecho otras películas, entre ellas "Sombras del tiempo", una historia de amor entre dos niños.

Actividades SB S. 305, Lösungsvorschläge

1. a) individuelle Schülerleistung; *möglich*:

- caja: oscuro, misterioso, secreto; globos: encantado, colores, emocionante; hombre adulto: serio, pensativo, triste; chicos / reja: gracioso, risa; chicos / autobús: distancia, tristeza, comprensión; chica: amor, problema, vendedora; chico / cara: resuelto, serio, plan
- A juzgar por las fotos de las páginas 302 y 303 la acción está ubicada en una ciudad grande, probablemente México D.F. Sin embargo, no sabemos con exactitud dónde se desarrolla.
- el hombre de la foto grande: va bien peinado y bien arreglado ya que lleva una camisa y una chaqueta; los chicos: son morenos, de pelo corto, y delgados pero no flacos; a juzgar por lo que lleva el chico joven se puede decir que no tienen mucha ropa / lleva una camiseta algo grande para él; no andan bien arreglados, la cara del menor parece un poco sucia; la chica de la bici: lleva un vestido con un delantal, una camiseta blanca
- *sentimientos posibles:* el hombre adulto se siente triste, melancólico; los dos chicos se muestran en diferentes situaciones, en una foto están alegres, en las demás parecen más bien serios / *palabras o pensamientos posibles:* individuelle Schülerleistung / *acontecimientos posibles:* individuelle Schülerleistung
- El tema del corto puede ser la historia de los dos chicos.

- individuelle Schülerleistung; *möglich:* Una caja misteriosa / Los globos / Pensando / ¡Mira qué divertido! / El autobús / La chica / Así lo haré

b) individuelle Schülerleistung (s. o.)

2.

- La historia se desarrolla en una ciudad, a lo mejor en México D.F., en gran parte en la calle, y en una tienda de globos.
- Los personajes son dos jóvenes: tienen el pelo moreno; uno es mayor; el pequeño aparece en varias fotos, se nos presenta en diferentes situaciones que le muestran serio, riéndose, decidido. También parece desempeñar un papel la chica de la bici. Lleva unas vasijas en su bici, a lo mejor es vendedora. Además se ve a un hombre adulto, pero no se sabe cuál es su papel.
- Los temas posibles podrían ser el amor entre los dos chicos y la chica, la historia del chico menor y los globos, la historia de los dos chicos / su amistad o su infancia, o igual la vida del señor adulto.
- La perspectiva desde la cual se presentan las fotos muestra que se trata de un observador muy cuidadoso y discreto. En la mayoría de los casos prefiere mantener su distancia para que tengamos una visión general de una situación. Otras veces también se acerca a los personajes y los objetos para que veamos un detalle importante.

2 Dos como uña y carne (SB S. 306–308)

2.1 Hermanos huérfanos (SB S. 306)

Material: Filmszene DVD
Länge: 0:00–8:20'
Schwierigkeitsgrad: */**
Inhalt: Nachdem sie im Anschluss an ihr Lied in einem Bus Geld eingesammelt haben, gehen Juan und Jorge zu der Garage, die ihnen als Unterkunft dient. Dort angekommen, zählt Juan das bisher Ersparte. Anstatt sich etwas zu essen zu kaufen, suchen sie in Mülleimern nach Essbarem, werden aber schnell weggejagt. Sie gehen zum Luftballonverkäufer, mit dem Juan nach anfänglichen Schwierigkeiten den Vertrag schließlich besiegelt.

Didaktisch-methodische Hinweise

Diese erste Sequenz stellt die *exposición* des Kurzfilms dar. Der Zuschauer sieht, wo und wie die Jungen leben, und die Figuren nehmen Gestalt an. Außerdem erhält er wesentliche Hinweise auf den grundlegenden Konflikt, der später zum Zerwürfnis der beiden Brüder führen wird: Während die Szene im Ballonladen zeigt, wie durchsetzungsfähig und zielstrebig Juan ist, sehen wir, dass Jorge nachts wach liegt und offensichtlich an das Mädchen denkt. (Hinweis: Die einleitende Rahmenhandlung wird zwar mit angeschaut, doch an dieser Stelle noch nicht thematisiert.)

Actividades SB S. 306, Lösungsvorschläge

1. los chicos viven en un garaje abandonado, en condiciones humildes; viven sin padres; los dos son simpáticos, se llevan bien, el uno ayuda al otro; son ya muy maduros para su edad, especialmente el chico menor

2. Reihenfolge der Sätze in den Kästchen: 7–2–5–1–6–4–8–3; *texto modelo:* Los chicos, que se llaman Jorge y Juan, cantan en un bus. Después se acercan a un garaje que aparentemente es su vivienda. Antes de subir la puerta averiguan que no hay nadie que les vea. Jorge coge la caja de dinero, sacándola de un escondite. Entonces Juan cuenta el dinero: son 84 pesos con 50. Explica a su hermano mayor cómo hacer los cálculos. De noche los chicos van por las calles de la ciudad y buscan algo que comer en la basura. Jorge propone comprar unos tacos, pero Juan rechaza esta idea. Quiere ahorrar el dinero para poder comprarse los globos. Finalmente sacan algunos restos de pollo de un basurero. Una vendedora los ahuyenta.

3. a) nada; b) ninguna; c) nadie; d) nunca; e) tampoco

4. a) El garaje, no lo abren...; b) La caja, la esconden...; c) La pared del garaje, la tienen...; d) Las noches, las pasan...; e) Los restos de pollo, los sacan...

Zusatzmaterial

Die Schülerinnen und Schüler rekapitulieren ihre bisher erworbenen Kenntnisse zu den beiden Brüdern mit Hilfe der Notizen auf der Folie (s. Kopiervorlage; die DVD ist erhältlich bei Lingua Video). Sie formulieren ggf. noch offene Fragen.

Kopiervorlage/Folie

guardar el dinero ahorrado en una caja

dormir en un garaje abandonado

buscar comida en basureros

vivir sin padres ¿huérfanos?

enamorarse de una chica, vendedora de raspados

cantar en autobuses y restaurantes

dos chicos, hermanos (Juan, Jorge)

El diario de visionado (SB S. 307)

Didaktisch-methodische Hinweise

Die Beispielseite des *diario de visionado* dient als Modell für die weitere Arbeit mit dem Film. Die Tabellenform erfordert die Beschränkung auf kurze stichpunktartige Einträge. Mit der Spalte zu filmischen Mitteln und ihrer Wirkung wird nach der Betrachtung der *fotogramas* die Filmarbeit fortgeführt.
Im Vorfeld der konkreten Arbeit mit dem Seh-Tagebuch sollten die Lernenden über wesentliche Aspekte der Betrachtung eines Films reflektieren. An dieser Stelle ist zu erwarten, dass sie einen Transfer aus anderen Unterrichtsfächern leisten und die w-Fragen nennen. Der Abgleich mit dem Beispiel (SB S. 308) lenkt ihren Blick auf Details, die sie evtl. nicht bedacht haben, wie etwa die Angabe der Sequenz oder individuelle Beobachtungen.

Actividades SB S. 307, Lösungsvorschläge

1. individuelle Schülerleistung (s. o.)

2.

- *obere Reihe, links:* El fotograma muestra el torso de Jorge y el del propietario de la tienda de globos. Vemos a Juan a la derecha, hasta la cintura. Por encima de él se ven algunos globos. Juan y el hombre se dan la mano para sellar el contrato.
  obere Reihe, rechts: El fotograma nos da una visión nocturna de una calle de México D.F. Está ubicada en una zona comercial donde hay puestos de mercancías. En la penumbra se ve a gente que está pasando por entre los puestos.

untere Reihe, links: El fotograma nos permite ver una pared a la izquierda, puede ser una columna de hormigón. Llama la atención el hombro derecho de un hombre que lleva puesto una chaqueta de lana gris y que tiene el pelo moreno. En su mano derecha tiene una botella. Está sentado en el suelo. A su lado hay algunos bolsos.
untere Reihe rechts: El fotograma nos muestra a Juan, lo vemos desde detrás, antes de darle la mano al hombre. Vemos la cara seria de éste. Parece sorprendido, algo incrédulo y escéptico. Al lado derecho está Jorge que observa la escena. La escena está enmarcada por un montón de globos de muchos colores.

- *plano medio* – desde el punto de vista de una persona que está presente durante la escena; el espectador se concentra en los detalles llamativos; *plano general* – impresión general de una situación, del ambiente; visión general; *primer plano:* por encima del hombro – perspectiva de un observador sin que el hombre se dé cuenta de que alguien está detrás de él, como espiando; *plano medio:* véase arriba; el espectador se concentra en la expresión de la cara del hombre (que parece no poder dar crédito a sus ojos)
- Juan en la tienda del hombre, para obtener el contrato y llegar a un acuerdo en cuanto a las condiciones definitivas; México de noche: cuando los dos chicos salen para buscar algo que comer; primer plano: acción marco; Jorge como hombre adulto (?)

3. En la primera secuencia del cortometraje "Quiero Ser" de Florian Gallenberger se puede ver a un mendigo que canta, sentado en la acera. Al oír la canción del mendigo, otro hombre que está sentado en la terraza de un restaurante se pone pensativo. La cámara enfoca la cara de este hombre y empieza un *flash back*. En la próxima escena dos chicos cantan en un autobús y recogen dinero. Los chicos son Juan y su hermano Jorge. La canción es la misma que canta el mendigo al principio del corto. La cámara muestra detalles, por ejemplo, una imagen de Jesucristo. Después de bajar del bus los dos van a un garaje que les sirve de vivienda. Juan cuenta el dinero, 84, 50 pesos en total, y lo guardan en una caja. Explica a su hermano cómo hacer los cálculos. La cámara enfoca la caja y la luz está sobre la cara de Juan. Por la noche Jorge y Juan buscan comida en la basura, en las calles de México D.F. Al descubrirlos, una vendedora los ahuyenta.
Después los chicos fuman colillas cuando ven pasar a la vendedora de raspados. Va en bicicleta y mira a Jorge. La cámara muestra una visión panorámica del México nocturno y como la escena es muy oscura, se crea un ambiente de abandono y soledad. La música es la de una guitarra romántica. Al final la cámara vuelve a enfocar la caja.
Los chicos entran en la tienda de un comerciante de globos para negociar las condiciones del contrato. El vendedor afirma que son 100 pesos y unos 30 pesos adicionales por la licencia. Jorge está triste, pero Juan insiste en el contrato original, o sea, 100 pesos. La cámara enfoca la cara de Juan y después muestra las manos de Juan y del vendedor al sellar el contrato.

2.2 El mundo de Juan y Jorge (SB S. 309–311)

Material: Filmszene DVD (09:15–16:40)
Länge: 7'25
Schwierigkeitsgrad: */**
Inhalt: Juan schließt Freundschaft mit einem Welpen, dem er trotz Jorges Protest zu essen gibt. In der Nacht steht Jorge auf, um ein Eis bei der *vendedora* zu kaufen. Als sie am nächsten Morgen im Schwimmbad eine Dusche nehmen, werden die Brüder vom *conserje* verjagt. Später am Tag singen sie in einem Restaurant. Der Kellner, der ihnen gestattet, dort zu arbeiten, zweigt einen Großteil ihres Verdienstes für sich ab, ohne zu bemerken, dass Juan einige Münzen im Mund versteckt. Die Jungen gehen noch einmal in den Luftballonladen. Während Juan die Ballons prüfend betrachtet, hört Jorge die Stimme der Eisverkäuferin und geht ihr nach.

Didaktisch-methodische Hinweise

Die Sequenz enthält zwei lustige Szenen: Im Anschluss an ihre Dusche im Schwimmbad zeigt Juan aus sicherer Entfernung dem *conserje* sein nacktes Hinterteil. Diese (erfrischende) Frechheit und Heiterkeit stehen im Kontrast zu der darauffolgenden Szene, in der der Bus mit den Schulkindern ankommt und Juan leise, aber beinah trotzig auf Jorges Trost mit den Worten reagiert „Y hasta sé más." Wird hier sein Ehrgeiz deutlich, zeigt sich in der Szene im Restaurant seine List.

Verschmitzt trickst er den Kellner aus, der seinen Anteil dafür einfordert, dass er sie in dem Lokal singen lässt. Beide Episoden stehen als *toque humorístico* im starken Kontrast zur *primera traición:* Jorge, der die *vendedora de raspado* kennenlernen will, entwendet Geld aus der gemeinsamen Kasse, um sich ein Eis kaufen zu können.

Mögliche Verständnisschwierigkeiten beim Sehen des Abschnitts werden durch die *palabras clave* der Sequenzen (SB S. 309, Aufgabe 1) und durch die Verständnisfragen (SB S. 309, Aufgabe 2) aufgefangen. Während des zweiten Sehens fertigen die Lernenden gemäß dem Beispiel im SB S. 308 Notizen für das *diario de visionado* an.

Hinweise zum *diario de visionado*

Es bietet sich an, den Schülerinnen und Schülern nach Erledigung der Aufgabe 3 nochmals Gelegenheit zu geben, den entsprechenden Teil zu sehen bzw. mit ihrem Arbeitspartner zu vergleichen, damit sie ihre Seite des *diario de visionado* überprüfen können.

Aufgabe 4 versteht sich als Hinführung zur analytischen Verwendung der Begrifflichkeit der Filmsprache. Die Übersicht im SB S. 310/311 ist als Angebot zu begreifen, aus dem die Schülerinnen und Schüler auswählen.

Actividades SB S. 309, Lösungsvorschläge

1. –

2.

- Juan da de comer al cachorro aunque los chicos no tienen mucha comida y la tienen que sacar de la basura.
- Los argumentos de Juan revelan que él es una persona solidaria, caritativa y cariñosa. Explica a Jorge que el cachorro es un bebé y que no tiene a nadie que lo cuide.
- Los dos hermanos toman una ducha en la piscina pública. Al enterarse de su presencia, el conserje se enfada. Su perro los persigue a toda velocidad. Pero los chicos son más rápidos y logran escaparse. Detrás de la valla, se burlan del conserje. Juan incluso le muestra su trasero desnudo.
- Cuando llega el autobús escolar, Juan se da cuenta de que vive marginado, que no pertenece a esta capa social. Pero reacciona con obstinación, diciendo "y hasta sé más".
- Después de cantar en el restaurante, el camarero los llama para que le den su parte del dinero que han cobrado. Juan, muy listo, esconde unas monedas en su boca y no las escupe hasta que se haya ido el camarero.
- Después de esta escena, los dos hermanos hablan sobre su idea de cómo se muestra el éxito en la vida. Mientras Jorge sueña con cenar en un restaurante, Juan está convencido de que el jefe siempre es el que gana el dinero, no el que lo gasta.
- Vuelven a la tienda de globos porque Juan quiere mirar los globos otra vez.

3. individuelle Schülerleistung; *diario modelo* s. S. 350.

4.

- es una escena bastante oscura; se ve una mano izquierda; angulación de la cámara: plano de detalle; en la palma de la mano se halla una moneda; por debajo se ve la manta de los chicos
- Gallenberger se decidió por este tamaño porque así es más fácil para el espectador reconocer lo que tiene esta persona en la mano
- contexto: es la mano de Jorge, después de sustraer el dinero de la caja común
- importancia: Jorge sabe muy bien que Juan quiere ahorrar todo el dinero que ganan, y con su acción engaña al hermano, aunque coja sólo poco dinero. Lo necesita para comprarse un raspado.

Um den nächsten Teilschritt „Juan y Jorge, hermanos bien distintos" vorzubereiten, verfassen die Schülerinnen und Schüler in häuslicher Arbeit vorläufige Charakterprofile von Juan und Jorge. In diese Profile integrieren sie das bisher erworbene Wissen über die Brüder. Es ist zu erwarten, dass insbesondere Juans Triumph hinsichtlich der *licencia* auf sie großen Eindruck gemacht hat. Sie verwenden grundlegendes themenspezifisches Vokabular (wie z. B. „mendigo", „ganar dinero cantando", „recoger dinero", „no permitirse ningún lujo"; „vendedora de raspado"; „ambiente", „sociable"; „oscuridad"). Im Bereich des Metawortschatzes verfügen sie etwa über folgende Wendungen und Vokabeln: „causar un efecto de", „subrayar"; *„flash back"*; „expresión de la cara".
Die Lernenden sollten auf die fehleranfällige Doublette „acordarse de u.c." – „recordarle u.c. a u.p." hingewiesen werden. Im Sinne der Festigung von Strukturen verwenden sie nach Möglichkeit die doppelte Negation sowie das vorangestellte Objektpronomen.

Kopiervorlage: Diario de visionado (SB S. 309, *actividad* 3.)

Número y título de secuencia	**¿Dónde? ¿Cuándo?**	**¿Quién?/ ¿quiénes?**	**¿Qué?**	**Elementos fílmicos llamativos**
6: El cachorro	sentados en el portal de una tienda cerrada de noche	Juan y Jorge un cachorro	Juan da de comer al perro	**angulación cámara:** plano medio / enfoque en el perro y los chicos
7: Un raspado	en la calle de noche	Jorge la chica unos jóvenes	por no poder dormir, Jorge sale a la calle compra un helado paga	**angulación cámara:** plano de detalle de la mano de Jorge música: romántica / guitarra
8: Una ducha contra los piojos	piscina pública de madrugada fuera de la piscina	los dos chicos el conserje su perro, un terrier los dos chicos, unos escolares	se duchan al descubrirlos el conserje se escapan rápido Juan le muestra el trasero al conserje llega un autobús; "sé más"	**angulación cámara:** plano medio del trasero desnudo de Juan; plano de detalle / enfoque en la cara de Juan (pensativo) **música:** alegre / trompeta, subraya su triunfo sobre el conserje
9: Un truco muy listo	restaurante de noche	los chicos clientes del restaurante camarero	le dan al camarero una gran parte del dinero que han recogido de los clientes Juan escupe el dinero que ha escondido en la boca	**angulación cámara:** plano de detalle / enfoque en la cara de Juan
10: Una conversación sobre el futuro	en la calle de noche	los dos chicos el cachorro	Jorge dice que quiere ser el jefe y gastar dinero en un restaurante pero Juan le contradice	**angulación cámara:** plano medio / enfoque en los dos, sus gestos y reacciones
11: De vuelta en la tienda de globos	tienda	Juan y Jorge el señor	Juan anuncia el negocio para la semana siguiente mira cuidadosamente los globos Jorge oye la voz de la vendedora de raspados, sale a la calle	**angulación cámara:** plano medio / enfoque en Juan, al examinar los globos **música:** romántica / guitarra

2.3 Juan y Jorge, hermanos bien distintos (SB S. 311/312)

Didaktisch-methodische Hinweise

Die Arbeit mit den Transkripten von zwei Schlüsselszenen stellt einen weiteren Schritt hin zu den Charakterprofilen der beiden Jungen und die Vorbereitung auf die Polaritätsanalyse dar. Die Lernenden betrachten eine Figur im Gesamtzusammenhang, jenseits der bloßen Auflistung von Adjektiven. Inhaltlich wird dabei schon Erarbeitetes wiederholt und vertieft.

Text: Auszug aus dem Transkript: Diálogo 1 – „En la piscina" (DVD 12:10'–13:40')
Wortzahl: 48
Schwierigkeitsgrad: **
Inhalt: Jorge und Juan duschen mit kaltem Wasser, als der Wächter kommt und sie unter Beschimpfungen aus dem Schwimmbad verjagt. Als die Schulkinder aus dem Bus aussteigen und ins Schwimmbad eilen, beachten sie die beiden nicht. Jorge versucht, den Kleineren zu trösten.

Die Verwendung von Mexikanismen („requete", „pinches chamacos", „ahorita") könnte trotz der *anotaciones* verwirrend für die Lernenden sein. Auch die Entschlüsselung von latenten Informationen könnte schwierig sein: Aus der Anspielung des *conserje* „otra vez aquí" ist zu schlussfolgern, dass Juan und Jorge des Öfteren hierher kommen, um sich zu waschen. Sprachlich anspruchsvoll könnte es sein, den im Film leise gesprochenen, aber sehr wichtigen Satz mit Inhalt zu füllen, den Juan am Ende spricht („y hasta sé más").

Text: Auszug aus dem Transkript: Diálogo 2 – „Después de la escena en el restaurante" (DVD 13:40' – 15:13')
Wortzahl: 84
Schwierigkeitsgrad: **
Inhalt: Die Unterhaltung offenbart die konträren Lebenseinstellungen der beiden Brüder. Während für Jorge der äußere Schein ein Zeichen für Prestige ist, zeigt sich Juan sehr viel realistischer. Er ist überzeugt davon, dass derjenige das Sagen hat, der das Geld verdient.

Die Passage enthält wichtige Hinweise auf die Charakterisierung der Brüder. Insbesondere der Kontrast zwischen dem, was Jorge sagt („seré el que mande porque yo voy a ser el jefe") und Juans Replik („El jefe es siempre el que gana el dinero. Eso es siempre así") führt dem Betrachter den Realismus und die Abgeklärtheit des Kleineren vor Augen.
Zusammen betrachtet erlauben die beiden Auszüge begründete Aussagen über Juans Charakter: Seine Art zu reden und die Dinge zu sehen zeugt von Entschlossenheit und Willensstärke, gepaart mit einer gehörigen Portion Realismus und der festen Überzeugung, dass er etwas aus seinem Leben machen kann, weil er das Potenzial dazu hat.
Dem gegenüber steht Jorges Wunschdenken, es einmal zu etwas zu bringen. Er ist fürsorglich gegenüber Juan („quitar los piojos") und behandelt ihn liebevoll („enano"), z. B., wenn er ihn tröstet („no te preocupes"). Er verspricht ihm positive Veränderungen für die Zukunft („te prometo que aquí yo voy a comer"), ohne jedoch zu sagen, wie er das erreichen könnte. Der Film zeigt uns, dass Jorge ihre gemeinsame Zukunft zerstört, um seinen kurzlebigen Traum von einem Leben mit der *chica* zu verwirklichen. Indem er das Geld aus der *caja* nimmt, tastet er das Kapital an, das sie dringend brauchen, um die Grundlage für eine bessere Zukunft zu schaffen.
Die Schlussfolgerung aus der Betrachtung der Charaktere lautet also, dass sie „hermanos bien distintos" sind. Die Funktion der Tabelle „Perfil de los personajes" (SB S. 312, 2. b) ist es, die Schülerinnen und Schüler zu systematischem Arbeiten zu erziehen, d. h. bei der Charakterisierung einer Figur verschiedene Informationsquellen zu nutzen (Äußeres, Handlungen und Interaktion mit anderen sowie die Art zu sprechen) und ihre Beweggründe zu hinterfragen. Das arbeitsteilige Vorgehen hilft, die Schwierigkeiten für den Einzelnen zu verringern.
Die Aufgabenkonzeption im SB S. 311/312 geht absichtlich kleinschrittig voran. Die Untergliederung von a) bis d) bildet das schrittweise Vorgehen ab: Dem intuitiven Zugriff auf die beiden Figuren (Aufgabe 1) folgen die Lektüre der Transkripte (Aufgabe 2 a) und die Analyse (SB S. 312, 2. b). Die in der Tabelle ausgewiesenen Kategorien beziehen sich auf alle bislang gesehenen Szenen des Kurzfilms; insbesondere dürfte den Schülerinnen und Schülern die Szene im Laden des Luftballonhändlers im Gedächtnis geblieben sein (DVD 07:30' – 08:20').
Eine abstrahierende Charakterisierung in wenigen Schlagworten ist möglich, da die Brüder Typen darstellen. Auf der Grundlage der so erzielten Ergebnisse werden die Lernenden abschließend aufgefordert, die Konstruktion der Figuren zu kommentieren. Auf diese Weise halten sie sich vor Augen, dass es sich um fiktive Gestalten in einer fiktiven Welt handelt.

Actividades SB S. 311/312, Lösungsvorschläge

1. individuelle Schülerleistung; *möglich*: Jorge: cariñoso, despreocupado, romántico; Juan: ambicioso, listo, maduro para su edad

2. a) –
b) individuelle Schülerleistung; *Beispiel*:

Perfil de los personajes		
	Juan	Jorge
aspecto físico	bajo, pequeño, bonito, joven ⇒ comprende que hay que luchar para sobrevivir	alto, delgado, larguirucho, un poco torpe ⇒ depende de su hermano menor
acciones	cuenta el dinero, vuelve a la tienda para mirar los globos ⇒ resuelto, inteligente, firme	saca dinero de la caja, compra un raspado ⇒ débil, indeciso, enamorado
interacciones con otros personajes	insiste en el contrato original del señor, da de comer al cachorro, esconde monedas del camarero ⇒ astuto, decidido, solidario	consuela al menor, dispuesto a hacer lo que le pidan los demás (señor, camarero) ⇒ cariñoso, blando, influenciable
motivaciones	"el dinero es para los globos"; "nosotros tenemos a nosotros"; "hasta sé más" ⇒ la imagen de un chico ambicioso y seguro de sí mismo, confía en la relación con su hermano; dispuesto a ayudar a los indigentes	"¿podemos comernos unos tacos?", "entonces seré yo el que mande" ⇒ imagen de un chico que sucumbe a sus deseos, dispuesto a gastar el dinero previsto para los globos; se aleja del sueño de un futuro mejor; soñador

c) s. o.
d) *Juan:* un chico ambicioso que sigue fiel a sus objetivos y que no se deja intimidar ni desviar por los obstáculos en el camino. *Jorge*: un chico simpático pero débil que sucumbe a sus deseos en vez de perseguir sus planes para el futuro.

3. individuelle Schülerleistung; *texto modelo:* Los hermanos Jorge y Juan son huérfanos. Viven en México D.F., en un garaje abandonado y se ganan la vida a duras penas cantando en autobuses y restaurantes. Aunque son de carácter completamente distinto, los dos se llevan muy bien.
Juan, el hermano menor, es un chico muy inteligente y ambicioso. Es seguro de sí mismo y no habla mucho. A pesar de su corta edad, es realista y sabe que no tienen una vida muy buena. Por eso está decidido a cambiar su situación. Quiere seguir adelante, de ahí el plan de hacerse vendedor de globos.
Sabe contar aunque no acude a una escuela. La escena que tiene lugar delante de la piscina contribuye a ilustrar el carácter de Juan. Cuando ve a los otros chicos que acaban de bajar del autobús, Juan se pone triste porque es ávido de saber y quiere estudiar. Después, no obstante, afirma que tiene confianza en sus habilidades.
Juan es el responsable del dinero y también se siente responsable de Jorge aunque éste es el hermano mayor. Por eso se puede decir que se comporta como un adulto.
Se puede ver que es una persona compasiva a la que le gusta compartir lo que tiene con los indigentes, p. ej. da de comer a un cachorro.
Jorge reflexiona sobre su futuro, como Juan. Los dos desean una vida mejor. Sin embargo, en lo que se refiere a su carácter, Jorge es todo lo contrario de Juan. Parece dudoso e inseguro, un soñador. Pero siempre es muy cariñoso con su hermano.
Jorge está enamorado de una chica que vende raspados. Cuando por la noche Jorge se despierta, lo vemos muy pensativo. Es de suponer que estará pensando en la chica. Quiere salir con ella pero es tan tímido que no se atreve a preguntarla si quiere salir con él. En este contexto se muestra que Jorge es bastante irresponsable porque gasta parte del dinero ahorrado para estar cerca de la chica de raspados.
Para resumir se puede decir que, a excepción de ser hermanos, los chicos tienen pocos rasgos en común. Juan es joven pero independiente y quiere avanzar. Su hermano Jorge estaría perdido sin Juan; no tendría ninguna oportunidad para lograr una vida mejor. La conclusión que podemos sacar en cuanto al retrato de los hermanos es, pues, que los hermanos son una pareja que al principio forma una comunidad, existe entre ellos una gran simbiosis. Pero cuando aparece la vendedora de raspados, surge un conflicto fundamental ya que Jorge se ve encajado entre dos intereses opuestos que no puede compaginar.

3 En la encrucijada (SB S. 313–317)

3.1 No es para tanto (SB S. 312)

Text: Auszug aus dem Transkript
Wortzahl: 141
Schwierigkeitsgrad: ***/**
Inhalt: Jorge gibt vor, am Abend einen Freund besuchen zu wollen, den Juan nicht kennt. Er schlägt ihm vor, bei dem Hund Chaco zu bleiben und sich *tacos* zu kaufen oder ins Kino zu gehen.

Didaktisch-methodische Hinweise

Der Auszug aus dem Transkript ist sprachlich gering markiert. Gleichwohl stellen der unvermittelte Beginn und der dialogische Charakter eine Herausforderung dar. Es handelt sich hier um eine kritische Stelle im Handlungsverlauf, denn in diesem kurzen Wortwechsel bereitet Jorge seinen Betrug an Juan vor. (Hinweis: Jorge ist aus dem Laden des Luftballonverkäufers gegangen, weil er die Stimme der *vendedora* gehört hat.) Die einleitende, vorwurfsvolle Frage des kleinen Bruders, wo er gewesen sei, tut er ab und lenkt das Gespräch auf seine abendliche Verabredung. Die dramatische Ironie entsteht dadurch, dass der Leser bzw. Zuschauer weiß, dass Jorge sich mit der Eisverkäuferin treffen wird. Juan jedoch ist ahnungslos (vgl. „¿Te acompaño?", Z. 9) und erkennt die Lüge des Bruders nicht. Die Zuschauer- bzw. Leserlenkung wird noch dadurch verstärkt, dass sich Juan, wie schon zuvor, standhaft und zielstrebig zeigt. Während Jorge den (durchaus verständlichen) Wunsch hat, sich zu amüsieren, und Juan mit seinen Vorschlägen das Alleinsein versüßen will, hält Juan an dem ehrgeizigen Ziel fest, die *globos* zu kaufen. So geht er zwar mit Chaco zum Kino, besinnt sich aber vor dem Gebäude eines Besseren. Instinktiv scheint er zu spüren, dass der Bruder sich von ihm entfernt, und wendet sich dem Hund Chaco zu (vgl. „cuando tengamos...", Z. 16).
Die Rezeption der Lernenden wird in einer Mischung von explizit-analytischen (SB S. 313, Aufgabe 4 zur elementaren Gesprächsanalyse) und handlungs- bzw. produktionsorientierten Aufgaben (SB S. 313, Aufgaben 1, 5 und 6) zum Gegenstand gemacht.

Zum Einstieg in die Erarbeitung bietet sich das *fotograma* SB S. 313 an. Es zeigt Juan und den Hund Chaco. Juan wirkt nachdenklich, niedergeschlagen. Die Schülerinnen und Schüler rekapitulieren, was sie über den *corto* wissen. („¿Qué sabes sobre los dos hermanos y sus planes para el futuro?"). Die Lehrkraft leitet zur Lektüre des Transkripts über (möglicher Impuls: „La próxima escena nos muestra una conversación entre Juan y Jorge. Acaban de volver a entrar en la tienda del vendedor de globos. Mientras Juan está examinando los globos, Jorge oye la voz de la vendedora y sale de la tienda, en busca de la chica. Leed la transcripción de forma rápida para ver cuál es el tema central de la conversación, y no os preocupéis del vocabulario desconocido.").
Alternativ kann zu dem Drehbuchauszug ein *diario de visionado* für die Szene konzipiert werden. Die Seite sollte ausweisen, was man sieht, wie sich die Jungen fühlen und welche Kameraeinstellung die Schülerinnen und Schüler wählen würden. Sie könnten auch überlegen, welche Geräusche zu hören sind.
Die selbst erstellten Entwürfe werden mit der Verfilmung der Szene von Gallenberger verglichen (DVD 16:48'–19:30') und auf Gemeinsamkeiten und Unterschiede hin überprüft. („Comparad vuestra puesta en escena con la escena correspondiente de la película. ¿Qué diferencias hay?").

Actividades SB S. 313, Lösungsvorschläge

1. individuelle Schülerleistung; *möglich*: Jorge quiere salir esta noche, sin Juan. / Jorge quiere pasar esta noche con un amigo suyo, sin que venga Juan. / *en detalle:* Jorge vuelve y le dice a Juan que por la noche se va a reunir con un amigo suyo para hablar de 'cosas de mayores' por lo que Juan no lo puede acompañar. Para consolarlo, le ofrece dinero. Juan rechaza la idea de comprarse tacos. Delante del cine decide no gastar el dinero sino guardarlo para los globos. Habla con el perro como si el animal fuera un ser humano.

2. individuelle Schülerleistung; *möglich*: engaño, ¡qué malo!, cobarde

3.

- Al principio del diálogo, Juan quiere saber dónde ha estado Jorge todo el tiempo.
- Para esa noche Jorge ya tiene planes. Quiere ir a casa de un amigo, sin que lo acompañe Juan.
- Para que Juan comprenda que no lo puede acompañar, Jorge alega que él y su amigo van a hablar sobre 'cosas de mayores'. Además dice que Juan no conoce a este amigo.
- Le propone quedarse con el perro o comprarse algunos tacos. Juan se niega rotundamente a hacer esto. Finalmente Jorge pregunta a Juan si quiere ir al cine.

4. Los temas de los que hablan son la ausencia de Jorge y la cita que tiene Jorge para esta noche. Jorge oculta a Juan dónde ha estado, pero después es él mismo quien plantea el nuevo tema. Lo introduce empezando la frase con el apodo cariñoso de Juan, "enano". Mientras en esta parte del diálogo, que gira en torno a la cita con el presunto amigo, Jorge habla mucho y casi parece en un apuro, Juan sólo tiene dos preguntas cortas con las que quiere averiguar si puede ir con Jorge. Sin embargo, cuando Jorge le propone gastar el dinero en comida, se enfada con él. Sus afirmaciones se hacen más largas y complejas. Es interesante que al final, cuando decide no comprarse el billete de cine, se dirija al perro, hablándole como si fuera un ser humano.

5. individuelle Schülerleistung; *möglich*:

- Estoy de acuerdo con / Comprendo el modo de actuar de Jorge a lo largo de este diálogo porque
  – no quiere ofender a Juan / no quiere que Juan se enfade / no se atreve a decirle la verdad / quiere ir a la cita con la chica, cueste lo que cueste
- No puedo aceptar / Me deprime / Me enfurece el modo de actuar de Jorge a lo largo de este diálogo porque
  – miente a su hermano / traiciona a Juan / gasta el dinero destinado a comprar los globos en pequeñeces / despilfarra el dinero que han ahorrado / traiciona el sueño que han compartido hasta ahora
- Estoy de acuerdo con / Comprendo el modo de actuar de Juan a lo largo de este diálogo porque
  – yo en su lugar también quisiera acompañar a Jorge / no quiere gastar el dinero en tacos / quiere saber por qué no puede ir con Jorge
- No puedo aceptar / Me deprime / Me enfurece el modo de actuar de Juan a lo largo de este diálogo porque
  – debería de sospechar algo / ni siquiera se permite unos tacos / no quiere ir al cine esta noche

6. individuelle Schülerleistung; *möglich*: De noche, en un mercado en plano general. Juan y el Chaco esperando. Juan parece pensativo, casi ensimismado. Se acerca Jorge.
Cuando Juan se dirige a Jorge, se utiliza el plano medio. El primer plano enfoca la cara de Jorge al replicar éste: –¿Tú qué crees?

- *parte principal:* El plano medio se emplea para presentar la conversación de los hermanos en torno a la cita. Entonces cambia al primer plano cuando Jorge dice: "No, no puedes ir". (Es posible que caiga una sombra sobre su cara.)
- *final:* Se ve a Juan y el Chaco, delante del cine, claramente, en un plano medio. La escena está iluminada.

3.2 El asunto toma su rumbo (SB S. 314/315)

Didaktisch-methodische Hinweise

Mit Jorges Lüge darüber, mit wem er sich für den Abend verabredet hat, nimmt das Unheil seinen Lauf. Um den Schülerinnen und Schülern ihre Zuschauererwartungen bewusst zu machen, werden sie aufgefordert zu überlegen, wie sich die Brüder in dieser Schlüsselszene verhalten könnten (*actividades de antes del visionado*, SB S. 314, Aufgaben 1. und 2.). Durch die kontinuierliche Arbeit an den Charakterprofilen sind sie sensibilisiert für Juans und Jorges Charaktere und ihre typischen Verhaltensweisen.
Die Übung zur integrierten Grammatikarbeit (SB S. 314, Aufgabe 1.) illustriert die verschiedenen sprachlichen Realisierungen der Hypothesenbildung. Die Schülerinnen und Schüler sollen verstehen, dass eine bestimmte Sprechabsicht mit Hilfe verschiedener Strukturen (hier: *futuro, potencial* oder *subjuntivo*) ausgedrückt werden kann. Wichtig ist, dass die Hypothesenbildung textbasiert erfolgt, dass sich also die Lernenden auf Zitate stützen. Als zusätzliche Auslöser für den *subjuntivo*

können angegeben werden: *no creo que; quizás, tal vez.* (Hinweise zum Futur s. das Modul *Jóvenes en Europa y España*, SB S. 14, zum *subjuntivo* das Modul *Movimientos migratorios*, SB S. 35)
Die Tabelle (SB S. 314, Aufgabe 2.) kanalisiert die individuellen Hypothesen, indem sie wesentliche Konstituenten der Filmszene aufgreift und durchaus plausible Alternativen für den Handlungsverlauf präsentiert. Dazu im Einzelnen:
Como necesita dinero, Jorge... – Jorge könnte erwägen, ein Gespräch mit Juan zu führen und ihn um das Geld zu bitten. Er weiß aber, wie ernst es dem Bruder mit seinen Zukunftsplänen ist, sodass er sich von einem solchen Versuch von vornherein nur wenig Aussicht auf Erfolg versprechen kann. Angesichts des ersten Verrats (Eiskauf) ist es daher nicht unwahrscheinlich, dass Jorge so wie zuvor das Geld stehlen wird. Die Option, dass er sich aufmacht, um zusätzliches Geld zu verdienen, ist wiederum fragwürdig, denn als Straßenmusikant tritt er immer als Gespann mit Juan auf, nie allein. Auch zeigt er insgesamt zu wenig Eigeninitiative.
Hace falta tener buen aspecto... – Die Alternativen bezüglich der Kleidung, die Jorge sich für die Verabredung kaufen wird, scheinen zunächst austauschbar. Im Kontext des Films aber spielt dieses Oberhemd eine wichtige Rolle, ist es doch eine *prenda típica de caballero*. Es dient dazu, Jorges Minderwertigkeitsgefühle zu kompensieren (vgl. seinen Wunsch, einmal der Chef zu sein).
La cita con la chica tiene lugar... – Das Gleiche gilt für den Schauplatz des Treffens mit der Eisverkäuferin: Sind auch die beiden weiteren genannten Orte plausibel, so muss die *cita* eigentlich doch im Restaurant stattfinden. Denn es wäre die Erfüllung seines Traums, mit dem Mädchen im Restaurant zu sitzen und sich dort bedienen zu lassen.
Der letzte Satz *Cuando Jorge le pregunta si...* lässt alle vorgeschlagenen Ergänzungen zu. Wir kennen das Mädchen nicht gut genug, um zu wissen, ob sie Jorge als Freund haben möchte oder ob sie entrüstet bzw. belustigt reagieren wird.

Hinweise zur Polaritätsanalyse, SB S. 315

Die konkrete Ausgestaltung des *retrato* der beiden Brüder wird von der individuellen Einstellung der Lernenden abhängen. So ist etwa bei Aufgabe 4 die Bewertung der Frage, in welchem Maße die Eigenschaften „generoso" / „egoísta" auf Juan und Jorge zutreffen, durchaus zu diskutieren. (Weitere möglicherweise ambivalente Eigenschaftspaare sind: „compasivo" / „indiferente", „inconstante" / „tenaz" oder „contento" / „descontento".)
Desgleichen werden sich auch bei der Bearbeitung von Aufgabe 5 die Geister scheiden, denn Juans Entschluss wegzugehen erscheint vielen Schülern als übertrieben hart. (Hinweis: Die Aufgabe bezieht sich auf die Schritte 3.1 und 3.2 des Moduls.) Die Aufgabe soll kontroverse Äußerungen herbeiführen, denn der Sinn ist, dass die Schülerinnen und Schüler die Beschränktheit von Pauschalurteilen erkennen. Eine vollständige, erschöpfende Bearbeitung ist nicht intendiert.

Actividades SB S. 314/315, Lösungsvorschläge

1. individuelle Schülerleistung; *möglich*:
- Jorge: comprar flores para la chica, tratar de ligar con la chica, invitarla a salir con él, acercarse otra vez a la vendedora de raspados, tener remordimientos, sustraer más dinero de la caja, quedarse con Juan, abandonar al hermano menor
- Juan: buscar algo que comer en los basureros, hablar con el Chaco, ir al garaje, seguir soñando con los globos, contar el dinero que guardan en la caja, estar de morros

2. a); a); c); b)

3. diario de visionado (s. Kopiervorlage S. 321)
- Antes de encontrarse con la chica, sustrae dinero de la caja y se compra una camisa blanca.
- Se compra la camisa porque quiere parecer elegante. Quiere impresionar a la chica con esta prenda típica de caballero.
- Han quedado en el restaurante. Allí Jorge se comporta como si fuera un cliente habitual, finge ser muy seguro de sí mismo.
- Después de salir del restaurante, Jorge molesta a la chica, quiere un beso y la fastidia con sus preguntas. Ella se indigna y se enfada con él. No quiere que la acompañe a casa. Su pelea llama la atención de unos chavales que están por ahí. Le dan una paliza a Jorge, y al final la camisa está rota y sucia en el suelo.
- Juan, al ver que su hermano pasa la noche en el restaurante con la chica, comprende que Jorge le ha mentido. Decide marcharse ya que se siente sumamente decepcionado por Jorge. Por fin, ve que no comparten el mismo sueño.

4. individuelle Schülerleistung, *möglich*:

responsable	Juan	Jorge	irresponsable
independiente	Juan	Jorge	dependiente
sensible	los dos	los dos	duro
extrovertido	los dos	los dos	introvertido
ambicioso	Juan	Jorge	despreocupado
fuerte	Juan	Jorge	débil
compasivo	los dos	Jorge	indiferente
vago		Juan	trabajador
inconstante	Jorge	Juan	tenaz
prudente	los dos	Jorge	imprudente
inteligente	Juan	Jorge	simple
generoso	Juan	Jorge	egoísta
resuelto	Juan	Jorge	indeciso
contento	Juan		descontento

independiente: Juan – tener sus propios objetivos
sensible: Juan – darle de comer al perro
extrovertido: Juan y Jorge – cantar en el autobús y en el restaurante; **introvertido**: Jorge – no hablar sobre su amor por la chica, Juan – trabar amistad con el cachorro
ambicioso: Juan – insistir en comprar los globos, decir "hasta sé más";
despreocupado: Jorge – estar dispuesto a gastar dinero en cualquier cosa (comida, helado, cine, restaurante)
compasivo: Jorge – consolar al hermano menor, Juan – darle de comer al perro; (**indiferente**: Jorge frente al perro)
trabajador: Juan – volver a la tienda donde escrutina los globos
inconstante: Jorge – olvidarse de los globos en cuanto oiga la voz de la chica; **tenaz**: Juan – renunciar a comprarse tacos para no malgastar dinero
prudente: Juan y Jorge – comprobar si no hay nadie que les vea antes de sacar la caja; **imprudente:** Jorge – despilfarrar el dinero que han ahorrado
inteligente: Juan – saber calcular, saber negociar
generoso: Juan – darle de comer al cachorro; **egoísta:** Jorge – sustraer dinero de la caja repetidas veces
resuelto: Juan – insistir en el contrato original, decidir no ir al cine
contento: Juan, después de acordar unas condiciones favorables del contrato

5. Por querer acudir a la cita con la vendedora joven a toda costa, Jorge se convierte en un mentiroso. Está enamorado de ella y para estar solo con ella trata de deshacerse de Juan. Si se considera que es un adolescente, su comportamiento es en parte comprensible, pero por otro lado es irresponsable y despreocupado. Jorge se muestra muy egoísta cuando sustrae el dinero de la caja para poder lucir una nueva camisa bonita y limpia. Necesita el dinero para arreglarse y para invitar a la chica a comer en el restaurante. Quiere presumir ante la chica. En el restaurante pretende ser alguien que no es. Así que con su comportamiento engaña a Juan y también a la chica. No es auténtico ni sincero.
Juan, por su parte, al principio no comprende la gravedad de la mentira de su hermano. Pero se indigna cuando éste le propone gastar el dinero en tacos. Su comportamiento cambia de su ingenuidad inicial, para convertirse en tenacidad. Cuando descubre a Jorge en el restaurante, se hace patente que Juan también puede ser duro. Es un chico introvertido y en este momento se nota otra vez que es una persona resuelta que sigue fiel a sí misma y que se aferra a su sueño.

Zusatzmaterial

Transkript: La última conversación de Juan y Jorge

JUAN: ¿Dónde estuviste todo el tiempo?

JORGE: No exageres. – ¿Qué... todavía no te has dormido? Se me hizo un poco tarde. ¿Qué tienes?

JUAN: Nos robaron veinte pesos.

JORGE: Pero no te preocupes, enano. Vas a ver cómo vamos a ganar hasta más de veinte pesos.

JUAN: Es que no entiendo quién nos habrá podido agarrar dinero, si nomás estamos tú y yo. [...] Repartí el dinero. Me quedé con veinte pesos más, porque tú te robaste los otros. Y ahora me voy.

JORGE: ¿Qué te pasa, Juanito? Ya sé que cometí un error, Juan. Pero... vas a ver cómo recuperamos el dinero. ¡Juan! ¿Adónde piensas ir solo? ¡Juan!

JUAN: Prefiero que me traicionen otros y no tú.

JORGE: Juan, ¡espérate por favor! Juan , ¡no te vayas, por favor! ¡Juan! ¡Juan!

Transcripción de „Quiero Ser“

Kopiervorlage: Diario de visionado (SB S. 315, *actividad* 3.)

Número secuencia	¿Dónde? ¿Cuándo?	¿Quién?/ ¿quiénes?	¿Qué?	Elementos fílmicos llamativos
11 18:25'	garaje de noche	Jorge	saca la caja, saca los billetes de la caja se ven su cara y sus manos, alternancia	**angulación cámara:** primer plano; música fúnebre de violín, se mezcla con **música** romántica de guitarra, como un eco
	calle delante del cine	Juan el Chaco	mira los carteles, con el dinero en la mano; piensa un momento, después mete el dinero en el bolsillo	**angulación cámara:** plano medio
	calle, zona comercial escaparate de una tienda	Jorge	mira la ropa que hay dentro, o sea, las camisas de todo tipo	**angulación cámara:** plano general **sonido:** timbre de la puerta de la tienda
	calle desierta	Juan el Chaco	van por la calle, Juan dice: "Sabes, Chaco, cuando tengamos..."	**angulación cámara:** plano general ambiente oscuro
	calle, zona comercial escaparate de una tienda	Jorge	Jorge viste una camisa de caballero, se arregla el pelo tira su camiseta vieja al suelo, se va	**angulación cámara:** plano general colores algo fríos
	garaje	Juan	"sesenta y siete..."; Juan con la caja delante de sí, contando el dinero se da cuenta de que falta una suma considerable de dinero	**angulación cámara:** plano medio / primer plano
12 21:15'	calle desierta calle concurrida	Juan el Chaco	caminando por la ciudad, en busca de Jorge; pasa por la tienda de globos, cerrada, los globos detrás de la reja, inalcanzables para él por casualidad pasa por el restaurante donde están cenando Jorge y la chica; Juan regresa para mirar a hurtadillas: Jorge pone una mano en el hombro de la chica; parece íntimo, cariñoso, charlan y sonríen; por fin se marcha	**angulación cámara:** plano general ambiente muy oscuro; **símbolo:** globos **angulación cámara:** plano medio pantalla dividida (luz y sombra) **música:** triste, lenta / trompeta
13 21:55'	garaje	Jorge	Juan reparte el dinero (mientras Jorge paga la cuenta en el restaurante), guarda su dinero en la caja, coge sus cosas	**angulación cámara:** primer plano / enfoque mano y cara de Juan
23:50'	calle acera calle, zona comercial garaje	Jorge chica chavales Juan Jorge	los dos charlan un poco, amigablemente entonces Jorge empieza a molestar a la chica, e incluso le roba un beso ante los chicos ella niega haber pasado la noche con Jorge, huye los chavales dan una paliza a Jorge Jorge regresa a la tienda, se quita la camisa blanca de caballero y se pone su vieja camiseta Juan, triste, esperando hasta que venga Jorge; conversación: robo de dinero, Jorge no confiesa, Juan toma sus cosas y lo informa de que ha repartido el dinero, se va del garaje, el Chaco lo acompaña	**angulación cámara:** plano medio **símbolo:** Jesu Cristo **angulación cámara:** plano medio / enfoque Juan **iluminación:** luz sobre la cara de Juan
28:23'	calle avenida grande	Juan el Chaco Jorge	a pesar de las súplicas de su hermano, Juan sigue caminando por las calles de la ciudad, sube al autobús y se marcha; Jorge le suplica que no se vaya, pero en vano; última mirada de Juan	**angulación cámara:** primer plano / enfoque cara de Juan

3.3 Graves consecuencia (SB S. 316/317)

Didaktisch-methodische Hinweise

Im Mittelpunkt des Kapitels steht die bereits in den Standbildern zu Beginn des Moduls angedeutete Retrospektive Juans, die die Rahmenhandlung darstellt. Die Schülerinnen und Schüler greifen ggf. auf den *diario de visionado* (SB S. 308) zurück, um diesbezügliches Wissen zu reaktivieren und über die weitere Entwicklung der beiden Brüder zu spekulieren.
Ein für den Unterricht interessanter Denkanstoß ergibt sich aus der Information, dass der Regisseur Florian Gallenberger aus sieben möglichen Enden schließlich dieses auswählte.
Um ein tieferes Verständnis für solche gestalterischen Entscheidungen zu gewinnen, antizipieren die Schülerinnen und Schüler im Storyboard-Verfahren das Ende. Sie organisieren ihre Gruppenarbeit selbstständig, ggf. lassen sie sich inspirieren von den Hilfen im Kasten (SB S. 316, 2.), und erarbeiten ihre *storyboards*. Sie stellen sie als Hausaufgabe zur nächsten Stunde fertig.
Bevor das tatsächliche Filmende gesehen wird, werden die verschiedenen Versionen im Plenum präsentiert, verglichen und besprochen. Zu erwarten sind die beiden Extreme: Der Altersgruppe entsprechend optieren viele Schülerinnen und Schüler für ein *desenlace feliz*, d. h. Juan erkennt den Bruder, spricht ihn an und gibt ihm ein Almosen. Sehr optimistische Schülerinnen und Schüler vermuten, dass er Jorge zum Essen einlädt und ihm Kleidung kauft oder ihn gar bei sich zu Hause aufnimmt. Sie sehen auch Gefühlsäußerungen vor (z. B. in Tränen ausbrechen, sich aufregen, wütend werden). In den Versionen der Befürworter eines *desenlace triste* beachtet Juan Jorge nicht, sondern geht einfach davon.

Möglicher Tafelanschrieb:

1	2	**película**
• Juan da una limosna al mendigo • muestra compasión de él • reconoce al hermano • se abrazan felices • comen juntos, hablan del pasado, Juan se reconcilia con su hermano	• Juan pasa de Jorge • se miran, tienen contacto visual • Juan se marcha	• cada uno sigue con su vida • una decisión irrevocable

Actividades SB S. 316, Lösungsvorschläge

1.
- La acción marco tiene lugar cuando Juan ya es un hombre adulto; oye la música del mendigo que está sentado en la acera.
- Podemos concluir que el mendigo es Jorge. Es posible que Juan haya conseguido su meta con la misma tenacidad, ambición y fuerza de voluntad que mostró durante su niñez. Jorge, por otro lado, parece haber tenido una vida muy dura. Puede que haya tenido mala suerte y que igual que en el episodio de la vendedora de raspado sus sueños no se hayan cumplido.

2. individuelle Schülerleistung; *möglich*:
- (Pienso que / Creo que) Juan reconocerá al hermano ✷ le hablará ✷ se quedará con él ✷ le dará una limosna ✷ no le hará caso ✷ se marchará de este lugar ✷ pasará de él ✷ romperá a llorar ✷ se pondrá furioso ✷ lo invitará a comer algo ✷ le comprará ropa bonita ✷ lo acogerá en su casa ✷ lo tomará por un mendigo cualquiera
  Juan podría reconocer al hermano, etc. / **Yo que Juan** le hablaría ✷ me quedaría con él ✷ le daría una limosna ✷ no le haría caso ✷ me marcharía de este lugar ✷ pasaría de él ✷ rompería a llorar ✷ me pondría furioso ✷ lo invitaría a comer algo ✷ le compraría ropa bonita ✷ lo acogería en mi casa
  Es posible que / probable que reconozca al hermano ✷ ...le hable ✷ ...se quede con él ✷...le dé una limosna ✷...no le haga caso ✷...se marche de este lugar ✷...pase de él ✷...rompa a llorar ✷...se ponga furioso ✷ ...lo invite a comer algo ✷...le compre ropa bonita ✷...lo acoja en su casa ✷...lo tome por un mendigo cualquiera

- **Beispiel 1: Un desenlace feliz**

Juan está en la terraza,
Jorge canta

Juan le da una
limosma

Juan reconoce a
Jorge, su hermano

se abrazan de alegría,
están felices

Juan lo invita a comer y
hablan sobre el pasado

Beispiel 2: Un desenlace infeliz

punto de partida

Juan, rumbo a casa

contacto visual

decepción

La dramatización de Florian Gallenberger (SB S. 317)

Didaktisch-methodische Hinweise

Das Ende des Films (DVD ab 28:24') ruft erwartungsgemäß kontroverse Reaktionen bei den Lernenden hervor. Die Tatsache, dass Juan an dem Bettler vorbeigeht, ohne ihn auch nur eines Blickes zu würdigen, gibt Anlass zu Diskussionen über Fragen der Nächsten- bzw. Geschwisterliebe (*amor al prójimo*), über das Recht auf Erfüllung eines Lebenstraums, über für Erfolg notwendige Charaktereigenschaften, Materialismus bzw. die Entstehung der Kluft zwischen Arm und Reich und die Schuldproblematik. Die Beantwortung der Aufgaben und Fragen zum Filmende bzw. zur subjektiven Würdigung des *corto* insgesamt sind abhängig von der Grundeinstellung des einzelnen Lernenden und sind auch als solche zu akzeptieren.

Actividades SB S. 317, Lösungsvorschläge

1.–4. individuelle Schülerleistung

El Oscar alemán de Gallenberger (SB S. 317)

Text: Internetartikel
Wortzahl: 117
Schwierigkeitsgrad: */**
Inhalt: Den Anstoß zur Entstehung des Kurzfilms erhielt der Regisseur während einer Reise nach Mexiko, wo er die Situation der Straßenkinder erlebte. Um einen möglichst authentischen Film drehen zu können, arbeitete er mit zwei Teams: Während das eine Neugierige ablenkte, nahm das zweite die Wirklichkeit auf. Daher hat die fiktive Geschichte auch Dokumentarcharakter.

Didaktisch-methodische Hinweise

Die Geschichte der Brüder Juan und Jorge ist in einen realistischen, authentischen Rahmen eingebettet. Die Straßenszenen der *metrópoli* México D.F. zeigen Hochhäuser, Menschen bei der Arbeit, Polizisten, Bettler, Straßenakrobaten, spielende Kinder etc.
Der fiktionale Charakter des Kurzfilms bringt es mit sich, dass das Leben von Juan und Jorge aus einer künstlerisch-ästhetischen Perspektive dargeboten wird. Der Regisseur integriert Elemente des Lebens von Straßenkindern, allerdings in abgeschwächter, fast stilisierter Form (vgl.: Juan und Jorge leben auf sich gestellt, in einer verlassenen Unterkunft. Sie schlagen sich mit Gelegenheitsarbeit durch, suchen ihr Essen im Müll.). Begründete Antworten auf die Frage, in welchem Maße der Kurzfilm „Quiero Ser" Realität und Wunsch nach Verbesserung der Lebenssituation transportiert, können nur auf der Basis von Sachwissen über die *niños de la calle* gegeben werden.
Die Fiktionalität des *corto* liegt darüber hinaus in der Auslassung: Wir erleben zwar mit, wie die beiden Protagonisten als Kinder von einem besseren Leben träumen. Es obliegt uns als Zuschauern aber, die zeitliche Lücke von ungefähr 20 Jahren zu füllen, die zwischen ihrer Kindheit und dem Erwachsenenleben liegt.
Die Aufgaben schreiten von der Wiedergabe der wichtigsten Aussagen Gallenbergers über seinen *corto* zu einer Reflexion der Machart des Films voran. Insbesondere liegt das Augenmerk auf den unterschiedlichen Lebensentwürfen von Juan und Jorge als Prototypen für *niños de la calle.*
Hinweis zu Aufgabe 4.
Der Rechercheauftrag ist offen angelegt. Die Schülerinnen und Schüler sollten Informationen zu folgenden Aspekten herausarbeiten:
***niños callejeros* in Mexiko-Stadt:** Zehntausende Kinder verbringen den größten Teil des Tages auf der Straße. Oft haben sie lediglich die Grundschule besucht. Die meisten Straßenkinder haben nur losen Kontakt zu ihrer Familie, ungefähr ein Viertel lebt in *pandillas*.
Lebensunterhalt: Die Kinder verrichten Gelegenheitsarbeiten, mit denen sie das Einkommen ihrer Familie aufbessern (Schuhe putzen, geparkte Autos bewachen, Autos waschen, Straßengaukler, *vendedores ambulantes*, z. B. an Ampeln), betteln, *dependen de la calle para sobrevivir.*
Unterkunft: Sie leben in heruntergekommenen, verlassenen Häusern, unter Brücken, in Hauseingängen, in öffentlichen Parks, in Luftschächten der Metro.
Ernährung: Sie ernähren sich von Essensresten aus dem Müll oder durch Stehlen.
Drogen: Zement, Benzin, Leim und Verdünnungs- oder Lösungsmittel; „Schnüffeln" *(problemas con el consumo de sustancias perjudiciales)*
Probleme: Sie sind konfrontiert mit der existenziellen Unsicherheit eines Lebens als „Bodensatz der Gesellschaft", der Erpressung ausgesetzt (von korrupten Beamten, die im Gegenzug zu ungehindertem „Arbeiten" ihren Anteil am Einkommen der *niños de la calle* verlangen).
Hinweis: Weitere Internetadressen zum Thema Straßenkinder sind z. B.:
http://www.derechosinfancia.org.mx/Temas/temas_calle1.htm
http://www.elcaracol.org/html/index-e.html
http://www.casa-alianza.de/de/index.php?x=s81 (drei Video-*testimonios*)
http://www.shinealight.org

Die beiden Jungen sind eindimensionale Figuren: Juan verkörpert den zielstrebigen, konsequenten und selbstbestimmten Menschen, während Jorge eher schwach ist und am Ende als Verlierer dasteht. Seine Entwicklung ist leicht zu rekonstruieren, denn wir wissen, dass seine Träume in erster Linie die unmittelbare Befriedigung von Grundbedürfnissen (Hunger, Kleidung, Liebe) und sein oberflächliches Streben nach gesellschaftlichem Status betreffen. Es ist also davon auszugehen, dass Jorges Lebensweg trotz einiger Hochs und Tiefs vom stetigen Abstieg gekennzeichnet ist.

Juans Verhalten ist demgegenüber von Entsagung geprägt. Er ist auch als kleiner Junge schon dazu bereit, für das höhere Ziel von der besseren Zukunft Opfer zu bringen. Die Tatsache, dass Juan als der jüngere der beiden Brüder sich so vollkommen selbst beherrscht, verleiht ihm fast märchenhafte Züge. Er exemplifiziert einen beinah unrealistischen Lebensentwurf. Sein Verhalten am Ende des Films wirft aber Fragen auf, z. B. welcher Art sein Erfolg ist oder was der Preis für Erfolg ist.
Der Traum vom besseren Leben wird vor allem durch die ambivalenten Symbole *globos* und *caja* illustriert und getragen. Die Luftballons sind auf einer konkreten Ebene die Grundlage für das Leben, von dem die Jungen träumen (*mercancía*). Am Ende des Films sehen wir sie gen Himmel fliegen, sie können also beflügeln. Es besteht aber auch die Gefahr, dass sie davonfliegen, wenn man sie loslässt, oder zerplatzen, wenn man sie unvorsichtig behandelt. Die *caja*, ein altes Metallkästchen, dient als Spardose. Sie ist sozusagen ein ‚heiliger Ort', der nicht angetastet werden darf, und steht für Juans eisernen Willen, für die bessere Zukunft zu sparen. Daher ist sie der Schlüssel zum Erfolg bzw. zur Erfüllung der Träume; andererseits stellt sie für Jorge aber auch eine große Versuchung dar.

Actividades SB S. 317, Lösungsvorschläge

1. El punto de arranque de Gallenberger para rodar el corto fueron las experiencias que hizo durante el viaje a un festival cinematográfico celebrado en México. Entonces vio cómo viven los niños de la calle y decidió rodar el corto "Quiero Ser".

2. El rodaje se realizó con dos equipos técnicos. Uno servía para distraer a la gente, o los "curiosos" como los llama Gallenberger, mientras el segundo equipo se dedicaba a grabar la realidad, o sea, las imágenes de carácter documental.

3. Al principio los dos hermanos actúan como un equipo y comparten el sueño de escapar de su miseria. Sin embargo, muy pronto se nota que sus caracteres chocan el uno con el otro. Sabemos que Jorge sucumbe fácilmente a sus deseos y satisface sus necesidades básicas, por ejemplo, se compraría algo que comer del dinero que guardan en la caja. Por otro lado, el comportamiento de Juan se caracteriza por la austeridad del chico. A pesar de su corta edad está dispuesto a hacer sacrificios para alcanzar su objetivo. A Juan, los globos le estimulan y lo hacen agarrarse a su sueño de un futuro mejor. Para Jorge, los globos representan un sueño efímero que se revienta, porque no lo trata con cuidado. Igualmente, la caja vieja de metal es algo sagrado para Juan y simboliza su voluntad de hierro. Quiere ahorrar el dinero para el futuro mejor y para realizar sus sueños. Por esto es la clave del éxito. Para Jorge, no obstante, es una seducción inmensa que lo atormenta cada día. Sea como fuere, el comportamiento de Juan al final del corto plantea varias preguntas, como p. ej., ¿de qué tipo de "futuro" o éxito se trata en este caso, y cuál es el precio de tal éxito?

4 Recapitulación (SB S. 318)

Eine Möglichkeit, den Inhalt und die wichtigsten Aspekte der Figurenkonstellation festzuhalten, ist diese knappe *ficha*. Den Schülerinnen und Schülern ist dabei freigestellt, ob sie alle Satzanfänge wörtlich beibehalten oder evtl. an ihren eigenen Stil anpassen möchten.

Mögliche Schülerleistung:

Florian Gallenberger: "Quiero Ser"

El lugar
La acción tiene lugar en México D. F., mejor dicho en las calles de la metrópoli y en un garaje abandonado.
Es posible decir esto porque se ve una serie de escenas callejeras de las que se desprende que se trata de México D. F. Por ejemplo, se ven algunos viejos escarabajos en la calle.
También lo sé porque los actores utilizan palabras mexicanas, como p. ej. el conserje de la piscina, que llama "pinches chamacos" a los dos hermanos.

Los personajes

El protagonista de esta película es un pequeño chico moreno que se llama Juan. Vive sólo con Jorge, su hermano mayor. Éste es su antagonista.

A lo largo de la historia resulta que Juan es un chico ambicioso e inteligente que tiene su futuro muy claro: quiere hacerse vendedor de globos. Ahorra todo el dinero que ganan los dos cantando en autobuses y restaurantes para comprarse los globos y la licencia.

El chico me cae simpático porque a pesar de su corta edad sabe lo que quiere alcanzar en la vida. Es más maduro que su hermano mayor. Además sabe defenderse y está dispuesto a ayudar a los indigentes.

La acción

El problema empieza cuando Jorge se enamora de la vendedora de raspado. Desde entonces sueña con conocerla y hacerla su novia.

Luego, para comprarse un helado sustrae dinero de la caja en la que los dos hermanos guardan su dinero. Esta es la primera traición por parte de Jorge.

Entonces vuelve a robar dinero, porque quiere invitar a la chica a un restaurante, y para la cita necesita una camisa bonita. Esta vez Juan se entera del engaño.

Finalmente, el problema se resuelve cuando Juan decide marcharse del garaje donde viven y abandonar a Jorge. Quiere tomar su vida en sus propias manos. Es un final realista, y a la vez bastante amargo.